||जय श्री कृष्ण||

(श्रीमद्‌भागवत कथा)

कमल कुमार नागर

BlueRose ONE.com
Stories Matter
NewDelhi • London

BLUEROSE PUBLISHERS
India | U.K.

BlueRose ONE.com
Stories Matter
NewDelhi • London

For permissions requests or inquiries regarding this publication,
please contact:

BLUEROSE PUBLISHERS
www.BlueRoseONE.com
info@bluerosepublishers.com
+91 8882 898 898
+4407342408967

ISBN: 978-93-5741-156-1

Cover design: Muskan Sachdeva

First Edition: December 2023

।। जय श्री कृष्ण।।

!! समर्पण !!

जनक जननि गुरु बंधु तिय,सुत परि पुरजन मीत।
बहनोई भगिनी सुता, इन्हें समर्पित गीत।।

।। प्रथम गुरु मां और पिताजी जिन्होंने हर छंद को संवारने में मार्गदर्शन किया, दोनों बहिन और बहनोई जिन्होंने जीवन संवारा और सभी गुरुजन, परिजन, पुरजन, प्रियजन को सादर सप्रेम समर्पित।।

।। जय श्री कृष्ण।।

(श्रीमद्‌भागवत कथा सप्ताह विश्राम संकेत)

मनु कर्दम संवाद तक, प्रथम दिवस हो गान।
द्वितिय दिवस श्री भरत की, करो कथा श्रीमान।।
तृतिय दिवस फिर भाव से, हो सप्तम तक गान।
चौथे दिन श्री कृष्ण का, जन्म महोत्सव गान।।
रुक्मिणी मंगल तक कथा, हो पंचम दिन पूर्ण।
शष्टम दिन हो हंस तक, सकल कथा संपूर्ण।।
दिवस सातवें में कमल, करो अंत तक गान।
जयश्री कृष्ण गा भाव से, फिर पूजो भगवान।।

मनुकर्दमसंवादपर्यन्तं प्रथमेऽहनि । भरताख्यानपर्यन्तं द्वितीयेऽहनि वाचयेत् ।।
तृतीये दिवसे कुर्यात् सप्तमस्कन्धपूरणम् कृष्णाविर्भावपर्यन्तं चतुर्थे दिवसे वदेत् ।।
रुक्मिण्युद्वाहपर्यन्तं पञ्चमेऽहनि शस्यते श्रीहंसाख्यानपर्यन्तं षष्ठेऽहनि वदेत् सुधीः।।
सप्तमे तु दिने कुर्यात् पूर्ति भागवतस्य वै। एवं निर्विघ्नतासिद्धिर्विपर्यय इतोऽन्यथा ।।

''जय श्री कृष्ण''

!! प्राक्कथन !!

सम्माननीय,

पूज्य पिताजी के आशीर्वाद एवं सद्प्रेरणा से ''स्वान्तः सुखाय'' श्रीमद्भागवत ग्रन्थ का अध्योपांत पाठ प्रारम्भ किया। पाया कि यह अगाध सिन्धु है, जिसमें मैं डूबता चला गया। तभी मानस पटल पर एक सुविचार का अंकुरण हुआ जो प्रस्तुत रूप में आपके कर कमलों में शोभायमान है।

मैं अल्प बुद्धि, इस कल्पना से भी भय खाता हूँ कि श्रीमद्भागवत का भाष्य या पद्यानुवाद करूँ। मंदराचल के समान विद्वता सम्पन्न कविगण एवं मनीषी इस महती कार्य में अपना ज्ञानांश भेंटकर स्वयं को धन्य और दास महसूस करते रहे हैं – ऐसे में मैं स्वयं को रज कण से भी लधु समझता हूँ। मेरा मत है –

मंदर सम कवि डूबते, ते नहिं पायो थाह।
मैं तो रज कण हूँ प्रभू, गुण वर्णन की चाह।।

इसी चाहत के बल, गुरूजनों के आशीर्वाद रूपी ''लकुटी'' को थाम कर सन्मार्ग संचलन करना चाहता हूँ। गुणीजन मेरी तोतरी भाषा से अधिक भक्तिभाव पर ध्यान देकर पथ प्रदर्शन करेंगे ऐसा करबद्ध आग्रह है।

यहां तक की यात्रा पूज्य पिताजी, माताजी, गुरूजनों, परिजनों, पुरजनों, स्वजनों के निर्देशन में तय की है। आगे भी यही स्नेहानुराग अपेक्षित है। पांडित्य के स्थान पर श्रद्धा–समन्वय पर अधिक ध्यान गया है – उस को ही वरीयता देवें। आपके सुझाव..... ''अज्ञान तिमिरांधस्य ज्ञानांजन शलाकया....... होंगे''।

प्रस्तुत कृति की अर्द्धाली भी यदि कहीं मनमानस पर झंकृति दे, तो मेरा प्रयास सार्थक समझा जावेगा। ऐसी परिस्थिति में अवश्य आपका आशीर्वाद मुझे मिले यही विनय है।

स्वीकार करें – **''जय श्री कृष्ण''** (श्रीमद्भागवत कथा)

''जय श्री कृष्ण''

अयोध्या लाल
ए–1, श्याम बिहार कॉलोनी
राजगढ़ (ब्यावरा) म0प्र0

भवदीय
कमल कुमार नागर

।। श्रीकृष्ण मंदिर लटूरी गेहलोत, जिला आगर मध्य प्रदेश।।

अनुक्रमणिका

"जय श्री कृष्ण"

!! मंगलाचरण !!

जय गण नायक गज वदन,लंबोदर भगवान ।
ऐसी मति दो कर सकूं,जय श्री कृष्ण का गान ।।

आसन धरलो कमल का, ए शारदा भवानि ।
कलिमल में इतना फसा, होती है अब ग्लानि ।।

श्रद्धा और विश्वासयुत, जो हैं जग के मूल ।
वे गिरिजा गौरीश जी, हों सब पर अनुकूल ।।

कहने से होता कठिन, करना सारे काम ।
पर करके दिखला गये, पुरूषोत्तम श्री राम ।।

प्रभु सेवा की चाह से, धारा सेवक वेश।
जय हनुमत जय वीरवर, जय जय जयति महेश ।।

जग जननी के चरण में, कमल नवावे शीष ।
शुभ कर्मों में रत रहूँ, दो ऐसा आशीष ।।

चरण कमल गोविन्द के, विपत विदारण हार ।
वन्दन ही कलिकाल में, जग का तारण हार ।।

सतसंगति जग में कठिन, कठिन नाम का जाप ।
मन पर संयम अति कठिन, कठिन सत्य आलाप।।

जीवन सब से कठिन तब, मुक्ती का क्या मार्ग ।
कलि में कीर्तन भजन ही, दिखलाते सन्मार्ग ।।

सबको अपना मानकर , मांगो सबकी खेर ।
तुम्हें खेर मिल जायगी, तनिक न होगी देर ।।

उसकी माया प्रबल है, प्रबल प्रकृति विस्तार ।
नमन उसी जगदीश को,नित कर कमल कुमार ।।

देवहूति सुत के चरण , वन्दौं बारम्बार ।
योग शास्त्र देकर किया, हम सब पर उपकार ।।

जग के सिरजनहार को , बारम्बार प्रणाम।
विनय यही सब पूर्ण हो, जन हित कारी काम।।

जगन्नाथ भगवान को , बारम्बार प्रमाण ।
कलि में जिनके भजन से, मन पाता विश्राम।।

मंदर सम कवि डूबते, ते नहिं पायो थाह ।
मैं तो रजकण हूं प्रभु, गुण वर्णन की चाह ।।

नाथ चरित सागर तेरा, कमल बिना पतवार ।
कृपा बिना है कृष्ण जी, कौन लगावे पार ।।

गुण वरणू गोपाल के , मेरी कहां बिसात ।
कृपा भई नंदलाल की, बढ़ी कमल औकात ।।

मात पिता मेरे बने , सद्गुरूवर का रूप ।
चाखा उन आसीस तें, अमृत बड़ा अनूप ।।

साधक जन को शक्ति नित,देता जय श्री कृष्ण ।
जन जन में हरि मान कर, बोलो जय श्री कृष्ण।।

सबके हिरदै बैठ के , माधव करो उद्धार ।
हाथ जोड़ विनती करे, नागर कमल कुमार ।।

!! जय श्री कृष्ण माहात्म्य !!

!! श्री गणेशाय नमः !! **!! श्री हाटकेश्वराय नमः !!**
!! श्री सरस्वत्यै नमः !! **!! श्री कृष्णाय नमः !!**

मंगल मय शिव तनय का , मन में धरकर ध्यान ।
सब देवों की वंदना , करता यथा विधा ।।
व्यास रचित यह कथा है , सिंधु समान गंभीर ।
श्रोता वक्ता भी रहे , ज्ञान निधी मति धीर ।।
श्रीसूत ऋषी की शोनक से, यह वार्ता सुरसरि के सम है ।
कलियुग में इसका [4]श्रवण मात्र, राधा माधव दर्शन सम है ।।

पावन नैमिष में हुआ, जो अति प्रिय संवाद ।
कलियुग में सब पा रहे, उसका कृपा प्रसाद ।।

शुभ समय जान श्री शोनक ने, पूछा हे द्विजवर बतलाओ।
श्री कृष्ण चन्द्र को पाने के, जितने साधन सब समझाओ।।
कल्याणो[1] का कल्याण रूप , जो मन पवित्र करने वाला।
वह ग्रन्थ कोनसा है गुरूवर , भव बाधा को हरने वाला।।

ज्ञानी ऋषियों ने किया, जब यह प्रश्न महान।
अति प्रसन्न हो सूत जी, बोले ध्या भगवान ।।

तुम सब बड़भागी हो ऋषियों, सत्संग लाभ लेने आये।
जन्मों[2] के संचित पुण्यो से, यह अमृत तुम पीने आये।।
हाँ एक समय सब **देवों**[3] ने, शुक मुनि से यह अनुरोध किया।
अमृत घट लो पर कथा कहो , मिलकर सबने अनुरोध किया।।

—:—

1. **श्रेयसां यद् भवेच्छ्रेयः पावनानां च पावनम्।**
कृष्ण प्राप्ति करं शश्वद् साधनं तद् वदाधुना।। भा.मा. 01–06
2. **एतस्मादपरं किंचिन्मनः शुद्धये न विद्यते।**
जन्मांतरे भवेत् पुण्यं तदा भागवतं लभेत्।। भा.मा. 01–11
3. **शुकं नत्वावदन सर्वे स्वकार्यकुशलाः सुराः ।**
कथा सुधां प्रयच्छस्व गृहीत्वैव सुधामिमाम।। भा.मा. 01–13
एवं विनिमये जाते सुधाराज्ञा प्रपीयताम।
प्रपास्यामो वयं सर्वे श्रीमद्भागवतामृतम्।। भा.मा. 01–14
4. **कथामृतरसास्वादकुशलो–शौनक।**

अमृत पीने से राजा को, मृत्यू भय नहीं सताएगा ।
हम पान करेंगे कथामृत, जिससे आनन्द आ जायेगा ।।

हंस कर श्री शुक ने कहा, सुने देव धर ध्यान ।
मणि[1] के सम यह कथा है, अमृत काच समान ।।
बद्रीकाश्रम में हुई , नारद जी की भेंट ।
वहां कुमारों से कहां , अपना माथा टेक ।।

हे देव ऋषि, क्या कारण है, अपनी कुछ व्यथा सुनाओ तो ।
अपनी गंभीर उदासी का , कुछ कारण हमें बताओ तो ।।
श्री नारद बोले पृथ्वी पर, कलि का प्रभाव गहराया है ।
मानव के विकृत कृत्य देख, मन मेरा भी घबराया है ।।
कलिमल ने सगरे धर्म ग्रसे, सब ग्रन्थ लुप्त से लगते हैं ।
दंभी, पाखंडी, कपट मुनी, अपने नव–पथ पर चलते हैं ।।
द्विज होते वेदों के वंचक, वर्णाश्रम धर्म नहीं उनका ।
जो जितना गाल बजाते हैं, पांडित्य बड़ा उतना उनका ।।
जो मिथ्या भाषण कर दंभ रचे, उसको सब संत समझते हैं ।
जो औरों का धन हरते हैं, सब उन्हें चतुर नर कहते हैं ।।
जिनको जो अच्छा लगता है, वह वही मार्ग अपनाता है ।
मिथ्या भाषी, मस्खरा पुरूष, कलियुग में गुणी कहाता है ।।

तपसी उनको मानते, जिनकी जटा विशाल ।
वह ही योगी सिद्ध हैं, ऐसा यह कलि काल ।।

आचार रहित होकर जिसने, श्रुति संमत पथ को त्यागा है ।
कलिकाल में वह प्राणी द्विजवर, अति ज्ञानी और विरागा है ।।

---

1. क्व सुधा क्क कथा लोके क्व काचः क्व मणिर्महान्।
ब्रह्मरातो विचार्येति तदा देवान् जहास ह।। भा.मा.1–15

नारी के ही वश में होकर , नर चारों ओर फिरा करता ।
रत होकर काम , क्रोध , मद में , गुरू सन्त विरोध किया करता ।।
बहरे पुरूषों की वार्ता सम , कोई न किसी की सुनता है ।
जिसको जो भाता वह करता , गुणियों की बात न गुनता है ।।
मात–पिता भी बच्चों को , बस उदर भरण सिखलाते हैं ।
परित्याग सभी श्रुति – धर्मों को , धन का मारग दिखलाते हैं ।।

इस कलियुग में कर रहे , नर कल्पित आचार ।
वर्णन कर सकते नहीं , बढ़ी अनीति अपार ।।

मात – पिता को उनका सुत , भार्या के कारण तजता है ।
फिर (क)**शीलवान** भार्या को भी , पर तिय के कारण तजता है ।।
सच्चे कवियों की श्रेष्ठ वाणि , कोई न यहां सुन पाते हैं ।
श्रुति , वेद , पुराणों में भी तो , बस दोष निकाले जाते हैं ।।

मुनिवर इस कलिकाल में , चलते सभी कुचाल ।
दान , दया , दम हे नहीं , हे बस कपट धमाल ।।

मैं दशा देखकर पृथ्वी की , ओ द्विजवर अब घबराया हूँ ।
इसलिये दशा ऐसी मेरी , बस इसी लिये अकुलाया हूँ ।।
तीरथ दर्शन करते करते , जब मैं यमुना तट पर पहुँचा ।
इक युवती का क्रन्दन सुनकर , उसकी सुधि लेने जा पहुँचा ।।
दो वृद्ध अचेत अवस्था में , उसके समीप पृथ्वी पर थे ।
सेंकड़ों स्त्रियां सेवा में थी , पर उसके कर याचक से थे ।।

मैं भक्ती ये सुत मेरे , ज्ञान और वैराग्य ।
हम जाने किस कर्म से , हुए यहां हत भाग्य ।।

जब[1] होता है मनुज का , भाग्य प्रबल ऋषिराज ।
तब दरशन सत्पुरूष के , होते हैं महाराज ।।

---

1. **यदा भाग्यं भवेद्भूरि, भवतो दर्शनम् तदा ।। भा.मा.1–42**

(क) कन्याया विक्रयो

मैं तरूणी , ये वृद्ध है, कैसा घोर अनर्थ ।
गुरूवर समझाओ मुझे, तुम हो पूर्ण समर्थ ।।

यह कलियुग है ऐ भक्ति सुनो , इसमें [1]**सज्जन** दुख पाते हैं ।
निकृष्ट कर्म करने वाले , खलगण हर्षित हो जाते हैं ।
जो धीरज धारण करता है , वह ही पण्डित कहलाता है ।
हरि किरतन में रमने वाला, श्री हरी लोक को पाता है ।।
जिस दिन, देवी, यह धरा त्याग, श्री हरि निजधाम सिधारे थे ।
उसही दिन से इस पृथ्वी पर , कलियुग ने पांव पसारे थे ।।
धर्म और पृथ्वी पर जब , इस कलि ने अत्याचार किया ।
तब पाण्डव कुल के राजा ने, इसके वध का हि विचार किया।।
कलियुग के विनती करने पर , गुणग्राही ने उपकार किया ।
इसके कुछ गुण ऐसे देखे , वध के विचार को त्याग दिया ।।
तप[2] योग समाधी से भी जो , अन्य युगों में दुर्लभ है ।
श्री कृष्ण भजन से कलियुग में , सारे फल पाना संभव है ।।

नास्तिक तीर्थों पर जमें , गया सभी का सार ।
विक्रय करने से गया, कृष्ण कथा का सार ।।

ढोंगी, लालची, लोगों ने, तप मर्यादा का हनन किया ।
मन पर न जीतने वालों ने, शुभ ध्यान कर्म का हनन किया ।।

पुत्रोत्पादन[3] **दक्ष हैं, पंडित सभी प्रकार ।**
कलियुग में क्षय पारहे, मुक्ति राह के द्वार ।।

---

1. **इह संतो विषीदंति प्रह्रष्यंति ह्यसाधवः।**
   धत्ते धैर्यं तु यो धीमान्स धीरः पंडितोऽथवा।। भा.मा.1–57
2. **यत्फलं नास्ति तपसा न योगेन समाधिना।**
   तत्फलं लभते सम्यक्कलौ केशवकीर्तनात्।। भा.मा.1–67
3. **पंडितास्तु कलत्रेण रमंते महिषा इवं।**
   पुत्रस्योत्पादने दक्षा अदक्षामुक्तिसाधने।। भा.मा.1–74

मेरा प्रारब्ध अब अच्छा है, जो ऋषिवर के दर्शन पाये ।
प्रहलाद और ध्रुव से बालक, इन चरणो से ही तर पाये ।।
नारद बोले **तुम**[1] तो हरि को, प्राणो से ज्यादा प्यारी हो ।
भक्तों का पोषण करने को, मुक्ती के साथ पधारी हो ।।
कलि[2] से कराल कोई काल नहीं, पर शपथ आज मैं यह लूंगा।
घर–घर में जन–जन के मन में, मैं तुमकों ही फैला दूंगा ।।
सब धर्मो से ऊपर वाला, अस्थान तुझे दिलवाऊँगा ।
यदि यह संभव नहिं कर पाया, हरि का नहिं दास कहाऊँगा ।।

भगवद्भक्ती[3] मोक्षका, है बस सच्चा द्वार ।
योग, तीर्थ व्रत ज्ञान भी, सम्मुख हैं लाचार।।

ऋषिवर अपने हृदयस्थल में, मुझको निवास स्थल दीजे ।
मैं धन्य हुई प्रभु दरशन से, अब पुत्रों को भी बल दीजे ।। 1।।
वेदान्त, वेद, गीता सुनकर, जब उनको चेत नहीं आया ।
तप[4] का निष्चय तब नारद को, बद्रीकाश्रम में ले आया ।। 2।।

–:–

1. **त्वं तु भक्ते प्रिया तस्य सततं प्राणतोधिका।**
   त्वया हूतस्तु भगवान्याति नीचगृहेष्वपि।। भा.मा. 02–03
2. **कलिना सदृशः कोऽपि युगो नास्ति वरानने।**
   तस्मिंस्त्वां स्थापयिष्यामि गेहे–गेहे जने–जने।। भा.मा. 02–13
   अन्य धर्मांस्तिरस्कृत्य पुरस्कृत्य महोत्सवान्।
   तदा नाहं हरेर्दासो लोके त्वां न प्रवर्तये।। भा.मा. 02–14
3. **अलं व्रतैरलं तीर्थैरलंयोगै रलं मखैः।**
   अलं ज्ञानकथालापैर्भक्तिरेकैव मुक्तिदा।। भा.मा. 02–21
4. **व्योमवाणी तदैवाभून्मा ऋषे खिद्यतामिति।**
   उद्यमः सफलस्ते तु भविष्यति न संशयः।। भा.मा. 02–39

भटक रहे थे देव ऋषि, करते हुए विचार ।
बद्रीकाश्रम में मिले , उनको सनत्कुमार ।।
नारद बोले किस तरह , बोलो सनत्कुमार ।
भक्ति, ज्ञान, वैराग्य का, अब होगा उद्धार ।।
ऋषिवर बोले भागवत्[1], है अति सुगम उपाय ।
जिसको सुनने से इन्हें, सर्वानन्द मिल जाय ।।

सब **वेदों[2]** ओर उपनिषदों का, यह सार रूप है ओ मुनिवर ।
वैराग्य, ज्ञान और भक्ती के, स्थापन का साधन द्विजवर ।।
आनन्द नाम गंगातट पर, यह ज्ञान यज्ञ आयोजन हो ।
वैराग्य, ज्ञान और भक्ति के, विस्तार का शीघ्र प्रयोजन हो ।।

गंगातट पर भागवत् , करते सनत्कुमार ।
देवऋषी ने यों किया , भक्ती पर उपकार ।।

इस कथा सुधा को पीने को, सब ऋषि, मुनि, योगी जन आये ।
वेदान्त, मन्त्र, दिग्पाल, तीर्थ, जितने थे सबके सब आये ।।

जिस फल[3] को देते नहीं, पुष्कर और प्रयाग ।
वह फल देता शीघ्र ही, शुक शास्त्र का याग ।।

---

1. **सत्कर्म सूचको नूनं ज्ञानयज्ञ स्मृतो बुधैः।**
श्रीमद्भागवतालापः स तु गीतः शुकादिभिः।। भा.मा. 02–60
भक्तिज्ञानविरागाणां तद्घोषेण बलं महत्।
व्रजिष्यति द्वयोः कष्ठम सुखं भक्तेर्भविष्यति।। भा.मा. 02–61
2. **वेदोपनिषदां साराज्जाता इदं भागवती कथा।**
अत्युत्तमा ततो भाति पृथग्भूता फलोन्नतिः।। भा.मा. 02–67
3. **न गंगा न गया काशी पुष्करं न प्रयागकम्।**
शुकशास्त्र कथायाश्र्च फलेन समतां नयेत्।। भा.मा. 03–32

अधिक दिवस संभव नहीं, मनोवृत्ति[1] पर जीत ।
पालन ब्रह्मश्चर्य का, सत्यवचन की प्रीत ।।

इसलिये नियम पुर्वक ऋषिवर, सप्ताह श्रवण करना अच्छा ।
श्री हरि की वाणी मूरति का, रस–अमृत छक पीना अच्छा ।।
अपने पुत्रों के साथ **भक्ति**[2], प्रवचन स्थल पर आ पहुँची ।
हरि नाम जाप करती करती, भक्तों के मन तक जा पहुँची ।।
भक्तों[3] में भक्ति प्रवाह देख, श्री हरी हृदय में आ पहुँचे ।
पीताम्बर, कौस्तुभ मणि धारी, श्रोताओं के मन तक पहुँचे ।।

नारद बोले पृथ्वि पर, कथा[4] समान उपाय ।
चित्त शुद्धि के वासते, ओर नहीं मुनिराय ।।

—:–

1. मनोवृत्तिजयश्र्चेव नियमाचरणं तदा।
दीक्षां कर्तु मशक्यत्वात्सप्ताह श्रवणं मतम्।। भा.मा. 03–47

2. भक्तेषु गोविन्दसुरूपधर्त्री प्रेमैककर्त्री भवरोगहंत्री।
सा त्वं च तिष्ठस्व सुधैर्यसंश्रया निरंतरं वैष्णवमानसानि।। भा.मा. 03–71

3. अथ वैष्णव चित्तेषु दृष्ट्वा भक्तिमलौकिकीम्।
निजलोकं परित्यज्य भगवान् भक्त–वत्सलः।। भा.मा. 04–01
वनमाली धनश्यामः पीतवासा मनोहरः।
कांचीकलापरूचिरोल्लसन्मुकुटकुंडलः।। भा.मा. 04–02
त्रिभंगललितश्र्चारूकौस्तुभेन विराजितः।
कोटिमन्मथलावण्यो हरिचन्दनचर्चितः।। भा.मा. 04–03
परमानन्द चिन्मूर्तिर्मधुरो मुरलीधरः।
आविवेश स्वभक्तानां हृदयान्यमलानिच।। भा.मा. 04–04

4. अतो नृलोके ननु नास्ति किंचिच्चित्तस्य शोधाय कलौपवित्रम्।
अघोघविध्वंसकरं तथैव कथासमानं भुवि नास्ति चान्यत्।। भा.मा. 04–07

श्री देव ऋषी ने तब पूछा, ओ मुनिवर मुझको समझाओ ।
कौन कथा सुनने भर से, होते पवित्र यह बतलाओ ।।
पापी[1], पथभ्रष्ट , दुराचारी , कामी , क्रोधी जो होते हैं ।
कुटिल, कुबुद्धि, कपटधारी, इससे पवित्र सब होते हैं ।।
मिथ्या भाषण के साथ–साथ, जो मात पिता के द्रोही हैं ।
वे भी इससे तर जाते हैं, जो निर्दय ओर निर्मोही हैं ।।

आयोजन सप्ताह का, बोले सनत्कुमार ।
श्रोता, वक्ता सभी का, करता है उद्धार ।।

इसका महत्व समझाने को, मैं इक वृत्तान्त सुनाता हूँ ।
पावन होते हैं, कौन कौन, इसको विस्तृत समझाता हूँ ।।
इक आत्मदेव नामक ब्राह्मण, उत्तम नगरी में रहता था ।
सत्कर्म, धर्म में रत रहकर, ईश्वर आराधन करता था ।।
धुधुंली नाम भार्या उसकी, जो महां कृपण वाचाली थी ।
वह जितना सीधा–सादा था, वह उतनी कपट कुचाली थी ।।
सब कुछ था पर सन्तान न थी, जिससे अकुलाये रहते थे ।
दान–पुण्य करने पर भी , चेहरे मुरझाये रहते थे ।।
इससे अति दुःखित द्रवित होकर, वन गमन किया था तब उसने।
अब नष्ट करूं इस काया को, मन ही मन में सोचा उसने ।।

जंगल में ही हो गई, एक ऋषी से भेंट ।
आत्मदेव ने तब कहा, दुःख का कारण एक ।।

–:–

1. **ये मानदाः पापकृतस्तु सर्वदा सदा दुराचाररता विमार्गगाः।**
क्रोधाग्निदग्धाः कुटिलाश्र्च कामिनः सप्ताहयज्ञेन कलौ पुनंतिते।। भा.मा. 04–11
सत्येन हीनाः पितृमातृदूषकास्तृष्णाकुलाश्र्चाश्रमधर्मवर्जिताः।
ये दांभिका मत्सरिणोऽपि हिंसकाः सप्ताहयज्ञेन कलौपुनंतिते।। भा.मा. 04–12

संतान[1] बिना मैं ओ मुनिवर, अति व्याकुल ओर घबराया हूँ ।
धिक्कार मेरे इस जीवन को, मैं इसे मिटाने आया हूँ ।।
जिस गौ का पालन करता हूँ, वह भी वंद्या हो जाती है ।
जो वृक्ष लगाता हूँ द्विजवर, उसमें न कली खिल पाती है ।।
मैं जो फल घर लेकर आता, वह भी नीरस हो जाता है ।
ग़र ऐसा ही जीवन है तो, यह आज मिटाया जाता है ।।
सगर, अंग के जीवन कह, द्विज को समझाया द्विजवर ने ।
सात जन्म तक पुत्र नहीं, ऐसा बतलाया ऋषिवर ने ।।

ज्ञान[2] नहीं अब पुत्र दो, मुझको ए मुनिराय ।
आत्मदेव ने हठ किया, हुए सिद्ध असहाय ।।

अच्छा अब यह फल लेजाओ, अपनी भार्या को दे देना ।
वह रहे सदा संयम पूर्वक, बस इतना उससे कह देना ।।
फल लेकर अति हर्षित मन से, जब आत्मदेव निज गृह आया ।
अपनी पत्नी को फल देकर, संयम का फल भी बतलाया ।।

---

1. **धिग्जीवितं प्रजाहीनं धिग्गृहं च प्रजांविना।**
धिग् धनं चानपत्यस्य धिक् कुलं संतति विना।। भा.मा. 04–28
पाल्यते या मया धेनुः सा वंध्यासर्वथा भवेत्।
यो मया रोपितो वृक्षः सोऽपि वंध्यत्वमाश्रयेत्।। भा.मा. 04–30
यत्फलं मद्ग्रहायातं शीघ्रं तच्च विशुष्यति।
निर्भाग्यस्यानपत्यस्य किमतो जीवितेन में।। भा.मा. 04–31
2. **विवेकेन भवेत्किं में पुत्रंदेहि बलादपि।**
नो चेत्यजाम्यहं प्राणास्वदग्रे शोकमूर्च्छितः।। भा.मा. 04–37

भार्या ने एक सहेली से, **लालन**[1] पालन के कष्ट कहे ।
विधवा, वंध्या महिलाओं के, सुख से रहने के तर्क दिये ।।
तब बहिन धुंधुली की बोली, यह **फल**[2] न तुम्है खाना दीदी ।
तुम श्वांग बनाओ प्रसूता का, गैया को फल दे दो दीदी ।।

पति से अपने भेद को, छुपा गई वह नार ।
होनी होती है प्रबल, तब जाती मति मार ।।

इस तरह सोंप फल गैया को, उसने सब चरित किया ऐसा ।
गर्भस्थ तनय जब होते हैं, माताऐं करती हैं जैसा ।।
अवसर आने पर धुंधुलि ने, इक **कपट**[क] पुत्र को जन्म दिया।
फल के प्रभाव से देखो तो, गौ ने भी सुत को जन्म दिया।।

आत्मदेव ने हर्ष से, रखा धुंधुकारी नाम ।।
गो सुत का भी "गोकरण", धरवाया फिर नाम ।।
आत्मदेव की गऊ ने, जन्मा है सुत एक ।
दर्शन करने चकित चित, आये मनुज अनेक ।।

तब आत्मदेव की पत्नी ने, इक ओर चरित्र रचा घर मे ।
नव जात पुत्र के पालन हित, भगिनी को बुलवाया घर में ।।

धुंधुलि सुत के हो गये, सभी आचरण भ्रष्ट ।
कर्म सभी करने लगा, जो होते निकृष्ट ।।

आचार भ्रष्ट, वैश्या गामी, चांडालो का वह मित्र हुआ ।
द्वेषी, हत्यारों, चोरों से, उस द्विज का घर अपवित्र हुआ ।।

---

1. **लालने पालने दुःखं प्रसूतायाश्र्च वर्तते।**
   वंध्या वा विधवा नारी सुखिनी चेति मे मतिः।। भा.मा. 04–4
2. **फलमर्पय धेन्वैत्वं परीक्षार्थं तु साम्प्रतम्।**
   तत्तदाचरितं सर्वं तथैव स्त्रीस्वभावतः।। भा.मा. 04–55

(क) **भगिनी का सुत ले लिया, दे मुंह मांगा मोल।**
कपट पुत्र से नेह वह, करन लगी जी खोल।।

गोकर्ण महांज्ञानी ध्यानी, ऋषि मुनियों का सेवक निकला ।
सज्जनों समय उसका सारा, ईश्वर आराधन में निकला ।।
धुंधुकारी के कुकृत्य देख , श्री आत्मदेव भी घबराये ।
कड़वा फल अपने हठ का चख, मन ही मन वे अति शरमाये ।
संतान[1] अगर संस्कारी हो, तो ही उसका होना शुभ है ।
लेकिन कुपुत्र के होने से, वंध्या रह जाना ही शुभ है ।।

आत्मदेव रोने लगा, हो श्री हीन उदास ।
तब सत्कर्मी गोकरण, आया उसके पास ।।

आकर उसने यों समझाया, यह रोना धोना व्यर्थ पिता ।
श्री हरि चरणों में ध्यान धरो, जिससे मिटती सारी विपदा ।।
हो चक्रवर्ति या फिर **सुरेन्द्र**[2], दुःख उनको भी तो मिलता है ।
पर हैं विरक्त दुनियां में जो, बस सुख उनको ही मिलता है।।
यह काया और जगत दोनो, सच्चे अर्थों में मिथ्या है ।
श्री कृष्ण भजन है श्रेष्ठकार्य, द्विजवर बाकी सब मिथ्या है ।।

आत्मदेव को हो गया, आत्मदेव का भान ।
वन को प्रस्थित हो गया, जग को मिथ्या जान ।।

वन में जाकर उस द्विजवर ने, माधव में ध्यान लगाया था ।
दशमस्कंध का पारायण कर, श्रेष्ठ अमर पद पाया था ।।
घर से उस द्विज के जाते ही, कपटी ने माँ को त्रास दिया ।
कूऐ में कूद धुंधुली ने, अपनी काया का नाश किया ।।

—:–

1. **तत्पिता कृपणः प्रोच्चैर्धनहीनो रूरोदः ।**
वंध्यत्वं तु समीचीनं कुपुत्रो दुःखदायकः ।। भा.मा. 04–71
2. **न चेंद्रस्य सुखं किंचिन्न सुखं चक्रवर्तिनः ।**
सुखमस्ति विरक्तस्य मुनेरेकांत जीविनः ।। भा.मा. 04–75

यह दशा देख अपने घर की, गोकर्ण तीर्थ करने निकला।
वह साधु पुरूष सुख और दुःख की, उस काली छाया से निकला।।
तब पांच वेश्याओं ने मिल , मुख में अंगार भरे उसके।
देखो तो लालच में आकर, घर में ही प्राण हरे उसके।।

मेरा मत तो है यही, बोले सनत्कुमार।
पर नारी जग में सुनो, सदा पतन का द्वार।।

विश्वास **अप्सराओं**[1] का कर, इस जीवन में दुःख पाना है।
जीवित हो या फिर मरी हुई, इनसे तो पराभव पाना है।।

अटल सत्य तो है यही, इनको प्यारा कौन।
जब पूछें यह प्रश्न तो, मुनि भी रहते मौन।।

सज्जनों कुकर्मी धुंधुकारि , देखो तो वायू रूप हुआ।
धन लेकर भाग गई वे सब, वह मरकर भीषण प्रेत हुआ।।
धुंधूकारी की मृत्यू पर , गोकर्ण तीर्थ से घर आया।
उसके निमित्त तर्पण, अर्चन, और श्राद्ध कर्म सब करवाया।।
पहली ही निशि को जब उसका, घर में अद्‌भुत सत्कार हुआ।
उस प्रेतात्मा के कृत्यों से, उसका यों साक्षात्कार हुआ।।
जब अभिमंत्रित जल छिटका तो, वह रोया, चीखा, घबराया।
सौ गया श्राद्ध कर दो फिर भी, मुक्ती नहीं होगी बतलाया।।
अपने सब दूषित कर्मों से, मैने विप्रत्व गंवाया है।
यह जीव बड़ा अपराधी है, जो प्रेत रूप में आया है।।

—:—

1. **स्त्रीणां नेव तु विश्वासं दुष्टानां कारयेद बुधः।**
विश्वासे यः स्थितो मूढः स दुःखै परिभूयते।। भा.मा. 05–14
सुधामयं वचो यासां कामिनां रसवर्धनम्।
हृदय ं क्षुरधाराभम् प्रियः को नाम योषिताम्।। भा.मा. 05–15

भैया मेरी मुक्ति का, बतलाओ अब मार्ग।
शरणागत हूँ आपका, दिखलाओ सन्मार्ग।।

उसकी मुक्ती के हित कारण, गोकर्ण ने ध्यान लगाया था।
''श्री सूर्य देव से पूछो तुम'' ब्राह्मण ने यह बतलाया था।।
रथ के सन्मुख जाकर उसने , पूछा हे दिनकर बतलाओ।
इस प्रेत योनि से मुक्ती का, जो भी मारग हो दिखलाओ।।

ग्रहपति[1] बोले मुक्ति का, है बस एक उपाय।
श्रीमद्भागवत कथा का, आयोजन हो जाय।।

सप्ताह श्रवण करने भर से, उसकी आत्मा तर जायेगी।
इस पीड़ा दायी योनी से, तत्काल मुक्ति हो जायेगी।।
इस हेतु कथा का आयोजन, गोकर्ण ऋषी ने करवाया।
वहां प्रेत रूप धुंधूकारी , निज पाप दूर करने आया।।

सात गांठ के बांस में, जा बैठा वह प्रेत।
ध्यान कथा में रम गया, भूला अपना चेत।।
सात दिवस में बांस की, फूटी गांठे सात।
पीड़ा सब जाती रही, दूर हुए सब पाप।।

अति ही प्रसन्न होकर उसने, चरणों में शीष झुकाया है।
यह **कथा[2]** धन्य है ए भैया, जिससे मैने सुख पाया है।।
इस हाड़ मांस की काया को, कुछ प्राणी धन्य समझते हैं।
मन पर वे जीत नहीं पाते, तन को ही श्रेष्ठ समझते हैं।।

—:—

1. **तच्छुत्वा दूरतः सूर्यः स्फुटमप्यभ्यभाषत।**
   श्रीमद्भागवतान्मुक्तिः सप्ताहे वाचनं कुरू। भा.मा. 05–41
2. **त्वयाहं मोचितो बंधो कृपया प्रेत कश्मलात्।**
   धन्याभागवती वार्ता प्रेतपीड़ाविनाशिनी।। भा.मा. 05–53

पाकर इस नर देह को, होकर पूर्ण समर्थ।
जो न सुने सप्ताह को, उसका जीवन व्यर्थ।।

मन[क] की गांठों का क्या कहना, जब फूटी गांठे बांसों की।
श्री कृष्ण चन्द्र के दर्शन की, इच्छा है मेरी सांसों की।।

धुंधूकारी का हुआ, यों प्रारब्ध महान।
देवभूमि से आगया, लेने एक विमान।।

आश्चर्य चकित हो गो–सुत ने, पुछा हे पार्षद बतलाओ।
फल में यह भेद हुआ कैसे, थोड़ा मुझको तुम समझाओं।।
पार्षद बोले गोकर्ण सुनो, गुणियों का ऐसा कहना है।
मेरा भी बस यह ही मत है, इतना ही मुझको कहना है।।

अदृड़ता से ज्ञान का, होता है ज्यों नाश।
त्योंही होता मंत्र का, शंका से सब नाश।।

सच कथा **श्रवण**[1] के भेदों से, फल में यह भेद हुआ भाई।
अपने चित की स्थिरता से, इसने पदवी ऐसी पाई।।
गुरू[2] के वचनों में श्रद्धा रख, जो मन पर जय पा जाता है।
ऐसा निश्चल बुद्धी वाला, फल कथा श्रवण का पाता है।।

–:–

1. श्रवणं तु कृतं सर्वैर्न तथा मननं कृतम्।
फलभेदस्ततो जातो भजनादपि मानद।। भा.मा. 05–72
सप्त रात्रमुपोष्यैव प्रेतेन श्रवणं कृतम।
मननादि तथा तेन स्थिरचित्ते कृतं भृशम।। भा.मा. 05–73
अदृढं च हतं ज्ञानं प्रमादेन हतं श्रुतम्।
संदिग्धोहि हतो मंत्रो व्यग्रचित्तो हतो जपः।। भा.मा. 05–74

2. विश्वासो गुरू वाक्येषु स्वस्मिन दीनत्वभावना।
मनोदोष जयश्चैव कथायां निश्चलामतिः।। भा.मा. 05–76
एवमादि कृतं चैत्स्यात्तदा वै श्रवणे फलम्।। भा.मा. 05–77

(क) मन तोहें कौन जतन समझाऊँ।

बोले, इन सब सत्पुरूषों को, फिर से यह कथा सुनाओ तुम।
श्री हरि की ऐसी इच्छा है, उनके पार्षद हो जाओ तुम।।
दूसरी बार जब कथा हुई, सबने ही ध्यान लगाया था।
तब उनको सादर लेने को, वह कृष्ण मुरारी आया था।।
चांडाल सहित सब भक्तों को, पार्षद कर अपना धाम दिया।
गोकर्ण भक्त को गले लगा, सबसे ऊँचा अस्थान दिया।।
यह श्राद्ध समय सुनवाने से, पित्रीश्वर खुश हो जाते हैं।
सज्जनों ध्यान देकर सुनलो, जो सुनते वे तर जाते हैं।।

सुनत्कुमारों ने कहा, सुनलो देकर ध्यान।
कैसे कब हो यह कथा, कहता हूँ आख्यान।।

वह ही शुभ **मास**[1] तिथी शुभ है, जब यह आयोजन हो जाये।
बस समय वही शुभ होता है, जब यह पारायण हो जाये।।
जिस जगह कथा यह होती है, वह स्वतः तीर्थ हो जाता है।
श्रृद्धा से जो सुनने आता, वह पाप रहित हो जाता है।।
संतान **हीन**[2], मृतवत्सा को, यह कथा अवश्य सुनाना है।
क्षय रोगी हो या पापी हो, इन सब को श्रवण कराना है।।

—:—

1. नभस्य आश्विनोर्जौ च मार्गशीर्षः शुचिर्नभाः।
एते मासाः कथारंभे श्रोतृणां मोक्षसूचकाः।। भा.मा.0 6–3

2. दरिद्रश्च क्षयी रोगी निर्भाग्यः पापकर्मवान्।
अनपत्यो मोक्षकामः श्रृणुयाच्च कथामिमाम्।। भा.मा. 06–51
अपुष्पा काकवंध्या च वंध्या या च मृतार्भका।
स्रवद्गर्भा च या नारी तया श्राव्यः प्रयत्नतः।। भा.मा. 06–52
एतेषु विधिना श्रावे तदक्षय्यतरं भवेत्।
अत्युत्तमा कथा दिव्या कोटियज्ञफलप्रदा।। भा.मा. 06–53

पुष्प रहित, हत भागी को, जो यह सप्ताह सुनाते है।
हें धन्य सभी वक्ता ऐसे , वे कोटि यज्ञ फल पाते हैं।।
यह कथा कुमारों से सुनकर, सब हर्षित होकर झूम उठे।
भक्ति, ज्ञान, वैराग्य सहित, श्री नारद मुनि भी झूम उठे।।

उसी समय आये वहां, व्यास तनय शुकदेव।
देख उन्हें बोले सभी, अब प्रसन्न हें देव।।

सोलह वर्षी श्री शुक मुनि का, सबने उठकर सम्मान किया।
जितने भी वहां उपस्थित थे, सब मुनियों ने जयगान किया।।

आसन पा शुक ने कहा, सुनलो देकर ध्यान।
व्यास रचित इस ग्रन्थ का, छक कर करलो पान।।

तुमने जिस **रस**[1] का पान किया, वह देवों को भी दुर्लभ है।
वेकुन्ठ, स्वर्ग लोकों में भी, इस रस को पाना दुर्लभ है।।
प्रहलाद, बली, उद्धव, अर्जुन, पार्षदों सहित तब हरि आये।
सब विधि पूजा की ऋषियों ने, नारद ने मधुर भजन गाये।।
यह अनुपम छटा देखने को, श्री ब्रह्मदेव भी आ पहुंचे।
भगवान शंभु भी उमा सहित, उस यज्ञस्थल में जा पहुंचे।।
वेराग्य, ज्ञान ओर भक्ती ने, छक कर उस रस का पान किया।
श्री हरि जी के दर्शन करके, नर्तन कर, कीर्तन गान किया।।

—:—

1 **स्वर्गे सत्ये च कैलासे वैकुंठे नास्त्ययं रसः।**
अतः पिबंतु सद्भाग्या मा मा मुंचत कर्हिचित्।। भा.मा. 06–83

यह भक्तिभाव लख भक्तों का, माया–पति भी **संतुष्ट**[1] हुए।
बोले ऋषियों अब वर मांगो, हम इन भजनों से तुष्ट हुए।।
श्री नारद बोले, दीन बंधु, जिस जगह कथा आयोजन हो।
फिर वहां उपस्थित भक्तों के, मन मानस में प्रभु आसन हो।।

तब तथास्तु कह सभी को, हरि लौटे निजधाम।
जय–जय सुखसागर प्रभो, जय–जय पूरण काम।।

आगन्तुक योगी सिद्धों को, पूजन कर सादर विदा किया।
वैराग्य, ज्ञान ओर भक्ती को, इस शुक सागर में रमा दिया।।

शोनक बोले, विप्रवर, धन्य हुए हम आज।
आयोजन कब–कब हुए ? बतलाओ महाराज।।

कलियुग के तीस बरस बीते, उत्तरा तनय को दी थी यह।
शुभ भाद्रशुक्ल नवमी के दिन, श्री शुक ने कथा कही थी यह।।
इसके भी दो सो वर्ष बाद, आषाड़ शुक्ल नवमी के दिन।
धुंधूकारी की मुक्ति हेतु, गोसुत ने की थी यह प्रतिदिन।।

–:–

1. **मत्तो वरं भागवतां वृणुध्वं प्रीतः कथाकीर्तनतोऽस्मि सांप्रतम्।**
श्रुत्वेति तद्वाक्यमतिप्रसनाः प्रेमार्दचित्ता हरिमूचिरेते।। भा.मा. 06–88
न गाहगाथासु च सर्वभक्तैरेभिस्त्वया भाव्यमतिप्रयत्नात।
मनोरथोऽयं परीपूरणीयस्तथेति चोक्तांतर धीरताच्युतः।। भा.मा. 06–89

2. **आकृष्णनिर्गमात् त्रिंषद्वर्षाधिकगते कलौ।**
नवमीतो नभस्ये च कथारंभं शुकोऽकरोत्।। भा.मा. 06–94
परीक्षिच्छ्रवणांते च कलौ वर्षशतद्वये।
शुद्धे शुचौ नवम्यां च धेनुजो ऽकथयत्कथाम।। भा.मा. 06–95
तस्मादपि कलौ प्राप्ते त्रिंषद्वर्षगते सति।
ऊचुरुर्जे सिते पक्षे नवम्यां ब्रह्मणः सुताः।। भा.मा. 06–96

तीस वर्ष बीते तभी, आये सनत्कुमार।
भक्ति, ज्ञान, वैराग्य पर, किया बड़ा उपकार।।
सूत ऋषि कहने लगे, सुनो द्विजों धर ध्यान।
पावन करता जगत में, और न कथा समान।।

जो भक्ति भाव से श्रद्धा से, इस रस का पान करावेगा।
वह वैष्णव इस कलिकाल में भी, जो है असाध्य सब पावेगा।।
इस अमृत को पीने वाले, सब देव तुल्य हो जावेंगे।
भव–बाधा के सारे कंटक, उनकी राहों से जावेंगे।।
श्रीमद्भागवत् का माहात्म्य, इस भांति सदा गाया जाये।
ए बंधुवरों अपना जीवन, श्री हरि में लीन किया जाये।।

सबके हिरदे बैठ के, माधव करो उद्धार।
हाथ जोड़ विनती करे, नागर कमल कुमार।।

–:–

!! श्री कृष्णार्पणमस्तु !!

!! इति श्री जय श्री कृष्ण श्रीमद्भागवत माहात्म्य !!

!! श्री कृष्णः शरणं मम !!

!! जय श्री कृष्ण प्रथम स्कंध !!

सीता पति के चरण में, सादर ना कर माथ।
मन में धारण कर लिया, जिनका श्यामल गात।।
श्यामल रूप अनूप है, है वह जग का भूप।।
गोविन्द माधव रटो तो, कर देता तद्रूप।
श्री [1]हरि के पदकमल, प्रणवौं बारम्बार।
जिनको प्रिय है परस्पर, वन्दन सभी प्रकार।।

कलि के कवियों का वन्दन कर, वर्णन में ध्यान लगाता हूँ।।
यह शुकसागर है अति अगाध, रस पीकर नहीं अघाता हूँ।।
भावार्थ भागवत माता का, वर्णन करने की इच्छा है।
हो कृपा द्विजों की तब सम्भव, वरना घट तो यह कच्चा है।।

क्षीरोदधि के मथन सा, है यह दुश्कर काज।
मैं अल्पज्ञ हूँ हरी ही, सदा रखेंगे लाज।।

यह कल्पवृक्ष है कलियुग में, मनवांच्छित फल देने वाला।
औंकार शब्द अंकुर इसका, है ब्रह्म बीज भक्ती थाला।।

दीर्ध शाख स्कन्ध है, लधु टहनी अध्याय।
श्लोक पात शुभ वृक्ष के, पूर्ण करे सब चाह।।

जिस भांति सूर्य की सत्ता से, मृगतृष्णा जल सच्चा लगता है।
है [क]**सच्ची** सत्ता ईश्वर की, जिससे जग सच्चा लगता है।।

[2]शुकमुख से यह मधुर फल, भू पर पहुंचा आय।
इसके रस के पान से, मरण धरम मिट जाय।।

[ख]**नेमिषअरण्य** की पुण्य भूमि, श्रीहरि का रहता वास जहाँ।
श्री सूत ऋषि के चरणों में, शौनक ने [ग]**पूछा** शीष नवां।।
भगवन मानव की मुक्ति हेतु, हमको शास्त्रों का सार कहो।
देवकी गर्भ से नरहरि का, क्यों हुआ बड़ा अवतार कहो।।
श्री कृष्ण चन्द्र ने पृथ्वी पर, कितनी लीलाएं कर डाली।
[3]**पद** पद में जिनके स्वाद भरा, हे तृप्ति नहीं होने वाली।।

1 **माधवोमाधवावीशौ सर्वसिद्धिविधायिनौ।**
वन्दे परस्परात्मानौ परस्परनुतिप्रियौ।। भा. 01–01–04
निगमकल्पतरौर्गलिंत फलं शुकमुखादमृतद्रवसंयुतम्।
पिबत भागवतं रसमालयं मुहुरहो रसिका भुवि भावुकाः ।। भा. 01–01–03
वयं तु न वितृप्याम उत्तमश्लोकविक्रमें।
यच्छृण्वतां रसज्ञानां स्वादु स्वादु पदे पदे।। भा. 01–01–19

(क) सत्यं परं धीमहि। (ख) श्री विष्णुभगवान का क्षैत्र।
(ग) धर्म शरण किसकी गया, जब हरि गये स्वधाम।
इन छह शुभ वृत्तान्त को, कह दो पूरण काम।।

नर [1]नारायण शारदा, सुमिरे बारम्बार।
शुक मुनि की भी वन्दना, कीन्ही विविध प्रकार।।
सूत ऋषी ने देवगण, पूजे विधि अनुरूप।
सकल चरित कहने लगे, जो कीन्हैं सुरभूप।।
धन नहिं है फल धर्म का, कहते वेद पुराण।
मोक्ष प्राप्त करले तभी, सफल रहे मृयमाण।।

तिर्थों के दरशन करने से, निष्पाप पुरूष हो जाते हैं।
सद्पुरूषों के सेवक होकर, धर्मात्म रूप बन जाते हैं।।
फिर कथा श्रवण करने से ही, श्री हरी हृदय में बसते हैं।
कामादि वासनाऐं जितनी, उन सब की गर्दन कसते हैं।।
वासना नष्ट जब होती है, तब भक्ती दृढ़ हो जाती है।
आसक्ति हीन जब होते हैं, मन में तब शान्ति समाती है।।

सत रज तम गुण युक्त है, हरि अज जनप्रिय देव।
मोक्ष प्रदाता है 'कमल', श्री योगेश्वर देव।।

वेद योग मख दया दान, सब वासुदेव परायण है।
तप ज्ञान धर्म ओर गति भी तो, श्री वासुदेव परायण है।।
सृष्टी की रचना करने को, धर पुरूष रूप जल में पोढ़े।
रच नाभिकमल से ब्रह्मा को, रचना के सारे क्रम् जोड़े।।
प्रभु के समस्त अवतारों का, अब वर्णन करता हूँ सुन लो।
ए ऋषियों उस परमात्मा के, हम पर उपकारों को गुनलो।।

कोमार नाम के सर्ग में, हुए ब्राह्मण, आप।
दूजा रूप वराह[2] धर, हरा धरा का ताप।।

काटने कर्म बन्धन आये, इस वसुधा पर **नारद[3]** बनकर।
मनकी शान्ती स्थापन हित, आये **नर–नारायण[4]** बनकर।।

1. **नारायणम नमस्कृत्य नरंचैव नरोत्तमम्।**
   देवीं सरस्वतीं व्यास ततो जयमुदीरयेत्।। भा. 01–02–04
2. **वासुदेव परावेदा वासुदेव पराः मरवाः।**
   वासुदेव परायोगा वासुदेव पराः क्रिया।। भा.01–02–28
   वासुदेव परंज्ञानं वासुदेव परं तपः।
   वासुदेव परोधर्मो वासुदेव परा गति।। भा. 01–02–29

श्री **कपिल**$_{5}$ रूप में सांख्यशास्त्र, इस जग को आकर भेंट किया।
फिर **दत्त**$_{6}$ रूप में भक्तों को, शुभ आत्मज्ञान उपदेश दिया।।
स्वायंभुव मन्वंतर पालन को, **यज्ञ**$_{7}$ रूप में प्रभु आये।
श्री **ऋषभ**$_{8}$ रूप धारण करके, शुभ परमहंस गुण दिखलाये।।
प्रथु$_{9}$ ने पृथ्वी का दोहन कर, अपना उत्तम पन दिखलाया।
पृथ्वी पर प्रलय हुआ जब तो, वह **मत्स्य**$_{10}$ धर फिर आया।।
मन्दरगिरि धारण करने को, **कच्छप**$_{11}$ का रूप धरा प्रभु ने।
धनवन्तरि$_{12}$ का अवतार धार, अमृत लाकर दीन्हा प्रभु ने।।
मोहिनी$_{13}$ रूप से दैत्यों को, मोहित कर अति मति अंध किया।
वह अमृत फिर सब देवों ने, उनके कर से सानन्द पिया।।
हिरण्यकशिपु वध के निमित्त, **नरसिंह**$_{14}$ रूप धर कर आये।
बलि राजा से पृथ्वी मांगी, **वामन**$_{15}$ बन याचक कहलाये।।
परशुराम$_{16}$ बन तामस से, क्षत्रिय विहीन पृथ्वी की थी।
सत्यवती सुत **व्यास**$_{17}$ बने, तब कथा पुराणों की दी थी।।
श्री **राम**$_{18}$ रूप में पृथ्वी पर, निशिचरगण का संहार किया।
बलराम$_{19}$ **कृष्ण**$_{20}$ का रूप धार, भू–भार हरण का कार्य किया।।

हंस$_{21}$ **हरी**$_{22}$ **के रूप में, फिर प्रगटे भगवान।**
नीर क्षीर गज ज्ञान दे, किया हमें धनवान।।

कलियुग में **बुद्ध**$_{23}$ रूप धर कर, बुद्धत्व सिखाया ईश्वर ने।
फिर **कल्कि**$_{24}$ रूप धर आऊँगा, ऐसा बतलाया ईश्वर ने।।
जो इन समस्त अवतारों का, श्रद्धा से गायन करते हैं।
वे परम पिता उन लोगों के, दुख द्वन्द सभी कुछ हरते हैं।।

सब जीवों में व्याप्त है, वह करूणा आगार।
आत्म रूप में कर रहा, पालन सृजन संहार।।

पाण्डव सुत ने कल्याण हेतु, उनमें जब ध्यान लगाया था।
तब शुक मुख से गंगा तट पर, मैने भी यह फल पाया था।
पूछा शोनक ऋषी ने, यह अचरज की बात।
क्यों योवन के मध्य ही, किया राज्य का त्याग।।

1. **एते चांशकलाः पुंसः कृष्णस्तु भगवान्स्वयं।**
   इन्द्रारिव्याकुलं लोकं मृडयंति युगे युगे।। भा. 01–03–28
2. **जन्म गुह्यं भवतो य एतत्पयतो नरः।।**
   सायं प्रातर्गृणन्भत्त्या दुःखग्रामाद्विमुच्यते।। भा. 01–03–29

जिसके चरणों में शत्रु सदा, सादर अभिवादन करते थे।
उसके सन्मुख सब झुक–झुक कर, बहु द्रव्य समर्पण करते थे।।
वह कारण क्या जिसके वश हो, उस भूपति ने सब त्याग दिया।
गुरूवर बतलाओ गुह्यबात, कैसे प्राणों का त्याग किया।।

सूत ऋषी कहने लगे, सुनो सभी धर ध्यान।
धन्य सुमति है आपकी, त्यागा सब अभिमान।।

अनगिन ग्रन्थों की रचना कर, श्री व्यास सुखी नहिं हो पाये।
तब घबराकर ओर उकता कर, सरस्वती नदी तट पर आये।।

नारद मुनि से जब हुआ, उनका साक्षात्कार।
तब पूछा श्री व्यास ने, अद्‌भुत यह संसार।।

हे देवऋषि ! क्या कारण है, हरदम [1]**अकुलाया** रहता हूँ।
ग्रन्थों की रचना की मैने, फिर भी घबराया रहता हूँ।।
तब देवऋषी ने समझाया, हरि को सब कर्म समर्पित हो।
रचना होती है श्रेष्ठ वही, जो [2]**हरिगुण** से आलेपित हो।।

उन गीतों पर रीझते, श्री गोविंद महाराज।
जिनमें भक्ति प्रधान हो, कम होवे सुर साज।।

परिवर्तनशील समय यदि है, तो परिवर्तन आना ही है।
ग़र आज यहां सुख आया तो, कल तो फिर दुःख आना ही है।।
है चतुर वही नर दुनियां में, जो [3]**सच्चे** सुख को पाजाये।
विषयी सुख का परित्याग करे, देवीय सुखों का हो जावे।।
अतएव छोड़ सब कृत्यों को, अपनी प्रज्ञा अर्पण कर दो।
हे मार्ग शान्ति का बस हरि की, [4]**महिमा** का कुछ वर्णन कर दो।।

1. **अस्त्येव मे सर्वमिदं त्वयोक्तं तथापि नात्मा परितुष्यते मे।**
   तन्मूलमव्यक्तमगाधबोधं पृच्छामहे त्वात्मभवात्म भूतम।। भा. 01–05–05
2. **तद्वाग्विसर्गो जनताघविल्पवो यस्मिनप्रतिश्लोकमबद्धवत्यपि।**
   नामान्यनंतस्य यशोऽकितानि यच्छृंण्वंति गायंति गृणंति साधवः।। भा. 01–05–11
3. **तस्यैव हेतोः प्रयतेत कोविदो न लभ्यते यद्भ्रमतामुपर्यधः।**
   तल्लभ्यते दुःखवदन्यतः सुखं कालेन सर्वत्र गभीररंहसा।। भा. 01–05–18
4. **इदं हि पुंसस्तपसः श्रुतस्य वा स्विष्टस्य सूक्तस्य च बुद्धिदत्तयोः।**
   अविच्युत्तोऽर्थः कविभिर्निरूपितो यदुत्तमश्लोक गुणानुवर्णनम्।। भा. 01–05–22

अपने सब उत्तम [1]**कर्मों** का, फल नहीं सुखों का अर्जन है।
तप योग दान व्रत संयम का, फल तो बस श्री हरि वन्दन है।।

इतना कह मुनिश्रेष्ठ ने, कही कथा फिर एक।
अपने पिछले जन्म की, थोड़ी बातें नेक।।
मेरे पिछले जन्म में, सुनो पराशर पुत्र।
वेदवादियों के यहां, था मैं दासी पुत्र।।

मैं चतुर्मास भर मुनियों की, सेवामें नित रत रहता था।
उच्छिष्ठान्न खाकर उनका, निज जीवन यापन करता था।।
सब बालसुलभ साधन त्यागे, सत्संग में ध्यान लगाया था।
तब पाप निवृत्त हुए मेरे, जग कल्पित है यह पाया था।।
कथा श्रवण मुनि सेवा से, शुभ भक्ति भाव संचार हुआ।
हो कर प्रसन्न उन मुनियों का, मुझपर ऐसा उपकार हुआ।।
जाते जाते उन मुनियों ने, मुझको ऐसा संदेश दिया।
सर्वोच्च ब्रह्मपद पाने का, यह [2]**गुह्यज्ञान** उपदेश दिया।।
मुनिवर मैं अपनी माता का, बस इकलोता ही बालक था।
ऋषियों की कृपा हुई जब से, शुभ कर्मों का संवाहक था।।

पूछा वेदव्यास ने, बतलाओ ऋषिवर्य।
पूर्वजन्म वृत्तान्त सब, तुम्हें स्मरण आश्चर्य।।

उस मुनिमण्डलि के जाने पर, कैसे निज धर्म निभाया था।
हमको बतलाओ देवऋषि, कैसे उत्तम पद पाया था।।

गया न मुनि के साथ में, भक्तिभाव का ध्यान।
सर्पदंश से फिर हुआ, जननी का अवसान।।

1. **कुर्वाणा यत्र कर्माणि भगवच्छिक्षयाऽसकृत्।**
   गृणंति गुण नामानि कृष्णस्यानुस्मरंति च।। भा. 01—05—36
2. **नमो भगवते तुम्यं वासुदेवाय धीमहि।**
   प्रद्युम्नायानिरूद्धाय नमः संकर्षणाय च।। भा. 01—05—37
3. **यत्करोषि यदष्नासि यज्जुहासि ददासि यत्।**
   यत्तपस्यसि कोन्तेय तत्कुरूष्व मदर्पणम्।। गीता 01—09—27

एक ताल में श्रमित हो, किया वहां अस्नान।
पीपल नीचे बैठ कर, रमा दिया निज ध्यान।।

मूंदे नैत्रों से तब मैने, परमात्मा के दर्शन पाये।
जब अन्तर्धान हुए हरि तो, दर्शन हित नयन भी अकुलाये।।

तब हरि ने मुझसे कहा, त्यागो निंदित देह।
दर्शन तब होंगे तुम्हैं, तभी मिलेगा नेह।।

समयानुसार कर देह त्याग, मैने यह पार्षद पद पाया।
फिर प्रलय समय ब्रह्माजी के, प्राणों में जा आश्रम पाया।।
सृष्टी की रचना में पहले, मेने जग में स्थल पाया।
श्री ब्रह्मदेव की इन्द्रिय से, श्री ऋषि मरीचि संग मैं आया।।
रख ब्रह्मचर्य प्रभु आज्ञा से, मैं हरिगुण गाता रहता हूँ।
वीणा वादन करते करते, त्रैलोक्य में विचरण करता हूँ।।
इस भांति कथा कहकर अपनी, नारदजी ने प्रस्थान किया।
अपने आश्रम में तब जाकर, श्री वेदव्यास ने ध्यान किया।।
अपने ध्यान में मुनिवर ने, ईश्वर और माया भी देखी।
मन शान्त हुआ दुःख दूर हुआ, हरिचरणों में बुद्धी टेकी।।

तब इस अनुपम ग्रन्थ की, रचना कीन्ही जाय।
श्रवण मात्र से जरा ओर, शोक मोह मिट जाय।।

इस पावन रचना से मुनियों, मन वेद व्यास का तृप्त हुआ।
अपने सुत शुक को ज्ञान दिया, जिससे यह जग सन्तुष्ट हुआ।।

इतना कह श्री सूत ने, लिया जरा विश्राम।
द्रोणी निग्रह अब कहें, सुनो ऋषि अविराम।।

जब भारत की रण भूमी में, जंघाऐं कुरूसुत की टूटी।
उसको सुख देने के निमित्त, क्रोधाग्नी द्विजसुत की फूटी।।
अत्यन्त कुपित हो वह ब्राह्मण, पाण्डव के गढ़ में जा पहुँचा।
[1]**सोते** में द्रोपदि सुवनो के, सर काट प्रभू सन्मुख पहुंचा।।
पांचाली का क्रन्दन सुन कर, गांडीव उठाया अर्जुन ने।
कर शिरच्छेद मैं लोटूंगा, ऐसा प्रण ठाना था उसने।।

1. **मत्तं प्रमत्तमुन्मत्तं सुप्तं बालं स्त्रियं जडम्।**
प्रपन्नं विरथं भीतं न रिपुं हंति धर्मवित्।। भा. 01–07–36

पशु के सम उस दुष्ट को, बांध लिया तत्काल।
अर्जुन उसको यों लगा, हो जैसे महाकाल।।
वध हित ताना खड्ग तो, करती कुल व्यवहार।
कृष्णा दौड़ी चीखती, सुनो सुनो भरतार।।
जिस दुःख से हे बह रही, मेरी अश्रू धार।
कृपि के लिये न तुम करो, प्रियतम वह व्यवहार।।

[1]**ब्राह्मण** के कुल को कोपित कर, जो क्षत्रिय दुःख पहुंचाते हैं।
यह अटल सत्य है ओ प्रियवर, कुलसहित स्वयं मिट जाते हैं।।
नीतिज्ञ वचन सुन कृष्णा के, श्रीकृष्ण सहित सब हर्षाए।
माता का ह्रदय अलौकिक है, दुःख में भी जो ना घबराये।।
माधव प्रभु का मन्तव्य समझ, अर्जुन ने मणि ओर केश हरे।
ब्राह्मण के हित यह मृत्युदण्ड, इससे आगे कोई न करे।।

केश सहित मणि छीनली, अर्जुन ने तत्काल।
कान्तिहीन हो बंधा था, वह गुरूवर का लाल।।
[2]**धन लेकर सिर मूंडना, छुड़वाना अस्थान।**
ब्राह्मण हेतु और कुछ, है नहिं दण्ड विधान।।

इस तरह सजा देकर उसको, पुर से निष्कासित करवाया।
बंधुओं सहित मृत पुत्रों का, दाहादि कर्म सब करवाया।।
कुरूकुल के शेष महीषों ने, मृत बंधुवरों का स्मरण किया।
सुरसरि की पावन लहरों में, जल देकर सबको नमन किया।।
सबको सुख देकर दुःख हरकर, जब निज पुर को बनवारि चले।
तब कुलवधु का क्रन्दन सुनकर, मन फिर सब लोगों के विचले।।

उत्तरा तभी आई वहां, करते हुए [3]विलाप।
कोई मेरे गर्भ को, देता अति संताप।।

मायापति ने निज माया से, गर्भस्थ सुवन की रक्षा की।
ब्रह्मास्त्र शान्तकर द्रोणी का, कुरूकुल गौरव की रक्षा की।।

1. यैः कोपितं ब्रह्मकुलं राजन्यैरकृतात्मभिः।
तत्कुलं प्रदहत्याशु सानुबंधं शुचार्पितम्।। भा. 01–07–462.
वपन द्रविणादानं स्थानान्निर्यापणं तथा।
एष हि ब्रह्मबंधूनां वधो नान्योऽस्ति दैहिकः।। भा. 01–07–57
3. पाहि पाहि महायोगिन् देव देव जगत्पते।
नान्यं त्वदभयं पश्ये यत्र मृत्युः परस्परम्।। भा . 01–08–09

इस भांति कृपा से माधव की, सब हर्षित होकर झूम उठे।
कुंती माता के श्रीमुख से, स्वर विनती के यों फूट उठे।।
हे यदुकुल भूषण नन्दसुवन, [1]**श्रीकृष्ण** तुम्हांरी जय होवे।
लाक्षागृह से तारण हारे, श्रीकृष्ण तुम्हांरी जय होवे।।
जब कपट सभा में कुल ने ही, कुल की मर्यादा लांघी थी।
उस समय चीर में वास किया, श्रीकृष्ण तुम्हांरी जय होवे।।
वनवास अवस्था के सब दुःख, तुमने ही सुख में बदले थे।
सब त्राण दिलाने वाले तुम, श्रीकृष्ण तुम्हांरी जय होवे।।
पृथ्वी द्रोही राजाओं को, पावक की भांति जलाते हों।
गौ–ब्राह्मण के रखवारे तुम, श्रीकृष्ण तुम्हांरी जय होवे।।
मेरे तो एक सहारे तुम, तुमने ही साथ निभाया है।
विष के प्रभाव को नष्ट किया, श्रीकृष्ण तुम्हांरी जय होवे।।
इस धर्मयुद्ध में जय सुत की, सेना पर साया तेरा था।
बस विजय दिलाने वाले तुम, श्रीकृष्ण तुम्हांरी जय होवे।।
अश्वत्थामा का ब्रह्मअस्त्र, जो कुरूकुल का संहारक था।
उसका अब शमन किया तुमने, श्रीकृष्ण तुम्हांरी जय होवे।।
इस भांति सहस्त्रों कष्ट मेरे, सुख में परिवर्तित किये सदा।
तुम कंक कीर्ति के वर्धक हो, श्रीकृष्ण तुम्हांरी जय होवे।।
वसुदेव देवकी का तो बस, कंसासुर वध कर भला किया।
मेरा तो पग पग साथ दिया, श्रीकृष्ण तुम्हांरी जय होवे।।

1. **नमस्ये पुरूषं त्वाद्यमीश्वरं प्रकृतेः परम।**
अलक्ष्यं सर्वभूतानामंतर्बहिरवस्थितम्।। भा. 01–08–18
2. **मायाजवनिकाच्छन्नमज्ञा धोक्षजमव्ययम।**
न लक्ष्य से मूढ़दृद्दशा नटो नाट्यधरोयथा।। भा. 01–08–19
3. **कृष्णाय वासुदेवाय देवकीनंदनाय च।**
नंद गोपकुमाराय गोविंदायनमो नमः।। भा. 01–08–21
4. **नमः पंकजनाभाय नमं पंकजमालिने।**
नमः पंकजनैत्राय नमस्ते पंकजाघ्रये।। भा. 01–08–22
5. **श्रीकृष्ण कृष्णसरवं वृष्ण्यृर्षभावनिध्रुग्राजन्यवंश दहनानपवर्गवीर्य।**
गोविंद गोद्विजसुरार्तिहरावतार योगेश्वराखिलगुरो भगवन्नमस्ते।। भा. 01–08–43

हे धन्य यशोदा नन्द गोप, ओर धन्य सभी बृज बालाएं।
हे धन्य ग्वाल मण्डल सारा, श्रीकृष्ण तुम्हांरी जय होवे।।
वह कालिन्दी का विमल कूल, जहां रास रचाया था माधव।
ठुमके थे माखन हित तुम भी, श्रीकृष्ण तुम्हांरी जय होवे।।
बंशी के मधुर तरानों से, मोहित बृजमण्डल सारा था।
वह ही राधा के माधव तुम, श्रीकृष्ण तुम्हांरी जय होवे।।
श्रीकृष्ण तुम्हांरी जय होवे, श्रीकृष्ण तुम्हांरी जय होवे।
श्रीकृष्ण तुम्हांरी जय होवे, श्रीकृष्ण तुम्हांरी जय होवे।।

कुंती की यह विनय सुन, विहंसे श्रीबृजराय।
प्रतिदिन इसके पाठ से, शुद्ध बुद्धि हो जाय।।

धर्मावतार ने तब आकर, माधव के चरण परखारे हैं।
मुझ जैसा कौन महांपापी, जिसने निजजन संहारे हैं।।
श्रीकृष्णचन्द्र ने एक युक्ति, मन की शान्ती हित बतलाई।
हो अश्वमेध का आयोजन, यह कर्म विलक्षण है भाई।।

जो [क]हत्याऐं की गई, राज्य प्राप्ति के हेतु।
अश्वमेध क्यों कर बने, पाप शमन का सेतु।।

कैसे सम्भव है योगेश्वर, कीचड़ से कीचड़ धो देना।
या यों कहलें की मद्यशमन, फिर मद्यपान से कर लेना।।
इस भांति दुखित होकर राजा, श्री भीष्म देव के पास गया।
श्रीकृष्ण सहित इक ऋषिमण्डल, उस पाण्डु सुवन के साथ गया।।

[ख]शरशायी गांगेय को, सादर नाकर माथ।
धर्मपुत्र रोने लगा, छूकर उनका गात।।

भीषम ने नीति वचन कहकर, कुछ उसके दुःख को शान्त किया।
वर्णाश्रम धर्म कहा उसको, भगवद्धर्मों का ज्ञान दिया।।

1. **यथा पंकेन पंकाभः सुरया वा सुराकृतम्।**
   भूतहत्यां तथैवैकां न यज्ञैर्मार्ष्टुमर्हति।। भा. 1–8–52

(क) अक्षोहिणी–21870 हाथी, 21870 रथी, 65510 अश्वपति, 108350 प्यादे = 01 अक्षोहिणी
(ख) श्री भीष्म एकमाह छब्बीस दिन बाण शैया पर रहे।

यह सब वर्णन करते1 करते, नैनो से नीर छलक आया।
जो कष्ट सहे थे कुलवधु ने, स्मृति पटल पर सब आया।।
हो धर्मराज सा ज्येष्ठ सुवन, अर्जुन सा गांडिव धारी हो।
फिर पवनतनय सा एक सुवन, जो श्रेष्ठ गदा का धारी हो।।
ऐसे स्वजनो के साथ–साथ, हो संचालक योगेश स्वयं।
तब भी विपदायें घेरे तो, है [क]**कालगती** का यह सब क्रम।।
चकित व्यथित मन भीष्म ने, खोले अपने नैन।
देखा सन्मुख खड़े हैं, यदुपति करूणा ऐन।।
उस अद्भुत छवि का दर्शन कर, नैनो से उन्हें प्रणाम किया।
रणभूमी की घटनाओं का, अब अन्त समय में भान किया।।
आहत हो मेरे बाणों से, था कवच विदीर्ण हुआ जिनका।
मैं शरणागत अब उनकी हूँ, श्रीकृष्ण तुम्हांरी जय होवे।।
था रूधिर व्याप्त [ख]पीताम्बर में, मेरे बाणों की मारों से।
अर्जुन को बचा रहे थे पर, भीषम के भीषण बाणों से।।
उन पार्थसारथी माधव को, हे अन्तिम समय प्रणाम मेरा।
अर्जुन उपदेशक धन्य तुम्हें, श्रीकृष्ण तुम्हांरी जय होवे।।

1. पांडपुत्रानुपासीनान्प्रश्रय प्रेम संगतान।
अभ्याचष्टानुरागास्रैधीभूतेन चक्षुषा।। भा. 01–09–11

2. अहोकष्टमहोऽन्यायं यद्यूयं धर्मनंदनाः।
जीवितुं नार्हथ क्लिष्टं विप्रधर्माऽच्युताश्रयाः।। भा. 01–09–12

3. संस्थितेअतिरथै पांडौ पृथा बालप्रजा वधुः।
युष्मत्कृते बहून क्लेशान्प्राप्ता तोकवती मुहुः।। भा. 01–09–13

4. सर्वकालकृतं मन्ये भवतां च यद्प्रियम्।
सपालो यद्वशे लोको वायोरिव धनावलिः।। भा. 01–09–14

5. यत्र धर्मसुतोराजा गदापाणिर्वृकोदरः।
कृष्णोऽस्त्री गांडिवं चापं सुह्वत्कृष्णस्ततो विपत्।। भा. 01–09–15

(क) करम गति टारी नाहिं टरे। भजन सूरदास।
(ख) वा पटपीत की फहरान। करधरिचक्र, धरनि को धावनि, नहिं बिसरत वह बान।
रथ ते उतरि अवनि आतुर ह्वे, कचरज की लपटान।
मानो सिंह सेल से निकस्यो, महामत्तगजजान।
जिन गोपाल मेरो प्रन राख्यो मेटी वेद की कान।
सोई सूर सहाय हमारो, निकट भये हैं आन। सूरदास।।

मैं शस्त्र न लूंगा इस रण में, जब यह प्रण ठाना था प्रभु ने।
मैं शस्त्र गहाऊँगा तुमको, तब यह [क]**प्रण** ठाना था हमने।।
इस सेवक का प्रण रखने हित, खुद अपने प्रण को भूल गये।
निज भक्तों के रखवारे तुम, श्रीकृष्ण तुम्हांरी जय होवे।।
प्रभु समय आगया मृत्यू का, जिसका मैं वरण करूंगा अब।
तुम मुक्ति दिलाने आये हो, तुम्हरी ही [1]**शरण** गहूंगा अब।।
गोपीजनवल्लभ गिरिधारी, है प्रथम पूज्य नटवर नागर।
भुविभार उतारन हार हो तुम, श्रीकृष्ण तुम्हांरी जय होवे।।

इस भांति प्रार्थना पूर्ण कर, भीतर रोका श्वांस।
देह वहीं पर रह गई, प्राण गये हरि पास।।

इच्छा मृत्यू वाला योगी, देखो तो हमसे दूर हुआ।
है धन्य धरा अपनी भाई, जिसपर था ऐसा वीर हुआ।।
भीषम को शान्त हुआ पाकर, [2]**युद्धिष्ठिर** ने दुःख व्यक्त किया।
दाहादिकर्म सब विधि करके, द्विज लोगों को बहु दान दिया।।
देवों ने वर्षे सुमन वहां, उस पुण्य पुरूष की काया पर।
ऋषियों ने जय जय देव कहा, उस परमात्मा की माया पर।।
श्रीकृष्ण नमन कर सब ऋषिगण, निज निज आश्रम की ओर चले।
युद्धिष्ठिर भी नतमस्तक हो, अपनी नगरी को लोट चले।।
धृतराष्ट्र ओर गांधारी को, उस धर्मध्वज ने समझाया।
उनकी आज्ञा से राजमुकुट, अपने मस्तक पर धरवाया।।
वह महांसमर का जयी वीर, शासन संचालन करता था।
जो सद्पुरूषों की लीक रही, उसका अनुपालन करता था।।

1. त्रिभुवन कमलं तमालवर्णं रविकरगोरवरांबरं दधाने।
वपुरलककुलावृताननाब्जं विजयसखे रतिरस्तु मेंऽनवध्या।। भा. 01–09–33
2. तस्य निर्हरणादीनि संपरेतस्य भार्गव।
युधिष्ठिरः कारयित्वा मुहुर्त दुःखितोऽभवत्।। भा. 01–09–46

(क) आज जो हरि हिं न शस्त्र गहाऊँ।
तो लाजों गंगा जननी को, सांतनु सुत न कहाऊँ।
स्यंदन खंडि, महारथ खंडो, कपिध्वज सहित डुलाऊँ।
इतो न करों सपथ मोहि हरि की, छत्रिय गति हि न पाऊँ।
पाण्डव दल सन्मुख ह्वे धाऊँ, सरिता रूधिर बहाऊँ।
सूरदास रनभूमि विजय बिनु, जियत न पीठ दिखाऊँ।। सूरदास।।

अपने भ्राताओं से तो वह, सब भांति समर्थन पाता था।
जो शेष रहे थे कौरव जन, उनपर भी स्नेह जताता था।।

आधि व्याधि से भी रहित, था उसका साम्राज्य।
उत्तम वर्षा सब तरफ, करते थे सुरराज।।
सूतऋषी कहने लगे, सुनो सभी दे ध्यान।
अब कहता जो कुछ हुआ, आगे का आख्यान।।

माधव ने देखा कुंति सुवन, सब भांति सुराज्य चलाता है।
बंधू–बांधव के साथ–साथ, गुरूओं की सम्मति पाता है।।

है सारे नर नार, उसके शासन में सुखी।
शीतल मन्द बयार, भूमण्डल में बह रही।।

एक दिवस युद्धिष्ठिर से, बोले हरि वीर विदा दीजे।
होगया शमन सब दुःखों का, द्वारिका मुझे जाने दीजे।।
उद्धव के साथ विदा लेकर, श्रीकृष्ण नगर बाहर आये।
यह दृष्य देख अबलाओं के, नैनो से अश्रु छलक आये।।
बहुभांति बखान किया उनकी, महिमा माया ओर ममता का।
नित शुद्ध बुद्धि करने वाले, उस छलिया की सब क्षमता का।।

कुरू जांगल पांचाल से, पहुँचे ब्रह्मावर्त।
मरू धन्व होते हुए, आ पहुँचे आनर्त।।

उस कमलनयन के दर्शन कर, द्वारिका निवासी धन्य हुए।
निश्चय है पिछले जन्मों में, उन सबने थे बहु पुण्य किये।।
द्वारिकाधीश के स्वागत हित, दुलहन सी सजी द्वारिका थी।
उद्यान ओर उपवन से युत, धरती पर बड़ी निहारिका थी।।
तोरण ओर ध्वजा पताका से, सब गृह संवराये थे उसके।
नैवेद्य दधी रंगोली से, पथ भी हुलसाये थे उसके।।

परि पुर जन से भेंट कर, सन्मानी [क]सब मात।
भार्याऐं सब खुश हुई, हुए प्रफुल्लित तात।।
सादर ना कर माथ, शौनकादि ने तब कहा।
सुनत न श्रवण अघात, अद्भुत है श्री हिरचरित।।

अब कथा परीक्षित राजा की, ए द्विजवर हमको कह दीजे।
क्यों किया देह का त्याग प्रभू, कुछ उसका भी वर्णन कीजे।।

क. देवकी, रोहिणी, पौरवी, मदिरा, कौशल्या, रोका, इला, धृतदेवा, शांतिदेवा, उपदेवा, श्रीदेवा, देवरक्षिता, सहदेवा

ज्ञान क्षुधा को परख कर, मगन हुए श्री सूत।
हरिगुण सुनने से हुए, शोनकादि तद्रूप।।

दस मास गर्भ में रक्षा की, जिस सुत की श्री हरि राई ने।
शुभ नाम परीक्षित धरवाया, पाण्डव कुल के गुरूराई ने।।
मनु सुवन ईक्ष्वाकू समान, यह होगा परजा का पालक।
श्री रामचन्द्र जी के समान, यह होगा नीति वचन पालक।।

दानी होगा शिबी सा, सिन्धु समान गंभीर।
धेर्य धरा सा रखेगा, अर्जुन सा धनुवीर।।

समभाव में होगा ब्रह्मा सा, ओर भरत सा दान यज्ञ करता।
श्री विष्णु देव सा जीवाश्रय, श्री महादेव सा दुःख हरता।।
श्री रंति देव जैसा उदार, ओर धीर बली के सम होगा।
प्रहलाद सा भक्त ओ धर्मवान, राजा ययाति के सम होगा।।
निज मात पिता सा सहनशील, कलि को दण्डित करने वाला।
यह विष्णुरात नामक बालक, होगा केशव सा गुण वाला।।

शुक मुनि से ले ज्ञान यह, त्यागेगा निज देह।
हरि से इस हरि भक्त का, अद्भुत होगा नेह।।
शुक्ल पक्ष के शशी सम, निखरा था वह वीर।
हरि दर्शन को चक्षु द्वय, रहते सदा अधीर।।

सुत पाकल श्रीहरि सम्मति से, बन्धू बान्धव को साथ लिया।
ले स्वर्ण मरूत यज्ञस्थल से, फिर अश्वमेध का याग किया।।

तीन यज्ञ यों पूर्ण कर, ले अर्जुन को साथ।
बसे द्वारिका जाय तब, कृष्ण द्वारिका नाथ।।
घर लोटे जब विदुर जी, कर सतसंग भरपूर।
पूजन कर सबने किया, उनका पथश्रम दूर।।

पाण्डु तनय ने बहु विधि से, चाचाजी का सत्कार किया।
जो समय समय पर कीन्हें थे, उन उपकारों का भान किया।।
हैं आप [1]**तीर्थ** से भी पवित्र, तीर्थों को पावन करते हैं।
इस जग में लोग कई एसे, जो प्रभु दर्शन कर तरते हैं।।

1. **भवद्विधा भागवतास्तीर्थभूताः स्वयं विभो।**
तीर्थीकुर्वंति तीर्थानि स्वांतस्थेन गदाभ्रता।। भा. 01—13—10

बहुभांति मान पा पुत्रों से, श्री विदुर महल में जा पहुँचे।
धृतराष्ट्र ओर गांधारी के, मणिमहलों के भीतर पहुँचे।।
कुछ कटु वचनों के माध्यम से, वैराग्य सिखाया था उनको।
कुल हत्यारों की शरण पड़े, ऐसा समझाया था उनको।।

सिर धर शिक्षा बन्धु की, ले अर्द्धांगिनि साथ।
दिशा हिमालय की चले, करते नगर अनाथ।।
देखा सुत ने नहीं है, घर मेरे पितु मात।
पूछा संजय कहो तो, कहां गये हैं तात।।
संजय बोले ठग लिया, उनने मुझको आज।
नृप बिन जीवन व्यर्थ है, अब इसका क्या काज।।
धर्मराज रोने लगे, हो ग़मगीन उदास।
देवऋषि आये तभी, युद्धिष्ठिर के पास।।

बोले उस साधु पुरूष का तुम, मत मन में सोच करो राजन।
बस पांच दिवस में देह त्याग, हरिलोक सिधारेंगे सज्जन।।
आश्चर्य जनक यह कृत्य देख, फिर विदुर तीर्थ को जावेंगे।
इस भांति नृपति पितु–मात तेरे, यह जीवन सफल बनावेंगे।।
इस तरह विलग होकर उनसे, पाण्डु सुवन अति दुखित हुआ।
अपशकुन हुए फिर कुछ ऐसे, जिससे मन उसका भ्रमित हुआ।।
गृह कलह ओर फिर पाप कर्म, सर्वत्र दिखाई पड़ता है।
बिन बादल कड़–कड़ होती है, क्यों [1]**बांया** नेत्र फड़कता है।।
आभा विहीन श्री सूर्य देव, ओर धूसर वर्ण दिशाऐं हैं।
गौ–बेल दुःखी हैं देखो तो, रोती ये **प्रभु**[2] प्रतिमाऐं हैं।।

1. **उर्वक्षिबाहवो मह्यं स्फुरंत्यंग पुनः पुनः।**
वेपथुश्चापि ह्रदये आराद्धास्यंति विप्रियम्।। भा. 01–14–11
2. **देवतानि रूदंति व स्विधंति हुच्चलंति च।**
इमे जनपदा ग्रामाः पुरोधानाकराश्रमाः।
भ्रष्टश्रियो निरानंदाः किमधं दर्शयंति नः।। भा. 01–14–20
मन्य एतेर्महोत्पातैर्नूनं भगवतः पदैः।
अनन्य पुरूष श्रीभिर्हीनाभूर्हत सौभगा।। भा. 01–14–21

उसी समय आये वहां, अर्जुन हो श्री हीन।
पूछा भैया कहो क्यों, तुम लगते अति दीन।।

अपमान किया है कह किसने, या इच्छित दान न दे पाया।
शरणागत का परित्याग किया, अगम्य गमन तू कर आया।।
कैसे बतलाऊँ महाराज, सब कुछ अब मेने खोया है।
जिसका था आश्रय बहुत भांति, वह चिर निद्रा में सोया है।।

प्राण बिना निर्जीव ज्यों, हो जाती यह देह।
[1]कृष्ण बिना हे भ्रात श्री, मैं हूँ निःसन्देह।।

उनके ही प्रबल **[2]पराक्रम** से, मैने मछली को भेदा था।
खांडव वन का भी दहन किया, फिर देवराज को जीता था।।
चीर बढ़ाकर कुरूकुल की, था मर्यादा का मान किया।
खुद पर मैं कैसे जय पाऊँ, इसका भी जिसने ज्ञान दिया।।

[3]शूल निकलता शूल से, ए भैया जिस भांति।
नाटक में हे बदलती, निज स्वरूप नट जाति।।

बस इसी भांति उस नटवर ने, यदुकुल की माया निस्तारी।
भूभार हरण के साथ साथ, असहाय कर गया गिरिधारी।।

धर्मराज नहिं सह सके, यह भीषण आघात।
मूर्तिवन्त वे हो गये, पीत हो गया गात।।

बस उसी समय उस राजा ने, अपने मन पर अधिकार किया।
दे राज परीक्षित प्यारे को, वन का मारग स्वीकार किया।।

1. यस्य क्षण वियोगेन लोको ह्यप्रियदर्शनः।
उक्थेन रहितो ह्येष मृतकः प्रोच्यतेयथा।। भा. 01–15–06

2. तद्वे धनुस्त इषवः स रथो हयास्तेसोऽहं रथीनृपतयो यत आनमंति।
सर्वं क्षणेन तदभूदसदीशरिक्त भस्मन्हुतं कुहकराद्दमिवोप्त भूष्याम।। भा. 01–15–21

3. यया ऽहरद्भुवो भारं तां तनु विजहावजः।
कंटकं कंटकेनेव द्वयं चापीशितुः समम्।। भा. 01–15–34
यथा मत्स्यादिरूपाणि धत्ते जह्याद्यथा नटः।
भूभार क्षपितो येन जहौ तच्च कलेवरम।। भा. 01–15–35
यदा मुकुंदो भगवानिमां महीं जहौ स्वतन्वा श्रवणीय सत्कथः।
तदाहरेवाप्रतिबुद्धचेतसामधर्म हेतुः कलिरन्ववर्तत्।। भा. 01–15–36

उन पांचो वीर [1]**पाण्डवों** ने, मधुपति में ध्यान लगाया था।
हिमगिरि की धवल शिखाओं को, ही अपना ठोर बनाया था।।

नितयौवनि ने भी करी, यदुवर में मति लीन।
ऐसा करते ही हुई, वृजवल्लभ आधीन।।

श्रीपति में जिनका ध्यान रमा, जो बनमाली के प्यारे थे।
इस देवभूमि में बंधुवरों, वे पाण्डव सब से न्यारे थे।।
कलियुग के प्राणी सब सुनलो, केशव में ध्यान लगाना है।
''श्री जय श्री कृष्ण'' का मधुर जाप, कर हमको भव तर जाना है।।

राज परीक्षित ने किया, [2]धर्माचरणनुरूप।
हुआ न पृथ्वी पर कोई, ऐसा अनुपम भूप।।
उत्तर सुता इरावती, थी जो गुण की खान।
ब्याह परीक्षित ने किया, धर गिरिधर में ध्यान।।

बहु अश्वमेध करने वाला, सब भांति योग्य था वह राजा।
सानन्द प्रजा थी सभी भांति, बजता था आनन्द का बाजा।।

[क]सुरभी से जब [ख]वृषभ ने, इक दिन पूछा हाल।
तेज हीन क्यों हो कहो, किसका तुम्हें मलाल।।
वसुधा ने निःश्वास भर, कहा मेरा दुःख एक।
हरि बिन लगता जगत यह, पलभर भी नहिं नेक।।

[3]**सत्य** शोच ओर दया शान्ति, संतोष न संयम दिखता है।
बल शील कांति कौशल व तेज, इनका नहिं वाहक मिलता है।।

1. तद्धयानोद्रिक्तया भक्त्या विशुद्धधिषणाः परे।
तस्मिन्नारायणपदे एकांतमतयो गतिम।। भा. 01–15–47
अवापुर्दुखापांते असद्भिर्विषयात्मभिः।
विधूतकल्मषास्थानं विरजेनात्मनैव हि।। भा. 01–15–48

2. सारथ्यपार्षदसेवनसख्य दौत्यवीरासनानुगमनस्तवन प्रणामम्।
स्निग्धेषु पांडुषु जगत्प्रणतिं च विष्णौर्भक्तिं करोति नृपतिश्र्चरणारविंदे।। भा. 01–16–17

3. सत्यं शोचं दया क्षांतिस्त्यागः संतोष आर्जवम्।
शम दमस्तपः साम्यं तितिक्षोपरतिः श्रुतम।। भा. 01–16–27
ज्ञान ˙ विरक्तिरैश्वर्यं शोर्यं तेजो बलं स्मृतिः।
स्वातंत्र्यं कोशलं कांतिर्धेर्यं मार्दवमेव च।। भा. 01–16–28
प्रगल्भ्यं प्रश्रयः शीलं सह ओजो बलं भगः।
गांभीर्यं स्थेर्यमास्तिक्यं कीर्तिमानोऽनहंकृतिः।। भा. 01–16–29
(क) गौ रूप पृथ्वी (ख) बेल रूप धर्म

दुःसंग ओर मद के कारण, तप शोच दया का ह्रास हुआ।
धन ओर राजमद के कारण, सतसंगति को भी त्रास हुआ।।
यह मिथुन परीक्षित ने देखा, दुःख से व्याकुल था घबराया।
वह दयादृष्टि वाला राजा, उनकी [1]**पीड़ा** से अकुलाया।।

[2]चोथे पद को धर्म के, पीट रहा इक दुष्ट।
रोका उसको शीघ्र ही, राजा ने हो रूष्ट।।

क्या दशा धर्म की की तू ने, यह क्या तेरे मन को भाया।
तू कौन बतादे शीध्र मुझे, किसलिये मेरे घर में आया।।
ए नृपति सुनो मैं [3]**कलियुग** हूँ, यह मेरा ही सब किया धरा।
तुम देख रहे हो अकुलाती, मेरे ही कारण वसुंधरा।।

विधि का मेरी मृत्यु से, होगा सब क्रम भिन्न।
ठोर बताओ मैं रहूँ, इस जग से हो भिन्न।।
गुणग्राही नृप ने किया, मनमें तनिक विचार।
गुण देखे कुछ विलग तो, किया न कलि पर वार।।

मेरा वध करने से राजन, विधि का विधान मिट जायेगा।
निज धर्म निभाओ नृप वरना, युग धर्म नहीं रह पायेगा।।

[4]मदिरा द्युत ओर कामिनी, ओर स्वर्ण महाराज।
हिंसा के स्थल सभी, मुझको दें अधिराज।।

आदेश परीक्षित का पाकर, इनमें ही उसने रमण किया।
इनका सेवन करने वाले, प्राणी की मति में भ्रमण किया।।
हो [5]**धर्मशील** या कुशल नृपति, इन सब से उनको बचना है।
जो वृद्धि चाहता पुण्यों की, इन सब से दूर हि रहना है।।

1. **यस्य राष्ट्रे प्रजाः सर्वास्त्रस्यंते सध्व्यसाधुभिः। तस्य मत्तस्य नश्यंति कीर्तिरायुर्भगोगतिः।। भा. 01–17–10**
2. **तपः शोचं दया सत्यमिति पादाः प्रकीर्तिताः। अधर्मांशेस्त्रयो भग्नाः स्मयसंगमदेस्तव।। भा. 01–17–24**
   इदानीं धर्मपादस्ते सत्यं निर्वर्तयेद्यतः। तंजिघृक्षस्यधर्मोऽयमनृते नेधितः कलिः।। भा. 01–17–25
3. **त्वां वर्तमानं नरदेवदेहेष्वनु प्रवृत्तोऽयम धर्मपूगः।**
   लोभोऽनृतं चौर्यमनार्यमंहो ज्येष्ठां च माया कलहश्च दंभ।। भा. 01–17–32
4. **अभ्यर्थितस्तदा तस्मै स्थानानि कलये ददो। द्यूतं पान स्त्रियं सूना यत्रा धर्म चतुर्विधाः।। भा. 01–17–38**
   पुनश्च याचमानाय जातरूपमदात्प्रभुः। ततो अनृतं मदं कामं रजोवैरं च पंचमम्।। भा. 01–17–39
5. **अथेतानि न सेवेत बुभूषः पुरुषः क्वचित्। विशेषतो धर्मशीलो राजा लोकपतिर्गुरूः।। भा. 01–17–41**

शुभ धर्मज्ञान देने वाले, सद्गति ही जिनको प्यारी है।
वे भी इनसे बचकर रहते, उनकी तो दुनियां न्यारी है।।

शौनकादि ने तब कहा, धन्य धन्य महाराज।
कृपा करें इस भांति ही, हम सब पर गुरूराज।।

आख्यान परीक्षित राजा का, विस्तार सहित वर्णन कीजे।
हम यज्ञ कर्म कर्ताओं को, श्रीहरि [1]**मकरन्द** पिला दीजे।।
श्रीपति की लीलाऐं अनन्त, हम पार न उनका पाते हैं।
गुरू जितना वर्णन करते हैं, हम उतना आनन्द पाते हैं।।
मैं यथा शक्ति ओं विप्रवरों, गिरिधर गुण गाऊँगा सुनलो।
यह रस अनुपम है जीवन में, इसका माधुर्य सभी चुनलो।

एक दिवस नृप परीक्षत, करने गया अहेर।
दुर्गम वन में भ्रमित पथ, उसको हो गई देर।।

वह श्रमित ओर भूखा प्यासा, स्यंदन के साथ भटकता है।
है समय बड़ा बलवान सुनो, जो वह करवाता होता है।।

ऋषि शमीक के आश्रम, जा पहुंचा वह वीर।
मुनि बैठे थे ध्यान में, सुनी न इसकी पीर।।
[2]**प्रिय वचन नहीं पाया वहां, हुआ परीक्षित क्रुद्ध।**
जब आते हैं दिन बुरे, होते भ्रमित प्रबुद्ध।।

इक सर्प मारकर राजा ने, फिर गले ऋषी के डाल दिया।
है जूठ समाधी या सच्ची, इसका नहिं तनिक विचार किया।।

कर ऐसा दुष्कर्म, लोटा अपने नगर वह।
इस कुकृत्य का मर्म, समझ न पाया वीरवर।।

यह समाचार कुछ शिष्यों ने, ऋषिसुत श्रृंगी तक पहुंचाया।
क्रोधित होकर वह तत्क्षण ही, मित्रों संग आश्रम में आया।।

देख दशा निज तात की, भूला अपना चेत।
कहा [3]श्वान सम नृपति यह, किया न इसने नेक।।

1. कर्मण्यस्मिन्ननाश्वासे धूम धूम्रात्मनाम भवान्। आपाययति गोविंद पाद पद्मासवम मधुः। भा. 01.18.12.

2. अलब्धतृणभूम्यादिरसंप्राप्तार्धसुनृतः। अवज्ञातमिवात्मानं मन्यमानश्चुकोपह।। भा. 01.18.28

3. अहो अधर्मः पालाना पीव्ना बलिभुजामिण। स्वामिन्यधंयद्दासानां द्वारपानां शुनामिव।। भा. 01.18.33
ब्राह्मणैः श्रत्रबंधुहि द्वारपालो निरूपितः। स कथम तदग्रहे द्वास्थसभांडं भौक्तुमर्हति।। भा. 01.18.34

हमने ही राज्य दिया इनको, ये उसका भोग किया करते।
पर देखो आज यही राजा, उपहास हमारा ही करते।।
कौशिकी नदी का जल लेकर, थोड़ा फिर मंत्रोच्चार किया।
''सातवें दिवस उस शठ को जा, [1]**तक्षक** डस लेगा'' श्राप दिया।।
कर्मानुरूप उस राजा को, इसका फल तो चखना होगा।
हे दिवस सातवां बड़ा प्रबल, उसको भूतल तजना होगा।।
इस भांति श्राप दे राजा को, श्रृंगी ने रूदन मचाया है।
अंगिरा गोत्री ब्राह्मण को, इस रूदन ने आज जगाया है।।

जागे ऋषि शमीक ओ, किया सर्प को दूर।
बोले सुत क्यों रो रहा, बता करूं दुख दूर।।
श्रृंगी से वृत्तान्त सुन, दुखित हुए द्विजराज।
थोड़े से अपराध पर, दण्ड दिया बेकाज।।

सुत होता उत्तम [2]**नृपति** सुनो, सच्चा ईश्वर का रूप सदा।
उसके सुराज्य संचालन से, परजा से दूर रहे विपदा।।
उत्तम नृप के नहिं होने से, वसुधा अकुलाने लगती है।
बढ़ जाता है फिर अनाचार, जनता घबराने लगती है।।
हो चक्रवर्ति अथवा यशस्वि, या अश्वमेध करने वाला।
पालन करता हो धर्म कर्म, या प्रभु पूजन करने वाला।।

क्षुधित त्रशित या फिर नृपति, या जो है सब योग्य।
जो सब भांति समर्थ है, नहीं श्राप के [2]योग्य

हे देव क्षमा करना मुझको, मेरे सुत ने अपराध किया।
थी चूक न राजा की इतनी, जितना इस शठ ने कोप किया।।

सूत ऋषि कहने लगे, द्विजों सुनो धर ध्यान।
आत्मा सुख दुःख से परे, [3]साधु न धरते ध्यान।।
महलों में जब आगया, अशुभ श्राप संदेश।
राजा ने सिर धर कहा, जो विधि का आदेश।

1. **इति लंघित मर्यादं तक्षकः सप्तमेंऽहनि। दंक्ष्यतिस्म कुलांगारं चोदितो में ततद्रुहम।। भा. 01–18–37**
2. **धर्मपालो नरपतिः स तु सम्राड ब्रहच्छ्रवाः। साक्षान्महाभागवतो राजर्षिर्हयमेधयाट्।।**
   क्षुत्तृट्श्रमयुतो दीनो नैवास्मच्छाप मर्हति।। भा. 01–18–46
3. **प्रायशः साधवो लोके परैर्द्वंद्वेषु योजिताः। न व्यथंति न हृष्यंति यत आत्मागुणाश्रयः।। भा. 01–18–50**

साधन मिला विराग का, किया अन्न जल त्याग।
गंगा तट पर आगया, मान परम सोभाग।।

श्रीकृष्ण [1]**चरण** रज सम्बंधी, जो सलिल बहाने वाली है।
मृयमाण सदा सेवन करते, जग पावन करने वाली है।।
जनमेजय को दे राज मुकुट, वह सुरसरि के तट जाता है।
है पुण्य बड़े उसके देखो, इक ऋषि मण्डल वहां आता है।।
[2]**अत्री** वशिष्ट श्री च्यवन ओर, पाराशर गाधि सुवन आये।
अंगिरा, अरिष्टनेमी उतथ्य, मुनि शरद्वान ओर भृगु आये।।

इन्द्र प्रमद मेधातिथि, देवल आर्ष्टिषेण।
भरद्वाज गोतम ओर्व, नारद आशिष देन।।

सब ऋषि मुनियों के चरणों में, उसने सादर फिर नमन किया।
की कृपा सभी ने सेवक पर, इन सब बातों पर मनन किया।।
पूछा मुनिवर अब बतलाओ, इस समय मुझे क्या करना है।
हो मृत्यु निकट जिस मानव की, कैसे उसको भव तरना है।।

हुआ न निर्णय किसी से, योग बड़ा या दान।
यह विवाद इतना बढ़ा, कैसे करें निदान।।

सबने अपना मत बतलाया, पर कोई सार नहीं आया।
तब उसी समय उस वसुधा पर, इक अद्भुत सा योगी आया।।
अवधूत वेश आजान बाहु, ओर खुली जटायें थी उसकी।
सोलह वर्षिय सुकुमार अंग, देवों सी कान्ती थी उसकी।।
थी वस्त्र दिशाऐं योगी की, संतुष्टी की आभा मुख पर।
था श्याम वर्ण उस मुनिवर का, लगता हो जैसे योगेश्वर।।

राजा संग सबने किया, शुकमुनि को परणाम।
मन में सोचा हो गया, सब का पूरण काम।।
ज्यों होता है चन्द्र का, तारों में अस्थान।
ब्रह्म देव राजर्षि में, शुक मुनि बड़े महान।।

1. **यावैसलछ्रीतुलसीविमिश्रकृष्णांघ्रिरेण्वभ्यधिकांबुनेत्री।**
   पुनाति लोकानुभयत्रसेशान्कस्तां न सेवेत मरिष्यमाणः।। भा. 01–19–06
2. **अत्रिर्वशिष्ठश्चवनः शरद्वानरिष्टनेमिर्भृगुरंगिराश्च।**
   पराशरोगाधिसुतोऽथराम उतथ्यइंद्रप्रमदेध्यबाहौ।। भा. 01–19–09
3. **मेधातिथिर्देवल आर्ष्टिषेणो भारद्वाजो गोतमः पिप्पलादः।**
   मेत्रेय औंर्व कवषः कुंभयोनिर्द्वैपायनो भगवान नारदश्च।। भा. 01–19–10

शुभ आसन देकर राजा ने, पूछा योगेश्वर बतलाओ।
जब [1]**मरण** समय हो अति समीप, तब कर्म कौन से सिखलाओ।।

क्या साधन है मोक्ष का, किसे सुने महाराज।
अब वह सब वर्णन करो, यही विनय द्विजराज।।

प्रभु गो दोहन हो जितना भी, नहिं घर ग्रहस्थि के रूकते हो।
है कैसे भाग्य प्रबल मेरे, पाण्डव कुल के दुःख हरते हो।।

हुई कृपा श्रीकृष्ण की, भले पधारे आप।
अब बतलाओ मन्त्र वह, जिसे करूं में जाप।।
सबके जीवन में मिले, सत्संग सद्आचार।
हाथ जोड़ विनती करे, नागर कमल कुमार।।

1. **अतः प्रच्छामि संसिद्धिं योगीनां परमं गुरूम।**
पुरुषस्येह यत्कार्यम मृयमाणस्य सर्वथा।। भा. 01—19—37
यच्छ्रोतव्यमथो जाप्यं यत्कर्तव्यं नृभिः प्रभो।
स्मर्तव्यं भजनीयं वा ब्रूहि यद्वा विपर्ययम।। भा. 01—19—38

!! इति श्री जय श्री कृष्ण प्रथम स्कंध !!

!! जय श्री कृष्ण द्वितीय स्कंध !!

जो कलि कल्मष से हमें, करवाते हैं दूर।
सबको उस गोपाल की, मिले कृपा भरपूर।।

जिनके किर्तन ओर वंदन से, कलि हमसे दूर रहा करता।
मन उन परमात्मा के ही तू, क्यों भजन नहीं फिर भी करता।।

जग के रचनाकार को, बारम्बार प्रणाम।
सृजन भरण संहार सब, हैं उसके ही काम।।

अतऐव छोड़ सब दन्द फन्द, उस परमात्मा के हो जाओ।
निष्काम कर्म करते–करते, उसकी लीलाओं को गाओ।।
सब कर्म समर्पित कर उनको, खुद को भी जिसने सौंप दिया।
फिर अजामील हो या गणिका, उसने सबका उद्धार किया।।

हम भी ऐसा ही करें, मन में जरा विचार।
हाथ जोड़ विनती करे, सबसे कमल कुमार।।

ऋषि सूत सुनाते जाते हें, योगेश्वर की लीलाओं को।
शोनक ऋषि पान किया करते, केशव की मधुर कथाओं को।।

सूत ऋषि बोले सुनो, मुनियों देकर ध्यान।
प्रश्न परीक्षित का करे, सकल जगत कल्याण।।

पूछा जब मृत्यु निकट आवे, तब कौन कर्म करना अच्छा।
है देव कौन जिनको पूजे, है कौन ग्रन्थ सुनना अच्छा।।

किन मन्त्रों के जाप से, सहज मुक्ति हो जाय।
कौन–कौन से तीर्थ हैं, मनुज जहां पर जाय।।

सब प्रश्न परीक्षित भूपति के, जगती उद्धारन वाले हैं।
है कौन यहां थिर इस जग में, जो आये जाने वाले हैं।।

ए मृयमाणो सब सुनों, मेरा यह संदेश।
सच्चा साथी जगत में, केवल इक योगेश।।

देवकी सुवन के चरणों में, जब अपनी बुद्धि रमायेंगे।
है फिर असाध्य क्या दुनियां में, हम श्रेष्ठ अमर पद पायेंगे।।

गंगा तट पर बैठ कर, मुनि मण्डलि के मध्य।
शुक मुनि यों गाने लगे, नन्द सुवन के पद्य

ए भारत ! सब आत्माओं का, वह शीर्ष पुरूष [1]**परमात्मा** है।
हर मोक्ष चाहने वाले को, उसके ही आश्रृत रहना है।।

1. **तस्माद्भारत सर्वात्मा भगवान्हरिरीश्वरः।**
श्रोतव्यः कीर्तितव्यश्च स्मर्तव्यश्चेच्छताऽभयम।। भा. 02–01–05

राजन इस नर देह का, यह फल है उत्कृष्ट।
माधव गुण गाते हुए, त्यागें देह निकृष्ट।।

फिर [1]**सांख्य** योग मख दान धर्म, इनका फल श्रीहरि दर्शन है।
कीर्तन गायन और नर्तन का, फल एक प्रभू नारायण है।।
जो बीत गया है अशुभ समय, उसकी नहिं चिंता करनी है।
वह [2]**घड़ी** अलौकिक बन्धुवरों, जिनमें सुधि हरि की करनी है।।

राह चुनी खट्वांग ने, वह है सबसे श्रेष्ठ।
त्याग सभी श्री हरि भजें, इससे है सब नेष्ट।।

जब अन्त समय नज़दीक लगे, मृत्यू भय का परित्याग करो।
सब त्याग तीर्थ स्थल जाकर, ओंकार मंत्र का जाप करो।।

पृथ्वी पानी पवन अरू, अहंकार महतत्व।
निहित तेज, आकाश में परम पुरूष पुरूषत्व।।

इन सात आवरण वाले को, कहते हैं सृष्टि रचेता हम।
ब्रह्माण्ड में व्यापक वह ही है, उसको विराट[3] कहते हैं हम।।
पाताल चरण है उस प्रभु के, एड़ी में रसातल बसा हुआ।
है टखना महतल सुतल घुटन, जंघा में तलातल बसा हुआ।।
दोनों सांथल के नीचे का, है भाग वितल यह जानें हम।
ऊपरी भाग है अतल और, प्रभु जघन महीतल मानें हम।।

नाभी नभस्थल सुनो, वक्षस्थल है स्वर्ग।
महर्लोक गरदन जिसे, पूजें सब दे अर्घ्य।

तपलोक भाल है उस छवि का, और मुख जन लोक कहाता है।
सिर पर है जहां जटा उसकी, वह ही सत लोक कहाता है।।

इन्द्रादिक सब भुजाऐं, दसों दिशाऐं कान।
[क]अश्विनेय परमेश के, नाक, गन्ध और घ्राण।।

पावक मुख है सारा प्रकाश, जिससे यह जगत प्रकाशित है।
लोचन इन्द्रिय श्री सूर्य देव, जिनसे ऊर्जा निष्कासित है।।
दिन ओर रात उसकी पलकें, अंबर लोचन पुरूषोत्तम का।
श्री भ्रूविलास है ब्रह्म स्थल, है जीभ ठोर जग के रस का।।

ब्रह्मरंध्र हैं वेद सब, दाड़े है यमराज।
जग है तालू पुरूष का, ओठ ऊपरी लाज।।

1. **एतावान्सांख्ययोगाभ्यां स्वधर्मपरिनिष्ठया।**
जन्मलाभः परः पुंसामंते नारायणस्मृतिः।। भा. 02–01–06
2. **किं प्रमत्तस्य बहुभिः परोक्षैर्हायनैरिह।**
वरं मुहूर्तं विदितं घटेत श्रेयसे यतः।। भा. 02–01–12
3. **आंडकोशे शरीरेस्मिन्सप्तावरणसंयुते।**
वैराजः पुरूषो योऽसो भगवान धारणश्रयः।। भा. 02–01–25

(क) **अश्विनी कुमार, देवचिकित्सक।**

नीचे का ओठ लोभ द्योतक, जल तालू है और धर्म स्तन।
है पीठ अधर्म कुक्षी सागर, श्री चन्द्र देव हैं प्रभु का मन।।
है लिंग प्रजापति [क]**मित्र वृषण**, अस्थी समूह पर्वत सारे।
नदियां नाड़ियां कहाती है, है वृक्ष रोम प्रभु के प्यारे।।

यह काल देव गति पवन श्वांस, संसार खेल जैसा उसको।
हे मेघ केश महतत्व चित्त, सब हृदय प्रधान लगे उसको।।

अहंकार महादेव है, संध्या है सब वस्त्र।
कटि के पिछले भाग में, पशु पक्षी मदमस्त।।
खच्चर, घोड़े, ऊँट सब, उसके पिछले भाग।
अनुपम रचना पक्षिगण, मनुज निवास प्रभाग।।
चारण ओर फिर अप्सरा, विद्याधर गंधर्व।
सुमधुर स्वर है स्मृतियां, 'सा' से 'नि' तक सर्व।।

ब्राह्मण मुख उस विराट–प्रभु का, क्षत्रिय को भुजा बताया है।
चरणाश्रित शूद्र किए प्यारे, साथल वैश्यों को बनाया है।।

अत्यावश्यक कर्म हे, यज्ञ आदि का साज।
उस विराट छवि के करो, यों दर्शन महाराज।।
भव बन्धन से छूटते, छवि का करते ध्यान।
यह जग कल्पित है हमें, हो जाता यह भान।।
ज्ञानी वह हे जो करे, संग्रह का परित्याग।
जीवन जिससे चल सके, उतना उसका भाग।।

शैया है श्रेष्ठ धरा अपनी, तकिये बलशील भुजाऐं है।
भोजन जल पात्र अंजली है, सबकी ही वसन दिशाऐं है।।

वृक्षों से भोजन मिले, नदियां जल अस्थान।
रक्षक परमेश्वर मेरे, गुफा वास अस्थान।।

है श्रेष्ठ वही नर इस जग में, जो हरि भजने में ही रत है।
सब भूषण से वह भूषित जो, श्री पुरूषोत्तम आराधक है।
संसार के बन्धन छोड़ छाड़, योगी [1]**हरिध्यान** लगाते हैं।
श्वांसों को स्थिर करते हैं, फिर ब्रह्म लोक को जाते हैं।।

वेदों के अनुरूप ये, दो मुक्ती के मार्ग।
जीवों हित संसार के, ये सच्चे सन्मार्ग।।

1. तस्मात्सर्वात्मना राजन्हरिः सर्वत्र सर्वदा।
श्रोतव्यः कीर्तितव्यश्च स्मर्तव्यो भगवानृणाम्।। भा. 02–02–36
(क) मित्रावरूण

श्री कृष्ण कथा को जो योगी, अपने श्रवणों से [1]**पीता** है।
अन्तर मन उसका शुद्ध बने, वह हरि चरणों में जीता है।।
आनन्द मूर्ति परमात्मा की, जितनी उपासना हो कम है।
फिर अन्य देव की पूजा तो, पुत्रों की पूजा के सम है।।
चाहो गर ब्रह्म तेज पाना, अर्चना करो सब ब्रह्मा की।
दक्षादिक पूजन प्रजा हेतु, लक्ष्मी निमित्त श्री दुर्गा जी।।

इन्द्रिय चतुराई चहो, तो पूजो सुरराज।
धन देते वसु देवता, तेज अग्नि महाराज।।

जो जन प्रभाव के इच्छुक हैं, वे रूद्रगणों को भजते हैं।
द्वादश आदित्यों के होकर, वह स्वर्ग नसेनी चढ़ते हैं।।
अदिती से पाते भक्ष्य भोज्य, आयुष्य कुमारों से पाते।
विश्वेदेवों से राज्य प्राप्ति, पृथ्वी से है पुष्टी पाते।।
जो जीव प्रतिष्ठा के भूखे, धावा वसुधा को भजते हैं।
आवाहन कर गंधर्वों का, सब श्रेष्ठ रूप पा सकते हैं।।

उर्वशी की आराधना, देती भार्या श्रेष्ठ।
आधिपत्य के लिये तो, पुष्कर पति हैं श्रेष्ठ।।

यश हेतु यज्ञ, धन हेतु वरूण, विद्या हित पूजो शंकर को।
गर धर्म वृद्धि की चाहत हो, तो फिर पूजो अभयंकर को।।
पार्वती सती को भजकर तुम, कुछ प्रीति गृहस्थी में कर लो।
नर देह विलक्षण दी प्रभु ने, इसमें से कुछ मोती चुनलो।।
बल हेतु मरूद्गण देवों की, ओर राज हेतु महदेवों की।
संतान वृद्धि चाहने वालों, करलो वंदन पितु देवों की।।
शत्रू बाधा की शान्ति हेतु, निर्ऋति का आराधन करलो।
यदि भोग चाहिये तुमको तो, श्री चन्द्र देव पूजन करलो।।

प्रकृति से पर पुरूष की, पूजा दे वैराग्य।
पुरूषोत्तम को नमन से, मुक्ति मिले यह भाग्य।।

शोनक ने कहा परीक्षित तो, श्रीकृष्ण चंन्द्र आराधक था।
बचपन में खेल वही प्यारे, वह बाल कृष्ण जिनमें रत था।।
हरिनाम लिया नहिं जीवन में, उसका जीवन पशुसम भाई।
बिल के समान है श्रवण रंध्र, हरि वाणी जिनमें नहिं आई।।

1. **पिबंति ये भगवत आत्मनः सतां कथामृतं श्रवणपुटेषु संभृतम्।**
पुनंति ते विषयविदूषिताषयं व्रजंति तच्चरणसरोरूहांतिकम्।। भा. 02–02–37

दादुर की नाई जीभ और, है भार रूप मस्तक उनका।
हरि नाम न लेते जो मुख से, सिर कभी नहीं झूकता जिनका।।
[1]**शव** के समान हैं कर दोनों, हैं नयन मोर के ही जैसे।
नहिं जिनसे सेवा हरि की की, नहिं कृष्ण रूप जिनने देखे।।
वह ही जीवित इस दुनियां में, जो भक्त चरण रज पा जाये।
ले गन्ध सदा उस तुलसी की, जो हरि अर्पित कर दी जाये।।

यह कह शोनक ऋषि ने, कहा ! कहो विस्तार।
दिया परीक्षित नृपति को, जो शुकमुनि ने सार।।

इतना सुनकर उस भूपति ने, पूछा वह सार कहो मुझसे।
जग का सर्जन पालन विनाश, करता वह प्रभु किस किस विधि से।।
यह प्रश्न विलक्षण सुनकर के, शुक ने देवों को [2]**नमन** किया।
उस पुण्य कीर्ति परमात्मा का, अपनी [3]**वाणी** से वरण किया।।
बोले शरीर रच परमेश्वर, फिर जीव रूप में रहता है।
पंचभूत ओर इन्द्रिय से, माया के कारज करता है।।

जग के पालन हार को, वन्दन बारम्बार।
मेरी वाणी पर तैरा, सदा रहे दरबार।।

एक समय ऋषि नारद ने, श्री ब्रह्म देव से [4]**पूछ** लिया।
है कौन प्रकाशक इस जग का, आश्रय किसका इसने है लिया।।

लीन कहां होता प्रभू, किस के यह आधीन।
है स्वरूप कैसा कहो, मेरी मति अति दीन।।
ब्रह्मदेव कहने लगे, धर कर हरि का ध्यान।
धन्य तुम्हारे प्रश्न से, होगा जग कल्यान।।

जिसकी माया से मोहित जन, मुझको जग कारण कहते हैं।
हम उसी [5]**देव** के चरणों को, मन में नित धारण करते हैं।।
उस कमल नयन की रचना को, रचता हूँ उसकी [10]**सम्मति** से।
है कृपा कटाक्ष बड़ा उसका, होता है सब उसकी मति से।।
सबसे पहिले परमात्मा ने, जीवों को अंगीकार किया।
उन सब पर काल प्रभाव डाल, सब गुण में क्षोभ संवार दिया।।
सत रज ओर तामस से प्रभु ने, सुर इन्द्रिय महाभूत विरचे।
तामस विकार से रच अकाश, जिसके विकार से पवन रचे।।

1. **जीवन शवो भागवतांघ्रिरेणुं न जातु मर्त्योऽभिलभेत यस्तु।**
   श्री विष्णुपद्यामनुजस्तुलस्याः श्वसन शवो यस्तु न वेद गंधम्।। भा. 02–03–23
2. **यत्कीर्तनं यत्स्मरणं यदीक्षणं यद्वंदनं यच्छ्रवणं यदर्हणम्।**
   लोकस्य सद्यो विधुनोति कल्मषं तस्मै सुभद्रश्रवसे नमोनमः।। भा. 02–04–15
3. **सोलंकृषीष्ट भगवान्वचांसि मे।। भा. 02–04–23**
4. **यद्रूपं यदधिष्ठानं यतः सृष्टमिदं प्रभो।**
   यत्संस्थं यत्परं यच्च तत्तत्वं वद तत्वतः।। भा. 02–05–02
5. **तस्मै नमो भगवते वासुदेवाय धीमहि।**
   यन्मायया दुर्जयया मां ब्रुवंति जगद्गुरूम्।। भा. 02–05–02
6. **तस्यापि द्रष्टुरीशस्य कूटस्थस्याखिलात्मनः।**
   सृज्यं सृजामि सृष्टोहमीक्षयैवाभिचोदितः।। भा. 02–05–17

जल के विकार से पृथ्वी का, श्री हरि जी ने निर्माण किया।
पृथ्वी में क्षोभ किया पैदा, और पांच गुणों को थान दिया।।

पांच हुई ज्ञानेन्द्रियां, कर्मेन्द्रिय भी पांच।
इन सब से वह रच रहा, जीवधारि का ढांच।।

आध्यात्म आदि के भेदों से, ब्रह्मा जी ने प्रभु यश गया।
है पुरूष सूक्त में जो वर्णन, उनको उस विधि ही दर्शाया।

तीनों कालों में प्रकट, जो [11]विराट का रूप।
सकल जगत में व्याप्त है, वह अति दिव्य अनूप।।

ब्रह्माण्ड और उससे बाहर , वह बन [12]**विराट** विस्तृत फैला।
जो करे प्रकाशित नित जगती, है सूर्य देव सा वह गोला।।

नाभि कमल से जब हुआ, मेरा आविर्भाव।
यज्ञेच्छा करने लगा, हरि का हुआ प्रभाव।।

कुछ नहीं दिखाई देता था, हर तरफ हरी के अवयव थे।
यज्ञों से यजन किया मैंने, सामग्री भी हरि अवयव थे।।

प्रजापती मनु देव ऋषि, दैत्य पितर मानुष्य।
यजन क्रमागत फिर किया, वह ही हुआ हविष्य।।

प्रेरणा उन्हीं की पाकर के, [13]**हम** सृष्टि रचन नित करते हैं।
अच्युत प्रभु पालन करते हैं, संहार कार्य हर करते हैं।।
जो सृज्य दिखाई देता है, वह सब ईश्वर की माया है।
है कुछ भी नहीं यहां ऐसा, सब पर उस प्रभु का साया है।।
छंद– यह काल प्रकृति स्वभाव मन अहंकार सह सब गुणत्रयम्।
मैं स्वयं हरि हर देव तुम मुनि स्वर्ग अरू पातालकम्।।
मनुज लोकान्तरिक्ष पालक यक्ष अरू विद्या धरम्।
गंधर्व राक्षस उरग प्रेत पिशाच और सिद्धेश्वरम्।।
जल जन्तु चौपाये मनोहर भूत गण कूष्माण्डकम्।
पक्षिपति सह तेज ओज क्षमा सहित ऐश्वर्यकम्।।
दया लज्जा रूप अनुपम, शील बल परजापतिम्।
सब वर्ण वैभव विभव पति हैं, एक श्री राधा पतिम्।।
मनुज सुर गंधर्व मन अरू काल कर्मरूतेजसम्।
लोक पालेश्वर्य जलचर सर्वनभचर पितृकम्।।

1. **सर्वं पुरूष एवेदं भूतं भव्यं भवच्च यत्।**
तेनेदमावृतं विश्वं वितस्तिमधितिष्ठति।। भा. 02–06–16
2. **यस्मादंडं विराड् जज्ञे भूतेन्द्रियगुणात्मकः।**
तद्दव्यमत्यगाद्विश्वं गोभिः सूर्य इवातपन्।। भा. 02–06–20
यदास्य नाभ्यान्नलिनादहमासं महात्मनः।
नाविदं यज्ञसंभारान्पुरूषावयवाहते।। भा. 02–06–21
3. **सृजामि तन्नियुक्तोऽहं हरो हरति तद्वशः।**
विश्वं पुरूषरूपेण परिपाति त्रिशक्तिधृक्।। भा. 02–06–30

सिद्धेश्वर दानव प्रेत ऋषी, नर नाग क्षमा और वर्ण रूप।
लज्जा वैभव सह दया धर्म, सौन्दर्य और सब दिव्य भूप।।
इतना ही नहीं सकल जग ही, उसकी विभूति है जानो तुम।
है नहीं विलग उससे कोई, सारा जग उसमें मानों तुम।।
प्रभु के प्रधान अवतारों का, मैं वर्णन करता हूँ सुनलो।
इससे पवित्र होते हैं मन, इन श्रेष्ठ कथाओं को गुनलो।।

वपु वराह से बुद्ध तक, धरे रूप अविराम।
कष्ट निवारे धरा के, किया नहीं विश्राम।।

कलि में कल्की का रूप धार, निज जन उद्धारन आवेंगे।
अपने भक्तों के सकल काज, वे खुद संवारने आवेंगे।।

हरि की लीला का सुनों, शेष न पाते पार।
सहज पुरूष कैसे तरे, अगम उसे संसार।।

नारद शंकर प्रहलाद मनु मनु पुत्र और भार्या मनु की।
प्राचीनबर्हि ऋभु अंगराज, ये सब जाने माया उनकी।।
मुनि गाधि संग ध्रुव अंबरीश, मुचुकुन्द पुरूरवा और विदेह।
मांधाता शतधनु और अलर्क, श्री भीषम बलि शिबि रंति देव।।
सारस्वत उद्धव पिप्पलाद, सोभरि श्रुतदेव नियम धारी।
हनुमान विभीषण भूरिषेण, शुक पार्थ विदुर की बलिहारी।।
ये सब पूरण परमात्मा की, माया के जाननहारे हैं।
ये नित्य उसी को भजते हैं, ये सब विराट को प्यारे हैं।।

पाप कर्म में निरत जो, शूद्र शबर पशु दीन।
प्रभु भक्ती[14] से ये तरे, इसमें मेष न मीन।।

उद्धार अगर इनका हो तो, भक्तों का तो अस्थान अलग।
सब भजो सदा उस दाता को, करलो जग से स्थान विलग।।
यह कथा भागवत माता की, जो हरि ने मुझे सुनाई थी।
संक्षेप में गाई है मैने, जो प्रथम मुझे अति भाई थी।।
इसका विस्तृत वर्णन करके, ए नारद जन कल्याण करो।
यह माया सकल निवारेगी, तुम सस्वर इसका गान करो।।

श्रद्धा से जो हरि कथा, करें श्रवण मन लाय।
है सम्भव यह देह ही, [15]अमरापुर बन जाय।।

1. **ते वै विदंत्यतितरंति च देव मायां स्त्रीशुद्रहण शबराअपिपापजीवाः।**
यद्यद्भुतक्रमपरायण शील शीक्षास्तिर्यग्जना अपि किमुश्रुत धारणाये। भा. 02—07—46
2. **श्रण्वतः श्रद्धया नित्यं गृणतश्च स्वचेष्टितम्।**
कालेन नातिदीर्घेण भगवान्विशते हृदि।। भा. 02—08—04

पूछा पाण्डव तनय ने, गुरूवर क्या है जीव।
क्या पदार्थ ओर ईश है, हमे कहो बलसीव।।
पंच भूत से देह का, है कैसे आरम्भ ?
यदृच्छा या कर्म का, है इसमें प्राधान्य ?

लौकिक विराट में अन्तर क्या ? है पुरूष देह इन दोनों का।
भगवन जब माया तजते हें, तब क्या स्वरूप है उन प्रभु का।।

और अवांतर कल्प का, दो कुछ हमको ज्ञान।
महांकल्प की अवधि का, कहो हमें परमान।।

कैसे पावें काल का, सहज जीव अनुमान।
पितृ देवता मनुज की, क्या आयुष परमान।।

सुक्ष्म स्थूल गति काल की, कैसे जानी जाय।
कर्मों के आधार पर, कौन थान मिल पाय।।
कौन जीव किस कर्म से, कैसा धरे शरीर।
मर्म हमें इस बात का, बतलाओ मतिधीर।।

आकाश दिशा पाताल धरा, नक्षत्र नदी पर्वत सागर।
फिर द्वीप द्वीप के जीवों की, उत्पत्ति कहो करूणासागर।।

क्या प्रमाण ब्रह्माण्ड का, क्या वर्णाश्रम धर्म।
महत्पुरूष के भी कहो, चरित और सब कर्म।।

क्या है युग क्या युग का प्रमाण, क्या है लीला अवतार है क्या ?
साधारण धर्म मनुज का क्या, ओर है विशेष दुनियां में क्या ?
साधारण धर्म कहो द्विजवर, फिर राजाओं के धर्म कहो।
सबका ही आपद्धर्म कहो, उन सब धर्मो का मर्म कहो।।
प्रकृति आदी सब तत्वों की, कैसे जाने संख्याओं को।
क्या है लक्षण संख्याओं के, बतलाओं सभी प्रकारों को।।

पूजा के उस ईश की, कितने कहो प्रकार।
कहो क[क]योग की रीति का, कैसे करें विचार।।
अणिमादिक ऐश्वर्य का, क्या अर्चिरादि मार्ग।
योगेश्वर के गमन का, बतलाओ सब मार्ग।।

इस लिंगदेह का नाश कहां, गुरूवर किस विधि से होता है ?
योगेश्वर होते वन्दनीय, क्षय उनका कैसे होता है ?

(क) आद्यात्म योग

वेदों और सब उपवेदों का, हमको स्वरूप बतला दी जे।
इतिहास ओ धर्म–पुराणों का, विस्तार सहित वर्णन की जे।।

जीवों की उत्पत्ति और, क्या है स्मारत कर्म।
कर्मों की विधि कौन सी, क्या जीवों के धर्म।।

जीवों के वैदिक कर्म कहो, क्या प्रलय समय में होता है।
जीवों के अर्थ–काम गुरूवर, कितने प्रकार का होता है।।
सृष्टि कहो उन जीवों की, जो प्रभु में लीन हुआ करते।
पाखण्डोत्पत्ति कहो हमको, जिससे बहु जीव घिरे रहते।।
आत्मा के बन्धन समझाओ, कैसे होती है मोक्ष प्रभू।
कितने स्वरूप हैं आत्मा के, वे भी बतलाओ हमें प्रभू।।
प्रलय समय में माया तज, ईश्वर किस रूप में रहता है।
सब मुझे बताओ महादेव, इनमें मन मेरा रमता है।।
मेरी जो थी जिज्ञासाएं, सब मेने प्रभु अर्पण कर दी।
विस्तार सहित वर्णन कीजे, लीलाऐं उस परमेश्वर की।।
इन सब प्रश्नों के उत्तर हित, शुक मुनि ने कथा सुनाई थी।
यह कथा भागवत माता की, अज से नारद ने पाई थी।।
यह कथा पूर्ण परमेश्वर ने, ब्रह्मा जी को सुनवाई थी।
बस वही कथा श्री शुकमुनि ने, उस राजा को बतलाई थी।।

शुक मुनि ने फिर यों कहा, है माया संसार।
माया ममता त्याग ही, नृपति मोक्ष का द्वार।।
कमलासन पर बैठकर, कवि ने किया विचार।
मुझको करना है यहां, जग का अब विस्तार।।

कोई विचार नहिं आया तो, चतुरानन थोड़ा घबराये।
'तप कर तप कर' हरि वाणी सुन, नलनीरूह थोड़ा मुसुकाये।।
वर्ष सहस तप कर अज ने, सब लोक प्रकाशित कर डाले।
इससे प्रसन्न हो ईश्वर ने, सुरपुर के दर्शन दे डाले।।

क्लेश मोह भय है नहीं, नहीं वहां पर काल।
पार्षद गण रहते जहां, माया की नहिं चाल।।

नित शुद्ध सत्वगुण मिलता है, चपला हरिसेवा करती है।
फिर क्यों ना हो वह श्रेष्ठ भूमि, जो हरि पद नित्य परसती है।।

कर दर्शन भगवान के, कवि ने किया प्रणाम।
मैं प्रसन्न तप से तेरे, बोले पूरण काम।।

निष्कपट किया जो तप उससे, मैं अति प्रसन्न हूँ वर मांगो।
वरदायक तो बस मैं ही हूँ, जो भी चाहत हो वह मांगो।।

मेरे दर्शन के सिवा, और न कुछ भी जान।
मानव योनी के लिये , है यह ही [1]कल्यान।।

जगती की रचना करने का, उपदेश दिया था मैने ही।
रचना पालन और संहारन, है सकल क्रियाऐं मेरी ही।।

[2]तप ही मेरी शक्ति है, तप ही मेरा रूप।
तप मेरा सामर्थ्य है, तप कर्मों का भूप।।
श्री चरणों में सिर नवा, अज ने किया प्रणाम।
बोले मुझको ज्ञान दो, पूरण हो सब काम।।
स्थुल रूप अरूप को, कैसे जाने नाथ।
या का जग खेल है, बुद्धि मानती बात।।

ऐसी मति दे दो दया निधे, जगको प्रभु क्रीड़ा जान सकूँ।
आबद्ध न होजाऊँ इसमें, आज्ञा भी प्रभु की मान सकूं।।
प्रभु बोले संसृति से पहले, बस [अ]**मैं** ही था सब ओर सुनो।
स्थुल और सूक्ष्य कार्य कारण, कुछ और नहीं था यह गुन लो।।
दुनियां के आगे मैं ही हूँ, अवशेष सृष्टि का भी मैं हूँ।
पालक संहारक मैं ही हूँ, इसको रचता भी मैं ही हूँ।।
सब अन्वय कारण कार्य और, अनुवृत्तिरूप हे आत्मा है।
व्यावृत्तिरूप व्यतिरेक सभी, जो है वह सब परमात्मा है।।

इतना कहकर हो गये, श्री हरि अन्तर्धान।
ब्रह्मा जी को हो गया, आत्मदेव का भान।।

पोषण उति मनवन्तर स्थान, ईशानुकथा आश्रय निसर्ग।
श्रीमद्भागवत के हैं विषय यही, मुक्ती निरोध ओर दशम सर्ग।।
पंच महाभूत ओर [क]**तन्मात्रा**, महतत्व इन्द्रियां अहंकार।
यह सर्ग इन्हीं की परिणति है, रचता जिसको करूणागार।।
[ख]**पिष्टप** विसर्ग माया महिमा, हरि कृपा को पोषण कहते हैं।
मनवंतर पति के धर्मो को, गुणिजन मनवन्तर कहते हैं।।

1. **वरं वरय भद्रं ते वरेशं माऽभिवांछितम्।**
ब्रह्मन श्रेयः परिश्रामः पुंसो मद्दर्शनावधि।। भा. 02–09–20
2. **प्रत्यादिष्टं मयातत्र त्वयीकर्मविमोहिते।**
तपो में हृदयं साक्षादात्माऽहं तपसोऽनघ।। भा. 02–09–22
सृजामि तपसेवेदं ग्रसामि तपसापुनः।
बिभर्मि तपसा विश्वं वीर्यं में दुष्चरं तपः।। भा. 02–09–23

निरन्तर......2

(2)

3. अहमेवासमेवाग्रे नान्यद्यत्सदसत्परम्।
पश्चादहं यदेतच्च योऽवशिष्येत सोऽस्म्यहम।। भा. 02–09–32
ऋतेऽर्थं यत् प्रतीयेत न प्रतीयेत चात्मनि।
तद्विद्यादात्मनो मायां यथा ऽऽभासो यथा तमः।। भा. 02–09–33
यथा महान्ति भूतानि भूतेषूच्चावचेष्वनु।
प्रविष्टान्यप्रविष्टानि यथा तेषु न तेष्वहम्।। भा. 02–09–34
एतावदेव जिज्ञास्यं तत्वजिज्ञासुनात्मनः।
अन्वयव्यतिरेकाभ्यां यत्स्यात्सर्वत्र सर्वदा।। भा. 02–09–35

अवतार चरित्रों को हरि के, ईशानुकथा मुनि कहते हैं।
जो होती कर्म वासनाऐं, ऋषिगण उनको उति कहते हैं।।
हरि में लय होता जीवात्मा, वह तो निरोध कहलाता है।
देहाभिमान को त्याग जीव, जब स्वस्वरूप हो जाता है।।

उस उत्तम गति का कमल, मुक्ति रखा है नाम।
मुक्ति मिले तो जगत में, आने का क्या काम।।
जिससे होता प्रकाशित, आविर्तीरोभाव।
आश्रय वह गोविंद का, वहां नहीं भटकाव।।
अधिदेवत अधिभूत ओर, तीजा है अध्यात्म।।
ये तीनो सापेक्ष हैं, इनमें है [1]परमात्म।

इन्द्रियां अध्यात्म कहाती हे, अधिदेवत सुरगण होते हैं।
देहादिक दृश्य पदारथ जो, अधिभूत वे सगरे होते हैं।।
समभाव रखे जो इन सब पर, वह ही परमात्मा होता है।
वह स्वयं समर्थ सदा होता, उसको नहिं आश्रय होता है।।
उनको विस्तृत समझाने को, संसृति प्रकार समझाता हूँ।
नृपश्रेष्ठ श्रेष्ठ श्रोता हो तुम, तुम को मैं सब बतलाता हूँ।।
नर नाम हरी का होता है, वह ही तो नार बनाता है।
वह नार निवासी ईश्वर ही, श्रीनारायण कहलाता है।।

श्री हरि का है नाम नर, उससे उपजे नार।
नार बीच रमता वही, नारायण करतार।।

जब [2]**अंडभेद** निकला विराट, तब उसने जल की रचना की।
परिवत्स सहस्त्रों वास किया, ऐसे फिर जगकी रचना की।।
उस ही विराट ने माया से, निज तन के तीन विभाग किये।
अधिदेव और अधिभूत तथा, अध्यात्म ये उनको नाम दिये।।

प्रभु के वपु आकाश से, प्रकटे बल सह ओज।
उससे प्रकटा प्राण जो, है श्रीहरि की खोज।।

प्राणों की च्येष्टा के कारण, हर इन्द्रिय चेष्टा करती हैं।
फिर भूख प्यास भी तो सुनलो, इन्द्रिय के कारण लगती है।।
इसके हित मुह तालू वाणी, जिव्हा का आविर्भाव हुआ।
जल में रहने के कारण ही, जल में निरोध ओर ठांव हुआ।।

1. **योऽध्यात्मिकोयं पुरूषः सोऽसावेवाधिदेविकः।**
यस्तत्रोभयविच्छेदः पुरूषो ह्याधिभोतिकः।। भा. 02–10–08
एकमेकतराभावे यदा नोपलभामहे।
त्रितयं तत्र यो वेद स आत्मा स्वाश्रयाश्रयः।। भा. 02–10–09
2. **पुरूषोऽण्डं विनिर्भिद्य यदाऽसो स विनिर्गतः।**
आत्मनोऽयनमन्विच्छन्नपोऽस्राक्षीच्छुचिः शुचिः।। भा. 02–10–10
तास्ववात्सीत्स्वसृष्टासु सहस्रपरिवत्सरान्।
तेन नारायणोनाम यदापः पुरूषोद्भवाः।। भा. 02–10–11

जब अधिक बढ़ गई प्राण वायु, तब ग्रहणेच्छा नासिका हुई।
तब वायु देवता हुए वहां, घ्राणेन्द्री भी तब प्रकट हुई।।
दर्शन करने की इच्छा से, नैत्रों के गोलक चक्षु हुए।
फिर रूप विषय सब प्रकटाये, भास्कर उससे उत्पन्न हुए।।
जब वेद श्रवण की इच्छा थी, तब कान बने परमात्मा के।
सब दिशा देवता शब्द बने, श्रवणेन्द्रि बनी सर्वात्मा के।।
हो भान पदार्थों का उसको, इस हेतु त्वचा को प्रकट किया।
कोमल कटु गुरू लघु और उष्ण, शीतल भावों को प्रकट किया।।
स्पर्श गुणो को यों प्रकटित, उस परमात्मा ने कर डाला।
धीरे–धीरे यह सृष्टि रची, महामानव मानव कर डाला।।
इच्छित कर्मों की इच्छा से, दोनों हाथों की रचना की।
मनवांछित गमन किया जावे, इस हेतु चरण संरचना की।।
संतान प्राप्ति ओर रति सुख हित, था लिंग बनाया ईश्वर ने।
मल के निष्कासन के हित ही, फिर गुदा बनाया श्रीधर ने।।

रति सुख और संतति मिले, चले जगत का काज।
स्थापन कर लिंग का, निर्मित किया समाज।।
एक देह को त्याग कर, पावें दूजी देह।
नाभि द्वार बस इसी हित, सिरजा निस्संदेह।।

अपान वायु और मृत्यु देव, बस इसी लिये थे बनवाये।
कुक्षी गोलक और सिन्धु देव, आंते और उदर भी सिरजाये।।
माया शक्ती के चितवन से, उस प्रभु ने हृदय बनाया था।
मन, इन्द्रिय, शशि, संकल्प और, अभिलाषा को रचवाया था।।

त्वचा, मांस मज्जा, रूधिर, शुक्र, अस्थि ओर मेद।
कारण [1]सातों के सुनो, पृथ्वी जल ओर तेज।।
[क]आवक [ख]अनिल अकाश से, प्रकटित होते प्राण।
रचता इस विधि जगत को, वह ईश्वर महाप्राण।।

इन्द्रिय का है विषयी स्वभाव, सुन्दरता इनकी कल्पित है।
संसार के सभी विकारों का, स्वरूप भूत मन कल्पित है।।
जिस रूप में बुद्धी वस्तू को, सच्चे अर्थों में जाने हैं।
बस उसी रूप में कर निश्चय, उसको वह वैसा माने है।।

1. **त्वक्चर्मामांसरूधिरमेदोमज्जाऽस्थि धातवः।**
भूम्यप्तेजोमयाः सप्त प्राणो व्योमांबुवायुभिः।। भा. 02–10–31
2. **गुणात्मकानींद्रियाणि भूतादिप्रभवा गुणाः।**
मनः सर्वविकारात्मा बुद्धिर्विज्ञानरूपिणी।। भा. 02–10–32
(क) पवन,वायु (ख) जल, नीर

जब वियोग हो प्राण का, नृप अपान के संग।
मृत्यू होती है तभी, होता यह क्रम भंग।।

पृथ्वी आदिक आवरणो से, स्थुल शरीर है ढका हुआ।
ब्रह्माण्ड रूप है जो सारा, हरि का शरीर है बना हुआ।।
इक और देह है अति हि सूक्ष्म, जो मन वाणी से अगोचर है।
अव्यक्त अतिन्द्रिय है वह तो, लय शून्य और ऐक रस है।।
इन स्थुल सूक्ष्म शरीरों को, हरि का स्वरूप नहीं कहते हैं।
वह तो इससे भी अधिक भिन्न, ज्ञानी सब ऐसा कहते हैं।।

अंडज, भेदज, जरायुज, और स्वदेज ये चार।
प्राणी के होते सुनो, सच में चार प्रकार।।

है उत्तम योनी देवों की, जो पुण्य कर्म से बनते हैं।
मानव योनी मध्यम होती, जो पुण्य पाप से बनते हैं।।
नारकी अधम योनी बनती, है शुद्ध पाप ही के फल से।
यह धरा कांपती रहती है, बस इन लोगों के ही बल से।।

सत्वरूप है देवऋषि, राजस है इनसान।
योनी तामस नारकी, निर्माता भगवान।।

मानव पशु सुर [1]**रूप** धार, वह सृज्य जगत में आता है।
सब धर्मों का पालन करता, संतो को यह सब भाता है।।

करते जग [2]संहार तब, काल अग्नि श्रीरूद्र।
यह क्रम निर्मिति अंत का, नहिं होता अवरूद्ध।।

यह महांकल्प ब्रह्मा जी का, और कल्प अवांतर बतलाया।
महतत्व स्थावर ओर जंगम, संसृति प्रकार भी समझाया।।
इतना सुन शोनक ने पूछा, महाराज हमें यह बतलाओं।
मैत्रेय विदुर का शुभ संगम, था हुआ कहां यह बतलाओं।।
मैत्रेय ऋषि से उपदेशित, वह तत्व कौन सा था गुरूवर।
किस भांति बंधुओं को त्यागा, क्यों फिर आये कहदो द्विजवर।।
सब प्रश्न महात्मा शौनक के, जन—मन संवारने वाले हैं।

ए कमल ! सुनो इस कलिमल से, हमको उबारने वाले हैं।।
अतएव विनय यह इस जन की, जन जन मन तक पहुंचाना है।
मिथ्या है जग के सब बन्धन, उस प्रभु में ध्यान लगाना है।।

1. **स एवेदं जगद्धाता भगवान धर्मरूपधृक्।**
पुष्णाति स्थापयन्विश्वंतिर्यन्ङरसुरात्मभिः।। भा. 02—10—42
2. **ततः कालाग्निरूद्रत्मा यत्सृष्ट मिदमात्मनः।**
सन्नियच्छति कालेन घनानीकमिवनिलः।। भा. 02—10—43

जो करता है जगत का, पालन सृजन संहार।
उस प्रभु की तू वन्दना, करले कमल कुमार।।

!! इति श्री जय श्री कृष्ण द्वितीय स्कंध !

!! जय श्री कृष्ण त्रतीय स्कंध !!

चरण कमल गोविन्द के, विपत विदारण हार।
वन्दन ही कलिकाल में, जग का तारण हार।।
सतसंगति जग में कठिन, कठिन नाम का जाप।
मन पर संयम अति कठिन, कठिन सत्य आलाप।।
जीवन सब से कठिन तब, मुक्ती का क्या मार्ग।
कलि में कीर्तन भजन ही, दिखलाते सन्मार्ग।।
सबको अपना मानकर, मांगो सबकी ख़ेर।
तुम्हें ख़ेर मिलजायगी, तनिक न होगी देर।।
सूत ऋषी कहने लगे, आगे का वृत्तान्त।
हरि की कथा अनन्त है, करती है मन शान्त।।

शुकदेव मुनी ने राजा को, वह सब वृत्तान्त सुनाया था।
गंगा तट पर जो जो पूछा, उसको विस्तृत समझाया था।।

एक दिवस श्री विदुर को, आया यह संदेश।
बुलवाया महाराज ने, हमको दे आदेश।।
दुतों से आदेश सुन, विदुर चले तत्काल।
दोनों ने पूछे वहां, इक दूजे के हाल।।

धृतराष्ट्र देव ने बतलाया, यह समय नहीं शुभ है भाई।
क्या देव रूष्ट हैं इस कुल पर, जिससे ऐसी विपदा आई।।
प्रिय अनुज पाण्डु की मृत्यू ही, उसकी भार्या पर भारी है।
अब उस पर पुत्र सुयोधन के, अत्याचारों की बारी है।।
लाक्षागृह में उन पांचो को, [क]**आतश** को सौंप दिया उसने।
है शक्ति बड़ी वह अद्वितीय, उन सब को तार दिया जिसने।।

फिर भरी सभा में कुलवधु के, जब चीर हरण का कार्य हुआ।
किस भांति हुई रक्षा उसकी, देखो यह भी आश्चर्य हुआ।।
ए बन्धु कहो क्यों कुरूकुल में, यह बन्धु द्रोह घुस आया है।

कौरव पाण्डव हैं एक मगर, किसने इनको लड़वाया है।।
यह राज्य कलह का मूल बिन्दु, इसने अनिष्ट करवाया है।

भाई भाई में वैर हुआ, माया की सारी माया है।।

बन्धु ग्रस्त मैं मोह से, तुम कुछ करो सहाय।
बन्धु विरोध समाप्ति का, कुछ तो करो उपाय।।

(क) अंगति, आतिश, कृष्ण, कृशानु, गृहपति, जंभारि, जातवेद, तमोघ्न देवपात्र, धनंजय, प्राण, सुवन।

बोले इतने अपराध किये, [क]**भूपति** ने मौन नहीं तोड़ा।
क्यों किया न शान्ति प्रयास कोई, वन में क्यों पांचों को छोड़ा।।

युद्धिष्ठिर को सोंप दें, उसका उचित स्थान।
कुल कृशानु की शान्ति का, यह बस एक विधान ।

मेरी इच्छा हे देने की, जिससे यह कष्ट मिटे मेरा।
दुर्योधन नहिं देने देता, सुत ही अति बाधक है मेरा।।

दुर्योधन के सामने, मैं तो हूँ असहाय।
इसीलिये तुम से कहा, तुम ही करो सहाय।।

महाराज आपका यह सुत तो, साक्षात कृष्ण का वैरी है।
इस पर न नियंत्रण किया अगर, तो कुल क्षय में क्या देरी है।।
यदि [1]**कुशल** चाहते हो कुल का, तो घर से इसे निकालो तुम।
अपने कुटुम्ब की रक्षा हित, यह कार्य शीघ्र कर डालो तुम।

जब दुर्योधन ने सुनी, यह अटपटी सलाह।
भ्रकुटी उसकी तन गई, बोला चाचा वाह।।

जिसका खाते हो अन्न रोज, उसके ही विमुख हुए चाचा।
आखिर [2]**दासी** के पुत्र रहे, तुमसे न रहा रिश्ता सांचा।।

घर से बाहर दुष्ट को, निकलाओ तत्काल।
यह वध के नहिं योग्य हे, इसने किया कमाल।।
भाई के ही सामने, सुन यह अप्रिय बात।
इसको हरि माया समझ, किया नहीं संताप।।
धनुष द्वार पर रख दिया, मन में किया न क्षोभ।
तीर्थाटन हित चल दिये, मान इसे संजोग।।

[3]**अवधूत** वेष धारण करके, पृथ्वी पर विचरण करते थे।
धरती पर शयन, तीर्थ दर्शन, श्री हरि आराधन करते थे।।

1. **स एष दोषः पुरुषद्विडास्ते गृहान्प्रविष्टो यमपत्यमत्या।**
   पुष्णासि कृष्णाद्विमुखो गतश्रीस्त्यजाश्वशैवं कुलकौशलाय।। भा. 03–01–13
2. **क एनमत्रोपजुहाव जिह्मं दास्यासुतं यद्बलिनैवपुष्टः।**
   तस्मिन्प्रतीपः परकृत्यआस्ते निर्वास्यतामाशु पुराच्छ्वसानः।। भा. 03–01–14
3. **गां पर्यटनमेद्यविविक्तवृत्ति सदाप्लुतोऽधः शयनोऽवधूतः।**
   अलक्षितः स्वैरवधूतवेषो व्रतानि चेरे हरितोषणानि।। भा. 03–01–15

(क) दंडधर, धराधीश नरकंत, नरनाथ, नरेश, पृथिवीश, भुवाल

संस्कार देह के सब त्यागे, अपनी आत्मा का मान किया।
खुद की पहचान मिटा डाली, बस नारायण का ध्यान किया।।

पूरा भारत भ्रमण कर, आये विदुर प्रभास।
नाम जपा गोविन्द का, अपना किया निवास।।
कृष्ण कृपा से हो गया, युद्धिष्ठिर का राज्य।
इन्द्रप्रस्थ में छा गया, धर्मराज साम्राज्य।।

इर्ष्या अंगति में सब कौरव, धन मद के कारण भस्म हुए।
इनकी आत्मा की शान्ति हेतु, श्री विदुर देव ने तीर्थ किये।।
सरस्वती नदी के तट से वे, श्री यमुना जी के तट आये।
प्रारब्ध रहा उनका अच्छा, उद्धव जी के दर्शन पाये।।

उद्धव अनुचर कृष्ण के, देव गुरू के [क]शिष्य।
शांतमूर्ति निष्काम और, सदा देव के वश्य।।

उद्धव जी से मिलकर उनने, कुछ अपनो का भी ध्यान किया।
फिर कुशल कृष्ण जी की पूछी, वसुदेव देव का भान किया।।

उग्रसेन अक्रूर और, कैसे हैं अनिरूद्ध।
सांब, सात्यकी, देवकी, कुल के सभी प्रबुद्ध।।
स्मरण किये दुख कुंति के, आया उनका भान।
माया प्रभु की जानकर, किया उन्हीं का ध्यान।।

बोले हरि के अवतार सभी, 1सन्मार्ग दिखाने वाले हैं।
प्रभु उनको दण्डित करते हैं, जो सन्त सताने वाले हैं।
श्री कृष्णचन्द्र से सम्बन्धित, उत्तम प्रसंग जब चल निकला।
उस बाल सखा की आंखों से , इक अश्रु बिन्दु तब बह निकला।।
श्री कृष्ण 2सूर्य थे यदुकुल के, जो अस्त होगये हैं भेया।
अजगर हे गील गया घर को, हम सब श्रीहीन हुए भैया।।

हमने तो उस देव को, माना यादव श्रेष्ठ।
हमें छोड़ वह चलदिया, देखो वृष्णी श्रेष्ठ।।

1. **अजस्य जन्मोत्पथनाशनाय कर्माण्यकर्तुर्ग्रहणाय पुंसाम्।। भा. 03–01–44**
2. **कृष्णद्युमणिनिम्लो चे गीर्णेष्वजगरेण ह।**
   किं नु नं कुशलं ब्रूयां गतश्रीषु गृहेष्वहम्।। भा. 03–02–07

(क) नीतिशास्त्र में।

राजसूय यज्ञ में नृप उनका, दर्शन पूजन कर धन्य हुए।
विधना की थे वे श्रेष्ठ कृती जग में ऐसे नहिं अन्य हुए।।
उनके दर्शन के प्रतिफल में, शिशुपाल ने उत्तम पद पाया।
इतने थे चमत्कार फिर भी, पहचान न मैं उनको पाया।।
श्री कृष्णचन्द्र से अधिक कहो, क्या अन्य दयालू हो सकता।
जो [1]जहर पिलाने वाली को, भी माता की गति दे सकता।।

उद्धव के मनमें उठे, ऐसे चित्र अनेक।
अनुपम आकर्षक बड़े, श्रेष्ठ एक से एक।।

भू–भार हरण हित जन्म और, सब बाल समय की क्रीड़ाऐं।
गोपालन, रमण, नृत्य, गायन, माखन चोरी की लीलाऐं।।
गोवर्धन धर कर यज्ञ किया, ओर नष्ट किया सब असुरों को।
कालिया नाग का दमन किया, ओर शमन किया सब कष्टों को।
है ऐसा कौन चरित उनका, जिसमें आनन्द निवास नहीं।
है कोन धरा पर नर ऐसा, जिसके हैं वे कुछ खास नहीं।।

सुमिरण कर गिरिधर चरित, उद्धव हुए विभोर।
अश्रु नयन से बह चले, कह न सके कुछ ओर।।
वाणी को उनने दिया, तनिक देर विश्राम।
फिर वर्णन करने लगे, श्रीहरि के सब काम।।

सांदीपनि आश्रम में जाकर, एक ही बार में सब सीखा।
दक्षिणा गुरूजी को जो दी, उसके आगे सब कुछ फीका।।
प्रिय सुवन सांदिपनि गुरूवर का, रिपु का वध करके लोटाया
था उदर पंचजन का चीरा, यमपुर से गुरूसुत ले आया।।

हरण रूक्मिणी का किया, भली निभाई रीति।
यह गांधर्व विवाह की, नई चलाई रीति।।

भामिनी सत्य भामा के हित, उनने इक ऐसा काम किया।
धरती पर कल्पवृक्ष लाऐ, फिर नाग्नजिती से ब्याह किया।।
भोमासुर द्वारा हरी गई जितनी भी राज कुमारी थी।
उन सब से ब्याह किया उनने, सादर द्वारिका पधारी थी।।

1. अहो बकी यं स्तनकालकूटं जिघांसयाऽपाययदप्यसाध्वी।
लेभे गतिं धात्र्युचितां ततोऽन्यं कं वा दयालुं शरणं व्रजेम।। भा. 03–02–23

एक ही मुहुर्त में उन सबसे, था ब्याह रचाया नटवर ने।
सबके थे अलग–अलग आलय, जिनमें ठहराया गिरिधर ने।।
प्रत्येक महीषी से उनके, दस दस प्रिय सुवन महान हुए।
श्री कृष्ण चन्द्र से तेजवान, उनके जैसे विद्वान हुए।।
हो जरासन्ध या कुरू सेना, सब निज माया से निस्तारी।
वारूणी पिलाकर यदुकुल की, सारी माया भी निस्तारी।।
यों वर्ष अनेकों रमण किया, पृथ्वी पर लीला धारी ने।
वैराग्य हुआ तब सब त्यागा, उस योगेश्वर बनवारी ने।।
यदु और भोज के कर्मों से, जब द्विज सारे थे थर्राये।
फिर श्राप दिया द्विज लोगों ने, तब सब यदुवंशी घबराये।।

पहुँचे सभी प्रभास ओर, दिया विविध विधि दान।
बंधु सहित सब विप्र का, किया बहुत सनमान।।
आज्ञा पाकर विप्र की, किया [1]सुरा का पान।
मर्म वचन कहने लगे, रहा नहीं कुछ भान।।

यों ज्ञानभ्रष्ट हो यदुवंशी, लड़ बैठे थे आपस में ही।
सूर्यास्त समय [2]**बांसों** जैसे, सब नष्ट हुए कुछ पल में ही।।

माया की [3]माया निरख, आये सरस्वति तीर।
बैठ गये कर आचमन, तरू के नीचे वीर।।

वह सत्वमयी श्यामल स्वरूप, पीताम्बर से आलेपित था।
थी चार भुजाऐं बलशाली, मुख पर भी तेज प्रकाशित था।

बांई सांथल पर रखा, हरि ने दांया पैर।
आश्रय पीपल का लिया, छोड़ विषय के फैर।।
उसी समय मैत्रेय जी, आये हरि के पास।
मुझको देखा मलिन मुख, तो बिठलाया पास।।

1. अथ ते तदनुज्ञाता भुक्त्वा पीत्वा च वारूणीम्।
तया विभ्रंशितज्ञाना दुरूक्तेर्मर्म पस्पृशुः।। भा. 03–04–01
2. तेषां मैरेयदोषेण विषमीकृतचेतसाम्।
निम्लोचति रवावासीद्वेणुनामिव मर्दनम्।। भा. 03–04–02
3. भगवान्स्वात्मायाया गतिं तामवलोक्य सः।
सरस्वतीमुपस्पृष्य वृक्षमूलमुपाविशत्।। भा. 03–04–03

खुश होकर मुझको दिया, पाद्यकल्प का ज्ञान।
मेरे आग्रह पर किया, निज स्वरूप का दान।।
आशिष दे मुझसे कहा, [1]जाओ बदरीधाम।
आत्मज्ञान तुमको हुआ, करो जगत के काम।।

लेकर प्रदक्षिणा गिरिधर की, जब चरण कमल में नमन किया।
थी बालसखा की नम आंखें, प्रिय उद्धव ने जब गमन किया।।

उद्धव जी की बात सुन, विदुर हुए ग़मगीन।
बोले मुझको ज्ञान दो, मैं तो हूँ अतिदीन।।
आत्मप्रकाशक तत्व का, दे दो मुझको ज्ञान।
सब कुछ बिसरूं ओर करूं, ब्रह्मरूप का ध्यान।।
[2]स्मरण किया था कृष्ण ने, अन्तिम समय जरूर।
प्रेम विह्वल होकर तभी, रोने लगे विदूर।।
परिक्षित ने पूछा मुझे, बतलाओ ज्ञानेश।
सबके मरने पर रहे, उद्धव कैसे शेष।।

ए ऋषियों शुक ने बतलाया, जो कृष्ण चन्द्र का उत्तर था।
उद्धव क्यों शेष रहे फिर भी, इसका कारण अति उत्तम था।।

उद्धव मुझसे है नहीं, [3]अणू मात्र भी न्यून।
उद्धव बिन हो जायगा, सज्जन बिन जग सून।।

उद्धव हैं श्रेष्ठ आत्मज्ञानी, विषयों में क्षोभ नहीं पाता।
हरि विषयक ज्ञान प्रदान करे, जिससे यह जग तुष्टी पाता।।

विदुर तीर्थ करते हुए, पहुंचे गंगातीर।
भेंट हुई मैत्रेय से, प्रकटी अपनी पीर।।

यह हरिद्वार की पुण्य भूमि, संतों का रहता वास जहां।
मैत्रेय और श्री विदुर देव, करते शुभ वार्तालाप वहां।।

1. **"बदरीं त्वं प्रयाहीति"।। भा. 03–04**
2. **आत्मानं च कुरूश्रेष्ठ कृष्णेन मनसेक्षितम।**
   ध्यायन्गते भागवते रूरोद प्रेमविह्वलः।। भा. 03–04–35
3. **नोद्धवोऽण्वपि मन्न्यूनो यग्दुणैर्नार्दितः प्रभुः।**
   अतो मद्वयुनं लोकं ग्राहयन्निह तिष्ठतु।। भा. 03–04–31

जो हैं अधर्म रत दुखी जीव, [1]**श्रीकृष्ण** विमुख जो चलते हैं।
है धन्य आप मैत्रेय ऋषि, उनके हित हेतु विचरते हैं।
सुख हेतु कर्म करने पर भी, सुख तो उपलब्ध नहीं होता।
कर्मों में जीव फसा रहता, दुख भी कुछ न्यून नहीं होता।।

कर्म करें या ना करें, बतलाओ सर्वज्ञ।
आत्मा होमी जा रही, कर्म बने सब यज्ञ।।

किस भांति मिले वह ज्ञान कहो, जिसका प्रमाण वेदों में है।
लीलावतार के चरित कहो, मेरी मति तो बस उनमें है।।

कैसे सृष्टि प्रपंच का, किया देव निर्माण।
कैसे रखता जगत रच, जगत जीविका भान।।

ह्दयाकाश में इस जग का, किस भांति समायोजन करते।
फिर कहो योगमाया से वे, होकर निर्लेप शयन करते।।

थे यदि वे प्रभु एक तो, कैसे हुए अनेक।
इसका हमको ज्ञान दो, विनय यही बस एक।।

[2]**द्विज,** देव, धरणि और गो हित में, जो चरित किये वह बतलाओ।
जिनको सुनकर मन तृप्त न हो, इकबार ओर वो सुनवाओ।।
वह तत्व बताओ हमें देव, जिससे सब लोक रचे हरि ने।
सब लोकपाल की रचना की, कैसा क्रम ठाना श्रीहरि ने।।
कर्मों और रूप स्वभावों में, यह भेद बनाया है केसे।
सब जीव बनाये जब हरि ने, नामों में भेद किया केसे।।
चारों वर्णों के सुख सारे, बस तुच्छ सुक्ख ही देते हैं।
पर कृष्ण कथामृत मानव के, घर के सब बन्धन हरते हैं।

[3]मधुर कथाओं का प्रभु, कहो सार का सार।
जिससे मानस शुद्ध हो, ओर होवे उद्धार।।

1. **जनस्य कृष्णाद्विमुखस्य दैवादधर्मशीलस्य सुदुःखितस्य।**
अनुग्रहायेह चरंति नूनं भूतानि भव्यानि जनार्दनस्य।। भा. 03–05–03
2. **क्रीडन्विधत्ते द्विजगोसुराणां मोक्षाय कर्माण्यवतार भेदेः।**
मनोन तृप्यत्यपि श्रृण्वतां नः सुश्लोक मौलेश्चरितामृतानि।। भा. 03–05–07
3. **तदस्य कोषारव शर्मदातुर्हरेः कथामेव कथासु सारम्।**
उद्दत्य पुष्पेभ्य इवार्त बंधो शिवाय नः कीर्तय तीर्थ कीर्तेः।। भा. 03–05–15

उस [1]**ईश्वर** ने नर देह धार, नर की सीमा से परे किया।
वह चरित कहो हमको प्रियवर, उस गिरधर ने जो यहां किया।।

पालन हरि आदेश का, है बस मेरा काम।
यह कह श्री मैत्रेय ने, कही कथा अविराम।।
जगती से पहिले जगत, था आत्मा का रूप।
निज माया से हंस ने, किये अनेकों रूप।।

प्रभु माया से ही अहंकार, महतत्व इन्द्रियों को सिरजा।
पृथ्वी, जल, तेज, पवन के संग, आकाश काल को भी सिरजा।।
ज्यों ज्यों [क]**तत्वों** की वृद्धि हुई, पृथ्वी के गुण भी बढ़े यहां।
रस, रूप, गंध, स्पर्श, शब्द, ये तन्मात्रा फिर हुए यहां।।
महतत्वाभिमान मय देवों से, नहिं सृष्टि रचन का कार्य हुआ।
एकता नहीं थी उन सबमें, तब हरिवन्दन आधार लिया।।
तुम ही यतियों के आश्रय हो, चरणों में तीर्थ तुम्हांरे हैं।
माँ गंगा के उद्‌गम आयल, प्रभु भक्तों के रखवारे हैं।।
भक्तों को अभयदान देकर, वैराज्ञ को सबल बनाते हो।
निर्मल मन मन्दिर वालों को, प्रभु मोक्ष मार्ग दिखलाते हो।।

त्रिगुण रूप से सृजित हम, हैं विपरीत स्वभाव।
इसीलिये होता नहीं, जग का आविर्भाव।।

आदेश हमें दो दयानिधे, किस भांति रचे रचना जग की।
तुम पूर्ण पूरूष तुम निर्विकार, तुम ही आत्मा हो हम सब की।।

माया पति ने तब किया, निज माया विस्तार।
जग की रचना हो सके, बढ़े सृष्टि व्यापार।।
निज [2]माया से [3]तत्व के,गण में किया प्रवेष।
सब एकत्रित हो गये, मिटा दिया विद्वेष।।

1. स विश्वजन्मस्थितिसंयमार्थे कृष्णावतारः प्रगृहीतशक्तिः।
चकार कर्माण्यति पूरूषाणि यानीश्वरः कीर्तय तानि मह्यम।। भा. 03—05—16
2. सा वा एतस्य संद्रष्टुः शक्तिः सदसदात्मिका।
मायानाम महाभाग ययेदं निर्ममे विभुः।। भा. 03—05—25
3. प्रबुद्धकर्मा दैवेन त्रयोविंशतिको गणः।
प्रेरितोऽजनयत्स्वाभिर्मात्राभिरधिपुरूषम्।। भा.. 03—06—04

(क) महतत्वादि 24 तत्व

क्रिया शक्ति जागृत हुई, प्रकटी देह विराट।
ऐसे रचना जगत की, करता वह सम्राट।।

प्रलय समय में बहुत काल, जल में अण्डे के मध्य रहे।
तब ज्ञान प्राण और आत्म शक्ति, इन सब रूपों में व्यक्त हुए।।

[1]आत्मा हरि का अंश है, जग का यह आधार।
प्राणी गत होते यहां, तब होता उद्धार।।

लाभार्थ वृत्तियों के प्रभु ने, देवों के सब अस्थान सृजे।
उन सबमे बल अपना देकर, सब लोक और परलोक सृजे।।

[2]सिर चरणों और नाभि से, स्वर्ग धरा आकास।
इनमें होता प्रकट सब, देव मनुज का वास।।

सतगुण से सब सुरगण रचकर, अमरालय में अस्थान दिया।
तमगुण से पार्षद रूद्र रचे, ओर अंतरिक्ष में थान दिया।।
रजगुण की रचना को प्रभु ने, इस पृथ्वी पर ठहराया है।
यों तो सारी रचना प्रिय पर, प्रियतम इंसान बनाया है।।
ब्राह्मण की रचना की मुख से, क्षत्रिय निज भुज से सिरजा है।
सब वैश्य सांथलों के जाये, प्रिय शूद्र चरण से उपजा है।।
हैं गुण असीम उस ईश्वर के, उनका जो गायन करता है।
बस उसकी **[3]वाणी** सार्थक है, सुख में बस वही विहरता है।।।
वह श्रवण श्रेष्ठ जो श्रवण करे, श्री हरि की श्रेष्ठ कथाओं को।
बस ध्यान वहीं पर रम जाये, बिसुरे वह सभी व्यथाओं को।।
वरना **[4]माया** से श्री हरि की, मायावी मोहित होते हैं।
हम क्या समझेंगे मंदबुद्धि, वे स्वयं जिसे न समझते हैं।।

1. **एष ह्यशेष सत्वानामात्मांशः परमात्मनः।**
   आद्योऽवतारो यत्रासो भूतग्रामो विभाव्यते।। भा. 03–06–08
2. **शीर्ष्णोऽस्य द्योर्धरा पद्भ्यां खं नाभेरूदपद्यत।**
   गुणानां वृत्तयो येषु प्रतीयंते सुरादयः।। भा. 03–06–26
3. **एकांतलाभं वचसो नु पुंसां सुश्लोक मौलेर्गुणवादुमाहुः।**
   श्रुतेश्च विद्वद्भिरूपाकृतायां कथासुधायामुपसंप्रयोगम।। भा. 03–06–36
4. **अतो भगवतो माया मायिनामपि मोहिनी।**
   यत्स्वयं चात्मवर्त्मात्मा न वेद किमुतापरे।। भा. 03–06–38

मन, वाणी, सुर, रूद्र भी, नहिं पा सकते पार।
परम अगोचर कृष्ण को, वन्दन बारम्बार।।

इतना सुनकर श्री विदुर राय, अपने मन में संतुष्ट हुए।
थे प्रश्न ओर भी कुछ मन में, मैत्रेय के सन्मुख प्रकट किये।।
है निर्विकार चैतन्य ईश, फिर क्रिया का होना क्यों संभव।
यदि परमात्मा निर्गुण है तो, गुणवाला होना क्यों संभव।।
जो है असंग और स्वतस्तृप्त, जो अद्वितीय परमात्मा है।
क्रीड़ा की इच्छा फिर केसे, संभव हो सकती शंका है।।
माया से जग की रचना की, फिर देश ओर काल अवस्था से।
नहिं लुप्त बोध इससे है तो, संयोग न संभव माया से।।
सब देहों में रहने वाला, सबका भोक्ता भगवान स्वयं।
आनन्दनाश और क्लेश आदि, कैसे सम्भव है हमें वहम।।
इन सब प्रश्नों का समाधान, मेत्रेय मुनी करते देखो।
ए ऋषीगणो उनके उत्तर, अच्युत में मति करते देखो।।
सपने में जैसे सिर कटता, जल में शशि कम्पित होता।
बस उसी भांति आत्मा में भी, देहादिधर्म का भ्रम होता।।
आत्मा में यह अनआत्मबुद्धि, निवृत्ति धर्म से मिटती है।
जो कुछ फिर रही सही होती, श्रीकांत कृपा से मिटती है।।
हरि में जब [1]**इन्द्रिय** निश्चल हो, तब क्लेश नष्ट सब होते हैं।
जिस भांति शयन के समय क्लेश, सब शमन हो गये लगते हैं।।

[2]हरि गुण गायन श्रवण से, मिट जाते संदेह।
उत्तर सुन मैत्रेय से, बढ़ा विदुर का नेह।।

उपदेश आपका सुनकर के, संदेह मिटे हें सब मेरे।
नहिं ज्ञान बिना यह सब संभव, जग के हैं ये सारे घेरे।।
सब समय सुखी होते मूरख, पशु को होती किसकी चिन्ता।
जो चातक ओर चतुर होते, हर समय उन्हें ही है चिन्ता।।

देहिक धर्मों में रमा, जो है निपट गंवार।
या जो हरि का हो गया, छोड़ कपट संसार।।

1. **यदेंद्रियो परामोंऽथ द्रष्टात्मनि परे हरौ।**
विलीयंते तदा क्लेशाः संसुप्तस्येव कृत्स्नशः।। भा. 03–07
2. **अशेष संक्लेशशमं विधत्ते गुणानुवादश्रवणं मुरारेः।। भा. 03–06–26**

ये दोनो सुखी सदा रहते, अपनी अपनी चेष्टाओं में।
पर मध्यमार्ग जो चलते हैं, वे दुख पाते आत्माओं में।।
कुछ और निवेदन है मेरा, ए देव श्रवण उसको कीजे।
है श्रवण रंध्र प्यासे मेरे, कुछ अमृत और पिला दीजे।।
जिससे बहु वंश प्रकाशित हे, है पुत्र, पौत्र, प्रपौत्र हुए।
क्या है विभूतियां उस प्रभु की, जिससे जग के सब खेल हुए।।

जिसने है यह जग सृजा, जिसमें जग है व्याप्त।
हरि महिमा वर्णन करो, अभी नहीं पर्याप्त।।

सब सृजन कहो श्री ब्रह्मा के, अनुसर्ग सर्ग सब कहो मुझे।
किस मनवन्तर के मनु कौन और, अधिपति होते वह कहो मुने।।
उनके वंशो के सकल चरित, ए मुनिवर मुझे सुना दीजे।
पृथ्वी के ऊपर नींचे के, हैं कौन लोक बतलादीजे।।
पृथ्वी लोकों की रचना के, हें क्या प्रमाण वर्णन कीजे।
इतनी रचना कैसे सम्भव, मैं भ्रम में हूँ समझा दीजे।।
स्वेदज, अंडज ओर जरायुज्य, उद्भिज्ज बनाये हें कैसे।
इन सबका सृष्टि प्रकार कहो, निर्मित ये होते हैं जैसे।।
रचना पालन संहार चरित, माया से किस विधि होता है।
वर्णाश्रम रूप स्वभाव शील, कैसे विभाग यह होता है।।
ऋषियों का जन्म हुआ कैसे, प्रभु वेद विभाग बता दीजे।
विस्तार यज्ञ, और ज्ञान, योग, कुछ सांख्यमार्ग सिखलादीजे।।

तंत्र कहो हरि के कहे, विनय हमारी ऐक।
कृष्ण कथा सब कथा में, अद्भुत और अति नेक।।

पाखण्ड पन्थ है बड़ा विकट, प्रतिकूल प्रवृतियों वाला है।
गतियां क्या जीवों की होती, कर्मों का जिन पर जाला है।।
धर्म अर्थ ओर काम मोक्ष, सबके वैश्योचित धर्म कहो।
सारे उपाय प्रभु बतलाओं, जो भी विरोध से निरत न हो।।

दंडनीति वर्णन करो, कहो श्रवण विधि शास्त्र।
वर्णन उसका भी करो, जिस विधि होता श्राद्ध।।
पितृगणों की सृष्टि ओर, ग्रह नभचर की चाल।
काल चक्र के मध्य में, क्या है इनके हाल।।

तप दान [1]**ईष्ट** [2]**पूर्तादिक** का, फल मुझे बताओ ऋषिराई।
फिर आपद धर्म बखान करो, प्रवास समय के सब भाई।।
वह मूल धर्म विस्तार कहो, जिस पर हरि रीझा करते हैं।
आनन्द कन्द निज माया से, भक्तों में आनंद भरते हैं।।
[3]**सच्चे** गुरूवर सब प्रश्नों का, समुचित उत्तर दे देते हैं।
सुत, शिष्य जिसे नहिं पूछ सके, कुछ प्रश्न जो ऐसे होते हैं।।
समझाओ प्रलय प्रकार मुझे, फिर तत्व सभी वे कहदी जे।
हरि की सेवा जो करते हैं, हरि के संग सोते कहदीजे।।

तत्व जीव के सब कहो, क्या परमात्म स्वरूप।
भेद हीन वह ज्ञान जो, उपनिषदों का रूप।।

गुरू शिष्य प्रयोजन कहो और, सब ज्ञान सुसाधन बतलाओ।
माया से ग्रस्त मैं [4]**नष्ट** चक्षु, मुझपर कुछ किरपा बरसाओ।
विस्तृत उत्तर सब प्रश्नों का, ए बन्धु मुझे समझा दीजे।
गुरू बिन यह संभव कभी नहीं, गुरू मूरति सब बतला दीजे।।

कुरू कुल भूषण विदुर ने, पूछे प्रश्न अनेक।
ऋषि भूषण मेत्रेय के, उत्तर भी हैं नेक।।

मैत्रेय देव इन प्रश्नों से, गद्गद और भाव विभोर हुए।
पुरूवंश प्रशंसित है जगमें, जिसने मानव हित कर्म किये।।
यह कथा भागवत माता की, सब कलुष मिटाने वाली है।
दुख द्वन्द मनुज के जितने हैं, सब शमन कराने वाली है।।
इक समय भजन करते करते, पाताल लोक में जा करके।
यह कथा कुमारों ने सुनली, श्री शेष चरण मे सिरधर के।।

सनत्कुमारों ने कही, सांख्यायन को जाय।
पाराशर सुरगुरू ने, फिर पाई मन लाय।।

1. **यज्ञ करना।**
2. **कूए बावड़ी बनवाना।**
3. **अनुव्रताना शिष्याणां पुत्राणां च द्विजोत्तम।**
   अनापृष्टमपि ब्रूयुर्गुरवो दीनवत्सलाः।। भा. 03–07–36
4. **स्वतोज्ञानं कुतः पुंसां भक्तिवैराग्यमेववा।**
   एतान्मे पृच्छतः प्रश्नान्हरेः कर्मविवित्सया।।
   ब्रूहि मेऽगस्य मित्रत्वादजया नष्ट चक्षुषः।। भा. 03–07–39
5. **स इत्थमापृष्ट पुराणकल्पः कुरूप्रधानेन मुनिप्रधानः।। भा. 03–07–41**

ऋषि पुलस्त्य के कहने पर, श्री पाराशर ने कृपा करी।
यह कथा भागवत माता की, मेरी सुबुद्धि के लिये करी।।

वही कथा हरिराय की, जाकी विरद महान।
विदुर तुम्हैं कहता सुनो, कर श्री हरि का ध्यान।।

यह प्रलय समय का है प्रसंग, निष्क्रीय हुए नारायण थे।
श्री शेष नाग की शय्या कर, पौढ़े थे नैन बन्द करके।।
सब युग की सहस चौकड़ी तक, जल में सोये नारायण थे।
फिर काल शक्ति के आश्रय से, सब लोक निहारे निज में थे।।
कालानुकूल रजोगुण से, हो क्षोभ युक्त संसृति करने।
वह सूक्ष्य वस्तु प्रभु नाभी से, उत्पन्न हुई दुनियाँ गढ़ने।।
उस सूक्ष्म वस्तु से कमल बना, जिससे श्री 'स्वयंभू' प्रकट हुए।
सब लोक दरश की इच्छा से, मुख चोदिशि ही उत्पन्न हुए।।
मैं कौन और यह कमल कहां, आधार कहां पर है इसका।
नींचे तक गये विरंचि बहुत, पर खोज न पाये तल उसका।।
सो वर्ष व्यतीत हुए लेकिन, आधार नहीं वे ढूंढ सके।
लौटे ओर रमें समाधी में, जिससे योगासन साध सके।।

योग सिद्धि से हो गये, दर्शन भली प्रकार।
वन्दन ब्रह्मा ने किया, प्रभु का कर सत्कार।।

[1]**हरि** पर थी शेष छत्र छाया, सब रत्न चमकते रहते थे।
था शयन शेष जी पर उनका, सब वस्त्र मेघ से रहते थे।।
बहु पुष्प ओर वन माला से, प्रभु नारायण श्रृंगारित थे।
आभूषण दिव्य सभी उनके, कुंडल से लोक प्रकाशित थे।।
जल से आवृत वे शेष बन्धु, थे स्वर्ण किरीट शिखर धारी।
सुदर्शन रक्षित नारायण, जल में थे कौस्तुभ मणि धारी।।

सूर्य चंद्र ओर अग्नि की, थे सीमा से दूर।
पूर्ण काम प्रभु देख के, हुआ सभी श्रम दूर।।

दर्शन पाते ही ब्रह्मा को, प्रभु नाभि कमल का भास हुआ।
आकाश और फिर प्रलय, पवन, निज आत्मा का अहसास हुआ।।

1. **चराचरौ को भगवन्महीध्रमहींद्रबंधु सलिलोपगूढ़ं।**
किरीट साहस्त्र हिरण्यश्रृंगमाविर्भवत्कौस्तुभरत्नगर्भम्।। भा. 03—08—30

हाथ जोड़ मस्तक नवा, कीन्हां दण्ड प्रमाण।
अज अस्तुति करने लगे, जय जय पूरण काम।।

सब कष्ट भोगता है मानव, दैहिक दैविक संतापों में।
प्रभु के स्वरूप का भान न हो, उलझा रहता बहु पापों में।।
हो लीन भक्ति में ऋषियों ने, तुमको ही मन में पाया है।
है नमन हमारा भी प्रभु वर, यह शीष नमन को आया है।।
तुम मोह दूर करने वाले, [1]**चैतन्य** प्रकाश तुम्हांरा है।
प्रभु अद्‌भुत ज्ञान स्वरूप हो तुम, श्री नारायण को नमन मेरा।।
जग की उत्पति ओर स्थिति के, तुम ही निमित्त संहार के हो।
निज माया से क्रीड़ा करते, श्री नारायण को नमन मेरा।।
जग वृक्षरूप, तुम काल मूर्ति, गोवर्धन धारी न्यारे हो।
भक्तों के प्राणाधार प्रभू, श्री नारायण को नमन मेरा।।
मैं शरणागत हूँ पुरूषोत्तम, है यज्ञ मूर्ति आनन्द कन्द।
तुम [2]**सुहृद** जगत के, प्रणत पाल, श्री नारायण को नमन मेरा।।
आनन्दमूर्ति अन्तरयामी, है अद्वितीय जिनकी माया।
दो ज्ञान और ऐश्वर्य मुझे, श्री नारायण को नमन मेरा।।
जिस ज्ञान से जगत सुखी होता, संसृति का सिरजन होता है।
वह बल और शक्ति प्रदान करो, श्री नारायण को नमन मेरा।।

ब्रह्मा ने की वन्दना, वचन और मन लाय।
बैठ गये कुछ थके से, हरि में ध्यान लगाय।।

तब हरि बोले आलस्य त्याग, तप कर तप कर तप कर तप कर।
तब रचना संसृति की होगी, पर उसके हित तू तो तप कर।।
यों [3]**काष्ठ** अग्नि सम लोकों में, जब मेरे दर्शन पाते हैं।
तब पुण्य रूप उन लोगों के, दुख दूर सभी हो जाते हैं।।

1. **शश्वत्स्वरूपमहेसेव निपीतभेदमोहाय बोधधिषणाय नमः परस्मैं।**
विश्वोद्‌भवस्थितिलयेषु निमित्तलीलारासाय ते नम इदं चकृमेश्वराय।। भा. 03–09–14
2. **सोऽयं समस्त जगतां सुहृदेकआत्मा सत्त्वेनयन्मृड्यते भगवान्भगेन।**
तेनेव में दृशमनुस्पृषताद्यथाऽहं स्रक्ष्यामि पूर्ववदिंद प्रणतप्रियोऽसौ ।। भा. 03–09–22
3. **यदा तु सर्वभूतेषु दारूष्वग्निमिव स्थितम्।**
प्रतिचक्षीत मां लोको जह्यातरह्येव कश्मलम्।। भा. 03–09–32

[1]**सर्वत्र** मुझे ही जब देखे, इन्द्रिय और अंतःकरणों से।
तब मोक्ष उसे मिल जाती है, तर जाता जीवन मरणों से।।
निर्गुण ओर सगुण बखानो से, मैं हूँ प्रसन्न अब ध्यान धरो।
जो [2]**सर्ववेदमय** मुझमें है, उस जगती का निर्माण करो।।

इतना कह प्रभु हो गये, तत्क्षण अन्तर्ध्यान।
तब तप में ही रम गया, ब्रह्मदेव का ध्यान।।
प्रलय पवन से जब हुआ, कंपित कमल महान।
तप प्रभाव से पी गये, जल संग ब्रह्म सुजान।।
कमल कोश के कर दिये, जन तप सत्य विभाग।
भोग भूमि जो जीव की, जहां बढ़े अनुराग।।

महतत्व आदि परिणाम रूप, यह काल सदा कहलाता है।
सत, रज, तम को क्षोभित करता, आकार न इसका होता है।।

आदि अन्त से रहित है, विदुर देव यह काल।
काल धर्म से विलग सब, लगता जग का जाल।।
ये था हे अरू रहेगा, जग तो सब ही काल।
दस होते हैं सर्ग और, इन्हें चलाता काल।।
नैमित्तिक नित प्राकृतिक, ये हें प्रलय प्रकार।
काल, अग्नि, गुण तीन से, करते सभी विचार।।

महतत्व रूप है प्रथम सर्ग, हरिगुण से विषम रूप जिनका।
दूजा जो सर्ग कहाता हे, गुण रूप अहंकार उसका।।
पंच महां भूतों को विदुर सुनो, जो पैदा करने वाला है।
तन्मात्रा उसको कहते हैं, तीसरा सर्ग यह होता है।।

ज्ञान और कर्मेन्द्रि का, चोथा सर्ग महान।
देव सृष्टि [क]अहंकार को, पंचम करके मान।।

जीवों के आवरणों का विक्षेप, पंचपर्वा अविद्या करती है।
यह छह होते हें प्राकृत सर्ग, जिससे यह दुनियां चलती है।।

1. **यदा रहितमात्मानं भूतेन्द्रियगुणाश्रयैः।**
   स्वरूपेणमयोपेतं पश्यन्स्वाराज्यमृच्छति।। भा. 03–09–33
2. **सर्ववेदमयेनेदमात्मनाऽऽत्माऽऽत्मयोनिना।।**
   प्रजाः सृज यथा पूर्वं याश्च मय्यनुशेरते।। भा. 03–09–43

(क) सात्विकाहंकार

सप्तम होता है मुख्य सर्ग, स्थावर जिसमें होते हैं।
जो आगम निगम समाप्त करें, जिसमें गुण ऐसे होते हैं।।
वट, वनस्पती और पुष्प आदि, औषधी अन्न जो होते हैं।
आकार, गती जिनकी ऊँची, बहुभेद सभी के होते हैं।।
आठवां सर्ग पशु पक्षी का, आहार ज्ञान जो रखते है।
होते विचार से शून्य सदा, बस घ्राण ज्ञान ही रखते हैं।।
गो, बकरा, भैंसा, ऊँट, भेड़, मृग, सूकर, रूरू, रोज आदी।
नो फटे खुरों के होते हैं, अति होती इनकी आबादी।।
[क]रासभ, खच्चर, ओर अश्व शरभ, **[ख]चमरी** और गौमृग होते हैं।
आठवें सर्ग में पशु यह छह, खुर एक हि वाले होते हैं।।
[ग]वृक, श्वान, सियार, बघेरा, शश, हाथी, बन्दर जो होते हैं।
कछुआ, **[घ]गोधा** ओर सिंह, मकर, ये पंचनखे सब होते हैं।।

भास, श्येन, वट, कंक और, सारस, हंस [ङ]भलूक।
पक्षी, चकवा काक और निशिपति एक उलूक।।
[1]सुख दुख का होता जिन्हैं, प्रति पल ही आभास।
नवम सर्ग है मनुज का, माया के ये दास।।
देवों का भी वेकृत, है वैकारिक सर्ग।
वर्णन उसका हो गया, जहां प्राकृत सर्ग।।

प्राकृत और वैकृत होने से, यह उभय रूप हो जाता है।
वह सर्ग कुमारों का है जो, वर्णन करने में आता है।।
गंधर्व, अप्सरा, बिबुध, पितर, विद्याधर राक्षस, यक्ष आदि।
किन्नर, किंपुरष, सिह चारण, बहुभूत, पिशाच, प्रेत आदि।।

वैकृत देविक सर्ग के, हे यह आठ प्रकार।
जग कर्ता के हो गये, दस यों सर्ग प्रकार।।

अब कल्प प्रमाण बताने को, मनवंतर वर्णन करता हूँ।
युग और काल क्या होते हैं, परमाणु प्रकाशित करता हूँ।।
कारज का चरम विभाग यही, इसका विभाग नहिं हो सकता।
परमाणु उसी को कहते हैं, जो नष्ट कभी नहिं हो सकता।।

1. अर्वाकस्रोतस्तु नवमः क्षत्तरकविधो नृणाम्।
रजोऽधिकाः कर्मपरा दुःखे च सुखमानिनः।। भा. 03–10–25

(क) गधा, (ख) सुरागाय, (ग) भेड़िया, (घ) गोह, (ड़) भल्लूक

परमाणु अवस्था भोगता, वह परमाणू काल।
सकल अवस्था काल की, परम महान काल।।

दो परमाणू से एक अणू, और तीन अणू से त्रसरेणू।
तरवारे में जो दिखता है, उसको कहते हैं त्रसरेणू।।
त्रसरेणू तीन की एक त्रूटि, सो त्रूटी का फिर एक वेध।।
लव एक में तीन वेध होते, और तीन लवों का इक निमेष।।
संगम से तीन निमेषों के, इक क्षण निर्मित हो जाता हैं।
क्षण पांच जहां पर मिलते हैं, तब वह काष्ठा कहलाता है।।
पन्द्रह काष्ठा मिलकर लघुता, पन्द्रह लघुता की एक घड़ी।
एक मुहुर्त दो घड़ियों का, इक प्रहर में होती सात घड़ी।।
मानव के चार प्रहर मिलते, तो वह इक दिन बन जाता है।
जब चार प्रहर की रात मिले, वह अहोरात्र कहलाता है।।

अहोरात्र हो पंचदस, होता है इक पक्ष।
एक महीने में विदुर, होते हैं दो पक्ष।।

यह एक महीना पितरों का, शुभ अहोरात्र कहलाता है।
दो महिनों की इक ऋतु होती, छह माह का अयन कहाता है।।

दो अयनो के युग्म से, होता है इक वर्ष।
इतनी आयूष मनुज की, जीता बस सो वर्ष।।

निज भुवन कोश में सूर्य देव, परिभ्रमण सदा ही करते हैं।
तारामण्डल के केन्द्र बिन्दु, द्वादश राशिन पर भ्रमते हैं।।

इड़ा, परि, अनुवत्सर, ओर वत्सर ये चार।
संवत्सर है पांचवा, जो है वर्ष प्रकार।।

जो बीजों को अंकुर देते, सबको जो जागृत करते हैं।
निवृत्ति दिलाते विषयों से, उन सूर्य देव को नमन मेरा।।
पुरूषों के सभी गुणों को जो, यज्ञों से ही विस्तरते हैं।
नभ में सर्वोत्तम गति जिनकी, उन सूर्य देव को नमन मेरा।।

तेजो मण्डल रूप है, नक्षत्रों के भूप।
सब जन मिलकर नित्य ही, पूजें देव अनूप।।
विदुर देव ने विनय की, समझाओ महाराज।
ज्ञानी की गति कल्प से, बाहर जो द्विजराज।।

जो [क]दिव्य वर्ष हैं देवों के, उनके संध्या और अंश सभी।
चारों युग का निर्माण किया, जिनकी रहती है सदा गती।।
बारह सो वर्ष अवधि कलि की, उससे दूजा द्वापर भाई।
कलि से तीजा त्रेता होता, चौगुना रहे सतयुग भाई।।
[1]चारों चरणों से धर्म रहे, उसको सब सतयुग कहते हैं।
बल से अधर्म के अन्यों में, इक एक चरण कम होते हैं।।

यों महर्लोक से लेकर के, जो ब्रह्मलोक तक फैला है।।
युग चार हजार मिलाने पर, ब्रह्मा का इक दिन होता है।।

इतने युग की ही निशा, है इसका परमाण।
ब्रह्मदेव सोते तभी, कर प्रपंच निर्माण।।

रजनी की अन्तिम घड़ियों में, जग रचना कल्पित होती है।
जिसमें चौदह मनु होते हैं, दिन में जग रचना होती है।।

क्रम से भोगे [ख]चोकड़ी, मनु, मनु की संतान।
इनका सब क्रम नियत है, सब का नियत विधान।।

देवेन्द्र, देव, गंधर्व आदि, और सप्तऋषि जो होते हैं।
मनवंतर के प्रारम्भ समय, सब एक साथ ही होते हैं।।
है नित्य सृष्टि यह ब्रह्मा की, इससे त्रैलोकी प्रवृत हुई।
कर्मों से जन्म यहां मिलता, कर्मों से ही निवृत्ति हुई।।
पशु, पक्षी, मनुज, पितर सारे, इस एक सृष्टि के हिस्से हैं।
इन सब की तो है क्या बिसात, सब देव इसी के हिस्से हैं।।
मनवंतर में मनु रूप धार, जग का पालन प्रभु करते हैं।
बहुपुत्र पौत्रादिक द्वारा, बहुभांति पराक्रम करते हैं।।
रात्री में ग्रहण तमोगुण कर, निष्क्रीय मनू जी होते हैं।
श्री सूर्य चन्द्र की रश्मि बिना, त्रैलोक तिरोहित होते हैं।।

शेष मुखानल से भृगू, पीड़ित हो, कर शोक।
महर्लोक को छोड़ कर, आजाते जनलोक।।

कल्पांत समय की पवनों से, कम्पित नदीश हो जाते हैं।
अपनी सीमा का भान न रख, खुद में त्रैलोक समाते हैं।।

1. धर्मश्चतुष्पान्मनुजान्कृते समनुवर्तते।
स एवान्येष्वधर्मेण व्येति पादेन वर्धता।। भा. 3–11–21
(क) बारह हजार (ख) इकहत्तर चोकड़ी

तब सोते हें शेष पर, अचित त्रिलोकी नाथ।
नेत्र बंद होते वहां, अमला होती साथ।।
तब प्रभु के एश्वर्य का, भृगु ऋषि करे बखान।
वह छवि जो मन में धरे, उसका भाग्य महान।।
ब्रह्मदेव की आयु का, आधा भाग परार्ध।
शब्द ब्रह्म ब्रह्मा हुए, वह था प्रथम परार्घ।।

वह बड़ा कल्प था सुनो विदुर, जो ब्रह्म कल्प कहलाता है।
फिर पाद्यकल्प आया जिसमें, इक कमल नाभि में आता है।।

प्रभु के लिये निमेष सम, यह परार्ध का काल।
[1]ईश्वर पर चलती नहीं, कभी काल की चाल।।
अभिमानी जो देह के, गृह का जिन्हें घमण्ड।
उनको लगती काल की, गति यह सदा प्रचण्ड।।
सबका कारण एक ही, नारायण भगवान।
यह विस्तृत ब्रह्माण्ड भी, लगता अण्ड समान।।
इतना कह मैत्रेय ने, लिया तनिक विश्राम।
पुनः कथा प्रारम्भ की, जिसका फल घनश्याम।।

सबसे पहले ब्रह्मा जी ने, [क]**पंचपर्वा** अविद्या पैदा की।
यह पाप रूप संसृति निकली, जिससे न जगत की रचना की।।
फिर ध्यान लगा नारायण में, चारों कुमार की रचना की।
वे भी [ख]**श्रीरंग** परायण थे, नंहि संसृति की संरचना की।।
ब्रह्मा के क्रोधित होने पर, इक [ग]**बाल** रूप सा प्रकट था।
बालक की तरह [2]**रूदन** ठाना, शुभ रूद्र नाम तब रख्खा था।।

1. **विकारैः सहितो युक्तैर्विशेषादि भिरावृतः।**
आंडकोशो बहिरयं पंचाशत्कोटिविस्तृतः।। भा. 03–11–39
दशोत्तराधिकेर्यत्र प्रविष्टः परमाणुवत्।
लक्ष्यतेंऽतर्गताश्चान्ये कोटिशो ह्यांडराशयः।। भा. 03–11–40
तदाहुरक्षरं ब्रह्म सर्वकारणकारणम्।
विष्णोर्धाम परं साक्षात्पुरूषस्य महात्मनः।। भा. 03–11–41

2. **यदरोदिः सुरश्रेष्ठ सौद्वेग इव बालकः।**
ततस्त्वामभिधास्यन्ति नाम्ना रूद्र इति प्रजाः।। भा. 03–12–10

(क) अंधतामिस्र, तामिस्र, महामोह, मोह, तम (ख) हरी, विष्णु
(घ) क्रोध आया तब भ्रकुति मध्य से बालक प्रकटा।

[1]हृदय इन्द्रिय पवन प्राणाकाश जल अगनी धरम।
आदित्य शशि तप आदि अस्थल दिये कुल एकादशम।।
[2]मन्यु, मनु, महिनस, महान, काल, भव, शिव ऋतध्वजम्।
वामदेव, उग्ररेता, धृतवत नाम शुभ एकादशम्।।

उमा ऊशना, [3]धी, व्रति, सुधा इला इर अम्ब।
दीक्षा सर्पी नियुत ये, थी एकादश अम्ब।।

पर रूद्र देव की **[4]सृष्टि** निरख, श्री ब्रह्म देव भी घबराये।
अब बन्द करो इसकी रचना, भगवन इससे मन डर पाये।।

कर विरंचि की परिक्रमा, रूद्र गये वन मांझ।
वर्णन आगे का सुनों, हुई सृष्टि जो आज।।

मन और देह से ब्रह्मा ने, इस सारे जग को सृजित किया।
तप के प्रभाव से विदुर सुनो, **[5]दस** श्रेष्ठ सुतों को जन्म दिया।।
मेत्रेय मुनि ने समझाया, कैसे इस जग की रचना की।
नारद को गोद से जन्म दिया, अंगुष्ठ से दक्ष की रचना की।।
त्वचा प्राण से भ्रगु वसिष्ठ, कर से श्री क्रतू बनाये थे।
नाभी से पुलह रचे अज ने, श्रुति से पुलस्त्य सिरजाये थे।।

मुख से प्रकटे अंगिरा, और नैनो से अत्रि।
मन से रचे मरीचि की, यश गाती है सृष्टि।।
धरम दाहिने स्तन से, और पीठ से मोत।
कामदेव को हृदय से, और भोंह से कोप।।

1. **हृदिंद्रियाण्यसुर्व्योम वायुरग्निर्जलं मही।**
   सूर्यश्चंद्रस्तपश्चैव स्थानान्यग्रे कृतानि में।। भा. 03–12–11
2. **मन्युर्मनुर्महिनसो महान् शिव ऋतुध्वजः।**
   उग्ररेता भवः कालो वामदेवो धृतवृतः।। भा. 03–12–12
3. **धीर्वृत्तिरूशनोमा च नियुत्सर्पिरिलांऽबिका।**
   इरावती सुधा दीक्षा रूद्राण्यो रूद्र ते स्त्रियः।। भा. 03–11–13
4. **रूद्राणां रूद्रसृष्टानां समंताद्ग्रसतां जगत।**
   निशाम्य संख्यशो यूथान्प्रजापतिरशंकत्।। भा. 03–12–16
5. **मरीचिरत्र्यंगिरसौ पुलस्त्यः पुलहः क्रतुः।**
   भ्रगुर्वसिष्ठो दक्षश्च दशमस्तत्र नारदः।। भा. 03–12–22

निचले ओठों से लोभ रचा, मुख से वाणी को प्रकट किया।
इन्द्रिया, पायु से सिन्धु, निऋति, छाया से कर्दम, प्रकट किया।।
ब्रह्मा को एक समय भाई, था मदन एक पल जागा था।
कोहरा और अंधकार उससे, जब लज्जित हो तन त्यागा था।।
शुभ चार वेद ब्रह्मा जी के, चारों मुख में से प्रकट हुए।
सब होताओं के कर्म आदि, चारों वेदों के संग हुए।।

[क]आश्रम की सब [ख]वृत्तियां, यज्ञों का विस्तार।
उपवेद न्याय के संग ही, चरण धर्म के चार।।
यह सुनकर श्री विदुर ने, पूछा ओ महाराज।
किस मुख से क्या क्या हुआ, हमें कहो सब आज।।
मैत्रेय मुनी कहने लगे, करके बहु विस्तार।
क्या किस मुंह से धरा पर, आया जग का सार।।

ऋगवेद **[ख]शस्त्र** पूरब मुख से, पश्चिम से **[ग]स्तुतिस्तोम** सामवेद।
[घ]प्रायश्चित अथर्व उत्तर मुख से, दक्षिण से **[च]इज्या** यजुर्वेद।।
पूरब से फिर **[छ]उपवेद** चार, **[ज]पांचवां** वेद चारों मुख से।
इतिहास पुराण नाम उसका, सुनते हैं सब निज दुख सुख से।।

चार चरण हें धर्म के, विद्या तप सत दान।
इन चारों में निहित है, सब सन्तों का ध्यान।।

चारों आश्रम उनकी वृत्ती, सब पूरब मुख से आये हैं।
[1] **[झ]सावित्र, [त]प्रजापत, [थ]ब्राह्म, [द]बृहत,** ब्रह्मचर्य भी चार बनाये हैं।।

हर गृहस्थ की विदुरजी, होती [ध]वृत्ती चार।
[2]वानप्रस्थ जो आश्रम, वे भी होते [न]चार।।

चारों विद्याऐ व्याहृतियां, पूरब मुख से ही प्रकट हुई।
ओंकार शब्द की मधुर ध्वनी, हृदयाकाश से मुखर हुई।।

रोमावलि से ऊष्णिक, त्वचा गायत्री छंद।
त्रिष्टुप प्रकटा मांस से, स्नायु अनुष्टुप छंद।।

1. सावित्रं प्रजापत्यं च ब्राह्मं चाथ बृहत्तथा।
वार्ता संचयशालीनशिलोंछ इति वै गृहे।। भा. 03–12–42

2. वेखानसा बालखिल्यौदुंबराः फेनपा वने।

न्यासे कुटीचकः पूर्वं बह्वोदो हंस निष्क्रियौ।। भा. 03–12–43

(क) चार (ख) होता का कर्म (ग) उद्गाता का कर्म (घ) ब्रह्मा का कर्म (च) अध्वर्यु का कर्म (छ) आयुर्वेद, धनुर्वेद, गांधर्ववेद, स्थापत्य वेद (ज) महाभारत (झ) यज्ञोपवित के बाद तीन दिन गायत्रीमंत्र सीखने तक (त) व्रतों का आचरण करते वर्ष पर्यन्त (थ) पढ़ाई करने तक (द) नैष्ठिक ब्रह्मचर्य पालन (ध) (1) वार्ता (अनिशिद्ध) कृषि, (2) संचय (यजनादि) (3) शालीन (अयाचित) (4) शिलोच्छ (पड़े हुए नाज के दाने बीनना) (न) वैखानस, बालखिल्य, ओदुंबर, फेनप

प्रजापती की अस्थि से, प्रकटा जगती छंद।
प्राणों से बृहती, हुआ, मज्जा, पंक्ती छंद।।
'क' से लेकर 'म' तलक, सकल 'देह' के वर्ण।
'शषसह' चार ये, विदुर इन्द्रिय वर्ण।।
'यर ल व' ब्रह्म के, हैं बल के ही रूप।
सात प्रजापति के स्वर, है विहार के रूप।।
हो न सका जब सृष्टिका, ऋषियों से विस्तार।
हो प्रतिबंधक देवगण, थोड़ा करूं विचार।।
इतने में अज बदन के, हुए तभी दो भाग।
मिथुन एक प्रकटा वहां, जगे जगत के भाग।।

स्वायंभुव मनु थे पुरूष और, भार्या शतरूपा देवी थी।
मेथुनी धर्म के ये वाहक, आगे की संसृति इनकी थी।।
प्रियव्रत ओर उत्तानपाद, दो सुत इनके ही जाये थे।
आकूति, प्रसूती, देवहूति, ये कन्या धन उपजाये थे।।
तीनो कन्याओं का क्रमशः, तीनो ऋषियों से व्याह किया।
रूची, दक्ष, कर्दम ऋषि ने, इनके संग ही निर्वाह किया।।
इन तीनो की ही संतति से, यह जगत भरा है विदुर सुनो।
इस तरह सृष्टि विस्तार हुआ, अब तुम आगे का हाल सुनो।।
श्री रसिक विदुर जी ने पूछा, स्वायंभुव मनु का चरित कहो।
प्रिय पत्नी पाकर महामुनी, था किया कौन सा चरित कहो।।
कर सावधान उस भूपति को, शुक मुनि ने आगे बतलाया।
हरि भक्त विदुर के कहने पर, जो कुछ मैत्रेय ने समझाया।।
श्री विदुर अलौकिक थे भू पर, केशव को गोद खिलाया था।
विधि की हम पर थी कृपा बड़ी, जो उनका दरशन पाया था।।
स्वायंभुव मनु शतरूपा ने, कर बद्ध [1]**विनय** की ब्रह्मासे।
क्या कर्म हमारे प्रभु कह दो, यश ओर कीर्ति पावें जिससे।।

बोले विधना भला हो, जीवें जुग जुग आप।
बिना कहे की प्रार्थना, तुमने अपने आप।।

1. **तद्विधेहि नमस्तुभ्यं कर्मस्वीड्यात्मशक्तिषु।**
यतकृत्वेह यशो विष्वगमुत्र च भवेद्गतिः।। भा. 03–13–08

जनक जननि की तनय को, कर मत्सर का त्याग।
सेवा करनी चाहिये, मान परम सोभाग।।
सावधान होकर करें, पितु आज्ञा सन्मान।
जग में उत्तम जन वही, उसका हो कल्यान।

इस शीलवान शतरूपा में, अपने सम सन्तति उपजाओ।
धर्मानुरूप पृथ्वी पालन, यज्ञों से यजन किये जाओ।।

यह ही सेवा तात की, श्री हरि का आदेश।
इससे खुश तुम पर मनू, सदा रहे ह्रषिकेश।।
जिनपर प्रभु नहि रीझते, है उनका [1]श्रम व्यर्थ।
आत्मा का आदर नहीं, होकर पूर्ण समर्थ।।
मनु बोले दे दो मुझे, रहने का अस्थान।
प्रजा कहां पर रहेगी, कहां रखें सामान।।
डूब गई जल में धरा, हो कैसे उद्धार।
ब्रह्मा जी यह बात सुन, करने लगे विचार।।

जब जब विपत्तियां आई तो, हरि ने ही मार्ग दिखाया है।
अंगुष्ठ अग्र के सम वराह, नासिका छिद्र से आया है।।
सब चकित देखते रहे वहां, शूकर शुंडी प्रतिरूप हुआ।
ब्रह्मा कुमार मनु ओर मरीचि, विस्मय सबको भरपूर हुआ।।

गर्जन सुन अज ने किया, वैदिक मंत्रोच्चार।
वेद वाणि सुन खुश हुए, जग के पालन हार।।

थी त्वचा रोमवाली उनकी, दाड़ें सफेद ओर बड़ी–बड़ी।
पृथ्वी उद्धारक वे ही थे, सूकर सी काया कड़ी–कड़ी।।

जैसे ही जल में घुसे, चीखा सिन्धु महान।
विकट तरंगे उठ गई, को करि सके बखान।।

उदरस्थ किया था प्रलय समय, उस पृथ्वी के दर्शन पाये।
अपनी दाड़ों पर धरा उसे, पाताल से बाहर ले आये।।

रोका जब हिरण्याक्ष ने, वधा उसे तत्काल।
जय माधव जगती पती, जय वराह विकराल।।

1. येषां न तुष्टो भगवान्यज्ञलिंगो जनार्दनः।
तेषां श्रमों ह्यपार्थाय यदात्मा नादृतः स्वयम्।। भा. 03–13–13

देवों ने की वन्दना, हरि की विविध प्रकार।
वेद त्रयी प्रभु आपको, वन्दन बारम्बार।।

है अजित आपकी [1]**जय** होवे, यज्ञों के पालक तुम ही हो।
सब देव तुम्हांरे अंगों में, देवाधिदेव तुम ही तो हो।।
जगती की रचना के निमित्त, पृथ्वी को जल पर पधराओ।
प्रभु गुण से मोहित यह जग हे, कल्याण जगत का कर जाओ।।

सुर वन्दन से तुरत ही, रीझे प्रभू वराह।
[2]धरी धरा जल के निकट, मेटी देव कराह।।
ला पृथ्वी पाताल से, मेटी अज की त्रास।
श्री वराह लौटे वहां, उनका जहां निवास।।
मिलकर ऋषियों ने किया, वन्दन विधि अनुरूप।
जिसमें वर्णन कृपा का, जो करता सुर भूप।।

आपकी त्वचा में गायत्री, रोमावलि में कुश रहता है।
प्रभु के चरणों में कर्म धरा, जो होताओं का होता है।।
है मंत्र देवता, द्रव्य मूर्ति, विद्यागुरू सर्वक्रतू दाता।
है जगत पिता करूणा सागर, हमको दो स्फूर्ति जगत त्राता।
प्रभु तुंड आपके में स्रुक हे, नासा में स्रुव है भरा हुआ।
भक्षण का पात्र उदर प्रभु जी, मुख ब्रह्म भाग की धरा हुआ।।
है कर्णरन्ध्र में सोमपात्र, चरवण में अग्निहोत्र फेरे।
प्राकट्य में इष्टि दीक्षणिया, ग्रीवा में [क]**उपसद** हैं तेरे।।
दाड़ों में दीक्षा प्रायणिया, [ख]**प्रवर्ग्य** जीभ में है भगवन्।
प्रभु के सिर में है [ग]**सभ्यवास**, चरणों में तेरे इष्ट चयन्।।

सातों धातू आपकी, जिनसे संस्था भेद।
तुम्हरी महिमा गा सके, नहीं शारदा वेद।।

1. जितं जितं तेऽजितं यज्ञभावन त्रयी तनुं स्वां परिधुन्वते नमः।
यद्रोमगर्तेषु निलिल्युरध्वरास्तस्मै नमः कारण सूकरायते।। भा. 03–13–34

2. सइत्थं भगवानुर्वी विष्वक्सेनः प्रजापतिः।
रसाया लीलयोनीतामप्सु न्यस्य ययौ हरिः।। भा. 03–13–47

(क) तीनो इष्टियां (ख) महावीर (ग) होम रहित अग्नि
(घ) प्रातः सवनादि

(बाल्यादि अवस्था), अग्निष्टोम, उक्थ्य, षोडशी, वाजपेय, अतिरात्र , आप्तोर्याम ये सात धातु है।

सब यज्ञ शरीर संधियां हे, ससोम यज्ञ प्रभु का स्वरूप।
यह यजन प्रभू का बन्धन है, है सब तेरा ही दिव्य रूप।।

जो सुनता इस पद्य को, हो जाता वह मुक्त।
'कमल' करो गायन सदा, हो कर के उन्मुक्त।।
हिरण्याक्ष से क्यों हुआ, हरि वराह का [1]युद्ध।
विनय विदुर की जब सुनी, कहने लगे प्रबुद्ध।।

इक दिवस दूध से कश्यप जी, कर यग्य हरी का बैठे थे।
संध्या का समय बड़ा पावन, एकाग्रचित्त हो बैठे थे।।
बस उसी समय ऋषि भार्या ने, अपनी कामेच्छा प्रकट करी।
ऋषि बोले इच्छा पूर्ण करूं, पर ठहर जरा तू एक घड़ी।
यह समय काम का नहीं प्रिये, जग में निंदा हो जावेगी।
जो है अभिष्ट ए दिति तेरा, उससे न कभी सुख पावेगी।।
[2]**यह** समय घोर फल वाला है, है घोर जीव का समय प्रिये।
विचरण करते [3]**हरगण** इसमें, नित बेल सवारी किये हुए।।
जिनके हैं जटा जूट बिखरे, जो [4]**मरघट** धूलि रमाये हैं।
वे धूम्रवर्ण देवर तेरे, हो सकता है यहां आये हैं।।
इस लोक में [5]**उनका** स्वजन नहीं, है नहीं कोई आदर वाला।
स्वेच्छा से वेश दिगम्बर हे, है नहीं कोइ कहने वाला।।

कामातुर दिति के लिये, था यह सब बेकार।
गणिका के सम लाज तज, किया गुप्त व्यवहार।।
होनी इसको मानकर, कर शुद्धोदक स्नान।
कश्यप ऋषि करने लगे, नारायण का ध्यान।।

1. दैत्यराजस्य च ब्रह्मन्कस्माद्हेतोरभून्मृघः।। भा. 03–14–03

2. एषा घोरतमा वेला घोराणां घोरदर्शना।
चरितं यस्यां भूतानि भूतेशानुचराणि ह।। भा. 03–14–22

3. एतस्यां साध्वि संध्यायां भगवानभूतभावनः।
परीतो भूतपर्षद्भिर्वृषेणाटति भूतराट।। भा. 03–14–23

4. श्मशानचक्रानिल धूलि धूम्रविकीर्ण विद्योत् जटा कलापः।
भस्मावगूंठामलरूक्म देहो देवस्त्रिभिः पश्यति देवरस्ते।। भा. 03–14–24

5. न यस्य लोके स्वजनः परो वा नात्याद्दतो नोत कश्चिद्विगर्ह्यः।
वयं व्रतैर्यच्चरणाप विद्धामाशास्महेऽजां बत भुक्तभोगाम्।। भा. 03–14–25

गया काम आवेश तो, आई दिति पति पास।
प्रिय पति से कहने लगी, ले इक लम्बी सांस

अपराध रूद्र का हुआ प्रभू, मैं नमन उन्हें ही करती हूँ।
अक्षय यह गर्भ रहे मेरा, [1]**शिव** जी का वन्दन करती हूँ।।

[2]सति पति शिवजी के चरण, पूजे बारम्बार।
बहनोई वे हैं मेरे, कर देंगे उद्धार।।
रक्षा हित निज गर्भ की, सजग हुई वह नार।
तब उससे कहने लगे, उसके ही भरतार।।

था समय बुरा नहिं चित्त शुद्ध, मेरा भी कहा नहीं माना।
अपराध किया है देवों का, तूने था ऐसा हठ ठाना।।
होंगे दो पुत्र अधम तेरे, त्रेलोक्य को रूदन करावेंगे।
अबलाओं को अपमानित कर, दीनो को बहुत सतावेंगे।।

दोनों का बढ़ जायगा, सब विधि अत्याचार।
संहारेंगे [3]श्री हरी, तब लेकर अवतार।।

है नाथ याचना इक मेरी, प्रभु के कर से चाहे वध हो।
पर विप्र कोप से मरण न हो, बस एक मुझे अब यह वर दो।।
जो [4]**ब्राह्मण** से दण्डित होता, जीवों को बहुत सताता है।
पृथ्वी पर बहु दुख भोग भोग, फिर घोर नरक में जाता है।।
कश्यप बोले ए दिति तूने, यह युक्तीयुक्त विचार किया।
मेरे संग संग श्री हरि हर का, सम्मान सहित व्यवहार किया।।
इसलिये पोत्र तेरा देवी, सनमान ज्ञान वाला होगा।
सतपुरूषों जेसा माननीय, ईश्वर सा गुणवाला होगा।।

1. **नमो रूद्राय महते देवायोग्राय मीढुषे।**
   शिवाय न्यस्तदंडाय धृतदंडाय मन्यवे।। भा. 03–14–34
2. **स नः प्रसीदतां भामो भगवानुर्वनुग्रहः।**
   व्याधस्याप्यनुकंप्यानां स्त्रीणां देवः सतीपतिः।। भा. 03–14–39
3. **तदा विश्वेश्वरः क्रुद्धो भगवाँल्लोकभावनः।**
   हनिष्यत्यवतीर्यासौ यथाद्रीन शतपर्वधृक।। भा. 03–14–40
4. **न ब्रह्मदंडदग्धस्य न भूतभयदस्य च।**
   नारकाश्चानुगृह्णंति यां यां योनिमसौ गतः।। भा. 03–14–42

उसके निर्मल यश को जन जन, हरि के यश के संग गावेंगे।
उसके स्वभाव से साधु पुरूष, निज आत्मा शुद्ध बनावेंगे।।
उस परम भक्त पुत्रात्मज पर, निजकृपा [क]**कुमुद** वर्षाऐंगे।
ए दिति होगा वह अति महान, सज्जन उसके गुण गायेंगे।
हरि को हिरदे में धारण कर, देहाभिमान वह त्यागेगा।
सुन्दर स्वभाव, गुणखान तनय, सबके संताप मिटायेगा।।

पौत्र प्रशंसा वचन सुन, विहंसे उसके नैन।
सुत वध वचनों को सुना, बरसन लागे नैन।।
देवों को नहिं कष्ट हो, कोइ न पावे त्रास।
सो बरसों तक गर्भ को, रक्खा दिति ने पास।।

सब लोक प्रकाश विहीन हुए , क्षय हुआ तेज [ख]**जनपालों** का।
दस दिसि ही फैला गहन तिमिर, पथ रूका समय की चालों का।।

लोकपाल मिलकर गये, ब्रह्मा जी के पास।
कश्यप का गर्भस्थ सुत, करता नष्ट उजास।।

अज ने बतलाया एक बार, वैकुण्ठ कुमार पधारे थे।
अष्टांग योग का था प्रभाव, वे योगी और मतवारे थे।।

छह ड्योढ़ी तक वे गये, हुई न कोई रोक।
सप्तम द्वारे [ग]'पौरिया', मुनि को दीन्हा टोक।।

थी कुटिल भृकुटि ओर अरूण नैन, मुख में क्रोधाग्नि समाए थी।
मुनियों का वेश सुमन जैसा, चारों की वसन दिशाऐं थी।।

'अहो यहां भी दुष्टता', बोले दो दरपाल।
कहा कुमारों ने अरे, सुरपुर में यह हाल।।

हे विषम दृष्टि तुम लोगों की, नहिं ज्ञान शुभाशुभ का तुमको।
यह कैसी स्वामी भक्ति कहो, क्यों रोक रहे हो हरि जन को।।
प्रभु का तो शान्त रूप ठहरा, उनका विरोध किससे होगा।
यह तो है पावन धाम सुनो, भक्तों को तो आना होगा।।
तुम दोनों ही हो धूर्त बड़े, कटु भेद भाव के वाहक हो।
अतएव बसो उस धरती पर, जिसपर तुम रहने लायक हो।।

काम क्रोध ओर लोभ है, भेद बुद्धि जन शत्रु।
धरा भरी इससे सुनों, सब सज्जन के शत्रु।।

(क) श्री विष्ण **(ख) लोकपाल** **(ग) द्वारपाल**

घोर श्राप सुन चरण में, गिरे [क]देव तत्काल।
दया करो हम पर गुरू, हम हैं हरि के लाल।।

प्रभु दण्ड अवश्य मिले हमको, पर इतनी किरपा हो भगवन।
हरि के सुमिरण का नाश करे, वह मोह न हमको हो भगवन।।

उसी समय कमला सहित, आये जगदाधार।
धन्य दरस पा हम हुए, बोले सनतकुमार।।
प्रभु के मुख मुस्कान थी, वे ठहरे गुणधाम।
सब लोकों के मुकुटमणि, धीर वीर निष्काम।।

पीताम्बर धारी वन माली, है कान्तिवान अति मुख जिनका।
'कौस्तुभ मणि' धारण करते हैं, सुर करते हैं वन्दन उनका।।
ऐसे श्री हरि का दर्शन कर, गुण सनतकुमारों ने गाये।
था भाग्य हमारा प्रबल आज, जो हरि जी के दरशन पाये।।
परमात्मतत्व वाला स्वरूप, जो नवधा भक्ती वाला है।
हम उसे जानते हैं प्रभुवर, वह भक्तों का रखवाला है।।
हो चित्त सदा श्री चरणो में, वाणी प्रभु के ही गुण गाये।
यह श्रवण सुने तुम्हरी लीला, नित नैन दरश का सुख पाये।।

इतना कह मुनि ने किया, प्रभु को दण्ड प्रणाम।
'कमल' सदा तुम भी जपो, उस प्रभुवर का नाम।।

हरि बोले ये मेरे पार्षद है, जय–विजय नाम इन दोनो का।
स्वीकार हमें है दण्ड और, जो भी आदेश है मुनियों का।।
[ख]श्वित्र उपजने से जैसे, सब **[ग]रूप** नाश हो जाता है।
बस उसी भांति षठ **[1]चाकर** भी, मालिक को दाग लगाता है।।
गर भुजा चले **[2]प्रतिकूल** देव, उसका विच्छेद करेंगे हम।
ब्राह्मण हमसे है श्रेष्ठ सदा, हम उनको पूजेंगे हरदम।।

1. **यन्नामानि च गृहणाति लोको भृत्ये कृतागसि।**
सोऽसाधुवादस्तत्कीर्तिं हंति त्वचामिवामयः।। भा. 03–16–05
2. **यस्यामृतामलयशः श्रवणावगाहः सद्यः पुनाति जगदाश्र्वचाद्विकुंठः।**
सोऽहं भवद्भय उपलब्धसुतीर्थकीर्तिश्छिंद्यां स्वबाहुमपिवः प्रतिकूलवृत्तिम।। भा. 03–16–06

(क) दो देवता द्वारपाल (ख) फूल (दाग) (ग) त्वचा

ब्राह्मण मुख से हम बलि खाते, वह यज्ञों से भी उत्तम हैं।
जो पूजा इनकी करते हैं, बस उसके ही वश में हम हैं।।
मुनि बोले उत्तम पुरूषों का, अनुसरण सभी जन करते हैं।
ब्राह्मण ओर वेदों की रक्षा, हरि आप स्वयं ही करते हैं।।

सजा बदल दें, या करें, इन्हें दण्ड से मुक्त।
या हमको प्रभु दण्ड दें, प्रभु को सब उपयुक्त।।

भगवन बोले जो श्राप दिया, उसको मेरा ही जानो तुम।
सबका कर्ता तो मैं ही हूँ, सबजगह मुझे ही मानो तुम।।

दर्शन कर सुरधाम के, कर प्रभु को परणाम।
आज्ञा ले भगवान की, लोटे मुनि गुणधाम।।

हरि ने आदेश दिया जाओ, मुनि श्राप भोग कर आओ तुम।
कुछ काल दूर रहकर हमसे, वेकुण्ठ लौट कर आओ तुम।।

देवलोक से गर्भ में, दिति के पहुंचे देव।
प्रखर तेज तब छा गया, गये स्वर्ग सब देव।।
दिति के घर में जब हुए, दो तेजस्वी पुत्र।
धरा कांपने लग गई, त्राहि त्राहि सर्वत्र।।

तेज पवन के बहने से, बहु वृक्ष उखड़ते जाते थे।
थी चमक बड़ी ही बिजली की, बादल कड़ कड़ कर आते थे।।
सर्वत्र अंधेरा फैला था, ओर उदधि उदास हुआ इससे।
नदियां ओर कूप सभी सूखे, सब जन्तु दुखित थे इस सबसे।।
सर्वत्र भयंकर शब्द ओर, अप शकुन अमंगल होते थे।
थे गधे दौड़ते यूथों में, पक्षीगण हरदम रोते थे।।

गो थन से लोहू बहा, मेघों से बहु पीव।
प्रतिमाऐं रोने लगी, दुखित हुए सब जीव।।
सब ग्रह मिल करने लगे, वक्र गती से युद्ध।
प्रजा हुई भयभीत ओर, क्रोधित स्वजन प्रबुद्ध।।

पर्वत की भांति बढ़े दोनों, धरती कंपाते चलते थे।
सूरज का उल्लंघन करते, सब दिशा रोकते रहते थे।।
हिरण्यकशिपु ओर हिरण्याक्ष, यह नाम रखे उन दोनों के।
अज से वरदान लिया उनने, त्रेलोक्य अधीन हुआ उनके।।

हिरण्याक्ष सदा निज कर्मों से, भाई को ही खुश रखता था।
इकबार युद्ध की इच्छा से, वह स्वर्ग लोक में फिरता था।।
वर्षों तक सिंधु तरंगो को, काटता रहा वह क्रीड़ा से।
जा पहुंचा विभावरी में ओर, लड़ने को बोला **[क]अंबुक** से।।

प्रभु वराह ही करेंगे, रण खल तेरे संग।
कहा वरूण ने श्री हरी, भंग करेंगे अंग।।

पाताल गये हैं श्रीहरि जब, यह समाचार उसने पाया।
नारद को देता धन्यवाद, पाताल लोक में वह आया।।

वसुधा धारि वराह लख, करके तिरछे नैन।
माया से जय पा रहा, बोला खल कटु बैन।।

तेरे वध के ही साथ–साथ, सब देव ऋषी मर जावेंगे।
तब मेरे अग्रज हिरण्यकशिपु, जग जयी सदा कहलावेंगे।।

पृथ्वी को आधार दे, बोले जगदाधार।
बकवादी तू है बड़ा, श्वानो सा व्यवहार।।

सामना करें सामर्थ्य कहां, पर कहां भाग कर जायें हम।
हर हाल में लड़ना ही होगा, सम्मुख असहाय खड़े हैं हम।।
करते न प्रतिज्ञा का पालन, वे लोग असभ्य कहाते हैं।
तुझसे बक बक करने वाले, घमसान में नहीं सुहाते हैं।।

प्रभु के इस उपहास से, हुआ निशाचर क्रुद्ध।
क्रीड़ा करते [1]सांप ज्यो, हो जाता है क्षुब्ध।।
एक गऊ के वास्ते, ज्यों लड़ते दो बेल।
पृथ्वी हित त्यों वे लड़े, देखो प्रभु का खेल।।

अज बोले मुझसे वर पाकर, गो–ब्राह्मण नित्य सताता है।
अभिजित मुहूर्त हे अति उत्तम, वध का अवसर अब आता है।।
उस खल के गदा प्रहारों से, जब गदा गिरी हरिराई की।
तब चक्र सुदर्शन बुलवाया, वध करने की तैयारी की।।
उत्पात किये उसने अनेक, माया के करतब दिखलाये।
नाना विधि सेना दिखलाई, बहू अस्त्र शस्त्र भी बरसाये।।

1. **सोऽधिक्षितो भगवता प्रलब्धश्च रूषा भृषम्।**
आजहारोल्वणं क्रोधं क्रीड्यमानोऽहिराडिव।। भा. 03–18–13

(क) वरूण

कहा सुदर्शन चक्र को, करो दुष्ट संहार।
दिति छतिया से बह चली, तेज लहू की धार।।

अन्त समय अतिदेव ने, लप्पड़ मारा एक।
नैन फटे ही रह गये, दिया भूमि पर फेंक।।

योगी को दुर्लभ अन्त समय, श्रीहरि के दर्शन पा जावे।
हे हिरण्याक्ष की श्रेष्ठ मृत्यु, इस भांति मृत्यु सब ही पावें।।
देवों ने विनती की प्रभु की, संताप मिटाया था उनने।
वेकुण्ठ पधारे श्री हरि जी, हिरण्याक्ष संहारा था जिनने।।

कथा श्रवण से विदुर जी, हुए हर्ष से पूर।
कमल [1]भजो प्रभु चरण को, तुम क्यों रहते दूर।।
शौनक ने पूछा कहो, क्या क्या किये उपाय।
जीव सृष्टि के वास्ते, ब्रह्मा ने मुनिराय।।

सब चरित उदार कहो हरि का, क्या किया प्रजापति को रचकर।
मनु ओर मरीचि ने जगत रचा, किस विधि निज [क]भवनी को लेकर।।

संसृति की उत्पत्तिका, वर्णन बहुत प्रकार।
किया ऋषी मेत्रय ने, तब निज मति अनुसार।।

जब सृष्टि तमोमय देखी तो, अज ने शरीर निज त्याग दिया।
रजनी उससे उत्पन्न हुई, भू ने प्रकाश परित्याग किया।।

ब्रह्मा ने निज जघन से, उपजाये जब [ख]क्रूर।
दौड़े मैथुन हेतु वे, भागे अज भी दूर।।
शरणागत होकर किया, नारायण आहवान।
मर्यादा मिट जायगी, [2]मदद करो भगवान।।

तुम एक सहारे सबके हो, हम क्यों दूजे की आस करें।
सब क्लेश दूर करते तुम ही, तुमको हम याद करें न करें।।
भक्तों की आरत वाणी को, अतिशय सुन सकते देव कहां।
तत्काल सामने खड़े मिले, अज ने सुमिरा था उन्हें जहां।।

1. **यो वै हिरण्याक्षवधं महाद्भुतं विक्रीडितं कारणसुकरात्मनः।**
श्रृणोति गायत्यनुमोदतेऽजसा विमुच्यते ब्रह्मवधादपि द्विजाः।। भा. 03–19–37
एतन्महापुण्यमलं पवित्रं धन्यं यशस्यं पदमायुराषिषाम्।
प्राणेंद्रियाणां युधि शौर्यवर्धनम् नारायणोंऽते गतिरंग श्रृण्वताम्।। भा. 03–19–38
2. **त्वमेकः किल लोकानां क्लिष्टानां क्लेशनाशनः।**
त्वमेकः क्लेशदस्तेषामनासन्नपदां तव।। भा. 03–20–27
(क) भार्या (ख) असुर

अज से बोले आजान बाहु, कश्मल शरीर यह त्यागो तुम।
फिर स्वयं बने सुन्दर रमणी, सब दैत्य हुए योवन में गुम।।
? सुन्दर मदमस्त नयन वाली, कुच युगल धारिणी वह नारी।
अलकावलियों का नील वर्ण, मन्द हास्य युत मतवारी।।

मायापति को जानकर, संध्या रूपी नार।
दैत्यों ने जीभर किया, उसको अंगीकार।।

ब्रह्मा के कान्तिवान तन को, विश्वावसु ने फिर ग्रहण किया।
आलस से भूत पिशाच बने, निर्वस्त्र निरख दृग बन्द किया।।

तंद्रा, निद्रा, जृंभिका, ओर चोथा उन्माद।
भूतादिक संसृति हुई, देती सदा विशाद।।

अदृष्य रूप में ब्रह्मा ने, तब पितरों को उत्पन्न किया।
वह ही शरीर फिर अपनाया, जिसको लोगों ने कव्य दिया।।

निज शक्ती से सिद्ध ओर, विद्याधर महाराज।
अंतर्धान शरीर भी, दिया उन्हें द्विजराज।।

मन ओर आत्मा प्रतिबिम्बो से, किन्नर किंपुरूष बनाये थे।
वे ब्रह्मा जी का यश गाकर, ब्रह्मा शरीर में आये थे।।
तब भी न बढ़ी जब संसृति तो, सो गये पैर फैला करके।
फिर उस शरीर का त्याग किया, श्री अज ने वहां क्रोध करके।।
उस देह से च्युत अज केशों से, अति क्रूर (क)उरग को जन्म दिया।
लोकों की रचना हित मन से, निज नर शरीर से मनुज किया।।
होता है सबसे श्रेष्ठ मनुज, हवि भाग दिलाने वाला है।
ऋषि रूप प्रजा पैदा करके, एश्वर्य बढ़ाने वाला है।।

कहा विदुर ने प्रभु कहो, स्वायंभुव मनु वंश।
मैथुन धर्मी प्रजा से, बढ़ा जगत का अंश।।

कर्दम ओर देवहूति माँ का, वृतांत सुनाओ गुरूराई।
अज पुत्र दक्ष ओर रूचि ने फिर, कैसे निज संसृति फैलाई।।

कहन लगे मैत्रेय तब, आगे का संदेश।
कर्दम जी को जब मिला, ब्रह्मा का आदेश।।

वर्ष सहस दस तप करके, लक्ष्मीपति के दर्शन पाये।
चरणो में दण्ड प्रणाम किया, नेनो से अश्रु छलक आये।।

(क) नाग, सर्प, निसिचर, पन्नग, सारंग, हरि, हार।

बोले मैं भी काम से, प्रेरित हूँ भगवन्त।
[क]काल चक्र भी कर रहा, नित लोकों का अन्त।।

श्री हरि बोले इक दिवस बाद, भार्या संग मनु नृप आवेंगे।
संसृति की रचना के निमित्त, अपनी कन्या दे जावेंगे।।
उससे होगी नो कन्याऐं, जिनको ऋषिगण अपनायेंगे।
इस तरह उन्हीं के संगम से, हम नूतन सृष्टि रचाऐंगे।।
मुनि मैं भी अपने [1]**अंश** सहित, तुम लोगों के घर आऊँगा।
माँ देवहूति का सुत होकर, शुभ सांख्य शास्त्र समझाऊँगा।।

सामवेद के मन्त्र का, पर करते उच्चार।
उसी गरूड़ पर बैठ कर, लोटे जगदाधार।।
[ख]पावन सलिला से घिरा, यह बिन्दूसर ताल।
अश्रुबिन्दु प्रभु के गिरे, उनसे हुआ कमाल।।

समयानुसार आकर मनु ने, कन्या मुनिवर को सोंपी है।
यह घड़ी अलौकिक होती है, जब विलग कुमारी होती है।।
बहुवस्त्र और आभूषण दे, माँ ने बेटी को विदा किया।
हर भांति सहाय करूंगा मैं, ऋषिवर ने ऐसा वचन दिया।।
गंधर्व नाम विश्वावसु भी, बेहोश होगया जब देखी।
थी देवहूति इतनी सुंदर, उसके जैसी न कहीं देखी।।

संतति होने तक रहूँ, राजन इसके साथ।
शम आदिक फिर करूँगा, जाऊँगा हरि पास।।

वाराह अंग से रोम झड़े, वह पुरी बर्हिष्मति है भाई।
स्वागत बहुभांति किया जन ने, राजा संग जब रानी आई।।
[2]कुश कास रूप में प्रकटे थे, हरि रोम दिव्य आभा वाले।
ऋषि तिरस्कार करते उनसे, आते जब यज्ञ विघन वाले।।
पहले तो मनु ने यजन किया, सब भांति मनाया ईश्वर को।
संसार के सुख का भोग किया, भूला न एक पल श्रीधर को।।

1. **सहाहं स्वांशकलया त्वद्वीर्येण महामुने।**
   तवक्षेत्रे देवहूत्यां प्रणेष्ये तत्वसंहिताम्।। भा. 03–21–32
2. **कुशाः काशास्त एवासन् शश्वद्धरितवर्चसः।**
   ऋषयो यैः पराभाव्य यज्ञन्धान्यज्ञमीजिरे।। भा. 03–22–30

   (क) ब्रह्मधुरी, तेरहमास आरा, 360 नदियां, 6 ऋतु नेमि, तीन मौसम
   (ख) सरस्वती नदी।

तीनो गुण तीन अवस्था का, वह नित्य पराभव करता था।
इकहत्तर युग के जीवन में, श्री हरिगुण गाया करता था।।
सच्चे भक्तों को मनु बोले, हिम ग्रीषम नहीं सताती है।
मन, अंतरिक्ष, [1]**देहादिक** की, बाधाऐं पास न आती हैं।।

स्वायंभुव मनु ने वहां, कहे सभी वे कर्म।
मनुजों को जो उचित है, शुभ वर्णाश्रम धर्म।।
देवहूति इत हो गई, पति सेवा में लीन।
काम कपट को त्याग कर, मुनिवर के आधीन।।

सेवा पाकर निज भार्या की, कर्दम जी को आनन्द हुआ।
सब वैभव उसको दिखलाया, जो निज तप से था सृजित किया।।
तूने सेवा की है मेरी, यह वैभव सब तेरा होगा।
मैने उपासना से पाया, जो है यह सब तेरा होगा।।
लज्जा ओर विनय सहित बोली, मुनि [2]**अंग** संग दे दो मुझको।
इस हेतु कामशास्त्रानुरूप, रति की सामग्री दो मुझको।।

मुनि ने रति सुख के लिये, सिरजा एक विमान।
उस विमान में भर दिया, पूरा एक जहान।।

मणिखंब, सम्पदा, रत्न बहुत, सब काल में जो सुखदाई है।
तोरण ओर ध्वजा पताकाऐं, शैया पंखे अमराई है।।
मूंगे की अद्‌भुत नक्काशी, पट पर थे हीरे जड़े हुए।
शिखरों पर इन्द्र नीलमणि के, थे स्वर्ण कलश भी चढ़े हुए।।

क्रीड़ा ओर उपभोग के, थे सारे अस्थान।
देख उन्हें मुनि दंग थे, अनुपम भव्य विमान।।

थी मलिन देह उस देवी की, घर भी तो दासी हीन रहा।
मन ही मन दुखी हुई लेकिन, पति से उसने कुछ भी न कहा।।
बोले पहले 'शुक सागर' में, प्रिय [3]**उतरो** ओर अस्नान करो।
यह दिव्य विमान तुम्हांरा है, फिर पग इसमें सानन्द धरो।।

1. **शारीरा मानसा दिव्या वैयासे ये च मानुषाः।**
   भौतिकाश्च कथं क्लेशां बाघंते हरिसंश्रयम्।। भा. 03–22–37
2. **यस्तेऽभ्यधायि समयः सकृदंगसंगो भूयाद्‌गरीयसी गुणप्रसवः सतीनाम्।। भा. 03–24–10**
3. **निमज्ज्यास्मिन ह्रदे भीरू विमानमिदमारूह।**
   इदं शुक्लकृतं तीर्थमाशिषां यापकं नृणाम्।। भा. 03–24–23

थे जटिल केश, धूसरित वसन, वक्षोज विरस ऋषि भार्या के।
सरस्वती सरोवर में उतरी, वह पतिव्रता पति आज्ञा से।।
घुसते ही गई एक घर में, देखा सहस्त्र कन्याओं को।
वे बोली हम सब दासी हैं, आज्ञा देवें देवी हम को।।
बहुमूल्य पदार्थों से उनने, असनान कराया फिर उसको।
बहुरंग बिरंगे, नये वस्त्र, गहने पहराये पुलकित हो।।
फिर श्रेष्ठ अन्न का भोग दिया, मादक पदार्थ भी पिलवाये।
आभूषण सिर से पेर तलक, थे देवहूति को पहिराये।।

नव श्रंगारित वधू को, लाई वे पति पास।
शशि सम शोभा पा रहे, थे कर्दम महाराज।।

थी शीतल मंद सुगंध सोम, सब सिद्ध सराहन करते थे।
कर्दम कुबेर जी के जैसे, भार्या संग क्रीड़ा करते थे।।
वैश्रंभक और पुष्पभद्रक, जो देवों के उद्यान रहे।
नन्दन, चैत्ररथ और सुरसन, [क]मनसव जिनके थे नाम कहे।

क्रीड़ा करते हो गये, ऋषिवर को सो साल।
बतलाया मैत्रेय ने, हरि के भक्त कमाल।।

उनको [1]**असाध्य** क्या है भाई, जो हरिचरणों के आश्रित हैं।
एसे भक्तों के उपर तो, यज्ञेश्वर सदा समर्पित हैं।।

कन्याऐं नो जन्म दे, किया सृष्टि विस्तार।
इस संसृति से हो गया, जगती का उद्धार।।
कर्दम जब जाने लगे, लेकर के सन्यास।
हाथ जोड़ आयी वहां, देवहूति पति पास।।

मायिक मनुजो की संगति जो, [2]**अज्ञान** में फस कर करते हैं।
उनको बंधन संसार लगे, सब उलझे उलझे रहते हैं।।

1. **किं दुरापादनं तेषां पुंसामुद्दाम चेतसाम्।**
   यैराश्रितस्तीर्थपदश्चरणो व्यसनात्ययः।। भा. 03–23–42
2. **संगो यः संसृतेर्हेतुरसत्सु विहितोऽधिया।**
   स एव साधुषु कृतो निःसंगत्वाय कल्पते।। भा. 03–23–55

(क) मानसव–

सत्पुरूषों का सत संग सदा, वैराग्य दिलाने वाला है।
[क]हरि सेवा जो नहिं कर सकता, [1]**मुर्दा** है काल निवाला है।।

जो श्री हरि से विमुख है, चलते सदा कुचाल।
कमल उन्हें तू त्याग दे, जल्दी कर तत्काल।।

बोली प्रभु जाने से पहले, वर कन्याओं के खोजो तुम।
इक योग्य पुत्र मुझको दे दो, फिर जाकर श्री हरि भज लो तुम।।
यम, नियम, दान, तप, श्रद्धा से, उस [2]**शुक्ल** प्रभू के हो जाना।
वे कीर्ति संवारेंगे अपनी, तप करके उनको पा जाना।।

देवहूति भगवान का, हो विकार से हीन।
आराधन करने लगी, हो भगती में लीन।।

कर्दम जी के तेज से, काष्ठ अग्नि की भांति।
देवहूति के गर्भ में, प्रकटे बल [ख]आराति।।

गंधर्वों ने तब गान किया, देवों ने वर्षे सुमन वहां।
अप्सरा नृत्य करती आई, शुभ दुंदुभियों का नाद हुआ।।

कर्दम आश्रम में तभी, आये अज भगवान।
ऋषि मरीचि थे साथ में, किया वहां सनमान।।

अज बोले वही [3]**श्रेष्ठ** सुत है, पितु वचनो को स्वीकार करे।
'जो आज्ञा' का हो शब्द ओर, हर आज्ञा अंगीकार करे।।
तूने वैसा ही किया पुत्र, इस संसृति का विस्तार किया।
मैं पिता तेरा होकर प्रसन्न, तूने मेरा सत्कार किया।।
रूचि ओर शील के तदनुरूप, अपनी कन्या अर्पण कर दो।
हैं श्री मरीचि संग अन्य ऋषी, तुम कन्यादान इन्हें कर दो।।
सर्वत्र सदा भूमण्डल में, यश तेरा ही हो जायेगा।
मेरे संग संसृति रचने में, जन मन तेरे गुण गायेगा।।

हृदय गृंथि को छेदने, करवाने सद्ग्यान।
हरि प्रकटे हैं घर तेरे, करना उनका मान।।

1. नेह यत्कर्मधर्माय न विरागाय कल्पते।
न तीर्थ पदसेवायै जीवन्नपि मृतो हि सः।। भा. 03–23–56
2. सत्वयाऽऽराधितः शुक्लो वितन्वन्मामकं यशः।
छेत्ता ते हृदयग्रंथिमोदर्यो ब्रह्मभावनः।। भा. 03–24–04
3. एतावत्येव शुश्रुषा कार्या पितरि पुत्रकैः।
बाढ़मित्यनुमन्येत गौरवेण गुरोर्वचः।। भा.03–24–13

(क1) तजो मन हरि विमुखन को संग– सूरदास (क2) गायो न गोपाल .... श्री हरिदास
(ख) बलाराति, विष्णु, अनंत

इतना कह कर हो गये, ब्रह्मा अंतर्धान।
कर्दम जी ने तब किया, ऋषियों का सम्मान।

अनुसूया [क]**अत्रिहिं** परनाई, कला [1]**मरीचि** ऋषी संग ब्याही।
श्रृद्धा वरण अंगिरा कीन्हा, क्रिया क्रतू संग परम प्रवीना।।
मुनि पुलस्त्य हविरभू दीन्ही, सादर गति पुलह संग कीन्हीं।
पाणीगृहण भृगू संग ख्याती, महिमा शोभा कहि नहिं जाती।।
प्राणप्रिया अरूंधति नामा, भई वसिष्ठ मुनी की वामा।
सुता शान्ति सब विधि अनुकूला, ब्याहि अथर्वहिं मुनि मन फूला।।

भार्याओं को संग ले, विदा हुआ मुनिंवृद।
देवहूति कर्दम हुए, इस ऋण से स्वच्छंद।
कर्दम ने एकान्त में, वर्णन विविध प्रकार।
कपिल देव जी का किया, निज मति के अनुसार।।

[2]**भक्तों** का मान बढ़ाकर प्रभु, मुझको पितु ऋण से उत्ऋण किया।
सर्वज्ञ, सर्वगुण युत तुमने, गौरवमय पद भी मुझे दिया।।

कपिल देव जी ने कहा, ऋषि ले लो सन्यास।
आज्ञा दो मुझको करूं, मैं सब तत्व प्रकास।।

1. **मरीचये कलां प्रादादनसूयामथात्रये।**
श्रद्धामंगिरसेऽयच्छत्पुलस्त्याय हविर्भुवम।। भा. 03–24–22
पुलहाय गतिं युक्तां ऋतवे च क्रियां सतीम्।
ख्यातिं च भृगवेऽयच्छद्वसिष्ठायाप्यरूंधतीम्।। भा. 03–24–23
अथर्वणेऽददाच्छांतिंयया यज्ञो वितन्यते।
विप्रर्षभान्क्रतोद्वाहान्सदारान्समलालयत।। भा. 03–24–24
2. **स्वीयं वाक्यमृतं कर्त्तुमवतीर्णोऽसि मे गृहे।**
चिकीर्षुर्भगवान ज्ञानं भक्तानां मानवर्धनम्।। भा. 03–24–30

(क) अत्रि अनुसूया वरी अरू कला मरीची मुनि दई।
अंगिरा संग वरी श्रद्धा, क्रिया क्रतु मुनि कर गही।।
हविरभू सोंपी पुलस्त्यहिं, गति पुलह सादर दई।
श्री वसिष्ठहिं अरूंधति अरू ख्याति भृगु चरनन दई।।

शान्ति अथर्वा को दई, होकर पूर्ण प्रसन्न।
ब्याह क्रिया यों पूर्ण की, मुनिवर ने सानन्द।।

लेकर हरि की प्रदक्षिणा, मन में धर कर रूप।
वन को प्रस्थित हो गये, कर्दम बड़े अनूप।।

सब संग त्याग कर उस ऋषि ने, हरि पद में ध्यान लगाया था।
अपनी एकान्त समाधी में, मैं स्वयं ईश हूं पाया था।।

हरि को देखा सब तरफ, यों प्रत्यक्ष परोक्ष।
इसी तरह वे पागये, जग बन्धन से मोक्ष।।
कहा ऋषी मैत्रेय ने, सुनो विदुर धर ध्यान।
मोहक तुमको लगेगा, आगे का आख्यान।।
देवहूति भगवान से, बोली एक प्रभात।
पुरूष–प्रकृति में भेद क्या?, समझाओ यह बात।।

बोले नर के कल्याण हेतु [क]**विद्या** में लगन जरूरी है।
सुखदुख का नाश यही करती, ओर रखती सबसे दूरी है।।
मैं योग बताता हूँ माता, तुम ध्यान लगाकर सुन लेना।
इसमें ही है वह मुक्तिमार्ग, चुन सको अगर तो चुन लेना।।
मन से बन्धन, मन से हे मोक्ष, मन ही ईश्वर की माया है।
विषयों में मन बन्धन कारक, हरि में मन से छुटकारा है।।

योगी को हरि भक्ति है, ब्रह्म प्राप्ति का मार्ग।
पाश जगत आसक्ति है, चयन करो सन्मार्ग।।

[1]**सब** जीवों पर करूणा करते, वे ही सतपुरूष कहाते हैं।
आसक्ति बढ़े सतपुरूषों में, तो मोक्ष द्वार खुल जाते हैं।।
जिनका आभूषण शीतलता, है शान्त स्वभाव सदा जिनका।
करूणा रहती है सदा भरी, है सहनशीलता गुण जिनका।।
सर्वस्व त्याग कर, मधुर कथा, ए माता मेरी सुनते हैं।
वे ही अनन्य है भक्त मेरे, जो मन से मुझको भजते हैं।।
सत्पुरूषों की संगति से ही, मुझमें श्रद्धा बढ़ जाती है।
लीला सुनने से भक्ति बढ़े, भक्ती वैराग्य दृढ़ाती है।।

1. **आत्मानं सर्वभूतेषु भगवंतमवस्थितम्।**
अपश्यत्सर्वभूतानि भगवत्यपि चाऽऽत्मनि।। भा. 03–24–46
(क) ब्रह्मविद्या

मैं नारी हूँ फिर कौन भक्ति, है उचित बताओ तो मुझको।
यह अति दुर्बोध विषय भगवन्, इसको समझाओ तो मुझको।।
तब कपिल मुनी ने सांख्यशास्त्र, अपनी जननी को समझाया।
है धन्य हमारे भाग्य आज, यह ऋषिवर से हमने पाया।।

शौनकादि सब सुन रहे, कर गुरू का सन्मान।
सूत ऋषी गाने लगे, कपिल देव आख्यान।।
बोले होता भक्ति से, लिंग देह का नाश।
जठर अग्नि से जिस तरह, भक्ष्य अन्न का नाश।।

इच्छा न मुक्ति की हो तब भी, यह भक्ति मुक्ति की दाता है।
मुझपर जो श्रृद्धा रखते हैं, उनको नहिं काल सताता है।।

गुरू सा उपदेशक प्रिय, आत्मा ही के मान।
स्नेह करे जो पुत्र सा, पूजे इन्द्र समान।।

इस भांति पूजते जो मुझको, मैं उनको पार लगाता हूँ।
जो शरणागत मेरे होते, मैं भय से उन्हें बचाता हूँ।।
मेरे [1]**भय** से ही पवन बहे, आदित्य प्रकाश दिलाता है।
वर्षा करते हैं देवराज, सबको ही अग्नि जलाता है।।
होकर भयभीत मेरे भय से, माँ मृत्यु दौड़ता फिरता है।
जो शरणागत मेरे होते, भय उन्हें नहीं फिर होता है।।
जब भक्तियोग से जन मन को, मुझमें अर्पित कर देते हैं।
कल्याणोदय तब होता है, जब स्वयं समर्पित होते हैं।।

ह्रदय ग्रंथि को काटता, आत्म दरश का ज्ञान।
माता मैं करवाऊँगा, उसका तुमको भान।।
[2]आत्मा ही है पुरुष जो, निरगुण स्वयं प्रकाश।
सकल जगत में व्याप्त है, होता नहीं विनाश।।

इस प्रकृति ओर पुरूष के भी, दो दो प्रकार ही होते हैं।
ये पुरूष ओर प्रकृति मिलकर, सापेक्ष सदा ही रहते हैं।।

1. मद्भयाद्वातिवातोऽयं सूर्यस्तपति मद्भयात्।
वर्षतिंद्रो दहत्यग्निर्मृत्युश्चरति मद्भयात्।। भा. 03–25–42
2. अनादिरात्मा पुरूषो निर्गुणः प्रकृतेः परः।
प्रत्यग्धामा स्वयंज्योति विश्वं येन समन्वितम्।। भा. 03–26–03

है प्रथम प्रकृति आवरण शक्ति, जो जीव उपाधि अविधा है।
दूजी प्रकृति विक्षेप शक्ति, जो परमेश्वर की माया है।।
प्रकृतिकृत अविवेक से जो, संसार के चक्कर खाता है।
यह प्रथम पुरूष वह ही है जो, दुनियां में जीव कहाता है।।
जो प्रकृति को वश में रखकर, जगती को नित सिरजाता है।
वह पुरूष दूसरा ईश्वर है, जो नहीं दिखाई देता है।।
यह पुरूष हरी की माया है, माया ही प्रजा बनाती है।
[क]**वह** प्रजा निरखता अपनी तो, उसको विस्मृति आजाती है।।
जब पुरूष स्वयं को देह मान, खुद को ही कर्ता कहता है।
इससे कर्मों का बन्धन ओर, परतंत्र सदा वह रहता है।।

प्रकृति के अविवेक से, बने सभी असहाय।
जब तक यह अविवेक है, दुनिया चलती जाय।।

[ख]**कारण,** [ग]**कर्ता,** [घ]**काया** में माँ, अध्यास का जो भी कारण है।
उसको ही प्रकृति कहते हैं, सुख दुख का भाजक मानव है।।
माँ ने पूछा ए सुवन कहो, क्या ईश्वर और प्रकृति उनकी।
है स्थूल सूक्ष्म कार्य जिनका, महिमा बतलाओ तुम उनकी।।
सबका आश्रय, जो प्रमुख तत्व, वह ही प्रकृति कहलाता है।
[1]**चोवीस** तत्व वाला समूह, प्राकर्तिक ब्रह्म कहाता है।।
आकाश, तेज, जल, वायु, धरा, ये [च]**महाभूत** कहलाते हैं।
स्पर्श, रूप, रस, गन्ध, शब्द, तन्मात्रा इनको कहते हैं।।

[छ]ज्ञान ओर [ज]कर्मेन्द्रि के, होते पांच प्रकार।
माता [झ]अंतःकरण के, होते चार प्रकार।।

1. **पंचभिः पंचभिर्ब्रह्म चतुर्भिर्दशभिस्तथा।**
एतच्चतुर्विंशतिकं गणं प्रधानिकं विदुः।। भा. 03–06–11

(क) जीव (ख) इन्द्रियां (ग) देवता
(घ) शरीर (च) पंच महाभूत
(छ) श्रोत्र, त्वचा,दृष्टि, रसना, नासिका–पांच ज्ञानेन्द्रियां।
(ज) वाणी, हाथ, पेर, लिंग, गुदा–पांच कर्मेन्द्रियां।
(झ) मन, बुद्धि, अहंकार, चित्त, अंतःकरण की प्रवृत्तियाँ।

इस भांति हुए [1]**चौवीस** तत्व, पच्चीसवां काल कहाता है।
यह काल रूप है ईश्वर का, संहार यही तो करता है।।
जीवों में नित्य नियंता बन, अपनी माया से रहता है।
फिर काल रूप में वह ईश्वर, बाहर बाहर भी रहता है।।
अधिभूत रूप से महत्तत्व, आध्यात्म से चित्त कहाता है।
अधिदेवत रूप से निरखो तो, वसुदेव यही कहलाता है।।

अहंकार के माँ सुनों, होते तीन प्रकार।
सत, रज, तम, ये नाम हैं, इनका करो विचार।।

मन, इन्द्रिय ओर [क]**महाभूत** आदि, सब अहंकार से प्रकटे हैं।
संकर्षण नाम शेष जी हें, जो अहंकार में पुजते हैं।।
जब [ख]**अहंकार** में क्षोभ हुआ, तो मन का जन्म हुआ माता।
अनिरूद्ध देव इसमें उपास्य, इन्द्रिय के वे ही अधिष्ठाता।।
संकल्प विकल्पों से उपजे, कामना वही मन लक्षण है।
बस इसीलिये मन चंचल है, परिवर्तित होता क्षण क्षण है।।

राजस में माँ जब हुआ, पैदा एक विकार।
बुद्धि तत्व का तब हुआ, जग में आविष्कार।।

संशय ओर मिथ्या ज्ञान, स्मृति, सहयोग इन्द्रियों को देना।
निद्रा संग अंतिम लक्षण हे, स्फूर्ति पदार्थों को देना।।

राजस से पैदा हुए, कर्मेन्दिय ओर ज्ञान।
राजस की ही देन हे, एक बुद्धि इक प्रान।।

आकाश, शब्द और श्रवणेन्द्रिय, सब तामस से ही प्रकटे हैं।
शब्दों से नामकरण होता, जिनसे सब जाने जाते हैं।।
आकाश अरूपी है माता, अवकाश पदार्थों को देता।
सब प्राण इन्द्रियां और मन को, आकाश हि है आश्रय देता।।
सर्दी, गर्मी ओर मृदुल कठिन, महसूस सभी का ही होना।
ये सभी स्पर्श के लक्षण हें, तन्मात्रा मारूत की होना।।
वायू ही सारे शब्दों को, श्रोत्रेन्द्रिय तक लेजाती है।
दुर्गन्ध, सुगंधो को भी वह, घ्राणेन्द्रिय तक पहुंचाती है।।

1. पंचभिः पंचभिर्ब्रह्म चतुर्भिर्दशभिस्त्तथा।
एत्तच्चतुर्विंशतिकं गणं प्राधानिकं विदुः।। भा. 03–26–11
(क) पांच महाभूत (ख) सात्विक अहंकार

वृक्षों की शाखा हिले, त्रण का होय मिलान।
उष्ण शीत के भाव में, हें बस वायु प्रधान।।

मारूत से प्रकटे [1]**तेज** रूप, चक्षू से देखे जाते हैं।
सारे पदार्थ जो दुनियां में, आकार रूप से पाते हैं।।
[क]**रूप** ने सृजा है [ख]**रस** जिससे, जल को उत्पन्न हुआ मानो।
रसना से रस जाना जाता, रस के प्रकार को अब जानो।।
यों तो [2]**रस** एक ही होता पर, छह् भाव बने हैं इस रस के।
कारण इसका पृथ्वी विकार, छह् स्वाद बने हर इक रस के।।

खट्टा मीठा तिक्त ओर, चौथा हुआ कषाय।
क्षार कटू ये षडरस, जिव्हा हमें बताय।।

मिट्टी का पिंड बना देना, सब को ही तृप्ति दिला देला।
जीवों की प्यास बुझा देना, या जीवों को जीवन देना।।
जितना हम इसे निकालेंगे, कुए में फिर बढ़ जाता है।
[3]**जल** के हैं ये सारे लक्षण, सबको जो नरम बनाता है।।

रसयुत जल में जब हुआ, माता सुनो विकार।
गंध तन्मात्रा पृथ्वि का, इससे आविष्कार।।

संसर्ग भेद से एक [4]**गन्ध,** अनगिन भेदों सी लगती है।
जिसके सम्पर्क में जब आती, उसके ही जैसी होती है।।
हो जाती है दुर्गन्ध कभी, सौरभ यह कभी बहाती है।
लहसुन संग बनती बहुत उग्र ,कर्पूर से करभ कहाती है।।

1. **द्योतनं पचनं पानमदनं हिममर्दनम्।**
   तेजसो वृत्तयस्त्वेताः शोषणंक्षुत्तृडेव च।। भा. 03–26–40
2. **कषायो मधुरस्तिक्तः कट्वम्ल इति नैकधा।**
   भौतिकानाम विकारेण रस एको विभिद्यते।। भा. 03–26–42
3. **क्लेदनं पिंडनं तृप्ति प्राणनाप्यायनोदनम।**
   तापापनोदो भूयस्त्वमंभसो वृत्तयस्त्विमाः।। भा. 03–26–43
4. **करंभ पूति सौरभ्यशांतो ग्राम्लादिभिः पृथक्।**
   द्रव्यावयववैषम्याद्गंदंध एको विभिद्यते।। भा. 03–26–45

(क) रूप तन्मात्रा **(ख) रस तन्मात्रा**

रस रूप गंध ओर पृथ्वी के, लक्षण बतलाये मुनिवर ने।
जल शब्द अग्नि ओर वायू को, विस्तृत समझाया ऋषिवर ने।।
पृथ्वी में सब गुण धरे हुए, इसलिये [1]**धरा** कहलाती है।
स्पर्श, शब्द, रस, रूप, गंध, धरित्री में पाई जाती है।।
हरि को स्वरूप यह देती है, उनकी आकृति धारण करके।
जल को आधार धरा देती, रहती जल से भी हट करके।।

हुए न शामिल [क]सात तो, महतत्व के साथ।
तब प्रवेश हरि ने किया, काल कर्म गुण साथ।।

एकत्रित हुए सभी गुण जब, तब क्षोभ हुआ था इन सब में।
इक अण्ड अचेतन बना वहां, जिससे विराट श्री हरि जनमें।।

सप्त आवरण से सुनो, घिरा हुआ ब्रह्माण्ड।
जल में धारण कर दिया, प्रभु ने भी वह अण्ड।।

अपने पौरूष से ईश्वर ने, उस अण्ड में छिद्र बनाये हैं।
इससे सब इन्द्रिय प्रकट करी, उनमें सब देव बसाये हैं।।
मुख में श्री अग्नि देव बैठे, सूरज नैनो में समाये हैं।
हिरदे में शशि ओर रूद्र देव, [ख]**अंबुज** बुद्धी में बसाये हैं।।

देह नहीं चेतन हुआ, कीन्हें सकल प्रयास।
सब अंगो में तब घुसे, श्री हरि [ग]दहराकास।।
हिरदे में क्षेत्रज्ञ जब, चित्तेन्द्रिय के साथ।
जा पहुंचे थे ली तभी, उस विराट ने सांस।।

चेतन क्षेत्रज्ञ को पाते ही, उठ खड़ी हुई थी वह काया।
अतएव भक्ति उसकी करलो, जिसने विराट को उठवाया।।
उसमें अनुराग बढ़ाने से, वैराग्य मिले सबसे जन को।
एकाग्र तभी चित होता है, मिलती है शान्ति तभी मन को।।

आत्मा जो इस देह में, वह ईश्वर का रूप।
'कमल' सदा उसको भजो, होकर शुद्ध स्वरूप।।

1. **भावनं ब्रह्मणः स्थानं धारणं सद्विशेषणम्।**
सर्वसत्वगुणोद्भेदः पृथिवि वृत्ति लक्षणम्।। भा. 03–26–46

(क) शब्द, स्पर्श, रूप, रस, गध, अहंकार, मन **(ख) ब्रह्मा, कमलज, ब्रह्मज**
(ग) ईश्वर दहराकाश

यह पुरूष प्रकृति में स्थित हे, पर उसमें नहीं रमाता है।
सुख–दुख होते हें देह जन्य, इनमें न पुरूष फंस पाता है।।
है निर्विकार निर्गुण वह तो, कर्मो में सदा अकर्ता है।
जो करता है वह ही करता, फिर भी वह कुछ नहिं करता है।।
आसक्त गुणों से प्रकृति के, जब पूर्ण पुरूष हो जाता है।
'मैं कर्ता हूँ' मैं देह भी हूँ, ऐसा विचार तब आता है।।
यह ही अभिमान दुखी करता, परवश कर कर्म कराता है।
बहु जन्म–मरण के चक्कर में, योनियां कई भटकाता है।।

वेसे तो सच है नहीं, यह सारा संसार।
विषयी चिंतक को सदा, है अपना संसार ।।

[क]प्रकृति [ख]पुरूष का जब विवेक, इस जीवन में हो जाता है।
माँ वही समय है सर्व श्रेष्ठ, वह ज्ञान मोक्ष दिलवाता है।।
जिस भांति स्वप्न में जो देखा, नहि सत्य घटित वह होता है।
ऐसे ही भोगों का प्रभाव, नहिं पूर्ण पुरूष पर होता है।।
आसक्त इन्द्रियों में जो चित, भगती में उसको लाना है।
फिर शने–शने उसको माता, वैराग्य से वश कर जाना है।।
जो योग मार्ग से श्रद्धा रख, मुझमें ही चित्त लगाते हैं।
सब पर रखते हें साम्य भाव, मन कथा श्रवण में लाते हैं।।

वेर संग जो ना करे, मोन रहे दिन रेन।
ब्रह्मचर्य धारण करे, ऐसे प्राणी ऐन।।
शान्त वृत्ति रख नाम का, जो करते हैं जाप ।
सब में जो संतुष्ट है, ईश्वर अपने आप ।।

इस भांति योग करते करते, आत्मा को शुद्ध बनाते हैं।
सब में मुझको ही देख देख, वे स्वयं ईश हो जाते हैं।।
प्रतिबिम्ब सूर्य ओर जल का जब, दीवार पे जाकर पड़ता है।
दिखती दीवार सदा पहिले, तब सूरज उसमें दिखता है।।
वह श्रेष्ठ अवस्था राज पुत्रि, जब ईश्वर को हम लखते हैं।
बैठा जो आत्म रूप लेकर, योगीजन उसको भजते हैं।।

(क) देह (माया) **(ख) ईश्वर रूप आत्मा**

बोली आश्रित है पुरूष प्रकृति, ओर नित्य सदा ही रहते हैं।
जल से रस का जो बन्धन है, वैसे ये दोनो रहते हैं।।

पृथ्वी से ज्यों गंध का, होना दूर अशक्य।
पुरूष प्रकृति का भी प्रभू, हो न सके प्राथक्य।।
प्रकृति के गुण संग हो, पुरूष रहे निर्लेप।
एक साथ रहते हुए, रह न सके निर्क्षेप।।
नष्ट उन्हैं संसार भय, जो विचारते तत्व।
प्रकृति नहिं निवृत्त हो, नश्ट तत्व का सत्व।

बोले निष्काम कर्म करके, जो मन पर जय पा जाते हैं।
प्रकृति से नहिं मोहित होते, वे ईश्वर के हो जाते हैं।।

शास्त्र श्रवण ओर भक्ति से, अरणि अग्नि की भांति।
पुरूष प्रकृति कुछ काल में, स्वतः नष्ट हो जाति।।

नित [क]**दोष** दृष्टि वाला प्रभाव, नहिं अशुभ [ख]**पुरूष** का करता है।
वह होता शुभ आनन्दमग्न, नित भोग भोगता रहता है।

सपने में ज्यों सर कटे, जागे हो न प्रभाव।
त्यों प्रकृति के दोष का, चले न मुझ पर दाव।।

जो मुझे जानता है माता, संसार में नहीं उलझता है।
आसक्त न हो अणिमादिक से, वह मुझसे ही आ मिलता है।।
आलंबन सहित योग कहकर, [ग]**अष्टांग** योग बतलाऊँगा।
मन जिससे हो जाता प्रसन्न, वह उत्तम मार्ग दिखाऊँगा।।
ज्ञानी के चरणो की सेवा, निज धर्म आचरण कर पावे।
सब काम निवृत्त करें अपने, संतोष सदा ही रख पावे।।
हो [घ]**मोक्षधर्म** में प्रीति सदा, [च]**परिमित** का ध्यान रखा जावे।
चोरी करना है बहुत बुरा, संग्रह भी अधिक न हो पावे।।
हरि की लीला का चितवन कर, जो हर कुमार्ग का त्यागी है।
रखता है बुद्धि सदा वश में, वह प्राणी सच्चा योगी है।।
हो ब्रह्मचर्य, तप, शोच सदा, ओर प्राणायाम किया जावे।
वश होती इससे प्राण वायु, यह योगाभ्यास किया जावे।।

(क) प्रकृति के प्रति (ख) स्वतंत्र और स्वरूपानन्द मग्न पुरूष
(ग) यम, नियम, आसन, प्राणायाम, प्रत्याहार, धारणा, ध्यान, समाधि (वर्तमान में योग के तीन ही अंग प्रचलन में हैं– आसन, प्राणायाम और ध्यान
(घ) श्रवण–कीर्तन
(च) द्वो भागौ पूरयेतन्नैस्तोयेनैकं प्रपूरयेत्।
मारूतस्य प्रचारार्थं चतुर्थमवशेषयेत् – स्मृति

प्राणों को निज वश करो, करके नित्य प्रयास।
[क]पूरक [ख]कुंभक, [ग]रेचक, इनका हो अभ्यास।।

इन योग साधनो के द्वारा, [1]**मन** में निष्चलता आवेगी।
मन के स्थिर हो जाने से, श्री हरि में मति रम जावेगी।।

कंचन बनता स्वर्ण ज्यों, तप अगनी के संग।
त्यों मन [घ]निर्मल होत हे, योग साधना संग।।

तब सन्मुख रख छवि गिरधर की, जो कौस्तुभ मणि के धारी है।
मुख है प्रसन्न जिस ईश्वर का, पीताम्बर की छवि न्यारी है।।
जब मन रम जाता उस छवि में, इक अंग में ध्यान लगावें तब।
उसका ही चितवन करें सदा, उसको ही मन में लावें तब।।

कौस्तुभ मणि जग आतमा, निरगुण निर्मल रूप।
श्री हरि नित धारण करे, है उनका प्रतिरूप।।

सर्वांग ध्यान करते करते, जब वह वियुक्त हो जाता है।
बस उसी समय उस योगी का, चित ब्रह्मकार हो जाता है।।
तब ध्येय, ध्यातृ विभाग शून्य, खुद को ही ऐसा पाता है।
अनुगत अखण्ड वह बन जाता, श्री आत्मतत्व पा जाता है।।

पीने वाले को नहिं, ज्यों वस्त्रो का भान।
योगी को निज देह का, त्यों नहि रहता ध्यान।

मुझमें ही हैं सारे पदार्थ, सब में भी मैं ही समाया हूँ।
अद्वैत भाव यह ही होता, इससे मैं जाना जाता हूँ।।
बस एक रूप हे अगनी का, पर काष्ठ से भिन्न कहाती है।
है यही रूप मम आत्मा का, जो देह से जानी जाती है।।

होता हरि सर्वांग का, जब योगी को ध्यान।
दूर न फिर रहता सुनो, होता [च]अलख समान।।

हरि के चरणो में ध्यान लगा, क्यों जग में बंधकर बैठा है।
ए कमल! यही मारग सच्चा, क्यों मिथ्या पाकर ऐंठा है।।

1. **मनोऽचिरात्स्याद्विरजं जितश्वासस्य योगिनः।**
वायवग्निभ्यां यथा लोहं ध्मात त्यजति वै मलम्।। भा. 03–28–10

(क) श्वास भीतर भरना
(ख) भीतर रोकना
(ग) बाहर निकालन
(घ) रजोगुण रहित
(च) श्री हरि, भगवान

माँ ने पूछा क्या भक्ति योग, उसका मारग विस्तार कहो।
वैराग्य पुरूष को हो जावे, वह आवागमन प्रसंग कहो।।

क्या स्वरूप है काल का, करता जग का नाश।
क्या वह ईश्वर रूप है, क्या वह स्वयं प्रकाश।।

है त्रिगुण रूप भगती जन की, जिससे फल में अन्तर आता।
जितने होते हें मार्ग यहां, भगती उतनी होती माता।।
भेद दृष्टि रख क्रोध जे करहिं, ते तामस हिंसा नित करहिं।
विषय भोग जेहि प्राण पियारा, मूरति पूजक भक्त हमारा।
यश ऐश्वर्य सदा अपनावे, रजगुण भक्त वही कहलावे।।

विद्धि सिद्ध उद्येश्य से, करते पूजा मात।
पाप क्षरण ही ध्येय हो, सात्विक वे हें मात।।
नवधा भगती त्रिगुण हो, तो पावे बहु रूप।
इक्यासी हों भेद ओर, भक्तों के कई रूप।।

सागर में गंगाजल समान, मैं निज भक्तों में रहता हूँ।
मेरे गुण सुनने वालों के, हिरदे में बस कर रहता हूँ।।
वह निर्गुण भक्ति कहाती हे, जिसमें न रहे फल की इच्छा।
हो नहीं भेद दृष्टी उसकी, हरि दर्शन की हो बस इच्छा।।
मैं पूर्ण पुरूष के भक्तों को, (क)**चारों** ही मुक्ति दिलाता हूँ।
जो मेरा ही हो जाता है, मैं उसका ही हो जाता हूँ।।
जो सच्चे होते भक्त मेरे, कुछ नहीं चाहते इनमें से।
यह निर्गुण भक्ति योग ऐसा, मैं उनमें हूँ वे मुझमें हैं।।

निष्काम नेमित्तिक स्वधर्माचरण श्रद्धावन्दनम्।
हिंसा रहित पूजा करे, कर नित्य मूरति दर्शनम्।।
वेराग्य धीरज भावना कर, करत सेवा गुरू पदम।
यम नियम मैत्री सरलता, ओर नाम हरि संकीर्तनम्।।
सबमें मुझको मान, दया करे जो दीन पर।
भगती साधन जान, श्रवण शास्त्रों का करे।।

उत्तम लोगों की संगति कर, जो अहंकार को त्यागेगा।
श्रम नहीं उसे करना होगा, चित मम स्वरूप में लागेगा।।

(क) 1 **पास रहना (सामीप्य)**
2 **उनके समान विभव (सार्ष्टि)**
3 **चतुर्भुज रूप (सारूप्य)**
4 **सिंधु में गंगा जल समान एकाकार (एकत्व)**

बिन चाहे आता यथा, गंध घ्राण के पास।
भक्तियोग में निरत मन, आता मेरे पास।।

[1]**आत्मा** को छोड़ मूर्ति पूजे, वह [2]**हवन** भस्म में करता है।
जन–जन में मुझको ना देखे, वह [3]**शान्ति** नहीं पा सकता है।।

सब जीवों में रम रहा, आत्म रूप भगवान।
मूरति में क्यों ढूंढता, रे मूरख इन्सान।।

वह [4]**तंत्र** रीति का पूजक हो, या मंत्र रीति का ध्याता हो।
सब नीति नियम का पालक हो, या सब वेदों का ज्ञाता हो।।
अपमान प्राणियों का करता, वह नहीं कभी मेरा होता।
जो सबमें मुझको माने वह, सचमुच परमेश्वर ही होता।।
जो भेद त्याग कर सबमें ही, बस मित्र भाव से भजता है।
बहु दान मान देता सबको, अभेद दृष्टि वह होता है।।
है [5]**श्रेष्ठ** अचेतन से चेतन, ओर उनसे प्राणवृत्ति वाले।
तीनो से श्रेष्ठ सदा वेही, जो होते चित्तवृत्ति वाले।।
लेकिन इनसे हे श्रेष्ठ वही, जो इन्द्रिय वृत्ती वाले हैं।
इनसे उत्तम स्पर्श विज्ञ, उनसे बढ़कर रस प्याले है।।
जो गंध जानता है उससे, है श्रेष्ठ शब्द जानन वाले।
फिर रूप जानने वाले से, होते हें श्रेष्ठ [क]**दशन** वाले।।
दो पद वालों से चौपाये, हे इनसे श्रेष्ठ मनुज माता।
है चार वर्ण पर ब्राह्मण ही, उन सब से श्रेष्ठ कहा जाता।।

1. **अहं सर्वेषु भूतेषु भूतात्माऽवस्थितः सदा।**
   तमवज्ञाय मां मर्त्यः कुरूतेऽर्चाविडंबयन!।। भा. 03–29–21
2. **यो मां सर्वेषु भूतेषु संतमात्मानमीश्वरम्।**
   हित्वार्चां भजते मौढ्याद्भस्मन्येव जुहोति सः।। भा. 03–29–22
3. **द्विशतः परकाये मां मानिनो भिन्नदर्शिनः।**
   भूतेषु बद्धवैरस्य न मनः शांतिमृच्छति।। भा. 03–29–23
4. **अहमुच्चावचैर्द्रव्यैः क्रिययोत्पन्नयाऽनघे।**
   नैवतुष्येऽर्चितोऽर्चायां भूतग्रामावमानिनः।। भा. 03–29–24
5. **जीवाः श्रेष्ठा ह्यजीवानाम् ततः प्राणभृतः शुभे।**
   ततः सचित्ताः प्रवरास्ततश्चेंद्रिय वृत्तयः।। भा. 03–29–28

(क) दांत

वेदज्ञ श्रेष्ठ है ब्राह्मण से,उससे अर्थज्ञ बड़ा माई।
मीमांसक उससे अधिक श्रेष्ठ, धोता नित संशय की काई।।
संदेह काटने वाले से, हे श्रेष्ठ कर्म करने वाला।
उससे फिर मुक्त संग वाला, जिससे निष्काम धर्म वाला।।
सब कर्म और उनके फल भी, जो मेरे अर्पण करता है।
है सर्वश्रेष्ठ यह भक्त मेरा, जो मेरे जैसा होता है।।

सब जीवों में रम रहा, वह करूणा आगार।
कमल भजो उस ईश को, छोड़ कपट व्यवहार।।

है काल [क]केश का दिव्य रूप, जो रूप बदलता है सबका।
प्राणी में रह संहार करे, है नाम विष्णु भगवन उसका।।
है बंधु न कोई प्रिय इसका, इसका नहि द्वेष किसी से है।
जो सावधान होकर न रहे, बस इसका चलता उसपे है।।
इसके ही भय से सूर्य तपे, यह पवन इसी से चलता है।
ओषधियां इससे बढ़ती हे, सुरराज सुवर्षा करता है।।
फलफूल काल से होते हैं, सब वृक्ष लताऐं बढ़ते हैं।
नदियां बहती, पावक जलता, सागर मर्यादा रखते हैं।।

हरि, हर, ब्रह्मा सब करे, यथा काल व्यवहार।
पुत्र पिता से प्रकट कर, करे जगत विस्तार।।

सबमें रहकर फिर अंत करे, फिर भी अखण्ड है रूप सदा।
सबको जो [ख]स्वर्गारोहण दे, ए कमल रमा उसमें हिरदा।।
यह काल चलाता है सबको, इसको न समझ पाया कोई।
दुख पाकर सुखकर वस्तु मिले, यह काल मिटाता उसको भी।।
हो नारकीय या श्रेष्ठ योनि, यह जीव वहां रम जाता है।
घरनी, घर, पुत्र पशू धन में, मंसूबे रोज बनाता है।।

कुल पोषण में जल रहा, यह देखो दिन रेन।
दुराचरण में रत सदा, पाता कहीं न चेन।।
घोर वासना से बंधा, रहा सदा विक्षिप्त।
रति सुख में लवलीन हो, डरा नहीं संक्षिप्त।।

पशुओं की तरह झगड़ता है, भौतिक सुख सुविधा पाने को।
नहिं मात पिता को कुछ देता, अपने हिस्से से खाने को।।

(क) केश, श्री हरि, कांत, कुमुद, विष्णु **(ख) मृत्यु, मोत**

मेरी जमीन मेरे जेवर, यह सारी सम्पति मेरी है।
ओ गाफिल मन में सोच जरा, यह तेरी है ना मेरी है।।
पालूं केसे मैं कुटुम, चिंता अति बढ़ जाय।
दिन दिन काया दूबरी, शक्ति हीन हो जाय।।

बहु लाड़ प्यार दे दे जिनका, इसने था पोषण किया यहां।
वे पुत्र–पौत्रादिक सारे, नित करे निरादर यहां वहां।।
उनके पाले फिर पलता है, वैराग्य न आता है इसको।
सब रूप बुढ़ापे में बिगड़ा, हरि ध्यान न आता है इसको।।

माल कहां जब पूछता, मरते समय कुटुम्ब।
पर अशक्त नहिं खोलता, जीवन भर का दम्भ।।

मल मूत्र निकल जाते इसके, यमदूत नज़र जब आते हैं।
इस तन से इसे विलग करके, यातना देह ले जाते हैं।।

फांस गले में बांध कर, ले जाते यम धाम।
थक कर जब रूकता कहीं, हरते चाबुक चाम।।

नन्यानवे हजार योजन का, यह मार्ग काट कर जाना है।
यमपुर के तीन मुहूर्त इसे, दुख सभी भोग कर जाना है।।
इसके ही हाथों अंग इसे, वे काट काट खिलवायेंगे।
कुत्ते बिच्छू भी काट काट, दुख इसको और दिलावेंगे।।
अपने कर्मों के सारे फल, माँ प्राणी स्वयं भोगते हैं।
नर्कों के भोग भोग कर के, इस लोक में फिर आ मिलते हैं।।

//सन्मार्ग सूत्र//

1. **मेरा प्रभाव ओर मान मेरा, इसलिये हि लड़ता रहा सदा।**
उसको झपटूं, इसको पटकूं, तू सबसे लड़ता रहा सदा।।
मन्दिर की ओर गया न कभी, तुने दान एक कण दिया नहीं।
सब अपनी दुकाने भर डाली, तुझे केसे हरी अपनावेंगे।।

2. **ये घर मेरा ये दुकान मेरी, मेरी धरती मेरे जेवर।**
इन सबको बांट न पाया तू, अति दीन हीन जन के ऊपर।।
भूखे को निवाला दे न सका, तू दुआ किसी की ले न सका।
नैनो में तेरे आग भरी, तुझे कैसे हरी अपनावेंगे।।

निरन्तर.......2

(2)

3. नहिं मात पिता का मान किया, नहिं मर्यादा का भान किया।
सन्मान लिया सन्मान लिया, सब कुछ अपना ही मान लिया।।
आंसू न किसी के पोंछ सका, घर में घरवाला रह न सका।
दर दर उसको भटकाया है, तुझे कैसे हरी अपनावेंगे।।

4. चोरी डाके ओर लूट पाट, इनमें तेरा मन रमा रहा।
सुन्दर तरूणी की बांहो में, तू अपनी जवानी मलता रहा।।
इक भजन न तेरे मुख आया, हरि गीत कभी भि नहीं गाया।
व्यभिचार तेरा आचार रहा, तुझे केसे हरी अपनावेंगे।।

5. राहों में कांटे बोये हें, सब आने जाने वालों की।
तू गिनती भी नहिं कर पाया, अपनी ही कपट कुचालों की।।
नहिं चाँप सका जननी के चरण, आशीष पिता से ले न सका।
भाई को प्यार न दे पाया, तुझे केसे हरी अपनावेंगे।।

6. जब पद पाया तो बिदक गया, सागर गागर में समा न सका।
शुभ कर्म न तेरे हाथ हुआ, जो हुआ सदा ही बुरा हुआ।।
जन–गण–मन का अपमान किया, जो पद था उसको भ्रष्ट किया।
ए कमल सोच कुछ तो मन में, तुझे केसे हरी अपावेंगे।।

7. यह नाशवान तेरी काया, आनी जानी है सब माया।
क्यों बनठन घूम रहा पागल, माया पा बन बैठा गाफिल।।
रोटी न गऊ को दे पाया, भरपेट सदा तूने खाया।
तू अपच शिकार रहा हरदम, तुझे केसे हरी अपनावेंगे।।

8. जब नरम पड़ी तेरी काया, आंखो में बिन्द उतर आया।
सब गिरे दांत मुंह के तेरे, सब है पर कुछ नहिं खा पाया।।
घर वैद्य हक़ीमों के भर कर, तू जिया सदा ही मर–मर कर।
दलिये के लिये झगड़ता है, तुझे कैसे हरी अपनावेंगे।।

9. गज–ग्राह की कथा नहीं गाई, कोई मूरत कभी न पधराई।
श्रीकृष्ण को भजा नहीं तूने, राधा की याद नहीं आई।।
नहिं सियाराम का जाप किया, माला नहि कर में धरवाई।
अब हाथ नहीं उठता तेरा, तुझे कैसे हरी अपनावेंगे।।

निरन्तर.......3

(3)

10. तू गंगाघाट गया न कभी, मन्दिर चोखट पर झुका नहीं।
नहिं स्नान प्रयाग तू कर पाया, सिंहस्थ का स्नान किया न भी।।
शुकताल न जा पाया रे पागल, वृन्दावन भी तू गया नहीं।
महाकाल पे भस्म रमा न सका, तुझे कैसे हरी अपनावेंगे।।

11. महादेव खोयरी भूल गया, जालपा पहाड़ी चढ़ा न कभी।
नहिं गायत्री के चरण पड़ा, नेवज अस्नान किया न कभी।।
नहिं गीता–मानस पाठ किया, बिजली घर भी तू जा न सका।
चोला न चढ़ाया बजरंग को, तुझे कैसे हरी अपनावेंगे।।

12. खेड़ा देवत पूजे न कभी, भेरव को भोग दिया हि नहीं।
श्री राम–कृष्ण मन्दिर भूला, सतसंग में बैठ नहीं पाया।।
तक्षक को शीश नवा न सका, तू डोल हरी का उठा न सका।
आहूति हवन में दी न कभी, तुझे कैसे हरी अपनावेंगे।।

13. कुआँ तूने नहिं खुदवाया, गउ–ग्रास निकाल नहीं पाया।
पितरों को भी तू भूल गया, उनका हक खा तू गर्राया।।
घण्टे घड़ियाल न पीट सका, किरतन में नाच नहीं पाया।
गुरू के चरणों में झुका नहीं, तुझे कैसे हरी अपनावेंगे।।

14. अब द्वार पड़ा कुत्ते की तरह, परिजन पुरजन दुत्कार रहे।
घू घू कर खांस रहा निशि दिन, सब रोग तुझे ही धेर रहे।।
सब दूर तेरे परिजन तुझसे, क्यों भीख मांगता तू उनसे।
अब भी न हरी का भान तुझे, तुझे कैसे हरी अपनावेंगे।।

15. अब क्यों तू थर–थर कांप रहा, क्या मोत को अपनी भांप रहा।
सब अंग अशक्त हुए तेरे, नहिं वस्त्रों का कुछ भान रहा।।
तू माल बता न सका उनको, पहले लूटा था जिन जिन को।
ए कमल सदा कीचड़ में रहा, तुझे कैसे हरी अपनावेंगे।।

16. यमदूत तुझे लेने आये, भय से तू थ–थर कांप रहा।
यह गले फांस डाला उनने, ओर देह से बाहर कर डाला।।
चाबुक की मार सहेगा अब, रहना होगा भूखा प्यासा।
यमलोक का मार्ग लिया तूने, तुझे कैसे हरी अपनावेंगे।।

निरन्तर.......3

(3)

17. योजन नन्यानवे हजार, यह मार्ग काट कर जाना है।
यमपुर के तीन मुहूर्त तुझे, दुख दर्द भोगते जाना है।।
तेरे अंग कटायेंगे तुझसे, कुत्ते बिच्छू से कटायेंगे।
तेरे पापों का यह फल है, तुझे कैसे हरी अपनावेंगे।।

18. अनगिन नर्कों में जाना हे, गिरि शिखरों से भी गिरना है।
खुद के टुकड़े खा खा कर के, मर मर कर भी फिर मरना है।।
सब ठाट यहीं रह जायेगा, नहिं साथ तेरे कुछ जायेगा।
इस लोक में फिर तुझको आना, तुझे कैसे हरी अपनावेंगे।।

19. इसलिये [क]संभलजा ए प्राणी, नर देह नहीं वापिस आनी।
हर क्षण का लाभ उठा प्यारे, [ख]हरिगुण में खोजा मतवारे।।
गीता के गीत अभी गाले, [ग]मानस के मंत्र भी दोहराले।
[घ]प्रभु नाम जपेगा जब तू तो, तुझे तेरे हरी अपनावेंगे।।

20. कर मात–पिता की तू सेवा, दुखियों के दर्द दूर करदे।
हो प्राणिमात्र पर स्नेह तेरा, तू प्रेम से इस जग को भर दे।।
वन्दन कर गुरू के चरणों में, तीर्थों का सेवन कर प्यारे।
हरि वन्दन में कुछ ध्यान लगा, तुझे तेरे हरी अपनावेंगे।।

21. यह विनय 'कमल' की सुन लेना, सच्चा मारग तू चुन लेना।
हो देर अगर तो सह लेना, अन्धेर नहीं होने देना।।
निष्काम कर्म करते करते, नर–नारायण को भज लेना।
विश्वास तो कर मैं कहता हूँ, तुझे तेरे हरी अपनावेंगे।।

(क) यत्करोषि

(ख) मन्मना

(ग) परहित/मंगल

(घ) तुमहि छांडि

इस तरह ये जीव सुनो माता, जन्मो तक भ्रमता रहता है।
जो योग साध कर हरि भजता, बस वहीं मोक्ष को पाता है।।
हो ईश कृपा या [1]**पूर्व** कर्म, तब जीव देह में आता है।
यह पुरूष शुक्र कण के द्वारा, कामिनी कबंद में जाता है।।
पहली निशि में मिश्रण होता, माँ शुक्र रक्त इन दोनों का।
पांचवी रात्रि में हो जाता, आकार गोल इन दोनों का।।

दस दिन में हो बेर सा, माँ यह पिण्ड कठोर।
मांस पिण्ड आकार तब, बन जाता चहुं ओर।।

इक मास में इसका सिर बनता, दो माह में अंग गढ़ाते हैं।
नख, रोम, लिंग ओर छेद आदि , हड्डी तीजे में आते हैं।।
चोथे महिने में सात धातु, पंचम में क्षुधा तृशा होती।
छठवें में [क]**जरायु** में लिपटा, दाहिनी कोंख आश्रय होती।।
रस अंश आप्यायनि नाड़ी से, माता से इसको मिलता है।
विष्ठा व मूत्र के डबरे में, हर समय पड़ा यह रहता है।।
काटते गर्भ के जब कीड़े, तब यह मूर्छित हो जाता है।
जब लगती भूख प्यास इसको, उससे व्याकुल हो जाता है।।
माता की आंतो से लिपटा, गर्दन कमान सी रखता है।
कुक्षी में सर धर कर अपना, पिंजर बन्धन में रहता है।।
सौ जन्मों का सुमिरण करके, निःश्वास डालता रहता है।
सातवा महीना जब आता, तब ज्ञान इसे कुछ होता है।।
जब गर्भवास का त्रास इसे, वेदना विकट पहुंचाता है।
तब जाकर के यह ऋषी जीव, परमेश्वर में मन लाता है।।

1. **कर्मणा दैवनैत्रेण जंतुर्देहोपपत्तये।**
स्त्रियां प्रविष्ट उदरं पुंसो रेतः कणाश्रयः।। भा. 03–31–01

(क) खोली

प्रभु सशरीर मैं अशरीर, मैं शरण आपकी आया हूँ।
अब मुक्ति दिलादो देव मुझे, में बंधन से घबराया हूँ।।
तब प्रसव वायु के धक्के से, उल्टे सिर बाहर आता है।
होती है नष्ट स्मृति सगरी, यह सब दसवें में होता है।।
परपोष्य जभी भूखा होता, रोने पर औषधि पाता है।
जब उदर शूल होता है तो, पय इसे पिलाया जाता है।।

शिशुवय से [क]पोगंड तक, सहता सारे कष्ट।
देहिक क्रोध घमण्ड से, कामी होता त्रस्त।।

फिर संगति उनकी करता जो, बस उदर शिष्न के उद्यमि है।
ओर वहीं नरक भोगा करता, भोगों में अपनी नित मति दे।।

नीचों के संसर्ग से, [1]सब हो जाते नष्ट।
त्यागो तुरत कुसंग को, रहो सदा अलमस्त।।

देहात्मबुद्धि वाले जो हैं, नहिं उनकी संगति करनी है।
कामिनि के जो क्रीड़ा [2]**कुरंग,** नहिं उनकी राह पकड़नी है।।
जो [ख]पर दारा संग करते हैं, या संगी के संग रहते हैं।
वह [3]**मोह** संग अति दुष्कर हैं, नहिं ओर कहीं ये होते हैं।।
देखो हरि [4]**माया** का प्रताप, शूरों को भीरू बनाती है।
जब तिरछी करती है चितवन, तब नाकों चने चबाती है।।

योगी को प्रमदा सुनो, सदा [5]नरक का द्वार।
श्यामा जिसके संग हो, हो न सके उद्धार।।

1. सत्यं शोचं दया मोनं बुद्धिः श्रीह्वीर्यशः क्षमा।
शमो दमो भगश्चेति यत्संगाद्याति संक्षयम्।। भा. 03–31–33

2. तेष्वशांतेषु मूढ़ेष पंडितात्मस्वसाधुषु।
संगं न कुर्याच्छोच्येषु योषित्क्रीडामृगेषु च।। भा. 03–31–34

3. न तथाऽस्य भवेन्मोहो बंधश्चान्य प्रसंगतः।
योषित्संगाद्यथा पुंसो यथा तत्संगिसंगतः।। भा. 03–31–35

4. बलं में पश्य मायायाः स्त्रीमय्या जयिनो दिशाम्।
या करोति पदाक्रांतान भ्रूविजृंभेण केवलम्।। भा. 03–31–38

5. संगं न कुर्यात प्रमदासु जातु योगस्यपारं परमारूरूक्षः।
मत्सेवया प्रतिलब्धात्मलाभो वदंति या निरयद्वारमस्य।। भा. 03–31–39

(क) पांच वर्ष से तरूणाई तक की अवस्था
(ख) तो परनार लिलार गोसाई–राम चरित मानस

[1]**परनारी** होती गहन कूप, योगी को मृत्यू के सम है।
श्री हरि निर्मित यह माया माँ, चोथ चन्द से क्या कम है।।
ज्ञातृत्व जन्म कहलाता है, अज्ञान मृत्यु सम होता है।
वास्तव में जन्म मृत्यु जैसा, कोई भी काम न होता है।।

इस माया संसार में, त्यागें देहासक्ति।
योगीजन के साथ ही, सब पावेंगे मुक्ति।।

देवों पितरों के यजन करे, वह सद्गृहस्थ कहलाता है।
वह चंद्रलोक में जाकर के, अमृत पी भू पर आता है।।
आसक्ति सहित जो कर्म करे, वे प्रलय समय लय होते हैं।
निष्काम कर्म करने वाले, श्री हरि जी के ही होते हैं।।
वह एक ईश सब [क]**पन्थों** से, हे विलग–विलग जाना जाता।
अष्टांग योग या भक्तियोग, [2]**बस** उसको ही पाया जाता।।

रूप कर्म सब काल के, सबके विविध प्रकार।
देवहूति मेने किया, इन सब का विस्तार।।

जो विनय रहित या अभिमानी, लालची [ख]**धर्मध्वज** होते हैं।
यह कथा उन्हें मत सुनवाना, मेरे अभक्त जो होते हैं।।

[3]परदुख में जो नित्य रत, करे भक्त से द्वेष।
उनको मत कहना कभी, जिनको क्रीड़ा क्लेश।।

जो विनयवान [4]**श्रृद्धावाला**, मेरी सेवा नित करता है।
यह कथा उसी को हितकारी, मनमें विराग जो धरता है।।

1. योपयाति शनेर्माया योषिद्धेवविनिर्मिता।
तामीक्षेताऽऽत्मनो मृत्युं तृणैः कूपमिवावृत्तम।। भा. 03–31–40

2. नैतत्त्वलायोपदिशेन्नाविनीताय कर्हिचित्।
न स्तब्धाय न भिन्नाय नेव धर्मध्वजाय च।। भा. 03–32–39

3. न लोलुपायोपदिशेन्नगृहारूढचेतसे।
ना भक्ताय च में जातु न मद्भक्तद्विषामपि।। भा. 03–32–40

4. श्रद्धधानाय भक्ताय विनीतायानसूयवे।
भूतेषु कृतमैत्राय शुश्रुषाऽभिरताय।। भा. 03–32–41

(क) ईश्वर प्राप्ति के साधन (ख) पाखंडी

जो गुण में दोष न लखते हों, निष्काम भक्ति नित करते हैं।
सब जीवों में मुझको पाते, मन [1]**शान्त** सदा जो रखते हैं।।

उन भक्तों को यह कथा, जो दे ध्यान लगाय।
वह योगी पदवी मेरी, 'कमल' सदा ही पाय।।

[2]**यह** कथा ध्यान से जो सुनते, उनके सब बन्धन कटते हैं।
वे भक्त मुझे अति प्यारे हैं, जो निशिदिन मुझको जपते हैं।।
इतना सुनकर उस देवी ने, श्री कपिल विनय बहुबार किया।
सुत रूप ईश प्रभु का उसने, तब बार–बार सत्कार किया।।
तुम देवों को भी दुर्लभ हो, संकल्प शक्ति धारी तुम हो।
तुम आत्मज्ञान के दाता हो, अति शक्तिवान प्रभुजी तुम हो।।
है परम परूष, है परमब्रह्म, तुम सर्वेन्द्रिय संवाहक हो।
तुम वेद गर्भ तुम विष्णु रूप, तुम सब विधि वन्दन लायक हो।।

अमल मेरे सिद्धान्त पर, जो करता सब काल।
परम धाम देता उसे, माता मैं तत्काल।।
आज्ञा ले निज मात की, बोले ऋषि मैत्रेय।
सुनो विदुर श्री कपिल जी, गये पिता के गेह।।
सागर ने उनको दिया, रहने का अस्थान।
अब तक उस स्थान से, हुआ नहीं प्रस्थान।।

एकाग्रचित्त यहां देवहूति, हरि में ही ध्यान लगाती है।
है बिन्दु सरोवर परम रम्य, उसमें वह नित्य नहाती है।।
जो कपिल मुनि से प्राप्त किया, वह योग मार्ग अपनाया था।
देहाभिमान का त्याग किया, ओर श्रेष्ठ अमर पद पाया था।।
शुभनाम 'सिद्धपद' वह स्थल, त्रैलोक्य में पूजा जाता है।
वह नदी रूप माँ का शरीर, अब सकल सिद्धि का दाता है।।

1. **बहिर्जातविरागाय शांतचित्ताय दीयताम्।**
   निर्मत्सराय शुचये यस्याहं प्रेयसां प्रियः।। भा. 03–32–42
2. **य इदम श्रृणुयादंब श्रद्धया पुरूषः सकृत।**
   यो वाऽभिधत्ते मच्चितः सह्योति पदविं च में।। भा. 03–32–43

जो कपिल कथा यह सुनते हैं, गरूड़ध्वज में मति होती है।
चरणों में हरि के वे बसते, आसक्ति ईश में होती हैं।।

ऐसे शुभ वृत्तान्त को, सुनो श्रवण मन लाय।
'कमल' तुम्हारी बुद्धि भी, सहज विमल हो जाय।।
कपिल रूप धर [क]अगुण ने, किया बड़ा उपकार।
योग साधना से करो, जीवन का उद्धार।।

(क) ईश्वर, अजर, प्रणव, अलरव

!! इति श्री जय श्री कृष्ण त्रतीय स्कंध !!

!! जय श्री कृष्ण चतुर्थ स्कंध!!

!! चतुर्थ स्कंध !!

जिसके कृपा कटाक्ष से, हम पाते सुख चेन।
सुमिरण करते हें उसे, हम बालक दिन रेन।।
प्राण वायु का संचरण, सूर्य अग्नि का ताप।
शशि की शीतल रश्मियां, सब उसका परताप।।
उसकी माया प्रबल है, प्रबल प्रकृति विस्तार।
नमन उसी जगदीश को, नित कर कमल कुमार।।
देवहूति सुत के चरण, वन्दौं बारम्बार।
योग शास्त्र देकर किया, हम सब पर उपकार।।
आसन धरलो 'कमल' का, ऐ शारदा भवानि।
कलिमल में इतना फंसा, होती मुझको ग्लानि।।
जिज्ञासा श्री विदुर की, मैत्रेय जी का ज्ञान।
हरि भक्तों में उच्च है, दोनो का अस्थान।।

मधुसूदन के दोनो अनन्य, दोनो पर स्नेह बराबर था।
इसलिये प्रसंग इस वार्ता का, श्री हरि की ही इच्छा पर था।।

सुनते जाते विदुर ओर, कहते श्री मैत्रेय।
जग के सिरजन का सुनो, श्री हरि को है श्रेय।।

अबतक जो कथा कही मैने, किस तरह सृष्टि विस्तार हुआ।
मनु ओर शतरूपा के हाथों, केसे जग का उद्धार हुआ।।
आकूति, प्रसूती, देवहूति, तीनो कन्याऐं मनु की हैं।
यह सृष्टि आज जो दिखती हे, वह सारी भैया इनकी है।।

आकूती को सोंप दी, रूचि ऋषिवर के साथ।
विष्णु देव प्रकटे वहां, [क]प्रिया दक्षिणा साथ।।

दक्षिणा संग श्री विष्णु की, भांवर करवाई मनु जी ने।
इस युगल से पुत्र हुए [ख]बारह, संसृति विस्तारी प्रभु जी ने।।
एक समय ब्रह्मा जी ने, श्री अत्रि ऋषि को बुलवाया।
''रचना संसृति की करो पुत्र'', यह कहकर यह क्रम चलवाया।।

अनुसूया को साथ ले, [ग]गये अत्रि तप हेतु।
सुख दुख का परित्याग कर, खड़े रहे जय हेतु।।

(क) लक्ष्मि का अंशावतार
(ख) तोष, प्रतोष, सन्तोष, भद्र, शान्ति, इडस्पति, इध्म, कवि, विभु, स्वन्ह, सुदेव, रोचन (तुषित नाम देवता)
(ग) ऋक्षनाम कुलाचल पर्वत

आहार पवन का नित करते, थे एक पेर पर खड़े हुए।
तप के प्रभाव से तब सन्मुख, हरि–हर–ब्रह्मा आ खड़े हुए।।

अपने अपने अंश से, दिये पुत्र विख्यात।
श्री दुर्वासा, दत्त ओर, श्री निशिपति साक्षात।।

नो कन्याऐं मुनि कर्दम की, जो श्रेष्ठ ऋषिन संग ब्याही थी।
वह सब मैत्रेय ने बतलाया, परजा जितनी फैलाई थी।।

सति ने छोटी उम्र में, त्यागा था संसार।
इसीलिये महादेव का, हुआ न कुल विस्तार।।
शिवजी से जब दक्ष का, हुआ वैर विकराल।
देखो सति को खा गया, है कराल यह काल।।

श्री कृष्ण भक्त ने तब पूछा, ए मुनिवर अब यह समझाओ।
श्री महादेव का दक्ष संग, क्यों वैर हुआ यह बतलाओ।।
क्यों कर था वैर बड़ा भारी, क्या है प्रसंग अब कह दीजे।
क्यों देह सती माँ ने छोड़ी, है विनय देव सब कह दीजे।।
इकबार प्रजापतियों द्वारा, ओ विदुर यज्ञ विस्तार हुआ।
वहां अग्नि ओर सब देवों संग, ऋषि मुनियों का सत्कार हुआ।।
श्री दक्ष पधारे थे जब तो, सब ने ही उठ सम्मान किया।
श्री ब्रह्मा ओर शिव उठे नहीं, तो बुरा दक्ष ने मान लिया।।

अज चरणों में नमन कर, हुए दक्ष विकराल।
बुरा भला कहने लगे, शिवजी को तत्काल।।

निर्लज्ज घमण्डी है शंकर, वानर से नेत्र क्रिया वाला।
अभिमानी है मरघट वासी, अपवित्र सदा रहने वाला।।
हे दुष्ट चित्त ओर अशिव वेश, उन्माद में हरदम रहता है।
सब मर्यादाऐं तोड़ रहा, आचार भ्रष्ट जग करता है।।

इतना कहकर दे दिया, उन्हैं श्राप उस काल।
[1]अधम शंभु पावे नहीं, यज्ञ भाग किसी काल।।

1. **अयं तू देव यजन इंद्रोपेंद्रादिभिर्भवः।**
सहभागम न लभतां देवैर्देवगणाधमः।। भा. 04–02–18

शंकर तो ठहरे शांतमूर्ति, उन पर न प्रभाव हुआ कुछ भी।
पर नन्दीश्वर सह सके नहीं, ओर श्राप देदिया उनने भी।।
हो पुरूष तत्व से विमुख अभी, है भेद दृष्टि इस क्रोधी की।
पशु सम कामी हो जावे यह, कामना रहे बस नारी की।।
बकरे सा मुख हो इस खल का, कर्मों में नित आसक्त रहे।
इसके सारे अनुयायी भी, बस उदर भरण में निरत रहे।।

इन्द्रिय धन ओर देह में, रमण करें हर काल।
भिक्षुक होकर मांगते, फिरे दक्ष के लाल।।

श्री भृगु भी थोड़े रूष्ट हुए, ओर श्राप शंभु को दे डाला।
पाखंडी हों इसका पंथी, हो शास्त्र विमुख चलने वाला।।

बोले नहीं उदास हो, शंभु गये कैलास।
नाम एक जपते हुए, जय जय रमाविलास।।
वर्ष सहस तक जो चला, पूर्ण किया वह यज्ञ।
अवभृथ स्नान प्रयाग कर, हुए सभी जन शुद्ध।।

पट्टाभिषेक द्वारा अज ने, जब दक्ष को अधिपति बनवाया।
मैं श्रेष्ठ प्रजापति हूँ ऐसा, तब गर्व दक्ष के मन आया।।
बस इस घमण्ड के आते ही, उसने इक यज्ञ रचाया था।
सब ब्रह्म वादियों को छोड़ा, वृहस्पतिसव यज्ञ कराया था।।
सब देवगणों को जब देखा, भार्याओं के संग जाते हैं।
तब दक्षसुता हर से बोली इक यज्ञ पिताजी करते हैं।।
हे अज हे भव हे नीलकण्ठ, हे देव महाज्ञानी शिवजी।
हे नाथ प्राण प्रिय शांतमूर्ति, भोले भण्डारी अर्द्धंगी।।
कन्या का मन क्यों शांत रहे, जब हो उत्सव पितु के घर में।
हे बिना बुलाये जाने का, तो [1]**नियम** मित्र, पितु, गुरू गृह में।।
भोले बोले अभिमान अंध, जब सम्बन्धी हो जाते हैं।
वे कुटिल बुद्धि घर आये को, बस वक्र दृष्टि से तकते हैं।।
उनके वचनों की पीड़ा तो, शर से भी घातक होती है।
दुर्वचन घाव गहरे करते, उनको यह क्रीड़ा होती है।।

1. **कथम् सुतायाः पित्तृगेहकौतुकं निशम्य देहः सुरवर्य नेंगते।**
अनाहुता अप्यभियंति सौहृदं भर्तुर्गुरोर्देहकृतश्च के तनम्।। भा. 04–03–13

हे दक्ष तुम्हांरा पिता किन्तु, साक्षात शत्रु वह मेरा है।
कल्याण नहीं है जाने में, आगे को गहन अंधेरा है।।
कुछ देर सोचती रही सती, फिर तीव्र वेग से चली गई।
नन्दीगण उनके साथ गये, वे दक्ष महल में चली गई।।
होनी के सन्मुख देव दनुज, नर नाग सभी तो बेबस हैं।
वह तो होकर ही रहती है, होनी विधना ही के बस है।।
माता तो सादर मिली किन्तु, भगिनी का भाव न सच्चा था।
रिश्ते में तो सब थे उनके, पर स्नेह सभी का कच्चा था।।

पति का जब देखा नहीं, देवी ने अस्थान।
[1]क्रोधित हो कहने लगी, अपनी भृकुटी तान।।

अपने स्वामी की निंदा सुन, कायर कोने छिप जाते हैं।
लेकिन जो होते शक्तिवान, जिव्हा पर गांठ लगाते हैं।।
भूले से खाया निंद्य अन्न, ज्यों वमन से बाहर होता है।
त्यों [2]**तुमसे** निर्मित यह तन मन, अब भस्म अग्नि में होता है।।

धिक धिक मेरे देह को, शिव द्रोही गतगात।
परम शांत पतिदेव हैं, परम निरंकुश तात।।
इतना कह योगाग्नि में, भस्म किया निज देह।
कोलाहल सा मच गया, धरा गगन के गेह।।

धिक्कारा दक्ष प्रजापति को, श्री नीलकण्ठ के पार्षद ने।
फिर वध करने को वे दौड़े, ऋभुदेव बुलाये तब भृगु ने।।
ऋभु देवों ने उत्पात किया, ओर दूर भगाया हर गण को।
यह दुखद कथा जाकर वरणी, उन लोगों ने वृषकेतन को।।
अत्यंत कुपित होकर शिव ने, पृथ्वी पर जटा पछाड़ी थी।
उससे जब वीरभद्र प्रकटे, तब यज्ञ भंग की आज्ञा दी।।

बलि पशु के सम दक्ष को, पकड़ लिया तत्काल।
गर्दन वहीं मरोड़ कर, दिया कुण्ड में डाल।।

1. **कर्णौपिधाय निरयाद्यकल्प ईशे धर्मावितर्यसृणिभिर्नृभिरस्यमाने।**
छिंद्यात्प्रसह्य रूशतीम सतीम् प्रभुश्चेज्जिहवाम सूनपि ततो विसृजेत्स धर्मः।। भा. 04–04–17
2. **अतस्तवोत्पन्नमिदं कलेवरंनधारयिष्ये शितिकंठगर्हिणः।**
जग्धस्य मोहाद्धि विशुद्धिमंधसो जुगुप्सितस्योद्धरणं प्रचक्षते।। भा. 04–04–18

क्यों दक्ष श्राप देते देखा, इसका भी दण्ड दिया उनने।
दो नैत्र हरे भग देवों के, भृगु की दाड़ी हरली गणने।।
मणिमान ने भृगु को बांध दिया, अपवित्र कुण्ड को कर डाला।
चंडीष ने पूषा देवों को, तब दन्त विहीन बना डाला।।

इतना कर सब शंभुगण, लौटे शिव के पास।
शांत, मोन, निस्तब्ध था, सारा ही केलास।।
पीड़ित ऋत्विज देवगण, पहुंचे ब्रह्मा पास।
सब वृत्तान्त सुनाय के, लेने लगे उसांस।।

अज बोले कुछ निन्दित होगा, ऐसी मुझको आशंका थी।
मेने न यज्ञ में भाग लिया, मन में मेरे कुछ शंका थी।।

महादेव की प्रार्थना, जाकर के कैलाश।
करो क्षमा मिल जायगी, होगा विमल प्रकाश।
ब्रह्मा के नैतृत्व में, आये सब कैलास।
यश उसका को कह सके, कवि मति में अतिहास।।
सुमन, सरोवर, पक्षि पशु, वृक्षादिक बहुभांति।
[क]सरिता निर्मल नीर भर, बारह मास बहाति।।

सौ योजन का वट वृक्ष एक, इतने ही क्षेत्र में विस्तृत है।
श्री महादेव की सेवा में, श्री कुबेर सनन्दन जी रत है।।
अंगो पर भस्म रमी उनके, हे नाग सुशोभित उन सब में।
शिरपर निशिपति मुस्काता है, बैठे थे हर पद्मासन में।

देवऋषी को दे रहे, परब्रह्म उपदेश।
ब्रह्मा जी ने तब किया, देवों सहित प्रवेश।।
ब्रह्मा जी के चरण में, शिव ने किया प्रणाम।
ब्रह्मदेव कहने लगे, शम्भु करो विश्राम।।

चन्दन पर घात कुठार करे, उसमें सौरभ भर जाता है।
[1]**सज्जन** का होता दिव्य रूप, परहित में ही रत रहता है।।

1. **सुजनो न याति वेरं परहितकार्ये विनाशकालेपि।**
छेदेपि चन्दनतरूः सुरभयति मुखं कुठारस्य।।

(क) नंदा, अलकनंदा

हे महादेव अवडर दानी, है शंभु सुजान कृपा कीजे।
हे शंकर शोक हरो सबका, है भोलेनाथ दया कीजे।।

हम शरणागत आपके, मांगे सब की खैर।
यज्ञ पूर्ण हो आज ही, तनिक न होवे देर।।

याजक को जीवित करो देव, सब अंग सुधर जावें सबके।
यज्ञावशेष प्रभु का होगा, गुण गावें सब हरखे हर के।।
खुश होकर बोले महादेव, श्री ब्रह्मदेव की जय होवे।
देवों के हित जो जो मांगे, वे कार्य शीघ्रता कर होवे।।

मित्रदेव की आंख से, भग देखें जग (क)बांट।
पूषा खावे पिष्ट सब, यजमानों के दांत।।

होगी भृगु दाड़ी बकरे की, सर दक्ष का होवेगा अज सा।
जो यज्ञ भाग मुझको देंगे, सर्वांग ठीक होगा उनका।।

ब्रह्मा जी की विनय सुन, भोले शंभु सुजान।
यज्ञ भवन में आ गये, जग का हित अनुमान।।

इक बलिपशु का मस्तक पाकर, उठगया दक्ष उस मण्डल में।
वह कृपा दृष्टि थी श्री हर की, वह लगा वहीं हर हर जपने।।

दण्डवाणि को जानते, कपटी कुटिल पुमान।
सब विधि से उपचार कर, हरि करते कल्यान।।
उसी समय प्रकटे वहां, कमलापति भगवान।
ब्रह्मा–हर करने लगे, पुरूष सूक्त का गान।।

श्री हरि बोले हम तीनो में, जो एक रूप ही देखेगा।
उसमें ही शान्ति समायेगी, वह ही सारे सुख भोगेगा।।
प्रज्ञा हो धर्म मयी सबकी, देवों के यजन करें सब ही।
मेरे संग ब्रह्मा ओर हर के, सानन्द भजन गावें सब ही।।

श्री हरि से आदेश पा, पूजे श्री हर ब्रह्म।
दक्ष प्रजापति ने किया, पुनः यज्ञ आरम्भ।।

ओ विदुर दक्ष मख का किस्सा, सुरगुरू से मेने पाया था।
निर्मल होती है मति सुनकर, इसलिये इसे सुनवाया था।।
इसको जो नित कहते सुनते, पापों को दूर भगाते हैं।
यश, आयु, वृद्धि, कीरति पाते, सब देव कृपा बरसाते हैं।।

(क) भाग, हिस्सा, अंश

अपने मन की शान्ति हित, गाओ नित दे ताल।
भव बाधा सब हरेंगे, 'कमनयन' तत्काल।।

इक चरित मधुर मैं कहता हूँ, नित प्रति जिसका गायन होगा।
ओ विदुर भक्त मण्डलियों में, उस भक्त का बड़ा सुयश होगा।।

स्वायंभुव मनु के हुए, दो यश भाजक लाल।
उनके कुल में जो हुआ, सुन लो उसके हाल।।

उत्तानपाद ओर प्रियव्रत ये, दो सुत मनु जी के प्यारे थे।
शतरूपा रानी के भी तो, दोनो आंखों के तारे थे।।

उत्तानपाद की दो हुई, भार्याएँ अनुकूल।
नाम सुनीती सुरूचि, कभी न हो प्रतिकूल।।

सुरूचि पर राजा मोहित थे, सुनीति उन्हें कुछ कम प्रिय थी।
उस श्रेष्ठ गृहस्थ में यही बात, सज्जन की मति में अप्रिय थी।।
ध्रुव नाम सुनीती के सुत का, सुरूचि ने उत्तम जाया था।
दोनो ने ही उस राजा से, ऐसा उत्तम फल पाया था।।

इठलाती ज्यों उपज पर, हो पाले की मार।
उसी तरह इस भवन में, हुआ समय का वार।।

इक दिवस सुरूचि सुत को लेकर, राजा कुछ क्रीड़ा करते थे।
ध्रुव वहां दौड़ कर आ पहुंचा, ओर लगा खेलने रत हो के।।
सुरूचि से सहन न हो पाया, ध्रुव का राजा से यों मिलना।
बोली 'लो जन्म मेरे तन से', राजा से तब आकर मिलना।।

[1]सिंहासन गर चाहते, भक्ति करो ध्रुव लाल।
अपमानित ध्रुव का हुआ, देखो तो क्या हाल।।

नाविक के तीरों के समान, शब्दों ने भेद दिया ध्रुव को।
तिरिया का **चरित** है चक्रव्यूह, है कौन, समझ पाया इनको।।
तब मोन देख कर राजा को, रोता ध्रुव माँ के पास गया।
अपने शिशु का यह हाल देख, माता का तत्क्षण हिला हिया।।

1. **तप साऽऽराध्य पुरूषं तस्यैवानुग्रहेण मे।।**
गर्भे त्वं साधयाऽऽत्मानं यदीच्छसि नृपासनम्।। भा. 04–08–13

ध्रुव से सब व्रत्तान्त सुन, भूली अपना चेत।
माँ विलाप करने लगी, सुत ने किया सचेत।।

तब कुछ धीरज धर वह बोली, श्री हरि की शरण में जाओ तुम।
वे परम पिता है ध्रुव सबके, उनमें ही बुद्धि रमाओ तुम।।

पांच वर्ष के लाल ने, त्यागा घर संसार।
उसको जब यह नही तो, हमें लगे क्यों जाल।।
देवऋषि से हो गई, क्षत्रिय सुत की भेंट।
"हरि कहां मिलजायेगे", पूछा मस्तक टेक।।
चकित हो गये देवऋषि, बोले बेटा वाह।
तेरे मन में देख ली, ईश मिलन की चाह।।
ए सुत पर यह कठिन है, सहज ईश मिल जाय।
अतः रखो संतोष बस, जितना भी मिल पाय।।

हे उत्तम शान्ति मार्ग ऋषिवर, पर वचन वज्र से हैं माँ के।
कर उन्है विदीर्ण वही पाऊँ, कुछ ओर न हो जिसके आगे।।
अतएव मार्ग वह बतलाओ, उस परम ईश को पालूं मैं।
हो क्षात्र धर्म का पालन भी, वह शान्ति मार्ग अपनालूँ मैं।।

निश्चय ध्रुव का परख कर, बोले तब ऋषि राज।
"मधुवन में जाकर भजो, श्री हरि जी महाराज"।।

हे अरूण अधर सुख कर [1]**उनके**, वे करूणा के तो सागर हैं।
हे मन्द हास्य मुख के ऊपर, श्रीवत्स अंक सीने पर है।।

पीताम्बर कटि मेखला, सुन्दर उनके नैन।
कौस्तुभ मणि धारण किये, केयुर कुण्डल ऐन।।

1. **प्रसादाभिमुखं शश्र्वत्प्रसन्नवदने क्षणम्।**
सुनासं सुभ्रुवं चारू कपोलं सुर सुन्दरम्।। भा. 04–08–45
तरूणं रमणीयांगमरूणोष्ठेक्षणाधरम्।
प्रणताश्रयणं नृम्णं शरणं करूणार्णवम्।। भा. 04–08–46
श्रीवत्सांकं घनश्यामं पुरूषं वनमालिनम्।
शंखचक्रगदापद्मेरभिव्यक्त चतुर्भुजम्।। भा. 04–08–47
किरीटिनं कुण्डलिनं केयूरवलयान्वितम्।
कौस्तुभाभरणग्रीवं पीतकौशेयवाससम्।। भा. 04–08–48

देवों में [1]सुन्दर वही, तरूण रूप घनश्याम।
ध्यान धरो जगदीश का, भज लो सुबहो शाम।

इक मंत्र विलक्षण देता हूँ, इसका नित जाप करो बेटा।
साक्षात हरी मिल जावेंगे, तुम भाव से उन्हें भजो बेटा।।

[2]द्वादस अक्षर मंत्र को, जपते जो दिन रेन।
श्री हरि आते हैं सुनो, उनको दरशन देन।।
नारद की कर प्रदक्षिणा, लेते हरि का नाम।
मधुवन में ध्रुव आ गये, करने पूरण काम।।

उत्तानपाद से मिलकर तब, नारद ने ज्ञान दिया भाई।
[क]**तिरिया जित** होकर दुखी हुआ, ध्रुव सुत की याद उसे आई।।

पुत्र विरह के ताप में, जलने लगे नरेश।
सम्पति सब थोथी लगे, जब आते हैं क्लेश।।

ध्रुव ने तप ऐसा किया विदुर, वर्णन भी जिसका हो न सके।
हो योगी, सिद्ध, यती, साधू, उनसे भी ऐसा हो न सके।।
पहिले तो बेर कपित्थ लिया, हर तीन रात्रि के अन्तर से।
फिर स्वतः पड़े तृण पर्ण लिये, छठवे दिन दूजे महिने के।।

नवमें दिन बस नीर पी, काटा तीजा मास।
चोथे महिने में लिया, बारहवें दिन श्वास।।
पंचम में तो श्वांस भी, रोक गया वह लाल।
एक पैर पर जम गया, ऐसा किया कमाल।।

1. **कांचीकलापपर्यस्तं लसत्कांचननूपुरम्।**
दर्शनीयतमं शांतं मनोनयनवर्धनम्।। भा. 04–08–49
पद्भ्यां नखमणिश्रेण्या विलसद्भ्यां समर्चताम्।
हृत्पद्मकर्णिकाधिष्ण्यमाक्रम्यात्मन्यवस्थितम् ।। भा. 04–08–50
स्मयमानमभिध्यायेत्सानुरागावलोकनम्।
नियते नैक भूतेन मनसा वरदर्षभम्।। भा. 04–08–51
2. **'ऊँ नमो भगवते वासुदेवाय'।**

(क) गहिपद विनय कीन्ह बैठारी, जनि दिनकरकुल होसि कुठारी।
मांगु माथ अबहीं देउँ तोहीं, राम विरह जनि मारसि मोहीं।। रा.च.मा.अ.का.

जिनका निश्चय दृढ़ होता है, वे अपनी मंजिल पाते हैं।
अपनी राहों के सब कंटक, सुमनो सम उन्हें सुहाते हैं।।
गजपद से ज्यों नोका डोले, त्यों धरा डोलने लगी वहां।
अंगुष्ठ दाब इतना भीषण, सह सके नहीं श्री शेष महां।।

श्वांस रूकी तो रूक गई, इस जग की ही चाल।
शरण प्रभू की तब गये, हो पीड़ित दिगपाल।।
लोक पाल को शांत कर, होकर गरूड़ सवार।
ध्रुव के सन्मुख आगये, मायापति करतार।।

प्रभु तो बस भाव परखते हें, आडम्बर की है चाह नहीं।
हो भाव शुद्ध हरि नहीं मिले, एसा तो जग में हुआ नहीं।।
लकुटी की तरह गिरा भू पर, साष्टांग प्रणाम किया हरि को।
वन्दन करने की इच्छा थी, आये न शब्द नर केहरि को।।
अश्रुत को श्रवण करता जो, गूंगे को वाणी देता है।
सर्वोच्च शिखर पर पंगुन्ह को, होकर प्रसन्न चढ़वाता है।।
आश्चर्य नहीं हे कुछ इसमें, शंका करने की बात नहीं।
जग में जो नित प्रति होता है, क्या इसमें उसका हाथ नहीं।।

शंख वेद मय का किया, जब कपोल स्पर्श।
भाषा ध्रुव की खुल गई, वक्ता हुआ समर्थ।।

[1]यजन अधिष्ठाता जय होवे, परमानन्द मूर्ति मन मोहे।
प्रभु अनन्त ओर सदा अखण्डा, दुष्ट दलन हित परम प्रचंडा।
रचनाकार सृष्टि संचालक, दीन हीन के प्रभु तुम पालक।।

1. **योंऽतःप्रविश्य मम वाचमिमां प्रसुप्तां संजीवयत्यखिलशक्तिधरः स्वधाम्ना।**
अन्यांश्च हस्तचरणश्रवण त्वगादीन्प्राणान्नमो भगवते पुरूषाय तुभ्यम्।। भा. 04–09–06
एकस्त्वमेव भगवन्निदमात्मशक्त्या माया ख्ययोरूगुणया महदाद्यशेषम्।
सृष्ट्वाऽनुविश्य पुरूषस्तदसद्गुणेशु नानेव दारूषु विभावसुवद्विभासि।। भा. 04–09–07
कल्पांत एतदखिलं जठरेण गृह्णन् शेते पुमान्स्वदृगनंत सखस्तदंके।
यन्नाभिसिंधुरूहकांचनलोक पद्मगर्भे द्युमान्भगवते प्रणतोऽस्मि तस्मै।। भा. 04–09–014

तुम सर्वज्ञ अभेद अनादी, तुम परमेश सुजान उपाधी।
गदा शंख नित हाथ विराजे, चक्र सुदर्शन भी अति राजे।।
पीत वसन मणि कौस्तुभ गहना, भक्त ह्रदय में प्रभु नित रहना।
भाव कुभाव भजन जे करहीं, हरिमाया से ते सब तरहीं।।
जयति जयति जय करूणा पुंजा, दलन रोग भव दाहक पुंजा।
जय लक्ष्मी निवास भगवाना, मरम तुम्हार अज्ञ नहिं जाना।।
संतन प्रति पालक, मैं अति बालक, तुम्हरी शरण में आन पड़ा।
संसार अभागा, गहन तड़ाना, लोभ मोह में, लिप्त पड़ा।।
सब भांति सहारा, एक तुम्हांरा, प्रभु सन्मुख मैं दीन खड़ा।
मोहें तारो दयामय, हे करूणामय, शीश झुका, शिशु द्वार अड़ा।।

भक्ति तुम्हांरी अटल ध्रुव, बोले श्री भगवान।
[1]ध्रुव पद तुमको दे रहा, भक्त शिरोमणि जान।।
करते सदा प्रदक्षिणा, सप्तऋषी दिनरात।
नाश त्रिलोकी के समय, हो न तुम्हांरा तात।।
वर्षों तक कर राज्य फिर, लोटेगा उस धाम।
तब तू वह पद पायगा, पूरण होंगे काम।।
लोटा ध्रुव अति खिन्न मन, विदुर हुए सशंक।
क्यों प्रसन्न नहिं ध्रुव हुआ, निधि पाकर भी रंक।।

हरि से न मोक्ष मांगी उसने, नारद के वचन भी भंग किये।
भाई ओर माँ से द्रोह सहा, संसार तरफ ही नयन किये।।
था यही सोच उसके जी में, व्याकुल भी था नन्हा बालक।
पर परम हर्ष यह मन में था, देखे थे उसने जग पालक।।

वर पाकर भगवान से, करके जीवन धन्य।
नगर मार्ग पर चल दिया, भजता श्री ब्रह्मण्य।।
ध्रुव आया यह बात सुन, झूम उठे नर नार।
नृप अगवानी को चले, ले सुत तिय दरबार।।

1. ततो गंतासि मत्स्थानं सर्वलोकनमस्कृतम्।
उपरिष्टादृषिभ्यस्त्वं यतो नावर्तते गतः।। भा. 04–09–25

मंत्री, गुरू, कुल वृद्ध सब, बुध द्विज जन के साथ।
शंख, दुंदुभी, बांसुरी, गाजे बाजे साज।।

नैनो से नैन मिले ज्यों ही, दोनो का स्नेह छलक आया।
ध्रुव ने चरणों में शीश धरा, पितु ने [1]**असुवन** से नहलाया।।

सादर दोनों मात को, ध्रुव ने किया प्रणाम।
दोनों ने आशीष दी, पूरण हो सब काम।।

जिसपर जब [2]**कृपा** हरी करते, उसका जग वन्दन करता है।
जिस भांति ढाल की दिशा दिशा, जल तो खुद ही बह चलता है।।

ध्रुव का उत्तम संग हुआ, जिस क्षण साक्षात्कार।
अंगो के स्पर्श से, बही अश्रु की धार।।

माता सुनीति के नेत्र–स्तन, आंसू ओर पय बरसाते हैं।
हे बड़भागी ध्रुव की माता, बिरले यह अवसर पाते हैं।।

राजा ने दोनो तनय, गज पर किये सवार।
चंवर ढुलाता लेगया, हर्षित अपने द्वार।।
[3]**तरूण प्रजा प्रिय जानकर, सोंपा ध्रुव को राज।**
प्रकृति सम्मत कार्य कर, बना दिया महाराज।।

कुछ काल भोगकर सुत शासन, सन्मार्ग दिखाया था ध्रुव को।
उत्तानपाद निज आयु देख, वन चला गया पाने [क]**अज** को।।

प्रजापती शिशुमार की, कन्या भ्रमी सुजान।
पाणिग्रहण ध्रुव ने किया, सुमिरे श्री भगवान।।
भ्रमी ओर ध्रुव के हुए, दो सुन्दर सुकुमार।
कल्प ओर वत्सर जिन्हें, दोनों देते प्यार।।
वायू की कन्या इला, को सुकुमारी जान।
ब्याहि दूसरा कर लिया, अपने पिता समान।।

1. **अथाजिघ्रन्मुहुर्मूनूर्घि शीतैर्नयनवारिभिः।**
स्नापयामास तनयं जातोद्धाममनोरथः।। भा. 04–09–44
2. **यस्य प्रसन्नो भगवान्गुणैर्मैत्र्यादिभिर्हरिः।**
तस्मै नमंति भूतानि निम्नमाप इव स्वयं।। भा. 04–09–47
3. **वीक्ष्योढवयसं तं च प्रकृतिनां च संमतम्।**
अनुरक्तप्रजं राजा ध्रुवं चक्रे भुवः पतिम्।। भा. 04–09–66

(क) ईश्वर

इससे इक तनय ओर तनया, ने उनके घर में जन्म लिया।
दोनो भार्या संतानो पर, ध्रुव ने था स्नेह समान किया।।
एक समय मृगया के हित, उत्तम हिमगिरि की ओर गया।
इक यक्ष से युद्ध हुआ उसका, जिसने उत्तम को मार दिया।।

गत सुत का बहु सोच कर, माँ ने किया प्रयान।
ध्रुव यह सब नहिं सह सके, किया युद्ध आव्हान।।

ध्रुव के तीरों को खा खाकर, सब यक्ष प्रशंसा करते थे।
मिल यक्ष [क]दशायुत एक साथ, नानायुध वर्षा करते थे।।
यक्षों के आयुध घातों से, आदित्य अदृष्य लगे कुछ पल।
सेनिक ध्रुव के सब घबराये, मच गया कटक में कोलाहल।।

प्रकट हुआ रथ के सहित, तब सुनीति का लाल।
बाणों के आघात से, किये यक्ष बेहाल।।

कुछ मरे ओर कुछ भाग गये, ध्रुव रूका वहां पर कुछ पल को।
अपवित्र वस्तु शस्त्रास्त्रों ने, ढक लिया तभी उस शासक को।।

नारायणास्त्र का किया, नृप ध्रुव ने संधान।
सप्तऋषिन के साथ ही, प्रकटे मनू सुजान।।

भगवान क्षमा करूणाकर है, सम भाव सभी पर रखते हैं।
जो उनके परम दास होते, वे [1]**क्रोध** नहीं ध्रुव करते हैं।।
प्रथम परमपद पाया ध्रुव, अब बंधु स्नेह में अंधे हो।
यह निंद्य कर्म क्यों किया कहो, तुम तो प्रभु के प्रिय बंदे हो।।
निर्मिति, पालन, संहार सभी, उस परमेश्वर की माया है।
ज्यो रज होती है पवन संग, त्यों जग में ईश बनाया है।।

[क]अपचय [ख]उपचय सभी हें, मायावी प्रभु हाथ।
उसके जैसा हम करें, यह अचरज की बात।।
[2]पैदा ओर संहार कर, रहता निरहंकार।
गुण कर्मों से लिप्त वह, हुआ नहीं इकबार।।

1. **अलं वत्सातिरोषेण तमोद्वारेण पाप्मना।। भा. 04–11–07**
2. **स एव विश्वं सृजति स एवावति हंति च।**
   अथापि ह्यनहंकारान्नाज्यते गुणकर्मभिः।। भा. 04–11–25

(क) लाखों (ख) अकालमृत्यु (ग) अकालमृत्यु रक्षा

जो अभय चाहने वाला हे, वह क्रोध कभी नहिं करता है।
तुम जैसा भक्त शिरोमणि तो, हरि भजने में रत रहता है।।

यक्षों का वध कर किया, श्री कुबेर अपमान।
पहले उन्हैं प्रसन्न कर, पालो कुल की कान।।
मनु ने इतना ज्ञान दे, किया तभी प्रस्थान।
सूत ऋषी कहने लगे, आगे का आख्यान।।
हिंसारत ध्रुव ने तभी, किया क्रोध का त्याग।
आये वहां कुबेर जी, चारण किन्नर साथ।।

बोले तुमने यह वैर त्याग, मन अपना शुद्ध बनाया हैं।
मैं अति प्रसन्न हूँ ध्रुव तुमसे, मांगो जो वर मन भाया है।।

मांगा हरि में दृढ़ मती, बनी रहे सब काल।
'एसा ही हो' कह हुए, अन्तर्हित तत्काल।।

ध्रुव ने निज पुर में आकर के, श्री हरि का यजन किया भाई।
तब प्रजा मानने लगी उसे, दीन बन्धु सब सुख दाई।।
छत्तीस सहस वर्षों तक तो, ध्रुव ने पृथ्वी पर राज्य किया।
फिर प्रजा सोंप कर निज सुत को, बदरीकाश्रम प्रस्थान किया।।

योग साधना में लगा, होकर पूर्ण पवित्र।
प्रभु विराट में ध्यान दे, हुआ देह निवृत्त।।

भक्ती की अन्तर धारा से, प्रेमाश्रु प्रवाहित होते थे।
रोमांचित थी उसकी काया, नारायण सब में दिखते थे।।

पार्षद द्वय को साथ ले, आया एक विमान।
वन्दन ध्रुव करने लगा, जय जय जय श्रीमान्।।
भक्ति मार्ग से पालिया, बोले नंद, सुनंद।
पुण्य धाम जो श्रेष्ठ हे, पा न सके मुनि वृंद।।
पार्षद बोले यान में, बैठो ध्रुव महाराज।
[क]उपरति ने आकर कहा, तनिक रूको महाराज।।
विधि का भक्त शिरोमणी, तोड़ो नहीं विधान।
पहिले मेरा वरण कर, फिर तुम चढ़ो विमान।।
उपरति के सिर पेर धर, हुए विमानारूढ़।
एसे ध्रुव महाराज का, सुमिरण कर मन मूढ़।।

(क) मृत्यु

स्वर्ग मार्ग में जब हुआ, ध्रुव को माँ का ध्यान।
पार्षद ने बतला दिया, आगे एक विमान।।

ध्रुव ने देखा उसकी माता, सादर विमान में जाती है।
सुत महिमा की बलिहारी हो, माता को स्वर्ग दिलाती है।।

तीनो लोकों का हुआ, मुकुट मणी ध्रुव आज।
[1]कृष्णभक्त को मिल गया, ज्यो त्रिलोक का राज।।

इस चरित का नियमित पारायण, ध्रुव पद को देने वाला है।
यश आयु और धन संग चरित्र, सब कुछ दिलवाने वाला है।।
जो इसका नित्य श्रवण करते, सब पाप नष्ट वे करते हैं।
उनके मनमें हो हर्ष व्याप्त, सब क्लेश कृष्ण जी हरते हैं।।
सायं प्रातः पूरणमासी, नक्षत्र श्रवण वाला दिन हो।
व्यतिपात अमावस संक्रांती, या रवीवार का शुभ दिन हो।।
श्रद्धा से जो इसको सुनते, भक्तों को नित्य सुनाते हैं।
उन सभी वैष्णव लोगों के, सब पूर्ण मनोरथ होते हैं।।

ध्रुव पथ का अनुगमन कर, करलो बेड़ा पार।
हाथ जोड़ विनती करे, नागर कमल कुमार।।

बोले ध्रुव का वृत्तान्त सुना, मेरी भगती को पुष्टि मिली।
मेत्रेय मुनी प्रभु सेवा से, जीवन में यह सन्तुष्टि मिली।।
थे कौन प्रचेता बतलाओ, किस वंश में जन्म हुआ कह दो।
थी सभा कहां पर की उनने, उनका भी कुछ वर्णन कर दो।।
जो देवऋषि ने समझाया, वह सब वृत्तान्त बताओ जी।
मेरी इच्छा सब कुछ सुन लूँ, क्रम से सब मुझे सुनाओ जी।।
शोनक इन मधुर प्रसंगो को, श्री विदुर पूछते जाते हैं।
हरि के चरणो में ध्यान लगा, मेत्रेय सुनाते जाते हैं।।

[क]इला तनय ने जब किया, राज्य लक्ष्मि का त्याग।
भ्रमि सुत वत्सर को दिया, कुल वृद्धों ने भाग।।

1. **इत्युत्तानपादः पुत्रो ध्रुवः कृष्णपरायणः।**
अभूस्त्रयाणां लोकानां चूड़ामणिरिवामलः।। भा. 04–12–38
(क) ध्रुव पुत्र उत्कल

वत्सर की पंचम पीढ़ी में, हरिभक्त अंग का जन्म हुआ।
देखो उस सज्जन के घर में, अति दुष्ट वेन का जन्म हुआ।।

वाणी जिनकी वज्र सम, उन मुनियों का श्राप।
दुष्ट वेन मारा गया, किये बहुत थे पाप।।

मुनियों ने दायीं भुजा मथी, जिससे प्रथु का अवतार हुआ।
श्री नारायण के अंश रूप, इनसे पृथ्वी उद्धार हुआ।।
थे अंग बड़े सज्जन राजा, विधि ने क्यों ऐसा पुत्र दिया।
किस कारण से गृह त्याग किया, श्री विदुर देव ने प्रश्न किया।।
मैत्रेय मुनी ने बतलाया, जब अंग ने यज्ञ रचाया था।
उस यज्ञ का भाग ग्रहण करने, कोई भी देव न आया था।
तब मोन त्याग सबसे पूछा, इसका कारण बतलाओ तो।
क्यों देव यज्ञ में नहिं आते, महिदेव उपाय सुझाओ तो।।

पूर्व जन्म के पाप से, हुई नहीं संतान।
सभासदों ने यों कहा, इसका एक निदान।।
यजन करो भगवान का, वे देंगे संतान।
तब आवेंगे देवगण, पूरण हो सब काम।।
द्विज लोगों ने जब किया, पुरोडाश का याग।
अग्नि कुण्ड से जग गये, उस राजा के भाग।।

उस अग्निकुण्ड से दिव्य पुरूष, तब पकी खीर लेकर आया।
राजा ने सूंघी खीर ओर, रानी को देने पहुंचाया।।
समय पूर्ण होने पर इक, बालक का घर में जन्म हुआ।
ननिहाल की रीति पड़ी उसपे, साक्षात अधर्मी प्रकट हुआ।।
प्रारब्ध में गर सुख नहीं लिखा, तो उसका मिलना दुश्कर है।
जो आत्मदेव के साथ हुआ, अब अंग राज का अवसर है।।
दीनो पशुओं का वध करता, वन में ही धूमा करता था।
उतना ही विकृत चला वेन, जितना राजा समझाता था।।

रहना दूभर हो गया, घर में नृप का आज।
मध्य रात्रि के समय में, त्यागा सकल समाज।।
राजा को खोजा बहुत, करते चीख पुकार।
विप्र सचिव रोने लगे, मुनियों के दरबार।।
मुनियों ने माना नहीं, सचिवों का इनकार।
दुष्ट बुद्धि उस वेन को, दिया राज्य का भार।।

निरन्तर.......2

(2)

उसका शासन था उग्र बहुत, सब चोर राज्य को छोड़ गये।
[1]**अहिभय** से जैसे सब चूहे, अपने ही बिल से निकल गये।।
खल वेन स्वयं को लोकपाल, सबसे ही श्रेष्ठ समझता था।
रथ में आरूढ़ पर्यटन कर, हर पल मदांध ही रहता था।।

होम दान सब बन्द हो, था उसका आदेश।
यह सुनकर के आ गया, ऋषियों को आवेश।।

दोनो ही तरफ जले लकड़ी, ओर कीट बीच ज्यों आता है।
त्यों वेन ओर उन चोरों का, भय ऋषि मुनियों को खाता है।।
[2]**पयपान** कराता जो अहि को, भयभीत सदा वह रहता है।
है मृत्यु भयंकर दुनियां में, मृयमाण अधिक ही डरता है।।

मुनियों ने मिल वेन को, दिखलाया सन्मार्ग।
धर्माचरण न रोकिये, यह पत्यक्ष कुमार्ग।।

[3]**उपदेश** मूर्ख को देने से, कहिं क्रोध शमन हो पाता है।
सच दूध पिलाने से अहि को, केवल विष वृद्धी पाता है।।

कहा वेन ने मूर्ख हो, तुम्हें न आती लाज।
क्यों न देव मय मानते, मैं सबका महाराज।।

इसलिये ध्यान तज देवों का, मेरा ही यजन किये जाओ।
मुझको ही बली समर्पित हो, मेरा सन्मान किये जाओ।।

नृप की [4]आज्ञा भंग ओर, भंग विप्र का मान।
भार्या को शैया प्रथक, तीनो मृत्यु समान।।

1. **श्रुत्वा नृपासनगतं वेनमत्युग्रशासनम्।**
   निलिल्युर्दस्यवः सद्यः सर्पत्रस्ता इवारववः।। भा. 04–14–03
2. **अहिरेव पयः पोषः पोषकस्याप्यनर्थभृतः।। भा. 04–14–10**
3. **उपदेशो हि मूर्खाणां प्रकोपाय न शान्तये।**
   पयः पानं भुजंगानां केवलं विषवर्धनम्।। नीति
4. **आज्ञा भंगो नरेन्द्राणां विप्राणां मान भंगनम्।**
   पृथक् शय्या च नारीणाम शस्त्रवद्यमुच्यते।।। नीति

मुनियों ने तब क्रोध से, भरी एक हुंकार।
मृत्यु हो गई वेन की, सुखी हुआ संसार।।

यह घात सुनीथा सह न सकी, बहु औषध का उपयोग किया।
मंत्रो के द्वारा वेन देह, कुछ काल तलक नहि नष्ट किया।।
हो जाते पूत कपूत मगर, माता तो सदा ही माता है।
हो कष्ट जरा भी सुत को तो, माता का दिल भर आता है।।
नृप से विहीन वह राज्य देख, दुष्टों ने अपना काम किया।
चोरी डाके ओर लूट पाट, अत्याचारों का साथ दिया।।
फूटे बरतन में रखा दूध, कुछ काल में ज्यों बह जाता है।
दीनो के दर्द न [1]**विप्र** सुने, तो पुण्य नष्ट हो जाता है।।
निर्वंश न होवे अंग वंश, इसका उपाय सोचा उनने।
मृत वेन देह की सांथल का, मन्थन प्रारम्भ किया सबने।।

मन्थन से पैदा हुई, इक नाटी नर देह।
छोटे छोटे हाथ ओर, छोटे ही थे पेर।।

लम्बी दाड़ी ओर लाल नैत्र, भूरे केशों वाला वह था।
चपटी सी थी नाटे की नाक, दिखने में भोला भाला था।।

हाथ जोड़ कहने लगा क्या आज्ञा द्विजराज।
सबने कहा [क]निषीद तो, नाम हुआ नैषाद।।

ये वेन देह के कर्म रूप, पुर के बाहर ही रहते हैं।
वन कर्मक्षेत्र होते इनके, पर्वत, जंगल घर होते हैं।।
विप्रों ने ओर मथा उसको, तो मिथुन एक बाहर आया।
थे रमा–कान्त के अंश रूप, शुभ नाम अर्चि–प्रथु धरवाया।।
ब्रह्मा ने कर में चक्र देख, परमेश्वर अंश उसे माना।
ब्राह्मण अभिषेक लगे करने, सबने दी भेंट उसे नाना।।
महादेव ने खड्गदिया उसको, पार्वति ने ढाल प्रदान करी।
अग्नी ने सोंपा धनुष ओर, सूरज ने बाण की भेंट धरी।।

1. **ब्राह्मणः समदृक् शांतो दीनानां समुपेक्षकः।**
स्रवते ब्रह्म तस्यापि भिन्नभांडात्पयो यथा।। भा. 04–14–40

(क) बैठजा

ब्रह्मा ने कवच ब्रह्ममय ओर, शारद ने हार दिया उसको।
चक्र सुदर्शन श्री हरि ने, लक्ष्मी ने लक्ष्मी दी उसको।
इस तरह सभी ने आ आकर, श्री प्रभु जी का सत्कार किया।
बहु भेंट समर्पित की उनको, बंदीजन ने गुणगान किया।।
प्रभु बोले शुभ कर्म बिना, गुणगान अधूरा लगता है।
शुभ कर्म करे ओर शान्त रहे, वह ही उत्तम जन होता है।।
मुनियों ने ईश्वर अंश मान, प्रथु जी का वन्दन गान किया।
प्रारब्ध पढ़ा फिर विप्रों ने, जो होगा पहिले जान लिया।।

सो यज्ञ करेगा यह राजा, तब इन्द्र अश्व ले जावेगा।
फिर ज्ञान कुमारों से लेकर, नारायण का पद पावेगा।।

मैत्रेय बताओ पृथ्वी ने, क्यों गौ का रूप बनाया था।
पृथ्वी दोहन में वत्स कौन, ओर पात्र कौन सा आया था।।
थी विषम धरा उस समय देव, केसे सम भाग बनाया था।
था योग्य यज्ञ के जो घोड़ा, क्यों इन्द्र उसे ले आया था।।

राजर्षी प्रथु देव की, कहो गती द्विजराज।
प्रश्न विदुर जी ने किया, जन जन के हित काज।।

इकबार प्रजाजन ने जाकर, राजा से विनय करी भारी।
जठरानल हमें जलाता है, है प्रजा क्षुधा की ही मारी।।

क्रोधित हो नृप ने किया, तभी बाण संघान।
पृथ्वी गौ का रूप धर, भागी मृत्यू जान।।

तीनो लोकों में भाग भाग, फिर प्रथु चरणों में जा बैठी।
दीनो के नाथ दया कर दो, मैं तो हूँ प्रभु की ही बेटी।।

साधारण जन ना करे, यों नारी पर वार।
पुरूषोत्तम हो आप तो, कुछ तो करो विचार।।

मेरा वध करने से राजन, केवल अनीति बढ़ जावेगी।
मैं ही जब नहीं रहूँगी तो, फिर प्रजा कहां रह पावेगी।।
राजा बोला कर बीज हजम, तू फल न प्रदान करेगी तो।
मैं दण्ड अवश्य तुझे दूंगा, अपनी करनी का फल भी लो।।

पृथ्वी ने की वन्दना, तब प्रथु की सब भांति।
दया करो मुझ पर प्रभू, मैं हूँ अबला जाति।।

निरन्तर.........2

(2)

मेने जो अन्न प्रदान किया, चोरों ने हरण किया उसका।
व्रतहीन वेन से लोगों ने, दुष्कर्म में भोग किया उसका।।
इसलिये बीज निगले मेंने, अब पूर्वज सा व्यवहार करो।
इक वत्स ओर इक पात्र बना, सब भांति मुझे सम भाग करो।।
ऋषि मुनियों देवों दैत्यो ने, दोहन अपने अनुरूप किया।
विद्याधर पक्षी पशुओं ने, धरती से सब रस ग्रहण किया।।

दोहन से सबको मिली, वस्तू मन अनुकूल।
प्रथु भी अब खुश हो गये, मिटे क्षुधा के शूल।।
प्रथु ने पृथ्वी पुत्रि सम, मानी उसके बाद।
धनुष कोटि से सम किया, ऊबड़ खाबड़ भाग।।
ग्राम नगर फिर दुर्ग ओर, कृषकों के अस्थान।
गो माता के हित रखा, ओर बड़ा अस्थान।।
प्रथु से पहले था नहीं, [1]'घर' का कुछ अनुमान।
उस राजा ने ही किया, ये इक काम महान।।
[क]ब्रह्मावर्त में यज्ञ सो, आयोजन हो जाय।
परम सत्य संकल्प यह, प्रथु ने लिया उठाय।।

उस यज्ञ में किन्नर मुनि आये, ऋतुऐं अनुकूल बनी सारी।
सब वृक्ष लगे फल देने को, प्रभु ने निज माया विस्तारी।।

ईर्ष्यानल से जल गये, देवराज महाराज।
अश्व यज्ञ का हर लिया, आयी उन्हैं न लाज।।

जिनके हिरदे है कपट भरा, सशंक सदा वे रहते हैं।
सत्कर्म देखकर अन्यों के, ईर्ष्यानल में नित जलते हैं।।
सज्जन पर जब दुख आते तो, इनके चेहरे खिल जाते हैं।
पर सर्प लौटते सीनों पर, सज्जन जब भी मुसुकाते हैं।।

1. **प्राक्पृथोरिह नैवैषा पुरग्रामादिकल्पना।**
यथासुखं वसंति स्म तत्र तत्राकुतोभयाः।। भा. 04–18–32

(क) **सरस्वती, दृषद्वति एवं गंगा के मध्य भाग को ब्रह्मावर्त कहते हैं।**

कलियुग में ऐसे जन अनेक, जो इन्द्र नीति के पालक हैं।
वे भूल गये सुख ओर दुख तो, अपने कर्मों के बालक हैं।।
ग़र यज्ञ सफल होगा पथु का, तो वह इंद्रासन पालेगा।
इसलिये अश्व का हरण किया, सोचा वह क्या कर पावेगा।।
प्रथु सुवन मारने जब दौड़ा, तब इंद्र अश्व तज कर भागा।
विजिताश्व नाम उसका रख्खा, पर इन्द्र पुनः लेकर भागा।।
विजिताश्व बाण से आहत हो, देवेन्द्र अश्व को छोड़ गया।
खट्वांग कपाल धरे थे तो, लोगों ने सोचा पंथ नया।।
इस भांति विघ्न करते करते, देवेन्द्र ने मार्ग नहीं छोड़ा।
तब ब्रह्मा जी के कहने पर, प्रथु ने वह यज्ञ वहीं छोड़ा।।
फिर इन्द्र देव से सन्धी कर, राजा ने वह जग पूर्ण किया।
आगन्तुक योगी मुनियों को, सन्मान सहित बहु दान दिया।।

खुश होकर प्रथु राज से, प्रकटे श्री भगवान।
बोले मैं सन्तुष्ट हूँ, तू ने रख्खा मान।।
अमर सदा यह आत्मा, नश्वर है यह देह।
सबके हित के कार्य हो, हो सब पर सम नेह।।

प्रथु ने प्रभु से दस सहस श्रवण, हरिगुण सुनने के हित मांगे।
बोला दो स्नेह पिता जेसा, मिल जाय मुझे सब बिन मांगे।।

एवमस्तु कह हो गये, अन्तरहित भगवान।
बन्धुवरों तुम सब करो, 'जय श्री कृष्ण' का गान।।

प्रथु के चरित्र में आसक्ती, मुनिवर अब बढ़ती जाती है।
सम्पूर्ण चरित्र कहो मुझको, सुनता हूँ तृप्ति न आती है।।
बोले मैत्रेय प्रथू राजा, गंगा यमुना के मध्य रहा।
था एक छत्र शासन उसका, दुनियाँ में एसा ओर कहां।।
वह महासत्र की दीक्षा ले, फिर नीति वचन कुछ कहता है।
थे देव, महर्षी, ब्रह्मऋषी, सबको सम्बोधित करता है।।
जो कहते, करते, करवाते, जितने भी धार्मिक कृत्यों को।
फल एक रूप सब पाते हैं, सज्जन करते उन कर्मों को।।

फल देते नहिं कर्म जड़, फल हें हरि आधीन।
सबका कर्ता ईश हे, जग है उसमें लीन।।

निरन्तर.........2

(2)

हो शुद्ध चित्त सब मनुजों को, नारायण भजना उत्तम है।
सब जीव उसी की रचना है, नहिं कोइ उच्च लघु मध्यम है।।
ब्राह्मण प्रभु की चैतन्य मूर्ति, उनको जो अर्पण होता है।
चैतन्य अग्नि में होम सदृश्य, सब ग्रहण ईश ही करता है।।
[1]**विप्रो** के चरणों की रज को, जो अपने सिर पधरावेगा।
गुण में तो श्रेष्ठ बनेगा ही, जो है अलभ्य वह पावेगा।।
जो है [2]**कृतज्ञ,** गुण, शीलवान, जो वृद्धजनो के सेवक हैं।
सब सिद्धि उन्हें ही मिलती हे, जो दीन हीन के पोशक हैं।।
ब्राह्मण संग गौ, भगवान, भक्त, मैं कृपा मांगता हूँ इनकी।
सज्जनो विनय एसी होती, थी यही विनय प्रथु राजन की।।
[3]**"परलोक** सुधर जाते सुत से", यह वेद वाक्य अक्षय ही है।
प्रथु के पुण्यो से वेन तरा, ओर श्रेष्ठ अमरगति पाई है।।
सब देव, महर्षी, ऋषियों ने, आशीष प्रथू पर बरसाये।
यह पुण्यवान ओर विनय शील, ऐसे सुत सबकी माँ जाये।।

उसी समय आये वहां, भक्तों सनत्कुमार।
यह प्रभु का आदेश था, किया उसे स्वीकार।।
पद पखार पूजन किया, प्रथु ने ना ना भांति।
वह जल मस्तक पर लिया, सन्माने सब भांति।।

[4]**किन** शुभ कर्मों का यह फल हे, जो द्विज दर्शन मेने पाये।
हो [5]**कृपा** ब्राहणों की जिन पर, शुभ कर्म वही तो कर पाये।।

1. **ब्रह्मार्पणं ब्रह्महविर्ब्रह्माग्नौ ब्रह्मणाहुतम्।**
   ब्रह्मेव तेन गन्तव्यं ब्रह्मकर्मसमाधिना।। गीता
2. **गुणायनं शीलधनं कृतज्ञं वृद्धाश्रयं संवृणुतेऽनुसंपदः।**
   प्रसीदतां ब्रह्मकुलं गवां च जनार्दनः सानुचरश्च मह्यम।। भा. 04–21–44
3. **पुत्रेण जयते लोकानिति सत्यवती श्रुतिः।**
   ब्रह्मदंडहतः पापो यद्वेनोऽत्यतरत्तमः।। भा. 04–21–46
4. **अहो आचरितं किं मे मंगलम मंगलायनाः।**
   यस्य वो दर्शनं ह्यासीद्दुर्दर्शानां च योगिभिः।। भा. 04–22–07
5. **किं तस्य दुर्लभतरमिहलोके परत्र च।**
   यस्य विप्राः प्रसीदंति शिवो विष्णुश्च सानुगः।। भा. 04–22–08

[1]**जल,** आसन, दान, भूमि जिसकी, मुनिजन अंगीकृत करते हैं।
है वह गृहस्थ अति भाग्यवान, प्रभु प्रेम उसी से करते हैं।।

जिस घर में पड़ती नहीं, वैष्णव पद की चाप।
कोटर है वह वृक्ष की, जिसमें रहते [2]सांप।।

उस समय कुमारों से प्रथु ने, पूछा साधन कल्याण कहो।
जो अनायास ही हो जावे, गुरूदेव मार्ग वह हमें कहो।।
बोले [3]**सज्जन** द्वय मिलन सदा, दोनो को हितकर होता है।
उनके प्रश्नोत्तर सुनकर के, बस भला जगत का होता है।।
कल्याण चाहने वाले को, आत्मा में ही रत रहना है।
आत्मा से भिन्न पदार्थों से, वैराग्य सदा ही रखना है।।
मैं कुछ साधन बतलाता हूँ, जो हरि में प्रीति कराते हैं।
इनका जो पालन करते हैं, वे भक्त शिरोमणि होते हैं।।
[4]**रखकर** श्रद्धा योगेश भजें, नित कथा श्रवण का कार्य करें।
जिज्ञासा आत्मस्वरूप में हो, श्री हरि चरणों में ध्यान धरें।।
कामी पुरूषों का संग त्याग, पैसों से रूची हटानी है।
राजस–तामस से चर्चा की, मन से ही चाह मिटानी है।।
निंदा से दूर रहें हर दम, आत्मा हित अनुसंधान करें।
जो हे सुख दुख सब सहन करें, हरि चरितामृत का पान करें।।
[क]**यम**–[ख]**नियम** साधना नित्य करें, हो प्रीति सदा गुरू चरणों में।
गुरू ज्ञान विराग हमें देते, वे भेद मिटाते हृदयों के।।

1. **अधना अपि ते धन्याः साधवो गृहमेधिनः।**
यद्गृहा ह्यर्हवर्यांबुतृणभूमीश्वरावराः।। भा. 04–22–10
2. **व्यालालयद्रुमा वै तेऽप्यरिक्ताखिल संपदः।**
यद्गृहास्तीर्थपादीयपादतीर्थ विवर्जिताः।। भा. 04–22–11
3. **संगमः खलु साधुनामुभयेषा च संमतः।**
यत्संभाषणसप्रश्नः सर्वेषा वितनोति शम्।। भा. 04–22–19
4. **सा श्रद्धया भगवद्धर्मचर्यया जिज्ञासया ऽऽध्यात्मिक योगनिष्ठया।**
योगेश्वरोपासनया च नित्यं पुण्यश्रवः कथया पुण्यया च।। भा. 04–22–22

(क) दया, अहिंसा, मार्दव (पर दुख कातर), प्रीति, मधुरता, दान।
आर्जव (सरलता), क्षमा (सहनशीलता), प्रसाद, सत,
ये दस यम पहचान।।
(ख) तप, उपस्थ, निग्रहजप, व्रत उपवासरूस्नान।
शोच, मौन स्वाध्याय संग, नियम दशम है दान।।

इन्द्रिय मन दोनो विषयों में, आसक्त अगर हो जाते हैं।
चिन्तन शक्ती ओर बुद्धी को, ये नष्ट भ्रष्ट कर देते हैं।।
जब हो जाता सद्ग्यान ध्वंस, आत्मा का नाश हुआ मानो।
[क]षडवर्ग नष्ट कर लेने से, होता उद्धार ये तुम जानो।।
हरि के [1]**चरणों** का भजन करो, इसकी नोका बन जावेगी।
महाराज बड़ा दुस्तर हे जग, कीर्तन ही पार लगायेगी।।

स्वामी की ही वस्तु को, दे स्वामी को भेंट।
उस चाकर की ही तरह, [2]यह सब प्रभु को भेंट।।
[3]ब्राह्मण कृपा कटाक्ष से, पाते क्षत्रिय राज।
द्विजवर इसको सोंपते, अब आती है लाज।।

अर्पित सब कुछ गुरू चरणों में, जो भी है ओर जैसा भी है।
मैं तो बस वन्दन कर सकता, उपकार आपका बढ़कर है।।

राजा को आशीष दे, मुनि ने किया प्रयाण।
'कमल' करो गुरू वन्दना, होगा ही कल्याण।।
अर्ची के संसर्ग से, सुवन हुए कुल पांच।
द्रविण, वृक, हर्यक्ष ओर, धूम्रकेश, विजिताश्व।।

पृथ्वी से रवि ज्यों आठ माह, जल खींच खींच कर लेता है।
फिर चतुर्मास में वर्षा कर, सौ गुना धरा को देता है।।
बस इसी तरह प्रथु राजा भी, कर अपनी परजा से लेते थे।
समयानुसार उस सब कर को, जनता पर व्यय कर देते थे।।
था तेज अग्नि सा चेहरे पर, देवेन्द्र सा दुर्जय था राजा।
धरती जैसा था क्षमाशील, मेघों सा मनवांच्छित दाता।।

1. तत्वं हरेर्भगवतो भजनीयमघ्रिं कृत्वोडुपंव्यसनमुत्तरदुस्तरार्णभ।। भा. 04–22–40

2. प्राणा दाराः सुता ब्रह्मन गृहाश्च सपरिच्छदाः।
राज्यं बलं मही कोश इति सर्वं निवेदितम्।। भा. 04–22–44

3. स्वमेव ब्राह्मणो भुंक्तेस्वं वस्ते स्वं ददाति च।
तस्यैवानुग्रहेणान्नं भुंजते क्षत्रियादयः।। भा. 04–22–46

(क) षडवर्ग–काम, क्रोध, लोभ, मोह, मद, मत्सर (डाह, वैर, असूया, ईर्ष्या)
(ख) तप, उपस्थ, निग्रहजप, व्रत उपवासरूस्नान।
शोच, मौन स्वाध्याय संग, नियम दशम है दान।।

गम्भीर सिन्धु के जैसा था, श्री धर्मराज सा उपदेशक।
मेरू के सम था धैर्यवान, हिमगिरि जैसा आश्चर्य जनक।।

सर्व ठोर था वायु सा, ब्रह्मा सा भगवान।
हिम्मत में था केहरी, रूप अनंग समान।।

तीनों लोको में प्रथु जैसा, कोई नहिं नर तन धारी था।
राघव जैसा था कीर्तिवान, असह्य सदृश त्रिपुरारी था।।
आज्ञानुसार परमेश्वर की, प्रथु ने निज राज्य चलाया था।
चोथे पन में वह राज्य त्याग, भार्या के संग वन आया था।।
पुत्री पृथ्वी और स्वजनों ने, प्रथु विरह में नीर बहाया था।
वह अद्वितीय अवतारी नर, पृथ्वी उद्धारन आया था।।
आतप वर्षा हिम को सहते, फल मूल कन्द को ग्रहण किया।
साधना योग की करने से, खुद को इश्वर में मगन किया।।

अर्ची ने पति के लिये, उस पल किया विलाप।
मदराचल पर हो गई, सती पती संग आप।।

ओ विदुर आत्मद्रोही वह है, जो विषयों से बंध जाता है।
[क]**मानव** का तन है मोक्ष द्वार, बिरला ही इसको पाता है।।
प्रथु का चरित्र सुनने वाले, प्रथु के ही पद को पाते हैं।
श्री कृष्ण सहायक जब होते, कीचड़ में 'कमल' खिलाते हैं।।
[1]**ब्राह्मण** में आता ब्रह्म तेज, क्षत्रिय पृथ्वी पति होते हैं।
वेश्यों को चपला मिल जाती, सब शूद्र शुद्धतम होते हैं।।
सादर जो नारि पुरूष सुनते, धन पुत्रवान हो जाते हैं।
कल्याण कीर्ति यश आयु बढ़े, सब सद्चरित्र हो जाते हैं।।

प्रथु वंश में ही आगे चलकर, प्राचीनबर्हि ने राज्य किया।
आराधन रत उस के सुत को, श्री महादेव ने मंत्र दिया।।

1. **ब्राह्मणों ब्रह्मवर्चस्वी राजन्यो जगतीपतिः।**
वैश्यः पठन्विट्पतिः स्याच्छुद्रः सत्तमतामियात्।। भा. 04–23–32

(क) साधन धाम मोक्ष कर द्वारा

महादेव के मंत्र का, पूछा जब वृत्तान्त।
ऋषिवर तब कहने लगे, ध्याकर लक्ष्मीकान्त।।

प्राचीनबर्हि ने शतद्रुति से, दस श्रेष्ठ सुतों को जन्म दिया।
थे धर्मनिपुण सारे बालक, तब नाम 'प्रचेता' वरण किया।।
'सृष्टी की रचना करो पुत्र', आदेश पिता का मान लिया।
दस सहस वर्ष सागर जल में, श्री नारायण का ध्यान किया।।
वह ताल सुवासित सुन्दर था, जिसमे थे कमल खिले प्यारे।
उपदेश प्रचेता को देने, प्रकटे महादेव बड़े न्यारे।।
बोले नित पाठ करो इसका, यह [क]**'रूद्रगीत'** मैं देता हूँ।
इसको सुनकर हरि रीझेंगे, यह वचन आज मैं देता हूँ।।
पूजे महादेव प्रचेता ने, नानाविधि से सत्कार किया।
उस अवढर दानी बाबा ने, वह पूजन अंगीकार किया।।
दस सहस वर्ष तक जल में रह, उस मन्त्र का जाप किया उनने।
थे भक्त प्रचेता अद्वितीय, शिवजी का कहा किया जिनने।।

कर्मों में आसक्त था, प्राचिनबर्हि नरेश।
श्री नारद ने तब दिया, उसको इक उपदेश।।

जिन जिन पशुओं की बली चढ़ी, यज्ञों को सफल बनाने में।
वे क्रोधित हो पथ तकते हैं, प्रतिशोध आपसे पाने में।।
इतिहास पुरंजन राजा का, मैं कहता हूँ राजन सुनलो।
इसमें मुक्ती का मार्ग छुपा, चुन सको अगर तो तुम चुनलो।।

इकसमय [1]**पुरंजन** राजा ओर, इक गुप्त [2]**मित्र** दो रहते थे।
अपने निवास करने लायक, इक भवन खोजते फिरते थे।।
हिमगिरि के दक्षिण में जाकर, [3]**नो** द्वारों का इक [4]**नगर** मिला।
उसको माना उत्तम स्थल, ओर उसमें अपना ठौर किया।।
थे [5]**शिखर,** [6]**ठोर,** [7]**मणियां** उसमें, बाहर इक सुन्दर [8]**उपवन** था।
उस उपवन के सब भागों में, उलझा उस राजा का मन था।।

(क) योगादेश नाम रूद्र गीत –

(1) जीव (2) ईश्वर (3) मुख, नैत्र, कान, नासिका, गुदा, लिंग (4) शरीर
(5) राजस–तामस (6) शरीर के छह चक्र और ह्रदय (7) नाड़ियां
(8) विषय–वर्ग

?

इक दिवस एक [1]**तरूणी** आई, अपने [2]**दस** किंकर संग लिये।
सेंकड़ों [3]**अन्य** किंकरियां थी, अपनी तृष्णाए लिये हुए।।
पांच [4]**फनो** से युक्त नाग, तरूणी की रक्षा करता था।
सोलहवां वर्ष लगा उसको, मन पति चाहत में फिरता था।।
कामातुर देख पुरंजन को, तरूणी भी कुछ आसक्त हुई।
फिर भोग भोगने के हित वह, उसकी बाहों में समा गई।।
परलोक की [5]**जिन्हें** नहीं चिन्ता, इसलोक से [6]**विलग** हुए थे जो।
[7]**विषयी** सुख जिनने थे त्यागे, सब लगे रमण करने [8]**वो** [9]**वो।।**
इस नगरी की सारी राहें, विषयों के ही सुख साधन है।
अज्ञात है [10]**सत्य** वस्तु इसकी, उससे अनभिज्ञ पुरंजन है।।
अपने नौ द्वारों द्वारा ही, यह मित्रों संग विचरता है।
उन मित्रों के पाले पड़कर, बस रमण किया ही करता है।।
इन नौ द्वारों से अलग सुनो, दो द्वार ओर भी रहते हैं।
[11]**पेशस्कृत** ओर [12]**निर्वक** नामक, जो बन्द सदा ही रहते हैं।।
नाजर [13]**विषुचीन** संग लेकर, जब यह [14]**अंतःपुर** जाता है।
[15]**पत्नी** [16]**पुत्रों** के [17]**मोह** में घिर, यह [18]**हर्ष** [19]**प्रसाद** को पाता है।।
[20]**सो** वर्ष आयु तक यह कामी, तरूणी इच्छा पर चलता है।
भोजन, गायन, रसपान, शयन, दर्शन ओर रोदन करता है।।

धारण कर [21]**स्वर्ण** कवच इक दिन, [22]**कंचनवृत** रथ में निकल गया।
[23]**माथे** अखूट लेकर के यह, [24]**दुर्गम** अरण्य में चला गया।।
[25]**घोड़ों** के कारण वेग तीव्र, [26]**रथ** आगे बढ़ता जाता था।
[27]**डांडिया** [28]**बांस** में बंधा हुआ, [29]**पहियों** पे गुड़कता जाता था।।

(1) बुद्धि (2) इन्द्रियां (3) वृत्तियां (4) प्राण, अपान, उदान, समान, व्यान–पांचवृत्तियां (5) कामी (6) विरागी (7) सन्यासी (8) मूर्ख (9) नेष्ठिक ब्रह्मचारी (10) ईश्वर–आत्मा (11) हाथ (12) पांव (13) मन (14) हृदय (15) बुद्धि (16) इन्द्रियों के परिणाम (17) तमोगुण कार्य (18) रजोगुण कार्य (19) सत्वगुण कार्य (20) मनुष्य की आयु प्रमाण (21) रजोगुण (22) स्वप्नावस्था में देह (23) वासना भरा अहंकार (24) पांच विषय– पंच प्रस्थ अरण्य (25) ज्ञानेन्द्रियां (26) स्वप्न (27) अहंता–ममता (28) सत रज तम (29) पुण्य–पाप

थी [1]**डोर** [2]**सारथी** के कर में, रथ था [3]**रस्सों** से बंधा हुआ।
थी एक [4]**धुरी** ओर दो [5]**जूए,** चालक [6]**स्थल** भी बना हुआ।।
प्रक्षेप की [7]**सामग्री** सब थी, [8]**खोलियां** साथ में थी उसके।
रथ की [9]**गतियों** की पांच किस्म, कर में था [10]**धनूष** बड़ा उसके।।
इक [11]**जमादार** के साथ साथ, [12]**दस** सेनिक संग में लेकर के।
[13]**रानी** को तज [14]**मृगया** करने, निकला था कर में [15]**शर धर** के।।
[16]**मृगया** विधि से विपरीत कर्म, जीवों को यों हि सताना है।
जो कुशल–चाहते हें कुलकी, मन इसमें नहीं रमाना है।।
फिर भी यदि [17]**बहुत** जरूरी हो, उपवन में मृगया उत्तम है।
प्रख्यात श्राद्ध के समय ओर, नृप के हाथों सर्वोत्तम है।।
शास्त्रों में जिनका श्रेष्ठ मांस, जितना उपयोग में आता हो।
है नियम यही छः मृगया के, इससे हटके कुछ भी ना हो।।
इन नियमों का मतलब यह है, इस पर प्रतिबन्ध लगाना है।
जैसे बच्चों का ध्यान हमें, दुश्कर्म से परे हटाना है।।

हिंसा से निवृत्ति का, है यह सुगम उपाय।
सतत करें अभ्यास तो, सहज दूर हो जाय।।

एसे नियमों का पालन कर, ज्ञानी मनुष्य हो जाते हैं।
उनके कर्मों का लोप नहीं, दुर्दिन को दूर भगाते हैं।।
मृगया से थकित श्रमित राजा, अपने घर को वापिस आया।
भोजन, अस्नान, नींद लेकर, फुर्ती से पत्नि निकट आया।।

रानी को देखा नहीं, तो धबराया देव।
पूछा भामिनियों कहो, प्रिया गई किस गेह।।

(1) मन (2) बुद्धि (3) पांच प्राण (4) माया या ज्ञान (5) शोक–मोह (6) ह्रदय (7) पांच विषय (8) धातू, रस, रूधिर, मांस, मेद, हड्डी, मज्जा व शुक्र (वीर्य) (9) कर्मेन्द्रियां (10) मैं कर्ता हूँ, एसा अभिनिवेष (11) मन (12) दशेन्द्रियां (13) बुद्धि (14) विषयों को भोगने (15) राग द्वेषादि (16) आखेट–भोग

(17) तीर्थेषु प्रतिदृष्टेषु राजा मेध्यान्पशून्वने।
यावदर्थमलं लुब्धो हन्यादिति नियम्यते।। भा. 04–26–06
य एवं कर्म नियतं विद्वान् कुर्वीत मानवः।
कर्मणा तेन राजेन्द्र ज्ञानेन न स लिप्यते।। भा. 04–26–07

[1]चक्र बिना रथ का विदुर, ज्यों होता है हाल।
पति पत्नी माँ–बाप बिन, घर होता बेहाल।।

अपनी भार्या को जब देखा, सोई थी आंगन में जाकर।
मैं दास तुम्हांरा हूँ देवी, बोला वह उसके डिग आकर।।

स्वामी जिसको दण्ड दे, धन्य धन्य वह दास।
स्वामी उसका हेतु है, इससे हो न उदास।।

रानी को बहुत विनय करके, जब मना लिया उस राजा ने।
अपने **[2]यथार्थ** को भूल गया, उसके संग लगा रमण करने।।
बारह सो दस **[3]बेटे [4]बेटी,** भार्या से उसने पाये थे।
सब शीलवान ओर अति उदार, नृप कीर्ति बढ़ाने आये थे।।
सब भांति योग्य **[5]कन्याओं** से, उसने बच्चों का ब्याह किया।
फिर योग्य **[6]वरों** को सुता सोंप, सबका उसने सत्कार किया।।
समयानुसार हर इक सुत ने, **[7]सौ** सौ बच्चों को जन्म दिया।
इस वंश वृद्धि से खुश होकर, उस राजा ने हरि यजन किया।।
इक **[8]चंडवेग** नामक राजा, गंधर्व लोक का शासक था।
[9]गंधर्व श्रेष्ठ उसके संग थे, **[10]तिरियाओं** का भी जमघट था।।
थी **[11]श्वेत** श्याम वे कन्याएँ, लूटा करती थी नगरी को।
राजा का **[12]रक्षक** एक सर्प, रोका करता गंधर्वो को।।
नारद बोले इक **[13]कालसुता,** आई थी मुझको ही वर ने।
जब मना किया तो श्राप दिया, ''इक ठोर न ठहरेगा सुनले''।।
जब यही विनय भय से की तो, उसने भी उत्तर दिया वही।
''जिसको तू वरना चाहेगी, स्वीकार करेगा तुझे नहीं''।।

(1) न तथैतर्हि रोचंते गृहेषु गृहसंपदः।
यदि न स्याद्गृहे माता पत्नी वा पतिदेवता।
व्यंगेरथ इव प्राज्ञः कोनामासीत दीनवत्।। भा. 04–26–15

(2) ब्रह्म (3) 1100 पुत्र (ग्यारह इन्द्रियों के परिणाम) (4) 110 कन्याऐं–बुद्धी की वृत्तियां (5) हित अहित चिंता (6) योग्य विषय भोग (7) अनेक कर्म (8) वर्ष (9) 360 दिन (10) 360 स्त्रियां–रातें (11) शुक्ल व कृष्णपक्ष (12) प्राण (13) बुढ़ापा

जो कर्म से निर्मित [1]**सकल** लोक, उसमें जबरन घुस जाओ तुम।
उसमें रहकर के भोग करो, मेरी भगिनी हो जाओ तुम।।
उस [2]**कालसुता** ओर [3]**यवनों** ने नृप को [4]**एश्वर्य** विहीन किया।
अपने कुटुम्ब की ममता ने, व्याकुलता से अति दीन किया।।
विपरीत हुए सब पुत्र पौत्र, त्यागे आदर के भाव सभी।
उसकी प्रिय रानी ने भी तो, कर दिया स्नेह का त्याग तभी।।
भय को प्रसन्न करने के हित, कालज्वर ने पुर दाह किया।
पत्नी, पुत्री ओर पुत्रों का, राजा ने चिन्तन मनन किया।।
यवनो की सेना आई ओर, राजा को बांध लिया उसने।
जो रक्षक था वह नाग गया, अपने [5]**प्रिय** को न भजा नृपने।।
पत्नी में लगन थी राजा की, जब मोत ने उसका वरण किया।
इसलिये [6]**विदर्भ** नरेश के घर, कन्या बनकर फिर जन्म लिया।।
[7]**पाण्ड्यराज** ने पाणिग्रहण, [8]**दक्षिण** प्रदेश में जाय किया।
इक [9]**श्यामल** नैत्रवती बाला, ओर [10]**सात** सुतों को जन्म दिया।।
इनकी [11]**संतति** में वृद्धि हुई, जो कालान्तर तक जायेगी।
इनके [12]**वंशज** की श्रेष्ठ कृती, अज्ञान से धरा बचायेगी।।
राजा की एक [13]**सुकन्या** से, मुनि [14]**अगस्त्य** ने ब्याह किया।
उनके [15]**सुत** दृढ़च्युत के घर में, [16]**इध्मवाह** तनय ने जन्म लिया।।

पुत्रों को तब बांट कर, पृथ्वी के [17]सब भाग।
नृप वन को प्रस्तुत हुआ, कर सुख दुख परित्याग।।
तप प्रभाव से पा लिया, राजा ने उपराम।
ईश कृपा जिसको मिले, दुनियां का क्या काम।।

(1) त्वमव्यक्तगतिर्भुंक्ष्व लोकं कर्मविनिर्मितम्।
याहि में पृतनायुक्ता प्रजानाशं प्रणेष्यसि।। भा. 04—27—29

(2) बुढ़ापा (3) आधि—व्याधियों (4) उठने बैठने की शक्ति (5) ईश्वर (6) शास्त्रविहित सत्कर्म करने वाला (7) बुद्धिमानी (8) जहां भक्ति अधिक हो (9) श्याम स्वरूप देखने वाली (10) श्रवण, कीर्तन, स्मरण, पाद—सेवन, पूजन, वन्दन, दास्य भाव (11) श्रवणादिक भक्ति से सत, रज, तम, (12) अनेक सम्प्रदाय (13) भगवत्सेवा रुचि (14) मन (15) वैराग्य (16) गुरू शरण जाना (17) भक्ति के प्रकार

भार्या ने सोचा करूं, पति के संग प्रयाण।
एक चिता पर त्याग दूं, मैं भी अपने प्राण।।
विप्र वेश में आ गया, पति का मित्र [1]सुजान।
दोनों से कहने लगा, फेंक मधुर मुसकान।।

था [2]समय एक जब हम दोनों, [3]मानस के [4]हंस समान रहे।
आडम्बर का कुछ काम न था, हम दोनों बिना मकान रहे।।

विषयी सुख के वास्ते, छोड़ा मेरा साथ।
पृथ्वी पर [5]माया मिली, फूटे तेरे भाग।।

[6]नर ओर नारि के बन्धन से, तू है स्वतंत्र मेरे भाई।
मैं तुममें हूँ, तुम मुझमें हो, नहिं हममे फर्क जरा साही।।
हे नारि यहां न कोई नर है, जो है वह सच्चा ईश्वर है।
है मार्ग न मंजिल ओर कोई, सच्ची मंजिल परमेश्वर है।।
दर्पण के भेद से दीर्घ लघू, प्रतिबिम्ब मित्र हो जाता है।
जब भाव अविद्या का होता, यह भेद नजर तब आता है।।

इतना सुनकर हो गया, उसे ब्रह्म का ज्ञान।
तुम भी माया त्याग दो, कलियुग के इंसान।।

प्राचीनबर्हि नहिं समझ सका, नारद ने जो बतलाया था।
पूछा स्पष्ट करो ऋषिवर, यह जीव कहां से आया था।।
यह जीव पुरंजन है राजा, यह देह पुरी बतलाई है।
अज्ञात सखा परमेश्वर है, माया उसकी हि रचाई है।।
बस विषय भोग की इच्छा से, नर देह में जीव समाया है।
वृत्तान्त पुरंजन कह करके, मैने यह सब समझाया है।।
कुत्ते को क्षुधा सताये तो, भोजन के लिये भटकता है।
कहिं भात उड़ा लेता देखो, कहि डंडे से वह पिटता है।।

(1) ईश्वर (2) महाप्रलय समय (3) मानसरोवर (4) शुद्ध (5) स्त्री
(6) अहं भवान्न चान्यस्त्वम् त्वमेवाहं विचक्ष्यभो।
न नौ पश्यंति कवयच्छिद्रं जातुमनागपि।। भा. 04—28—62
यथा पुरूष आत्मानमेकमादर्श चक्षुषो।
द्विधाभूतमवेक्षेत तथैवांतरमावयोः।। भा. 04—28—63

बस **[1]उसी** भांति बहु योनी में, यह **[2]जीव** भटकता रहता है।
हो अन्तरिक्ष या स्वर्ग धरा, सुखदुख को पाया करता है।।
[3]कन्धे पर सर का भाग रखें, तो भार न हल्का होता है।
त्यों ही हम लाख उपाय करें, आया दुख दूर न होता है।।
है कर्म मूल सब दुखों का, कर्मो से दूर न होता है।
ज्यों स्वप्न से स्वप्न बंधा होता, पर सच से दूर हि होता है।।

प्रभु की भक्ती सत्य है, नृप समझो मन माहिं।
करो भक्ति भगवान की, आवागमन मिटाहिं।।

फल पूर्व देह के कर्मों का, क्यों देह नया भोगे बोलो।
उसने तो कर्म किया हि नहीं, ऋषिवर इसका भी भ्रम खोलो।।

कर्म किये ओर हो गई, तुर्त देह भी नष्ट।
फल केसे भोगें हमे, ऋषि कर दो स्पष्ट।।

नारद ऋषि बोले स्थूल देह, को कर्ता कभी न मानो तुम।
जो अंतःकरण हमारा मन, उसको ही कर्ता जानो तुम।।
जो अंतःकरण हमारा है, वह नष्ट कभी नहिं होता है।
यह देह बदलती रहती है, मन तो वैसा ही होता है।।
इसलिये भोगता पूर्व कर्म, नव देह सदा धारण करके।
ब्राह्मण, क्षत्रिय, मेरा–तेरा, देहाभिमान मे रम करके।।
कर्ता ओर भोक्ता दोनो ही, यह अंतःकरण हमारा है।
कर्मों का नाश नहीं होता, कर्मों का कर्म ही न्यारा है।।
सपने में जब वह भी दिखता, जो सच में कभी न देखा हो।
तब तुम यह सच मानो राजन, वह पूर्व जन्म में देखा हो।।

1. **क्षुत्परीतो यथा दीनः सारमेयो गृहं गृहम्।**
चरन्विंदति यद्बिष्टं दंड़मोदनमेव वा।। भा. 04–29–30
2. **तथा कामाशयो जीव उच्चावचपथा भ्रमन्।**
उपर्यधो वा मध्ये वा याति दिष्टं प्रियाप्रियम्।। भा. 04–29–31
3. **यथा हि पुरूषो भारं शिरसा गुरूमुद्वहन्।**
तं स्कंधे न स आधत्ते तथा सर्वाः प्रतिक्रियाः।। भा. 04–29–33

[1]**सोलह** विकार [2]**गुण** [3]**तन्मात्रा**, सब लिंग देह में रहते हैं।
परमात्मा का यह अंश जीव, इसे लिंग देह ही कहते हैं।।
जब [4]**देह** त्यागता लिंग देह, तो मरण उसी को कहते हैं।
जब देह को वह धारण करता, तब जन्म उसे सब कहते हैं।।
भय शोक हर्ष सुख दुख सारे, इस लिंग देह के कारण है।
प्रभु की भक्ती ही आत्मा की, बन्धन मुक्ती का साधन है।।
इतना समझाकर देवऋषी, प्राचीनबर्हि से जुदा हुए।
ए विदुर तभी वह राजा भी, अपनी नगरी से विदा हुए।।

जब आवेंगे पुत्र तो, दे देना यह राज्य।
सचिवों को आदेश दे, छोड़ दिया साम्राज्य।।
कपिल मुनी के आश्रम, नृप ने किया प्रवेष।
भक्ति भाव से पा लिये, उसने श्री सर्वेश।।

इस शुभ प्रसंग का श्रवण कथन, संदेह मिटाने वाला है।
कलिमल से ग्रसे हुए जीवों, यह मोक्ष दिलाने वाला है।।
निशि दिन इसको ही गा गाकर, जीवन को धन्य बनाना है।
सब देह जन्य बन्धन तज कर, बस ब्रह्म रूप हो जाना है।।
श्री विदुर देव ने खुश होकर, पूछा द्विजवर बतला दीजे।
जो सिद्धि प्रचेता ने पाई, भज रूद्रगीत वह कह दीजे।।
बोले तपसे खुश होकर के, प्रभु ने सब क्लेश मिटाये थे।
वर्ष सहस दस तप करके, उनने प्रभु दर्शन पाये थे।।
प्रभु बोले यह रूद्र गीत, जो मेरे सन्मुख गायेंगे।
वे उत्तम मति वाले प्राणी, मनवांच्छित फल को पावेंगे।।
हे प्रीति अलौकिक तुम सबमें, यह जग में वन्दन पायेगी।
जो [5]**चरित** भजे तुम लोगों का, तो बंधु प्रीति बढ़ जायेगी।।

1. **ग्यारह इन्द्रियां, पांच महाभूत (2) तीन गुण (3) पांच तन्मात्रा–शब्द स्पर्श, रूप, रस, गन्ध, (4) स्थूल देह**
5. **योऽनुस्मरति संध्यायां युष्माननुदिनं नरः।**
तस्य भ्रतृष्वात्मसाम्यं तथा भूतेषु सौहृदम्।। भा. 04–30–09

प्रम्लोचा ने सुन्दर कन्या, श्री कंडु ऋषी से पायी थी।
कन्या को वृक्षों में रखकर, अप्सरा स्वर्ग को धाई थी।।

वृक्षराज शशि ने उसे, पिलवाया था दुग्ध।
धीरे–धीरे हो गई, कन्या बड़ी प्रबुद्ध।।

तुम सब मिलकर उस कन्या से, अब पाणीग्रहण करो बेटा।
सामर्थ्य भोगकर वर्षों तक, तुम मुझमें आन मिलो बेटा।।
वर पाकर गुणी प्रचेता ने, उस परम पिता के गुण गाये।
सबने मिल अस्तुति वन्दन से, मन में ईश्वर को पधराये।।
भक्तों के [1]**क्लेश** मिटा करके, मनवांच्छित फल प्रभु देते हो।
सब मार्ग तुम्हीं में लय होते, ए देव नमन स्वीकार करो।।
तुम शुद्ध रूप ओर शान्त मूर्ति, हो आत्मनिष्ठ जग के स्वामी।
तुम शान्ति धाम इस जगती के, ए देव नमन स्वीकार करो।।
माया के स्वामी तुम ही हो, तुम ही माया फैलाते हो।
होते न कभी उससे मोहित, ए देव नमन स्वीकार करो।।
है सत्यरूप हरि राई का, जीवों के आश्रय दाता हो।
तुम से ही त्राण मिले सबको, ए देव नमन स्वीकार करो।।
ए कमल नाभ ए कमल नयन, तव चरण कमल में वन्दन है।
ए कमलकान्त, ए कमलमूर्ति, ए देव नमन स्वीकार करो।।
उत्तम भक्तों का नाथ हमें, हर समय समागम मिल जाये।
हो सदा कृपा हम लोगों पर, ए देव नमन स्वीकार करो।।

1. **नमो नमः क्लेशविनाशनाय निरूपितोदार गुणाह्वयाय।**
मनोवचोवेगपुरोजवाय सर्वाक्षमार्गैरगताध्वने नमः।। भा. 04–30–22
शुद्धाय शांताय नमः स्वनिष्ठया मनस्यपार्थं विलसद्द्वयाय।
नमो जगत्स्थानलयोदयेषु गृहीतमायागुणविग्रहाय।। भा. 04–30–23
नमो विशुद्धसत्वाय हरये हरिमेधसे।
वासुदेवाय कृष्णाय प्रभवे सर्वसात्वताम।। भा. 04–30–24
नमः कमलनाभाय नमः कमलमालिने।
नमः कमलपादाय नमस्ते कमलेक्षण।। भा. 04–30–25
नमः कमलकिंजल्कपिशंगामलवाससे।
सर्वभूत निवासाय नमोऽयुंक्ष्महि साक्षिणे।। भा. 04–30–26

तब तथास्तु कह कर हुए, श्रीहरि अंतर्धान।
'कमल' उसी परमेश का, तुम भी धरलो ध्यान।।

वृक्षों से ढंकी धरा देखी, मुख से अग्नी को प्रकट किया।
उन वीर प्रचेताओं ने तब, अनगिन वृक्षों को नष्ट किया।।
जो वृक्ष बचे थे उन सब ने, श्री ब्रह्मा जी का ध्यान किया।
उन जयी प्रचेताओं के संग, अपनी कन्या का दान किया।।

उस कन्या के घर हुआ, दक्ष नाम का लाल।
शिवजी के अपमान से, अज सुत था बेहाल।।

[1]**जैसे** ही जन्म लिया उसने, निज कांती से सब तेज हरे।
चातुरी कर्म में जब देखी, तब नाम 'दक्ष' सब बोल पड़े।।

राज्य दक्ष को सोप कर, लेकर के वनवास।
[क]आश्रम सिन्धू तीर इक, किया वहीं पर वास।।

उस समय देवऋषि प्रकट हुए, ओर उन लोगों को ज्ञान दिया।
[2]**है** धन्य जन्म तुम लोगों का, तुमने ईश्वर का ध्यान किया।।
[3]**ज्यों** वृक्ष मूल के सिंचन से, शाखाऐं बढ़ती जाती है।
त्यों ही प्राणों के पोषण से, इन्द्रियां तृप्त हो पाती है।।
[4]**जो** दया जीव पर रखता है, मन में सन्तोष बसाता है।
वश में रखता है इन्द्रिय को, वह हरि के मन को भाता है।।

नारद ने ध्रुव चरित का, किया वहां आख्यान।
मोक्ष प्रचेता को मिला, देकर हरि में ध्यान।।

1. यो जायमानः सर्वेषां तेजस्तेजस्विनां रूचा।
स्वयोपादत्त दाक्ष्याच्च कर्मणां दक्षमब्रुवन्।। भा. 04–30–50
2. तज्जन्म तानि कर्माणि तदायुस्तन्मनो वचः।
नृणां येनेह विश्वात्मा सेव्यते हरिरीश्वरः।। भा. 04–31–09
3. यथातरोर्मूलनिषेचनेन तृप्यंति तत्स्कंधभुजोपशाखाः।
प्राणोपहाराच्च यथोन्द्रियाणां तथैव सर्वार्हणमच्युतेज्या।। भा. 04–31–1
4. दयया सर्वभूतेषु संतुष्ट्या येन केन वा।
सर्वेन्द्रियोपशांत्या च तुष्यत्याशु जनार्दनः।। भा. 04–31–19

(क) जहां जाजली ऋषि सिद्ध हुए थे

शुक मुनि बोले नृप श्रेष्ठ सुनो, मैने मनु वंश सुनाया है।
था भाग्यवान उत्तानपाद, ध्रुव जिनके घर में आया है।।
मैत्रेय को देकर धन्यवाद, श्री विदुर हस्तिनापुर आये।
उसको आयुष्य मिले लम्बी, जो इस प्रसंग को नित गाये।।
मनु के पुत्रों का यह चरित्र, धन धान्य दिलाने वाला है।
यश भाजक सबको करता है, कल्याण दिलाने वाला है।।

इस उत्तम वृत्तान्त का, जो नित करते पाठ।
'कमल' बढ़ाते हैं प्रभू, उन लोगों के ठाट।।

!! इति श्री "जय श्री कृष्ण" चतुर्थस्कंध !!

!! जय श्री कृष्ण पंचम स्कंध!!

//अथ पंचम स्कंध//

जग के सिरजनहार को, बारम्बार प्रणाम।
विनय यही सब पूर्ण हो, जन हित कारी काम।।

शुक ओर परीक्षित की वार्ता, ज्यों आगे बढ़ती जाती है।
जितने भी वेष्णव भक्त हुए, सबसे परिचित करवाती है।।
पूछा [1]**प्रियव्रत** था मुक्त संग, घर में फिर रमण किया कैसे।
द्विज परमभक्त उस राजा ने, वैराग्य का वरण किया कैसे।।
शुक बोले राजन एक बार, अज मनु प्रियव्रत के [क]पास गये।
कर्मों का मार्ग प्रवृत्त किया, जीवन के बन्धन खोल दिये।।
हो जन्म मृत्यु या शोक मोह, जीवन तो जीना पड़ता है।
यह जीव स्वतंत्र नहीं होता, देहों में बंधकर रहता है।।
ज्यों बेल चले बंजारे का, प्रभु इच्छा से हम चलते हैं।
जिस तरफ सहायक ले जावे, अंधे उस दिशि ज्यों चलते हैं।।

ग्रहस्थाश्रम भोग कर, जो हो इन्द्रिय जीत।
बुरा न उसका होयगा, मदद करेंगे ईश।।
महलों में रह जीत ले, जो निज अरि को तात।
फिर स्वतंत्र वह घूमता, दिन होवे या रात।।

अतएव [2]**जीतकर** सब इन्द्रिय, जीवन का भोग करो बेटा।
फिर मुक्त संग तुम हो करके, ईश्वर का भजन करो बेटा।।

अज आज्ञा स्वीकार कर सुमिरे श्री करतार।
[ख]बर्हिष्मति से ब्याह कर, किया सृष्टि विस्तार।।

[ग]दस पुत्र ओर इक [घ]पुत्री को, इस युगल ने भू पर जन्म दिया।
इक ओर ब्याह कर प्रियव्रत ने, फिर [च]तीन सुतों को जन्म दिया।।
[छ]वर्षों तक राज्य किया उसने, सब कर्म महान किये राजा।
प्रियव्रत शासन में बजता था, बस अमन चेन का ही बाजा।।

1. प्रियव्रतो महाभागवत आत्मारामः कथं मुने। गृहे रमत यन्मूलः कर्मबंधः पराभवः।। भा. 05–01–01
2. जितेन्द्रिय स्यात्मरतेर्बुधस्य गृहाश्रमः किं नु करोत्यवद्यम्। भा. 05–01–17

(क) गंधमादन पर्वत की गुफा में (ख) प्रजापति विश्वकर्मा की कन्या
(ग) आग्नीघ्र, इध्मजिव्ह, यज्ञबाहु, महावीर, हिरण्यरेता, घृतपृष्ठ, सवन, मेधातिथि, वीतिहोत्र ओर कवि–दस पुत्र (अग्नि के पर्यायवाची)– कवि, महावीर ओर सवन ने नैष्ठिक ब्रह्मचारी हो परमहंस आश्रम धारण किया। (घ) ऊर्जस्वती उशना जो शुक्राचार्य से ब्याही थी।
(च) मन्वंतरों के अधिपति उत्तम, तामस ओर रेवत तीन पुत्र। (छ) ग्यारह अर्बुद वर्षतक।

उसने सोचा क्यों सूर्य देव, आधी पृथ्वी दमकाते हैं।
निशि–दिन का करके भेद तिमिर, आधे में हरदम रखते हैं।।
निशि को भी दिवस बनाने को, ज्योतिर्मय रथ पर निकल पड़ा।
सूरज के पीछे सात बार, उजियारा करता नृपति बढ़ा।।
जिस पर खुश होकर हरि रीझे, वह नर सब कुछ कर सकता है।
हम सब उसकी कठपुतली हैं, वह जो चाहे करवाता है।।
रथ के पहियों से [क]सप्त सिन्धु, सातों ही [ख]द्वीप उभर आये।
सातों पुत्रों को प्रियव्रत ने, द्वीपों के अधिपति बनवाये।।

प्रियव्रत तनया ऊशना, थी सब विधि अनुकूल।
शुक्राचार्य के चरण में, रखदी जेसे फूल।।
देवयानि नामक सुता, जनमी उनके गेह।
शुक्र ऊशना ने दिया, प्रिय पुत्री को नेह।।

पुरूषार्थ प्रबल था प्रियव्रत का, था दुखित कर्म आसक्ती से।
वैराग्य मार्ग फिर अपनाया, कर ज्ञान प्राप्त नारद जी से।।
जो कार्य किये थे उस नृप ने, ईश्वर बस उसके सानी थे।
अपने युग में प्रियव्रत राजा, सब राजाओं में मानी थे।।

ब्रह्मा जी से वर पाकर के, [ग]आग्नीघ्र ने अति सुख पाता था।
अप्सरा पूर्वचित्ती के संग, मन अपना खूब रमाया था।।
[घ]वर्षों तक भोगे भोग ओर, नो कान्तिवान [च]सुत जाये थे।
फिर जम्बुद्वीप नो खण्ड बना, सबको ही नृपति बनाये थे।।
नो पुत्र जन्म दे पूर्वचित्ति, जब ब्रह्मा जी के पास गई।
अप्सरा विरह में राजा ने, अपनी आयुष सब त्याग दई।।

आग्नीघ्र सुपुत्रों ने मिलकर, मेरू कन्या से ब्याह किया।
नाभी के तप से खुश होकर, ईश्वर ने था वरदान दिया।।

(क) क्षारोद, इक्षुरसोद, सुरोध, घृतोद, क्षीरोद, दधिमंडोद, शुद्धोद

(ख) जम्बुद्वीप, प्लक्ष, शाल्मलि, कुश, क्रोंच, शाक, पुष्कर द्वीप

(ग) प्रियव्रतसुत

(घ) दस करोड़ वर्ष

(च) नाभि (मेरूदेवी), किंपुरूष (प्रतिरूपा), हरिवर्ष (उग्रदष्ट्री), इलावृत (लता), रम्यक (रम्या), हिरण्यम (श्यामा), कुरू (नारी), भद्राश्व (भद्रा), केतुमाल (देववीति)

मेरूदेवी संग नाभी ने, जब श्री हरि का था यजन किया।
मैं स्वयं पुत्र बन आऊँगा, वर एसा प्रभू ने स्वयम दिया।।

तब उस देवी देह से, प्रकटे श्री भगवान।
ऋषभ देव शुभ नाम रख, दिया बहुत विधि दान।।

हाथों में चक्र था बालक के, चरणों में वज्र चिन्ह प्यारा।
उत्साह, लक्ष्मि, यश ओर बल में, वह बालक था सबसे न्यारा।।
अजनाभ खण्ड में एक बार, जब नहीं इन्द्र ने वर्षा की।
निज योगमयी शक्ती द्वारा, तब ऋषभ देव ने वर्षा की।।
सब भांति योग्य उस बालक को, नाभी ने अपना राज्य दिया।
वन में जाकर नारायण भज, हरि में खुद को ही रमा दिया।।
थे [1]**शुद्ध** कर्म उस राजा के, हरि को ही पुत्र बनाया था।
उस विप्र भक्त के साथ–साथ, [क]सबने ही दर्शन पाया था।।

ब्याह जयंती से किया, ले गुरूकुल से ज्ञान।
सो पुत्रों को जन्म दे, दिया उन्है भी ज्ञान।।

सुत बड़ा भरत उत्तम योगी, पितुदेव का आज्ञाकारी था।
श्री ऋषभदेव सा तेजवान, उन जेसा ही व्रतधारी था।।
हे [2]**लोकरीति** यह दुनियां की, मुखिया के पद पर चलती है।
मुखिया जैसा आचरण करे, परजा भी वैसा करती है।।

ब्रह्मावर्त में एक बार, श्री ऋषभदेव जी जा पहुंचे।
एकत्रित थे सब ब्रह्मऋषी, उस प्रजा मध्य ईश्वर पहुंचे।।
सबके सन्मुख उस नृपवर ने, अपने पुत्रों को ज्ञान दिया।
तप के हित प्रभु ने दिया देह, तप ही करने का ज्ञान दिया।।

1. यस्य ह पांडवेय श्लोकावुदाहरंति।
को नु तत्कर्म राजर्षेर्नाभेरन्वाचरेत्पुमान्।
अपत्यतामगाद्यस्य हरिः शुद्धेन कर्मणा।। भा. 05–04–06
ब्रह्मण्योऽन्यः कुतो नाभेर्विप्रा मंगलपूजिताः।
यस्य बर्हिषि यज्ञेशं दर्शयामासुरोजसा।। भा. 05–04–07
2. यद्यच्छीर्षण्या चरिंत तत्तदनुवर्तते लोकः।। भा.05–04–14

(क) विप्रों

अतएव भरत की सेवा कर, सब अपना यश विस्तार करो।
विप्रों की सेवा कर कर के, सब मिल जीवन उद्धार करो।
सब चेतन ओर अचेतन में, ब्राह्मण हे श्रेष्ठ ये मानो तुम।
ये सत्य वचन पुत्रों मेरे, इनको ही अपना जानो तुम।।

[क]आठों गुण जिस विप्र में, वह है देव समान।
उसका होता जगत में, हर युग में सम्मान।।
सब जीवों का जो करे, सभी भांति सत्कार।
उस द्विज जन की प्रार्थना, मैं करता स्वीकार।।

फिर राज्य भरत को देकर के, अवधूत वेश को धारा था।
श्री ऋषभदेव जी ने राजा, सब संग त्याग स्वीकारा था।।
अवधूत वेष धर अजगर व्रत, जब दिव्य पुरूष ने धारा था।
विष्टा से देह लिपी सारी, घिनकारी कर्म विचारा था।।

फिर भी उनकी देह से, निकली मधुर सुगंध।
सो योजन विस्तार तक, तनिक न था प्रतिबंध।।

मुह में पत्थर रख उन्मत सम, निर्वस्त्र सदा ही रहते थे।
अभक्ष वस्तु का भक्षण कर, [ख]उपवन में घूमा करते थे।।
उस परम पुरूष के सभी कृत्य, सन्मार्ग सिखाने वाले हैं।
देहाभिमान कैसे त्यागें, इसका शिक्षण करवाते हैं।।

श्री विश्वरूप की कन्या से, श्री भरत ने ब्याह रचाया था।
उस पंचजनी को वर कर के, [ग]पांचो पुत्रों को जाया था।।

(क)–1 वेदपाठ, शम, दम, दया, निज स्वरूप का भान।
सहनशील ओर सतगुणी, विप्र देव के मान।।
(क) वेदधारी, परम पवित्र सत्वगुण, शम (मन निग्रह), दम (इन्द्रि निग्रह), सत्य, दया, तितिक्षा (सहनशीलता), एवं स्वरूपानुभव
(ख) दक्षिण कर्नाटक के उपवन में
(ग) सुमति, राष्ट्रभृत्, सुदर्शन, आवरण, धूम्रकेतु पांच पुत्र

[1]**अजनाभ** खण्ड का जब शासन, श्री भरत देव के पास गया।
उनके सद्कर्मों के कारण, इसका ही भारत नाम हुआ।

यज्ञ बहुत विधि भरत ने, करवाये महाराज।
[क]वर्षों तक उस राज्य का, बना रहा सरताज।।

श्री वत्स युक्त वह परमेश्वर, मन में नित दर्शन देते थे।
हे कौन भरत सा भाग्यवान, एसा फल वे नित लेते थे।।
पुरखों का राज्य सुपुत्रों में, समभाग से उसने सोंप दिया।
अपने अंतिम दिन अनुमाने, वह तप करने हरिक्षेत्र गया।।
गंडकी तीर पर पुलहाश्रम, नित हरि का भजन किया उसने।
प्रेमाश्रु बहे थे नैनो से, सूरज को नमन किया उसने।।
जो प्रकृति पर परमेश्वर है, बुद्धी गति के भी दाता हैं।
श्री [2]**सूर्यदेव** इस पृथ्वी पर, कर्मों के फल के दाता हैं।।

मन से जग का रचन कर, करते चेतन आप।
उसी सूर्य के तेज का, करो नमन ओर जाप।।

इक समय सिंह के गर्जन से, हिरनी का गर्भ गिरा भू पर।
तप से जागे श्री भरत देव, [3]**करूणा** बरसाई उस शिशु पर।।
उसकी नित सेवा करने में, वे हरि सेवा को भूल गये।
जो दीन बन्धु दुख हर्ता है, वे ही करते हैं काम नये।।
[4]**सब** ठोर तेरा कल्याण हो यह, आशीष उसे नित देते थे।
उसके छुपने पर व्याकुल हो, पृथ्वी पर तकते फिरते थे।।
शशि की श्यामलता में भी वे, उस शिशु का दर्शन पाते थे।
उसको वापिस [ख]पाने के हित, वे अति व्याकुल हो जाते थे।।

1. **अजनाभं नामैतद्वर्षं भारतमिति यत आरभ्य व्यपदिशंति।। भा. 05–07–03**
2. **परोरजः सवितुर्जातवेदो देवस्य भर्गो मनसेदं जजान।**
   सुरेतसाऽदः पुनराविश्य चष्टे हंसं गृघ्राणं नृषद्रिंगिरामिमः।। भा. 05–07–14
3. **नूनं ह्यार्याः साधव उपशमशीलाः कृपणसुहृद एवं विद्यार्थे स्वार्थानपि।**
   गुरूतरानुपेक्षंते।। भा. 05–08–10
4. **स्वस्तिस्ताद्वत्स ते सर्वत्।। भा. 05–08–14**

(क) लाखों वर्ष (ख) दृष्टांत–देखलिया

ध्यान रमा कर हिरण में, हुए हरी से दूर।
भगवत्सेवा त्याग दी, धर्म हो गया चूर।।

जब देह तजी तो उस नृप ने, मृग देह में जन्म लिया भाई।
थी पूर्व देह की स्मृतियां, कर्मों से ऐसी गति पाई।।
पूर्वजन्म की स्मृतियों से, उसको कुछ पश्चाताप हुआ।
अपनी [क]माता का क्षेत्र छोड़, वह [ख]शालग्राम की ओर गया।।
बहुत दिनो तक उस मृग ने, आश्रम में ही निर्वाह किया।
इक सरिता धारा में जाकर, निज देह त्याग का कार्य किया।।

अंगिरा वंश में इक द्विज घर, फिर भरत देव ने जन्म लिया।
हो जाय न संग कहीं फिरसे, जड़ता का उसने वरण किया।।
मूक बधिर की तरह सदा, उन्मत्त सा विचरण करता था।
जब पिता पढ़ाई करवाते, मन उसमें कभी न रमता था।
निर्वाह देह का हो जावे, बस इतना वह नित खाता था।
अभिमान देह का शून्य हुआ, निर्मानी हो कर रहता था।।
इक बार बली की इच्छा से, चोरों ने उसको पकड़ लिया।
देवी के मन्दिर ले जाकर, विग्रह के सन्मुख जकड़ दिया।।
सब विधि पूजन कर ज्यों ही वे, [ग]शठ खड्ग चलाने वाले थे।
मूरति से माता प्रकट हुई, मन्दिर के वे क्षण न्यारे थे।।
वह खड्ग छीन कर देवी ने, चोरों का ही सिर काट लिया।
पार्षदों सहित महामाया ने, उनके लोहू का पान किया।।

गायन नर्तन का वहां, हुआ बड़ा ही शोर।
गर्दन से फिर गेंद का, खेल किया उस ठोर।।
[1]धीरों को जो कष्ट दे, करते हैं अपमान।
दण्डित ऐसे दुष्ट को, करते हैं भगवान।।

इक समय [घ]नरेश रहूगण जब, श्री कपिलाश्रम की ओर चले।
पालकी उठाने के हित ही, चाकर ने पकड़े युवक नये।।

(क) कालांजर पर्वत (ख) पुलस्त्य व पुलह आश्रम (यहां शाल वृक्ष अधिक है।)
(ग) ब्राह्मणवध निशिद्ध (घ) सिंधु और सौबीर देश का राजा।

1. एवमेव खलु महदभिचारातिक्रमः कात्स्न्येनाऽऽत्मने फलति।। भा. 05–09–19

जड़ भरत को देखा हृष्ट पुष्ट, तब उसे कहार बनाया था।
उस ज्ञान शिरोमणि ने देखो, कैसा जीवन अपनाया था।।
हो जाय न कहीं जीव हत्या, वह [क]परख परख कर चलता था।
इससे महाराज रहूगण का, सारा सिंहासन हिलता था।।
नृप ने जब कहा कहारों से, बोले यह तिरछा चलता है।
हो [1]**संग** अगर अपराधी का, संगी को सहना पड़ता है।।
तब उस नृपश्रेष्ठ रहूगण ने, उस भक्त की हंसी उड़ाई थी।
उस राख में केसी आग छुपी, मति उसकी जान न पाई थी।।

डोली जब डोली पुनः, क्रोधित हुआ नरेश।
यम के सम शिक्षित किया, आया उसको तेश।।

जड़ भरत ने समझाया राजा, मेरा न भार से रिश्ता है।
होती होगी यह देह पुष्ट, आत्मा में यह नहिं दिखता है।।
मोटा पतला या निंद्रा सब, दैहिक लोगों के अनुभव है।
मैं नहीं देह के साथ हुआ, मुझको क्या ज्यादा क्या कम है।।
जीते जी मुर्दे जैसा हे, यह जग परिवर्तन वाला है।
है कौन दास कैसा स्वामी, यह सब ही मिटने वाला है।।
कैसा राजा हे कौन रंक, मैं इनमें भेद न रखता हूँ।
बस ब्रह्मभाव अपनाकर के, जड़ होकर नित्य विचरता हूँ।।
मुझको क्या शिक्षा दण्ड देव, क्या अर्थ अनर्थ न मैं मानू।
क्या चिन्ता मुझको काया की, मैं जीवन मुक्त हुं यह जानू।।
गर [2]**पिसे** हुए को फिर पीसे, हासिल तो कुछ नहिं होता है।
जड़ को भी शिक्षा देने का, सब कार्य व्यर्थ ही होता है।।

ज्ञानी जैसी बात सुन, हुआ नृपति चैतन्य।
उसने छोड़ी पालकी, बोला जय ब्रह्मण्य।।
चरणों में जड़ भरत के, धरकर अपना शीश।
पूछा मुनिवर कौन हो, क्या तुम हो जगदीश।।

1. सांसर्गिको दोष एव नूनमेकस्यापि सर्वेषां सांसर्गिकाणां भवितुमर्हतीति निश्चित्य।। भा. 05–10–05
2. उन्मत्तमत्तजड़वत्स्वसंस्थां गतस्य मे वीर चिकित्सितेन।
अर्थः कियान्भवता शिक्षितेन स्तब्ध प्रमत्तस्य च पिष्टपेषः।। भा. 05–10–13

(च) एक बाण जितनी जगह देख देख

कपिल देव या दत्त जी, कह दो प्रभु हो कौन।
उसे देख जड़ भरत ने, कुछ पल साधा मौन।।

[1]**हो** इन्द्र वज्र या शिव त्रिशूल, यम दण्ड से मैं नहिं डरता हूँ।
आदित्य पवन या कुबेरास्त्र, अगनी से भी नहिं डरता हूँ।।

पर ब्राह्मण अपमान से, कांपे मेरी देह।
परिचय दो मुनिवर मुझे, मेटो सब संदेह।।

हे देव शरण सच्ची किसकी, आत्मा क्यों श्रमित नहीं रहती।
सुख–दुख आत्मा के परे वस्तु, मेरी मति इसमें नहिं रमती।।
ज्यों आंच तपेली के द्वारा, चांवल तक पहुँच हि जाता है।
वैसे ही तन का दुख सारा, आत्मा को नित्य तपाता है।।
स्वामित्व ओर दासत्व भाव, हम सबमे व्याप्त हि रहता है।
राजा राजा के कर्म करे, दासत्व दास नित करता है।।

राजभिमानी मानकर, दो प्रभु मुझको ज्ञान।
जिससे मैं भी कर सकूं, आत्मरूप का भान।।
रहुगण के हर प्रश्न का, किया बड़ा सन्मान।
ब्रह्मज्ञान उपदेश से, दिया तनिक सा ज्ञान।।

होकर प्रवृत्त तीनो गुण से, बहु पाप पुण्य मन करता है।
जीवों के जितने कर्म सुनो, मन ही उन सब का कर्ता है।।

मन से कल्पित जगत यह, लगता स्वप्न समान।
दृष्टा जो संसार का, उसको आत्मा जान।।

उत्तम ओर अधम भाव दोनो, मन ही आत्मा को देता है।
होकर के विषयासक्त ये मन, विषयों में चूर हि रहता है।।

जब होता है विषय से, जितना यह मन दूर।
मोक्ष दिलाता मनुज को, फैलाता है नूर।।

जब तक दीपक में बाती हो, बाती में थोड़ा घी भी हो।
जब तक ये दोनो जले नहीं, दीपक की ज्योति मलीन न हो।।
सम्बन्ध हटे जब विषयों से, कर्मों से जब निवृत्ति मिले।
वह ही एसी स्थिति होती, जब मन ओर आत्मा नित्य मिले।।

1. **नाहं विशंके सुरराजवज्रान्न त्र्यक्षशूलान्न यमस्य दंडात्।**
नाग्न्यर्कसोमानिलवित्तपास्त्राच्छंके भृशं ब्रह्मकुलावमानात्।। भा. 05–10–17

वायुदेव अनुरूप ही, सब में होते ईश।
उसको सबमे मानकर, भजो सदा जगदीश।।

संसार ताप का मूल हे मन, इसका तुम नाश करो राजा।
इस मन को अपने वश में कर, अपना स्वरूप जानो राजा।।

योगेश्वर के चरण में, फिर से किया प्रणाम।
मेरे इक संदेह का, करदो काम तमाम।।

प्रभु ने बतलाया यह कैसे, जो भार प्रतीत नहीं होता।
जड़ भरत ने तब सब समझाया, जैसे जैसे यह सब होता।।

पृथ्वी से ही बने हैं, पत्थर ओर कहार।
जड़ को जड़ का क्यों लगे, समझो राजा भार।।

पेर घुटन जंघा मस्तक, सारे अवयव मिट्टी के हैं।
कंधा ओर उस पर धरी हुई, डोली सवार मिट्टी के हैं।।
मिट्टी को मिट्टी बोझ लगे, मिट्टी पर मिट्टी भारी हो।
मिट्टी से मिट्टी बड़ी ओर, मिट्टी को मिट्टी प्यारी हो।।
मिट्टी से मिट्टी घ्रणा करे, मिट्टी से मिट्टी कुछ कम हो।
मिट्टी से मिट्टी दीर्घ लघू, मिट्टी की महिमा नृप समझो।।
मिट्टी लय है परमाणू से, जो खुद भी सत्य नहीं होते।
संस्कार द्रव्य ओर काल आदि, माया से ही ये सब होते।।

सबसे सच्चा नेक हे, केवल जगदाधार।
वही धरा को दे रहा, प्रबल एक आधार।

तप योग समाधी अन्नदान, इनसे भी इश्वर मिलता है।
पर महत्पुरूष की सेवा से, सच हे परमेश्वर मिलता है।।

कथा श्रवण करता सदा, विषय वासना नाश।
विषय वासना ना रहे, तब हो ज्ञान प्रकाश।।
मृगासक्त होकर लिया, मेने भी मृगदेह।
भूल गया भगवान को, भटक गया था गेह।।

फिर कहीं संग ना हो जाये, इस हेतु गुप्त मैं रहता हूँ।
वैराग्य से करता मोह नाश, हरि लीला में रत रहता हूँ।।

वेराग्य से शून्य रहूगण को, बहुभांति भरत ने समझाया।
वैराग्य दिलाने के निमित्त, जंगल का रूपक बतलाया।।
यह जीव वणिक है ए राजा, जगती को जंगल जानो तुम।
स्त्री पुत्रादिक सब सियार, बुद्धी हे नायक मानो तुम।।
तृष्णा होती है सघन लता, इससे बचना है काम तेरा।
घर को दावानल सम जानो, भीषण होता इसका घेरा।।

निरन्तर........2

(2)

बोले पाकर ज्ञान तुम, नृप हो जाओ पार।
काल सदा से कर रहा, जो हे उस पर वार।।

रहुगण बोला [1]**नर** देह श्रेष्ठ, जिसमें द्विज दर्शन होता है।
प्रभु जैसे संतो का संगम, सुरपुर में दुश्कर होता है।।
बस उसी समय उस राजा ने, देहात्मबुद्धि का त्याग किया।
जो भरत देव ने बतलाया, वह मारग अंगीकार किया।।

उत्तरातनय ने तब पूछा, यह विषय गूढ़ है गुरूराई।
जंगल रूपक से कही बात, नहिं मेरी मति में कुछ आई।।

शुक बोले संसार को, जंगल जानो लाल।
इसमें मानव भटकता, तब होता बेहाल।।

अपनो से सदा झगड़ता है, भौतिक सुख साधन पाने को।
जब मान भंग कोई करता, तो यह लगता मर जाने को।।
स्त्री संगति से जो फैली, उस माया में रत रहता है।
बहुपुत्र पौत्रादिक पाकर, सच्चा सुख उसको कहता है।।
जिस भांति परीक्षित इक माखी, नहिं गरूड़ मार्ग अपना सकती।
कितनी भी श्रेष्ठ आत्मा हो, नहिं भरत मार्ग पर जा सकती।।
यह भरत चरित ए नृपति सुनो, सब भांति मोक्ष का दाता है।
इसका नित श्रवण मनन जन को, यश ओर कीर्ति दिलवाता है।।

भरत चरित सुन सब करो, तन मन का उद्धार।
हाथ जोड़ विनती करे, नागर कमल कुमार।।

शुक बोले सुनलो भरतवंश, जिसमे सुमती सा लाल हुआ।
उस दिग्विजयी सुत ने देखो, श्री ऋषभ देव का ढाल लिया।।

1. **अहो नृजन्माखिलजन्म शोभनं किं जन्मभिस्त्वपरैरप्यमुष्मिन्।**
न यद्धृषीकेशयशः कृतात्मनां महात्मनां वः प्रचूरः समागमः।। भा. 05—13—21

सुमती से ले विरज तक, वर्णा प्रियव्रत वंश।
जिसके हर इक नृपति में, था परमेश्वर अंश।।

पाण्डव सुत ने होकर विनीत, पूछा हे देव बतादीजे।
भूमण्डल का विस्तार मुझे, होकर प्रसन्न समझा दीजे।।
शुकदेव देव ने जम्बुद्वीप, ओर नो खण्डों की बात कही।
नदियां ओर पर्वत जितने हें, उन सब की बिछी बिसात कही।।

गंगा [क]ज्यों भूपर उतरी थी, उसका भी कुछ वृत्तान्त कहा।
भरत खण्ड से सिन्धु तलक, जैसे जाती सब दिया बता।।

[1]अश्वमेध सा पुण्य नित, देता गंगाश्नान।
हर डुबकी का पुण्य हे, राजसूय के मान।।

है कर्मभूमि यह भरत खण्ड, इसपर ही जीव विचरते हैं।
बाकी के आठ खण्ड जिन में, स्वर्गीय जीव ही रहते हैं।।
बस एक पुरूष है महादेव, इस इलावृत्त के भीतर तो।
पार्वती श्राप से अन्य पुरूष, रहते हें हरदम तिरिया हो।।

किन–किन खण्डो में कौन–कौन, किन–किन देवों को भजता है।
हे मन्त्र कौन से बतलायें, जिनको जो नित प्रति जपता है।।
भद्राश्वखण्ड में [ख]धर्मपुत्र, हयग्रीव का वन्दन करता है।
हरिवर्ष खण्ड में [ग]देत्य तनय, नरसिंह रूप को भजता है।।
श्री केतुमाल में मार देव, लक्ष्मी जी के मन भाते हैं।
रम्यक में मनु जी स्वयं बैठ, श्रीमत्स्य रूप को ध्याते हैं।।
अर्यमा अधीपति पितरों के, शुभ हिरण्य खण्ड में रहते हैं।
आसन पर बैठ शुद्ध मन से, श्री कच्छप को नित भजते हैं।।

1. **यस्यां स्नानार्थं चागच्छतः पुंसः पदेपदेऽश्वमेधराजसूयादीना फलंन दुर्लभमिति।। भा. 05–17–10**

(क) बलियज्ञ में वामन के अंगूठे के नाखून से ब्रह्माण्ड का ऊपरी भाग फूटा, जिससे गंगा निकली
(ख) भद्रश्रवा व कुलजन
(ग) प्रहलाद

उत्तरकुरू मे देवी पृथ्वी, पूजन वराह का करती है।
किंपुरूष खण्ड में राघव को, हनुमत की वाणी जपती है।।

भरतखण्ड में देवऋषि, जैसे जल में मीन।
नरनारायण भजन में, होते हैं तल्लीन।।

फिर भरतखण्ड का वर्णन कर, उसका [1]**महत्व** समझाया है।
मानव ने जहां हरी भज कर, बस मोक्षमार्ग अपनाया है।।
इसपर पाने को जन्म सुनो, सुरगण [2]**लालायित** होते हैं।
है भरतखण्ड की पुण्य भूमि, अवतार इसी पर होते हैं।।

सब द्वीपों का कहकर प्रमाण, उन सब के अधिपति बतलाये।
है सिन्धु कौनसे से आवृत, सब देव वहां के बतलाये।।
लोका–लोक का वर्णन कर, उसका प्रमाण भी बतलाया।
क्यों नाम हुआ है हिरण्यगर्भ, शुकदेव देव ने समझाया।।

वर्णन कर भूगोल का, कहने लगे खगोल।
कैसा रथ [3]रवि देव का, दिया भेद सब खोल।।

वर्षों के [क]पांच प्रकार कहे, रवि शशि का भी क्रम बतलाया।
क्या अहोरात्र क्या अयन कहे, ऋतु ओर पक्ष भी बतलाया।।
समझाकर चंद्र कलाओं को, सब ग्रह ओर उनके थान कहे।
शुभ ओर अशुभ केसे होते, थोड़े उन सबके काम कहे।।
ध्रुव ही है सबका केन्द्र बिन्दु, सब ग्रह दावन से चलते हैं।
सारे नक्षत्र नियम क्रम से, श्री हरि माया से भ्रमते हैं।।
आकार बेल सा देकर के, यह ज्योतिष्चक्र बनाया है।
जिन जिन ने इनका ध्यान किया, पापों को दूर भगाया है।।
शुक ने बतलाया अंतरिक्ष, पृथ्वी से सो योजन पर है।
सब यक्ष पिशाच यहीं रमते, राक्षस लोगों का यह घर है।।

1. **सत्यं दिशत्यर्थितमर्थिता नृणां नैवार्थदा यत्पुनरर्थिता यतः।**
   स्वयं विधत्ते भजतामनिच्छतामिच्छापिधानं निजपाद पल्लवम्।। भा. 05–19–27
2. **यद्यत्र नः स्वर्गसुखावशेषितं स्विष्टस्य सूक्तस्य कृतस्य शोभनम।**
   तेनाजनाभे स्मृतिमज्जन्म नः स्याद्वर्षे हरिर्यद्भजतांशं तनोति।। भा. 05–19–28
3. **नमो ज्योतिर्लोकाय कालाय नायानिमिषांपतये महापुरूषायाभिधीमहीति।। भा. 05–23–08**

(क) तिथि, वार, नक्षत्र, योग, कर्ण

सातों [क]पातालों का वर्णन, सबभांति किया गुरू राई ने।
हे कौन वहां के अधिपति ओर, सब पूज्य कहे ऋषि राई ने।।

पाताल से तीस सहस योजन, नीचे श्री शेष विराजे हैं।
सरसों सा सिरपर भूमण्डल, तमगुण वाले हरि राजे हैं।।
सुर असुर ओर गंधर्व वहां, उनकी [1]**स्तुति** नित गाते हैं।
श्री अनंत को जो भजते, रिद्धि–सिद्धि सब पाते हैं।।

नृपवर ने पूछा महाराज, मुझको यह भी समझा दीजे।
सुख ओर दुख भोगना पड़े, जीवों का [2]**वैचित्र्य** बतादीजे।।

भगवन कह [3]दो नर्क क्या, कैसा वह स्थान।
क्यों भोगें उसको कहो, मुझको बालक जान।।

जिसकी जैसी श्रद्धा राजा, वह वैसा ही [4]**फलपाता** है।
सत से सुख राजस से सुख दुख, तामस वाला दुःख पाता है।।

जुदा जुदा निज कर्म से, फल भोगे यह जीव।
कर्मों का परित्याग कर, भजो सदा हयग्रीव।।

ये [ख]नर्क त्रिलोकी के भीतर, पृथ्वी के नींचे होते हैं।
दक्षिण दिशि में जल के ऊपर, ये नर्क वहीं सब होते हैं।।
पित्राधिपती यमराज स्वयं, हरि नियमों का पालन करते।
श्री चित्रगुप्त से गण के संग, अपराधी को दण्डित करते।।

1. **यन्नामश्रुतमनुकीर्तयेदकस्मादार्तो वायदि पतितः प्रलंभनाद्वा।**
   हंत्यंहः सपदि नृणामशेषमन्यं कं शेषादभगवत आश्रयेन्मुमुक्षुः।। भा. 05–25–11
2. **महर्ष एतद्वेचित्र्यं लोकस्य कथमिति।। भा. 05–26–01**
3. **नरका नाम भगवन्किं।। भा. 05–26–04**
4. **त्रिगुणत्वात्कर्तुः श्रद्धया कर्मगतयः पृथग्विधाः सर्वा एव सर्वस्य तारतम्येन भवंति।। भा. 05–26–02**

(क) अतल (मयपुत्र बलासुर), वितल (हाटकेश्वर), सुतल (बली), तलातल (मयदानव), महातल (कद्रूपुत्र सर्प) रसातल (पणि नाम देत्य दानव), पाताल (वासुकी)

(ख) तामिस्र (पराया हरण), अंधतामिस्र (परस्त्री भोग), रौरव (परद्रोही), महारौरव (स्वदेहपोशी), कुंभीपाक (पशु–पक्षी हंता), कालसूत्र (विप्र, वेद, पिता द्रोही), असिपत्रवन (वेदमार्ग त्यागी–कुमार्गी), सूकरमुख (निर्दोश दंडी राजा–विप्रहत्यारा), अंधकूप (खटमलादिहंता) कृमिभोजन (बिनाबांटे खाने वाला), संदंश (चोर), तप्तसूर्मि (अगम्यगमन), विज्रकंटकशाल्मली (पशुमेथुनी)

[1]**अट्ठाइस** नर्क हैं राजाजी, एसा बुधजन बतलाते हैं।
ये दुक्ख भोगने के थल हैं, पातकी वहीं सब जाते हैं।।
जो जैसा भूपर निंद्य कर्म, जाने अनजाने करता है।
इन नर्कों के चक्कर खाकर, दुख पाता ओर विचरता है।।
यमपुर में नर्क सेंकड़ों हे, जिनका प्रमाण कहना दुष्कर।
अतएव भूमि पर भजो हरी, करलो प्रयाग काशी पुष्कर।।
इन सबका वर्णन कह सुन कर, सन्मार्ग में हमको जाना है।
श्री 'जय श्री कृष्ण' पारायण में, हम सब को अब रम जाना है।।

अपने करम सुधार लो, वसुधा पर मन मार।
कमल नयन मिलजायंगे, तुमको अपने द्वार।।

(ख) वैतरणी (कुलमर्यादा भंगी), पूयोद (यथेष्टआचारी), प्राणरोध (पशु पालक, पशुहन्ता), विशसन (यज्ञ में पशुबलिकर्ता), लालाभक्ष (बलात्कारी द्विज), सारमेयादन (आग लगाते, बिष पिलाते, नगर–ग्राम लूटते राजा व चोर), अंवीचि (साक्षी, झूठ बोलने वाला), अयः पान (सोमपान करने वाला द्विज), क्षारकर्दम (दंभी), रक्षोगणभोजन (नरबली व मृतदेह भक्षी), शूलप्रोत (जंगली प्राणियों को दुख दाता), दंदशुक (क्रूर), अवटनिरोधन (गड्ढे, कोठी में प्राणियों को रोकने वाला), पर्यावर्तन (अभ्यागत, अतिथि पर कुदृष्टि वाला), सूचीमुख (धनाभिमान घमंडी, कुटिल, शंकालू, कंजूस)

1. तत्र है के नरकानेकविंशति गणयंति अथ तांस्ते राजन्नाम रूपलक्षणतोऽनुक्रमिष्यामस्तामिस्रोंऽधतामिस्रो रौरवो महारौखः कुंभीपाकः कालसूत्रमसिपत्रवनं सूकरमुखमंधकूपः कृमी भोजनः संदंशस्तप्तसूर्मिर्वज्र कंटक शाल्मली वैतरणी पूयोदः प्रणरोधा विषसनं लालाभक्षः सारमेयादनमवीचिरयः पानमिति किं च क्षारकर्दमो रक्षोगणभोजनः शूलप्रोतो दंदशूकोऽवटनिरोधनः पर्यावर्तनः सूचीमुखमित्यष्टाविंशतिनरका विविधयातनाभूमयः।। भा. 05–26–07

!! इति श्री "जय श्री कृष्ण" पंचम स्कंध !!

!! "जय श्री कृष्ण" षष्टम स्कंध!!

!! अथ षष्टम स्कंध !!

सब विघ्नो का अन्त नित, करता जिनका नाम।
उन लम्बोदर देव को, शत शत बार प्रणाम।।
साधक जन को शक्ति नित, देता 'जय श्री कृष्ण'।
जन जन में हरि मानकर, बोलो 'जय श्री कृष्ण'।।

हे नमन आपके चरणो में, गुरूवर मुझको सद्ज्ञान दिया।
इतना कह पुनः परीक्षित ने, इक जन हितकारी प्रश्न किया।।
गुरूवर नर्कों का वर्णन सुन, कपकपी देह में आती है।
मेने यह पहली बार सुना, नर्कों की इतनी जाती है।।

मार्ग कहो वह विप्रवर, जिसे मनुज अपनाय।
भोग न पावे यातना, नर्कों में नहिं जाय।।

[1]**मन** वचन ओर कर्मों द्वारा, यह मनुज पाप नित करता है।
सुनले राजा उन पापों से, यह नर्क यातना सहता है।।
लेकिन यदि सारे पापों के, प्रायश्चित मानव करता है।
मन वचन ओर सद्कर्मों से, श्री नारायण को भजता है।।

उसको कैसी यातना, उसको कैसा नर्क।
करनी अगर सुधारली, क्यों वह जावे नर्क।।

जैसे रोगों की औषधि नित, [2]**गुणि** वैद्य दिया ही करते हैं।
वेसे ही पाप निवृत्ति हेतु, प्रायश्चित मानव करते हैं।।

पूछा शत्रू जान कर, क्यों नर करते पाप।
प्रायश्चित फिर क्यों करे, मुझे कहो प्रभु आप।।

जो [3]**पथ्य** अन्न का सेवन नित, संयम रख, करता है राजा।
व्याधियां दूर ही रहती हैं, उसको है फिर केसी बाधा।।
धर्मज्ञ पुरूष जो होते हैं, शम दम से पाप जलाते हैं।
भगवद्भक्ती ही वह साधन, जिससे श्री हरि मिल जाते हैं।।

1. **नचेदिहैवापचितिं यथांऽहसः कृतस्य कुर्यान्मन उक्तिपाणिभिः।**
ध्रुवं स वै प्रेत्य नरकानुपैति ये कीर्तिता मे भवतस्तिग्मयातनाः।। भा. 06–01–07
2. **तस्मात्पुरैवाश्विह पापनिष्कृतौ यतेत मृत्योरविपद्यताऽऽत्मना।**
दोषस्य दृष्ट्वा गुरूलाघवमयथा भिषक् चिकित्सेत रूजां निदानवित्।। भा. 06–01–08
3. **नाश्नतः पथ्यमेवान्नं व्याधयोअभिभवंति हि।। भा. 06–01–12**

तप ब्रह्मचर्य ओर नियमों से, जब मन पवित्र नहिं होता है।
[1]श्री कृष्ण नाम का जाप एक, हमको पवित्र कर देता है।।
[2]गंगाजल भी मदिरा घट को, शुद्धता नहीं दे पाता है।
वैसे ही कृष्ण विमुख जन का, प्रायश्चित निश्फल जाता है।।
इसका महत्व समझाने को, मैं इक संवाद सुनाता हूँ।
हरि पार्षद ओर यमदूतों में, जो हुई बात बतलाता हूँ।।

विप्र अजामिल नाम का, रहता था कन्नोज।
दूषित हो आचार से, कल्मष करता रोज।।
दासी के संसर्ग से, भ्रष्ट हुआ वह विप्र।
निंदित कर्मों से हुआ, विप्र वर्ण अपवित्र।।
दस पुत्रों में एक का, था 'नारायण' नाम।
प्रेम अधिक उस पर रहा, वही दे गया काम।।

अठ्यासी वर्ष की आयु भोग, जब उसके प्राण लगे चलने।
तब 'नारायण आ पास मेरे', बोला सुत हेतु अजामिल ने।।

कर्म देखकर आ गये, लेने को यमदूत।
'नारायण' उच्चार सुन, आ पहुँचे हरि दूत।।

बोले यमदूत **[3]अधर्म** वही, जो हे विरूद्ध सब वेदों के।
वह ही होता है श्रेष्ठ धर्म, वर्णन जिसका हे वेदों में।।
है त्रिगुणमयी प्राणी सारे, उनमें विभाग करने वाला।
गुण नाम क्रिया ओर रूपों में, नारायण ही है रखवारा।।
हे देहधारियों के **[4]साक्षी**, सूरज अग्नी आकाश पवन।
संध्या गौ चन्द्र रात दिन जल, काल धरा ओर दिशा धरम।।

कर्मों के अनुरूप ही, होता दण्ड विधान।
करते जैसा कर्म वे, फल पाते इंसान।।

1. **श्री कृष्णेति मंगलम नाम यस्य वाच्य प्रवर्तते।**
   भस्मीभवन्ति तस्यांषु महापातक कोटय ।। अन्यत्र (11)।।
2. **प्रायश्चितानि चीर्णानि नारायणपराङ्मुखम्।**
   न निष्पुनंति राजेन्द्र सुराकुंभमिवापगाः।। भा. 06–01–18
3. **वेदप्रणिहितो धर्मो ह्यधर्मस्तद्विपर्ययः।।**
   वेदो नारायणः साक्षात्स्वयंभूरिति शुश्रुम।। भा. 06–01–40
4. **सूर्योग्निः खं मरूद्गावः सोमः संध्याऽहनी दिशः।**
   कंकुः कालो धर्म इति ह्येते दैह्यस्य साक्षिणः।। भा. 06–01–42

[1]**जो** इस जीवन में शान्त सुखी, ओर धर्म कर्म रत रहता है।
था वह पहले भी वैसा ही, आगे वेसा ही होना है।।

जैसे फूल बसन्त का, खिलता एक समान।
त्यों ही सांचे में ढला, होता है इंसान।।

इच्छा न कर्म की हो फिर भी, कर्मों में वह लिप जाता है।
वह कोषकार कीड़े जैसा, इन्दिय को जीत न पाता है।।

कर्मों के अनुसार ही, पाता है यह देह।
कर्मों से ही लौटता, यम ओर हरि के गेह।।
होते शोणित शुक्र तो, सब के एक समान।
देहों में हो भिन्नता, कर्मों के ही मान।।
अजामील अति सुह्रद अरू, था गुणवाला लाल।
सुमन चयन करते हुआ, राजा एक कमाल।।
दासी से रति रत वहां, देखा जब द्विज एक।
यह भी उसमें रम गया, पुष्प दिये सब फैंक।।
ढीले दासी वसन में, रमा रहा मन नित्य।
भार्या का परित्याग कर, खर्च किया सब वित्त।।

इसके इन कर्मों के कारण, यमपुर से लेने आये हैं।
थे कर्म विरूद्ध वेद से सब, फल भी वैसे ही पाये हैं।।

पार्षद बोले दूत सुन, कहना मेरा मान।
श्रेष्ठ पुरूष का आचरण, सच्चा एक प्रमाण।।
हरि का नामोच्चार ही, लेजाता उस ओर।
ओर नहीं बस मोक्ष ही, मिलता है जिस ठोर।।

श्री कृष्ण चन्द्र का नाम–जाप, सारे ही संकट हरता है।
तप यज्ञ क्रियाओं की पूरति, बस यही नाम तो करता है।।

1. **वर्तमानोऽन्ययोः कालो गुणाभिज्ञापको यथा।**
एवं जन्मान्ययोरेतद्धर्माधर्मनिदर्शनम्।। भा. 06–01–47

जैसे करता राख सब, अग्नि देव का ताप।
त्यों दुष्टों के पाप क्षय, करे [1]कृष्ण का जाप।।

मरण समय 'नारायण आ', यह बात अजामिल बोला है।
ओर इसी नाम उच्चारण से, निज मुक्तिमार्ग को खोला है।।

पार्षद ओर यमदूत तब, लौटे निज निज धाम।
मनन अजामिल ने किया, किये बुरे क्यों काम।।

सर्वस्व त्याग वैराग्य धरा, ओर गंगा तट पर पहुंच गया।
जीता मन इन्द्रिय को उसने, पार्षद पद पा वैकुण्ठ गया।।

[2]कर्मों के बन्धन सभी, काटे गोविंद नाम।
मोक्ष मुमुक्षू को मिले, पावे वह विश्राम।।
श्रृद्धा से वृत्तांत यह, जो सुनते मन लाय।
एसे वैष्णव जन कभी, यमपुर पथ नहिं जाय।।
दूतों ने विस्तार से, यम को दिया संदेश।
बोले कितने लोग हैं, जो देते आदेश।।

आदेश आपका पालन हित, जब हम धरती पर जा पहुंचे।
बस उसी समय हरि के पार्षद, उस ही स्थल पर आ पहुंचे।।
जिसको हम लेने पहुंचे थे, वे उसके गुण के कायल थे।
पार्षद कहते थे नर्क नहीं, यह तो सुरपुर के लायक हैं।।
ए देव आपको ही बस हम, जीवों के स्वामी समझे हैं।
सब पाप पुण्य के निर्णायक, सब आज्ञा प्रभु ही देते हैं।।
इस भांति अगर कुछ ओर लोग, निर्णय में हाथ बंटायेंगे।
फिर आप न होंगे शीर्ष पुरूष, निर्णय केसे हो पायेंगे।।

तब दूतों को शान्त कर, कर श्री हरि का ध्यान।
'भक्तों को मत छेड़ना', दिया उन्हें कुछ ग्यान।।

1. यस्य स्मृत्या च नामोक्त्या तपोयज्ञक्रिया दिशु।
न्यूनं सम्पूर्णतां याति सद्यो वन्दे तमच्युतम्।। भा. 06–02–006

2. नातः परं कर्मनिबंधकृंतनं मुमुक्षतां तीर्थपदानुकीर्तनात्।
न यत्पुनः कर्मसु सज्जते मनो रजस्तमोभ्यां कलिलंततोऽन्यथा।। भा. 06–02–46

तंतू जेसे वसन में, त्यों जग हरि में लीन।
आज्ञा देते हैं मुझे, हरि हर ब्रह्मा तीन।।
नाथों से ज्यों बांधते, प्राणी अपने बेल।
त्यों ब्राह्मण से बांधकर, हरि करते सब खेल।।

सर्वत्र विचरते हरि पार्षद, बस यही काम नित करते हैं।
अग्नि देव अरि ओर मुझसे, वैष्णव की रक्षा करते हैं।।
[1]**ब्रह्मा** महादेव कपिल नारद, प्रहलाद जनक बलि भीषम जी।
श्री सनत्कुमार ओर मनू संग, मैं स्वयं ओर श्री शुकमुनि भी।।

ये [2]द्वादश जन जानते, सच्चा भगवद्धर्म।
शुद्ध गुप्त ओर कठिन है, मोक्ष प्राप्ति का कर्म।।

ज्यों वैद्य न संजीवनि जाने, ओर अन्य दवा अपनाते हैं।
त्यों मोक्षमार्ग के अज्ञानी, प्रायश्चित बड़े बताते हैं।।

वेदों के अभ्यास में, जो नित रहते लीन।
यज्ञ कर्म में प्रवृत जो, कर्मों के आधीन।।

उनको हरिनाम प्रभाव कहें, तो वे विश्वास नहीं करते।
तिनके से आस किये प्राणी, नोका से दूर सदा रहते।।
उनको क्या काल सतायेगा, जो कृष्ण नाम नित रटते हैं।
एसे पावन वैष्णव जन तो, कलि में बिरले ही मिलते हैं।।
जिनकी रसना नहिं कृष्ण कहे, घरबार में तृष्णा बांधे हैं।
उनको ममपुर में लाने का, बस कार्य तुम्हारे कांधे है।।

सुमिरण श्री हरि चरित का, विप्र चरण अनुराग।
नर तन पाकर नहि किया, फूटे उनके भाग।।

हाँ कष्ट अजामिल को देकर, हमने हरि का अपराध किया।
हे देव क्षमा करना हमको, वैष्णव जन को अवसाद दिया।।
तब से ही यम के दूत कभी, भक्तों को नहीं सताते हैं।
जिस पथ पर वैष्णव चरण धरे, यमदूत उधर नहिं जाते हैं।।

1. **स्वयंभूर्नारदः शंभुः कुमारः कपिलो मनुः।**
   प्रह्लादो जनको भीष्मो बलिर्वैयासकिर्वयम्।। भा. 06–03–20
2. **द्वादशैते विजानीमो धर्मं भागवतं भटाः।**
   गुह्यं विशुद्धं दुर्बोधं यं ज्ञात्वाऽमृतमश्नुते।। भा. 06–03–21

मलयाचल में बैठकर, अजामील आख्यान।
मुनि अगस्त्य ने दिया था, मुझको अपना जान।।

शुक से नृपश्रेष्ठ परीक्षित ने, पूछा जगती विस्तार कहो।
स्वायंभुव मनवन्तर वाले, सुर असुर पक्षि नर नार कहो।।

प्राचेतस श्री दक्ष ने, किया सृष्टि विस्तार।
जल थल नभ की परीक्षित, रचना विविध प्रकार।।

जब बढ़ी नहीं वह जगती तो, वह विंध्य क्षेत्र में निकल गया।
अधमर्षण तीर्थ क्षेत्र जाकर, बस हंसगुह्य का जाप किया।।

तब हरि ने आकर दिये, दर्शन उसके भाग।
बोले मुझमें है बड़ा, पुत्र तेरा अनुराग।।

आसिक्री पंचजन की तनया, उसके संग ब्याह करो बेटा।
मैं तेरे तप से हूँ प्रसन्न, सृष्टी विस्तार करो बेटा।।
जो सृष्टि बढ़ेगी बाद तेरे, [क]मैथुनी सृष्टि कहलायेगी।
तेरे वंशज से दक्ष लाल, पृथ्वी सारी भर जायेगी।।

इतना कह कर हो गये, श्री हरि अन्तर्धान।
तप से देखो दक्ष ने, पाया कितना मान।।

प्रभु की आज्ञा सिर पर धारी, नव सृष्टि रचन का कार्य किया।
पंचजनी संग भांवर ले, हर्यश्व सुतों को जन्म दिया।।

पितु आज्ञा स्वीकार कर, हो उनके ही वश्य।
सृष्टी हित तप को [ख]गये, दस सहस्त्र हर्यश्व।।

नारद से गूढ़ वचन सुनकर, हर्यश्व मुक्ति की ओर चले।
शबलाश्व पांचजन्या मे रच, **[1]तप** करने उसने भेज दिये।।
नारद जी ने जब उनको भी, हर्यश्व मार्ग पर भेज दिया।
इससे **[2]क्रोधित** हो नारद को, तब श्राप दक्ष ने एक दिया।।

1. **ऊँ नमो नारायणाय पुरूषाय महात्मने।।**
   विशुद्धसत्वधिष्ण्याय महाहंसाय धीमहि।। भा. 06—05—28
2. **नानुभूय न जानाति पुमान्विषयतीक्ष्णताम्।**
   निर्विद्येत स्वयं तस्मान्न तथा भिन्नधीः परैः।। भा. 06—05—41
   ऋणानि त्रीण्यपाकृत्य मनो मोक्षे निवेशयेत्।
   अनपाकृत्य मोक्षं तु सेवमानो व्रजत्यधः।। मनु स्मृति

(क) दसों प्रजापति अयोनिज थे (ख) नारायण सर तीर्थ, 'सिंधु नदी व समुद्र का संगम'

:: प्रजापतिरूवाच—अथ हंसगुह्य स्तोत्र ::

नमः परायावितथानुभूतये गुणत्रयाभासनिमित्तबंधवे।
अदृष्टधाम्ने गुणतत्व बुद्धिभिर्निवृत्तमानाय दधे स्वयंभुवे।। भा. 06—04—23
न यस्य संख्यं पुरूषोऽवैति सख्युः सखावसन्संवसतः पुरेऽस्मिन्।
गुणोयथा गुणिनो व्यक्तदृष्टेस्तस्मै महेशाय नमस्करोमि।। भा. 06—04—24
देहोऽसवोऽक्षा मनवोभूतमात्रा नात्मानमन्यं च विदुः परं यत्।
सर्वं पुमान्वेद गुणांश्च तज्ज्ञो न वेद सर्वज्ञमनंतमीडे।। भा. 06—04—25
यदोपरामो मनसो नामरूपरूपस्य दृष्टस्मृतिसंप्रमोषात्।
य ईयते केवलया स्वसंस्थया हंसाय तस्मै शुचिसद्मने नमः।। भा. 06—04—26
मनीषिणोंऽतर्हृदि संनिवेशितं स्वशक्तिभिर्नवभिश्च त्रिवृद्भिः।
वह्निं यथा दारूणि पांचदश्यं मनीषयानिष्कर्षंति गूढम्।। भा. 06—04—27
स वै ममाशेषविशेषमायानिषेधनिर्वाणसुखानुभूतिः।
स सर्वनामा स च विश्वरूपः प्रसीदतामनिरूक्तात्मशक्तिः।। भा. 06—04—28
यद्यन्निरुक्तं वचसा निरूपितं धियाऽक्षिभिर्वामनसा वोत यस्य।
माभूत्स्वरूपं गुणरूपं हि तत्तत्स वै गुणापायविसर्गलक्षणः।। भा. 06—04—29
यस्मिन्यतो येन च यस्य यस्मै यद्योयथा कुरूते कार्यते च।
परावरेषां परमं प्राक्प्रसिद्ध तद्ब्रह्म तद्धेतुरनन्यदेकम्।। भा. 06—04—30
यच्छक्तयो वदतां वादिनां वै विवादसंवादभुवो भवंति।
कुर्वंति चैषां मुहुरात्ममोहं तस्मै नमोऽनंतगुणाय भूम्ने।। भा. 06—04—31
अस्तीति नास्तीति च वस्तुनिष्ठयोरेकस्ययोर्भिन्नविरूद्धधर्मयोः।
अवेक्षितं किं च न योगसांख्ययोः समं परं ह्यनुकूलं बृहत्तत्।। भा. 06—04—32
योऽनुग्रहार्थं भजतां पादमूलमनामरूपो भगवानंनतः।
नामानि रूपाणि च जन्मकर्मभिर्भजे स मह्यं परमः प्रसीदतु।। भा. 06—04—33
यः प्राकृतैर्ज्ञानपथैर्जनानां यथाशयं देहगतो विभाति।
यथाऽनिलः पार्थिवमाश्रितो गुणं स ईश्वरो मे कुरूतान्मनोरथम्।। भा. 06—04—34

[1]**तुम** धूर्त दुष्ट ओर कपटी हो, पर घर बिगाड़ने वाले हो।
दर दर भटको जीवन भर तुम, हिरदे से नारद काले हो।।

श्राप किया स्वीकार तब, होकर पूर्ण समर्थ।
साधु पुरूष की लीक का, समझाया यों अर्थ।।

आसिक्री संग दक्ष घर, कन्या जन्मी साठ।
श्रेष्ठ द्विजों के कर दिये, उन सब के ही हाथ।।

कश्यप ओर धर्म को तेरह दस, सत्ताविस शशि को सोंप दई।
अंगिरा, कृषाश्व, भूत दो दो, चार [क]तार्क्ष्य के संग गई।।

भानू, लंबा, ककुभ ओर, संध्या, विश्वा, जामि।
मरूत्वती, वसु, मुहुर्ता, संकल्पा दस नारि।।

ये दसों धर्म भार्याऐं थी, जिनने संतान बढ़ाई थी।
बस इसी तरह सब ऋषियों ने, मर्यादा सृष्टि रचाई थी।।

विनता, कद्रू, यामिनी, ओर पतंगी नार।
तार्क्ष्य देव की ये हुई, प्रिय भार्याए चार।।

विनता ने गरूड़–अरूण जाये, कद्रू ने नाग रचाये थे।
यामिनि के [ख]शलभ बहुत सारे, [ग]पारिंद पतंगि घर आये थे।।

दक्ष श्राप से [घ]चन्द्र घर, हो न सकी संतान।
क्षीण कला फिर से मिले, यही मिला वरदान।।
कश्यप की [च]तेरह हुई, भार्याऐं अनुकूल।
अपनी संतति देख वे, गई जगत को भूल।।
[छ]यादोगण तिमि के हुए, सरमा जाये [ज]श्वान।
सुरभी घर में दो [झ]खुरे, ताम्रा उपजे [त]श्येन।।

1. तंतुकृंतनयन्नस्त्वमभद्रमचरः पुनः।
तस्माल्लोकेषु ते मूढ़ न भवेद भ्रमतः पदम्।। भा. 06–05–43

(क) तार्क्ष्य नाम कश्यप (ख) टिड्डी (ग) पतंगे
(घ) 27 स्त्रियां (नक्षत्र)
(च) अदिति, दिति, दनु, काष्ठा, अरिष्टा, सुरसा, इला, मुनि, क्रोधवशा, ताम्रा, सुरभि, सरमा, तिमि।
(च–1) क्रोधवशा, दनु, काष्टा, इला, अदिति, मुनि, ताम (ताम्रा),। सुरसा, सरमा, अरिष्टा, दिति, सुरभी, तिमि, नाम।।
(छ) जलजंतु (ज) श्वापद (कुत्ते) (झ) भेंस गाय आदि पशु
(त) बाज, गिद्ध, आदि
(दनु– द्विमुर्धा, शंबर, अरिष्ट हयग्रीव, विभावसु, अयोमुख, शंकुशिरा, पुलोमा, वृषपर्वा, धूम्रकेश, विरूपक्ष, विप्रचित्ति कुल इकसठ)

[क]दंदशूक सरिसृप हुए, क्रोधवशा के गेह।
सुरसा के घर यक्ष ओर, वृक्ष इला के देह।।

इस भांति परीक्षित राजा को, शुकमुनि ने सृष्टि प्रसंग कहा।
[ख]आदित्य वंश में त्वष्टा घर, श्री विश्वरूप का जन्म कहा।।
दैत्यों की भगिनी रचना में, यह [ग]संनिवेश संग जाया था।
बृहस्पति ने त्यागा देवों को, तब गुरूवर इसे बनाया था।।

क्या था अपराध कहो गुरूवर, जो देवों का परित्याग किया।
श्री शुकमुनि ने सब बतलाया, जिसके कारण यह कार्य हुआ।।

एक समय गुरूदेव जब, आये थे दरबार।
धन मद से तब इन्द्र ने, किया नहीं सत्कार।।

सुरगुरू ने इसको सहन किया, चुपचाप सभा से चले गये।
देवेन्द्र दुखित होकर बोले, मेरे मद से गुरू छले गये।।
इस राज्यलक्ष्मि को पाकर के, मेरा भी असुर स्वभाव हुआ।
क्यों इसे वरेंगे सज्जन जब, इसके कारण दुरभाव हुआ।।
अवसर का लाभ उठाओ तुम, आचार्य शुक्र ने बोल दिया।
जय हेतु समय शुभ पाकर के, दैत्यों ने हमला बोल दिया।।

आहत होकर देवगण, पहुंचे ब्रह्मा पास।
अज बोले द्विज श्राप से, तुमने पाया त्रास।।

[1]**गो** विप्र ओर हरि का जिन पर, सब भांति अनुग्रह होता है।
निश्चिंत सदा वे रहते हैं, उनका न अहित फिर होता है।।
आज्ञा ले अज की इन्द्र आदि, तब विश्वरूप के पास गये।
सेवा कर विनय करी उससे, देवों के होते काम नये।।

बोले [2]ब्रह्मा तुल्य ही, होते हैं गुरूदेव।
पिता प्रजापति रूप ओर, सब प्राणी सम देव।।

1. **न विप्रगोविंदगवीश्वराणां भवंत्य भद्राणि नरेश्वराणाम्।। भा. 06–07–24**
2. **आचार्यो ब्रह्मणो मूर्तिः पिता मूर्तिः प्रजापते।**
   भ्राता मरूत्पतेर्मूर्तिर्माता साक्षात्क्षितेस्तनु।। भा. 06–07–29
   दयाया भगिनीमूर्तिर्धर्मस्याऽऽत्मा तिथिः स्वयम्।
   अग्नेरभ्यागतो मूर्तिः सर्वभूतानि चाऽऽत्मनः।। भा. 06–07–30

(क) पेट से चलने वाले
(ख) विवस्वान, अर्यमा, पूषा, त्वष्टा, सविता, भग, धाता, विधाता, वरूण, मित्र, शक्र व उरूक्रम अदि 12 आदित्य
(ग) विश्वरूप (दैत्यों का दोहित्र) का भाई

माता धरती रूप ओर, भाई इन्द्र समान।
धर्म रूप सब अतिथि हैं, बहिन दया की खान।

ग़र कार्य सिद्धि के लिये कभी, छोटों के चरण पड़े छूना।
इसमें निंदा की बात नहीं, यह वेदों का भी है कहना।।

[1]आयुष से होता नहीं, ऊँच–नींच का भान।
होता उत्तम जन वही, जिसमें होता ज्ञान।।

यों तो है कर्म पुरोहित का, निंदित समझा जाने वाला।
धर्मात्मपुरूष के जितने हैं, वे ब्रह्म तेज हरने वाला।।
फिर भी घर आये हो मेरे, स्वीकार मुझे प्रस्ताव बड़ा।
आओ सब मिलकर कर देंगे, फिर इन्द्र देव का राज्य खड़ा।।
गुरू विश्वरूप ने निज तप से, दैत्यों से सब लक्ष्मी हर ली।
उसकी ही विद्या के बल से, श्री इन्द्र देव ने जय वर ली।।

[2]**'नारायण** कवच' दिया उसने, जिससे देवों ने जय पाई।
परिक्षित ने पूछा विप्र मुझे, अब कहो कवच की प्रभुताई।।

1. **न गर्हयंति ह्यर्थेषु यविष्ठांघ्र्यभिवादनम्।**
छंदोभ्योऽन्यत्र न ब्रह्मन्वयोज्यैष्ठ्यस्य कारणम्।। भा. 06–07–33 – देवता

(अथ नारायण कवच)

2. **ऊँ हरिर्विदध्यानमम सर्वरक्षां न्यस्तांघ्रिपद्मः पतगेंद्रपृष्ठे।**
दरारिचर्मासिगदेषुचापपाशान्दधानोऽष्टगुणोऽष्टबाहुः।। भा. 06–08–10
जलेषु मां रक्षतु मत्स्यमूर्तिर्यादोगणेभ्यों वरूणस्य पाशात्।

स्थलेषु मायाबटुवामनोऽव्यस्त्रिविक्रमः खेऽवतु विश्वरूपः।। भा. 06–08–11
दुर्गेष्वटव्याजिमुखादिषु प्रभुः पायान्नृसिंहोऽसुरयूथपारिः।
विमुंचतो यस्य महाट्टहासं दिशो विनेदुर्न्यपतंश्च गर्भाः।
रक्षत्वसौ माऽध्वनि यज्ञल्पः स्वदंष्ट्रयोन्नीतधरो वराहः।। भा. 06–08–12
रामोऽद्रिकूटेष्वथ विप्रवासे सलक्ष्मणोव्याद्भरताग्रजोऽस्मान्।। भा. 06–08–13
मामुग्रधर्मादखिलात्प्रमादान्नारायणः पातु नरश्च हासात्।
दत्तस्त्वयोगादथ योगनाथः पायाद्गुणेशः कपिलः कर्मबंधात्।। भा. 06–08–14
सनत्कुमारोऽवतु कामदेवाद्धयशीर्षा मां पथि देवहेलनात्।
देवर्षिवर्यः पुरुषार्चनांतरात्कूर्मो हरिर्मां निरयादशेषात्।। भा. 06–08–15

धन्वंतरिर्भगवान्पात्वपथ्या द्वंद्वाद्भयादृषभो निर्जितात्मा।
यज्ञश्च लोकादवताज्जनांताद्बलो गणात्क्रोधवशादहींद्रः।। भा. 06–08–16
द्वैपायनो भगवानप्रबोधाद्बुद्धस्तु पाखंडगणात्प्रमादात्।
कल्किः कलेः कालमलात्प्रपातु धर्मावनायोरूकृतावतारः।। भा. 06–08–17
मां केशवो गदया प्रातरव्याद्गोविंद आसंगवमात्तवेणुः।
नारायणः प्राह्वहहउदात्तशक्तिर्मध्यंदिने विष्णुररींद्रणाणिः।। भा. 06–08–18
देवोऽपराह्ण मधुहोग्रधन्वा सायं त्रिधामाऽवतु माधवो माम्।
दोषे हृषीकेशः उताऽर्धरात्रे निशीथ एकोऽवतु पद्मनाभः।। भा. 06–08–19
श्रीवत्सधामाऽपररात्र ईशः प्रत्यूष ईशोऽसिधरो जनार्दनः।
दामोदरोऽव्यादनुसंध्यं प्रभाते विश्वेश्वरो भगवान्कालमूर्तिः।। भा. 06–08–19
श्रीवत्सधामाऽपररात्र ईशः प्रत्यूष ईशोऽसिधरो जनार्दनः।
दामोदरोऽव्यादनुसंध्यं प्रभाते विश्वेश्वरो भगवान्कालमूर्तिः।। भा. 06–08–20
चक्रं युगांतानलतिग्मनेमिभ्रमत्समंताद्भगवत्प्रयुक्तम्।
दंदग्धि दंदग्ध्यरिसैन्यमाशु कक्षं यथा वातसखो हुताशः।। भा. 06–08–21
गदेऽशनिस्पर्शनविस्फुलिंगे निष्पिंढि निष्पिढ्यजित प्रियाऽसि।
कूश्मांडवैनायकयक्षरक्षोभूतग्रहांश्चूर्णय चूर्णयारीन्।। भा. 06–08–22
त्वं यातुधानप्रमथप्रेत मातृपिशाचविप्रग्रहघोरदृष्टीन्।
दरेंद्र विद्रावय कृष्णपूरितो भीमस्वनोऽरेर्हृदयानि कंपयन्।। भा. 06–08–23
त्वं तिग्मधाराऽसिवरारिसैन्यमीशप्रयुक्तो मम छिंधि छिंधि।
चक्षुंषि चर्मन् शतचंद्र छादय द्विषामघोनां हर पापचक्षुषाम्।। भा. 06–08–24
यन्नो भयं ग्रहेभ्योऽभूत्केतुभ्यो नृभ्य एव च।
सरीसृपेभ्यो दंष्ट्रिभ्यो भूतेभ्योंऽहोभ्य एव वा।। भा. 06–08–2
सर्वाण्येतानि भगवान्नामरूपास्त्रकीर्तनात्।
प्रयांतु संक्षयं सद्यो ये नः श्रेयः प्रतीपकाः।। भा. 06–08–26
गरूडो भगवान्स्तोत्रस्तोभश्छंदोमयः प्रभुः।
रक्षत्वशेषकृच्छ्रेभ्यो विष्वक्सेनः स्वनामभिः।। भा. 06–08–27
सर्वापद्भ्यो हरेर्नामरूपयानायुधानि नः।
बुद्धींद्रियमनः प्राणान्पांतु पार्षदभूषणाः।। भा. 06–08–28
यथा हि भगवानेव वस्तुतः सदसच्च यत्।
सत्येनानेन नः सर्वे यांतु नाशमुपद्रवाः।। भा. 06–08–29
यथैकात्म्यानुभावानां विकल्परहितः स्वयम्।
भूषणायुधलिंगाख्या धत्ते शक्तीः स्वमायया।। भा. 06–08–30

तेनैव सत्यमानेन सर्वज्ञो भगवान्हरिः।
पातु सर्वैः स्वरूपैर्नः सदासर्वत्र सर्वगः।। भा.मा. 06–08–31
विदिक्षु दिक्षूर्ध्वमधः समंतादंतर्बहिर्भगवान्नारसिंहः।
प्रहापयँल्लोकभयं स्वनेन स्वतेजसा ग्रस्तसमस्त तेजाः।। भा.मा. 06–08–32

!! इति नारायण कवच !!

श्री नारायण का ध्यान किया, ओर शुक ने अपना मुख खोला।
परिक्षित को वह सब बतलाया, जो विश्वरूप ने था बोला।।
जब भी भय तुमको घेरे तो, होकर पवित्र आसन धर लो।
[क]द्वादस [ख]अष्टाक्षर मंत्रो से, उत्तर मुख होकर [ग]न्यास करो।।
कर अंगन्यास ओर मोन धार, नारायण कवच को बांधो तुम।
इस मधुर कवच के मंत्रों में, अपनी सांसो को साधो तुम।।

!! नारायण कवच !!

सुनलो मेरी पुकार, अरि भय ने घेरा मुझे।
होकर गरूड़ सवार, नारायण रक्षा करो।।

श्री वरूण पाष से मत्स्य देव, अस्थल में वामन मदद करो।
शुभ अंतरिक्ष में जगदीश्वर, रण ओर वन में नरसिंह प्रभो।।
वाराह मार्ग के हरो कष्ट, गिरि शिखर के परशुराम हरो।
यात्रा के सारे कष्ट मेरे, दशरथ नन्दन श्री राम हरो।।
सब योग भ्रंश से दत्तात्रय, नर देव मेरा सब गर्व हरो।
हे कपिलदेव बन्धन काटो, श्री सनत्कुमारों काम हरो।।
देवों की करूं अवज्ञा तो, हयग्रीव मेरी रक्षा करना।
पूजा में आवे विघ्न अगर, श्री नारद जी उनको हरना।।
नरकों से कच्छप जी तारो, धन्वंतरि कुपथ हरो सारा।
सुख दुख ओर काम क्रोध में भी, श्री ऋषभ सहाय करो मेरा।।
लोकापवाद श्री यज्ञदेव, अपघात सभी बलदेव हरे।
सर्पो से शेष सहाय करे, श्री व्यास सकल अज्ञान हरे।।
पाखण्ड बुद्ध जी हरो मेरा, कलिमल से कल्की तारो अब।
प्रातः के क्लेश हरो केशव, सायं में मदद करो माधव।।

(क) ॐ नमोभगवतेवासुदेवाय (ख) ॐ नमो नारायणाय (ग) ॐ विष्णवै नमः

पूर्वान्ह में नारायण जी ओर, मध्यान्ह में हरी चक्रधर जी।
अपरान्ह में [क]मधुहा मदद करो, [ख]संगव के साथी गोविंद जी।।
इन्द्रिय के ईश्वर सब मेरी, परदोष काल में मदद करे।
पिछली रजनी के कष्ट सभी, श्रीवत्सधारि श्री हरी हरे।।
अर्द्धरात्रि तक पद्मनाभ, [ग]प्रत्यूष [घ]जनार्दन देखो तुम।
सब संधिकाल में [च]विश्वेश्वर, परभात में दामोदर जी तुम।।
ए चक्र शत्रु की सेना को, पावक की भांति जला देना।
ए गदा शत्रु जितने मेरे, उन सब का चूर्ण बना देना।।
हो [छ]पांचजन्य का जब निनान, तो शत्रु भागते दिखें मुझे।
ए खड्ग सहाय करो मेरा, करदो अरि के टुकड़े टुकड़े।।
शत्रू नैत्रों को ढको ढाल, हरि नाम हरे सारे संकट।
श्री हरि के पार्षद हर लेवें, मन प्राण बुद्धि के सब कंटक।।

नारायण हरलो प्रभू मेरे सभी प्रमाद।
निर्भय होकर कर सकूं निशिदिन तुमको याद।।

!! इति !!

जो नित्य कवच का पाठ करे, भय उसके पास न आता है।
श्रृद्धा से जप करने वाला, फल इसका तत्क्षण पाता है।।

इसके बल देवेन्द्र ने, जीते असुर महान।
राज्यलक्ष्मि त्रेलोक की, जीती दे कर ध्यान।।
कलि के प्राणी सब करो, नित्य कवच उच्चार।
हाथ जोड़ विनती करे, नागर कमल कुमार।।

यज्ञो में सुरगुरू विश्वरूप, मंत्रो का गायन करते थे।
देवों को सारे यज्ञ भाग, ऊँचे स्वर से नित देते थे।।
पर गुप्त रीति से यज्ञ भाग, दैत्यों को भी जब सोंप दिये।
बस इसीलिये इक दिवस देव, देवेन्द्र ने [ज]मस्तक काट दिये।।
[झ]गरगवा, [त]कपिंजल और तीतर, इक इक सिर में से प्रकट हुए।
[थ]रख दोश ब्रह्म हत्या का सिर, देवेन्द्र ने उसके भाग किये।।

(क) धनुषधारी (ख) प्रातः के बाद तीन मुहुर्त का समय
(ग) प्रत्यूष समय (घ) खड्गधारी जनार्दन (च) कालमूर्ति विश्वेश्वर
(छ) शंख (ज) विश्वरूप के तीन सिर थे एक से सोम, एक से सुरा व एक से अन्न खाता था। (झ) कलविंग पक्षी (सुरा) (त) चातक (सोम)
(थ) एक वर्ष तक

स्त्री, पृथ्वी, वृक्ष और, जल ने पाया भाग।
रज, ऊसर, रस फैन हैं, हत्या के ही भाग।।
सुत हत्या का हाल सुन, त्वष्टा हुए उदास।
कैसे हो वध इन्द्र का, करने लगे प्रयास।।
त्वष्टा ने यज्ञादि कर, पैदा की इक देह।
वृत्त नाम उसका रखा, [क]बढ़ी दिनोदिन देह।।

संध्या के मेघों के समान, थी कान्ति वृत्त मतवारे की।
पर्वत हो जैसे जला हुआ, ऐसी छवि थी उस कारे की।।

ताम्र वर्ण सब बाल थे, नैन उग्र ओर लाल।
एक बाण जितना बढ़ा, चारों तरफ कमाल।।

देवों ने वार किया ज्यों ही, सब अस्त्र शस्त्र वह निगल गया।
तब आर्तभाव से देवों ने, श्री नारायण का स्मरण किया।।
रस्सी के विविध स्वरूपों में, आभास सर्प का ज्यों होता।
[1]सम–विषम बुद्धि में वैसे ही, प्रभु भान तुम्हारा ही होता।

क्या तुमसे प्रभु हम कहे, तुम सब जानो नाथ।
तीव्र अग्नि के सामने, रहे उजास अनाथ।।
सब देवों की विनय सुन, प्रकटे श्री भगवान।
सबने सिर प्रभु पद धरे, बोले जय घनश्याम।।

हरि बोले वह **[2]वैध** श्रेष्ठ, जो पथ्य पूर्ण करवाता है।
जो विषयी सुख भक्तों को दे, अज्ञानी इष्ट कहाता है।।
ऋषिश्रेष्ठ दधीची से जाकर, उनकी सब अस्थी मांगो तुम।
उस जीवन मुक्त महर्षी से, उसका ही जीवन मांगो तुम।।

ऋषि अस्थी से वज्र का, जब होगा निर्माण।
होगा उसकी मार से, वृत्तासुर निर्वाण।।

तुरत दधीची आश्रम, पहुंच गये देवेन्द्र।
चरणो में सिर धर कहा, कृपा करो विप्रेन्द्र।।

1. **समविषममतीनां मतमनुसरसि यथा रज्जुखंडः सर्पादिधियाम्।। भा. 06–09–37**
2. **न राति रोगिणोऽपथ्यं वांछतो हि भिषक्तमः।। भा. 06–09–50**

(क) चलाया गया बाण जितने हाथ दूर गिरे उतना यह चारों तरफ प्रतिदिन बढ़ता था।

ऋषि बोले सुरराज सुनो, है [1]**कौन** जिसे प्रिय देह नहीं।
साक्षात विष्णु भी ग़र मांगे, कह देते संभव देव नहीं।।
[2]**जीवों** के सब दुख दूर करें, अविनाशी धर्म हमारा है।
बस इसीलिये देवों के हित, जाता यह देह हमारा है।

ऋषि दधीचि ने देव हित, किया देह परित्याग।
इससे सबको हो गया, परहित में अनुराग।।

उनकी अस्थी से बना वज्र, जब इन्द्र देव के हाथ लगा।
तब क्रोधित हो कर वह सुरपति, वृत्तासुर वध करने निकला।।
उस समय देव ओर देत्यों में, भीषण संग्राम मचा भाई।
देवों के प्रबल प्राक्रम से, दैत्यों की सेना घबराई।।
[3]**धीरों** पर क्षुद्रों की वाणी, अपना प्रभाव ज्यों खोती है।
करतूति कुटिल सब दैत्यों की, देवों पर निष्फल होती है।।

भागे भय से दैत्य जब, हो सब विधि असहाय।
वीर वृत्त ने तब कहा, भागे कौन सहाय।।

हे मृत्यु अटल जीवन में तो, उसका ही वरण किया जावे।
इस लोक में सुयश प्राप्त करके, सुरपुर का मार्ग लिया जावे।।
जो योग साध हरि ध्यान रमा, या रण में अग्रणि मरता है।
है मृत्यु वही दुर्लभ जग में, सच में तो वह ही मरता है।।

रण विमुख देत्य सेना पर जब, देवों ने शस्त्र प्रहार किया।
वृत्तासुर ने गर्जन करके, उनके बल को धिक्कार दिया।।

गर्जन सुन उस दैत्य की, देव हुए बेहोश।
उन्हैं मसलने वह लगा, गज जैसे त्रण कोश।।

सुरपति ने तब क्रोधित होकर, उसपर निज गदा प्रहार किया।
वह गदा पकड़ वृत्तासुर ने, गजमुख पर भीषण वार किया।।

1. **क उत्सहेत तं दातुं।**
2. **एतावानव्ययो धर्मः पुण्यश्लोकैरूपासितः।**
   यो भूतशोकहर्षाभ्यामात्मा शोचति हृष्यति।। भा. 06–10–09
3. **सर्वे प्रयासा अभवन्विमोघाः कृताः कृता देवगणेषु दैत्यैः।**
   कृष्णानुकूलेषु यथा महत्सु क्षुद्रैः प्रयुक्तारूशती रूक्षवाचः।। भा. 06–10–28

इतना था वार शक्तिशाली, गज सात धनुष पीछे आया।
मुख टूट गया एरावत का, भीषण प्रहार से चिल्लाया।।
गज की पीड़ा का भान किया, अगले प्रहार को त्याग दिया।
रण में उस कुशल महात्मा ने, यों नैतिकता का साथ दिया।।
देवेन्द्र ने गज की पीड़ा को, कर के स्पर्श से दूर किया।
बंधू हत्यारे सुरपति को, वृत्तासुर ने धिक्कार दिया।।

[1]कृपण धनी से याचना, ज्यों होती फल हीन।
त्यों तुम जेसे कुटिल भी, होते देव अधीन।।

[2]उसका ही पक्ष प्रबल होता, जिसमें नारायण होते हैं।
विजयलक्ष्मि वह वरता है, सब गुण उसमें ही होते हैं।।
हाँ वज्र प्रहार तेरा पाकर, सब भोग पाष कटवाऊँगा।
संकर्षण गुरू की किरपा से, मैं योग मार्ग अपनाऊँगा।।
मरकर मैं स्वर्ग सिधारूंगा, इसका मनसे भय दूर करो।
मत चूको करो प्रहार इन्द्र, मुझको तुम चकना चूर करो।।
जो है अनन्य परमेश्वर के, है स्वर्ग तुच्छ उन लोगों को।
हरि धर्म अर्थ ओर काम हरे, कर देते निज जन भक्तों को।।
हो स्वर्ग पृथ्वि पाताल लोक, सबकी सम्पति दुखदाई है।
सब द्वेष उद्वेग कलह देते, हरि चरण सदा सुखदाई है।।

निरअभिमानी पर सदा, कृपा करे सुरराज।
एसे श्री हरि की शरण, मैं जाऊँगा आज।।

[3]ज्यों आहत चिड़िया का चूजा, माता की राह निरखता है।
दिनभर का भूखा बालवत्स, अम्मा अम्मा ही करता है।।
परदेस गये निज साजन की, ज्यों राह सुहागिन तकती है।
त्यों कमल नयन के दर्शन की, अभिलाषा इन नयनन की है।।

1. **निष्फलं कृपणार्थेव याच्या।। भा. 06–11–19**
2. **तेनैव शत्रुं जहि विष्णुयंत्रितो यतो हरिर्विजयः श्रीर्गुणास्ततः।। भा. 06–11–20**
3. **अजातपक्षा इव मातरं खगाः स्तन्यं यथा वत्सतराः क्षुधार्ताः।**
   प्रियं प्रियेव व्युषितं विषण्णा मनोरविंदा क्षदिद्दक्षते त्वाम्।। भा. 06–11–26

इतना कह क्रोधित हो उसने, शचिपति पर तीक्ष्ण प्रहार किया।
सुरपति ने भी कर वज्र घात, उसका कर धड़ से काट दिया।।
बांये कर से ही परिध फेंक, देवेन्द्र को मूर्छित कर डाला।
गिर गया वज्र उसके कर से, यों लज्जित उसको कर डाला।।
असहाय निरख सुरनायक को, वृत्तासुर ने यह बात कही।
वज्र उठा कर वार करो, चिन्तन करने का समय नहीं।।
जो शस्त्रधारि ओर योद्धा हैं, सर्वत्र कहां जय पाते हैं।
जय का तो वरण सदैव इन्द्र, श्री नारायण करवाते हैं।।

जेसे [1]पुतली काठ की, त्यों जग है परतंत्र।
नारायण आधीन हे, इस जगती का यंत्र।।
[2]प्राणी से प्राणी सृजे, हने प्राणि के हाथ।
सृजन ओर संहार का, भार उसी के साथ।।
मूरख वह इंसान जो, माने सदा स्वतंत्र।
हरि के कर से बज रहा, प्राणी का हर यंत्र।।
[3]धन यश ओर एश्वर्य सुख, जो है विविध प्रकार।
स्वतः दुःख के सम हमें, दिलवाते करतार।।
जीत हार सुख दुःख में, धेर्य न खोते वीर।
यश अपयश जीवन मरण, देता है बलबीर।।
जूआ मानो युद्ध को, जीत मिले या हार।
सोच न कर युयुधान तू, कर अब मुझ पर वार।।
वज्र उठा बहु मान दे, हो हर्षित सुरराज।
बोला तेरी भक्ति से, मैं प्रसन्न हूं आज।।

1. यथा दारूमयी नारी यथा यंत्रमयो मृगः।
एवं भूतानि मधवन्नीशतंत्राणि विद्धि भोः।। भा. 06—12—10

2. भूतैः सृजति भूतानि ग्रसते तानि तैः स्वय्।। भा. 06—12—12

3. आयुः श्रीः कीर्तिरेश्वर्यमाशिषः पुरूषस्य याः।
भवन्त्येव हि तत्काले यथाऽनिच्छोर्विपर्ययाः।। भा. 06—12—13

जो [1]**अमृत** सागर में रमते, पोखर पर नहीं मचलते हैं।
भगवद्भक्तों को स्वर्ग आदि, सारे सुख मिथ्या लगते हैं।।

दोनो में फिर छिड़ गया, अति भीषण संग्राम।
शस्त्र बदलने का नहीं, था उनको विश्राम।।

घात वज्र का भीषण कर, जब हाथ दूसरा काट दिया।
फैलाया मुख वृत्तासुर ने, गज सहित इन्द्र को निगल लिया।।
नारायण कवच जाप कारण, अमरेश्वर का नहिं मरण हुआ।
वज्राघात कर उदर चीर, उसके सन्मुख आ खड़ा हुआ।।
तब भीषण वज्र प्रहारों से, वृत्तासुर का सर काट दिया।
एक वर्ष तक वज्र फिरा, तब जाकर धड़ से अलग किया।।

तेज पुंज उस देह से, निकला उस क्षण एक।
नारायण के पास जा, हुआ उन्हीं में एक।।
इन्द्र सिवा सबका हुआ, दूर सभी संताप।
कुरूसुत ने पूछा कहो, क्या था उसको ताप।।

ब्राह्मण था वृत्त इसी कारण, वध में संकोच हुआ उसको।
समझा कर ऋषियों ने राजन, वध हेतु प्रवृत्त किया उसको।।

हरि का कीर्तन गान नित, करे पाप सब दूर।
कमल नयन की भक्ति से, आता है मुख नूर।।
लज्जित होते श्रेष्ठ जब, सब सुख लगते हीन।
उसी भांति सुरराज भी, हुए नृपति गमगीन।।

चाण्डाली रूप ब्रह्महत्या, सुरपति के पीछे दौड़ पड़ी।
थे श्वेत केश कफलिप्त देह, क्षय ओर जरा से लिप्त बढ़ी।।

मानसरोवर में घुसे, डरकर श्री सुरराज।
कमलनाल भीतर रहे, एक वर्ष महाराज।।
इस अवधी में नहुष ने, किया इन्द्र का काज।
शचि से रति याचन लगे, आई उन्हैं न लाज।।
शची श्राप से होगया, उसका अजगर रूप।
दण्ड कुकर्मी को मिला, कर्मों के अनुरूप।।

1. **विक्रीडतोऽमृतांभोधौ किं क्षुद्रैः खातकौदकैः।। भा. 06–12–22**

विप्रों ने पूजे सर्वदेव, ओर भव्य यज्ञ इक करवाया।
था दोष ब्रह्महत्या का जो, सुरपति से दूर वो करवाया।।

कुछ प्रश्न परीक्षित राजा ने, शुकदेव देव से पूछ लिये।
सुनकर विस्मय से युक्त बात, अपने संदेह भी मेट लिये।।
रज ओर तमगुण से युक्त वृत्त, केसे हरिभक्त हुआ बोलो।
हरि में ही आत्मा लीन हुई, गुरू इसका भेद अभी खोलो।।
रजकण जितने ही जीव देव, पृथ्वी पर नित्य विचरते हैं।
कोटिक जीवों में कुछ ही है, जो मोक्ष मांगते रहते हैं।।
विरले हें कई सहस्त्रों में, आसक्ति भाव जो तजते हैं।
कोटिक जीवों में गिनती के, भगवत्सेवा रत रहते हैं।।

मेरे इस संदेह को, दूर करो महाराज।
भ्रमित बुद्धि के वश हुआ, कृपा करो गुरूराज।।

शुक बोले नारद देवल जी, ओर पितु मुख से जो पाया था।
वह सब इतिहास सुनाता हूँ, जिसमें यह सब समझाया था।।
इक चित्रकेतु नामक [क]राजा, सबभांति सुराज चलाता था।
संतान नहीं थी उसके घर, इससे मुरझाया रहता था।।

एक दिवस ऋषि अंगिरा, आये उसके द्वार।
पद पखार नृप ने किया, उनका अति सत्कार।।

ऋषिवर ने पूछा कहो नृपति, [ख]सर्वांग राज्य के खुश तो हैं।
क्यों खिन्न दिखाई देते हो, लगता है चिन्ता कुछ तो है।।
बोला जब [ग]क्षुधा सताती तो, खुशबू से पेट नहीं भरता।
संतान न हो तो ऋषिराई, मन नहीं राज्य में फिर रमता।।
अंगिरा ऋषी ने चरू लेकर, त्वष्टा का पूजन करवाया।
पटरानी कृतद्युति को उनने, अवशिष्ट अन्न फिर खिलवाया।।
इसके प्रभाव से कृतद्युति ने, इक सुन्दर सुत को जन्म दिया।
राजा इससे संतुष्ट हुआ, सब विधि विप्रों का मान किया।।
विद्वेष से बुद्धी नष्ट हुई, [घ]सोतों ने डाह किया भारी।
विष राजकुंवर को खिलवाया, उनकी थी मती गई मारी।।

(क) शूरसेन देश
(ख) देश, दुर्ग, नृप सेन्य ओर भृत्य, मंत्रि, भण्डार।
सात अंग ये राज्य के, जाने सब संसार।।
(ग) वाणी, वीणा, वसन अरु, चन्दन, सुन्दर, नार।
क्षुधित, तृषित के सामने, ये सगरे निःसार।।
(घ) एक करोड़ रानियां

कृतद्युति ने देखी जभी, प्रिय सुत की मृत देह।
कंठ फाड़ कर रो पड़ी, गूंज गया नृप गेह।।
बुरा भला उसने कहा, विधना को भी आज।
मेरे सुत को छीन कर, आयी तुझे न लाज।।
जब डूबे थे शोक में, सकल नगर नरनार।
आये नारद अंगिरा, भजते जगदाधार।।

दोनों ने आकर नृपवर को, अपने तर्कों से समझाया।
आत्मा होती है अमर सदा, बस देह [क]बदलती बतलाया।।
[1]ज्यों पवन वेग से धूल उड़े, या फिर पर्वत सी जम जाये।
बस काल वेग से उसी भांति, प्राणी मिल ओर बिछुड़ जाये।।
यह **[2]जन्म** मृत्यु तेरा मेरा, परमेश्वर की ही माया है।
हम सब इस भ्रम में रहते हैं, यह तेरी मेरी काया है।।
है कल्पित जाति आकृती भी, सब नाते रिश्ते जूठे हैं।
हम कैसे हम हो सकते हैं, जब [ख]सब में ईश्वर बैठे हैं।।
तब अपना परिचय करवाकर, दोनों ने उसको ज्ञान दिया।
देने आये थे ज्ञान प्रथम, तुमने मुझसे सुत मांग लिया।।
नारद जी ने उस राजा को, कल्याण मंत्र विद्या कह दी।
सात रात्रि तक पाठ करो, रीझेंगे श्री धरणीधर जी।।

अपने बल से फिर नारद ने, मृत तन को जीवित कर डाला।
आत्मा को फिर से देह मिली, आश्चर्य कर्म यह कर डाला।।
जीवित होकर वह तन बोला, मैं एक जगह नहिं रहता हूँ।
कर्मों के वश पशु पक्षि मनुज, नाना योनी में भ्रमता हूँ।।
किस जन्म के हैं ये मात–पिता, केसा इनसे मेरा नाता।
ये हर्ष शोक मुझसे करते, जूठे हें सब भगिनी–भ्राता।।

1. **यथा प्रयांति संयांति स्रोतोवेगेन बालुकाः।**
संयुज्यंते वियुज्यंते तथा कालेन देहिनः।। भा. 06–15–03
2. **यथा धानासु वै धाना भवंति न भवंति च।**
एवं भूतेषु भूतानि चैदितानीशमायया।। भा. 06–15–04

(क) वासांसि जीर्णानि यथा विहाय, नवानि गृहणाति नरोऽपराणि।
तथा शरीराणि विहाय जीर्णान्यन्यानि संयाति नवानि देही।। श्रीमदभगवत गीता 02–22
(ख) स्वर्ण निर्मित आभूषण

[1]**जैसे** सोने के आभूषण, जोहरी के मध्य फिरा करते।
वैसे ही जीव योनियों में, पाकर के देह घिरे रहते।।
सम्बन्ध पशू से तब तक है, जबतक हम उसके स्वामी हैं।
यह देह कहां मेरा मुनिवर, मेरा तो ईश्वर स्वामी है।।

इतना कह उस देह से, निकल गया वह जीव।
शोक त्याग अन्तिम क्रिया, करने लगे सजीव।।

हत्यारी माताओं ने तब, यमुना जल में अस्नान किया।
प्रायश्चित कर सब पापों का, बस परमेश्वर में ध्यान दिया।।
[2]**कंबुक** ज्यों कीचड़ से निकले, घर से त्यों राजा निकल गया।
[3]**उपदेश** श्रवण कर नारद से, इस अंधकूप को त्याग दिया।।

1. **यथा वस्तूनि पण्यानि हेमादीनि ततस्ततः।**
पर्यटंति नरेष्वेवं जीवो योनिषु कर्तृषु।। भा. 06–16–06
2. **स इत्थं प्रतिबुद्धात्मा चित्रकेतुर्द्विजोक्तिभिः।**
गृहांधकूपान्निष्क्रांतः सरः पंकादिव द्विपः।। भा. 06–16–15
3. **नमस्तुभ्यं भगवते वासुदेवाय धीमहि।**
प्रद्युम्नायानिरूद्धाय नमः सकर्षणाय च।। भा. 06–16–18
नमो विज्ञानमात्राय परमानंदमूर्तये।
आत्मारामाय शताय निवृत्तद्वेतद्दष्टये।। भा. 06–16–19
आत्मानंदानुभूत्यैव न्यस्तशक्त्युर्मये नमः।
ह्रषीकेशाय महते नमस्ते विश्वमूर्तये।। भा. 06–16–20
वचस्युपरतेऽप्राप्य य एको मनसा सह।
अनामरूपश्चिन्मात्रः सोऽव्यानः सदसत्परः।। भा. 06–16–21
यस्मिन्निदं यतश्चेदं तिष्ठत्यप्येति जायते।
मृन्मयेष्विव मृज्जातिस्तस्मै ते ब्रह्मणे नमः।। भा. 06–16–22
यन्न स्पृशंति न विदुर्मनोबुद्धींद्रियासवः।
अंतर्बहिश्च विततं व्योमवत्तनतोऽस्म्यहम्।। भा. 06–16–23
देहेंद्रियप्राणमनोधियोऽमी यदंशविद्धाः प्रचरंति कर्मसु।
नैवान्यदा लोहमिवाप्रतप्तं स्थानेषु तदद्रष्ट्रपदेशमेति।। भा. 06–16–24
ॐ नमो भगवते महापुरूषाय महानुभावाय महाविभूतिपतये सकलसात्वतपरिवृढनिकर।
कर कमल कुडलोपलालित चरणारविंद युगलपरम परमेष्ठिन्नमस्ते।। भा. 06–16–25

नारद के संग अंगिरा, लौटे निज निज धाम।
चित्रकेतु तप में रमा, यामिनि दिन अविराम।।

सात दिवस तक जल पीकर, उसने जीवन निर्वाह किया।
योग्य रीति अनुपालन कर, मायापति का आह्वान किया।।
तप के प्रभाव से भूसुर को, विद्याधर का अधिपत्य मिला।
मन के समान गति पाकर के, चेहरा उसका तत्काल खिला।।

तब समीप जा शेष के, पग में नाया शीष।
वन्दन कर उन देव का, पाया शुभ आशीष।।

[1]**मैं** ही हूँ स्थावर जंगम में, सब कर्मों का कारण मैं हूँ।
परमब्रह्म है रूप मेरा, ओर वेद रूप भी मैं ही हूँ।।
[क]तीनो ही सफल अवस्था का, आत्मा ही अनुभव पाता है।
प्रवृत्ति भरी सब क्लेशों से, निवृत्ती मोक्ष प्रदाता है।।

ज्ञानी निज संकल्प से, रहता है निवृत्त।
मार्ग मोक्ष का पकड़ कर, होजा तू प्रवृत्त।।
इतना कह श्री शेष जी, हो गये अन्तर्धान।
चित्रकेतु नभ में उड़ा, पाकर के वरदान।।

लाखों वर्षों तक चित्रकेतु, बहुविधि विहार में मगन रहा।
इन्द्रियां रही सक्षम उसकी, उनमें ही अपनी लगन लगा।।
इक दिवस यान से श्री हरि के, नभ में विचरण करता आया।
श्री महादेव को उमा संग, मुनिमण्डलि में बैठे पाया।।
ऊँचे स्वर में वह चिल्लाया, इसको क्यों लाज नहीं आती।
गोदी में लेकर भार्या को, बेठा मर्याद मिटी जाती।।

देखो इस भगवान को, जो है लज्जा हीन।
ब्रह्म सभा में बैठकर, कर्म करे अति दीन।।

भोले बाबा तो शान्त रहे, सब सभासदों ने चुप साधा।
माता से सहन न हो पाया, बोली खल तुझको क्या बाधा।।

1. **अहं वे सर्वभूतानि भूतात्मा भूतभावनः।**
शब्दब्रह्म परंब्रह्म ममोभे शाश्वती तनू।। भा. 06–16–51

(क) जागृत, स्वप्न, सुषुप्ति–तीन अवस्था

देवों के देव हुए कबसे, शंकर को शिक्षा देते हो।
हो असुर योनि में जन्म तेरा, ऐसा अपराध न फिर से हो।।
बोला स्वीकार है श्राप मुझे, पर बात सत्य ही है मेरी।
गिरिजा से बोले महादेव, नहिं ठीक किया तुमने देवी।।
सुख–दुख प्राणी के जीवन में, बस हरिमाया से मिलते हैं।
लेकिन शिक्षा के मधुर वचन, जीवन में बिरले मिलते हैं।

चित्रकेतु ने ले लिया, वृत्तासुर का रूप।
मरकर जिसने पालिया, सकल जगत का भूप।।

अदिती के शुभ वंश का, शुक ने किया बखान।
बारह सुत घर जो हुई, नामवती संतान।।
कश्यप दिति के मिलन से, हुए दैत्य विकराल।
उनके सुत प्रहलाद से, जिसने किया कमाल।।

उनचास मरूत भी दिति सुत थे, इनने न प्रजा विस्तारी थी।
देवत्व दिया था इन सब को, करतूति इन्द्र की सारी थी।।
आश्चर्य चकित हो राजा ने, पूछा यह कैसे हुआ कहो।
सत्कर्म कौन से थे ऐसे, जिनसे देवत्व मिला कह दो।।
शुकमुनि बोले दिति एक बार, श्री कश्यप जी के पास गई।
बोली जो पापी इन्द्र वधे, दे दो मुझको सुत एक वही।।

कश्यप से ज्ञानी हुए, इसके हित तैयार।
तिरिया हठ के सामने, सकल जगत लाचार।।
अज ने आधी देह से, सृजा नारि का रूप।
बुद्धि हरण कर पुरूष को, कर लेती अनुरूप।।

[1]**शरद** कमल सा मुख इनका, वाणी अमृत सी होती है।
अनजाना चरित विलक्षण है, पर धार हृदय में होती है।।

1. **शरत्पद्मोत्सवं वक्त्रं वचश्च श्रवणामृतम्।**
हृदयं क्षुरधाराभम् स्त्रीणां को वेद चेष्टितम्।। भा. 06–18–41
न हि कश्चित्प्रियः स्त्रीणामंजसा स्वाशिषाऽऽत्मनाम्।
पतिं पुत्रं भ्रातरं वा घ्नंत्यर्थे घातयंति च।। भा. 06–18–42

अपने स्वारथ की पूर्ति हेतु, कुछ भी कर सकती है भाई।
इतिहास पढ़ो [क]भाई, [ख]बेटा, [ग]पतिवध में लाज नहीं आई।।

भार्या के अनुरोध का, कर न सके प्रतिरोध।
खुद पर कश्यप देव को, आया थोड़ा क्रोध।।

बोले अब वैष्णव व्रत तुमको, दिति एक वर्ष तक रखना है।
यदि नियम एक भी भंग किया, उसका फल तुमको चखना है।।

जीव हिंसा, असत भाषण, शब्द कटु मत बोलना।
हो अमंगल तो न छूना रोम नख मत छोलना।।
जल में घुस कर स्नान ओर दुर्जन से चर्चा त्याग दो।
क्रोध का परित्याग करके, वसन धोकर धारलो।।
अन्न हो उच्छिष्ट या फिर, भद्रकाली को चढ़ा।
मांस मिश्रित हो कि वह अस्वच्छ कर में हो पड़ा।।
दृष्टि जिसपर पड़ गई हो रजस्वला की छोड़ दो।
अंजुरी से आज से ही नीर पीना छोड़दो।।
आचमन बिन जूठे मुह देहरी कभी नहिं लांघना।
केश खोले शाम को तुम द्वार से मत झांकना।।
हो न गर श्रृंगार वाणी पर न तेरा वश चले।
बाहर न जाना जब तलक तू देह सगरी ढ़ांकले।।
शाम को प्रिय नग्न होकर शयन का परित्याग हो।
सूखे पैरों सावधानी सर न उत्तर को धरो।।
मांगलिक श्रृंगारकर गो विप्र लक्ष्मी पूजके।
देव पूजन आदि करलो पहिले अपने भोग के।।
अहिवात जिनका चिर हो उनके चरण नित्य पखारलो।
परम पावन एक गोविंद ध्यान उनका धारलो।।
धारण कर ऋषि गर्भ का, कर नियमों का भान।
सुत पाने की चाह में, दिया दिती ने ध्यान।।

जैसे मृग का ही रूप धार, आखेटक [घ]झल में आता है।
त्यो ही आश्रम आ इन्द्रदेव, देवी की सेवा करता है।।
इक दिवस आचमन किये बिना, पावों को भी नहिं धो पाई।
संयोग बना उस दिन ऐसा, दिति देवी को निद्रा आइ।।

(क) शूपनरवा — **(ख) चित्रकेतु की पत्नियां कृतद्युति की सोतन**
(ग) कैकेई — **(घ) झुंड, समूह**

अवसर पाकर सुरपति उसके, माया से उर में चला गया।
सूने घर में ज्यों श्वान धुसे, वह गर्भस्थल की ओर गया।।

स्वर्ण तेजमय गर्भ पर, किया वज्र आघात।
गर्भ तभी रोने लगा, टूक हो गये सात।।

रो मत–रो मत कहकर उसने, प्रत्येक के सात विभाग किये।
क्यों हमको मार रहे राजन, बोले हम तेरे बंधु हुए।।

इन्द्र सहित सब मरूद्गण, जाये दिति ने लाल।
रक्षक जिनके श्री हरी, कुछ न करे फिर काल।।
मांगा था जब एक सुत, कैसे हुए पचास।
सत्य इन्द्र ने कह दिया, जैसे हुए पचास।।
आज्ञा लेकर मात की, चरणो में धर माथ।
इन्द्र स्वर्ग में आ गये, मरूद्गणों के साथ।।

ए शौनकादि ऋषियों जब यह, शुक ने वृत्तान्त सुनाया था।
विस्तार 'पुंसवन व्रत' का तब, परिक्षित ने सुनना चाहा था।।
शुक बोले पति की आज्ञा ले, इस व्रत को धारण करते हैं।
मार्गशीर्ष प्रथमी के दिन, शशि शुक्ल पक्ष जब होते हैं।।

श्नान कर्म से शुद्ध हो, रख पूजा में ध्यान।
लक्ष्मीपति की वन्दना, करलो यथा विधान।।

हे पूर्ण काम नमो नमः लोकाभिराम नमो नमः।
हे लक्ष्मि धाम नमो नमः, विभूतिधाम नमो नमः।।
हे तेज पुंज नमो नमः, सामर्थ्यधाम नमो नमः।
हे कृपा कारक नमो नमः, महिमा सुधाम नमो नमः।।
हे विष्णुपत्नि नमो नमः, माँ महामाया नमो नमः।
हे महाभागा नमो नमः, ईश लक्ष्णा नमो नमः।।
हे जगन्माता नमो नमः, लक्ष्मिदैव्यै नमो नमः।
हे सिद्धिदात्रि नमो नमः, माँ शान्ति दात्रि नमो नमः।।
हे ऊँ रूप नमो नमः, है पुरूष श्रेष्ठ नमो नमः।
हे आत्मरूप नमो नमः, नारायणाय नमो नमः।।
हे कमलनयन नमो नमः, कमलनाभ नमो नमः।
हे कमलाकान्त नमो नमः, कमलानाथ नमो नमः।।

इन [1]मंत्रो का जाप कर, धर चरणों में शीष।
षोड़ष ही उपचार कर, पाओ नित आशीष।।
द्वादश आहुति होम दो, शुभ [2]मंत्रों के साथ।
आस्था मंत्रो में रहे, सब विधि श्रद्धा साथ।।

सम्पति ओर धन याचक जब, प्रतिदिन **[3]इसका** जप करते हैं।
वैभव तब जीवन में आता, होकर कुबेर से रहते हैं।।
व्रत की अवधी में **[4]पति** का भी, कर्तव्य ओर बढ़ जाता है।
छोटे–छोटे गृहकार्यों में, भार्या का हाथ बंटाता है।।
एक वर्ष यह व्रत रख कर, विधि से उद्यापन करते हैं।
विप्र चरण सिर धर कर के, सुतवति की पूजा करते हैं।।

1. **अलं ते निरपेक्षाय पूर्णकाम नमोस्तुते।**
महाविभूतिपतये नमः सकलसिद्धये।। भा. 06–19–04
यथा त्वं कृपया भूत्या तेजसा महिमौजसा।
जुष्ट ईशगुणैः सर्वैस्ततोऽसि भगवान्प्रभुः।। भा. 06–19–05
विष्णुपत्नि महामाये महापुरूष लक्षणे।
प्रीयेथा में महाभागे लोकमातर्नमोऽस्तुते।। भा. 06–19–06

2. **ऊँ नमोभगवते महापुरूषाय महानुभावाय महाविभूतिपतयेसहमहाविभूति भिर्बलिमुपहराणीति।**
ऊँ नमो भगवते महापुरूषाय महाविभूतिपतये स्वाहा।। भा. 06–19–07

3. **युवां तु विश्वस्य विभू जगतः कारणं परम्।**
इयं हि प्रकृतिः सूक्ष्मामायाशक्तिर्दुरत्यया।। भा. 06–19–10
तस्या अधीश्वरः साक्षात्त्वमेव पुरूषः परः।
त्वं सर्वयज्ञ इज्येयं क्रियेयं फलभुग्भवान्।। भा. 06–19–11
गुणव्यक्तिरियं देवी व्यंजको गुणभुग्भवान्।
त्वं हि सर्वशरीर्यात्मा श्रीः शरीरेंद्रियाशया।
नाम रूपे भगवति प्रत्ययस्त्वमपाश्रयः।। भा. 06–19–12
यथा युवां त्रिलोकस्य वरदौ परमेष्ठिनौ।
तथा म उत्तमश्लोक संतु सत्या महाशिषः।। भा. 06–19–13

4. **पतिं च परया भक्त्या महापुरूषचेतसा।**
प्रियैस्तैस्तैरूपनमेत्प्रेमशीलः स्वयं पतिः।
बिभृयात्सर्वकर्माणि पत्न्या उच्चावचानि च।। भा. 06–19–16

सबको हरिअर्पित भोजन दे, पति को भोजन करवाते हैं।
सबके ही अन्त में व्रत वाले, नैवेद्य ग्रहण फिर करते हैं।।

मावस कार्तिक मास की, रखते हैं उपवास।
कृष्ण चन्द्र की वन्दना, करते विधि के साथ।।

घृत सहित चरू को दूध संग, विधि से तैयार कराते हैं।
बारह आहूती इसमें से, श्रद्धा से पति ही देते हैं।।

विप्रों का आशीष ले, सब कुल जन के साथ।
ग्रहण करे अवशेष चरू, रख मन में विश्वास।।
मनवांच्छित पति को मिले, पत्नी को सोहाग।
जो कन्या यह व्रत करे, खुल जाये सौभाग।।
विधवा छूटे पाप से, निर्धन हो धनवान।
रोगों से मुक्ती मिले, मिले रूप ओर मान।।

शुभ समय पाठ इस वार्ता का, पितरों को तृष्ती देता है।
हवन अन्त में करने से, मन नारायण में रमता है।।

वैष्णव सब मिलकर करे, व्रत से हरि सत्कार।
हाथ जोड़ विनती करे, नागर कमल कुमार।।

!! इति श्री "जय श्री कृष्ण" षष्ठस्कंधः!!

!! "जय श्री कृष्ण" सप्तम स्कंध!!

!! अथ सप्तम स्कंध !!

जगन्नाथ भगवान को, बारम्बार प्रमाण।
कलि में जिनके भजन से, मन पाता विश्राम।।

परिक्षित ने पूछ! एक प्रश्न, मन को विचलित करता मेरे।
क्या बात है जिससे प्रेरित हो, श्री हरि ने दैत्य वधे सारे।।

समदृष्टी ओर सर्वप्रिय, प्रभु हें करूणागार।
कृत्य मनुष्यों सा किया, क्या है इसका सार।।
व्यास देव का स्मरण कर, उनको किया प्रणाम।
चरित सभी कहने लगे, श्री शुकमुनि अविराम।।

जिस भांति पात्र की आकृति से, जल विलग विलग सा दिखता है।
बस उसी भांति परमेश्वर भी, कभि देव दैत्य सा लगता है।।

सच में तीनो गुणो से, दूर सदा भगवान।
इसमें अचरज कुछ नहीं, इसे सत्य तू जान।।
हिरण्यकशिपु हिरण्याक्ष वध, था उन पर उपकार।
तुम मत मानो देव हित, था यह सारा भार।।

इसको विस्तृत समझाने को, मैं इक वृत्तान्त सुनाता हूँ।
युद्धिष्ठिर का श्री नारद से, संवाद हुआ बतलाता हूँ।।
बोला शिशुपाल ने गोविन्द को, कितने अपशब्द सुनाये थे।
क्यों नर्क नहीं हरिधाम मिला, किन कर्मों के फल पाये थे।।

जैसे [1]वायू वेग से, भ्रमती दीपक ज्वाल।
हरि के अद्भुत कर्म से, मेरा भी वह हाल।।
नारद बोले भाव ये, सारे ही बेकार।
हरि को जैसी अस्तुति, वेसा ही धिक्कार।।

मैं तुम ओर तेरा मेरा, निंदा गायन जो होते हैं।
ईश्वर तो बस सर्वात्मा हे, इन भेदों में नहिं फसते हैं।।

[2]वैर, भक्ति, भय स्नेह ओर, पंचम होता काम।
इनसे मन हरि में लगे, पूरण हो सब काम।।
[क]वैर सदा देता हमें, तन्मयता का भाव।
इसीलिये यह हो गया, हरि पाने की नाव।।

1. एतद्भ्राम्यतिमे बुद्धिर्दीपार्चिरिव वायुना।। भा. 07–01–20
2. तस्माद्वैरानुबंधेन निर्वैरेण भयेन वा। स्नेहात्कामेन वा युंज्यात्कथंचिन्नेक्षते पृथक्।। भा. 07–01–25
(क) यदि वे सच्चे अवतारी है......। (राधेश्याम रामायण)

[1]गोपी भजती काम से, द्वेष भजे शिशुपाल।
कंसादिक भय से भजे, पाण्डव स्नेह मिलास।।
दंतवक्र शिशुपाल दो, थे हरि पार्षद दिव्य।
विप्र श्राप उनको मिला, हुए निशाचर भव्य।।

ए देवऋषि इक बात ओर, अब आज मुझे समझा दीजे।
प्रहलाद का द्वेष पिता से क्यों, इसका रहस्य बतला दीजे।।

देवऋषि कहने लगे, नृपवर तुमको धन्य।
द्विज तो केवल हरि भजे, उन्हें नहीं प्रिय अन्य।।

बन्धु निधन सुनकर बढ़ा, हिरण्यकशिपु का क्रोध।
गौ ब्राह्मण वध कर किया उसने विष्णु विरोध।।

यज्ञ भाग जब नहि मिला, भू पर आये देव।
दैत्यराज कहने लगा, मैं जीतूंगा देव।।
हिरण्याक्ष की पत्नी और, पुत्रों को वह समझाता है।
यह दुनियां एक सराय बड़ी, नित कोई आता जाता है।।

[2]**शूर** वही कहलाता है, जो मरने तक संग्राम करे।
यश उसका दुनियाँ गाती है, जो रिपु सन्मुख ही प्राण तजे।।
[3]**प्याऊ** पर ज्यों प्यासे मिलते, जल पीते ओर बिछुड़ते हैं।
बस इसीभांति दुनियां मे भी, प्राणी आ आकर मिलते हैं।।
आत्मा होती हैं अमर किन्तु, हे देह नष्ट होने वाली।
गुण से यह देह सजीव लगे, आत्मा उसमें रहने वाली।।
राजा [क]सुयज्ञ को मार दिया, जब रण में शत्रु सेना ने।
पत्नी परिजन जब दुखित हुए, बालक यम आये समझाने।।
[4]**जो** गर्भकाल का रक्षक हे, वह ही सब ओर बचाता है।
घर में बैठा रहने वाला, अतिप्रिय भी तो मर जाता है।।

1. **गोप्यः कामाद्भयात्कंसोद्वेषाच्चैद्यादयो नृपाः। भा. 07—01—30**
   संबंधा द्वृष्णयः स्नेहाद्युयं भक्त्या वयं विभो।।
   खीजे पे निजपद दियो, रीझे पे दई लंक।
   अंधाधुन्ध दरबार को, भजरे जीव निशंक।। पैतृक सम्पदा
2. **रिपोरभिमुखे श्लाध्यः शूराणां वध ईप्सितः।। भा. 07—02—20**
3. **भूतानामिह संवासः प्रपायामिव सुव्रते।**
   दैवेनैकत्र नीतानामुन्नीतानां स्वकर्मभिः।। भा. 07—02—21
4. **स रक्षिता रक्षति यो हि गर्भे।। भा. 07—02—38**
   (क) उशीनर देश का राजा।

देह प्राण से अलग हे, आत्मा नित्य स्वरूप।
ज्ञानी सुख दुख से परे, रहे सदा समरूप।।

इस भांति अनके कचरित्र कहे, माँ को समझाया था उसने।
हिरण्याक्ष देह का दाह कर्म, विधि से करवाया था उसने।।

नारद बोले कर दाह कर्म, हिरण्यकशिपु तप को निकला।
अमरत्व प्राप्त कर लोटूंगा, फिर लूंगा विष्णू से बदला।।
बस एक अंगूठे पर उसने, अपनी काया को साध लिया।
मंदर की अगम गुफा में जा, अज तप में मन को बांध दिया।।

पृथ्वी गृह तपने लगे, ऐसा बढ़ा प्रताप।
आर्त देव की विनय सुन, ब्रह्मा पहुंचे पास।।

अज ने देखा तब हिरण्यकशिपु, बांबी से ही आलेपित था।
सब मांस चींटियों ने खाया, कंकाल अस्थि का केवल था।।
जैसे ही अज ने जल छिटका, वह हृष्ट पुष्ट होकर निकला।
बोले मैं तप से हूँ प्रसन्न, तब मुख से विनती स्वर निकला।।
यदि मुझ पर पूर्ण अनुग्रह हे, तो फिर ऐसा वर दो मुझको।
यह देह रहे कायम मेरी, है अमर अमर कर दो मुझको।।
बाहर भीतर दिन रात ओर, धरती अंबर में अमर रहूं।
हो प्राणहीन या प्राणवान, मृग ओर मनुज से नहीं मरूं।।

देव दैत्य ओर सर्प भी, सके न मुझको मार।
लोकपाल जैसा करो, सबका ही सरदार।।
अणिमादिक सब शक्तियां, हो मेरे आधीन।
मेरे सन्मुख सब रहे, होकर गौ सम दीन।।
कह तथास्तु तब हो गये, ब्रह्मा अन्तर्धान।
वर प्रभाव पर नहिं दिया, उनने भी कुछ ध्यान।।

वर पाकर वह होगया, त्रिभुवन का सम्राट।
जीत लिये सब देवगण, महिमा बढ़ी विराट।।

सब लोकपाल ओर देव उसे, भेंटे ला लाकर देते थे।
वर्णाश्रम धर्मी यज्ञों से, नित यजन उसीका करते थे।।

(क) एक चिड़ीमार के जाल में पक्षी जोड़े की मादा व बच्चों को फसा देख नर विलाप करने लगा। चिड़ीमार ने उसे तीर से मार दिया।

बिन हांके देती धरा, पके अन्न महाराज।
स्वर्ग सिन्धु नभ सोंपते, सब सम्पति द्विजराज।।

इन्द्रियां नही पर जीत सका, इसलिय अतृप्त रहा करता।
सब भोग भोगने के हित ही, बहुभांति अधर्म किया करता।।

लोकपाल संतप्त हो, पहुंचे हरि के पास।
शरणागत प्रभु आपके, मेटो सबके त्रास।।

सब लोकपाल ओर देवों को, आकाशवाणि से पुष्ट किया।
थे मधुर वचन उस वाणी के, जिसने सबको संतुष्ट किया।।
[1]**जो** पुरूष वेद गौ ब्राह्मण ओर, देवों को नित्य सताता है।
जो साधु, धर्म, मेरा द्वेषी, वह तुर्त नष्ट हो जाता है।।
थे हिरण्यकशिपु के [क]चार पुत्र, प्रहलाद ज्येष्ठ थे चारों में।
सबके ही प्रिय ओर जीतेन्द्रिय, कुछ प्रेम अधिक था दीनो में।।
आसुरी गुणो से रहित सदा, अभिमान हीन हो रहते थे।
महत्पुरूष की सेवा कर, परमेश्वर में रत रहते थे।।
जग से सम्बन्ध तोड़ करके, जड़वत ही विचरण करते थे।
कर हास्य रूदन चिन्तन विलाप, प्रभु प्रेम में डूबे रहते थे।।

पिता द्वेष करने लगा, देख गुणों की खान।
प्रश्न युधिष्ठिर ने किया, ऐसा क्यों श्रीमान्।।

आचार्य शुक्र के [ख]दो सुत नित, प्रहलाद का शिक्षण करते थे।
सब दैत्यों के भी पुत्र वहां, इन दोनों से ही पढ़ते थे।।
उनके शिक्षण में [ग]भेद परख, प्रहलाद दूर ही रहते थे।
थी उन्हें अरूचि उस शिक्षा से, ईश्वर के होकर रहते थे।।
इक बार पिता ने पूछा तो, बोले प्रभु शरण श्रेष्ठ सबसे।
निर्देश हुए गुरदेव इसे, शिक्षा देंगे घर आकर के।।
इकबार बहुत शिक्षा देकर, गुरू राज महल में ले आये।
राजा ने पूछा लाल कहो, क्या गुण गुरूजी ने सिखलाये।।

1. **यदा देवेषु वेदेषु गोशु विप्रेषु साधुषु।।**
धर्मे मयि च विद्वेषः स वा आशु विनष्यति।। भा. 07—04—27
(क) हलाद, संल्हाद, प्रल्हाद, अनुल्हाद (ख) शंड व अमर्क (शुक्रायार्च जी के पुत्र)
(ग) अपने व पराये का भेद

हे [1]**नवधा** भक्ती श्रेष्ठ तात, पर गुरूवर नहीं पढ़ाते हैं।
ये नित्य मुझे घर आकर के, बस भेद दृष्टि सिखलाते हैं।।
श्री विष्णु देव सब लोगों के, उनका वन्दन हम करते हैं।
होकर प्रसन्न वे परमात्मा, सब राग द्वेष नित हरते हैं।।
तारीफ विष्णु की सुनते ही, गोदी से फेंक दिया सुत को।
वध इसका तुर्त किया जावे, आदेश दिया निज सेनिक को।।
हो जाये अंग विकृत कोई, तो उसे काटने में हित है।
कुल द्रोही सुत के वध में ही, कुल की मर्यादा नीहित है।।
आदेश प्राप्त कर दैत्यों ने, कोमल अंगो पर वार किया।
जहरीले नागों से डसवा, पर्वत से नींचे फैंक दिया।।
गज के सन्मुख सुलवाया ओर, विष देकर भोजन बन्द किया।
हिम पवन अग्नि जल के द्वारा, हरिभक्त के वध का यत्न किया।।
क्या उसको कोई मार सका, जिसके रक्षक परमात्मा है।
क्या उसे दुखित कोई करता, जो उस ईश्वर की आत्मा है।।
अपने सुत के गुण देख देख, देत्येन्द्र दुखित नित रहता था।
इसके कर्मों से मरण मेरा, निश्चित होगा वह कहता था।।
गुरू पुत्रों ने एक सुझाव दिया, पितु के आने तक बांध रखें।
जैसा वे हमें बतावेंगे, उनके आने की राह तकें।।
गुरू सेवा और [क]अवस्था से, जन मन निर्मल हो जाता है।
इन दोनो की छाया पाकर, कपटी सुमार्ग पर आता है।।

आकर शुक्राचार्य ने, दिया गृहस्थी धर्म।
नित्य उसे समझा दिये, सद्गृहस्य के कर्म।।

इकबार व्यस्त थे गुरू गृह में, उस पल का लाभ उठाया था।
उप परम भक्त ने कक्षा में, यह परम ज्ञान सिखलाया था।।
[2]**यह** मानव तन दुर्लभ भाई, हरिसेवा ही इसका फल है।
सच्चे वैष्णव के कार्य यही, और बाल्यकाल अति उत्तम है।।

1. **श्रवणं कीर्तनं विष्णोः स्मरणं पाद सेवनम्।**
   अर्चनं वंदनं दास्यं सख्यमात्मनिवेदनम्।। भा. 07–05–23
2. **कौमार आचरेत्प्राज्ञो धर्मान्भागवतानिह।**
   दुर्लभं मानुषं जन्म तदप्यध्रुवमर्थदम्।। भा. 07–06–01

(क) जितना धुलेगा उतना मिलेगा – लट्ठा

जीवन वैसे तो है अनित्य, पुरूषार्थ मगर देने वाला।
जो जन धन की तृष्णा त्यागे, उसको मुक्ती देने वाला।।
अतएव छोड़ सब दन्द फन्द, श्री हरि के ही हो जाओ सब।
श्री नारायण का भजन करो, यह जीवन सफल बनाओ अब।।

मोह सुरा पी हो रहा, सारा जग उन्मत्त।
नारायण रस ही हमे, बन्धु करेगा तृप्त।।

दैत्य सुतों ने तब पूछा, यह कैसे आश्चर्य हुआ।
इन महलों के भीतर रह कर, सद्ग्यान आपको कहां हुआ।।

बोला जब तप हित गये पिता, देवों ने धावा बोला था।
गर्भस्य शिशू का वध कर दूं, श्री इन्द्र देव मन डोला था।।
तब देवऋषि ने समझाया, इस निंद्य कर्म को त्यागो तुम।
यह सुत होगा हरि भक्त बड़ा, इसके पीछे मत भागो तुम।।
जब तक न पिता वन से लोटे, माँ नारद जी के पास रही।
उस समय देवऋषि ने दी थी, इस सद्उपदेश की बात भली।

भूल गई [क]माता मगर, है मुझको सब याद।
अब तक मन में गूंजता, श्री नारद संवाद।।

श्रृद्धा से बालक अबला भी, इस [ख]विद्या को पा सकते हैं।
जीवन में नित उपयोग करे, तो धन्य सभी हो सकते हैं।।
[ग]छह लक्षण की हे देह सुनो, आत्मा [घ]बारह गुण वाली है।
जो हे विवेक वाले प्राणी, उनने ही इसे संभाली है।।
ज्यों आखर मसि से भिन्न नहीं, स्याही अक्षर से विलग रहे।
बस उसी तहर यह आत्मा भी, इस देह बुद्धि से भिन्न रहे।।

गुरू सेवा पूजा दरश, श्रृद्धा वन्दन ध्यान।
द्रव्यार्पण सतसंग अरू, भक्ति अराधन मान।।
ये एकादश कर्म ही, है बस सच्चे धर्म।
इन सब में ही निहित है, परमेश्वर का मर्म।।

(क) कयादू (ख) ब्रह्मविद्या

(ग) जन्मना, होना, बढ़ना, रूपान्तर, क्षीण, व नष्ट होना

(घ) नित्य, अक्षीण, शुद्ध, एक, चेतन, सर्वाश्रय, निर्विकार, स्वयंप्रकाश, सर्वकार्य पदार्थ, व्यापक, असंग, अनावृत

[1]**निर्मल** भक्ती के सिवा अन्य, सारे ही मार्ग तुच्छ मानो।
हरि भजन करो ए दैत्य सुतों, नारायण को अपना जानो।।

सच्ची बातों का तो प्रभाव, पलभर में ही हो जाता है।
मिथ्या मिथ्या ही होती है, बल उसमें अधिक न होता है।।

दैत्य सुतों पर छागया, उपदेशों का रंग।
इसीलिये करते रहो, कमल नित्य सतसंग।।

सारे ही बालक मिलकर के, श्री हरि का कीरतन करते थे।
परित्याग सभी दुश्कर्मों को, जीवन को सार्थक करते थे।।

शुक्र सुतों ने जब दिया, राजा को संदेष।
राजकुंवर ने ही दिया, यह उल्टा उपदेश।।

त्योरियां चढ़ गई राजा की, नैत्रों में लाली भर आई।
चीखा सन्मुख लाओ रिपु को, शायद अब मृत्यु निकट आई।।

मृत्यु निकट जिनकी रहे, करते व्रथा प्रलाप।
ऐसे खल का वध करें, तनिक न हो संताप।।

बोले प्रहलाद सुने पितु श्री, जब मन पर वश नहिं होता है।
यह अजित सदा जब रहता है, शत्रू के कारज करता है।।

राजा ने पूछा कहां, हे तैरा भगवान।
बोला सब में रम रहा, नित मेरा भगवान।।

पाषाण खम्ब को इंगित कर, पूछा क्या इसमें है वह ही।
प्रहलाद उसी पल बोल उठा, हाँ इसमें बैठा तात हरी।।

इतना सुन उस खम्ब पर, मारा मुष्टिक नेक।
हुआ भयंकर नाद ओर, निकली काया एक।।

[2]**अपनी** वाणी की सिद्धि हेतु, रक्षण भक्तों का करने को।
सनकादिक शाप शमन करने, अरू हिरण्यकशिपु वध करने को।।

1. **नालं द्विजत्वं देवत्वमृषित्वं वाऽसुरात्मजाः।**
प्रीणनाय मुकुंदस्य न वृतं न बहुज्ञता।। भा. 07–07–51
न दानं न तपो नेज्या न शौचं न व्रतानि च।
प्रीयतेऽमलया भक्त्या हरिरन्यद्विडंबनम्।। भा. 07–07–52
2. **सत्यं विधातुं निजभृत्यभाषितं व्याप्तिं च भूतेष्वखिलेषु चाऽऽत्मनः।**
अदृष्यतात्यद्भुतरूपमुद्वहन् स्तंभे सभायां न मृगं न मानुषं।। भा. 07–08–18

खम्ब मध्य से उस समय, प्रकटे श्री नरसिंह।
आधा तन नर का रहा, ओर आधा था सिंह।।

वह अद्भुत ओर विकराल रूप, दैत्येश समझ नहिं पाया था।
विष्णू की माया समझ उसे, वध करने दोड़ा आया था।।
अपने पंजो से पकड़ उसे, प्रभु ने गोदी में डाल लिया।
[1]**मूषक** जकड़े ज्यों सर्पराज, नरसिंह ने उसको जकड़ लिया।।
देहरी पर बैठ सांथलों पर, हिरण्यकशिपु को लिटा लिया।
फिर गरूड़ सर्प को ज्यो चीरे, नख से उस अरि को चीर दिया।।
वह सायंकाल कराल बड़ा, वह दृष्य विभत्स रचाया था।
जिव्हा से रक्त पिया उसका, आंतो को हार बनाया था।।
आश्चर्य चकित रह गये फटे, दोनो ही नैत्र दैत्यवर के।
सब पक्षपातियों को वध ने, नरसिंह बढ़े उसको धर के।।

धरा पवन ओर सिन्धु में, कंपन हुआ महान।
लोकपाल भी हिल गये, डोला सकल जहान।।
अरि परिजन सब नष्ट कर, बैठे जब भगवान।
किन्नर चारण आ गये, करने को गुणगान।।

पित्रीश्वर, सिद्ध, नाग, मनु ओर, भोले शंकर, अज भी आये।
सुरराज, यक्ष, विष्णू पार्षद, सबने मिल नरसिंह गुण गाये।।

उस विकट रूप का दर्शन कर, लक्ष्मी भी पास नहीं आई।
अज ने प्रहलाद को भेज दिया, साष्टांग दण्डवत करवाई।।

चरणों में ज्योंही किया, उसने दण्ड प्रमाण।
सब देवों के हो गये, पूरण सारे काम।।
जिस क्षण गोदी में लिया, सिर पर रक्खा हाथ।
भक्तराज रोने लगा, होकर पूर्ण सनाथ।।
कंठ स्नेह से रूंध गया, सका न वह कुछ बोल।
अश्रु नयन द्वय से झरे, भीगे अरूण कपोल।।
संयत हो करने लगा, फिर वह हरिगुण गान।
बड़ भागी जग मे हुआ, ओर न मेरे मान।।

1. **विष्वक्स्फुरंतं ग्रहणातुरं हरिर्व्यालो यथाऽखुं कुलिशाक्षतत्वचम्।**
द्वार्यूर आपात्य ददार लीलया नखैर्यथाऽहि गरूड़ो महाविषम्।। भा. 07–08–29

दीन दयाल दया दिखराओ, तन से तामस दूर भगाओ।
देव विमुख कोई विप्र न तरहीं, प्रभु सेवा से पापी तरहीं।।
एक अनुग्रह करहुं दयाला, क्रोध शान्त अब करहुं कृपाला।
सकल जगत तव माया स्वामी, तारहुं मोहिं करहुं अनुगामी।।
धन सम्पति नहिं वैभव चहहीं, प्रभु निज दास करहुं मोहि अबहीं।
कल्पवृक्ष तव कृपा सुरेशा, सकहिं न अज हर जान दिनेशा।।
सतयुग द्वापर त्रेता माहीं, प्रकट रूप प्रभु सबहिं लखाहीं।
त्रियुग नाम सब कोई जाना, कलियुग गुप्त रहे भगवाना।।
सकल जगत तव वश्य गुसाई, नाचहिं नट मरकट की नाई।
जनम मरण भय सदा डराहीं, भ्रमत जीव जग जंगल मांही।।
मुनि एकान्त भजहिं जगदीशा, मुक्ति हेतु सब सहहिं कलेशा।
सबकी मुक्ति मांग इक मोरी, करहुं भक्ति प्रभु पलपल तोरी।
नाथ भक्ति तव अति सुखदाई, रखिहो सदा दास की नाई।।

इतना कह उसने किया, फिर से दण्ड प्रणाम।
देव सभी कहने लगे, जय जय हे बलधाम।।
प्रभु बोले वर मांगलो, सुत मनचाहा आज।
बोला फल आहारि को, कोन काम को नाज।।
विषयी सुख प्रभु खोलता, सदा नरक के द्वार।
निर्मल भक्ती जीव का, करती है उद्धार।।

[1]**व्यापार** नहीं व्यवहार है यह, दासत्व प्रदान करो मुझको।
कामना हीन करदो दाता, जो अंकुर है हरलो उसको।।

[2]लज्जा लक्ष्मी तेज सत, धीरज धर्म विवेक।
जिसके मन हो कामना, रहे न कोई एक।।
प्रभु बोले! सुत तुम करो, इक मनवन्तर राज।
कर्म मुझे अर्पित करो, करो जगत के काज।।

1. **यस्य आशिष आशास्ते न भृत्यः स वै वणिक्।**
आशासानो न वै भृत्यः स्वामिन्याशिष आत्मनः।।
न स्वामी भृत्यतः स्वाम्यमिच्छन्यो राति चाशिषः।। भा. 07–10–04
2. **इंद्रियाणिमनः प्राण आत्मा धर्मो धृतिर्मतिः।**
ह्री श्रीस्तेजः स्मृतिः सत्यं यस्य नश्यंति जन्मना।। भा. 07–10–07

अश्रु नयन में छागये, बोला यों प्रहलाद।
जनक विमुख थे आपसे, उद्धारो महाराज।।

[1]तुझ जैसे सुत को पाकर के, पितरों ने तृप्ती पाई है।
इक्कीस पीढ़ियाँ तरी तेरी, पितु ने भी मुक्ती पाई है।।

ब्रह्मदेव ने विनय की, हरषे श्री भगवान।
बोले एसे दुष्ट को, क्यों देते वरदान।।
[2]दैत्यों को [क]वरदान भी, है अहि अमृत पान।
वर पाकर ये भक्त का, करते नित अपमान।।

इतना कहकर नरसिंह प्रभू, अंतरहित हो निजधाम गये।
दैत्यराज पद दे अज ने, प्रहलाद को सोंपे कार्य नये।।
नारद बोले रख वैर भाव, दैत्यों ने मुक्ती पाई थी।
मन हरि में ऐसा लीन किया, उनमें ही बुद्धि रमाई थी।।
जो इस प्रसंग को नित सुनते, बंधन से मुक्ती पाते हैं।
कर्मों से वे नित दूर रहें, श्री हरि के ही हो जाते हैं।।

युद्धिष्ठिर प्रहलाद से, हो तुम अधिक महान।
परिजन होकर घर रहे, कृष्ण चन्द्र भगवान।।

महादेव देव को एक बार, मय दैत्य ने बहुत सताया था।
प्रभु ने तब [ख]गौ का रूपधार, श्रीहर को हर्ष दिलाया था।।।

यह कथा परीक्षित को देकर, शुक ने संतोष जताया था।
बोले प्रहलाद चरित सुनकर, युद्धिष्ठिर ने सुख पाया था।।

नारद से पूछा कहो, देव सनातन धर्म।
क्यों सब इसको मानते, क्या है इसका मर्म।।

बोले श्री नारायण मुख से, जो मेने अमृत पाया है।
बस वही सनातन धर्म सुनो, वैष्णव ने नित अपनाया है।।
वह सर्व वेदमय परमात्मा, हे प्रथम प्रमाण समझ लीजे।
वेदज्ञों की सगरी स्मृतियां, यह अंतःकरण में धर लीजे।।

1. **त्रिः सप्तभिः पिता पूतः पितृभिः सह तेऽनघ।**
   यत्साधोऽस्य गृहे जातो भवान्वै कुलपावनः।। भा. 07–10–17
2. **वरः क्रूर निसर्गाणामहीनाममृतं यथा।। भा. 07–10–29**

(क) दृष्टांत–कुत्ते का कुत्ता
(ख) मय दानव (त्रिपुरासुर) से शंकर जी का संग्राम हुआ। मय मृत सेनिको को अमृत कुण्ड में डालकर जीवित कर लेता था। शंकर परेशान हो गये। श्री हरि ने गाय का रूप धर कर सब अमृत पी लिया। तब मय का अन्त हुआ।

ये [1]**लक्षण** तीस मनुज के हैं, इनको ही धर्म समझना है।
इन सब का अनुपालन करके, नारायण को खुश रखना है।।

वेदमंत्र से गर्भ का, हो जिनका संस्कार।
वे ही द्विज होते सुनो, यही धर्म व्यवहार।।

आचार ओर कुल से जो द्विज, हो शुद्ध सदा ही रहते हैं।
दान वेद आश्रम वृत्ती , इन सब के भागी होते हैं।।

वेद अध्ययन दान जग, प्रतिग्रह शिक्षा दान।
ब्राह्मण के ये कर्म हैं, इनका वेद प्रमाण।।
कर निर्धारण दण्ड ओर, भू रक्षण का भार।
ये क्षत्रिय के कर्म हैं, वेदों के अनुसार।।
कृषी ओर व्यवसाय ये, वैश्य धर्म तू जान।
ब्राह्मण का अनुगमन ही, इनके लिये विधान।।
[2]वेतन लेकर जो करे, द्विज के सारे कर्म।
यही शूद्र के कार्य हैं, पाले अपना धर्म।।
[क]ऋत [ख]अमृत [ग]मृत [घ]प्रमृत ये, या [च]सत्यानृत कर्म।
ब्राह्मण को इनके सिवा, सारे कर्म अधर्म।।

1. सत्यं दया तपः शौचं तितिक्षेक्षा शमो दमः।
अहिंसा ब्रह्मचर्यं च त्यागः स्वाध्याय आर्जवम्।। भा. 07–11–08
संतोषः समदृक्सेवा ग्राम्येहोपरमः शनैः।
नृणां विपर्ययेहेक्षा मौनमात्मविमर्शनम्।। भा. 07–11–09
अन्नाद्यादे संविभागो भूतेभ्यश्च यथाऽर्हतः।
तेष्वात्मदेवताबुद्धिः सुतरां नृषु पांडव।। भा. 07–11–10
श्रवणं कीर्तनं चास्य स्मरणं महतां गतेः।
सेवेज्याऽवनतिर्दास्यं सख्यमात्मसमर्पणम्।। भा. 07–11–11
नृणा मयंपरो धर्मः सर्वेषां समुदाहृतः।
त्रिंशलक्षणवान् राजन्सर्वात्मा येन तुष्यति।। भा. 07–11–12

2. शूद्रस्य द्विजशुश्रुषा वृत्तिश्च स्वामिनो भवेत्।। भा. 07–11–15

(क) खेत व हाट में छूटे अन्न को बीनना–ऋत
(ख) अमृत–बिना मांगे जो मिले (ग) मृत– प्रतिदिन भिक्षा मांगना
(घ) प्रमृत–खेती आदि कार्य (च) सत्यानृत–व्यापार

अति हीन वर्ण की सेवा तो, कुत्ते की वृत्ति कहाती है।
जो द्विज ऐसा यदि कर्म करे, मर्यादा तब मिट जाती है।।

सर्ववेदमय विप्रवर, क्षत्रिय देव स्वरूप।
कर्म सभी नितप्रति करें, निज निज धर्मनुरूप।।
[1]इन्द्रिय मन निग्रह क्षमा, तप पवित्र संतोष।
ज्ञान दया सत सरलता, ईश्वर में परितोष।।
ये शुभ लक्षण विप्र के, कहते वेद पुराण।
मर्यादा में जो रहे, वे प्रत्यक्ष प्रमाण।।

[2]उत्साह पराक्रम तेज धेर्य, मनपर संयम जो रखते हैं।
विप्रभक्ति ओर दान क्षमा, ये क्षत्रिय लक्षण होते हैं।।

[3]देव ईश गुरू भक्ति सुख, धन ओर धर्म विकास।
आस्तिकपन जिनमें रहे, वणिक कर्म ये खास।।
लक्षण ये सब वैश्य के, इनके वेद प्रमाण।
धर्म परायण ये रहें, प्रभु सेवा में प्राण।।

[4]निष्कपट भाव से स्वामी की, होकर पवित्र सेवा करते।
हैं शूद्र सत्य के संरक्षक,, गौ ब्राह्मण की रक्षा करते।।

चोरी चुगली ना करे, रखे देव में ध्यान।
अपनो सा हरपल लगे, इनको सकल जहान।।
पति सेवा कर कुटुम पर, जो रहती बलिहार।
पतिव्रता नारी वही, वेदों के अनुसार।।

जो हे उसमें संतोष रखे, घरबार संवार रखे हरदम।
श्रृंगारित रहकर स्नेह करे, मन से त्यागे जो सभी भरम।।

1. **सत्यं दया तपः शौचं तितिक्षेक्षा शमो दमः।**
   शमो दमस्तपः शौचं संतोषः क्षांतिरार्जवम्।।
   ज्ञानं दयाऽच्युतात्मत्वं सत्यं च ब्रह्मलक्षणम्।। भा. 07–11–21
2. **शोर्यं वीर्यं धृतिस्तेजस्त्याग आत्मजयः क्षमा।**
   ब्रह्मण्यता प्रसादश्च रक्षा च क्षत्रलक्षणम्।। भा. 07–11–22
3. **देव गुर्वच्युते भक्तिस्त्रिवर्गपरिपोषणम्।**
   आस्तिक्यमुद्यमो नित्यं नैपुणं वैश्यलक्षणम्।। भा. 07–11–23
4. **शूद्रस्य संनतिः शौचं सेवा स्वामिन्यमायया।**
   अमंत्रयज्ञो ह्यस्तेयं सत्यं गोविप्ररक्षणम्।। भा. 07–11–24

एसी विनम्र सद्गृहिणी ही, वेकुण्ठ धाम को जाती है।
माँ के संस्कारित कर्मों से, मर्यादाऐं टिक पाती हैं।।

सबको सुखकर हैं सदा, अपने अपने धर्म।
मर्यादा भी तब रहे, करें सभी निज कर्म।।

इक बूंद अग्नि में जब घी की, ज्वालाओं को भड़काती है।
पर धार उसी घी की हो तो, ज्वालाऐं शान्त कराती है।।
बस उसी तरह विषयों से भी, जब मन कुछ तृप्ती पाता है।
एसे ही तो धीरे–धीरे, मन में वैराग्य समाता है।।
एक वर्ण में दूजे के, जब लखण लक्षित होते हैं।
तब चतुर सुजान सभी उसको, बस उसी वर्ण का कहते हैं।।

इस भांति देवऋषि ने उसको, चारों आश्रम के धर्म कहे।
स्त्री का संग न हो पावे, इन बातों के कुछ मर्म कहे।।
[1]**हो** ब्रह्मचारि या सद्गृहस्थ, [क]क्षुद्रा से दूर ही रहना है।
बरबस इन्द्रियां खिची जाती, उन सब पर संयम रखना है।।

[2]पुरूष सभी घृतकुंभ ओर, नारी अग्नि समान।
दूर रहें सुख पायेगे, संगम दुख की खान।।

सन्यासी के लक्षण कहकर, उनके कर्मों को समझाया।
केसे उनको जग में रहना, विस्तार सहित सब बतलाया।।
प्रहलाद दत्त की [ख]भेंट कही, उस वार्ता से संदेश दिया।
मक्खी अजगर को गुरू करके, श्री दत्त ने जो उपदेश लिया।।

1. **वर्जयेतप्रमदागाथामगृहस्थो बृहदव्रतः।**
   इंद्रियाणि प्रमाथीनि हरंत्यपि यतेर्मनः।। भा. 07–12–07
2. **नन्वग्निः प्रमदानाम घृतकुंभसमः पुमान्।**
   सुतामपि रहो जह्यादन्यदा यावदर्थकृत्।। भा. 07–12–09

(क) वेश्या (ख) कावेरी तटपर

[1]मधुमक्खी रस का संग्रह कर, उससे निवृत्त न होती है।
वध होता है रस छिन जाता, फिर भी वैराग्य न पाती है।।
अजगर की वृत्ति बड़ी प्यारी, जो मिल जाये **[2]संतोष** उसे।
हम सब पायेंगे सच्चा सुख, अजगर जैसे जब भाव बसे।।

फिर सद्ग्रहस्थ के धर्म कहे, जिनसे जीवन शुभ होता है।
सबकुछ जो हरि अर्पण करते, उनका न अशुभ कुछ होता है।।
परिजन पुरजन ओर पशु से भी, हमको न द्वेष कुछ रखना है।
त्यौहार ओर सब पर्वो पर, व्रत रखकर पूजन करना है।।
समयानुरूप संस्कार करें, प्रभु मूरति का पूजन नित हो।
सब प्राणि मात्र पर स्नेह करें, सच्चा पूजन ऐसा ही हो।।
जो रखते द्वेष मनुष्यों से, मूरति पूजन नित करते हैं।
होती असफल पूजा उनकी, पुरूषार्थ हीन वे होते हैं।।
ब्राह्मण हे भू पर कृष्ण रूप, धरती को नित शुभ करते हैं।
ब्राह्मण का पूजन जो करते, साक्षात कृष्ण वे भजते हैं।।

ब्राह्मण के भी तो सुनो, हैं कुछ अलग [क]प्रकार।
कर्म सभी के अलग हैं, सबके अलग विचार।।

[3]मन वचन ओर इस काया से, बस एक कर्म शुभ करना है।
दुख हो न किसी भी प्राणी को, यह [ख]धर्म हमें आचरना है।।
हे [ग]पांच अधर्म जिन्हें हमको, अपने से दूर हि रखना है।
हे धर्म यही सच्चा अपना, इनका न संग कभि करना है।।

1. **विरागः सर्वकामेभ्यः शिक्षितो में मधुव्रतात्।**
   कृच्छ्राप्तं मधुवद्वितं हत्वाऽप्यन्यो हरेत्पतिम्।। भा. 07–13–35
2. **यावद्भ्रियेत जठरं तावत्स्वत्वं हि देहिनाम्।। भा. 07–14–08**
3. **नैतादृशः परो धर्मो नृणां सद्धर्ममिच्छताम्।**
   न्यासो दंडस्य भूतेषु मनोवाक्कायजस्य यः।। भा. 07–15–08

(क) ब्राह्मण कर्म, तप, स्वाध्याय, व्याख्यान, ज्ञान, योगनिष्ठ आदि प्रकार के होते हैं
(ख) परहित सरिस राम चरित मानस
(ग) (1) विधर्म–जिस धर्म को करने से स्वधर्म में बाधा पहुंचे वह विधर्म
(2) परधर्म–दूसरों का धर्म
(3) आभास–आश्रम पद्धति से बनाया धर्म आभास
(4) उपमा–पाखण्ड धर्म उपमा
(5) छल–ढोंग व धर्मशास्त्र विपरीत धर्म छल कहलाता है

[1]संतोषी को जो मिले, वह सुख है भरपूर।
जो विषयी सुख चाहते, उनसे सुख अति दूर।।

[2]पदत्राण सहित जो चलते हैं, कंटक भय उनसे दूर रहे।
संतुष्ट चित्त जो होते हैं, उनको सब सुख भरपूर रहे।।

दिग्विजयी भी लोभ का, नहिं कर पाते अन्त।
अपने हर उपदेश में, यही बताते सन्त।।
गुरू भक्ती से सब करो, लोभ मोह का नाश।
जीवन में यह कार्य ही, करता धवल प्रकाश।।
गुरू मूरति भगवान की, करलो इन्हें प्रणाम।
इनके कृपा कटाक्ष से, पूरण हों सब काम।।
ब्रह्मचारि पाले नहीं, ब्रह्मचर्य का धर्म।
सन्यासी करने लगे, इन्द्रिय सुख के कर्म।।
विमुख कर्म से जब रहे, सद्ग्रहस्थ इंसान।
वानप्रस्थ बसने लगे, जानो नीच समान।।
वृक्षो के हि समूह को, वन कहते बुध लोग।
त्यो इंद्रीय समूह को, देह बताते लोग।।
वस्त्र नहीं सच तन्तु हे, इसपर सब दें ध्यान।
जाग्रत स्वप्न निरे भ्रम, सच केवल भगवान।।
श्रेष्ठ पुरूष अपमान से, छूटे सेवा भाव।
स्त्री के संसर्ग से, जागे सदा कुभाव।।

इकबार श्राप वश मुझको भी, शुद्र योनि में भेजा था।
दासी का पुत्र बनाकर के, प्रायश्चित करने भेजा था।।
ब्रह्मवादियों से मिलकर, सेवा में देह रमाई थी।
उच्छिष्ठान्न उनका खाकर, उससे ही सद्गति पाई थी।।

युद्धिष्ठिर उत्तम सुनो, हें गृहस्थ का धर्म।
कृष्ण तेरे घर में रहे, शुभ हें तेरे कर्म।।

1. संतुष्टस्य निरीहस्य स्वात्मारामस्य यत्सुखम्।
कुतस्तत्कामलोभेन धावतोऽर्थेहया दिशः।। भा. 07–15–16
. सदासंतुष्टमनसः सर्वाः सुखमया दिशः।
शर्कराकंटकादिभ्यो यथोपानत्पदः शिवम्।। भा. 07–15–17

शुक बोले मेने कहा, दक्ष वंश विस्तार।
देव दैत्य ओर मनुज का, सारा सृष्टि प्रकार।।
परिक्षित बोला धन्य मैं, नाथ हो गया आज।
कृपा करी मुझ दीन पर, आया सकल समाज।।

दीन भाव रख नित करो, सद्ग्रहस्थ व्यवहार।
हाथ जोड़ विनती करे, सबसे कमल कुमार।।

!! इति श्री "जय श्री कृष्ण" सप्तम स्कंधः !!

!! "जय श्री कृष्ण" अष्टम स्कंध!!

!! अष्टम स्कंध !!

सबकी सुनकर फिर करो, अपने मन की बात।
सिखा रहे हमको यही, शूर्प कर्ण गणनाथ।।
इस अष्टम सोपान का, नाथ तुम्हीं पर भार।
नौका मेने डाल दी, करो गजानन पार।।
राजा बोला अब कहो, मनुओं का विस्तार।
किस मनवन्तर में किया, प्रभु ने चरित अपार।।
शुक बोले बेटा सुनो, आगे का आख्यान।
मनुओं के ही विषय में, अब मैं दूंगा ज्ञान।।
स्वायंभुव स्वारोचिष, उत्तम तामस चार।
ये मनवन्तर नाम है, सुन लो इनका सार।।

स्वायंभुव मनु शतरूपा ने, जब तप में ध्यान रमाया था।
तब असुरों ने इनके वध का, कुत्सित अभियान चलाया था।।

यज्ञ रूप भगवान ने, याम देव के संग।
उन असुरों को मारकर, इन्हैं लगाया अंग।।
स्वारोचिष मनु काल में, प्रकटे विभु भगवान।
शौनकादि को दिया था, सब नियमों का ज्ञान।।
प्रियव्रत सुत उत्तम मनू, हुए बड़े गुणवान।
जनमें थे उस काल में, सत्यसेन भगवान।।

जो दुष्टबुद्धि मिथ्या भाषी, निशिचर वृत्ती वाले खल थे।
श्री सत्यसेन ने वधा उन्हें, जो जन द्रोही ओर पामर थे।।

तामस मनु के काल में, हुआ हरी अवतार।
गज रक्षा हित प्रभू ने, किया ग्राह उद्धार।।
पूछा गज ओर ग्राह का, क्या प्रसंग महाराज।
केसे गज की ग्राह से, रक्षा की द्विजराज।।
शौनकादि ऋषियों सुनो, बोले तब ऋषि सूत।
शुकमुनि ने प्रारम्भ की, गज की कथा अनूप।।

क्षीर सिन्धु से आवृत, पर्वत एक महान।
नाम [क]त्रिकूट प्रसिद्ध था, सुन्दरता की खान।।

(क) त्रिकूट– दस हजार योजन ऊँचा व चौड़ाई वाला। तीन शिखर– जो रूपे, सोने व लोहे के हैं।

पर्वत की गहन कंदरा में, [क]ऋतुमत उद्यान अनोखा है।
हे विविध सुमन ओर पशु पक्षी, [ख]सुरबाला करती क्रीड़ा है।।
इक समय हथिनियों के संग में, मदमत्त एक गज आया था।
घुस गया सरोवर के जल में, जल पीकर खेद मिटाया था।।
जल अपनी तुंड में भर कर के, इक दूजे पर वर्षाया था।
उस कमल पराग मिले जल से, सब परिजन को नहलाया था।।

इस अद्भुत आनन्द में, उसको हो गई देर।
पानी में इक ग्राह ने, पकड़ा उसका पेर।।

अपने सम्पूर्ण पराक्रम से, गज ने संधर्ष किया जल में।
पर ग्राह खींच ले गया उसे, शक्ती से कुछ गहरे तल में।।

वर्ष सहस तक सुत चला, दोनों में घमसान।
लगी हथिनियां चीखने, गज मृत्यू अनुमान।।

सामर्थ्य रहा तब तक गज ने, संघर्ष ग्राह से विकट किया।
थक गया डरा अब डूबूंगा, तब उसने हरि का ध्यान किया।।
तिल भर जब सूंड रही बाहर, गज अपने बल को भूल गया।
हे नाथ करो रक्षा मेरी, वह हरि सुमिरण में झूम गया।।
[ग]पूर्व जन्म की स्मृति से, मंत्रों का भान हुआ उसको।
इस विकट काल की बेला में, बस दोहराया उन मंत्रो को।।
हूँ नाथ मोक्ष का अभिलाषी, शरणागत हूँ उद्धार करो।
है योगेश्वर चैतन्य प्रभू, इस विपदा से अब पार करो।।
[1]**जैसे** ज्वालाऐं अग्नी की, अग्नी में ही छुप जाती हैं।
इन्द्रिया, देह, मन, प्राण बुद्धि, सब तुममें ही लय पाती हैं।।

विनती सुन गजराज की, गरूड़ चढ़े भगवान।
चक्र सुदर्शन साथ ले, आ पहुंचे उद्यान।।
ग्राह सहित जल से विलग, किया उसे तत्काल।
तीव्र सुदर्शन चक्र को, आज्ञा दी उस काल।।

1. **यथाऽर्चिषोऽग्नेः सवितुर्गभस्तयो निर्यांतिसंयांत्यसकृत्स्वरोचिषः।**
तथा यतोऽयं गुणसंप्रवाहो बुद्धिर्मनः खानि शरीरसर्गाः।। भा. 08–03–23

(क) वरूण देव का उद्यान **(ख) देवांगना**
(ग) गज पूर्वजन्म में इन्द्रद्युम्न राजा था

मुख चीर ग्राह का प्रिय गज को, भीषण संकट से मुक्त किया।
चारण ऋषि देव सभी ने मिल, प्रभु की महिमा का गान किया।।

ग्राह हुआ [क]गंधर्व ओर, पहुंचा अपने लोक।
दूर हुआ हरि स्पर्श से, गज का सारा शोक।।

पूर्व जन्म में इन्द्रद्युम्न, जब श्री हरि पूजा में रत था।
तब मुनि अगस्त्य घर आये तो, स्वागत करने से चूक गया।।

क्रोधित हो मुनि ने दिया, उसको तत्क्षण श्राप।
मूरख इस अपमान का, अब कर पश्चाताप।।

गज सा बैठा हे ए ढ़ोंगी, गज की योनी में जायेगा।
तूने ब्राह्मण अपमान किया, फल इसका भी तू पायेगा।।
उद्धार किया उस गज का ओर, वैकुण्ठ धाम को भेज दिया।
अपना पार्षद पद दे उसको, गज की योनी से फेर दिया।।
गज की वार्ता का नित्य श्रवण, यश और स्वर्ग दिलवाता है।
जीवन के सारे क्लेश हरे, दुःस्वप्न नाश करवाता है।।
मेरी [1]**विभूति** को प्रभु बोले, जो नित प्रभात में गाते हैं।
पापों से दूर सदा रहते, ये वैष्णव मुझको भाते हैं।।

शुक बोले रैवत हुए, षष्टम मनू महान।
प्रकटे उनके काल में, श्री [ख]वेकुण्ठ भगवान।।
[ग]चाक्षुष में [च]वैराज घर, हुआ अजित अवतार।
देवों को अमृत दिया, किया बड़ा उपकार।।

प्रभु ने कच्छप का रूप धार, मन्दर को पीठ बिठाया था।
सागर मंथन का वृहद कार्य, सम्भव उनने करवाया था।।
अनशन व्रतधारी ने पूछा, सागर मंथन क्यों हुआ कहो।
कच्छप अवतार धरा क्यों था, प्रभु की यह अद्भुत कथा कहो।।
शुकमुनि बोले जब दैत्यों ने, रण में देवों को हरा दिया।
तब [छ]इन्द्र वरूण संग इक मण्डल, श्री ब्रह्मा जी के पास गया।।

1. **भौमान्रेणून्स विममे यो विष्णोर्वर्णयेद्गुणान्।। भा. 08–05–06**
   (क) हू हू नाम गंधर्व (ख) शुभ्र की स्त्री वैकुण्ठा में
   (ग) सप्तम मनु चाक्षुष (च) वैराज की स्त्री संभूति में अजित अवतार हुआ
   (छ) दुर्वासा मुनि द्वारा दी गई माला के अपमान से श्रापित लक्ष्मीहीन।

ब्रह्मा सबको ले गये, तब श्री हरि के पास।
वेद वाक्य गाकर किया, सबने वन्दन खास।।

शुभ पुरूष सुक्त के मंत्रो से, श्री नारायण का यजन किया।
तन्मय होकर सब देवों ने, उस जगदीश्वर का भजन किया।।
[1]**तरूमूल** में जल के सिंचन से, शाखाऐं तृप्ती पाती है।
त्यो ही विष्णू आराधन से, सबकी पूजन हो जाती है।।
जब जब हम पर विपदा आई, जब जब कष्टों ने घेरा है।
तब तब प्रभुवर ने आकर के, कष्टों से किया निवेरा है।।

सुन देवों की प्रार्थना, प्रकटे श्री भगवान।
परम पुरूष को देख कर, दिया सभी ने मान।।

आदित्य सहस्त्रों ज्यों दमके, श्री हरि की एसी कांती थी।
वस्त्राभूषण ओर अस्त्र शस्त्र, मणियों में भी रवि भ्रांती थी।।
कुण्डल किरीट भुजबन्द मुकुट, बहु हार गले में शोभित थे।
कौस्तुभ मणि सीने पर शौभित, प्रभु पीताम्बर आलेपित थे।।
घुटनो तक लटकी वनमाला, कुसुमों का वर्णन कौन करे।
थे शंख चक्र शोभित कर में अधरों पर मृदु मुस्कान धरे।।
इक नीलवसन कटि में, बांधे, मेखला कटी पर बांकी थी।
इक उत्तरीय लिपटा कर में, कितनी अद्भुत वह झांकी थी।।
थे अरूण अधर ओर मत्स्यनैत्र, अलकें घुंघरारे बालों की।
सब देवों को हर्षित करती, अरूणाई प्रभु के गालों की।।

दर्शनकर उस रूप का, धन्य हुए सब देव।
चरणों में फिर शीष धर, बोले जय जय देव।।

ज्यों नाथ घड़े का आदि मध्य, ओर अन्त सभी मिट्टी के हैं।
त्यों ही इस अद्भुत जगती के, आदि अन्त सब प्रभु ही हैं।।

[2]काठ मथे अग्नी मिले, दूहे पय दे गाय।
व्यापारी आजीविका, उद्यम से ही पाय।।

1. यथा हि स्कंधशाखानां तरोर्मूलावसेचनम्।
एवमाराधनं विष्णोः सर्वेषामात्मनश्च हि।। भा. 08–05–49

2. यथाऽग्निमेधस्यमृतं च गोषु भुव्यन्नमंबुद्यमने च वृत्तिम्।
योगैर्मनुष्या अधियंति हि त्वां गुणेषु बुध्या कवयो वदंति।। भा. 08–06–12

जोते से धरती हमें, देती हे बहु नाज।
खोदें जब इस धरा को, पाते जल महाराज।।

बस उसी भांति गुणिजन सारे, जब अपनी बुद्धि रमाते हैं।
इस जगती के देहादिक में, हे नाथ तुम्हीं को पाते हैं।।
इस विनय भाव से खुश होकर, प्रभु बोले देवों ध्यान धरो।
[1]**अनुकूल** समय आने तक तुम, संधी दैत्यों के साथ करो।।
इक बड़े लक्ष्य की प्राप्ति हेतु, [2]**शत्रू** से मेल किया जावे।
अहि ने जो [क]मूषक संग किया, फिर वह बर्ताव किया जावे।।

[3]संभ्रम करने से नहीं, होते हैं सब काम।
रखो ह्रदय में सांत्वना, पूरण होंगे काम।।

मिलकर सब सिन्धु मथो उससे, जो भी निकले तुम मत डरना।
लालच भी क्रोध जगाता है, ए प्यारों लालच मत करना।।

हरि हर ब्रह्मा जी गये, यह कह कर निज धाम।
अपनी इच्छित प्राप्ति हित, देव गये बलि धाम।।

आदेश मानकर श्री हरि का, देवेन्द्र ने बलि से संधी की।
देवेन्द्र स्वयं घर पर आये, यह बात बली को भली लगी।।
अमृत कैसे पाया जाये, इस हेतु प्रयास किया सब ने।
सागर का मन्थन करने को, मन्दर ले आये कर धर के।।
जब भार असह्य लगा उनको, कुछ पल धरती पर ठहराया।
दब गये देव ओर दैत्य वहां, श्री हरि ने आकर निकलाया।।
गरूड़ पीठ पर धर मन्दर, करूणासागर तट पर आये।
सागर तट पर पर्वत धर कर, श्री गरूड़ तभी वापिस धाये।।

सर्प वासुकी के लिये, छोड़ा उनने धाम।
देवों के कल्याण हित, किया बड़ा यह काम।।

1. **कालेनानुगृहीतैस्तैर्यावद्वो भव आत्मनः।। भ. 08–06–19**
2. **अरयोऽपि हि संधेयाः सति कार्यार्थगौरवे।**
   अहिमूषकवद्धेवा अर्थस्य पदवीं गतैः।। भा. 08–06–20
3. **न संरंभेण सिद्धयंति सर्वेऽर्था सांत्वया यथा।। भा. 08–06–24**

(क) चूहे ओर सर्प की मित्रता की कहानी। टोकरी में बन्द सर्प ने चूहे की मदद से बाहर आकर चूहे को ही खा लिया।

वासुकी नाग को लाकर के, अमृत का कोल किया सबने।
देखो वे जनमों के वैरी, मन्थन प्रारम्भ लगे करने।।

देवों ने मुख सर्प का, देत्यों को दी पूंछ।
दैत्यों ने आपत्ति की, हम क्यों पकड़ें पूंछ।।

दैत्यों को अहि मुख सोंप दिया, देवों ने पूंछ संभाली थी।
प्रारम्भ हुआ मन्थन लेकिन, बाधा फिर आने वाली थी।।
आधार न होने के कारण, मन्दर सागर में डूब गया।
यह कारज सफल बनाने हित, श्रीहरि ने कच्छप रूप धरा।।
सर्प दैत्य ओर देवों में, श्री हरि की शक्ति समाई थी।
अपनी ही सहस भुजाओं से, मंदर की पीठ दबाई थी।।
घर्षण बढ़ने से अग्नि ज्वाल, वासुकी नाक मुख से निकली।
दैत्यों की कायाऐं तप कर, हो गई स्याह काजल गिरि सी।।
इस भांति पयोनिधि का मन्थन, दोनो ने सफल बनाया था।
सबसे पहिले जो विष निकला, शिव जी को जाय पिलाया था।।
विष के प्रभाव से शंकर के, [क]नीलापन कंठ में आया था।
तब नीलकण्ठ का मधुर नाम, उस दिन से हर ने पाया था।।
उस परम भयंकर विष की कुछ, बूंदे भूमी पर आई थी।
वह सर्प बिच्छु कुछ औषधि ने, पी बड़ी गरलता पाई थी।।

कामधेनु उच्चेश्रवा, एरावत मणि नेक।
कल्पवृक्ष, देवांगना, चपला नारी एक।।
कामधेनु को सोंप दी, ऋषियों को तत्काल।
श्वेतवर्ण जो अश्व था, बलि को दिया कमाल।।

सुरराज को एरावत देकर, दोनो ही दल को शान्त किया।
कौस्तुभ नामक जो रत्न मिला, सीने पर प्रभु ने धार लिया।।

[1]कौस्तुभ नामक रत्न था, कमल समान अनूप।
अरूणाई इसकी बड़ी, अद्‌भुत रहा स्वरूप।।
कल्पवृक्ष ओर अप्सरा, दिये स्वर्ग पहुंचाय।
मन्थन जब आगे किया, प्रकटी चपला आय।।

1. **कौस्तुभाख्यमभूद्रत्नं पद्मरागो महोदधेः।**
तस्मिन्हरिः स्पृहां चक्रे वक्षोऽलंकरणे मणौ।। भा. 08–08–15

(क) कंठ नीला क्यों ? ह्रदय में राम हैं सो उतारा नहीं विष प्रभाव से श्री राम नीले हुए।

अभिषेक और पूजा विधि की, सामग्री सब लेकर आये।
सबने भेंटें लाला कर दी, उस उदधिसुता के गुण गाये।।
लक्ष्मी जी ने तब यह सोचा, किस बुध जन का मैं वरण करूँ।
गुण ओर अवगुण सब में ही है, है श्रेष्ठ कौन में जिसे वरूँ।।
दुर्वासा क्रोधी तपसी है, [क]कवि आसक्ती वाले ज्ञानी।
अज ओर चन्द हैं बड़े किन्तु, हैं कामवशी दोनो मानी।।
अन्यों पर आश्रित इन्द्र सदा, निर्दयी परशु धर्मात्मा है।
हे दान शिरोमणि शिवी मगर, नहिं मोक्ष कार्य में आत्मा है।।
सहस्त्रार्जुन बड़ा पराक्रमि पर, मृत्यू का कहां ठिकाना है।
हे हिरण्यकशिपु इन्द्रिय दमनी, आयू का नहीं ठिकाना है।।
सनकादिक रमें समाधी में, विष्णू का मुझ पर ध्यान नहीं।
हैं रूद्र सर्व गुणधाम मगर, शुभ अशुभ का हे कुछ भान नहीं।।

श्री हरि हैं सबसे जुदा, महिमा बड़ी महान।
प्रभु वक्षस्थल में मिला, चपला को अस्थान।।

मंथन से मिली वारूणी को, दैत्यों ने सादर ग्रहण किया।
धनवंतरि अमृत ले प्रकटे, देत्यों ने उसका हरण किया।।
आयी चपला ज्यों पुनः फिरे, देवों से अमृत दूर हुआ।
जैसा पहिले होता आया, देवों ने हरि का ध्यान किया।।
मत रोओ बिलखो चिल्लाओ, बोले धीरज धरना सीखो।
मिल जायेगा तुमको अमृत, पुरूषार्थ जरा करना सीखो।।
प्रभु ने देखा संघर्ष छिड़ा, अमृत के कारण दैत्यों में।
[1]**तू** नहीं अरे तू नहीं नहीं पहिले मैं लूंगा पहिले मैं।।
कुछ दैत्य देव के हक में थे, बोले उनका श्रम व्यर्थ न हो।
कोई अमृत नहिं पीयेगा, जब तक नहिं भाग बराबर हो।।
बस उसी समय परमात्मा ने, इक अद्‌भुत स्वांग बनाया था।
[2]**नव** योवन वाली बाला का, रमणीय स्वरूप रचाया था।।
स्तन उभार का दर्शन कर, देत्यों में काम जगा भारी।
अपने जीवन में प्रथम बार, देखी ऐसी सुन्दर नारी।।

1. अहंपूर्व महं पूर्वं न त्वं न त्वमिति।। भा.08–08–38

2. नवयौवननिवृत्तस्तनभार कृशोदरं।। भा 08–08–43

(क) शुक्राचार्य

वह मन्द हास्य तीखे कटाक्ष, दैत्यों के दिलपर भारी थे।
कैसे न उसे हो सब सम्भव, मोहिनी बने बनवारी थे।।

जीवन अमृत को भूल दैत्य, नयनामृत में ही भीज गये।
भूले आपस के झगड़ों को, रमणी स्वरूप से रीझ गये।।

[1]अज्ञ कभी करते नहीं, गणिका पर विश्वास।
यह उलझन सुलझे नहीं, करती सबका नाश।।
[2]मित्रभाव नित बदलते, कुत्ते ओर छिनाल।
नया नया नित चाहते, हो जेसे भी हाल।।

बोले हम कश्यप के सुत हैं, यह वस्तु हमें लड़वाती है।
तुम इसे बांट दो हम सब में, तुम पर परतीती आती है।।
दो कदम चाल मतवाली चल, [क]मोहिनि ने यह स्वीकार किया।
होजाय अगर कुछ ऊँच नींच, नाराज़ न होना बोल दिया।।
तब देव दैत्य कर दान पुण्य, पूरब दिशि मुख कर बैठ गये।
अमृत की आशा ले मन में, मिलकर पंक्ती में पैठ गये।।
जब बार बार उस रमणी का, कन्धे से वस्त्र फिसलता था।
निर्वसन पुष्ट उस काया में, दैत्यों का हृदय मचलता था।।

[3]दैत्यों को अमृत सदा, होता अहि पय पान।
फिर ऐसा क्यों करेंगे, मायापति भगवान।।

बोली इस तरह नहीं होगा, अपने दल में हो जाओ तुम।
दैत्य इधर ओर देव उधर, दो पंक्ती अभी बनाओ तुम।।
इस तरह भेद कर दैत्यों से, देवों को अमृत पिलवाया।
कहिं कोल न टूटे रमणी से, दैत्यों ने ताव न दिखलाया।।
जब देव रूप धरकर राहू, देवों के बीच चला आया।
श्री सूर्य चन्द्र ने रमणी को, यह संकेतो से समझाया।।
हरि चक्र ने राहू के सिर को, काटा ओर धड़ से अलग किया।
अमृत पीने से उसका सिर, अमरत्व शक्ति को प्राप्त हुआ।।

1. विश्वासं पंड़ितो जातु कामिनीषु न याति हि।। भा. 08–09–09
2. सालावृकाणां स्त्रीणां च स्वैरिणीनां सुरद्विषः।
सख्यान्याहुरनित्यानि नूत्नं नूत्नं विचिन्वताम्।। भा. 08–09–10
3. असुराणां सुधादानं सर्पाणामिव दुर्नयम्।। भा. 08–09–19

(क) त्रिया चरित्रं, पुरूषस्य भाग्यं

हर पूनम ओर अमावस को, दोनो का पीछा करता है।
ग्रह रूप प्राप्त कर ब्रह्मा से, इनके पीछे नित फिरता है।।
उनभेद दृष्टि के दैत्यों को, अमृत से दूर किया प्रभु ने।
फिर रूप चतुर्भुज धारण कर, देवों को दरश दिया हरि ने।।
जल वृक्ष मूल में देने से, हरियाली ज्यों बढ़ जाती है।
वैसे ही भेद रहित दृष्टी, कर्मों को उच्च बनाती है।।

श्रम से जो अमृत हाथ लगा, भ्रम से देवों तक चला गया।
नारी में उलझे रहे असुर, नारायण करतब दिखा गया।।

महा भयानक छिड़ गया, देवासुर संग्राम।
जय पाने में लग गये, जितने वीर तमाम।।

मय निर्मित एक विमान में चढ़, वीरोचन सुत जब टूट पड़ा।
एरावत पर चढ़ सुरपति भी, उसके सन्मुख आ खड़ा हुआ।।

द्वन्द युद्ध से यों मचा, दोनो में घमसान।
धूल उड़ी आकाश तक, चोंका सकल जहान।।

बलि के शस्त्रों को काट इन्द्र, फूला न समाया कुछ पल को।
माया का साथ लिया बलि ने, सुरराज न समझा उस छल को।।
जहरीले जन्तु अग्नि सागर, निशिचर बहुभांति बनाये थे।
सबने ही मिलकर देवों को, मर्मान्तक कष्ट दिलाये थे।।

शचिपति ने भयभीत हो, किया हरी को याद।
जैसे ही प्रकटे प्रभू, गये निशाचर भाग।
[1]विपदाओं का शमन नित, करता हरि का ध्यान।
फिर भी माया में फसा, यह पगला इंसान।।

कालनेमि ओर माल्यवान, दोनो के मस्तक काट दिये।
माली ओर दुष्ट सुमाली के, चक्र चला कर प्राण लिये।।
इस ओर क्रोध कर सुरपति ने, बलि पर भीषण आघात किया।
धरती पर उसे गिराकर के, बल पाक, जंभ, का नाश किया।।

[क]सिन्धु फेन से वध किया, [ख]नमुची का तत्काल।
जो अनीति का साथ दे, उसका ऐसा हाल।।

1. **हरिस्मृतिः सर्वविपद्विमोक्षणम्।। भा. 08–10–55**
2. **वणिक्पथा भिन्ननवो यथाऽर्णवे।। भा. 08–11–25**

(क) न गीला, न सूखा (ख) वरदान था कि न गीले से ओर न सूखे से मरूं। फेन से मारा।

नारद को दे प्रेरणा, रूकवाया संग्राम।
ब्रह्मदेव ठहरे बड़े, यही बड़ो का काम।।

नारद का कहा मान बलि को, अस्ताचल पर्वत पहुंचाया।
आचार्य शुक्र ने तप बल से, बलि संग दैत्यों को जिलवाया।।

बलि ने अपनी हार का, किया न पश्चाताप।
[1]तत्व जानता जगत के, फिर कैसा संताप।।

शुक बोले भूपति एक बार, श्रीहर श्रीहरि के पास गये।
थी पारवती ओर गण संग में, होकर नंदी असवार गये।।

दोनो ने मिलकर किया, दोनो का सत्कार।
कलि के प्राणी सीखलो, ऐसा हो व्यवहार।।
हर बोले हर वस्तु में, होता आकृति भेद।
सोना तो सबमें रहे, उसमें रहे न भेद।।

वैसे ही नाथ जगत तुमसे, जग से फिर भी न्यारे हो तुम।
जगती पर प्यार तुम्हांरा है, इस जगती को प्यारे हो तुम।।
हे नाथ एक इच्छा लेकर, मैं धाम तुम्हारे आया हूँ।
मोहिनी रूप सबने देखा, मैं उसे देख नहिं पाया हूँ।।
जिस [क]छवि से सारे दैत्यों को, मोहित कर अमृत छीन लिया।
अभिलाषा है उसको देखूं लेकर आया मैं दीन हिया।।

हरि ने हंस कर कह दिया, होगा यही अवश्य।
होनी होकर ही रहे, होनी हरि के वश्य।।
इतना कहकर हो गये, प्रभु तो अंतर्धान।
उन्हें ढूंढने लग गये, भोले शंभु सुजान।।
देखा रमणी बाग में, खेल रही थी गेंद।
आंख मिली हर देव के, लगी ह्रदय में सेंध।।
पवन दुपट्टा ले गई, तरूणी का उस काल।
हर ने लज्जा त्याग दी, ऐसा हुआ कमाल।।

दौड़े ओर केश पकड़ उसको, अपनी बाहों में भर डाला।
रह गये उमा संग गण तकते, ऐसा अचरज तब कर डाला।।

1. तदिदं कालरशनं जनाः पश्यंति सूरयः।
न ह्रष्यंति न शोचंति तत्र यूयंपंडिताः।। भा. 08–11–08

(क) आब, कांति, छबीलापन, सौदर्य

मानो अरी अनंग ने, [1]जीत लिये हर आज।
रमणी के पीछे पड़े, त्यागी जग की लाज।।
भागी रमणी पकड़ने, दौड़े जब कामारि।
शुक्र धरा पर गिर गया, तब लौटे त्रिपुरारि।।

जिस जगह शुक्र टपका हर का, सोने की खान बनी भारी।
हंस कर श्री हरि ने पूछ लिया, कैसे हो बोलो भगहारी।।

तेरी माया विकट है, ए देवों के देव।
हरि बोले खुद लोटकर, भला किया महादेव।।

साधारण प्राणी का क्या हो, जब मैं माया से मोहित हूँ।
उस मायापति के चरणों में, मैं स्वयं आज विनतीरत हूँ।।

शुक बोले राजा सुनो, अब आगे का हाल।
मनवंतर में कौन से, हरि ने किया कमाल।।

युग की सहस्त्र चौकड़ियों में, चौदह मनवन्तर होते हैं।
स्वायंभुव से सावर्णी तक, मनु भी चौदह ही होते हैं।।

वैवस्वत सावर्णि ओर, दक्ष धर्म हे नाम।
धर्म रूद्र ओर देव ये, सब मनुओं के नाम।।

राजा ने पूछा मनु सारे, क्या कर्म यहां पर करते हैं।
सब मनवन्तर के ऋषी इन्द्र, अवतार कहो क्या करते हैं।।
शुक बोले अंशावतार, सबका संचालन करते हैं।
श्री सप्तऋषी सब वेदों का, मिलकर संरक्षण करते हैं।।

ऋषियों के तप से सुनो, रहे सनातन धर्म।
वर्षा कर सुख भोगता, यही इन्द्र का कर्म।।

उपदेश यज्ञ का देते है, सनकादिक हर मनवन्तर में।
श्री याज्ञवल्क कर्मोपदेश, देते हें हर मनवन्तर में।।
श्री दत्त योग सिखलाते हैं, सृष्टी मरीचि जी रचते हैं।
यों महाकल्प के ए राजन, ये कल्प [क]अवांतर होते हैं।।

1. **प्रत्यपद्यत कामेन वैरिणैव विनिर्जितः।। भा. 08–12–31**

(क) चौदह मनू प्रमाण

परिक्षित ने पूछा क्यो छल कर, बस तीन पांव पृथ्वी मांगी।
जब कार्य हुआ फिर क्यों बांधा, प्रभु ने मर्यादा क्यों लांघी।।
बोले शुकदेव परीक्षित सुन, जब प्राण दान बलि ने पाया।
तन मन भ्रगुवंशी को देकर, धन भी अर्पित कर सुख पाया।।
फिर स्वर्ग विजय की कांक्षा से, शुभ यज्ञ विश्वजित करवाया।
रथ घोड़े स्वर्ण धनुष तरकस, अग्नी से दिव्य कवच पाया।।
आचार्य शुक्र ने शंख दिया, प्रहलाद ने [क]अद्भुत माला दी।
देवों पर जय पाने के हित, बलि राजा ने शक्ती साधी।।
प्रहलाद सहित सब विप्रों को, बलि ने साष्टांग प्रणाम किया।
फिर इन्द्र पुरी में जाकर के, उस दिव्य शंख का नाद किया।।
सुरपति ने गुरू से की सलाह, फिर स्वर्ग छोड़ कर भाग गया।
अनुकूल समय की चाहत में, वह पुर से बाहर निकल गया।।
गुरू बोले इस बलि के द्वारा, ब्राह्मण अपमानित जब होगा।
परिवार सहित उसके फल से, तत्काल नष्ट वह तब होगा।।

बलि ने अपने वश किया, [ख]इन्द्रपुरी का काज।
ओर त्रिलोकी में हुआ, असुरेश्वर का राज।।

इन्द्रासन पर वह बना रहे, सो अश्वमेध प्रारम्भ किये।
राज्य लक्ष्मि भोगी उसने, देवों को दारूण कष्ट दिये।।

देवों की माता अदिती ने, जब पुत्रों के दुर्दिन देखे।
संताप किया उसने भारी, सोचा केसे इनको मेटें।।

विरत समाधी से हुए, जब कश्यप महाराज।
पत्नी के आश्रम गये, बोली जय द्विजराज।।

आनन्द हीन उत्सव विहीन, जब भार्या का आश्रम देखा।
विकल बदन ओर अति उदास, जब अपनी भार्या को देखा।

पूछा क्या तुमसे हुआ, विप्र धर्म अपमान।
या तुमने इसलोक का, भंग किया है मान।।
बोले [1]जिस घर में नहीं, देव अतिथि सत्कार।
वो घर भार समान है, उसमें रहे सियार।।

1. गृहेषु येष्वतिथयो नर्चिताः सलिलैरपि।
यदि निर्यांति ते नूनं फेरूराजगृहोपमाः।। भा. 08–16–07

(क) जिसके फूल कभी नहीं कुम्हलाये ऐसी (ख) देवधानी नाम इन्द्रपुरी

अपनी गंभीर उदासी का, कारण कुछ हमें बताओ तो।
ब्राह्मण ओर अग्नी पूज्य सदा, मनवांच्छित फल देते ये दो।।
अदिति बोली ए प्राणनाथ, सर्वस्व छिन गया पुत्रों का।
फिर से वेसा अस्थान मिले, यश फैले मेरे सुवनो का।।

भगवद् भक्ती है प्रिये, सबसे सुगम उपाय।
शुद्ध [1]पयोव्रत तुम करो, होंगे हरी सहाय।।

विस्तार सहित कश्यप जी ने, व्रत की विधि उसको बतलाई।
बोले यदि नियम निभाये तो, होंगे सहाय श्री हरिराई।।
है **[2]वही** यज्ञ व्रत दान नियम, जिनसे प्रसन्न प्रभु होते हैं।
श्रद्धा जिसकी जितनी होती, प्रभु उसके उतने होते हैं।।

<u>!! पयोव्रत प्रार्थना !!</u>

1. नमस्तुभ्यं भगवते पुरूषाय महीयसे।
सर्वभूतनिवासाय वासुदेवाय साक्षिणे।। भा. 08–16–29
नमोऽव्यक्ताय सूक्ष्माय प्रधानपुरूषाय च।
चूतुर्विंशद्गुणज्ञाय गुणसंख्यानहेतवे।। भा. 08–16–30
नमो द्विशीर्ष्णे त्रिपदे च तुःश्रृंगाय तंतवे।
सप्तहस्ताय यज्ञाय त्रयीविद्यात्मने नमः।। भा. 08–16–31
नमः शिवाय रूद्राय नमः शक्ति धराय च।
सर्वविद्याधिपतये भूतानां पतये नमः।। भा. 08–16–32
नमो हिरण्यगर्भाय प्राणाय जगदात्मने।
योगैश्वर्यशरीराय नमस्ते योगहेतवे।। भा. 08–16–33
नमस्ते आदिदेवाय साक्षिभूताय ते नमः।
नारायणाय ऋषये नराय हरये नमः।। भा. 08–16–34
नमो मरकतश्यामवपुषेऽधिगतश्रिये।
केशवाय नमस्तुभ्यं नमस्ते पीतवाससे।। भा. 08–16–35
त्वं सर्ववरदः पुंसां वरेण्य वरदर्षभ।
अतस्ते श्रेयसे धीराः पादरेणुमुपासते।। भा. 08–16–36
अन्ववर्तत यं देवाः श्रीश्च तत्पादपद्मयोः।
स्पृहयंत इवामोदं भगवान्मे प्रसीदताम्।। भा. 08–16–37

2. त एव नियमाः साक्षात्त एव च यमोत्तमाः।
तपो दानं व्रतं यज्ञो ये न तुष्यत्यधोक्षजः।। भा. 08–16–613

अदिती माँ ने जब किया, व्रत विधि के अनुरूप।
उसके सन्मुख आ गये, नारायण सुर भूप।।

साक्षात [क]अजित के दर्शन कर, अदिती माता ने गुण गाये।
बोली प्रभु ऐसा वर दे दो, मेरे सुत अपना पद पाये।।
बोले! अदिति उन दैत्यों का, हे समय विप्र अनुकूल अभी।
मैं पुत्र तेरा बन आऊँगा, तुम मौन साध कर रहो अभी।।
देवों के विषयक चर्चा को, जो गुप्त सदा ही रखते हैं।
शुभ समय लोट कर आता है, सब कार्य सिद्ध तब होते हैं।।
उस इच्छाधारी ईश्वर ने, माँ अदिति गर्भ में वास किया।
ब्रह्माजी ने स्तुति गाई, माता ने नित उपवास किया।।

द्वादशी भाद्रपद का शुभ दिन, प्रिय शुक्ल पक्ष जब छाया था।
बलि का अभिमान नष्ट करने, वामन बन कर वह आया था।।

समय रहा मद्यान्ह का, था अभिजित नक्षत्र।
विजया द्वादशि का दिवस, बने अदिति के पुत्र।।

श्रृंगार ओर सब अलंकार, प्रभु देह पे शोभा पाते थे।
कश्यप अदिती के जयकारे, आनन्द ओर बरसाते थे।।
नटवर नागर ने नट जैसा, वामन स्वरूप अपनाया था।
आभूषण आयुध धारण कर, माता का वचन निभाया था।।
जब यज्ञोपवित दिया उनको, सबने ही भेंटे अर्पित की।
वामन जी ने इक यज्ञ किया, आहूति अग्नि को अर्पित की।।
[ख]भृगुकच्छ क्षेत्र में भृगुवंशी, असुरों की शक्ति बढ़ाते थे।
बलि के इन्द्रासन पाने को, वे अश्वमेध करवाते थे।।

बलि राजा के यज्ञ में, पहुंचे वामन देव।
सभी चमत्कृत हो गये, बलि ने पूजे देव।।

आगमन आपका शुभ भगवन, पितरों ने तृप्ती पाई है।
हम धन्य हुए प्रभु दरशन से, यज्ञों की यह प्रभुताई है।।

जो इच्छा हो मांग लो, सब अर्पित हे देव।
गर्व भरी यह बात सुन, मुसकाये कुछ देव।।

बोले बलि तुम कुल गौरव हो, प्रहलाद वंश के दीपक हो।
मानी दानी में नाम बड़ा, अपने वचनों के पोषक हो।।

(क) ईश्वर **(ख) भड़ूंच**

हामी भरकर जो दान न दे, ऐसा तो कुल में हुआ नहीं।
[1]**हिरण्याक्ष** हिरण्यकशिपु जैसा, बल पौरूष वाला कहीं नहीं।।
आयुष्य दे दिया देवों को, वीरोचन पिता तुम्हारे ने।
यश दुनियां जिसका गाती है, वह काम किया मतवारे ने।।
तूने प्रस्ताव रखा बलि तो, मनचाहा आज मांगता हूँ।
दे [2]**तीन** पांव पृथ्वी राजन, वामन हूँ यही चाहता हूँ।।
वह नहीं पाप भागी होता, जो अपनी चाहत पूर्ण करे।
अत्यधिक लोभ से जो मांगे, परमात्मा उसको चूर्ण करे।।

[3]बच्चे हो पर बड़ों सी, द्विज चलते हो राह।
[4]द्वीप दान जो कर सके, उससे छोटी चाह।।

बोले ये [5]**विषय** त्रिलोकी के, सब एक मनुज को मिल जाये।
कामना अतृप्त रहे फिर भी, जीतेन्द्रिय पुरूष न हो पाये।।

[6]हरि इच्छा से [7]जो मिले, उसमें हो संतोष।
दुख देता हे मनुज को, जितना बढ़ता कोष।।

आचार्य शुक्र ने समझाया, यह सब विष्णू की माया है।
अपने वचनो को वापिस लो, यह छली लूटने आया है।।
[8]**जो** दान वृत्ति को नष्ट करे, जग में उपहास कराता है।
वह नहीं प्रशंसा योग्य कभी, इतिहास यही सिखलाता है।।
[9]**हे** देह वृक्ष ओर सत्य फूल, मृत तरू में फूल नहीं होता।
इसलिये देह का रक्षण हो, व्यवहार शास्त्र भी यह कहता।।

1. **वैरानुबंध एतावानामृत्योरिह देहिनाम्।। भा. 08—19—13**
2. **पदानि त्रीणि दैत्येंद्र संमितानि पदा मम।। भा. 08—19—16**
3. **वाचस्ते वृद्ध संमताः। त्वं बालो बालिशमतिः।। भा. 08—19—18**
4. **पदत्रयं वृणीते योऽबुद्धिमान्द्वीपदाशुषं।। भा. 08—19—19**
5. **यावंतो विषयाः प्रेष्ठास्त्रिलोक्यामजितेंद्रियम्।**
   न शन्कूवंति ते सर्वे प्रतिपूरयितुं नृप।। भा. 08—19—21
6. **यद्धच्छयोपपन्नेन संतोषो मुक्तये स्मृतः।। भा. 08—19—24**
7. **वित्तं यावत्प्रयोजनम्।।**
8. **न तद्दानं प्रशंसंति येन वृत्तिर्विपद्यते।। भा. 08—19—36**
9. **सत्यमोमिति यत्प्रोक्तं यन्नैत्याहानृतं हितत्।। भा. 08—19—38**

[1]**फिर** हास्य विवाह ठिठोली में, या वर के गुण गाये जायें।
जब प्राण फंसे हो संकट में, या नारी संग किया जाये।।
आजीविका फंसी हो संकट में, गो [क]ब्राह्मण प्राण बचाना हो।
तब जूठ बोलना बुरा नहीं, जब तन का रक्षण करना हो।।

बलि बोला! गुरूवर मेरा, धर्म यही इस काल।
हां कहकर फिर ना करूं, मिटे वंश की चाल।।

यश काम अर्थ ओर वृत्ती का, हो नाश नहीं ऐसा करना।
हे धर्म गृहस्थी का यह ही, उसको इनकी रक्षा करना।।
जो हे असत्य भाषी उसका, धरती भी भार न सहती है।
शिबि ओर दधीचि के कर्मो का, गायन जगती नित करती है।।
हें वीर अनेक धरा पर जो, नहिं रण में पीठ दिखाते हैं।
पर पात्र व्यक्ति को दान करे, श्रृद्धा वाले कम होते हैं।।

गुरूवर मैं इस विप्र को, निश्चित दूंगा दान।
शुक्र देव कहते रहे, मान बली तू मान।।

बलि के हठ से क्रोधित होकर, फिर श्राप शुक्र ने दे डाला।
[2]**पंडित** पन का अभिमान तुझे, अपमान हमारा कर डाला।।

मूर्ख नृपति होगा अभी, तू लक्ष्मी से हीन।
कुछ क्षण में मिमियाएगा, सन्मुख होकर दीन।।

सोने की झारी इक लेकर, विंघ्यावलि द्वारे पर आयी।
[ख]वामन के चरण पखारे हें, पत्नी ऐसी होती भाई।।
गुरू श्राप सहा राजा बलि ने, बदला न भाव अपने मन का।।
कुल की मर्यादा बनी रही, नहिं मोल किया नश्वर तन का।।

सबने उसकी टेक का, किया बड़ा सम्मान।
जो वचनों को मान दे, होता वही महान।।

1. स्त्रीषु नर्म विवाहे च वृत्यर्थे प्राण संकटे।
गो ब्राह्मणार्थे हिंसायां नानृतं स्याज्जुगुप्सितम्।। भा.08–19–43
2. दृढ़ं पंडितमान्यज्ञः स्तब्धोऽस्यस्मदुपेक्षया।
मच्छासनातिगो यस्त्वमचिराद्भ्रश्यते श्रियः।। भा. 08–20–15

(क) जहां किसी वर्ण वाले का वध हो रहा हो वहां साक्षी को जूठ बोलना चाहिय–याज्ञवल्क्यस्मृति।
(ख) सबते लघु है मांगिबो, यामें फेर न सार।
बलि तें याचत ही भये, वामन तन करतार।।

वामन तन बढ़ने लगा, फैला दिव्य प्रकाश।
एक पैर से ढ़क दिया, धरा ओर आकाश।।
स्वर्ग दूसरे चरण से, नाप गये भगवान।
पैर तीसरे के लिये, बचा नहीं अस्थान।।

सत्यलोक में जब गया, वामन चरण महान।
अज संग देवों ने किया, पूजन सहित विधान।।

[1]**ब्रह्मा** ने चरण पखारे तब, चरणामृत पृथ्वी पर आया।
नित तीन लोक पावन करता, गंगा शुभ नाम यहां पाया।।
मन से भी वेग बड़ा जिनका, उन जामवन्त ने लाभ लिया।
[2]**वामन** की सात प्रदक्षिण ली, अपने तन का उद्धार किया।।
बलि के सेवक वामन वध को, ले खड्ग दौड़कर जब आये।
प्रभु के पार्षद ने रोक लिया, दैत्यों का वध करने धाये।।
बोला प्रतिकूल समय अपना, इसलिये शान्त ही रहना है।
अनुकूल देव के होने तक, साथियों हमें चुप रहना है।।

वरूण पाश से गरूड़ ने, बांध दिया बलिराज।
हरि इच्छा से ही हुआ, बंधन का यह काज।।

तीसरे पैर के लिये बली, पृथ्वी उपलब्ध न की तुमने।
इसलिये नर्क तुम जाओगे, यह शाप दिया तुमको हमने।।

बलि बोला मैं वचन से, डिगा कहां महाराज।
करी ठगाई आपने, दर्शक सकल समाज।।

अपकीर्ति भयानक लगती है, मैं नहीं दण्ड से डरता हूँ।
[क]अब पैर रखो मेरे सिर पर, बस यही प्रार्थना करता हूँ।।

1. **धातुः कमंडलु जलं तदुरूक्रमस्य पादावने जनपवित्र तया नरेंद्र।**
स्वर्धुन्यभून्नभसि सा पततीनिमार्ष्टि लोकत्रयं भगवतो विशदेवकीर्तिः।। भा. 08–21–04
2. **बलि बांधत हरि बाढ़ेउ, सो तनु वरणि न जाय।**
उभय घरी मह दीन मोहि, सात प्रदक्षिण ताहि।। रामचरितमानस।।

(क) मेरे माल से दो पांव नाप लिया तो मेरा सिर उससे अधिक है। क्योंकि माल से माल धनी अधिक होता है–बलि।

प्रहलाद तात के पुण्यों का, यह प्रतिफल मेने पाया है।
खुद जगत नियंता [क]याचक बन, बलि के द्वारे पर आया है।

उसी समय आये वहां, भक्तराज प्रहलाद।
बली बंधा था शर्म से, करता हुआ विषाद।।

चरणों में दण्ड प्रणाम किया, बोला यह बड़ा अनुग्रह है।
इन्द्रासन ओर लक्ष्मी हर ली, अनुकूल बली पर सब ग्रह है।।
विंद्यावलि बोली नाथ आप, सम्पूर्ण जगत के स्वामी हैं।
पतिदेव देह अपनी कहते, शठता की बड़ी निशानी है।।

ब्रह्मा जी ने चरण में, सादर किया प्रणाम।
बोले जय जगती पती, जय जय पूरण काम।।

[1]**निष्कपट** भाव से जो मानव, चरणो में दूब चढ़ाते हैं।
हे देव आपकी किरपा से, वे सब उत्तम गति पाते हैं।।
बलि ने यह राज त्रिलोकी का, प्रभु के चरणों में सोंपा है।
अब इसे दुःख क्यों हो भगवन, यह कृपा बड़ी या धोखा है।।

प्रभु बोले जिसको नहीं, है कोई अभिमान।
यही अनुग्रह हे मेरा, जाने सकल जहान।।

यातना सही कितनी बलि ने, पर धर्म नहीं छोड़ा अपना।
माया यह जीत गया मेरी, मुनियों का जो होता सपना।।
परित्यक्त हुआ ओर छला गया, धन ओर अस्थान गंवाया है।
गुरू से श्रापित हो बंधा मगर, इसने निजधर्म निभाया है।।

मनवन्तर सावर्णि में, अज होगा यह इन्द्र।
गायन इसके सुयश का, करते रहें मुनीन्द्र।।
सुतल लोक में रहेगा, तब तक बलि का वास।
[ख]द्वारपाल बन रहूंगा, खड़ा भक्त के पास।।

1. **यत्पादयोरशठधीः सलिलं प्रदाय दुर्वांकुरैरपि विधाय सतीं सपर्याम्।**
अप्युत्तमा गतिमसौ भजते त्रिलोकीं दाश्वानविक्लवमनाः कथमार्तिमृच्छेत्।। भा. 08–22–23

(क) **बुरो प्रेम को पंथ, बुरो जंगल को बासो, बुरो नारि को नेह, बुरो मूरख को हांसो, बुरो पेट जंजाल, बुरो युद्ध को भागनो, गंग कहे सुन साह अकब्बर, सबसो बुरो हे मांगनो।।–गंग कवि**

(ख) **हरितुम बलि छलि के का कीन। बांधन गये बंधाये आपहि, बड़ी सयानी कीन। लिये लकुटिया द्वारे ठाडे, निशिवासर आधीन। तीन पैग पृथ्वी के कारण बलि को सर्वस दीन। सुरदास प्रभु बलि की बिनती हरिचरणन चित दीन। – सूरदास**

नित दरशन से मिटेंगे, सभी आसुरी भाव।
तन मन निर्मल होयगा, होगा सरल स्वभाव।।

हरि हर ब्रह्मा देव को, बलि ने किया प्रणाम।
पितृ पुरूष प्रहलाद संग, तत्क्षण गया स्वधाम।।
हरि ने शुक्राचार्य से, करवाया जग पूर्ण।
लोटे फिर निज धाम वे, हुए काम सब पूर्ण।।

[1]**यह** चरित सभी श्रोताओं को, पापों से मुक्ति दिलाता है।
इसका गायन करने वाला, निर्मल मति का हो जाता है।।

ए शौनकादि उस राजा ने, शुक मुनि से फिर यह प्रश्न किया।
मत्स्यावतार क्या है प्रभु का, किस हेतु जन्तु का रूप लिया।।
शुकबोले अज को एक बार, कल्पांत में नींद समाई थी।
तब प्रलय हुआ था ए राजा, लोकों ने डुबकि लगाई थी।।
अज मुख से निकले वेदों को, हयग्रीव दैत्य ने हरण किया।
बस वेद धरा की रक्षा हित, हरि ने मछली का रूप लिया।।
उस समय [क]सत्यव्रत इक राजा, कृतमाला में तर्पण रत था।
अंजलि जल में मछली आई, उसको फिर जल में छोड़ दिया।।
सुनकर उस मछली की पुकार, आश्रम में उसको ले आया।
जल भरे कलश में रखा ओर, कुछ समय बाद दुगुना पाया।।
इस तरह बढ़ी उस मछली से, राजा ने पूछा कौन कहो।
प्रभु बोले प्रलय निकट राजा, तुम मुझको अपने पास रखो।।
उस प्रलय समय में एक नाव, जब सन्मुख आ जावे भाई।
औषधी बीज ओर ऋषियों को, तू उसमें रख देना भाई।।
वासुकी नाग से तुम मुझको, नोका से बांधोगे राजा।
तेरे सब प्रश्नो के उत्तर, उस समय मिलेंगे ए राजा।।

प्रभु ने जैसा कहा था, हुआ सात दिन बाद।
तब राजा के संग किया, मछली ने संवाद।।

1. उरूक्रमस्य चरितं श्रोतृणामघमोचनम।। भा. 08–23–28

(क) सत्यव्रत राजा इस कल्प में सूर्य पुत्र श्राद्धदेव नाम से प्रसिद्ध हुआ जिसे प्रभु ने मनू की पदवी दी। वह जलमात्र पीकर तप कर रहा था।

राजा को सुनवा दिया, प्रभु ने मत्स्य पुराण।
वधा दुष्ट हयग्रीव को, लाये वेद पुराण।।

बस वही सत्यव्रत नृपति सुनो, वैवस्वत मनू कहाये थे।
जो प्रलय समय में साथ रहे, हरि के संग वेद बचाये थे।।
मत्यावतार की गाथा का, जो नितप्रति कीर्तन गाते हैं।
सब पूर्ण मनोरथ उनके हों, जीवन वे सफल बनाते हैं।।

कलि के जीवों ध्यान दो, हे कीर्तन में सार।
हाथ जोड़ विनती करे, नागर कमल कुमार।।

!! इति श्री "जय श्री कृष्ण" अष्टम स्कंध !!

!! "जय श्री कृष्ण" नवम स्कंध!!

!! नवम स्कंध !!

कहने से होता कठिन, करना सारे काम।
पर करके दिखला गये, पुरूषोत्तम श्री राम।।
गणनायक वह सुमति दो, करूं राम गुण गान।
मुझको अपना सा लगे, इससे सकल जहान।।

दक्षिण में जिनके लखन लाल, वामांग में जनक दुलारी है।
चरणो में हनुमत सेवा रत, मन में यह छवी निहारी है।।
परिक्षित बोला आचार्य मुझे, ईक्ष्वाकु वंश अब सुनना है।
थे बड़े पराक्रमि राजा सब, मुनियों का ऐसा कहना है।।

शुक बोले राजन सुनो, अब ईक्ष्वाकू वंश।
इस कुल में ही निहित था, परमेश्वर का अंश।।

नृप सूर्यदेव घर संज्ञा में, श्री श्राद्ध देव का जन्म हुआ।
फिर [क]श्राद्ध मनू घर श्रृद्धा में, [ख]दस श्रेष्ठ सुतों ने जन्म लिया।।
संतान हीन थी जब श्रृद्धा, कौशिक ने यत्न सुझाया था।
मित्रावरूण की इष्टी की, पयव्रत का मार्ग बताया था।।
होता से श्रृद्धा रानी ने, कन्या हो ऐसा यत्न किया।
परिवर्तन हुआ यजन में ओर, इला सुता का जन्म हुआ।।

इस फल से नाखुश हुए, श्री मनु जी महाराज।
पूछा आर्य वशिष्ट से, क्या है इसका राज।।

कुलगुरू बोले होता द्वारा, मंत्रों में फेर हुआ राजन।
मैं इसे पुत्र बनवाऊँगा, यह वचन दिया मेने राजन।।
सुनकर वशिष्ट मुनि का वन्दन, कन्या को पुत्र बनाया था।
ईश्वर यह सब कर सकता है, सुद्युम्न नाम तब पाया था।।
इकबार अश्व पर चढ़ सुद्युम्न, मृगया करने को चला गया।
संयोग बना राजन ऐसा, मेरू के वन में चला गया।।

जैसे ही वन में घुसा, बदला सभी स्वरूप।
अश्व सहित उस युवक ने, पाया नारी रूप।।

उत्तरा तनय हो गया चहित, आश्चर्य झलक आया मुख पर।
पूछा इसका वृत्तान्त कहो, क्या कारण था इसका गुरूवर।।
बोले राजन इक ऋषि मण्डल, महादेव दरश हित आया था।
निर्वसन पारवति माता को, शिव की गोदी में पाया था।।

लज्जित होकर शिवा ने, धारे तन पर चीर।
[ग]नारायण आश्रम गये, ऋषिगण बड़े अधीर।।

(क) श्राद्धदेव मनु (वैवस्वत)

(ख) ईक्ष्वाकू शर्याती कवि, नरिष्यन्त, नृग, दृष्ट।
करूषक, नभग, प्रषघ्र अरू, दशम हुए श्री घृष्ट।।

(ग) नर नारायण आश्रम

बोले महादेव सुनो देवी, यह अवसर फिर नहिं आयेगा।
जो नर इस [क]वन में आयेगा, तत्क्षण नारी हो जायेगा।।
इसीलिये सुद्युम्न ने, पाया नारी रूप।
अश्व और सैनिक सभी, नारी बने अनूप।।

उस वन में इला सहेली संग, क्रीड़ा करने में व्यस्त हुई।
फिर देवयोग से वह राजन, श्री बुध आश्रम की ओर गई।।

पलभर में बुध हो गये, तरूणी पर आसक्त।
मिलन हुआ जिससे मिला, वीर पुरूरवा पुत्र।।

सुद्युम्न संग गुरूवर ने जब, भोले शंकर से विनती की।
इसको फिर पुरूष करो भगवन, लेलो यह काया तरूणी की।।

खुश होकर महादेव ने, दिया उसे वरदान।
पोरूष फिर देता तुम्हें, सेवक अपना मान।।

इक माह पुरूष ओर एक माह, नारी का धर्म निभायेगा।
नारी जब होगा तब वशिष्ट, यह छुपकर समय बितायेगा।।
कुछ समय भोग कर राज्य लक्ष्मि, जन मन लख एसा कार्य किया।
उस [ख]प्रतिष्ठान के राजा ने, [ग]बुध सुत को अपना राज्य दिया।।

सुद्युम्न पुत्र की गाथा से, वैवस्वत ने दुख पाया था।
यमुना तटपर सो वर्ष तलक, तप करके फिर घर आया था।।
तप के प्रभाव से मनु जी को, इक्ष्वाकु सहित दस पुत्र हुए।
शुकदेव देव ने राजा से, खोले उस कुल के भेद नये।।

वैवस्वत मनु सुत शर्याती, सब वेद तत्व का ज्ञाता था।
विप्रों की नाईं वह राजा, सब यज्ञ कार्य करवाता था।।
शर्याती सुता सुकन्या संग, इकबार च्यवन आश्रम आये।
बांबी में वहां सुकन्या ने, चमकीले दो पदार्थ पाये।।
आश्चर्य मिटाने को अपना, कांटों से उनको बेध दिया।
जब लगा रूधिर उनसे बहने, सब भेद पिता से खोल दिया।।

शर्याती ने च्यवन से, कहा क्षमा हो देव।
रूपवान कन्या मेरी, स्वीकारो अब देव।।

(क) मेरू के वन में (ख) प्रयाग के समीप झूंसी (ग) पुरूरवा

अपनी सेवा से कन्या ने, उस क्रोधी ऋषि को तुष्ट किया।
सब दूर किया तामस उनका, सब भांति उन्हें संतुष्ट किया।।
इक बार च्यवन मुनि के आश्रम, अश्विनि कुमार जब आये थे।
योवन मांगा था तब उनसे, लालच कुछ उन्हें दिलाये थे।।
[1]**प्रमदा** मन को जो तुष्ट करे, यदि वही रूप वय पाऊँगा।
तो सुनो कुमारों मैं तुमको, [क]फिर [ख]सोम भाग दिलवाऊँगा।।

तब सिद्धों के कुण्ड में, करवाया अस्नान।
योवन एसा मिल गया, सकी न वह पहचान।।

इकबार पिता आश्रम आये, पुत्री संग एक युवक देखा।
बेटी ने उन्हें सुनाया था, अपने जीवन का सब लेखा।।
खुश होकर नृप शर्याती ने, तब सोमयज्ञ करवाया था।
वचनानुरूप सब सोम भाग, अश्विनिकुमार ने पाया था।।
शर्याती वंशी रेवत ने, कुशस्थली बड़ी बसाई थी।
हम उसे [ग]द्वारिका कहते हैं, सागर में इसे बनाई थी।।
इकबार रेवती कन्या को, रेवत ले स्वर्ग सिधाये थे।
वर कोन त्रिलोकी में लायक, बस यही पूछने आये थे।।
जैसे ही [घ]गान समाप्त हुआ, अज के चरणों में शीष धरा।
पितुश्रेष्ठ योग्य वर बतलाओ, ब्रह्मा ने हंस कर यही कहा।।
जिनको तुम योग्य समझते हो, सब [च]युग के साथ समाप्त हुए।
वे ही क्या उनके पुत्र पौत्र, कुछ के तो कुल ही अस्त हुए।।

अब हलधर के संग करो, रेवत कन्या दान।
बद्रीकाश्रम पहुंच फिर, धरो हरी में ध्यान।।

शुक बोले मनु जी के धर में, नाभाग सुवन अति प्यारा था।
सब धर्म कर्म ओर यज्ञों संग, वह संस्कृति का रखवारा था।।

उस ज्ञानी नाभाग घर, हुआ लाल इक दिव्य।
अंबरीष शुभ नाम था, किये कर्म सब भव्य।।

1. **ग्रहं ग्रहीष्ये सोमस्य यज्ञे वामप्यसोमपोः।**
   क्रियतां मे वयो रूपं प्रमदाना यदीप्सितम्।। भा. 09–03–12

(क) **वैद्य का (नीच) कर्म करने के कारण यज्ञ भाग बन्द किये थे।**
(ख) **यज्ञभाग**
(ग) **रेवत ने कुशस्थली (द्वारका) बसाई थी। श्री कृष्ण ने बड़ा रूप दिया।**
(घ) **जब रेवत वहां पहुंचे वहां सभा में गान हो रहा था।**
(च) **पृथ्वी के सत्ताईस युग बीते।**

था सप्तद्वीप का राजा पर, वह दूर मोह से रहता था।
संसार को हरदम मृदा मान, हरिसेवा में रत रहता था।।
विप्रों की सम्मति लेकर के, बहु अश्वमेध करवाये थे।
ब्राह्मण ऋत्विज ओर जनता को, सब विधि संतुष्ट कराये थे।।
फिर संग त्याग ओर व्रत रखकर, सब विप्रों को [क]गोदान दिया।
ब्राह्मण को भोग धरा करके, सबका ही उसने मान किया।

ऋषि दुर्वासा भाग्य से, आये नृप के द्वार।
पद पखार पूजन किया, किया अधिक सत्कार।।
अम्बरीष से मान पा, ऋषिवर हुए प्रसन्न।
नित्य कर्म से निवृत्त हो, ग्रहण करूंगा अन्न।।
स्नान कर्म में हो गई, दुर्वासा को देर।
नृप के जीवन में हुआ, विधना का यह फेर।।

[ख]शुभ समय जानकर राजा ने, [ग]जल पीकर व्रत को छोड़ दिया।
तब क्रोधित हो दूर्वासा ने, [घ]कृत्या को पीछे छोड़ दिया।।
नृप डरा नहीं उस कृत्या से, वह [च]चक्र तेज से भस्म हुई।
फिर चक्र लगा द्विज के पीछे, दुर्वासा की गति बुरी हुई।।
ब्रह्मा ओर हर के पास गये, बोले विपदा को तारो अब।
दोनो ने द्विज से यही कहा, हरि को ही जाय पुकारो अब।।
तब हरि चरणों में शीष धरा, दुर्वासा मुनि जी ने जाकर।
हरि बोले विप्र क्षमा मांगो, प्रिय अंबरीष पद सिर ना कर।।

अंबरीष के चरण में, जाकर नाया माथ।
भक्तराज रक्षा करो, करदो मुझे सनाथ।।
राजा ने की चक्र की, वन्दन विविध प्रकार।
क्षमा करो अब विप्र को, कर दो यह उपकार।।
भक्तों को दुर्लभ नहीं, कोई भी पुरूषार्थ।
उनका जीवन नित्य ही, करता है परमार्थ।।

सब कष्ट दूर कर राजा ने, भोजन गुरूवर को करवाया।
आदेश प्राप्त कर फिर उनका, राजा ने भी [छ]भोजन पाया।।

राजा को आशीष दे, विप्र गये निजधाम।
अंबरीष करने लगा, जनहित कारी काम।।

(क) छासठ करोड गौए (सोने के सींग व रूपे के खुर वाली) ब्राह्मणों को भेंट की
(ख) पारणा करना आवश्यक था। करे तो दोष न करे तो मुहुर्त निकलता है।
(ग) जल भोजन भी नहीं ओर अभोजन भी नहीं—श्रुति।
(घ) दुर्वासा ने अपनी जटा से मूठ पैदा की।
(च) रक्षार्थ भगवान ने सुदर्शन चक्र दिया था।
(छ) दुर्वासा के भागकर आने में एक वर्ष निकला तब तक अंबरीष ने भोजन नहीं किया था।

फिर राज्य सोंप कर पुत्रों को, राजा ने हरि का ध्यान किया।
सब कर्मों से मुक्ती पाई, भव का बन्धन भी काट लिया।।

वैवस्वत मनु छींक से, प्रकट हुआ सुत एक।
इक्ष्वाकू था नाम ओर, कर्म बड़े थे नेक।।

सौ पुत्र हुए इक्ष्वाकू के, सब राजकाज में मानी थे।
दण्डक निमि ओर [क]विकुक्षि आदि, सबभांति श्रेष्ठ ओर ज्ञानी थे।।

मनुवंशी युवनाश्व था, राजन निःसन्तान।
[ख]भार्याओं संग वन गया, दिया हरी में ध्यान।।
पुत्र प्राप्ति हित ऋषी ने, करवाया इक [ग]यज्ञ।
होनी होती हे प्रबल, कहते हें सब अज्ञ।।

निशि में राजा को प्यास लगी, वह यज्ञ भूमि में चला गया।
विप्रों से पूछ नहीं पाया, [घ]अभिमंत्रित जल पी छला गया।।
अभिमंत्रित जल को पीने से, राजा को गर्भाधान हुआ।
समयानुसार फिर उस [च]नृप को, अति तेजवान इक लाल हुआ।।
बालक रोया तो शचिपति ने, तर्जनि से दूध पिलाया था।
''माँ धाता वत्स'' कहा तब से, मांधाता नाम धराया था।।

[छ]मांधाता नृप का रहा, [1]पूर्ण धरा पर राज।
अपने पय पर इन्द्र भी, नित करता था नाज।।
मांधाता के [ज]घर हुए, दिव्य तीन कुलचंद।
पुरूकुत्स अंबरीष ओर, योगी श्री मुचुकुंद।।

1. यावत्सूर्य उदेतिस्मयावच्य प्रतितिष्ठति।
सर्वं तद्यौवनाश्वस्य मांधातुः क्षेत्रमुच्यते।। भा. 09–06–37

(क) पिता आज्ञा से विकुक्षी अष्टका श्राद्ध (सप्तमी, अष्टमी ओर नवमी व त्रयोदशी (शुक्ल व कृष्ण पक्ष की) ये अष्टका कही हे– इनमें किया श्राद्ध अष्टका कहाता है।) हेतु पवित्र मांस लेने गया। भूल से एक शश खाया। वशिष्ट ने मांस को जूठा व अनुपयोगी कहा। पिता ने विकुक्षी को देश निकाला दिया। खरगोश खाने से शशाद नाम हुआ।

(ख) सौ रानियां (ग) इन्द्र की इष्टी

(घ) पुत्र हेतु रानियों के लिये था। पुंसवन जल।

(च) दाहिनी ओर पेट फाड़ कर गर्भ निकाला।

(छ) इससे रावणादि दुष्ट कांपते थे इसलिये इन्द्र ने इसका नाम त्रसद्दस्यु रखा।

(ज) शशबिन्दु कन्या बिन्दुमति से।

मांधाता घर में हुए, कन्या रत्न पचास।
उनके पावन चरण से, कुल में हुआ उजास।।
सोभरि ऋषि संग कर दिया, नृप ने [क]कन्यादान।
योगमहल रच आर्य ने, दिया उन्हीं में ध्यान।।

वर्षों तक भोग किया ऋषि ने, फिर काम निवृत्त हुआ उनका।
अपने तप की हानी देखी, तब सबसे ध्यान हटा मन का।।

भार्याओं संग वन गये, हुए हरी में लीन।
मोक्ष पत्नियों को मिला, हो पति के आधीन।।

मांधाता नृप के ही कुल में, इक सुत ने पुण्य कमाया था।
था नाम सत्यव्रत इक उसका, इक नाम [ख]त्रिशंकू पाया था।।

उसी त्रिशंकू घर हुआ, हरिश्चन्द्र सा लाल।
दान शिरोमणि हो गया, ऐसा किया कमाल।।

श्री वरूण शरण से राजा को, रोहित जैसा इक लाल हुआ।
[ग]बलिदान वचन नहि पूर्ण किया, तो नृप को भीषण [घ]रोग हुआ।।
उसका धीरज ओर सत्य देख, [च]ऋषि ने विद्या उपदेश दिया।
इससे वह बन्धन मुक्त हुआ, फिर हरि चरणों में ध्यान दिया।।

रोहित के कुल में हुआ, [छ]सगर नाम का लाल।
महा प्रतापी, यशस्वी, महिमा बड़ी विशाल।।

इक अश्वमेध का आयोजन, जब नृपवर ने करवाया था।
मन में थी विश्वविजय कांक्षा, इस हेतु अश्व छुड़वाया था।।

उसी अश्व को हर लिया, शचिपति ने तत्काल।
जिसे खोजने चल दिये, सभी सगर के [ज]लाल।।

(क) पचास कन्याऐं स्नान करते समय मत्स्य संगम देख विवाह की इच्छा हुईं पचास कन्याओं से विवाह किया।

(ख) त्रिशंकू वशिष्ठ श्राप से चाण्डाल हुआ। विश्वामित्र ने उसी शरीर से स्वर्ग भेजा। देवों ने उल्टे सिर गिराया। विश्वामित्र ने वहीं रोका। वह अभी भी आकाश में दिखाई देता है।

(ग) संतान हीन हरिश्चन्द्र नारद के उपदेश से वरूण शरण गये, पुत्र मांगा। वचन नहीं निभा पाया। बहाने किये।

(घ) वरूण के नाराज होने से जलोदर रोग हुआ।

(च) विश्वामित्र जी ने ब्रह्मविद्या उपदेश दिया।

(छ) रोहित वंशी बाहुक वृद्ध था। राज्य शत्रुओं ने छीना। पत्नी संग वन गया। मर गया। पत्नी सती होने लगी तो और्व ऋषि ने मना किया। गर्भवती थी। सोतों ने डाह कर विष दिया। विष सहित प्रकटा इसलिये सगर नाम हुआ।

(ज) सुमती के साठ हजार पुत्र

ईशान कोण में कपिल देव, तप ओर आराधन में रत थे।
सुरपति ने अश्व वहीं बांधा, जिस जगह देव पूजा रत थे।।
सुमती के [क]क्रोधित पुत्रों ने, मुनि को ढ़ोगी अनुमान किया।
सब उनके सन्मुख खड़े हुए, मिलकर मुनि का अपमान किया।।

कपिल देव ने क्रोध से, खोली अपनी आंख।
सगर सुवन सब हो गये, तत्क्षण जल कर राख।।

तब असमंजस सुत [ख]अंशुमान, आचार्य कपिल के द्वार गया।
नतमस्तक होकर विनती की, मुनिवर ने उसको अश्व दिया।।

गंगाजल के स्पर्श से, होंगे ये सब मुक्त।
यत्न करो इसके लिये, होकर भक्ति संयुक्त।।

गंगा को भू पर लाने हित, उसने तप में ही ध्यान दिया।
फिर दिलिप हुआ जब उसका सुत, उसने भी तप का काम किया।।

दिलिप देव के घर हुआ, भागीरथ सा लाल।
गंगा को खुश कर लिया, उसने किया कमाल।।

उसके तप से होकर प्रसन्न, गंगा बोली वर मांगो सुत।
भागीरथ ने अभिप्राय कहा, बोली एसा ही होगा सुन।
पर तीव्र वेग से पृथ्वी पर, जब मेरी धारा आयेगी।
उसको [1]**धारण** यदि किया नहीं, तो वह पाताल सिधायेगी।।
हाँ मृत्युलोक के सब मानव, मुझमें ही [2]**पाप** गलायेंगे।
फिर होंगे कौन कहो राजन, जो मेरे पाप मिटायेंगे।।

1. **कोऽपि धारयिता वेगं पतंत्यामे महीतले।**
   अन्यथा भूतलं भित्वा नृप यास्ये रसातलम्।। भा. 09–09–04
2. **किं चाहं न भुवं यास्ये नरा मय्यामृजंत्यघम्।**
   मृजामि तदधं कुत्र राजंस्तत्र विचिंत्यताम्।। भा. 09–09–05

(क) सगर की पत्नी सुमती के साठ हजार पुत्र।

(ख) सगर की दूसरी रानी केशिनी के पुत्र असमंजस का पुत्र अंशुमान। असमंजस पूर्व जन्म में योगी था। संग दोष से सगर घर जन्मा। इस जन्म में संग नहीं किया। गंदा रहता। बच्चों को सागर में डुबाता। पिता ने त्याग दिया। असमंजस मृत बच्चों को जिंदा दिखाकर वहां से चले गये। सगर भी दुखी हुए।

जो संग त्याग कर रहते हैं, हे शान्त चित्त माता जिनका।
जो ब्रह्मज्ञान के वाहक हें, मन हरि निवास होता जिनका।।
तेरे जल में माँ जब एसे, सत्पुरूष नहाने आयेंगे।
हर इक डुबकी के साथ–साथ, पापों को दूर भगायेंगे।।
सब वेग आपका माताजी, श्री महादेव जी धारेंगे।
वे ही जगती के स्वामी हैं, मेरी विनती स्वीकारेंगे।।
इस तरह [क]धार माँ गंगा की, पृथ्वी पर प्रथम उतारी थी।
आगे रथ पर थे दिलिप सुवन, पीछे सुरसरी पधारी थी।।

सगर सुतों की राख ने, पाया सुरसरि नेह।
ब्रह्मदण्ड से मुक्त हो, गये अमरपति गेह।।

[1]**जब** भस्मीभूत शरीरों को, यह स्वर्ग धाम दिलवाती है।
श्रद्धावालों का क्या कहना, यह पार उन्हें पहुंचाती है।।
भगिरथ के कुल में अश्मक धर, फिर [ख]मूलक सुत का जन्म हुआ।
[ग]क्षत्रिय कुल का यह मूल रहा, इससे ही मूलक नाम हुआ।।
खट्वांग हुए मूलक कुल में, देवों को मिला सहारा था।
संहार किया सब असुरों का, संकट देवों का टारा था।।
अपनी आयुष दो घड़ी जान, श्री हरि में ध्यान लगाया था।
हो गये लीन परमात्मा में, ऐसा वैष्णव पन पाया था।।

1. **भस्मीभूतगांसंगेन स्वर्याताः सगरात्मजाः।**
किं पुनः श्रद्धया देवीं ये सेवंते धृतव्रताः।। भा. 09–09–13

(क) छूटत सोर भयउ अति भारी, चकित देव अहि दिग्गज चारी। सुरसरि पुनि सिव जटा समानी, एक वर्ष तंह रही भुलानी। रा.च.मा.

(ख) सोदास वशिष्ट जी के श्राप से राक्षस हुआ। वन में ब्राह्मण ब्राह्मणी का मेथुन देखा। संतान चाहने वाली ब्राह्मणी ने ब्राह्मण का वध न करने का आग्रह किया। विनय न मान ब्राह्मण को सोदास ने खाया। काम पीड़ित ब्राह्मणी ने श्राप दिया–"तू यदि मैथुन करेगा तो मर जायेगा।" श्राप मुक्त होकर भी सोदास मैथुन सुख त्याग संतान हीन रहा। उसकी अनुज्ञा से वशिष्ट जी ने मदयंती में गर्भधारण किया सात वर्ष तक प्रसव नहीं हुआ। वशिष्ट ने पेट में पत्थर मारा। प्रसव हुआ उसका नाम अश्मक रखा। अश्मक घर मूलक का जन्म हुआ

(ग) परशुराम जी ने जब पृथ्वी निःक्षत्री की तब स्त्रियों ने मूलक को अपने पास रख बचाया। यह क्षत्रियों का मूल रहा। इसीलिये मूलक कहते हैं।

खट्वांग नृपति के वंश में, दशरथ हुए महान।
यश जिनके सुत राम का, गाता सकल जहान।।

थी तीन पत्नियां दशरथ की, उनसे थे चार कुंवर प्यारे।
गुण ओर स्वभाव में अद्वितीय, पुरजन की आंखों के तारे।।
राघव था नाम ज्येष्ठ सुत का, जो कौशल्या घर आये थे।
मझली रानी कैकेई ने, श्री भरत लाल जी पाये थे।।

मात सुमित्रा घर हुए, लखन ओर शत्रुघ्न।
चारों ने मिल हर लिये, मुनियों के सब विघ्न।।

गुरू के धर जाकर चारों ने, विद्याओं का अभ्यास किया।
इक रोज पधारे श्री कोशिक, ओर राम लखन को मांग लिया।।
बोले राजन निशिचर आकर, नित हमको बहुत सताते हैं।
उनके ऊधम से दुखित हुए, हम यज्ञ नहीं कर पाते हैं।।

राघव संग सोमित्र तब, गये ऋषी के साथ।
मख रखवारे हो गये, धनुष बाण ले हाथ।।

सब कार्य पूर्ण कर गुरूवर का, [क]आशीष लिया रघुराई ने।
गोतम तिय का उद्धार किया, सब [ख]कथा कही गुरूराई ने।।
शंकर का विकट धनुष तोड़ा, सीता से ब्याह रचाया था।
जब परशुराम ने क्रोध किया, उसका भी [ग]शमन कराया था।।
पितु के वचनों के पालन हित, वन गमन किया था रघुवर ने।
वेदेही संग सोमित्र चले, अवध छोड़ वल्कल धर के।।
फिर पंचवटी में दशमुख ने, प्रिय वैदेही का हरण किया।
तब भेंट हुई कपिराई से, कपिपति को अपनी शरण लिया।।

(क) तब ऋषि निज नाथहिं जिय चीन्ही, विद्यानिधि कहँ विद्या दीन्हीं।
जाते लाग न क्षुधा पिपासा, अतुलित बल तनु तेज प्रकाशा।।
[क–1]आयुध सर्व समर्पि के, प्रभु निज आश्रम आनि। रा.च.मा.
कन्दमूल फल भोजन, दीन्ह भक्त हित जानि।। 243 बालकाण्ड

(क–1) दंडचक्र, धर्म, काल, विष्णु, ऐन्द्र चक्र, वज्रास्त्र, ब्रह्मशिर, ऐषीक, ब्रह्मास्त्र, धर्मपाश, काल, वरूणपाश, शुष्क, आर्द, वज्रपैनाकास्त्र, नारायणास्त्र, आग्नेयास्त्र, वायव्यास्त्र मोहन, प्रस्थापन, सौम्यवर्षण, सन्तापन, विलापन, गंधर्वास्त्र, मानवास्त्र, स्वाष्ट्रास्त्र, शिशिर आदि– वाल्मीकि रामायण बालकाण्ड सर्ग 27

(ख) गोतम नारी शाप वश, उपल देह धरि धीर।
चरण कमल रज चाहती, कृपा करहुं रघुवीर।। 244 बालकाण्ड

(ग) विप्रवंश की असि प्रभुताई, अभय होय जो तुमहिं डेराई।। 5 बालकाण्ड

शबरी भक्तिन के आश्रम जा, नो [क]भक्ति प्रकार बताये थे।
सतसंगति से निश्छलता तक, विस्तार सहित समझाये थे।।
सीता का पता लगाकर के, लंका पर डंका बजा दिया।
कुल सहित नष्ट कर दशमुख को, फिर लंकनाथ को नाथ किया।।
वनवास अवधि को भोग राम, जब अवध लौट कर आये थे।
सब परिजन ओर पुरजन ने मिल, सिंहासन पर पधराये थे।।
राघव ने यज्ञ दक्षिणा में, गुरूओं को सारा राज्य दिया।
विप्रों ने आशिर्वचन कहे, ओर राज्य उन्हें फिर सोंप दिया।।
[ख]जग की मर्यादा रखने को, वेदेही को वन में छोड़ा था।
संतुष्ट प्रजा हो इसी लिये, पत्नी से था नाता तोड़ा।।

वाल्मीकि आश्रम रही, तब वनदेवी मात।
लव कुश सुत को जन्म दे, सहे सभी आघात।।

श्री रामचन्द्र की विरह व्यथा, वनदेवि कहां सह पाई थी।
धरती की बेटी वैदेही, धरती में पुनः समाई थी।।
यह दुखद कथा सुन रघुवर के, नैनो से नीर छलक आया।
[1]पत्नी की एसी विपद कथा, अवतारी भी नहिं सह पाया।।
रख ब्रह्मचर्य उस [ग]राजा ने, नित अग्निहोत्र का याग किया।
उस इच्छामृत्यू धारी ने, फिर कोशलपुर को त्याग दिया।।
कोशलपुर वालों ने भी तो, जीवन से मुक्ती पाई थी।
दुर्लभ जो सभी योगियों को, वह उत्तम पदवी पाई थी।।

1. **स्त्रीपुंप्रसंग एतादृक्सर्वत्र त्रासमावहः।**
   अपीश्वराणां किमुत् ग्राम्यस्य गृहचेतसः।। भा. 09–11–17

(क) **प्रथम भगति संतन कर संगा, दूसर रति मम कथा प्रसंगा।**
गुरूपद पंकज सेवा, तीसरि भक्ति अमान।
चौथि भक्ति मम गुणगन, करहिं कपट तजि गान। 59 अरण्यकाण्ड
मंत्र जाप मम दृढ विश्वासा, पंचम भजन सो वेद प्रकासा।
षट् दम शील विरति बहु कर्मा, निरत निरन्तर सज्जन धर्मा।
सप्तम सब मोहि मय जग देखै, मोते संत अधिक करि लेखै। रा.च.मा.
अष्टम यथा लाभ संतोषा, सपनेहु नहिं देखइ पर दोषा।।
नवम सरल सब सन छल हीना, मम भरोस हिय हर्ष न दीना।

(ख) **लोकाद्बहुमुखाद्दुराराध्यादसंविदः।**

(ग) **एक हजार तेरह वर्ष तक।**

श्री राम चरित मानस में रख, कर्मों को शुद्ध बनाना है।
सदियों तक भी जो याद रहे, एसे संस्कार जगाना है।।

इस तरह परीक्षित राजा को, शुक ने रवि वंश सुनाया था।
राजा सुमित्र अंतिम होगा, उसको यह भी बतलाया था।।

इक्ष्वाकु सुवन निमि राजा ने, ऋत्विज से यज्ञ कराया था।
उसको वशिष्ट ने श्राप दिया, [क]पलको पर हरि ने बिठाया था।।
विप्रों ने देह मथी निमि की, उससे इकसुत का जन्म हुआ।
था जनक नाम उस मेथिल का, जिसने धरती को धन्य किया।।

जनक वंश कृति तक कहा, किया कर्म का गान।
घर में रह जो मुक्त थे, नृपवर सभी महान।।

शुकबोले राजा सुनो, अब आगे का अंश।
[ख]तारा के संसर्ग से, बढ़ा चन्द का वंश।।

उर्वशी पुरूरवा के कुल में, जमदग्नी जी का जन्म हुआ।
रेणुका भार्या थी उनकी, श्री परशुराम सा सुवन हुआ।।
इकबार सहस्त्रार्जुन आया, जमदग्नी ने मेहमानी की।
लख कामधेनु की सब महिमा, इक हठ अर्जुन ने ठानी थी।।

कामधेनु को ले गया, जब हैहय का लाल।
परशुराम ने वध किया, अर्जुन का तत्काल।।

इकबार पिता की आज्ञा से, माता का मस्तक काट दिया।
पितु ने बोला वरदान मांग, माता का जीवन मांग लिया।।
जब सहस्त्रार्जुन पुत्रों ने, ऋषि जमदग्नी को मार दिया।
इक्कीस बार तब माता ने, दुख से छाती पर वार किया।।
क्रोधित होकर इक्कीस बार, धरती पर क्षत्रिय मारे थे।
अपने फरसे के बल पर ही, पितु के वैरी संहारे थे।।

(क) वशिष्ट जी के व्यस्त होने पर अन्य ऋत्विज से यज्ञ कराया। वशिष्ट ने श्राप देकर निमि को समाप्त किया। विप्रों ने देवों से निमि को जीवित करने को कहा। निमि ने मना किया। देवों ने निमि को नेत्रों में स्थान दिया। निमेषण (मूंदना) व उन्मेषण (खुलना) इसका निशान है।
(ख) वृहस्पति की पत्नी

गाधिराज के सुत हुए, विश्वामित्र महान।
तामस तन उनका रहा, ब्रह्मतेज की खान।।

आयू सुत रजि के हुए, सुनो पांच सो लाल।
देवों के हित वध किया, देत्यों का उस काल।।

शचिपति ने दैत्यों के भय से, रजि को ही राजा मान लिया।
रजि की मृत्यू पर पुत्रों ने, स्वर्ग भूमि पर राज्य किया।।

धर्म भ्रष्ट कर यज्ञ से, वधे रजी के लाल।
सुरगुरू के संग इन्द्र ने, ऐसा किया कमाल।।

श्री नहुष देव का सुत ययाति, सब बंधुवरों में न्यारा था।
थी देवयानि उसकी भार्या, आचार्य शुक्र को प्यारा था।
व्रषपर्वा कन्या शर्मिष्ठा, जो गुरू तनया की दासी थी।
सेवा करती थी मन से पर, मन में इक बड़ी उदासी थी।।
इकबार ययाती से बोली, ए देव मुझे संतति दीजै।
संगम कर मेरे संग आज, दासी पर नाथ कृपा कीजे।।
उस देवयानि ऋषि कन्या ने, [क]दो प्यारे से सुत जाये थे।
दानव कन्या शर्मिष्ठा ने, [ख]तीन सुवन प्रिय पाये थे।।
शर्मिष्ठा संग रती की तो, आर्चाय शुक्र ने श्राप दिया।
कामी हो तुम्हें जरा व्यापे, यह सुना ययाती कांप गया।।

बोला गुरूवर नहीं हूँ, देवयानि से तृप्त।
कैसे यह जीवन कटे, होकर के अभिषप्त।।

होकर प्रसन्न वर दो मुझको, वय में परिवर्तन हो जाये।
यह जरा सोंप दूं ओरों को, तरूणाई मुझमें आ जाये।।

तब तथास्तु कह घर गये, गुरूवर शुक्राचार्य।
यही सोचता घर गया, नहुष पुत्र वह आर्य।।

शर्मिष्ठा सुत पुरू से जाकर, उसने तरूणाई मांगी थी।
[1]**स्वीकार** किया तत्क्षण उसने, यह जरा सुवन अंग लागी थी।।

1. **उत्तमाश्चिंतितं कुर्यात्प्रोक्तकारी तु मध्यमः।**
अधमोऽश्रद्धाया कुर्यादकर्तोच्चरितं पितुः।। भा. 09–18–44

(क) तुर्वसु ओर यदु (ख) द्रुह्यु, अनु, ओर पुरू

वर्षों ययाति ने भोग किया, फिर अपने पन का भान किया।
पत्नी से बोला बहुत हुआ, भोगों ने भी इक ज्ञान दिया।।
[1]**पृथ्वी** पर जितना वैभव है, यदि वह भी मुझको मिल जाये।
मैं इतना प्यासा हूँ देवी, तृष्णा को तृप्ति नहीं आये।।

[2]विषय भोग से भड़कती, है तृष्णा की ज्वाल।
घृत बूंदो से अग्नि का, ज्यों होता है हाल।।

पुरू को तरूणाई सोंप नृपति, ले जरा तभी वन को निकला।
पुत्रों को देकर राज काज, तप करने वह राजा निकला।।

तप करके हरि में रमा, देवयानि भर्तार।
देवयानि ने भी लिया, जीवन का यह सार।।

पुरूकुल में दुष्यंत घर, हुआ [क]भरत सा लाल।
[ख]दान यज्ञ में अग्रणी, शकुंतला का लाल।।

जब भरतवंश [ग]क्षय के भय से, मरूत्सोम यज्ञ करवाया था।
तब भरद्वार [घ]ममता सुत को, श्री भरत वंश ने पाया था।।

श्री रंतिदेव जैसा दानी, नृप वितथ वंश में आया था।
अपना अहार जब दान किया, प्रभु ने उसको अपनाया था।।
मुद्गल की सुता अहल्या को, गोतम ऋषि ने अपनाया था।
दोनों ने ही हरि सेवा से, सुत शतानन्द सा पाया था।।

1. **यः पृथिव्यां व्रीहियवं हिरण्यं पशवः स्त्रियः।**
   न दुह्यंति मनः प्रीतिं पुंसः कामहतस्यते।। भा. 09—19—13
2. **न जातु कामः कामानामुपभोगेन शाम्यति।**
   हविषा कृष्णवर्त्मेव भूय एवाभिवर्द्धते।। भा. 09—19—14

(क) भरत यश ऋग्वेद मंत्रों द्वारा गाया जाता था। इसके दाहिने हाथ में चक्र व चरणों में कमलकोश चिन्ह था।

(ख) गंगातट पर पचपन अश्वमेध यज्ञ किये। यमुना तट पर 78 अश्वमेध किये। अग्नि चयन किया जिसमें एक ब्राह्मण को तेरह हज़ार चौरासी गायें करके एक हज़ार ब्राह्मणों को दी। चौदह लाख मृग जाति के सुसज्जित हाथी दिये।

(ग) अपने जन्में पुत्रों को देख भरत कहता यह मेरे जैसा नहीं, अपने पर दोष लगे यह जान बच्चो का वध किया। निपूता रहा।

(घ) वृहस्पति ने अपने भाई की स्त्री में (ममता में) भरद्वार को पैदा किया।

मुद्गल का बेटा दिवोदास, जो शतानन्द का मामा था।
नृप [क]द्रुपद हुए उसके वंशी, पांचाल नाम अपनाया था।।

ब्रहद्रथ के धर में हुआ, [ख]जरासंध बलवान।
बैरी था यह कृष्ण का, जाने सकल जहान।।
ऋक्षवंश में फिर कहे, कुरू के कर्म महान।
अधिपति था कुरूक्षेत्र का, सकल गुणों की खान।।

[ग]शांतनू वंश का वर्णन कर, श्री वेदव्यास का जन्म कहा।
कलियुग में क्षेमक सुत होगा, उसके पुरखों का जन्म कहा।।

राजा ययाति के साथ–साथ, यदुकुल का भी विस्तार कहा।
कुंती का पुत्र कर्ण [घ]कैसे, इसका भी सारा–सार कहा।।

विदर्भराज कुल वर्णन कर, **[1]श्री राम कृष्ण** का जन्म कहा।
उनके कर्मों की बात कही, केसा उनका व्यवहार रहा।।

कृष्ण नाम का जाप नित, करो ह्रदय में धार।
हाथ जोड़ कर विनय यह, करता कमल कुमार।।

1. **यदा यदेह धर्मस्य क्षयो वृद्धिश्च पाप्मनः।**
तदा तु भगवानीश आत्मानं सृजते हरिः।। भा. 09–24–56

(क) द्रुपद के द्रोपदी कन्या व धृष्टद्युम्न पुत्र हुआ।
(ख) ब्रहद्रथ की पत्नी में (देह के) दो भाग पैदा हुए। उसने बाहर फैंक दिये। जरा नाम राक्षसी ने जीव–जीव कहकर सांधा इसलिये जरा संध नाम हुआ।
(ग) 1. पूर्व जन्म का नाम महाभिष। शंतनु जिसे छूता (वृद्ध भी) युवा हो जाता।
(ग) 2. शंतनु को गंगा में भीष्म हुए।
(ग) 3. शंतनु को धीमर कन्या सत्यवती में चित्रांगद ओर विचित्रवीर्य हुए।
(ग) 4. सत्यवती जब कुंवारी थी तब उसमें पराशर ऋषि से वेदव्यास प्रकटे।
वेदव्यास जी ने शुकदेव जी को भागवत उपदेश किया।
(घ) कुंती जब कुंवारी थी तब उसे सूर्य से कर्ण पैदा हुआ जिसे [च]पेटी में बहा दिया।
(च) अधिरथ ने पेटी में से निकालकर पुत्र रूप में पाला।

!! इति श्री "जय श्री कृष्ण" नवम स्कंध!!

!! "जय श्री कृष्ण" दशम स्कंध!!

!! दशम स्कंध !!

श्रृद्धा और विश्वासयुत, जो हैं जग के मूल।
वे गिरिजा गौरीश जी, हों सब पर अनुकूल।।
प्रभु सेवा की चाह से, धारा सेवक वेश।
जय हनुमत जय वीरवर, जय जय जयति महेश।।
जग जननी के चरण में, कमल नवावे शीष।
शुभ कर्मों में रत रहूँ, दो ऐसा आशीष।।
कुरू कुलभूषण ने किया, शुकमुनि को परणाम।
देव विनय है दास की, कहो कथा अविराम।।
पावन जो यदुवंश में, श्री हरि का अवतार।।
बलवाहक बलवीर का, कहो चरित विस्तार।

जिनकी आश्रय नोका पर चढ़, [1]**पुरखों** ने समर विजय पाई।
कौरव सेना का सिन्धु मथा, दुर्जय वीरों पर जय पाई।।

रोहिणि सुत बलभद्र जी, बने देवकी लाल।
अपने मामा कंस के, कृष्ण हुए क्यों काल।।

श्री कृष्ण चरित का वर्णन कर, मुझ पर उपकार करो गुरूवर।
उस अद्भुत लीला धारी की, लीलाओं को कह दो द्विजवर।।

सुनकर इस शुभ प्रश्न को, झूम उठे शुकदेव।
धन्य तुम्हांरी सुमति को, तुम पर रीझें देव।।

[2]भगवद्विषयक प्रश्न तो, [3]सुरसरि सलिल समान
पावन करता एक सा, जाने सकल जहान।।

इक बार धरा गो रूप धार, श्री ब्रह्मदेव के पास गई।
दुष्टों का भार असह्य हुआ, होकर अधीर निज पीन कही।।
धरती का ताप मिटाने को, अज ने देवों को साथ लिया।
क्षीर सिन्धु तट जा करके, शुभ पुरूष सूक्त का जाप किया।।

1. **पितामहा मे समरेऽमरंजयैर्देवव्रताद्यातिरथैस्तिमिंगिलै।**
   दुरत्ययं कौरवसैन्यसागरं कृत्वाऽतरनवत्स पदंस्मयत्प्लवाः।। भा. 10–01–09
2. **वासुदेव कथाप्रश्नः पुरूषांस्त्रीन्पुनातिहि।**
   वक्तारं प्रच्छकं श्रोतृंस्तत्पादसलिल यथा।। भा. 10–01–10
3. **श्रुताभिलाषिता ध्याता पीता दृष्टा व गाहिता।**
   गंगा तारयते पुंसामुभौ वंशौ भवार्णवात्।। – पैतृक संपदा

तब अपनी सहज समाधी में, भगवद्वाणी का श्रवण किया।
भू–भार हरण के हित प्रभु ने, नर देह धरण संदेश दिया।।

हर्षित हो अज ने कहा, देवों सब दो ध्यान।
जा यदुकुल में जन्म लो, भला करे भगवान।।

[1]**वसुदेव** देवकी सुत बनकर, नारायण भू पर आयेंगे।
गोपियां गोप बन देव गणों, हम सब भी ब्रज में जायेंगे।।

[क]मथुरा में सम्राट थे, शूरसेन महाराज।
अधिपति यादव वंश के, माथुर कुल सरताज।।
नृप सुत श्री वसुदेव का, पूर्ण हुआ जब ब्याह।
सुमुखी भार्या देवकी, मन में भरा उछाह।।
मंगल शंख मृदंग अरू, था दुंदुभि का नाद।
वर दुलहिन थे यान में, परिजन में आल्हाद।।

निज बहिन ओर बहनोई को, युवराज कंस ने विदा किया।
सानन्द निभाई सब रस्में [ख]दाइज भी नृप ने बहुत दिया।।

जब रथ श्री वसुदेव का, हांक रहा था कंस।
अद्भुत वाणी ने किया, कंस भाव विध्वंस।।

रे मूर्ख जिसे आदर देकर, ससुराल आज पहुंचावेगा।
[2]**आठवां** गर्भ उस तरूणी का, तेरा वध करने आवेगा।।
इस गगन गिरा को सुनते ही, शुभ भाव कंस के ध्वंस हुए।
सब स्नेह घृणा में बदल गया, रिश्ते नाते सब धूल हुए।।

केश पकड़ कर बहिन के, बध का किया विचार।
समझाया वसुदेव ने, करो न इस पर वार।।

1. **वसुदेवगृहे साक्षाद्भगवान्पुरूषः परः।**
जनिष्यते तत्प्रियार्थं संभवंतु सुरस्त्रियः।। भा. 10–01–23
2. **पथि प्रग्रहिणं कंसमाभाष्याहा शरीर वाक्।**
अस्यास्त्वामष्टमो गर्भो हन्ता यां वहसेऽबुध।। भा. 10–01–34

(क) मथ्यते तु जगत्सर्वं ब्रह्मज्ञानेन येन वा।
तत्सारभूतं यद्यस्यां मथुरा सा निगद्यते।।

(ख) देवकी को उसके पिता देवक ने स्वर्णमाला वाले 400 हाथी, 15000 घोड़े, 1800 रथ व 200 दासियां दी।

क्रूर कर्मरत कंस को, कह करूणा मय बेन।
समझाया वसुदेव ने, कर्म नहीं यह एन।।
शूरों में तुम पूज्य हो, माननीय गुणधाम।
भोज वंश कुलदीप जी, करो न ओछे काम।।

धरती पर पैर टिका कर ही, दूजा फिर मनुज उठाता है।
जिस भांति कीट त्रण आश्रय ले, पिछले त्रण को तज पाता है।।
बस उसी भांति यह जीव मित्र, कर्मों के पथ पर जाता है।
पहले पाता है देह नई, फिर प्रथम देह तज पाता है।।
यदि भय है कंस [1]**मृत्यु** का तो, उसको न टाल सकता कोई।
वह सृजा गया है देह संग, उससे न बचा अब तक कोई।।
ज्यादा जीना है अगर कंस, तब भी तो मृत्यु अटल भाई।
दस बीस बरस या सौ जी लो, मृत्यू न कभी भी टल पाई।।
केवल विलम्ब हो मरने में, इस हेतु पाप करना कैसा।
अबला के केश छोड़दो तुम, सब होगा चाहोगे जैसा।।

साम भेद युत वाक्य से, समझाया बहु भांति।
ह्रदय न पिघला कंस का, निष्ठुर हुआ कुजाति।।

सामर्थ्य रहे तब तक हम को, [2]मृत्यू को दूर हटाना है।
तब भी गर जीवन बच्चे नहीं, होने दो फिर जो होना है।।

इसीलिये वसुदेव ने, खोजा एक उपाय।
मृत्यु देवकी की टले, कंस शान्त होजाय।।

बोले मैं अपने पुत्रों को, तुमको ही अर्पण कर दूंगा।
यह सोच कंस भी शांत हुआ, मैं उन सब का वध कर दूंगा।।

अपनी भार्या संग ले, घर लौटे वसुदेव।
जान बची उस दुष्ट से, पूजे मिल कर देव।।
अवसर आने पर हुआ, उनके घर सुत एक।
कीर्तिमान शुभ नाम था, नयन नक्श अति नेक।।

नवजात सुवन अपना लेकर, वसुदेव कंस के पास गये।
हे धन्य धरा भारत तेरी, क्या दृढ़ प्रतिज्ञ कुछ लोग भये।
[3]जो निज वचनो का पालक हे, वह तो सब कुछ कर सकता है।
श्री हरि इच्छा बलवान नृपति, जो वह चाहे सो होता है।।

1. **मृत्युर्जन्मवतां वीर देहेन सह जायते। अद्य वाब्दशतान्वे वा मृत्युर्वै प्राणिनां ध्रुवः।। भा. 10–01–38**
2. **मृत्युर्बुद्धिमताऽपोह्यो यावद्बुद्धिबलोदयम्। यद्यसौ न निवर्तेत नापराधोऽस्ति देहिनः।। भा. 10–01–48**
3. **किं दुसहं नु साधुनां विदुषां किमपेक्षितम्।**
   किमकार्यं ककदर्याणां दुस्त्यजं किं धृतात्मनाम्।। भा. 10–01–58
   (क) जो अपनी आत्मा तथा धर्मकार्य, पुत्र, स्त्री, पोष्यवर्ग को पीड़ित करता है। न खावे न खिलावे न धर्म करे उसे कदर्य कहते है।

इक नीच पुरूष निज जीवन में, सारे कुकृत्य कर सकता है।
होता न असम्भव खल गण को, चाहे जितना गिर सकता है।
कलियुग के प्राणी सब सुन लो, हरि भक्त निराले होते हैं।
आजाते हैं जब अपनी पर, सर्वस्व समर्पण करते हैं।।

त्याग दिया निज लाल को, रखा वचन का मान।
एसे सन्तो पर कृपा, नित करते भगवान।।
लो यह प्रथम कुमार हे, तव भगिनी का अंस।
अष्टम से वध जानकर, पिघल गया कुछ कंस।।
ले जाओ इस लाल को, यह नहिं मेरा काल।
लौटे श्री वसुदेव जी, समझे हुआ कमाल।।

भावुकता में वे भूल गये, सत्कार न कर पाये उसका।
[1]क्षण क्षण में जिनके भाव हटे, उपहार भयानक उन जनका।।

कंस भवन में आगये, नारद जी महाराज।
वन्दन चरणो में किया, कृपा करी द्विजराज।।
वृत्तान्त सुनाया कंस ने, लौटाया सुत एक।
नारद बोले कंस जी, किया न तुमने नेक।।

वसुदेव देवकी नन्द ग्वाल, सब देव रूप धर आये हैं।
इनके घर के सब पुत्र आदि, तेरा वध करने आये हैं।।
है विष्णु बड़े मायावी सुत, तू समझ न उनको पावेगा।
उल्टी गणना करके देखो, पहला अष्टम हो जावेगा।।

इतना सुन खल कंस ने, दिया एक आदेश।
नारद बोले हो गया, सच मेरा उपदेश।।

वसुदेव देवकी दोनो को, कारागृह में डलवाया है।
ये दोनो भाग नहीं जावे, पहरा गहरा करवाया है।।

[2]पद पैसे में फंसे हैं, जिन लोगों के प्राण।
सब रिश्ते वे भूलते, कहीं न पाते त्राण।।

1. **क्षणे रूष्टः क्षणे तुष्टः रूष्टस्तुष्टः क्षणे क्षणे।**
   अव्यवस्थितचित्तानां प्रसादोऽपि भयंकर।। क्षेपक – पैतृक संपदा
2. **मातरं पितरं भ्रातृन्सर्वांश्च सुहृदस्तथा।**
   घ्नंती ह्यसुतपो लुब्धा राजानः प्रायशो भुवि।। भा. 10–01–67

यदु भोज और श्री उग्रसेन, सबको ही केद किया उसने।
राजा खुद को घोषित करके, सब पर अधिकार लगा करने।।
समयानुसार छः पुत्रों को, अपने हाथों से नष्ट किया।
वसुदेव देवकी व्यथित हुए, ऐसा उस खल ने कष्ट दिया।।
अपने [1]**मित्रों** को साथ लिया, अन्याय बढ़ाया था उसने।
सब भांति यादवों को रोंदो, अभियान चलाया था उसने।।

अत्याचारों का बढ़ा, जब यह पारावार।
माया से कहने लगे, श्री हरि जगदाधार।।

सातवां गर्भ इस माता का, श्री शेष अंश से आना है।
उसका संकर्षण कर तुमको, रोहिणी उदर पहुंचाना है।।

अष्टम होगा गर्भ तो, धारूंगा मैं देह।
मात यशोदा कोंख में, तुम पाओगी गेह।।

मेरी सेवा के कारण तुम, जगती में पूजी जाओगी।
मंदिर सब लोग बनावेंगे, [क]देवी स्वरूप को पाओगी।।

माया ने सब कर दिये, हरि इच्छा के काम।
जसुमति घर भिजवा दिये, संकर्षण बलराम।।

मथुरा में चर्चा यह फैली, सातवें गर्भ का स्राव हुआ।
पर कंस न समझ सका कैसे, उसके संग बड़ा दुराव हुआ।।

मन में श्री वसुदेव के, आये जब भगवान।
उनसे देवी ने किया, निज मन में आहवान।।
दीपक ज्यों घट में रहे, या खल में सद्ज्ञान।
उसी भांति मां गर्भ में, रहे अलख भगवान।।

देवकी तेज का दर्शन कर, मन कंस राज का घबराया।
विष्णू हे अब गर्भस्थ यहां, उसके मन में ऐसा आया।।
इसका वध करने से मेरी, सम्पदा नष्ट हो जायेगी।
आयुष्य घटेगी ओर जगमें, कीरति में कालिख आयेगी।।

यही सोच कर कंस ने, त्यागा वध का भाव।
मन में पर घर कर गया, विष्णु देव का ताव।।

सोते–जगते, चलते–फिरते, विष्णू में ध्यान रमाया था।
सारी जगती में ही उसने, श्री विष्णु देव को पाया था।

1. प्रलंब बक चाणूर तृणावर्त महाशनैः।
मुष्टिकारिष्ट द्विविद पूतना केशि धेनुकैः।। भा. 10–02–01
अन्येश्चासुरभूपालेर्बाणभौमादिभिर्युतः।
यदूनां कदनं चक्रे बली मागध संश्रयः।। भा. 10–02–02

(क) दुर्गा, चंडी, कालिका, अनगिन होंगे नाम।
जन जन पूजेंगे तुम्हें, होंगे सुन्दर धाम।।

श्री ब्रह्मदेव ने तब आकर, गर्भस्य देव का यश गाया।
सब कष्ट हरेंगे नारायण, यह कह माता को समझाया।।

सभी देवताओं सहित, ले शंकर को साथ।
लौटे श्री अज धाम निज, हरि को ना कर माथ।।

सब भांति समय जब शुभ आया, नक्षत्र रोहिणी उदय हुआ।
पूरणमासी के शशि समान, कारागृह में हरि जनम हुआ।।
कारी अंधियारी गहन निशा, कंसासुर पर अति भारी थी।
हरि का प्राकट्य हुआ था जब, वह अर्द्धरात्रि मतवारी थी।।
थे शंख चक्र प्रभु के कर में, कौस्तुभ मणि दिव्य दमकती थी।
सब भांति अलंकृत थे माधव, हाथों में गदा चमकती थी।।
थे पीत वसन ओर मोर मुकुट, वनमाला कितनी प्यारी थी।
वसुदेव देवकी धन्य हुए, झांकी वह इतनी न्यारी थी।।
उस अद्भुत सुत का दर्शन कर, मन में संकल्प किया उनने।
गोदान विप्र को दूंगा मैं, मन ही मन में सोचा उनने।।
वसुदेव देवकी दोनों ने, श्री हरिमाया का गान किया।
नानाविधि विनती की उनकी, फिर कंस त्रास का भान किया।।

रूप चतुर्भुज निरख कर, भूले सकल जहान।
भार्या संग वसुदेव जी, करन लगे गुणगान।।

जय सुरपति जय दीन दयाला, जय जन पालक नाथ कृपाला।
जय करूणा कर जयति गिरेसा, जय नीलाम्बुज श्यामल वेसा।।
पीत वसन अरू तनु घनश्यामा, आयुध धर प्रभु पूरन कामा।
भगतबछल प्रभु भूसुर पालक, असुर संहारक निज जन तारक।।
मोर पंख सिर ऊपर राजत, निरख स्याम तन रति पति लाजत।
मृदु मुसकान मदन मन हारी, अनुपम शोभा नाथ तिहारी।।
बाहु बिसाल अधर रतनारे, चपल नयन कारे कजरारे।
गुणागार सन्तन हिय वासी, गो द्विज विप्रन के बलरासी।।
भगत बछल प्रभु आनन्द कंदा, त्रास निवारक हर भव फंदा।
पूजा केहि विधि करहुं तुम्हारी, नाथ दसा दयनीय हमारी।।
नाथ कंस कर मेटेहुं त्रासा, करहुं कृपा प्रभु रमा निवासा।
दाता एक विनय सुन लीजे, बाल रूप धरि अति सुख दीजे।।

सुन विनती पितु मात की, भै बालक सुर भूप।
हर्ष ह्रदय में भर गया, लख वह सोम्य स्वरूप।।

दोनो के मुख की वह शोभा, वर्णन करना दुष्कर भाई।
साक्षात त्रिलोकी नाथ आज, बालक बन कर आया भाई।।

अपलक रहे निहारते, नीलाम्बुज सा लाल।
कंस स्मरण से आ गया, मुख पर तनिक मलाल।।

हरि इच्छा से प्रेरित होकर, बोले वसुदेव सुनो प्यारी।
कंसासुर आता ही होगा, वध कर देगा अत्याचारी।।
इससे पहिले ही बालक को, मैं नन्द भवन पहुंचाऊँगा।
जिसने पुत्रों का नाश किया, यमपुर पथ उसे दिखाऊँगा।।

हरि माया ने हर लिया, प्रहरी का सब ज्ञान।
द्वार खुले बन्धन हटे, उनको रहा न भान।।
गोदी में ले लाल को, चूमा माँ ने भाल।
सुख दिखला कर दुख दिया, विधना किया कमाल।।
युगल नयन से बह चली, अश्रु बिन्दु की धार।
समझाया वसुदेव ने, हरि जननी मन मार।।

मुख कमल लाल का चूम–चूम, उसको दुलराती जाती थी।
फिर विरह अग्नि से माता की, छाती हुलसाई जाती थी।।
बोले वसुदेव धरो धीरज, अवसर का लाभ उठाना है।
इस गहन निशा में ही इसको, मुझको गोकुल पहुंचाना है।।
डलिया में लाल सुला करके, वसनों से ढाक लिया उसको।
माँ ने फिर सिर पर हाथ रखा, दुलराया फिर प्यारे सुत को।।
कारागृह से बाहर आकर, वे नन्दग्राम की ओर चले।
रिमझिम पानी की बूंदों से, दोनो ही भीगे गगन तले।।
तब शेष नाग ने आकर के, श्रीहरि पर छत्र धरा अपना।
देखा यमुना में बाढ़ तेज, जाना अब उन्हें लगा सपना।।

हिम्मत कर [क]जल में घुसे, ज्यों ही श्री वसुदेव।
त्यों ही जल बढ़ने लगा, सुमिरे श्री महादेव।।

(क) प्रभु को ले वसुदेव चले सो विचार कियो तब नन्द घरे लौ।
जाय कलिंदी में ठाड़े भये वसुदेव डरे जल आय गरे लौ।।
चरणन को यमुना उमहि जल बाढ़ो जबै वसुदैव शिरेलौं।
हूंकत ही यदुनन्दन के यमुना जी बही तरवा के तरे लौं।।

माधव ने तब मन्तव्य समझ, निज चरण छुआया जब जल में।
छूते ही चरण हटी यमुना, दे दिया मार्ग उसने पल में।।
बहुभांति कष्ट सहते सहते, वे नन्द महल में चले गये।
सब परिजन थे निद्रा निमग्न, वे यशुमति शैया निकट गये।।

लाल सुलाया बगल में, ले माया को साथ।
तत्क्षण मथुरा आ गये, हुआ नहीं परभात।।
प्रभु माया बल से रहा, [1]जसमति को नहि भान।
पुत्र हुआ है घर मेरे, यही रहा बस ज्ञान।।

बसुदेव लौट कर जब आये, फिर से बंधन आबद्ध हुए।
जागे प्रहरी चैतन्य हुए, सब **[2]द्वार** वहां अवरूद्ध हुए।।

जैसे ही उसने सुना, अष्टम प्रसव संदेश।
कारागृह में आ गया, कंस काल का वेश।।
अट्टहास कर हंस दिया, सुन कन्या का नाम।
नभ वाणी जूठी रही, घटे देव के दाम।।

सोचा क्या ललना के हाथों, मेरा वध होना निश्चय है।
इक वीर खड्गधारी को भी, नवजात बालिका से भय है।।

हाथ जोड़ माँ ने कहा, भैया कर उपकार।
पुत्र सभी तूने वधे, ललना को मत मार।।

होगई बड़ी सह कष्टों को, तो मैं निज वचन निभाऊँगी।
खुश होकर ब्याह रीति पूर्वक, तेरे सुत से करवाऊँगी।।

पैरों में गिर कंस के, माँ ने किये कलाप।
अश्रुधार बहने लगी, बढ़ा अधिक संताप।।

[क]मूर्खों से विनय सदा से ही, बस निष्फल होती आई है।
कुटिलों से करके प्रीति कहो, किसने कब सद्गति पाई है।।

1. यशोदा नंदपत्नी च जातं परमबुध्यत।
न तल्लिंगं परिश्राता निद्रयाऽपगतस्मृतिः।। भा. 10–03–53

2. बहिरंतः पुर द्वारः सर्वा पूर्ववदावृताः।
ततो बालध्वनिं श्रुत्वा गृहपालाः समुत्थिताः।। भा. 10–04–01

(क) शठ सन विनय कुटिल सन प्रीती, सहज कृपण सन सुन्दर नीती।
ममता रत सन ज्ञान कहानी, अति लोभी सन बिरति बखानी।।
क्रोधिहिं शम कामिहिं हरि कथा, ऊषर बीज बये फल यथा।। रा.च.मा.सु.।।

क्रोधित हो शठ कंस ने, छीन लिया तत्काल।
सोचा पटकूं शिला पर, मेटूं जी की ज्वाल।

जैसे ही पेर पकड़ उसने, कन्या के वध का यत्न किया।
माया छूटी खल के कर से, नभ में जाकर निज रूप लिया।।

नभ में जाकर के धरा, शुद्ध अष्ट भुज रूप।
अस्त्र शस्त्र शोभित हुई, माँ दुर्गा प्रतिरूप।।

सब देव सिद्ध चारण उसका, स्तुति कर वन्दन करते थे।
बहुभांति दान ओर मान बढ़ा, अर्चन माता का करते थे।।
देवी बोली रे मन्द बुद्धि, मेरे वध से क्या पायेगा।
हो गया जन्म तेरे रिपु का, वह यमपुर तुझे पठायेगा।।

अन्तरहित माया हुई, देकर यह संदेश।
सुन कर मथुराधीश का, बिगड़ गया सब वेश।।

कितने नामों से वह माता, धरती पर पूजी जाती है।
आत्माएं सारी जगती की, चरणों में आश्रय पाती है।।
बोला कह मिथ्या वचन बहिन, [1]**देवों** ने मुझे खिजाया है।
तुम दोनो पर जो भारी था, वह पाप कर्म करवाया है।।
धिक्कार मुझे हे बहिन आज, मैं तेरा ही अपराधी हूँ।
नन्हें शिशुओं का हत्यारा, परि पुरजन का प्रतिवादी हूँ।।
इससे दुःख पाकर उस नृप ने, कुछ ज्ञान युक्त संदेश दिया।
वसुदेव देवकी दोनो को, फिर कारागृह से मुक्त किया।।

शुद्ध किया [2]अंतःकरण, ले उनका [3]आशीष।
कंस महल को चल दिया, झुका शर्म से शीष।
राज सभा में बैठ कर, यह सारा वृत्तान्त।
सचिवों से भी कह दिया, उसने अद्योपान्त।।

उन अल्प बुद्धि के वीरों ने, उसकी बुद्धी को घुमा दिया।
करता था पश्चाताप कंस, उसको प्रतिशोधी बना दिया।।

1. **देवमप्यनृतं वक्ति न मर्त्याएव केवलम्।**
   यद्विश्रंभादहं पापः स्वसुर्निहतवान् शिशुन।। भा. 10—04—17
2. **कंस एव प्रसन्नाभ्यां विशुद्धं प्रतिभाषितम्।**
   देवकी वसुदेवाभ्याम अनुज्ञातो अविषद्गृहम्।। भा. 10—04—28
3. **क्षमध्वं मम दौरात्म्यं साधवो दीनवत्सलाः।**
   इत्युक्त्वाऽश्रुमुखः पादौ श्यालस्स्वस्रोरथाग्रहीत।। भा. 10—04—33

बोले महाराज वधेंगे हम, दस दिन के जन्मे बालों को।
इस भांति नष्ट सब कर देंगे, मथुरा नरेश के कालों को।।
प्रभु तो ठहरे हैं वीर धीर, केसे कोई जय पायेगा।
जो भी उनके सन्मुख आया, तत्क्षण निज प्राण गवांयेगा।।

इसी भांति करने लगे, सचिव कंस गुणगान।
ऐसे शठ करते सदा, भवन कई वीरान।।

[क]मंत्री जो ठकुर सुहाती कह, राजाओं को बहकाते हैं।
वे ही तो सच्चे रिपु होते, नित अपना धरम निभाते हैं।।

इन्द्रिय रोग स्वतंत्र हो, बढ़ते हैं महाराज।
त्यों ही वृद्धी शत्रु की, घातक है अधिराज।।

देवों का मूल विष्णु ही हे, है धर्म सनातन गृह उसका।
गौ ब्राह्मण वेद यज्ञ तप में, सब मूल धर्म का है बसता।।
अतएव इन्हीं पर करना हे, पहला आघात हमें राजन।
याज्ञिक तपसी वेदिक ब्राह्मण, गौ ही है यज्ञों का साधन।।
[1]**ब्राह्मण** गौ वेद सत्य तप जग, मन ओर इन्द्रिय निग्रह करना।
श्रद्धा ओर दया तितिक्षा में, है विष्णु देह ऋषि का कहना।।
अतएव मारना ऋषियों को, विष्णू के वध जैसा ही है।
इस समय नाथ की आज्ञा से, शिशुओं का वध करना ही है।।

हितकर माना कंस ने, विप्र द्रोह का काज।
राक्षस शिशु वधने लगे, आई उन्हें न लाज।।

[2]**अपराध** सन्त का करने से, आयुष्य नष्ट हो जाती है।
यश [ख]धर्म लक्ष्मि शुभ लोक और, सुख की हानी हो जाती है।।

1. **विप्रा गावश्च वैदाश्च तपः सत्यं दमः शमः।**
श्रद्धा दया तितिक्षा च क्रतवश्च हरेस्तनुः।। भा. 10–04–41
2. **आयुः श्रियः यशो धर्मं लोकानाशिष एव च।**
हंति श्रेयांसि सर्वाणि पुंसो महदतिक्रमः।। भा. 10–04–46

(क) सचिव वैद्य गुरू तीनि जो, प्रिय बोलहिं भय आश।
राज धर्म तनु तीनि कर, होय बेगि ही नाश।। रा.च.मा.सु.उ.
(ख) जब जब होय धर्म की हानी, बाढ़हि असुर अधम अभिमानी।
करहिं अनीति जाय नहिं वरणी, सीदहिं विप्र धेनु सुर धरणी।
तब तब प्रभु धरि विविध सरीरा, हरहिं कृपानिधि सज्जन पीरा।।
रा.च.मा.बा.का. 129–6, 7, 8

इधर बाल वध कर रहे, निशिचर गण नित घूम।
उधर नंद गृह में मची, लाल जनम की धूम।।

हर्षित होकर नंद बाबा ने, ज्योतिषि विप्रों को बुलवाया।
होकर पवित्र सिंगार धार, स्वस्तीवाचन भी करवाया।।
सब जातकर्म करवा कर के, देवों पितरों का ध्यान किया।
दो लक्ष अलंकृत गौ देकर, विप्रों का विधि से मान किया।।

जरी वस्त्र आवेष्टित, तिल के पर्वत सात।
दान किये सब विप्र को, हर्ष न ह्रदय समात।।

[1]**पृथ्वी** प्रभृति सारे पदार्थ, अरसे में शुद्धी पाते हैं।
होते हैं जो अपवित्र लिपे, धोते पवित्र हो जाते हैं।।

देहादिक सब [क]दान से, होते सदा पवित्र।
गर्भादिक संस्कार से, नहिं रहते अपवित्र।।

तप से इन्द्रियां शुद्ध होती, धन शुद्ध दान से होता है।
जितने जो अधिक यजन करता, ब्राह्मण पवित्र वह होता है।।
संतोष अधिक बढ़ जाने से, मन में पवित्रता आती है।
शुभ ब्रह्मज्ञान की किरणे ही, आत्मा को शुद्ध बनाती है।।
नंदलाल जनम के अवसर पर, ब्रज मण्डल पूर्ण सजाया था।
क्यों ना हो ऐसा आयोजन, 'भगवान' लाल बन आया था।।

मागध बंदी सूत गण, गाते मगल चार।
ढोल नगारे बज रहे, नंद राय के द्वार।।

आंगन ओर द्वार सकल ब्रज के, हर्षित होकर सजवाये हैं।
ध्वज वस्त्र पताका पत्तों के, बहु बंदनवार बनाये हैं।।
हल्दी में तेल मिलाकर के, गौ बेल वत्स चमकाये हैं।
गेरू खरिया के छापे दे, झूलें ओढ़ा सजवाये हैं।।

1. **कालेन स्नानशोचाभ्यां संस्कारैः स्तपसेज्यया।**
शुध्यंति दानेः संतुष्ट्या द्रव्याण्यात्मात्मविद्यया।। भा. 01–05–01

(क) **पूत सपूत जन्यो जसुदा इतनो सुनिके वसुधा सब दौरी।**
देवन के मन हर्ष भयो सुनि धावत गावत मंगल गौरी।।
नंद कछू जो दियो इतनो घनश्याम कुबेरहुंकी मति बौरी।
महिं देखत ब्रजहिं लुटाय दियो न बची बछिया छछिया न पिछोरी।। कवित्त।।

खुर पर गेरू का लेप किया, हल्दी से सींग सजाये हैं।
श्रृंगार मोरछल से करके, फिर स्वर्ण हार पहिराये हैं।।
राजन ब्रज के सब गोपों ने, आभूषण तन पर धारे हैं।
सुन्दर वस्त्रों संग पाग बांध, सज गये सभी मतवारे हैं।।

जसुमति ने जायो लला, सुनते ही यह बात।
मगन हो गई गोपियां, हर्ष न ह्रदय समात।।

केसर मलकर मुख चमकाया, नैनो में काजर आंज लिया।
लहंगा चोरी चुनरी डारी, फिर मन भर कर श्रृंगार किया।।
बड़े–बड़े झुमके टीका, नथुनी की शोभा न्यारी थी।
बांजूबंद कंकण दिव्य हार, करदोना पायल प्यारी थी।।
फिर–फिर कर दरपण तकती है, आतुरता मन में लिये हुए।
यह भी पहनू ऐसी सजलूं, अभिलाषा से थे भरे हिये।।

वेणी में गुथवाय के, सब फूलन की माल।
भेंटे ले कर वे चली, अजब निराली चाल।।

उनकी वेणी से गलियों में, फूलों की वर्षा होती थी।
हारों की हलक अलौकिक थी, कुंडल की झलक लुभाती थी।।

''रक्षा कर बहुकाल तक'', देती यह आशीष।
गाती मंगल गीत वे, ध्याती गोरि गिरीश।।

हाथों में हल्दी पात्र लिये, सब पर छिटकाती जाती थी।
कुछ इठलाती कुछ मुसकाती, कुछ गाती और लजाती थी।।
होकर प्रसन्न सब ग्वाल बाल, गलियों में कधूम मचाते थे।
घी दूध और जल बरसाते, माखन का लेप लगाते थे।।
सब गोप गोपियां सजधजकर, श्रीनन्द द्वार पर आये हैं।
अपनी क्षमता से अधिक आज, मन भर कर भेंटे लाये हैं।।

(क) **भूल गये गोप गृह गोपिन को भूल गये, हुलसी मचाई माते प्रेम सरसाई में।**
कीच मचि दधि की अधिक गेल गेलन में, रंग रस अंग पागे आनन्द बधाई में।।
छोटी–सी चोंटी कछोटी कटि मोटी भई, गोपि सबै चोपि रूप सागर कन्हाई में।
राजि दिल मोहन विनोदन जो बिहंस नंद, नाचे आज आंगन कन्हाई की बधाई में।। कवित्त।।

जब से प्रभु ने शुभ गोकुल को, आकर निज धाम बनाया है।
सब [1]**सम्पति** रमने लगी वहां, आनन्द अधिक बढ़ आया है।।

अति प्रसन्न मन रोहिणी, करती सब स्वीकार।
हरि इच्छा से भीर ये, हुई आज इस द्वार।।

हो गई भीर घर में भारी, थे मगन सभी नर ओर नारी।
सब नाच रहे थे आंगन में, लाला पर हो कर बलिहारी।।

नंद राय जी कंस को, देने कर इक बार।
मथुरा नगरी को चले, सोंप सकल ब्रज भार।।

सब राज काज पूरा करके, बाबा जब डेरे पर आये।
अपने प्रिय परिजन से मिलने, आतुर वसुदेव चले आये।।

शीघ्र खड़े होकर मिले, उनकी प्रीति अनन्य।
[2]दुर्लभ दर्शन सुजन के, जिन्हैं मिले वे धन्य।।

मृत देह प्राण आ जाने से, ज्यों उठकर शक्ती पाता है।
त्यों ही मिलना नंद बाबा से, वसुदेव को धेर्य दिलाता है।।
बोले वसुदेव बधाई हो, चोथेपन में सुत पाया है।
हो गई देर भूलें उसको, पर समाचार शुभ आया है।।
भैया बतलाओ मेरा सुत, ब्रज में सुख से तो रहता है।
अपनी माता के साथ वहां, वह पिता तुम्हें ही कहता है।।
श्री नन्दराय जी ने उनके, कन्धे पर अपना हाथ रखा।
वसुदेव पुत्र पुत्री वध को, बस देव योग कह मोन रखा।।
[3]**तृण** ओर काष्ठ जल के संग से, नहिं एक ठोर टिक पाते हैं।
प्रारब्ध प्रताड़ित परिजन भी, इक ठोर नहीं रह पाते हैं।।

मिलन जुदाई जगत में, देवों के आधीन।
पवन संग त्रण पात सम, मनुज सदा ही दीन।।

धेर्य बंधा वसुदेव को, हो गाड़े असवार।
नंद चले ब्रज भूमि को, मन में रख करतार।।

1. तत आरभ्य नंदस्य व्रजः सर्वसमृद्धिमान्।
हरेर्निवासात्मगुणै रमाक्रीडमभून्नृप।। भा. 10–05–18

2. दिष्ट्या संसारचक्रेऽस्मिन्वर्तमानः पुनर्भवः।
उपलब्धो भवानद्य दुर्लभं प्रियदर्शनम्।। भा. 10–05–24

3. नैकत्र प्रियसंवादः सुहृदां चित्रकर्मणाम्।
ओघेन व्यूह्यमानानां प्लवानां स्त्रोतसो यथा।। भा. 10–05–25

उस ओर कंस का कहा मान, पूतना कार्य करने निकली।
छेटे बच्चों का वध करती, द्वारे नंदबाबा के पहुंची।।
सुन्दर श्रृंगारित वेश धार, कर में इक कमल लिया उसने।
जेसे श्री हरि से मिलने को, चपला आई जाना सबने।।
थी भीड़ नंद के द्वार बहुत, कुछ आते थे कुछ जाते थे।
जन्मोत्सव था नंदलाला का, मन ही मन सब हर्षाते थे।।
देखा सुवेश जब गोपों ने, वे भी तो उस पर रीझ गये।
द्वारे पे रोका नहीं उसे, श्रृंगारित तन से भीज गये।।
सबसे बतियाती इठलाती, नंदलाल निकट वह जा पहुंची।
या यों कहलें लीला करती, लीला धारी तक आ पहुंची।।
सोते [1]**अहि** को ज्यों रज्जु समझ, मूरख छूने बढ़ जाते हैं।
त्यों काल रूप प्रभु वध ने को, कर कुलटा के बढ़ जाते हैं।।

पलना से ललना लियो, गोदी में बिठलाय।
मुख में निज स्तन धर्यो, तनिक बेर इठलाय।।

हरि ने विषाक्त स्तन उसका, निजकर से कस कर पकड़ लिया।
फिर सहज भाव से लाला ने, प्राणो को पय की जगह पिया।।
रोई बिलखी ओर चिल्लाई, रे छोड़ [2]छोड़ लाला मुझको।
यह मुझे मार ही डालेगा, कोई मुझसे ले लो इसको।।
जिसको श्रीहरि स्वीकार करे, फिर कौन उसे छुड़वाता है।
अपने प्राणो को त्याग वही, श्री हरि जी में रम जाता है।।

प्राण पूतना के पिये, श्रीहरि ने तत्काल।
ब्रज में उस पल हो गया, राजन एक कमाल।।
मरण समय निज रूप में, गिरी पूतना देह।
वृक्ष गिरे छह कोस के, रूकी सभी की गेह।।
व्याकुल गोपी गोप ने, देखी देह विशाल।
उस पर बालक खेलता, हुए सभी बेहाल।।

दौड़े कुछ गोप उठा लाये, नन्हें बालक को छाती से।
गो पूंछ फिराई लाला पर, फिर नज़र उतारी जाती है।।

1. **विबुध्य तां बालकमारिकाग्रहं चराचराऽऽत्मास निमीलितेक्षणः।**
   अनंतमारोपयदंकमंतकं यथोरंग सुप्तमबुद्धि रज्जुधीः।। भा. 10—06—08
2. **मुंच मुंच**

गो मूत्र ओर रज गोबर से, लाला जी को नहलाया है।
माता ने माना पुनर्जन्म, ओर [1]**बीज** न्यास करवाया है।।
राई मिर्ची ओर नमक लिया, कुछ केश मिलाए फिर सर के।
आंचल का वस्त्र हाथ में ले, वारा इक्कीस बार सुत पे।।

जसुमति ने कर जोड़ कर, मूंदे अपने नैन।
बाधाऐं सगरी हरो, देव करो सुत एन।।

पैरों की अज मणिमान घुटन, साथल की रक्षा यज्ञ करे।
हयग्रीव पेट केशव हिरदा, वक्षस्थल रक्षा ईश करे।।
श्री विष्णु भुजा के रखवारे, ओर चन्द्र कंठ के रक्षक हो।
अच्युत प्रभु कमर सहाय करे, मुख के रखवारे उरूक्रम हो।।

आगे हो श्री चक्रधर, धनुर्धारि दो पार्श्व।
पीछे रक्षक गदाधर, नींचे रक्षक तार्क्ष्य।।

कोनो में पांञ्चजन्य वाहक, ऊपर उपेन्द्र रखवारे हो।
श्री हलधर जी इस लाला के, चारो दिशि देखन हारे हो।।
ऋषिकेश इन्द्रियों के रक्षक, नारायण प्राण अधार बनो।
प्रभु श्वेत द्वीप स्वामी चित के, योगेश्वर मन के मालिक हो।।

पृश्निगर्भ बुद्धी लखे, पर प्रभु जी अहंकार।
खेल ओर सोते बखत, गोविंद माधव तार।।

श्रीरमारमण बैठक में ओर, चलते वेकुण्ठ सहाय करे।
श्रीयज्ञ भोक्ता भोजन में, मेरे लाला पर कृपा करे।।
कूष्माण्ड बालग्रह भूत प्रेत, डाकिनी यक्ष का वश न चले।
निशिचर पिशाच उत्पात करे, गणनाथ उन्हें वश में कर ले।।

सपनो के उत्पात ओर, सकल ग्रहों के दोष।
विष्णु नाम से शान्त हो, करे न सुत पर रोश।।

इस भांति न्यास कर नज़र फैर, जसुमति ने दूध पिलाया है।
पुरखों के सुकृत सहाय हुए, नव जीवन सुत ने पाया है।।

1. **अव्यादजोऽघ्रिमणिमांस्तव जान्वथोरू यज्ञोऽच्युतः कटितटः जठरं हयास्यः।**
हृत्केशवस्त्वदुरईश इनस्तु कंठं विष्णुर्भुजं मुखमुरूक्रम ईश्वरः कम्।। भा. 10–06–22
चक्रयगतः सहगदो हरिरस्तु पश्चात्त्वत्पार्श्वयोर्धनुरसिमधुहाऽजनश्च।
कोणेशु शंख उरूगाय उपर्युपेंद्रस्तार्क्ष्यः क्षितौ हलधरः पुरूषः समंतात।। भा. 10–06–23

नंदराय ने मार्ग में, देखी देह विशाल।
सोचा वध जिसने किया, उसने किया कमाल।।

वसुदेव सिद्ध योगेश्वर हैं, विपदा का भान कराया था।
लाला पर संकट आया लख, मुझको व्रज शीघ्र पठाया था।।
गोपों ने काटे अंग ओर, संस्कार दाह का करवाया।
फैली सुगन्ध उस पावक से, अद्‌भुत है ईश्वर की माया।।
प्रभु को स्तन पिलवाने से, [क]पूतना मुक्ति को प्राप्त हुई।
पाया स्वधाम उसने हरि का, देखो प्रभु ने क्या गती दई।।
श्री नंदराय ने लाला को, हर्षित हो गले लगाया है।
इक विपदा से मुक्ती पाई, नव जीवन सुत ने पाया है।।

जिस दिन करवट ली बालक ने, व्रज में अभिषेक कराया था।
जब नींद लगी तो शकट तले, उसको पलने पौढ़ाया था।।

आगत स्वागत में रमी, सुनो यशोदा मात।
भूखे लाला ने कसी, शकट मध्य इक लात।।

1. इन्द्रियाणि हृषिकेशः प्राणान्नारायणोऽवतु।
श्रवेतद्वीपपतिश्चितं मनो योगेश्वरोऽवतु।। भा. 10–06–24
पृश्निगर्भस्तु ते बुद्धिमात्मानं भगवान्परः।
क्रीडंतं पातुः गोविंदः शयानं पातु माधवः।। भा. 10–06–25
व्रजंतमव्याद्वैकुंठ आसीनं त्वां श्रियः पतिः।
भुजानं यज्ञभुक् पातु सर्वग्रहभयंकरः।। भा. 10–06–26
डाकिन्यो यातुधान्यश्च कूश्मांडा येऽर्भकग्रहाः।
भूतप्रेतपिशाचाश्च यज्ञरक्षोविनायकाः।। भा. 10–06–27
कोटरा रेवती ज्येष्ठा पूतनामातृकादयः।
उन्मादा ये ह्यपस्मारा देहप्राणेंद्रियद्रुहः।। भा. 10–06–28
स्वप्नदृष्टा महोत्पाता वृद्धबालग्रहाश्च ये।
सर्वे नश्यंतु ते विष्णोर्नामग्रहणभीरवः।। भा. 10–06–29

(क) बलि को छलने जब बामन बन, श्री हरि साक्षात पधारे थे।
तब [ख]बलितनया ने दर्शन कर, सुत सम हिरदे में धारे थे।।
उसका मन चाहा करने को, व्रज में ऐसा संयोग दिया।
माता की देकर जगह उसे, हरि ने उसका पय पान किया।।
(ख) रत्नमाला

गाड़ा दूटा तुरत ही, बिखर गया सब माल।
दौड़ अंक में भर लिया, जसुमति ने निज लाल।।

[1]**बालक** बोले इस लाला ने, ठोकर से [क]शकट गिराया है।
विश्वास न कर पाया कोई, श्रीहरि की ही यह माया है।।
आमंत्रित कर कुल विप्रों को, स्वस्तीवाचन करवाया है।
ग्रह शंका दूर करी अपनी, लाला को दूध पिलाया है।।
जो [2]**कपट** दंभ ईर्श्या असत्य, हिंसा अभिमान रहित होते।
आशीष उन्ही सत्पुरूषों के, अक्षरशः सत्य फलित होते।।
वैदिक मंत्रों से विप्रों ने, संस्कार कराये लाला के।
गौ सहित धान्य धन जसुमति ने, भेंटा विप्रों को ला ला के।।

यज्ञ अग्नि में दी गई, आहूती हुलसाय।
मंत्र विलक्षण विप्र के, उपमा कही न जाय।।

1. **न ते श्रद्धधिरे गोपा बालभाषितमित्युत।**
अप्रमेयं बलं सत्य बालकस्य न ते विदुः।। भा. 10—07—10
2. **योऽसूयाऽनृतदंभेर्ष्याहिंसामान विवर्जिता।**
न तेषां सत्यशीलानामाशिषो विफलाः कृताः।। भा. 10—07—13

(क) उत्कच सुत हिरण्याक्ष का, करता नित उत्पात।
आश्रम मुनि [ख]लोमेश के, गया एक परभात।।

सब वृक्ष वहां के चूर दिये, तब मुनि मन में आवेश हुआ।
उसको विदेह हो जाने का, गुरूवर ने तब आदेश दिया।।
अब पवन रूप उत्कच वह ही, खल कंस सहायक बन आया।
जब शकट गिराने वाला था, दे लात लाल ने हलकाया।।

गिरते ही उस देत्य ने, पाया पावन रूप।
रथ में हो असवार वह, गया जहां सुर भूप।।

(ख) लोमष।

नारायण नंद भवन में नित, माया करतब दिखलाते थे।
आश्चर्य सभी को होता था, विश्वास नहीं कर पाते थे।।
इक रोज यशोदा गोदी में, लाला का भार न सह पाई।
आंगन में लिटा दिया उसको, गृह के कारज करने धाई।।
तब रूप बवंडर का धरकर, खल [क]तृणावर्त आया ब्रज में।
सबके नैत्रों में धूल भरी, लाला को उड़ा गया नभ में।।

जसुमति ने पाया नहीं, आंगन में गोपाल।
[1]मृतवत्सा गौ की तरह, करने लगी मलाल।।

गोपियां गोप सब रोते थे, लाला का विरह सताता था।
गोपों का दल भी भटक ढूंढ, असहाय लौट ब्रज आता था।।
आकाश तलक ले गया दुष्ट, फिर बोझ लगा उसको भारी।
[ख]वह समझ न पाया बालक हे, या है चट्टान चमत्कारी।।
सह सका नहीं अब छोड़ूंगा, जब उसने एसा सोचा था।
बालक ने कंठ कसा उसका, उसकी सांसों को रोका था।।
सांसे रूकने से तृणावर्त, जीवन से मुक्त हुआ तब ही।
पृथ्वी पर गिर कर बिखर गया, बालक को हुआ नहीं कुछ भी।।
दौड़े सब गोप उठा लाये, बालक सोंपा माँ जसुमति को।
बलिहारी हो वह बोल उठी, नहिं समझ सकी श्री हरि गति को।।

[2]निज पापों से ही मरे, खल हिंसक इंसान।
समता धारी सन्त के, रक्षक श्री भगवान।।

बोले नंदराय हुआ हमसे, क्या पुण्य कर्म इस जीवन में।
प्रभु ने ही रक्षा की इसकी, देखो तो बड़े बवंडर मे।।।

हरि पूजन तप [ग]पूर्त या, दिया है कोई दान।
लाला की रक्षा हुई, खुश हम पर भगवान।।

इकबार यशोदा ने सुत को, जी भरकर दूध पिलाया था।
जम्हाई लेकर लाला ने, इक अद्भुत दृश्य दिखाया था।।

1. **इति खर पवन चक्र पांसुवर्षे सुतपदवीमबलाऽविलक्ष्य माता।**
 अतिकरूण मनुस्मरंत्य शोचदभूवि पतिता मृतवत्सका च यथा गौः।। भा. 10–07–24
2. **अहोबतात्यद्भुतमेष रक्षसा बालो निवृत्तिं गमितोऽभ्यगात्पुनः।**
 हिंस्र स्वपानेप विहिंसितः खलः साधुः समत्वेन भयाद्विमुच्यते।। भा. 10–07–31

(क) पूर्व जन्म में हरिभक्त पाण्डु देश का राजा हजार स्त्रियों संग नर्मदा में क्रीड़ा रत था। प्रणाम न करने के कारण दुर्वासा ऋषि ने राक्षस होने का श्राप दिया। विनय करने पर कृष्ण स्पर्श से मुक्ती बताई।

(ख) बवन्डर रूपी त्रणावर्त। (ग) श्रमदान

शिशु मुख में देखा जगत, भइ जननी भयभीत।
मूंद लिये उसने नयन, बिसुर गई सब प्रीत।।

वसुदेव प्रेरणा से ब्रज में, श्री गर्गाचार्य पधारे थे।
यदुकुल के पूज्य पुरोहित वे, लाला दर्शन हित आये थे।।

नंदराय जी ने किया, स्वागत विधि अनुरूप।
आप पधारे घर मेरे, हे प्रसन्न सुर भूप।।

बोले संस्कार करो गुरूवर, मेरे इन दोनो लालों का।
हो नामकरण प्रभु के मुख से, मेरे घर के उजियारों का।।
बोले श्री गर्ग सुनो नंद जी, ऐसा करने में हानी है।
आचार्य हुं मैं यादव कुल का, यह खबर कंस तक जानी है।।
है कंस भयाकुल बालक से, उसने निज दूत पठाये हैं।
शिशुओं का वध करते फिरते, नहिं मनमे तनिक लजाये हैं।।

वे बोले गुरूवर करो, गुप्त सभी संस्कार।
समय बड़ा बलवान है, ओर हम हैं लाचार।
नंद विनय सुन गर्ग ने, किया हरी का ध्यान।
नाम धरे फिर लाल के, किया गुणों का गान।।

अपने गुण से यह बड़ा लाल, सुहृदों को रमण करावेगा।
बलशाली होने के कारण, [1]**'बलराम'** नाम यह पावेगा।।

राम नाम से भी सदा, होगा यह विख्यात।
यदुकुल में एका रखे, संकर्षण प्रख्यात।।

यह छोटा सुत तो हर युग में, अवतार नये धर आता है।
गौ ब्राह्मण ओर निज भक्तों के, सारे संकट हर जाता है।।
अब [2]**कृष्ण** वर्ण में आया तो, यह [क]कृष्ण नाम ही पायेगा।
वसुदेव सुवन है इसीलिये, प्रिय वासुदेव कहलायेगा।।

1. **अयंहि रोहिणी पुत्रो रमयन्सुहृदो गुणैः। आख्यास्यते राम इति बलाधिक्याद्‌बलं विदुः।। यदूनामपृथग्भावात्संकर्षणमुशंत्युत।। भा. 10–08–12**
2. **आसन्वर्णास्त्रयो ह्यस्य गृहणतोअनुयुगं तनुः। शुक्लो रक्तस्तथा पीत इदानीं कृष्णतां गतः।। भा. 10–08–13**

(क) क लक्ष्मिकान्त, ऋ कार राम, शकार छह एश्वर्य सम्पन्न श्वेतद्वीप निवासी भगवान रूप, णकार नृसिंहरूप, अकार अजन्मा व सर्व का भोक्ता अग्निरूप।।

आचार्य गर्ग ने यह बातें, सामान्य तया बतलाई थी।
पर पूर्वजन्म वृतान्त जान, श्री नंद के मन में भाई थी।।
गुण और कर्म से तव सुत के, हे [1]**नाम** रूप अगणित भाई।
मैं तो क्या हूँ जो कह पाऊँ, सामर्थ्य न वेदों ने पाई।।

वेद न जिनको जानते, कवि क्या करे बखान।
नाम रूप गुण लाल के, हे अनगिन यह जान।।

जो प्रीति करेगा लाला से, वह नहीं पराभव पायेगा।
हे नंद तेरा सुत नारायण, कुल गोरव बनकर छायेगा।।

आशिष दे बहुमान पा, गुरू ने किया प्रयाण।
आनंदित थे नंद जी, इतनी बातें जान।।

हो ग्राम नगर शाही गरीब, संस्कार धूम से होते हैं।
देखो नारायण की लीला, छुप कर संस्कारित होते हैं।।
बलराम कृष्ण घुटने चलकर, आंगन में क्रीड़ा करते थे।
आनन्द मगन थी माताऐं, गोपों के मन नहिं भरते थे।।
गृहकार्य त्याग कर ललनाऐं, नित नन्द भवन में आती थी।
श्रीकृष्ण चन्द्र के दर्शन कर, लीलाओं में रम जाती थी।।
कठिन हुआ माताओं को, घर में दोनों को रख पाना।
सब के ही प्रिय थे वे दोनों, सब उन्हें चाहते दुलराना।।
कुछ बड़े हुए श्री कृष्ण चन्द्र, घर से बाहर नित जाते थे।
उनके कर्मों के बदले में, घर नित्य उलहने आते थे।।
दधि माखन कभी चुराते थे, या फिर बिखेर सब आते थे।
मटकी को फोड़ रूला बालक, ग्वालिन को नित्य चिड़ाते थे।।
बछड़ों को छोड़ दुहाते थे, ग्वालिन को तंग किया करते।।
लीपे घरे में अपवित्र कर्म, ग्वालों के संग किया करते।
ग्वालिन कहती गर चोर इन्हें, कह देते मैं तो स्वामी हूँ।।
तुम ही सब मुझे सिखाती हो, मैं तुम सब का अनुगामी हूँ।
जसुमति से बोली इक गोपी, दधि अंधकार में रखती हूँ।
यह मणी पहन कर आता है, नंदरानी मैं सच कहती हूँ।।

1. **बहूनी संति नामानि रूपाणि च सुतस्य ते।**
   गुणकर्मानुरूपाणि तान्यहं वेद नो जनाः।। भा. 10–08–15

इक बार शिकायत की सबने, कान्हा ने माटी खाई है।
माता ने डाटा बता कृष्ण, क्या तूने माटी खाई है।

लाला बोले [1]देख लो, माता मम मुख माहिं।
ये सब जूठे लोग हैं, मिथ्या दोष लगाहिं।
बतलाया गोपाल ने, जब अपना मुंह खोल।
माता को दिखला दिया, उसमें सब भूगोल।।

ब्रह्माण्ड अनन्त वहां देखा, था जगती का व्यवहार वहां।
थी पुत्र सहित माता खुद भी, था ऐसा ही संसार वहां।।
इतना सब देख अचम्भित हो, माता ने उन्हें प्रणाम किया।
यों तत्व ज्ञान पा माता ने, हरि को फिर बेटा मान लिया।।
परिक्षित बोला मुनिवर मुझको, बस एक बात बतला दीजे।
क्या पुण्य किये थे दोनो ने, विस्तार सहित समझा दीजे।।
शुक बोले अज ने एक बार, वसु द्रोण धरा को बुलवाया।
गोपालन की आज्ञा लेकर, दोनो ने इक वर भी पाया।।
जिस जगह जन्म प्रभु हम पावें, भगवद्भक्ती भी मिल जावे।
हो कर्म सदा हम से शुभ ही, प्रभु दुर्गति से भी बच जावे।।

द्रोण हुए नंदराय ओर, धरा यशोदा मात।
जिनके घर बलभद्र संग, रमे आन यदुनाथ।।

दधि मथने में व्यस्त माँ, रहा न उनको भान।
नेता पकड़ा कृष्ण ने, चाहा था पय पान।।

हर्षित मन से माता जी ने, लाला को अंक लगाया था।
गोदी में ले मुख चूम चूम, स्तन से दूध पिलाया था।।
चूल्हे पर दूध उफनता है, यह जान लाल को विलग किया।
अतृप्त छोड़ कर कान्हा को, माता ने उसमें ध्यान दिया।।
इससे श्री कृष्ण हुए क्रोधित, पत्थर मटकी पर मार दिया।
मटकी फूटी दधि फैल गया, माखन लेकर एकान्त लिया।।

1. **नाहं भक्षितवानंब सर्वे मिथ्याऽभिशंसिनः।**
यदि सत्यगिरस्तर्हि समक्षं पश्य मे मुखम्।। भा.मा. 10–08–35

माँ लोटी तब करतब देखा, दौड़ी ओर पकड़ा लाला को।
ऊखल संग रस्सी से बांधू, नहिं छोडूंगी मैं काला को।।

रस्सी छोटी रह गई, बंधे नहीं नंदलाल।
गोपी संग माता हंसी, केसा अजब कमाल।।

रस्सियां जोड़ ली सब घर की, पर बांध न उसको पाई है।
इस अचरज में घिर गई मात, मुख की आभा कुम्हलाई है।।

कान्हा ने देखा हुई, माता अब हैरान।
खुद बंधन में आ गये, माता के भगवान।।
भव बन्धन से मुक्ति हित, ध्याते जिसे मुनीश।
भक्तन के हित बंध गया, आज वही जगदीश।।
लक्ष्मी शिव अज से बड़े, माँ जसुमति के भाग।
कृष्ण कृपा जिनको मिली, मिला परम अनुराग।।

यमलार्जुन वृक्ष लखे हरि ने, जो नारद जी से शापित थे।
नलकुबर ओर मणिग्रीव बंधु, चपला मद से आलेपित थे।।

परिक्षित ने पूछा देव कहो, क्यों श्राप दिया श्री नारद ने।
क्या था अपराध बड़ा उनका, जो किया गया लक्ष्मी मद में।

शुक बोले मदमत्त हो, फिरते थे केलाश।
पीछे गाती रमणियां, नग्न इन्हें नहिं लाज।।

सुरसरि की पावन लहरों में, रमणी संग क्रीड़ा करते थे।
नारद आये ये रमे रहे, बाधा समझा था क्रीड़ा में।।

नगन रमणियों ने तभी, तन पर धारे चीर।
ये मुनि सम्मुख नग्न थे, तनिक न मन में पीर।।

संस्कार ज्ञान ओर रजगुण भी, बुद्धी को नहीं भ्रमाते हैं।
पर जो लक्ष्मी मद में आते, आपे में नहीं समाते हैं।।

जूआ जोरू माधवी, चपला की संतान।
ये जिनके जी में लगे, रक्षक हो भगवान।।
[1]जिसके तन कांटा लगा, वह जाने पर पीर।
पीर पराई जान ले, वही जगत में धीर।।

1. **यथा कंटकं विद्धांगो जंतोर्नेच्छंति तां व्यथाम्।**
जीव साम्यं गतो लिंगैर्न तथाऽविद्धकंटकः।। भा. 10–10–14

जिसने जो दर्द सहा हि नहीं, वह पीर पराई क्या जाने।
आंसू पर क्यों विश्वास करे, क्यों पर दुख को अपना माने।।

जीव द्रोह मत कीजिये, यह अपयश की खान।
सब जीवों में रम रहा, वही एक भगवान।।

जड़वत तू खड़ा रहा शठ सुन, वृक्षों की योनी पायेगा।
सौ वर्ष तलक यह रूप धार, मन में निर्मलता लायेगा।।
अहसास हुआ जब [क]गलती का, चरणों में तभी प्रणाम किया।
नारद जी ठहरे दयावान, तत्क्षण उसको वरदान दिया।।

द्वापर में श्री कृष्ण के, कर से हे उद्धार।
श्री हरि का होगा वहां, पूर्ण कला अवतार।।

ऊखल से बंधे हुए लाला, वृक्षों के बीच गये भाई।
ऊखल फस गया मध्य में ही, ताकत हरि ने कुछ दिखलाई।।

हरि का बल पाकर गिरे, भू पर दोनों [ख]वृक्ष।
देव रूप में आ गये, नल ओर मणि प्रत्यक्ष।।

कर जोड़ विनय की दोनो ने, श्री कृष्ण चन्द्र के गुण गाये।
हे धन्य भाग हम दोनो के, उद्धार हेतु प्रभु जी आये।।

[1]वाणी गावे गुण तेरे, रहे कथा में कान।
कर सेवा करते रहे, चरणों में मन ध्यान।।
मस्तक नित करते रहें, जगती को परणाम।
नैन निरखते ही रहें, जग स्वरूप तव मान।।
[2]आशिष ले फिर से किया, चरणों में परणाम।
उत्तर दिशि को चल दिये, दोनो अपने धाम।।

1. वाणी गुणानुकथने श्रवणो कथायां हस्तौ च कर्मसु मनस्तव पादयोर्नः।
स्मृत्यां शिरस्तव निवासजगत्प्रणामे दृष्टिः सतांदर्शनेऽस्तु भगवत्तनूनाम्।। भा. 10–10–38

2. साधूनां समचित्तानां सुतरां मत्कृतात्मनाम्।
दर्शनान्नो भवेद्बंधः पुंसोऽक्ष्णोः सवितुर्यथा।। भा. 10–10–41

(क) शौच, आचमन, निर्माल्य (जूठन छोड़ना), मलत्याग, तेल मालिश कर स्नान, क्रीड़ायुक्त स्नान, रति, दूसरे तीर्थों की प्रशंसा, नग्न स्नान, कूप जलपान, संहार (चोरी आदि)–गंगा में न करें–पद्मपुराण।

(ख) वृक्ष पड़े उखड़े दोउ ओरन, बीच में खेलत कृष्ण कन्हाइ, माथ नवाय करे वह अस्तुति देख सबे अति विस्मय पायी। ब्रह्म विचार जिन्हें कछु है, तिनको यह भेद प्रतक्ष लखाई, व्यापक चेतन है जड़ में अरू, चेतन से जड़ है लिपटाई।।

जब वृक्ष गिरे तो शोर हुआ, श्री नंद गोप दौड़े आये।
वृक्षों के मध्य लाल जू के, मुस्कान भरे दरशन पाये।।
आश्चर्य हुआ सब लोगों को, बालक का कार्य नहीं माना।
उस जगत नियंता ईश्वर को, साधारण बालक ही जाना।।

घिर आई सब गोपियां, आज नंद के द्वार।
माता से कहने लगी, अजब तेरा व्यवहार।।

सुन कृष्ण [क]जननि तेरे कारण, लाला पर संकट आया था।।
ऊखल से क्यों बांधा इसको, क्या तेरे मन को भाया था।।
जसुमति को भी संकोच हुआ, लाला को गले लगाया है।
ईश्वर ने रक्षा की इसकी, संकट से आज बचाया है।।

गोप गोपियां संग अब, खेलन लगे गुपाल।
माखन खावे घरन में, करते नित्य धमाल।।

वे गोप गोपियां देखो तो, नंदलाल से नृत्य कराते हैं।
[1]**पादुका** उठाने को कहते, दण्डित करके हर्षाते हैं।।

भक्तों के वश सदा ही, रहते दीन दयाल।
नीच टहल से भी कभी, करते नहीं मलाल।।

1. **गोपीभिः स्तोभितोऽनृत्यद्भगवान्बालवत्क्वचित्।**
उद्गायति क्वचिन्मुग्धस्त द्वशो दारूयंत्रवत्।। भा.10–11–07
बिभर्ति क्वचिदाज्ञप्तः पीठ कोन्मान पादुकम्।
बाहुक्षेपं च कुरूते स्वानां च प्रीतिमावहन्।। भा.10–11–08

(क) जसोदा, तेरो भलो हियो है माई।
कमल नयन माखन के कारन बांधे ऊखल लाई।।
जो संपदा दैव मुनि दुर्लभ सपनेहुं दई न दिखाई।
याही तें तू गरब भुलानी धर बैठे निधि पाई।।
सुत काहू कौ रोवत देखति दौरि लेति हिय लाई।
अब अपने धर के लरिका पै इति कहा जड़ताई।।
बारंबार सजल लोचन हवे चितवत कुंवर कन्हाई।
कहा करौं बलि जाउं, छोरती तेरी सौंह दिखाई।।
जो मूरति जल थल में व्यापक निगम न खोजत पाई।
सोई महरि अपने आंगन में दै दै चुटकि नचाई।।
सुर पालक सब असुर संहारक त्रिभुवन जाहि डराई।
सूरदास, प्रभु की यह लीला निगम नेति नित गाई।।
सूरदास दोहावली।

है धन्य भाग वे ग्वाल बाल, हे धन्य सभी ब्रज बालाऐं।
श्री कृष्ण संग क्रीड़ा करते, दोनो पर कवि बलि बलि जाये।।
फल लेलो जब मालिन कहती, ले धान्य दोड़ कर आते हैं।
फल के बदले उसकी झोली, रत्नो से प्रभु भर जाते हैं।।

फल दाता को दे रहे, देखो फल वे लोग।
कर्म धन्य उनके रहे, लिये सभी फल भोग।।

इक दिवस सभा की गोपों ने, उपनंद नंद जी सब आये।
उत्पात बड़े होते ब्रज में, कैसे हम इनसे बचपाये।।
पूतना मरी गाड़ा टूटा, तूफान भयानक आया था।
दो वृक्ष गिरे ओर लाल बचा, ईश्वर ने इसे बचाया था।।
अनहोनी होने के पहिले, आओ मिलकर कुछ काम करें।
ब्रज छोड़ कहीं अन्यत्र चलें, सुख पूर्वक हम सब वास करें।।

वृंदावन पर हो गये, सहमत सारे गोप।
निर्णय चलने का हुआ, कारण कंस प्रकोप।।

गाड़ों में भर कर सामग्री, पशु धन भी सारा साथ लिया।
वृंदावन पहुंचे सभी ओर, गोकुल में जाकर वास किया।।

वृंदावन सुन्दर लगा, गोवर्धन रमणीय।
यमुना तट पावन मिला, रमे बन्धु कमनीय।।
गो पालन करते वहां, करते प्राकृत काज।
बाल कला में निपुण वे, भक्तों के सरताज।।

वत्सासुर आया एक बार, [क]गोवत्स रूप शुभ धरकर के।
हरि ने पहचाना पटक दिया, कत्थे के तरू पर हंस कर के।।

हरि कर से निर्वाण पा, गया असुर निज धाम।
कृष्ण कृत्य करते रहे, गोकुल में अविराम।।

इक दिवस कृष्ण ने ग्वालों संग, बछड़ों को जल पिलवा करके।
पर्वत सा जीव बड़ा देखा, ग्वाले भागे उससे डर के।।

(क) **वत्सासुर कौन ? मुरू देत्य का प्रमील नाम बेटा एक दिन ब्राह्मण रूप धर कर मुनि वशिष्ट के आश्रम नन्दिनी नाम काम धेनु को लेने गया। गऊ ने श्राप दिया रे दुष्ट ऋषियों की गाय लेना चाहता है जा बछड़ा होजा। रोने लगा तब गौ ने कहा जब तुम वृंदावन के बछड़ों में मिलोगे तब श्री कृष्ण के हाथों मुक्ति होगी।**

दुष्ट [क]बकासुर कृष्ण को, निगल गया तत्काल।
कृष्ण विरह में हो गये, ग्वाले सब बेहाल।।

निज तेज बढ़ाया गोविंद ने, मुंह जलने लगा बकासुर का।
तत्काल कृष्ण को उगल दिया, फिर चोंच मारने को झपटा।।

बिना परिश्रम कृष्ण ने, चीर दिया मुख भाग।
[ख]पुष्प वृष्टि करने लगे, देव सहित अनुराग।।

ग्वाले कुछ समझ नहीं पाये, केसे यह सब आश्चर्य हुआ।
होकर सचेत जब घर आये, तब कृष्ण पराक्रम गान किया।।
बोले यह लाला अद्‌भुत है, देत्यों को सदा छकाया है।
इस काल अग्नि ने उन सब को, परवानो सदृश जलाया है।।

इक दिन माधव ने कहा, चलो करें वन भोज।
वत्सों को भी ले चलें, खूब करेंगे मोज।।

पहले सब लुकाछुपी खेले, पक्षी आवाज़ निकाली थी।
माखन चोरी छाया दौड़ी, वन सामग्री श्रृंगारी थी।।
कोयल के साथ टुहूका कर, मन में सब ही हर्षाते थे।
हारे तो दाम पुनः देते, जीते पर पुष्प चढ़ाते थे।।
[1]**ग्वालों** के पुण्य बड़े राजन, हरि के संग क्रीड़ा करते हैं।
विद्वान इसी सुख के निमित्त, निशिवासर पीड़ा सहते हैं।।
ब्रह्मज्ञ मात्र अनुभव करते, भजनो से भक्त रिझाते हैं।
ये ग्वाले तो क्रीड़ा करके, प्रभु से मैत्री दरशाते हैं।।
योगी सह कष्ट न रज पाते, लीला धारी के चरणो की।
हम भाग्य सराहें कहा तलक, बलिहारी हे ब्रज भगतों की।।

1. **इत्थं सतां ब्रह्मसुखानुभूत्या दास्यंगतानां परदैवतेन।**
मायश्रितानां नरदारकेण साकं विजहुः कृतपुण्यपुंजाः।। भा. 10–12–11
यत्पादपांसुर्बहुजन्मकृच्छ्रतो धृतात्मभियोगिभिरप्यगम्यः।
स एव यदृग्विषयः स्वयं स्थितः किं वर्ण्यतेदिष्टमहो व्रजोकसाम।। भा. 10–12–12

(क) **बकासुर कौन ?–हयग्रीव दैत्य का बेटा उत्कल। देव विजयी। सौ वर्ष राज्य किया। एक बार जाजली मुनी के आश्रम के निकट सागर संगम पर जाल फैंका। मुनि ने मछली मारने से रोका, नहीं मानने पर बगुला होने का श्राप दिया। क्षमा मांगने पर कृष्ण के हाथो वध से मुक्ती बताई।**

(ख) **नन्दन वन के मल्लिका आदि पुष्प।**

इन ग्वालों के भाग्य पर, बलिहारी दातार।
सखा भाव से नित मिले, जिनको जगदाधार।।

पूतना राक्षसी का भाई, था नाम [क]अघासुर उस खलका।
सोगया राह में अजगर बन, सोचा निगलू ओर लूं बदला।।

अजगर के मुख में गये, शनै शनै सब ग्वाल।
कृष्ण गये भीतर तभी, मुख में फैली ज्वाल।।

फिर श्वांस रूकी ओर घबराया, मृत्यू का वरण किया उसने।
श्री कृष्ण सहित सब निकल गये, सब तेज समाया माधव में।।
श्री कृष्ण चन्द्र के चरित देख, ब्रह्माजी को आश्चर्य हुआ।
परिक्षित ने पूछा देव कहो, श्री अज ने क्यों आश्चर्य किया।।
सब चरित कुमार अवस्था के, [ख]पौगण्ड में गाये ग्वालों ने।
कैसे सम्भव है कहो देव, क्या हुआ किया ब्रज वालों ने।।

शुक बोले! धन्य परीक्षित तुम, मन में हरि चरित समाया है।
जिससे शुभ हो सब जीवों का, ऐसा प्रसंग चलवाया है।।
सच में जो होते सार ग्राहि, मन कथा श्रवण में लाते हैं।
निज वाणी श्रवण चित्त सबको, लीला में नित्य रमाते हैं।।

[1]कामी को नीकी लगे, ज्यों कामिनि की बात।
त्योंही सच्चे भगत को, हरि चर्चा हि सुहात।।

जो होते हैं सच्चे गुरूवर, शिष्यों से नहीं छुपाते हैं।
अपने प्रिय शिष्यों को खुद ही, सब गुह्य बात बतलाते हैं।।
ए राजन सुन नियमानुसार, गोवत्स चराने कृष्ण गये।
गोपों संग कुछ परिहास किया, सबने मिल खेले खेल नये।।
जब भूख लगी तो बछड़ों को, कुछ देर खुला छोड़ा उनने।
फिर नन्दसुवन संग मिलकर के, मिल बांट किया भोजन सबने।।
सबका भोजन था जुदा जुदा, कोई बासौंदी लाया था।
था कलाकंद इक के घर से, कोई बस माखन लाया था।।

1. सतामयं सारभृतां निसर्गो यदर्थवाणी श्रुतिचेतसामपि।
प्रतिक्षणं नव्यवदच्युतस्य यत्स्त्रिया विटानामिव साधु वार्ता।। भा. 10–13–02

(क) अघासुर कौन ? शंखासुर का पुत्र बड़ा सुन्दर था। मलयाचल पर्वत पर अष्टावक्र जी पर हंसने के कारण सर्प होने का श्राप मिला। जब रोने लगा तो मुनि ने वर दिया कि कृष्ण तेरे पेट में घुसेंगे तब मुक्ति होगी। वही अधासुर बन कर आया था।

(ख) शैशव और यौवन के बीच की अवस्था– पौगंड

थी पूड़ी ओर कचौड़ी भी, कोई रबड़ी ले आया था।
कोई पूए धर कर लाया, कोई चीले ही लाया था।।
मनसूखा दधि लेकर आया, श्रीदामा चक्की लाया था।
धनसूखा गुजिये भर लाया, भजिये इक ग्वाला लाया था।।
थी मधुर जलेबी भी उसमें, रसगुल्ले शोभा पाते थे।
जामुन थे रस से भरे भरे, मोदक भी बड़े सुहाते थे।।
बालूशाही खुरमे पापड़, कोई खाजे लेकर आया।
लाया था आम अचार कोई, इक गोप मुरब्बा ले आया।।
जो कुछ लाये थे वह सबने, गोले के मध्य जमाया है।
जिसको जो भाया वह खाया, यह सब गिरिधर की माया है।।
सबको भोजन देने वाला, ग्वालों की जूठन खाता है।
है बड़ा दयालू वह राजन, भक्तों पर बलि बलि जाता है।।
कोई कहता क्या है अचार, रबड़ी को कोई बखान रहा।
मोदक पर टूट पड़ा कोई, कोई था माखन छान रहा।।
कान्हा के कर थोड़े छोटे, सब तक वे पहुंच नहीं पाते।
लाला तो प्रिय सब गोपों का, प्रिय वस्तु सभी उस तक लाते।।
कोई जामुन मुंह में देता, कोई कहता रबड़ी खा ले।
कोई एक खीर पिलाता है, कहता कोई माखन ले ले।।
यदि मिले पुण्य का फल भी तो, ब्रज के गोपों में जन्म मिले।
जीवन में आस यही हरि से, हर क्षण भक्तों का संग मिले।।
बलिहारी हम उस पल के हैं, जब उस मूरति का दर्शन हो।
मुख तो माखन से लिपटा हो, कर कमल कृष्ण अधरन पर हो।।
इस ओर कभी रहता कान्हा, उस तरफ कभी वह जाता है।
जिस तरफ बुलाते हें ग्वाले, वह ठुमक उधर हो जाता है।।

भोजन में यों हो गया, थोड़ा आज विलम्ब।
बछड़े आगे बढ़ गये, पा त्रण का अवलम्ब।।

कान्हा बोले भैया मुझसे, अब ओर न खाया जाता है।
हे छोटा पेट मेरा देखो, थोड़े में ही भर जाता है।।
वह बड़े पेट वाला मालिक, जो सबकी बातें सहता है।
अब पेट बताता ग्वालों को, तृप्ती की बातें कहता है।।
तुम पूर्ण करो भोजन अपना, में बछड़ों की सुधि लेता हूँ।
खा चुके घांस वे भी अब तो, जल उनको थोड़ा देता हूँ।।

देख अघासुर कृत्य को, थे शंकित अज देव।
सोचा परखूं कृष्ण को, नर है या फिर देव।।

निरन्तर.........2

(2)

श्री कृष्ण चरित में शामिल हो, आनन्द उठाऊँ लीला के।
बछड़ो ग्वालों को अन्तर्हित, कर दिया उन्होने ले जाके।।
कान्हा ने ढूंडा बहुत किन्तु, जब बछड़े नजर नहीं आये।
लोटे तो ग्वाल मिले गायब, सोचा कैसे ब्रज को जायें।।

ब्रह्मा माया जानकर, की माया विस्तार।
ग्वाल ओर बछड़े बने, खुद माया सरदार।।

इससे यह सिद्ध किया राजन, सब जगत विष्णु मय है देखो।
मत भेद करो जीवों में तुम, सब में ही सब मुझको देखो।।

घर लोटे संध्या समय, वत्स संग सब ग्वाल।
दूख पिला कर लाल को, माता अधिक निहाल।।
एक बरस तक नित चला, यह माया का खेल।
भेद न जाना किसी ने, अनुपम था यह मेल।।
एक बरस में दिवस छह, थे जब राजन शेष।
तब इक अचरज देखकर, चकित रह गये शेष।।

गोवर्धन पर चरती गायें, ग्वालों के संग नीचे धाई।
था स्नेह डोर का आकर्षण, मिलने को थी सब अकुलाई।।

दर्शन कर इसके हुए, मोहित श्री बलराम।
ज्ञान दृष्टि डाली तभी, लगे कृष्ण हर धाम।।

पूछा तो हरि ने बतलाया, अज की माया की सब क्रीड़ा।
हो रही परीक्षा जब मेरी, ब्रजवासी भोगे क्यों पीड़ा।।
ब्रह्मा ने देखा हरे ग्वाल, मेरी माया से सोते हैं।
फिर इनके जेसे अन्य वहां, व्रज में भी तो नित होते हैं।।

मोहित करने चले थे, मोह रहित को आप।
[1]मोहित खुद अज हो गये, मन में था संताप।।

[2]**अंधियारी** निशि में ज्यो [क]निहार, अपना प्रभाव खो देता है।
खद्योत प्रकाशित हो दिन में, रवि के सन्मुख सब फीका है।।

1. एवं संमोहयन्विष्णुंविमोहं विश्वमोहनम्।
स्वयैव माययाऽजोपि स्वयमेव विमोहितः।। भा. 10–13–44
2. तम्यांतमोवन्नैहारं खद्योतार्चिरिवाहनि।
महतीतरमायैश्यं निहंत्यात्मनि युंजतः।। भा. 10–13–45

(क) कुहरा

वैसे ही माया छोटों की, निष्फल वडील पह होती है।
जो माया करने को जाता, वह नाश उसी का करती है।।
अज ने देखा सब गोप वत्स, विष्णू के सदृष अलंकृत है।
सारी सामग्री भी उनकी, मायापति से आलेपित है।।
सब देव सिद्धियां मिल करके, श्री हरि का पूजन करते हैं।
उन दिव्य स्वरूपों में सब गुण, आराधन प्रभु का करते हैं।।

प्रभु माया से अज हुए, पुतली सम निस्तेज।
मूरति वत तकते रहे, तेज पुंज का तेज।।
माया फैरी कृष्ण ने, खुले चक्षु तत्काल।
बाल रूप श्री कृष्ण ओर, थे संग में गोपाल।।
हंस छोड़ दौड़े तभी, कीन्हा दण्ड प्रणाम।
प्रेम अश्रु झरने लगे, नैनो से अविराम।।
[1]अश्रुधार से ही किया, चरणों का अभिषेक।
गद्‌गद वाणी से करी, हरि अस्तुति फिर नेक।।

है नाथ चरित सुनकर तेरा, जो मन वाणी से ध्याता है।
मन से जो नमस्कार करता, तू उसके वश हो जाता है।।

भूसे से मिलता नहीं, जेसे कहीं अनाज।
ब्रह्म ज्ञान से त्यो सदा, तुम अलभ्य महाराज।।
भक्ती बिन पाता नहीं, कोई तेरा पार।
भक्ती करता जो तेरी, उसका हो उद्धार।।

रज हिम कण ओर नक्षत्रों की, जो गिनती में पारंगत है।
परमाणु और किरणों का भी, जो ज्ञाता ओर प्रचारक है।।
उसको भी सम्भव नहीं नाथ, गुण पार तुम्हारे पाजावे।
पावक के सन्मुख तीली सम, तुम पर नहिं माया चलपावे।।

मेरी माया तुच्छ है, तेरे संग करतार।
अहंकार हरलो प्रभू, कृपा करो दातार।।

मैं पुत्र आपका अज्ञानी, मोहित होकर यह कर्म किया।
हैं धन्य आप जिसने मुझको, निज माया का सब मर्म दिया।।

1. **दृष्ट्वात्वरेण निजधोरणतोऽवतीर्य पृथ्व्यां वपुः कनकदंडमिवानिपात्य।**
स्पृष्ट्वा चतुर्मुकुटकोटिभिरंध्रियुग्मं नत्वा मुदश्रुसुजलैरकृताभिषेकम्।। भा.मा. 10–13–62

तुम आत्मा हो सब जीवों की, नारायण नाम तुम्हारा है।
तुम स्वयं प्रवर्तक जीवों के, साक्षी का भाव तिहारा है।।
पैदा जो नार हुआ नर से, उसमें रहने वाले तुम हो।
इस जगती के भीतर तुम हो, जगती के बाहर भी तुम हो।।
तुम आत्मरूप जग के कारण, तुम पुरूष सनातन सुखकर हो।
अक्षर अविनाशी ओर असंग, निरूपाधि अनंत निरंजन हो।।

जैसे दिनकर में नहीं, दिवस निशा का भान।
त्यों ही आत्मा में नहीं, बंधन ओर अज्ञान।।
तुम्हें विवेकी ढूंडते, इस शरीर के माहिं।
जैसे अग्नी काठ में, नहिं प्रत्यक्ष लखाहिं।।

है धन्य गोपियां गौ ब्रज के, जिनका तुमने पय पान किया।
ब्रज के सब गोप भाग्य शाली, जिनसे मेत्री कर मान दिया।।

भक्त बनू मैं आपका, दो ऐसा [1]सौभाग।
क्या मुझको मिल पायगा, गोपों सा अनुराग।।

हो मृत्युलोक में जन्म कभी, मुझको ऐसा सौभाग्य मिले।
योनी फिर कोई भी पाऊं, प्रभु गोकुल का ही वास मिले।।

ब्रज वासिन की चरण रज, उड़ सिर पर पड़ जाय।
क्लेश मिटावे जनम के, सहज मुक्ति मिल जाय।।

फल इससे बड़ा कहां कोई, सानिध्य तुम्हांरा हो जाये।
नैनो में बसे स्वरूप तेरा, जीवन उजियारा हो जाये।।
माँ का स्वरूप बस धरने से, पूतना धाम को जाती है।
वह ही गति ब्रजवासी पावें, इसमें कुछ कमी दिखाती है।।

[2]सांची भक्ती के बिना, है घर कारागार।
राग द्वेष सब चोर हैं, नित प्रति करते वार।।
विनती कर ले प्रदक्षिणा, अज लोटे निज धाम।
माया को श्री कृष्ण की, शुक ने किया प्रणाम।।

1. **तद्भूरिभाग्यमिह जन्म किमप्यटव्यां यद्गोकुलेऽपिकतमाघ्रिरजोभिषेकम्।**
   यज्जीवितं तु निखिलं भगवान्मुकुंदस्त्वद्यापि यत्पदरजः श्रुतिमृग्यमेव।। भा.10–14–34
2. **तावद्रागादयः स्तेनास्तावतकारागृहं गृहम्।**
   तावन्मोहोंऽघ्रिनिगडो यावत्कृष्ण न ते जनाः।। भा. 10–14–36

ग्वालों को क्षण सम लगा, एक वर्ष का काल।
यह सब माया कृष्ण की, वह कालों का काल।।
ग्वाले बोले आ गये, जल्दी की नंदलाल।
बैठो कुछ भोजन करो, हठ कर बैठे ग्वाल।।

बोले गोपाल सुनो भाई, वत्सों ने बहुत भगाया है।
हो गया पेट भी कुछ खाली, मन फिर भोजन पर आया है।।

भोजन कर फिर संग में, ब्रज लोटे सब ग्वाल।
वत्स हांकते हांकते, घर आये गोपाल।।

राजा ने पूछा देव कहो, कैसे यह नेम निभाया था।
उन सभी पराये पुत्रों पर, ब्रजजन ने प्रेम लुटाया था।।
शुक बोले श्री कृष्ण चन्द्र, सबके ही जी हैं आत्मा है।
हर देह में वह निशि दिन रमता, सबमें ही वह परमात्मा है।।
आत्मा की वल्लभता से ही, संतान ओर धन प्यारा है।
जो देह समझते आत्मा को, उनको तो देह दुलारा है।।

निज सुत पर हो प्रीति तो, इसमें अचरज नाहिं।
कृष्ण स्वयं जब सुत बने, प्रीति अधिक बढ़ जाहि।।
कृष्ण कथा का जो करे, नित्य श्रवण ओर गान।
उनके सब पुरूषार्थ नृप, सिद्ध करे भगवान।।

पोगण्ड अवस्था में हरि ने, गो सेवा धर्म निभाया था।
गोपाष्टमि था वह प्रथम दिवस, जब हरि ने यह [क]पद पाया था।

[ख]शुक्ल पक्ष की अष्टमी, अरू शुभ कार्तिक माह।
गोपालन कर श्याम ने, जगत दिखाई राह।।
ग्वालों के सगरे चरित, करते थे नंदलाल।
सेवा करते राम की, गोपों संग धमाल।।

(क) **वत्सपाल से गोपाल बने।**

(ख) **तद्‌गोचारणारंभ दिनं तु पाद्ये उत्तम, शुक्लाष्टमी कार्तिकेतुस्मृता।**
गोपाष्टमीबुधैः। तद्धिनाद्वासुदेवो भूद्‌गोपः पूर्वं तु वत्सपः।। पद्‌मपुराण।

इक दिवस कृष्ण संग गोपों ने, श्री संकर्षण को बतलाया।
इस वन में गर्दभ वेष धार, इक दुष्ट [क]धेनुकासुर आया।।
हो पशु पक्षी या मनुज कोई, जो भी फल खाने जाता है।
वह बड़ा भयानक महां असुर, उन जीवों को खा जाता है।।

मुक्त तालवन को करो, दो जीवों को त्राण।
राम कोप कर चल दिये, हरने खर के प्राण।।

दाऊ ने वृक्ष हिलाये तो, कुछ फल गिर कर नींचे आये।
वह असुर दौड़ कर आ पहुंचा, दो पैर राम पर बरसाये।।

पैर पकड़ कर राम ने, दिया ताड़ पर फेंक।
फिर वह खल नहिं ले सका, सांस एक भी नेक।।
परिजन भी उस दुष्ट के, दिये राम ने मार।
निर्भय सब प्राणी हुए, हुआ दुष्ट संहार।।

यह समाचार सुनकर सारे, ब्रजवासी स्वागत को आये।
अभिनन्दन किया राम सुत का, सब माताओं ने यश गाये।।

एक दिवस गौ गोप संग, आये यमुना तीर।
जल पीकर सबने वहां, हरी थकन की पीर।।
उस विषाक्त जल से हुए, गौ अरू गोप अचेत।
दृष्टि डाल अमृत मयी, सबको किया सचेत।।

श्री हरि ने देखा बड़ा, जमुना जल में दोष।
[ख]कालिय को जल से विलग, किया दिखाया रोष।।

(क) धेनुकासुर कौन? गधे का स्वरूप कैसे? यह बलि दानव का साहसिक नामक पुत्र था। इसने 10000 स्त्रियां साथ लेकर गंधमादन पर्वत पर क्रीड़ा की। गाजे बाजे व पायल के नाद से दुर्वासा का ध्यान टूटा। क्रोध कर श्राप दिया ''गधे जैसा रमण करने वाले गधा होजा। चार लाख वर्ष बाद बलराम जी के हाथों मुक्ती होगी''। इसलिये बलराम ने मारा। भगवान ने प्रहलाद को वर दिया था ''तेरा वंश नहीं मारूंगा'' सो स्वयं नहीं मारा।।

(ख) कालिय नाग कौन? स्वायंभुव मन्वंतर के मध्य विंध्याचल पर भृगुवंशी वेदशिरा मुनि तप करते थे। अश्वशिरा मुनि भी तप हेतु आये। वेदशिरा ने मना किया। अश्वशिरा ने क्रोध करने पर सर्प होने व गरूड़ भय का श्राप दिया। वेदशिरा ने कौआ होने का श्राप दिया। तब भगवान विष्णु आये ओर कहा कि मेरे चरण पड़ने से गरूड़ भय नहीं होगा। अश्वशिरा को त्रिकालिक (योग सिद्धियों सहित) ज्ञान का वर दिया। अश्वशिरा नीलगिरी में रामोपासक काक भुशुंडी ओर वेदशिरा कालिया हुए।

राजा ने पूछा यमुना में, कालिय कैसे घुस आया था।
गहरे जल में से नाथ उसे, केशव ने कहां पठाया था।।
सुन राजन उस कालिय ह्रद की, विष वायु असर दिखलाती थी।
पशु पक्षी जल पीने आते, उनको यमपुर पहुंचाती थी।।

दंड कालिया नाग को, दूंगा मैं इस बार।
सोच [क]कदम की डार चढ़, कूदे जगदाधार।।

जैसे ही हरि कूदे जल में, सौ [ख]धनुष दूर जल फैलाया।
हलचल देखी अपने घर में, तब कालिय हरि सन्मुख आया।।

मर्मस्थल श्री कृष्ण के, अहि ने लिये लपेट।
ग्वाल बाल यह देखकर, सारे हुए अचेत।।
बेसुध हो नीचे गिरे, ब्रज के सारे ग्वाल।
रंभाते थे धेनु सुत, गौए थी बेहाल।।

इस तरफ मचा उत्पात बहुत, आशंका कुछ उस ओर हुई।
बलराम नहीं है संग आज, चिन्ता बाबा को नई नई।।
पशुवृत्ति लोग ब्रज के सारे, श्रीकृष्ण दरश हित धाये हैं।
पदचिन्ह परखते घर वाले, श्री यमुना के तट आये हैं।।

देखा सब निश्चेष्ट हैं, छोटे छोटे ग्वाल।
कृष्ण नाग आबद्ध हैं, गौए सब बेहाल।।

दौड़े श्री नंद यशोदा ओर, जल में घुसने का यत्न किया।
मित्रों ने ढ़ांढस बंधवाया, कर यत्न उन्है फिर रोक लिया।।

देखा सब बेहाल है, निज जन ओर पितु मात।
विस्तारा श्री कृष्ण ने, अपना श्यामल गात।।

बस तकता ही रह गया नाग, उस नारायण की माया को।
छू भी तो फिर वह नहीं सका, श्री कृष्ण चन्द्र की काया को।।
फिरता था चारों ओर नाग, यों थक कर के वह चूर हुआ।
सब क्रोध न जाने कब उसका, उसकी काया से दूर हुआ।।

(क) कदंब विष से क्यों नहीं जला = भगवान के भावी चरण स्पर्श के प्रभाव तथा अमृत लेकर आये गरूड़ ने यहां विश्राम किया था उसके कारण कदंब पर विष का प्रभाव नहीं हुआ।

(ख) एक धनुष = चार हाथ

कालिय के सिर पर चढ़े, पल में श्री गोपाल।
सकल कलाओं के गुरू, नृत्य कुशल नंदलाल।।

कालिय के फन पर ठुमके दे, हरि घूम घूम इठलाते हैं।
नटवर नागर लीला धारी, अपना [क]नर्तन दिखलाते हैं।।
तब चारण सिद्ध अप्सरायें, गंधर्व राज भी सब आये।
हरि के संग संगत करने को, अपने सब साज साथ लाये।।
वह दृष्य अलौकिक था राजन, वाणी से वर्णन हो न सके।
गंधर्व पुष्प बरसाते थे, रह गये सभी हरि को तकते।।
कालिय के सभी फनो पर जा, प्रभु अपना फन दिखलाते थे।
कभि उछल उछल कभि झुक झुक कर, कभि घुटना नाच दिखाते थे।।

सब सिर उस अहिराज के, हुए रक्त से लाल।
महा कष्ट को प्राप्त कर, हुआ नाग बेहाल।।

यह दशा देख अपने पति की, सब नाग पत्नियां चरण पड़ी।
बच्चों को आगे कर बोली प्रभु क्षमा करो हम शरण खड़ी।।
यह क्रोध अनुग्रह है प्रभु का, जो सिर पर चरण धराये हैं।
पिछले जन्मों के पुण्यो से, हमने प्रभु दर्शन पाये हैं।।

नाग पत्नियों ने वहां, प्रभु के चरण पखार।
[1]विनती की नंदलाल की, अपने हाथ पसार।।

1. **नमस्तुभ्यं भगवते पुरूषाय महात्मने।**
भूतावासाय भूताय पराय परमात्मने।। भा. 10–16–39
ज्ञान विज्ञान निधये ब्रह्मणेऽनंतशक्तये।
अगुणायाविकाराय नमस्ते प्रकृतायच।। भा. 10–16–40
नमः प्रमाणमूलाय कवये शास्त्रयोनये।
प्रवृत्ताय निवृत्ताय निगमाय नमोनमः।। भा. 10–16–44
नमः कृष्णाय रामाय वसुदेव सुताय च।
प्रद्युम्नायानिरूद्धाय सात्त्वतांपतये नमः।। भा. 10–16–45

(क) नाचत हरि उरग शीस थिरक थिरक आली।
नटवर वर वेश धरे, मुक्ताफल माल गरे, मोर मुकुट शीश धरे, अंखियन कछु लाली।।
बाजत बंशी विशाल, गावत स्वर भर रसाल, शोभानिधि नंदलाल, अमित भाग्यशाली।
नुपुर पद देत मान, तोरत अहि शीष तान, परत चरन गिरि समान, रूधिर बमत काली।।
कद्रू सुत अति अधीन, पाहि पाहि करत दीन, हम जड़ खल भक्तिहीन, वृथा देह पाली।
अब तो प्रभु समुझि दास, कीजे मोहि जनि निराश, शरणागत हरि बिलाश, सुधि ले बनमाली।
रागिनी खम्माच।

पंचभूत शरणागत स्वामी, आदि जगत कारण प्रणमामी।
ज्ञान निधान अनंत गुणालय, निर्विकार निरगुण प्रणमामी।।
सकल इन्द्रियन के तुम स्वामी, स्वयं सिद्ध ज्ञानी प्रणमामी।
कारण वेद प्रवृति प्रतिपादक, है निवृत्तिनाथ प्रणमामी।।
वेद रूप तव चरण नमामी, राम अनुज तव पद प्रणमामी।
वासुदेव अनिरूद्ध दयालू, हे प्रद्युम्न कृष्ण प्रणमामी।।
तुम भक्तन पति भक्त तुम्हारे, शत शत प्रभु चरणन प्रणमामी।।

हमको करो सनाथ, हम शरणागत हैं प्रभु।
सबल कृष्ण यदुनाथ, दया करो अबलान पर।।
कालिय छोड़ा कृष्ण ने, दिया सिन्धु में वास।
चरण चिन्ह सिर पर मेरे, देगा गरूड़ न त्रास।।
पूजन कर हरि चरण का, नारि सहित तब नाग।
गया सिन्धु परिजन सहित, यमुना जल को त्याग।।

कालिय मर्दन का यह प्रसंग, संध्या प्रभात जो गायेंगे।
अहि भय से दूर रहेंगे ही, श्री कृष्ण भक्त कहलायेंगे।।

परिक्षित ने पूछा कहो, मुनिवर करो न देर।
गरूड़ संग इस नाग का किस कारण था वेर।।

शुक बोले नागों ने मिलकर, इक कोल गरूड़ के साथ किया।
[क]बलिदान रखेंगे हम मासिक, मावस का दिन भी नियत किया।।

वृक्षमूल निश्चित किया, मिलकर के अस्थान।
कालिय ने इस कोल पर, दिया नहीं कुछ ध्यान।।

(क) सर्पों द्वारा गरूड़ को बलि क्यों? = सर्पों की माता कद्रू एवं गरूड़ की माता विनता दोनो कश्यप जी की स्त्रियां थी। एक दिन दोनो में शर्त लगी। सूर्य के घोड़ों की पूंछ सफेद है या काली। जो हारे वह दासी बनेगी। कद्रू के पुत्रों ने कहा सफेद है। कद्रू दुखी हुई। पुत्रों ने कहा हम (सर्प) लिपट कर काली कर देंगे। ऐसा ही हुआ। विनता हारी। दासी बनी। विनता ने कश्यप जी की सेवा कर अरूण और गरूड़ को जन्म दिया। गरूड़ ने कद्रू से माँ को मुक्त करने को कहा। कद्रू ने इसके बदले अमृत मांगा। गरूड़ ने अमृत लाकर दिया ओर माँ को मुक्त करवाया। इसी वैर से गरूड़ कद्रू पुत्रों को रोज खाया करते थे। सर्प ब्रह्मा जी की शरण गये तब उन्होंने कहा कि गरूड़ के लिये बलि नियत करो।

विष और वीर्य के मद कारण, उसने न गरूड़ का भय माना।
बलि का पदार्थ खा गया नाग, था क्रोध गरूड़ को तो आना।।
जब गरूड़ क्रोध कर आया तो, कालिय नें दन्ताघात किया।
निज पंख प्रहारों से उसको, तब गरूड़ देव ने क्लांत किया।।

विह्वल हो आघात से, पैठा यमुना देह।
वहां गरूड़ आता नहीं, यहीं बनाया गेह।।
पूछा क्यों था गरूड़ को, अगम जमुन ह्रद नाथ।
बोले सोभरि श्राप था, सुनलो सारी बात।।

इक रोज गरूड़ आया ह्रद पर, नहिं भूख नियंत्रित कर पाया।
सोभरि ने मना किया फिर भी, मछलियां चुनी जी भर खाया।।
क्रोधित हो [1]**श्राप** दिया मुनि ने, यदि गरूड़ यहां फिर आवेगा।
मछली का भक्षण करते ही, तू तुर्त मृत्यु को पावेगा।।

कालिय को मालूम थी, गरूड़ श्राप की बात।
इसीलिये ह्रद में रहा, होकर पूर्ण सनाथ।।

[2]**इन्द्रियां** प्राण को पाकर के, जिस भांति चेतना पाती है।
श्री कृष्ण दरश कर ब्रज जनता, मन में आनन्द मनाती है।।
माता नंदबाबा गोप गाय, वृक्षों ने खुशी मनाई है।
बलराम जानते थे रहस्य, मुख पर मुस्कान समाई है।।

विप्रों के आदेश पर, किया स्वर्ण गौ दान।
कुलजन से आशीष ले, पूजे सब भगवान।।
बहुत थके थे नृपति सुन, ब्रज के सारे लोग।
यमुना तट पर सो गये, कृष्ण मिलन सुख भोग।।

इकबार उठे दावानल ने, ब्रज को जब त्रास दिखाया था।
वह अग्नि पान कर केशव ने, ब्रज का संताप मिटाया था।

कृष्ण कृपा का हो गया, ब्रज पर पूरा भाव।
ग्रीष्म वसंती हो गया, भूला ताप प्रभाव।।

1. **अत्र प्रविश्य गरूड़ो यदि मत्स्यांस खादति।**
सद्यः प्राणैर्वियुज्येत सत्यमेतद्ब्रवीम्यहम।। भा. 10–17–
2. **उपलभ्योत्थिताः सर्वे लब्धप्राणा इवासवः।**
प्रमोदनिभृतात्मानो गोपाः प्रीत्याऽभिरेभिरे।। भा. 10–17–1

बलराम संग श्रीकृष्ण नित्य, वन में जा गाय चराते थे।
सब देव वेश धर गोपों का, आकर स्तुति कर जाते थे।।

गोप ग्वाल के संग में, करते थे हरि खेल।
नर्तन करते थे कभी, कभी चलाते रेल।।

इक रोज [क]प्रलंबासुर आया, शुभ रूप गोप का धर कर के।
सोचा लेजाऊँ दूर कही, बलराम कृष्ण को हर कर के।।
पहचान गये श्रीकृष्ण उसे, आगे बढ़ मित्र बनाया था।
फिर चढ़ने और चढ़ाने का, सबने ही खेल रचाया था।।
अपने कन्धे पर बिठा राम, वह असुर दूर तक निकल गया।
दाऊ ने भार बढ़ाया तो, श्रम बिन्दु असुर का टपक गया।।

गोप रूप तज दुष्ट ने, लिया असुर का वेश।
बड़े–बड़े थे दांत ओर, लम्बे–लम्बे केश।।
मारा मुक्का राम ने, हुआ प्रलंब अचेत।
प्राण प्रभू में रम गये, हरि हो गये निकेत।।
नंद यशोदा ने सुना, जब घर पर यह हाल।
पुनर्जन्म माना इसे, गले लगाया लाल।।

सुन राजा वह जग भूप नित्य, नूतन लीलाऐं करता था।
ग्वालों संग गाय चराता ओर, निशिचर भी वधता जाता था।।
इकरोज घांस चरते–चरते, गैयाऐं मुजारण्य गई।
गोपों ने देखे खुर निशान, आगे बढ़ गाऐ घेर लई।।

हरि इच्छा से परीक्षित, दावानल विकराल।
प्रकटा मुंजारण्य में, गोप हुए बेहाल।।

सब गोप जानते थे दोनो, अपना कमाल दिखलाते हैं।
जब जब हम पर संकट आते, ये हंसकर दूर भगाते हैं।।

(क) **प्रलंबासुर कौन? = बलराम से मुक्ती कैसे? = कुबेर ने अपने चेत्ररथ वन में रखवाली हेतु यक्षों को रखा फिर भी फूलों की चोरी होती। तब कुबेर ने क्रोध कर कहा ''जो मुझसे पूछे बिना फूल तोड़ेगा वह तत्काल राक्षस हो जायेगा।'' एक दिन तीर्थ यात्रा से हू हू नाम गंधर्व का पुत्र विजय यहां आ ठहरा। देवयोग से फूल लेने से राक्षस हो गया। कुबेर की प्रार्थना की तब उन्होंने द्वापर के अन्त में बलराम जी के हाथों मुक्ती बताई।**

राम कृष्ण की वन्दना, कीन्ही विविध प्रकार।
कहा कृष्ण ने नैत्र सब, बंद करो इक बार।।
कृष्ण चन्द्र ने कर लिया, दावानल का पान।
माया यह गोविन्द की, सका न कोई जान।।

आंखे खोली तो गोपों ने, भांडीर तले खुद को पाया।
गैयाऐं थी उनके संग में, अदभुत है दोनो की माया।।

इस प्रभाव को देख कर, गये गोप पहचान।
नंद सुवन बालक नहीं, है यह तो भगवान।

वन्दित होते सब गोपों से, गोकुल की ओर पधारे हैं।
गोपियां दरश कर धन्य हुई, अपलक धनश्याम निहारे हैं।।

राम कृष्ण के चरित का, व्रज में किया बखान।
देवोत्तम तब जान कर, गोप हुए धनवान।।
लीला भी चलती रही, आया वर्षा काल।
वर्षा जल ने भूमि का, बदल दिया सब हाल।।

[1]**भूपति** की नाईं सूर्यदेव, किरणों से जल कर लेते हैं।
समयानुरूप फिर उस कर को, वसुधा पर वर्षण करते हैं।।
तड़ित चक्षु से सदय मेघ, जब तप्त धरा को तकते हैं।
फिर प्रबल पवन से कंपित हो, जीवन जल वर्षण करते हैं।।

ज्यों दुर्बल तप से सुनो, होता यती शरीर।
पुनः सबल होता वही, तप फल पाकर धीर।।
त्यों ही ग्रीषम घात से, था दुर्बल यह धाम।
मिला मेघ जल धरा को, हुआ पूर्ण आराम।।

[2]कलियुग में पाप वृद्धि से ज्यों, पाखंड प्रकाशित होते हैं।
इस ऋतु में गुप्त रहे ग्रह सब, खद्योत प्रचारित होते हैं।।

शिष्य पढ़ाई ज्यों करे, पाकर गुरू आदेश।
दादुर ध्वनि करने लगे, सुनकर मेघ संदेश।।

1. अष्टौमासान्निपीतं यद्भूम्याश्चोदमयं वसु।
स्वगोभिर्मोक्तुभारेभे पर्जन्यः काल आगते।। भा. 10–20–05

2. निशामुखेषु खद्योतास्तमसा भांति न ग्रहाः।
यथा पापेन पाखंडा न हि वेदाः कलौयुगे।। भा. 10–20–08

आसक्त पुरूष का धन सारा, ज्यों मार्ग वक्र अपनाता है।
त्योंही नदियों का वर्षा जल, अपना तांडव दिखलाता है।।

देख जलद को नाचता, यों मयूर समुदाय।
भक्त दरश कर जेहि विधि, मन गृहस्थ हरशाय।।

मेघों के मध्य चमक बिजली, पल में विलुप्त हो जाती है।
जिस भांति प्रीति खल मण्डलि की, स्थिर न कभी रह पाती है।।

भूमी का सामीप्य पा, बरस रहे हैं मेह।
ज्यों सद विद्या प्राप्त कर, झुके गुणी की देह।।
परवत देखो सह रहे, बूंदों का आघात।
ज्यों सहते हैं संत जन, खल के वृथा प्रलाप।।

छोटी नदियां जल पाकर के, इठला कर वेग बढ़ाती है।
जिस भांति तनिक धन के कारण, खल की बुद्धी फिर जाती है।।
सम्पर्क धरा से होते ही, जल दोष युक्त हो जाता है।
जेसे माया से लिपट जीव, तत्काल मलिन हो जाता है।।

ज्यों सब सद्‌गुण दौड़ कर, आते सज्जन पास।
वर्षा जल तालाब में, आता बिना प्रयास।।

सरिता का जल जल निधि में जा, ऐसा स्थिर हो जाता है।
श्रीहरि को पाकर जीव यथा, सब भांति अचल हो जाता है।।
पृथ्वी पर छाई हरियाली, ढूंढे से राह न पाते हैं।
पाखण्ड वृद्धि के समय यथा, सद्‌ग्रन्थ लुप्त हो जाते है।।
सारंगो की अनवरत नाद, हर तरफ सुनाई देती है।
जैसे बटुकों की मण्डलियां, शुभ वेद छंद दोहराती है।।
पाकर नव–पल्लव वृक्ष सभी, सम्पन्न अधिक हो जाते हैं।
ज्यों ग्यान प्राप्त कर साधक मन, अपना सौंदर्य बढ़ाते हैं।।

ढूंढे से मिलती नहीं, वर्षा ऋतु में धूल।
जैसे क्रोधी जनन से, रहे धर्म प्रतिकूल।।

खेतों में फसलों की शोभा, धरती का मान बढ़ाती है।
जैसे सम्पति उपकारी की, याचक का ताप मिटाती है।।
अवसर पाकर के कृषक सभी, निज फसल निराई करते हैं।
मद मोह मान का त्याग यहां, जिस भांति संत जन करते है।।
चलती है तेज पवन ऐसी, मेघों को साथ बहाती है।
जैसे कपूत की पैदाइश, कुल के सद्‌धर्म मिटाती है।।
श्रीकृष्ण चन्द्र जी इस ऋतु में, सब सखा संग वन जाते हैं।
वर्षा ऋतु की सम्पदा निरख, गुण मुक्त कण्ठ से गाते हैं।।

(क) वर्षाकाल मेघ नभ छाये, गरजत लागत परम सुहाये।
लक्ष्मण देखहु मोर गण, नाचत वारिद पेखि।
गृही विरतिरत हरष जस, विष्णु भगत कहँ देखि।। मानस–24

दामिनि दमकि रही घन माही, खल की प्रीति यथा थिर नाहीं।
वर्षहि जलद भूमि नियराये, यथा नवहिं बुध विद्या पाये।
बूंद अघात सहहिं गिरि कैसे, खल के वचन संत सह जैसे।
क्षुद्र नदी भरि चली तोराई, जस थोरेहु धन खल इतराई।।
भूमि परत भा डाबर पानी, जनु जीवहिं माया लपटानी।
सिमिटि सिमिटि जल भरहिं तलावा, जिमि सदगुण सज्जन पहँ आवा।।
सरिता जल जलनिधि महँ जाई, होइ अचल जिमि जिव हरि पाई।

हरित भूमि तृण संकुल, समुझि परै नहिं पंथ।
जिमि पाखण्ड विवाद ते, लुप्त होहिं सद्ग्रन्थ।।–25

दादुर धुनि चहुँ दिशा सुहाई, वेद पढ़ै जनु बटु समुदाई।
नव पल्लव भये विटप अनेका, साधक मन जस मिले विवेका।।
अर्क जवास पात बिनु भयऊ, जिमि सुराज खल उद्यम गयऊ।
खोजत कतहुँ मिलइ नहिं धूरी, करै क्रोध जिमि धर्महि दूरी।।
ससि सम्पन्न सोह महि केसी, उपकारी की संपति जैसी।
निशि तम घन खद्योत विराजा, जिमि दंभिन कर जुरा समाजा।।
महावृष्टि चलि फूटि कियारी, जिमि स्वतंत्र भये बिगरहिं नारी।
कृषी निरावहिं चतुर किसाना, जिमि बुध तजहिं मोहमदमाना।।
देखियत चक्रवाक खग नाहीं, कलिहिं पाय जिमि धर्म पराहीं।
ऊषर बरसइ तृण नहिं जामा, संत ह्रदय जस उपज न कामा।।
विविध जन्तु संकुल महि भ्राजा, बढ़इ प्रजा जिमि पाइ सुराजा।
जहँ–तहँ पथिक रहे थकि नाना, जिमि इन्द्रिय गण उपजे ज्ञाना।।

कबहुँ प्रबल चल मारूत, जहँ तहँ मेघ बिलाहिं।
जिमि कुपूत के ऊपजे, कुल सद्धर्म नशाहिं।।–26
कबहुँ दिवस महँ निबिड़ तम, कबहुँक प्रगट पतंग।
उपजउ विनशउ ज्ञान जिमि, पाय सुसंग कुसंग।। 27 रा.च.मा.

।।किष्किंधाकाण्ड।।

अपने **[1]खेतों** की फसल देख, फूले न किसान समाते हैं।
निज लाभ परखने वाले कुछ, व्यापारी अति दुःख पाते हैं।।

जेसे बिन अभ्यास के, भूले ब्राह्मण ज्ञान।
त्यों ही आवागमन बिन, रहे न पथ का भान।।
वर्षाऋतु पूरी हुई, आई शरद महान।
कृषी संवारन को चले, कृषक पूज भगवान।।

अपनी महनत से मेड़ बांध, वर्षा के जल को रोका है।
जेसे ज्ञानी ने सकल ज्ञान, इन्द्रियां जीत कर रोका है।।

आराधक की क्रियाऐं, होती फलित अवश्य।
चाहत चाहे ना रहे, होनी हरि के वश्य।।
सन्यासी राजा [क]यमी, और वणिक समुदाय।
पूर्ति हेतु निज ध्येय की, निकले देव मनाय।।

इक समय श्याम वृंदावन में, दाऊ ओर मित्रों संग आये।
छेड़ी बंसी की मधुर तान, वृज ललनाओं के मन भाये।।
[ख]सम्मोहित होकर ललनाऐं, सब भूल गई गृह के कारज।
रस वर्णन करने लगी किन्तु, नहिं साथ रही उनके सारद।।
उस [ग]वेणु गीत का रस पीकर, मन में वे नहीं अघाती हैं।
चित से आलिंगन हरि का कर, क्षण क्षण में उन्हें बुलाती है।।

छवि अपने घनश्याम की, मन में रही बसाय।
हरि गुण वर्णन कर रही, हरि में बुद्धि लगाय।।

श्रवणो में जिनके करन फूल, मित्रों के संग विराजे हैं।
पटपीत सुवर्ण खचित उनका, सिर मोरपच्छ शुभ साजे हैं।।

1. **क्षेत्राणि सस्यसंपद्भि कर्षकाणां मुदं ददुः।**
धनिनामुपतापं च दैवाधीनमजानताम्।। भा. 10–20–12

(क) **ब्रह्मचारी।**
(ख) **उठिधायी बाजी, देखने को द्वार आयी बाजी मुरझाई सुनितान गिरधर की।**
बाजी न धरत धीर, बाजी न संभारे चीर, बाजिन की बिरह अनल अति भरकी।।
बाजी हंसि बोले बाजी, करत कलौले बाजी, संग लागि डोले सुधि रही नाहीं घर की।
बाजी कहे कहां बाजी, बाजी कहे कहूं बाजी, बाजी कहे बाजी बंशी सांवरे सुघर की।। कवित्त।।
(ग) **एक समय निशि शरद की, वृंदा विपिन बिहार।**
मुरली धुनि कीन्हीं ललित, केशव कृष्ण मुरार।। क्षेपक।।

उस मधुर मूर्ति के अधरामृत, वेणू छिद्रों को चूम रहे।
उस नट सी काया वाले की, ग्वाले सुन वेणू झूम रहे।।
बोली गोपी ए बहिन कहो, क्या [1]**पुण्य** किया इस मुरली ने।
जो अधरामृत अपने हित था, वह चूम लिया इस मुरली ने।।
हरि का अधरामृत चूस–चूस, निज जीवन सफल बनाती है।
बांसुरी नहीं यह सोतन हे, जी मेरा बहुत जलाती है।।
इसकी यह दशा देख करके, माता आनन्द मनाती है।
कमलों के मिस से सरिताऐं, रोमांचित होती जाती हैं।।
निजकुल में हरि सेवक लख कर, कुलवृद्ध अनन्द मनाते हैं।
बांसुरि के पुण्यों को लख कर, रस सभी वृक्ष टपकाते हैं।।
ऐ बहिन धन्य है यह हिरणी, पति के सन्मुख हरि तकती है।
हम तकें कभी भूले से भी, पति के मन आग धधकती है।।

कंत पार्श्व में बैठ कर, [क]मोहित हैं सुरनार।
वेणुनाद ने कर दिया, सबको ही लाचार।।

इस वेणुगीत का अमृत रस, [2]**गोवत्स** कान से पीते हैं।
स्तन से लगा रखा मुख पर, नहिं घूंट दूध का लेते हैं।।
[ख]गायों के मुख में फंसी घांस, नैनो में अश्रु समाये हैं।
कैसे खाये, बन गई मूर्ति, मनमें गोविन्द बसाये हैं।।

1. **गोप्यः किमाचरदयं कुशलं स्म वेणुर्दामोदराधरसुधामपि गोपिकानाम्।**
भुंक्ते स्वयं यदवशिष्टरसं ह्रदिन्यो ह्रष्यत्त्वचोऽश्रुमुमुचुस्तरसो यथाऽर्याः।। भा. 10–21–09
2. **गावश्च कृष्णमुखनिर्गतवेणुगीत पीयूषमुत्तभित कर्णपुटैः पिबन्त्यः।**
शावाः स्नुतस्तनपयः कवलाः स्म तस्थुर्गोविन्दमात्मनि दृशाऽश्रुकलाः स्पृशंत्यः।। भा. 10–21–09

(क) खगमोहे, मृग मोहे, नग मोहे नाग मोहे, पन्नग पाताल मोहे धुनि सुनि जासुरी।
? **सुर मोहे, नर मोहे, सुरन सुरेश मोहे, मोहि रहे सुनिके असुर अरू आसुरी।।**
भनत गुमान कहो मोहिबे को कहा बाची, चर औ अचर मोहि उमँगि हुलासरी।
गोपिन के वृन्द मोहे, आनन्द मुनीन्द्र मोहे, चन्द्र मोहे चन्द्र के कुरंग मन बांसुरी।। कवित्त।।

(ख) भूल्यो खान पान, भूल्यो पट परधान, सब लोगन को भूल गयो बासुओ निबासुरी।
चकि रही गैया, चारू चोंचन चिरैया, दाबि चितवनि चलाचुख चेत चितु नासुरी।।
है धरी नटीसी है परीसी वृषभानुजाई जीवत जनावे बैग आवै दृग आंसुरी।
कान्ह रस कैसे कै छंडाई मेरी वीर कवि कब की विषासिनी बगारै विष बांसुरी।।कवित्त।।

चिड़िया चुप है है मैना मौन, शुक को भी लगी समाधी है।
फैलाये पंख मोर ने पर, टकटकी कृष्ण पर बांधी है।।
ग्वाले दोना लेकर आये, स्तन में हाथ लगाया है।
गैया वे दूह नहीं पाये, वेणू ने उन्हें छकाया है।।
सब मूर्तिवन्त सब मौन बने, सब सम्मोहित से लगते हैं।
बलिहारी मैं इस बांसुरि पर, हरि अधरों पर नित धरते हैं।।
मेघों ने छाया की हरि पर, थोड़ा निज स्नेह जताया है।
आनन्द बढ़ा उनमें इतना, नैनो से जल बरसाया है।।
केशर केशव के कदमों का, भिलनी ने तुरत उठाया है।
मुख और स्तन द्वय पर मलकर, निज काम शमन करवाया है।।

हा हतभागी मैं रही, सकी न केसर चूम।
एक बार सखि जो मिले, नाचूंगी मैं झूम।।

गोवर्धन भक्त बड़ा भगिनी, जब जब हरि चरण छुआता है।
फल और गुफा देकर उनको, रोमांचित होता जाता है।।

स्थावर सब जंगम हुए, जंगम हुए पखान।
वेणुनाद ने कर दिया, उलटा सकल जहान।।

इस तरह गोपियां भावों से, भगवन्मय होकर झूम उठी।
सब गले मिली इक दूजे से, हरि से मिलने की हूक उठी।।

हेमन्ती ऋतु का प्रथम मास, अगहन जिसको सब कहते हैं।
व्रत किया महा जगदम्बा का, व्रज ललनाओं ने भावों से।।
नित हविष्यान्न खा कर राजन, माता में ध्यान लगाती थी।
बालू की प्रतिमा निर्मित कर, यमुना तट पर नित ध्याती थी।।

कुंकुं अक्षत गंध अरू, धूप दीप नैवेद्य।
दधि मेवा मिष्ठान संग, देती माँ को अर्ध्य।।
महायोगिनी मातु श्री, है [1]कात्यायनि मात।
अधीश्वरी देवी सुनो, अन्तरमन की बात।।
नंदराय का पुत्र ही, हो मेरा भरतार।
आस यही पूरी करो, माता सुनो पुकार।।

1. कात्यायनी महामाये महायोगिन्यधीश्वरी।
नंदगोप सुतं देवि पतिं में कुरूते नमः।। भा. 10—22—04

एक मास तक नित दिया, पूजन व्रत में ध्यान।
माता के संग भाव से, किया कृष्ण गुण गान।।
वस्त्र उतारे एक दिन, जल में किया प्रवेश।
क्रीड़ा सब करने लगी, खुले सभी के केश।।
गोप ग्वाल संग उस जगह, आ पहुंचे गोपाल।
चीर उठा कर चढ़ गये, सभी कदम की डाल।।
मधुर हास्य सुन कृष्ण का, चोंकी सब ब्रज नारि।
कविनय सभी करने लगी, सोंपो चीर मुरारि।।

बोले गोपाल विलग होकर, जल से जो बाहर आयेगी।
जो विनय करेगी हाथ जोड़, हाँ चीर वही तो पायेगी।।

शीतल जल में कांपती, थी उन सब की देह।
बिना वस्त्र बे वक्त वे, जावें कैसे गेह।।

मनुहार करी भय दिखलाया, कुछ ने लाला गुण गान किया।
कोई रोई ओर चिल्लाई, कुछ ने माखन का लोभ दिया।।
तुमतो हो परम सखा मोहन, मैं हरपल तुमको तकती हूँ।
नित राह देखती हूँ घर पर, तेरे हित माखन रखती हूँ।।
लाला तुम बड़े अनोखे हो, कजरारे नैना वारे हो।
कटि पर पीताम्बर शोभित है, सिर मोर पंख तुम धारे हो।।
कर जोड़ विनय हम करती हैं, लौटादो चीर अरे कान्हा।
माँ डाटेगी अब देर हुई, सुन दूर हमें कितना जाना।।
ऐसे यदि नित्य सताओगे, माखन फिर कैसे पाओगे।
हम द्वार रखेंगी बंद कहो, कैसे घर में घुस आओगे।।

(क) **हमारे अंबर देहु मुरारी।**
लै सब चीर कदम चढ़ बैठे, हम जल मांझ उघारी।।
तट पर बिना वसन क्यों आवैं, लाज लगति है भारी।
चोली हार तुमहिं को दीन्है, चीर हमहिं देउ डारी।।
सुन्दर स्याम कमल दल लोचन, हम हैं दासि तुम्हांरी।
जो कछु कहो सोहि हम करिहैं, चरण कमल पर वारी।।
अंग अंग कंपत मन मोहन, विनती सुनहु हमारी।
सूर स्याम कछु छोह करो जू, शीत गई तनु मारी।।

रागिनी टोड़ी 73–74

ठहरो मत मानो बात मेरी, माता से तुम्हें पिटाऊँगी।
जो हुआ आज मेरे संग में, जसुमति को जाय बताऊँगी।।
ए बंशीधर ए कृष्ण सखा, ए नंदलाल दे चीर मेरे।
ए मनमोहन घनश्याम लाल, मैं इतने जोड़ूं हाथ तेरे।।
तू ही तो सबका नेता है, नित इन्हें संग कर लेता है।
माखन सारा खुद ही खाता, इन गोपों को नहिं देता है।।
ए गोप ग्वाल तुम सब जानो, छलिया की सभी कुचालों को।
क्यों हंसते हो मुह बन्द करो, सखि लाज न आती ग्वालों को।।
चोरी करता है कृष्ण और, तुम पर इल्जाम लगाता है।
पहचानो तुम इसकी चालें, यह नित्य तुम्हें भरमाता है।।
सुन कृष्ण तुझे क्या याद नहीं, कल ही मेरे घर आया था।
मेने जननी से छुप करके, तुझको माखन खिलवाया था।।
ला सोंप मुझे अब चीर शीघ्र, मैं शीत नहीं सह पाऊँगी।
यदि देर हुई तो ए लाला, इसके मारे मर जाऊँगी।।
ए कृष्ण कन्हाई तुम जब भी, यह बंशी मधुर बजाते हो।
हरते हो ध्यान सभी का ओर, सबके ही मन को भाते हो।।
दो चीर श्याम अब घर जाये, हो गई ठिठौली बंद करो।
निर्वसन खड़ी हम सब जल में, लाला थोड़ी तो शर्म करो।।

बिनती पर रीझे नहीं, सखियों की गोपाल।
दशा स्वयं की देखकर, हुई सभी बेहाल।।
दोनों कर से ढांक कर, अपने कोमल अंग।
जल से बाहर आगई, सभी गोपियां संग।।

बोले गोपाल अरी सखियों, तुम देवी की अपराधी हो।
[क]निर्वसन घुसी व्रत रख जल में, व्रत की मर्यादा लांघी हो।।

सिर पर रख कर देवियों, झुक कर करो प्रणाम।
पूरण हो व्रत सभी का, बने सभी के काम।।
भय माना व्रत भंग का, माना हरि आदेश।
चीर दिये श्रीकृष्ण ने, दे अद्‌भुत संदेश।।

घनश्याम लला का संग मिला, नहिं हर्ष समाया था तन में।
श्री कृष्ण कृत्य पर दोष दृष्टि, लाई न कभी अपने मन में।।

(क) जल में अग्नि व देवता बसते हैं। अग्नि गुप्त है। इसी लिए जल में पेशाब, शौच, थूंकना व नग्न श्नान करना मना है। श्रुति।

[1]**है** साधवियों मैं जान गया, जो शुभ संकल्प तुम्हांरा है।
लज्जावश सब कह नहीं सकी, पर मन में भाव हमारा है।।

जिसके हित पूजन किया, सब ने मिलकर आज।
वह मन चाहा वर मिले, पूरे हों सब काज।।

[2]**मुझ** में जो चित्त लगाते हैं, वे सब मनवांच्छित पाते हैं।
उनके मन से इच्छाओं के, सारे अंकुर मिट जाते हैं।।
आगामी निशियों में सखियों, हम तुम संग रास रचायेंगे।
जिस हेतु किया देवी पूजन, वह चाहत पूर्ण करावेंगे।।

व्रज बालाऐं घर गई, मन में रहा बिछोह।
वर से तन हर्षित रहा, कृष्ण दरश का मोह।।

फिर रामकृष्ण गोपों के संग, मधुवन में दूर तलक विहरे।
छाया करते थे घने वृक्ष, ऐसा उपकार न ओर करे।।
बोले मित्रों [3]इनको देखो, जो औरों के हित जीते हैं।
हर समय भला हो औरों का, वर्षा ग्रीषम नित सहते हैं।।
हे अंशु, सुबल, अर्जुन, विशाल, तेजस्वी, कृष्ण, ऋषभ, भाई।
श्री दामा, वरूथप, देवप्रस्थ, देखो वृक्षों की प्रभुताई।।

श्रम हरते हैं सभी का, इनका [4]जीवन धन्य।
बन जाते आजीविका, धन्य वृक्ष ओर वन्य।।

जिस भांति द्वार से सज्जन के, याचक नहिं खाली जाता है।
बस उसी तरह वृक्षों से भी, हर जीव धारि कुछ पाता है।।

[5]पत्र पुष्प [क]फल मूल अरू, बकल गंध ओर काठ।
छाया कोंपल भस्म भी, तरू सब देते बांट।।

1. **संकल्पो विदितः साध्व्यो भवतीनां मदर्चनम्।**
   मयाऽनुमोदितः सोऽसौ सत्यो भवितुमर्हति।। भा. 10–22–25
2. **न मय्यावेशितधियां कामः कामाय कल्पते।**
   भर्जिता क्वथिता धाना प्रायो बीजाय नेष्यते।। भा. 10–22–26
3. **पश्यतैतान्महाभागान्परार्थैकान्त जीवितान्।**
   वातवर्षातपहिमान्सहंतो वारयंतिनः।। भा. 10–22–32
4. **अहो एषां वरं जन्म सर्वप्राण्युपजीवनम्।**
   सुजनस्येव येषां वै विमुखा यांति नार्थिनः।। भा. 10–22–33
5. **पत्र पुष्प फलच्छायामूल वल्कलदारूभिः।**
   गंधनिर्यासभस्मास्थितोक्मैः कामान्वितन्वते।। भा. 10–22–34

(क) इतते ये पाहन हने।

है [1]**धन्य** जन्म केवल उनका, जो औरों का हित करते हैं।
निज प्राण बुद्धि धन वचनो से, नित भला किसी का करते हैं।।
इस भांति वृक्ष महिमा गाकर, सबको ही त्याग सिखाया था।
गोपों संग यमुना तट जाकर, जल पिया ओर सुख पाया था।।

इक रोज भूख से व्याकुल हो, सब गोप कृष्ण के पास गये।
बोले हे दुष्ट–दमन–केशव, बाधित करती है क्षुधा हमें।।

[2]क्षुधा शांति का कुछ करो, हे धनश्याम उपाय।
तुम ही हो रक्षक प्रभू, तुम ही करो सहाय।।

बोले श्रीकृष्ण सुनो भाई, विप्रों के द्वारे जाओ तुम।
वे यज्ञ आंगिरस करते हैं, वह भात मांग कर लाओ तुम।।

गोप [3]विनय का विप्र ने, किया नहीं सन्मान।
मूर्खों ने ज्ञानान्ध हो, दिया नहीं कुछ ध्यान।।

रत रहे स्वर्ग फल इच्छा में, याचक का मान न कर पाये।
हरि को साधारण मनुज मान, नहिं भोग देव को धर पाये।।

गोपों से वृत्तान्त सुन, तनिक हंसे गोपाल।
याचक बन अपमान का, करते मित्र मलाल।।

[क]जो कार्य सिद्धि के लिये चले, वे जन निराश कब होते हैं।
मंजिल उस पथ पर मिलती है, जिस पथ पर कंटक होते हैं।।
राहों में धूप सतायेगी, चल सको अगर तो साथ चलो।
है भरी भीड़ रहगीरों की, निकलो तुम भी ओर साथ चलो।।
पथ नहीं बदलते हैं सुन लो, राही को सुख पहुंचाने को।
तुम बदल सको ग़र अपने को, हिम्मत करलो ओर साथ चलो।।
जब नहीं बताता पथ कोई, तब मन में यह निश्चय कर लो।
अपनी राहें खुद ही खोजो, मत रूको राह अपनी धर लो।

1. एतावज्जन्मसाफल्यं देहिनामिह देहिषु।
प्राणैरर्थैर्धिया वाचा श्रेय एवाचरेत्सदा।। भा. 10–22–35
2. राम राम महावीर्य कृष्ण दुष्टनिबर्हण।
एषा वै बाधते क्षुन्नस्तच्छांतिं कर्तुमर्हथः।। भा. 10–23–01
3. इति ते भगवद्याञ्चा श्रण्वंतोऽपि न शुश्रुवः।
क्षुद्राशा भूरिकर्माणो बालिशा वृद्धमानिनः।। भा. 10–23–09

(क) सफर में धूप तो होगी।

अतएव राह इक कहता हूँ, थोड़ा तुम उस पर ध्यान धरो।
बस विप्र गृहिणियों तक जाकर, मेरे आने की खबर करो।।

विप्र पत्नियों ने सुना, जब यह शुभ संदेश।
भेंटे लेकर चल पड़ी, बढ़ा स्नेह आवेश।।

सब भक्ष्य भोज्य ओर लेह्य चोष्य, सोरभ मय भोजन ले आई।
जो थी जिस जगह कर्म करती, सब त्याग कृष्ण के हित धायी।।

जैसे सरिता सिन्धु में, ज्यों गुण सज्जन पास।
वैसे ही वे आ गई, अपने गिरधर पास।।
रोका पर वे ना रूकी, हरि दर्शन की आस।
ऐसा निश्चल प्रेम था, ऐसी अद्भुत प्यास।।

नैनो से करके हरि दर्शन, हिरदे में उन्हें बिठाया था।
चिरकाल किया था आलिंगन, मन हरि चरणों में रमाया था।।
भगवन बोले यह आत्मा ही, सबसे प्रिय होती है सुन लो।
मन प्राण बुद्धि स्त्री धन सुत, इससे प्रिय लगते हैं सबको।।
हो गया मिलन अब घर जाओ, मन में बस मेरा ध्यान धरो।
तुम मुझे मिलोगी जल्दी ही, अब सब घर को प्रस्थान करो।।

बोली माधव अब वहां, क्यों होगा सत्कार।
बात न मानी आ गई, डाटेंगे भरतार।।
मान कहा गोपाल का, आई सब पति धाम।
दोष दृष्टि जाती रही, किये यज्ञ के काम।।

[1]**इक** विप्र प्रिया नहिं जा पाई, पति ने रोका था जाने से।
घर ध्यान किया हरि का उसने, मन उनमें ही रम जाने से।।

हृदय बिठा गोपाल को, धर उनमें ही ध्यान।
देह त्याग प्रभु में मिली, हो गई कृष्ण समान।।
प्रिया मरण से हो गया, विप्रों के मन क्षोभ।
धिक्कारा निज कर्म को, और मान का लोभ।।

[2]**धिक्कार** हमारे जन्मो को, कुल भी धिक्कार हमारा है।
धिक्कार ज्ञान विद्या मद को, व्रत भी धिक्कार हमारा है।।

1. तत्रेका विधृता भर्ता भगवंतं यथाश्रुतम्।
हृदोपगुह्यं विजहौ देहं कर्मानुबंधनम्।। भा. 10–23–34
. धिग्जन्म न स्त्रीवृद्विद्यां धिग्व्रतम् धिग्बहुज्ञताम्।
धिक्कुलं धिक्क्रिया दाक्ष्यं विमुखाये त्वधोक्षये।। भा. 10–23–39

धिक् कर्मों की कुशलता, धिक् निज कुल का मान।
विमुख रहे भगवान से, माना बस इनसान।।

भार्यायें धन्य सुनो अपनी, योगेश्वर में चित लाई है।
हो गया जन्म सार्थक अपना, ऐसी भार्यायें पायी हैं।।
उपनयन जानती नहीं ओर, तप शोच न संध्या करती है।
गुरू का सामीप्य न किया किन्तु, मन से श्री हरि को भजती है।।
हमने अपना सारा जीवन, कर्मों का दास बनाया है।
मन नहीं रमाया ईश्वर में, हिरदे नहिं कृष्ण बसाया है।।

सब ने सोचा दरश हित, अभी चलें हरि पास।
भय माना फिर कंस का, हुई न पूरी आस।।

इस भांति परीक्षित माधव ने, मन का महत्व बतलाया था।
है भाव प्रबल सब कर्मों से, जग को संदेश पठाया था।।

एक दिवस श्रीकृष्ण ने, देखा सकल समाज।
तैयारी में व्यस्त था, इन्द्र यज्ञ के काज।।

[1]**पूछा** बाबा क्या है घर में, सब गोप ग्वाल भी तो रत है।
माता भी दौड़ी फिरती है, क्या व्रज में कोई उत्सव है।।
जो है शुभ चिन्तक उनकी तो, सम्मति लेना शुभ होता है।
पर उदासीन को शत्रु सदृश, सच दूर हि रखना होता है।।
यह लौकिक है या शास्त्र जन्य, बाबा हमको बतला दीजे।
क्यों है यह आयोजन घर में, थोड़ा मुझको समझा दीजे।।
नंदबाबा बोले सुनो लाल, पुरूषार्थ जीव नित करते हैं।
पर किये गये पुरूषार्थों का, फल मेघराज ही देते हैं।।

मेघ रूप से इन्द्र ही, जीवों के हित तात।
अमृत रूपी नीर की, करते हैं बरसात।।
गर्व मिटाने इन्द्र का, करवाने को क्रोध।
नन्हें से गोपाल ने, दिया तात को बोध।।

1. **एतदब्रूहि महान्कामो मह्यं शुश्रुषवे पितः।**
न हि गोप्यं हि साधूनां कृत्यं सर्वात्मनामिह।। भा. 10–24–04

पैदा होता [1]कर्म से, जीव [क]कर्म में लीन।
कुशल क्षेम भय दुःख सुख, रहे कर्म आधीन।।

जन्मों के संचित कर्मों को, केसे वह इन्द्र मिटायेगा।
है कर्म दास संस्कारों के, यह जीव कर्म फल पायेगा।।

देव दैत्य ओर मनुज सब, जेते जीव जहान।
संस्कारों से नीच ओर, उनसे बने महान।।

कर्मों से योनी ऊँच नीच, कर्मों से **[2]देह** धराता है।
है कर्म शत्रु गुरू मीत ईश, जीवन कर्मों से पाता है।।
बस इसीलिये निज कर्मों का, हमको अब **[3]पूजन** करना है।
कर्तव्य यही अपना बाबा, यह अनुष्ठान शुभ करना है।।

देव बिना ए लाल जी, कैसे पावें सिद्धि।
यह समझाओ अब मुझे, भ्रमी यहां पर बुद्धि।।
देव अंग हैं कर्म के, जाने सकल जहान।
जिसकी जो आजीविका, वह उसका भगवान।।

विप्रों की **[4]रोजी** वेद ज्ञान, क्षत्रिय पृथ्वी रक्षण करना।
जीविका वैश्य की लेन देन, है शूद्र कर्म सेवा करना।।

जार पुरूष से प्रीति कर, तरती ज्यों न छिनाल।
त्यों ही सेवा अन्य की, देती सदा अकाल।
बाबा गौ आधीन है, अपना तो रूजगार।
वन से ही चलता सदा, अपना सब घरबार।।
ब्राह्मण गौ गिरि के लिये, करें यज्ञ सब आज।
यह मुझको प्यारा लगे, यही हमारा काज।।

1. कर्मणा जायते जंतु कर्मणैव विलीयतै।
सुखं दुःखं भयं क्षेमं कर्मणैवाभिपद्यते।। भा. 10–24–13
2. देहानुच्चावचान् जंतुः प्राप्योत्सृजति कर्मणा।
शत्रुर्मित्रमुदासीनः कर्मैव गुरूरीश्वरः।। भा. 10–24–17
3. तस्मात्संपूजयेतकर्म स्वभावस्थः स्वकर्मकृत।
अंजसा येन वर्तेत तदेवास्य हि दैवतम्।। भा. 10–24–18
4. वर्तेत ब्रह्मणा विप्रो राजन्यो रक्षया भुवः।
वैश्यस्तु वार्तया जीवेच्छूद्रस्तु द्विजसेवया।। भा.10–24–20

(क) काहु न कोउ सुख दुःख कर दाता–निज कृत कर्म भोग सब भ्राता। रा.च.मा.

बात समझ कर कृष्ण की, हुए नंद तैयार।
पूजन के हित द्रव्य बहु, बनवाये करतार।।
लपसी पूरी दूध घी, गरम कचोरी खीर।
सब सामग्री ले चले, होकर स्नेह अधीर।।
विप्रों को आगे किया, ले पूजन का थाल।
पूजा श्री गिरिराज को, ऐसा किया कमाल।।

गाड़ो में बैठी ब्रज नारी, श्रीकृष्ण गान में मगन हुई।
पूजन सबने ही किया किन्तु, इकबात अचम्भित वहां हुई।।
गिरि के स्वरूप में गोविन्द ने, पूजा को अंगीकार किया।
बलि का भक्षण कर माधव ने, निज व्यापकता संदेश दिया।।
ब्रजवासी मित्रों के संग में, अचरज करते श्री कृष्ण स्वयं।
गिरि ने पूजा स्वीकारी है, हो गया प्रकट खुश हैं सब हम।।
अपमान करे जो भी गिरी का, यह उसको मजा चखाता है।
यह इच्छाधारी देह धार, अरि को यमपुर पहुंचाता है।।

आओ सब मिलकर करें, गिरि को पुनः प्रणाम।
यह है अपना देवता, पूर्ण करेगा काम।।

इस भांति कृष्ण की इच्छा से, विधि पूर्वक यज्ञ किया सबने।
गौ ब्राह्मण ओर गिरि को पूजा, आये फिर लौट सभी घर में।।

प्रकटे [क]छह मत कृष्ण ने, देख देव मन क्षोभ।
यों ये शास्त्र विरूद्ध हें, त्यागें इनका लोभ।।

गो मद से अंधा हुआ, व्रज का अदना गोप।
सावर्तक जाकर करो, व्रजमण्डल को लोप।।

इस भांति क्रोध कर शचिपति ने, सब मेघों को आदेश दिया।
बिजली पानी ओर ओलों ने, ब्रज के लोगों को घेर लिया।।

(क) **1. कर्म फल देने में समर्थ हैं।** **2. ईश्वर कर्म परतंत्र है।**
3. पूर्व संस्कार कर्म कराते हैं। **4. देव ईश्वर कर्म के अंग भूत हैं।**
5. पर्वत गौ ही देवता है। **6. गुण ही उत्पत्ति, स्थिति और संहार कर्ता है।**
ये छह मत श्रीकृष्ण ने देवताओं को क्षोभ होने के कारण कहे हैं। पर कृष्ण को ईष्ट नहीं है। ये वास्तव में शास्त्र विरूद्ध हैं।

मेघ [क]बरसते थे वहां, नृप धारासंपात।
धारा का आवेग भी, था ज्यों उल्कापात।।

भीषण बौछारें वर्षा की, कड़–कड़ कर बरसा था पाला।
हो गये दुःखी सारे मानव, पशुओं को पीड़ित कर डाला।।

इस अनहोनी पर किया, सबने तनिक विचार।
कृष्ण शरण में आ गये, ब्रज के सब नरनार।।

हे **[1]कृष्ण** कृष्ण हे योगेश्वर, घनश्याम सहारा तेरा है।
जब जब भी विपदायें आयी, तुमने ही किया निवेरा है।।

कूपित हो देवेन्द्र ने, कीन्हा वृष्टि प्रहार।
मृत्यु निकट हम देखते, तारो कृष्ण मुरार।।

योगेश्वर समझ गये पल में, सुरपति की सारी लीला है।
सोचा इसका मद हरना है, यह **[2]चपला** मद में पीला है।।

लोकपाल [3]अभिमान में, फंसे सत्वगुण देव।
मान भंग जब करूंगा, तब समझेंगे देव।।

शरणागत मेरी जो होता, मैं उसको गले लगाता हूँ।
सर्वस्व दिलाता हूँ उसको, बस उसका ही हो जाता हूँ।।

1. **कृष्ण कृष्ण महाभाग त्वन्नाथं गोकुलं प्रभो।**
   त्रातुमर्हसि देवान्नः कुपिताद्भक्तवत्सल।। भा. 10–25–13
2. **तत्र प्रतिविधिं सम्यगात्मयोगेन साधये।**
   लोकेशमानिनां मौढ्याद्धरिष्ये श्री मदं तमः।। भा. 10–25–16
3. **नहि सद्भावयुक्तानां सुराणामीशविस्मयः।**
   मत्तोऽसतां मानभंगः प्रशमायोपकल्पते।। भा. 10–25–17

(क) गरजत घन बरसत पानी, सब गोप वधू अकुलानी।
निरखि विनोद कोप अति कीन्हो, सुरनायक अभिमानी।।
घिर आये अति मेघ भयंकर, मारूत प्रबल उड़ानी।
मूशल धार समान परत जल, विधि गति जात न जानी।।
घोर घोर चपला दुख दायी, शिला अमित बरसानी।
ब्रज मण्डल बूढ़न अब चाहत, सकल प्रजा घबड़ानी।।
या अवसर घनश्याम उबारो, सुनि ब्रज आरत बानी।
गिरि उठाय कर धर्‌यो कन्हाई, हरि विलाश सुख दानी।।
रागिनी देवगंधार।।

ब्रज आया है [1]शरण में, करना है उद्धार।
देवों के अभिमान का, तब होगा संहार।।
बालक जैसे छत्र को, लेता सहज उखाड़।
तेसे ही गिरिराज को, हरि ने लिया उठाय।।

लीला पूर्वक उस गिरिवर को, वह लिये खड़ा था बनवारी।
गिरिराज धरा था **[2]इक** कर पर, हो गया नाम गिरिवर धारी।।
निर्भय होकर ब्रज गोप सभी, गिरिवर की छाया में आये।
धन धान्य ओर गोधन अपना, परिजन संग नीचे ले आये।।

[क]सात दिवस तक कर धरा, श्री हरि ने गिरिराज।
अभय किया गिरि छांह में, गो धन सहित समाज।।
जाना योग प्रभाव तो, गया इन्द्र अभिमान।
मेघों को वापिस किया, आया हरि का भान।।

[ख]संकल्प भ्रष्ट हो गया इन्द्र, मन ही मन में वह पछताया।
संकोच हुआ उसको इतना, हरि के सन्मुख नहि आ पाया।।

वृष्टि शान्त जब हो गई, पाकर हरि आदेश।
गोप सभी बाहर हुए, छूटे सकल कलेश।।
लीलाधारी ने [3]धरा, गिरिवर निज अस्थान।
दर्शन कर नंदलाल के, बिसरे सबहिं अपान।।

1. तस्मान्मच्छरणं गोष्ठं मन्नाथं मत्परिग्रहम्।
गोपाये स्वात्मयोगेन सोऽयं मे व्रत आहितः।। भा. 10–25–18
2. इत्युक्त्वैकेन हस्तेन कृत्वा गोवर्धनाचलम्।
दधार लीलया कृष्णच्छत्राकमिव बालकः।। भा. 10–25–19
3. भगवानपि तं शैलं स्वस्थाने पूर्ववतप्रभुः।
पश्यतां सर्वभूतानाम् स्थापयामास लीलया।। भा. 10–25–28

(क) श्याम धर्‌यो गोवर्धन नख पर, देख सखी मन लाई।
सात दिना घन वर्षत थाके सुरपति रह्यो लजाई।।
सुन्दर बांये कर पर लीन्हो गोवर्धन हि उठाई।
कोई मूशक कोइ लकुट उठावत सब मिल करत सहाई।।
परम मुदित सब ब्रज के वासी मन मोहन गुण गाई।
रंगीलाल गिरि धर्‌यो धरणि पर मोहन वेणु बजाई। रागिनी देशक।
(ख) भ्रष्ट संकल्पः।

सब गोप गोपियों ने मिलकर, हरि पर निज स्नेह जताया था।
दधि अक्षत से पूजा की थी, आशीष सभी ने पाया था।।

परिजन ने तब कृष्ण को, लीना अंक लगाय।
जुग जुग जीवो लाल जी, व्रज को लिया बचाय।।

[1]**सुरगण** गंधर्व सिद्ध चारण, नभ में हरि [क]स्तुति गाते थे।
दुंदुभि ओर शंख बजा हरि पर, हो मुदित पुष्प बरसाते थे।।

गोपी ग्वाले व्रज चले, गाते मंगल गीत।
मन में था उत्साह ओर, संग कृष्ण सा मीत।।

शुकमुनि बोले इक दिवस गोप, श्री नंदराय के घर आये।
पूछा यह बालक अद्भुत है, कैसे इसने ये गुण पाये।।

सातवर्ष के लाल ने, पर्वत लिया उठाय।
सम्भव यह केसे हुआ, बात समझ नहिं आय।।
जैसे गज ले कमल को, खड़ा रहे दिन रेन।
त्यों इसने गिरि कर धरा, व्रज जन को सुख देन।।

पूतना मरी गाड़ा टूटा, फिर तृणावर्त को मार दिया।
यमलार्जुन वृक्ष गिरे भू पर, वत्सासुर का उद्धार किया।।
बक ओर धेनुकासुर मारा, वनताल किया निर्भय इसने।
वध किया प्रलंबासुर का भी, ओर नाथ लिया कालिय जिसने।।

1. **दिवि देवगणाः साध्याः सिद्धगंधर्वचारणाः।**
तुष्टुवुर्मुमुचुस्तुष्टाः पुष्प वर्षाणि पार्थिव।। भा. 10–25–31

(क) जय वृन्दावन चन्द श्याम घन, नैति नैति श्रुति गायो।
सुर गंधर्व सिद्ध चारण सब, लै संग सुरपति आयो।।
अंजुलि बांधि करत विनती बहु, चरणन शीस नवायो।
तव गुण अगम अपार अगोचर, तेज तिहूं पुर छायो।।
ईश फणीश गिरा ब्रह्मादिक, काहू पार न पायो।
कर उबटन तन मंजन मधवा, पट भूषण पहिरायो।।
पुनि गोविन्द नाम हरि को रखि, सब श्रृंगार बनायो।
धूप दीप नैवेद्य आरती, हरि पद रज शिर लायो।।
रंगीलाल करि विनय अमरपति, अमरावती सिधायो।। रागिनी हिंडोल।।

कैसे हो सकता कहो, यह हम जैसा ग्वाल।
जन्म ग्वाल गृह में लिया, करता नित्य कमाल।।

हम तो ठहरे सामान्य गोप, वह स्नेह जताता है हम पर।
हम भी सब उस पर मरते हैं, होता आश्चर्य इन्हीं सब पर।।

वय छोटी कारज बड़े, कैसे करें प्रतीति।
इस पर [1]शंका हो रही, अद्‌भुत इस पर प्रीति।।

नंदबाबा बोले सुनो सभी, आचार्य गर्ग ने बतलाया।
यह अवतारी बालक बनकर, धर कृष्ण वर्ण ब्रज में आया।।
वसुदेव सुवन होने से यह, मित्रों वसुदेव कहायेगा।
कर्मानुरूप हैं नाम कई, गोकुल को सुखी बनावेगा।।
[2]**जो** प्रीति करेगा लाला से, वह नहीं पराभव पायेगा।
विष्णू भक्तों के ही समान, अरि से निर्भय हो जायेगा।।
[3]**गुण** कीर्ति लक्ष्मि के ही कारण, यह श्री नारायण सम होगा।
आश्चर्यजनक लीला होगी, जिस पर सबको विस्मय होगा।।
बस तबसे मैं भी कान्हा को, श्री हरि का अंश समझता हूँ।
उसके प्रभाव को सुन लख कर, मन में सुख अनुभव करता हूँ।।

यह सुन गोपों ने किया, पूजन विधि अनुरूप।
गोवर्धन धर नाम दे, माना जग का भूप।।

हे इन्द्र मान मर्दक मोहन, हे ब्रज रक्षक जय हो तेरी।
हे असुर संहारक गो रक्षक, हे नंदसुवन गिरिवर धारी।।

ब्रज में नित लीला करो, हो प्रसन्न घनश्याम।
हम तेरे चाकर रहें, भजें सुबह ओर शाम।।

शुक बोले राजन सुनो, ब्रज के सब नर नार।
नित्य दरश सामीप्य से, भजते कृष्ण मुरार।।

1. **क्व सप्तहायनो बालः क्व महाद्रिवि धारणम्।**
ततो नो जायते शंका, व्रजनाथ तवाऽऽत्मजे।। भा. 10–26–14
2. **य एतस्मिन्महाभागाः प्रीतिं कुर्वंति मानवाः।**
नारयोऽभिभवंत्येतान्विष्णु पक्षानिवासुराः।। भा. 10–26–21
3. **तस्मान्नंद कुमारोऽयं नारायणसमो गुणैः।**
श्रिया कीर्त्याऽनुभावेन तत्कर्मसु न विस्मयः।। भा. 10–26–22

एक दिवस गोलोक से, आई सुरभी गाय।
शचिपति अपने धाम से, एरावत सजवाय।।
लज्जित हो एकान्त में, करने लगा प्रणाम।
मद उसका सब झर गया, हुआ इन्द्र निष्काम।।
चरण पकड़ घनश्याम के, होकर सहज विनीत।
सुरपति यों [1]गाने लगा, योगेश्वर के गीत।।

हे शुद्ध ओर अति शांत रज तम रहित नारायण हरी।
हे धर्म रक्षक दण्ड नायक सबल इच्छा वपु धरी।।
हे सत्वमय सर्वज्ञ ईश्वर मान हर किरपा करी।
भू–भार हित अवतार धार्यो जयति जय गिरवर धरी।।

जो चरण सेवा नित करे कल्याण उसका तुम करो।
वसुदेव सुत है परम आत्मा क्लेश तुम सबके हरो।।
यादवों के अधिपती तुम कृष्ण भूप कृपा करो।
मैं शरण व्रजराज आया नाथ सिर पर कर धरो।।

भक्त हित प्रभु देह धर कर नित्य लीला कर रहे।
हे सर्व मय सर्वेश तुम अभिमान सबका हर रहे।।
तुम ज्ञान की प्रतिमा दयामय सर्व बीज तुम्ही हरे।
नाथ अब कर जोड़ अपने दास चरणन शिर धरे।।

यह अनुग्रह नाथ मुझ पर आपने अच्छा किया।
सकल उद्यम मेट कर प्रभु मान मेरा हर लिया।।
आज गुरूवर जगद्आत्मा ईश तुमको पालिया।
यह कृपा कर नाथ मुझको आपने अपना लिया।।

1. नमस्तुभ्यं भगवते पुरूषाय महात्मने।
वासुदेवाय कृष्णाय सात्वतां पतये नमः।। भा. 10–27–10
स्वच्छंदोपात्तदेहाय विशुद्धज्ञानमूर्तये।
सर्वस्मै सर्वबीजाय सर्वभूतात्मने नमः।। भा. 10–27–11
त्वयेशानुगृहीतोऽस्मि ध्वस्तस्तंभो वृथोद्यमः।
ईश्वरं गुरूमात्मानं तवामहं शरणं गतः।। भा. 10–27–13

कर विनती प्रभु चरण में, रहा इन्द्र लपटाय।
अश्रु नयन से झर रहे, उठे न कृष्ण उठाय।।
सुन विनती श्रीकृष्ण के, थी मुख पर मुस्कान।
मेघ मयी वाणी तभी, बोले श्री भगवान।।

[1]**एश्वर्य** और श्री के मद में, अंधे जब नर हो जाते हैं।
बस दण्ड हाथ में होता है, वे मुझे देख नहिं पाते हैं।।

जिस पर मैं करता कृपा, लेता सम्पति छीन।
श्रीमद उसको छोड़ता, तब होता वह दीन।।

सब गर्व तुम्हांरा हरने को, यह यज्ञ भंग करवाया है।
ऐश्वर्य प्रकट कर कुछ अपना, मेने निज स्मरण कराया है।।
अच्छा अब [2]**जाओ** इन्द्र देव, मेरी आज्ञा में नित्य रहो।
कल्याण तुम्हांरा होगा ही, बस मद से थोड़ा दूर रहो।।

तब नृप सुरभी गाय ने, कहा झुका कर माथ।
जब से तुम आये प्रभू, हम हो गये सनाथ।।

[3]**हो** जाओ इन्द्र नाथ तुम ही, गौ ब्राह्मण का हित करते हो।
सब साधु आपके कृपा पात्र, सब देवों को बल देते हो।।
[4]**अभिषेक** आपका करके हम, हे नाथ धन्य हो जायेंगे।
आज्ञानुरूप श्री ब्रह्मा की, प्रभु इन्द्र देव पद पायेंगे।।

जगत ईश दैवत तुम्ही, तुम हरते भू–भार।
विप्र धेनु सुर संत हित, लिया मनुज अवतार।।
एरावत की सूंड में, ले नभ गंगा नीर।
अपने पय से सुरभि ने, पूजे श्री बल धीर।।

1. **मामैश्वर्य श्री मदांधो दंडपाणिं न पश्यति।**
तं भ्रंशयामि संपद्भ्यो यस्य चेच्छाम्यनुग्रहम्।। भा. 10–27–18

2. **गम्यतां शक्र भद्रं वः क्रियतां मेऽनुशासनम्।**
स्थीयता स्वाधिकारेषु युक्तैर्वः स्तंभवर्जितैः।। भा. 10–27–19

3. **त्वं नः परमकं दैवं त्वं न इन्द्रो जगत्पते।**
भवाय भव गोविप्रदेवानां ये च साधवः।। भा. 10–27–20

4. **इंद्रं नस्त्वाभिषेक्ष्यामो ब्रह्मणा नोदिता वयम्।**
अवतीर्णोऽसि विश्वात्मन्भूमेर्भारापनुत्तये।। भा. 10–27–21

[1]प्रेरित हो मातान से, देवऋषी के साथ।
श्री हरि का अभिषेक कर, सुरपति हुआ सनाथ।।
हाथ जोड़ सुरराज ने, कीन्हा दंड प्रणाम।
भाव सहित भगवान को, दीन्हा [2]गोविंद नाम।।
देवों ने वन्दन किया, ओर बरसाये फूल।
गायों ने निज दूध से, तर कर दी सब धूल।।
नदियों में रस भर गया, वृक्षों पर मकरंद।
अन्न परिश्रम बिन पका, गिरि पर थे मणिवृंद।।
क्रूर जन्तु अभिषेक लख, भूल गये सब वैर।
नर्तन सब करते वहां, सुन मुरली की टेर।।
गौ गोकुल के नाथ को, सादर ना कर माथ।
आज्ञा ले सब देव संग, चला अमरपुर नाथ।।

इकबार नंदजी ने राजन, एकादशि व्रत कर ध्यान किया।
पूजन कर विधि से द्वादशि को, जमुना जल में अस्नान किया।।

जैसे ही [क]जल में घुसे, मिला वरूण का दास।
उन्हें पकड़ कर ले गया, दैत्य नाथ के पास।।
देर हुई अब तक नहीं, आये श्री नंदराय।
चिन्ता गोपों में बढ़ी, अब क्या करें उपाय।।
अपने योग प्रभाव से, समझ गये नंदलाल।
वरूणालय में जा घुसे, कृष्णचन्द्र तत्काल।।
अभिवादन कर वरूण ने, किया अधिक सत्कार।
आप पधारे घर मेरे, किया बड़ा उपकार।।
[3]ब्रह्ममूर्ति परमात्मने, स्वीकारो परणाम।
इस जगती की कल्पना, है प्रभु का ही काम।।

1. इंद्रः सुरर्षिभिः साकं नोदितो देवमातृभिः।
अभ्यषिंचत दाशार्हं गोविंद इति चाभ्यदात्।। भा. 10–27–2
2. अहमिन्द्रो ही देवानां त्वं गवामिंद्रतां गतः।
गोविंद इति लोके त्वां गास्यंति भुवि मानवाः। क्षेपक– 87
3. नमस्तुभ्यं भगवते ब्रह्मणे परमात्मने।
न यत्र श्रूयते माया लोक सृष्टि विकल्पना।। भा. 10–28–01

(क) आसुरी बैला न जान जल में घुसे।

अनजाने लाया इन्हैं, यह सेवक की चूक।
किन्तु नाथ इससे हुई, पूरी दर्शन भूक।।
अवगुण मेरे भूल कर, केशव करो सनाथ।
गोकुल को प्रस्थान अब, करो नंद जी साथ।।
गोपों ने नंद से सुना, जब यह महिमा गान।
तब यदुपति भगवान से, ली सबने हठ ठान।।
नाथ दिखाओ अब हमें, अपना वेकुण्ठ धाम।
निज माया का दरश भी, करवा दो घनश्याम।।
गोपों पर करके दया, किया बड़ा उपकार।
अपने ब्रह्म स्वरूप का, दिखलाया विस्तार।।
दुर्लभ ज्ञानी जनन को, हरि का शान्त स्वरूप।
गोपों ने वह पा लिया, सखा धरम अनुरूप।।

जैसे ही गये ब्रह्महृद में, सब मगन हो गये लख करके।
वैकुण्ठ दिखाया गिरिधर ने, गोपों को जरा जगा करके।।

दर्शन कर भगवान के, जिनको गाते वेद।
नंदादिक सब गोप भी, भूले अपना चेत।।
इन गोपों के भाग्य का, को करि सके बखान।
सहज प्रीति से मिल गये, जिनको श्री भगवान।।

शुक बोले जिस तरह नृपति, हरि ने शचिपति का गर्व हरा।
अपनी लीला से मोहित कर, भ्रम ब्रह्मदेव का दूर करा।।
फिर रास रचा कर माधव ने, मन्मथ का गर्व मिटाया था।
निवृत्तिमार्ग उपदेश वही [क]पञ्चाध्यायी में गाया था।।

आई जब ऋतु शरद तो, कर माया विस्तार।
रास क्रिया करने लगे, योगेश्वर सरकार।।
सुख देने घनश्याम को, प्रकट भये श्री चंद।
लोक प्रकाशित हो गये, मिटे सकल दुख द्वंद।।

निशिपति की धवल चांदनी में, श्री हरि ने वेणू नाद किया।
अति काम प्रदीपक उस धुन ने, व्रज वनिता मन आसक्त किया।।

छुप कर वे सब स्वजन से, देकर हरि में ध्यान।
गृह के कारज छोड़ कर, गई जहां धनश्याम।।

(क) रास पंचाध्यायी

गैया दुहाती भाग आई दूध चूल्है पर धरा।
रख तवे पर एक रोटी ध्यान मुरली में धरा।।
छोड़ कर पति को परसना लाल निज धरती धरा।
त्याग कर भरतार सेवा सुपथ मोहन का धरा।।

गृहकाज सगरे उलटि डारे दूध में पानी दिया।
दूध के मिस एक ने दधि माथ में जामन दिया।।
दार में नहिं नोन डार्यो भात ही बुरका दिया।
चून बिन बीरा लगाकर कंत के कर धर दिया।।

सुन वेणु धुन बौराई ग्वालिन भूल लाला को चली।
कजरा लगाया एक चक्षू कर सलाई ले चली।।
कान में शिर फूल साजे धार सिर कुण्डल चली।
मुंदरी पदांगुलि में पहन पायल गरे लटका चली।।

बिछुए करांगुलि में सजाये वसन अद्‌भुत सांवरी।
एक कर में सकल कंगन डार भाजी बावरी।।
सारी लपेटी पीत तन पर कमर चूनर बांध ली।
वेणु धुन सुन आज हरि की हुई ललना बावरी।।

उबटन करती लीपती, रही जो काजर डार।
उलटे वसन लपेटती, गई जहां करतार।।

पति और पिता ने रोका तो, नहिं ध्यान दिया मतवारी ने।
वे तो मोहित थी बंशी पर, क्या धुन छेड़ी बनवारी ने।।

जिनको परिजन ने किया, घर कमरों में बंद।
वे श्री हरि में ध्यान दे, त्याग गई तन फंद।।
ध्यान किया बस रास का, रख मन में भगवान।
मोक्ष प्राप्त कर हो गई, वे श्री हरी समान।।

परिक्षित ने पूछा गोविंद को, गोपियां मनुष्य समझती थी।
ईश्वर पन का आभास न था, फिर भी क्यों उन पर मरती थी।।
विषयी लम्पट थी वे सारी, फिर नहीं समझ मेरे आया।
गुरूवर समझाओ तो कैसे, उद्धार गोपियों ने पाया।।

हैं मात पिता पति पुत्र ईश, पर भाव न वैसा होता है।
इनका पूजन चिन्तन हमको, नहिं मोक्ष कदापी देता है।।
वैसे ही हैं श्री कृष्ण ईश, पर भाव वहां मानव का था।
फिर मोक्ष गोपियों की कैसे, मैं यही जानना चाहता था।।
कुछ मुस्काए शुकदेव और, फिर बोले राजन ध्यान धरो।
शिशुपाल कृष्ण का बैरी था, उसकी सद्गति का भान करो।।

वैरी भी जब कृष्ण के, गये उन्हीं के लोक।
फिर जिसने की प्रीति तो, उनको केसा शोक।।
जीवों के कल्याण हित, हुआ कृष्ण अवतार।
वे श्रीहरि साक्षात हें, जग के पालन हार।।

[1]भय काम क्रोध या स्नेह भक्ति, जैसे भी उसको ध्याते हैं।
होती है मोक्ष सभी जन की, सब भगवन में रम जाते हैं।।

स्थावर ओर जंगम सभी, पाते हैं उद्धार।
अतः छोड़ आश्चर्य को, भजलो कृष्ण मुरार।।

आवरण रहित है माधव में, ब्रह्मत्व सदा यह जानो तुम।
आश्चर्य करो मत लीला में, वे ही ईश्वर है मानो तुम।।

गुरू चरणो में शीश धर, बोला कुरूकुल बीर।
समझ गया मैं भाव यह, कहो कथा मतिधीर।।

गोविंद ने पूछा ए सखियों, क्या कुशल करूं तुम लोगों का।
हैं कुशल तुम्हारे सब परिजन, अब कहो प्रयोजन आने का।।

जंतु यहां हिंसक बड़े, डर हे चारों ओर।
अतः बात मानो मेरी, लौटो अपने ठोर।।
[2]मात पिता पति बन्धु सुत, होंगे घर बेचेन।
घर लौटोगी तुम तभी, सब पावेंगे चेन।।
[3]जाओ दूहो गाय को, बछड़े रहे पुकार।
पतियों की सेवा करो, तब होगा उद्धार।।

1. **कामं क्रोधं भयं स्नैहमैक्यं सौहृदमेव च।**
   नित्यं हरौ विदधतो यांति तन्मयतां हि ते।। भा. 10–29–15
2. **मातरः पितरः पुत्रा भ्रातरः पतयश्च वः।**
   विचिन्वंति ह्यपश्यंतो माकृध्वं बंधुसाध्वसम्।। भा. 10–29–20
3. **तद्यात माचिरं गोष्ठं शुषुषध्वं पतीन्सतीः।**
   क्रंदंति वत्सा बालाश्च तान्पाययत दुह्यत।। भा. 10–29–22

निष्कपट भाव रख जो [1]**पति** की, सेवा में नित रत रहती है।
पालन करती है शिशुओं का, परिजन से हिल मिल रहती है।।
हो [2]**भाग्यहीन** मूरख रोगी, निर्धन या दुष्ट स्वभावी हो।
फिर भी [क]पति सेवा करनी है, परलोक मे यदि [ख]गति पानी हो।।

[3]जार पुरूष की प्रीति से, खो जाते यश लाज।
भय कारक जीवन बने, निंदा करे समाज।।

हाँ [4]**श्रवण** कीर्तन दर्शन से, मुझमें जो भाव बना रहता।
वह नित्य निकट रहने पर भी, वह भाव कदापि नहीं बनता।।
अतएव मानकर बात मेरी, अपने अपने घर जाओ तुम।
रत रहो सभी निज कर्मों में, बस मन से मुझको ध्याओ तुम।।

सुन बनवारी के वचन, सबने ली निःश्वास।
नैन धरा में गाढ़ कर, बोली रख विश्वास।।
प्रिय के अप्रिय बेन सुन,नेन बने तालाब।
गद्‌गद वाणी हो गई, उमढ़ा फिर सैलाब।।
केशव सब कुछ त्याग कर, आई तेरे पास।
अपनाओ गिरिधर हमें, मत तोड़ो यह आस।।
[5]जिस विधि देव मुमुक्षु को, करते हैं स्वीकार।
उसी तरह श्यामा हमें, करलो अंगीकार।।

1. **भर्तुः शुश्रूषणं स्त्रीणां परो धर्मो ह्यमायया।**
   तद्‌बंधूनाम् च कल्याण्यः प्रजानां चानुपोषणम्।। भा. 10–29–24
2. **दुःशीलो दुर्भगो वृद्धो जड़ो रोग्यनिधनोऽपिवा।**
   पतिः स्त्रीभिर्न हातव्यो लोकेप्सुभिरपातकी।। भा. 10–29–25
3. **अस्वर्ग्यमयशस्यं च फल्गु कृच्छ्रं भयावहम्।**
   जुगुप्सितम च सर्वत्र औपपत्यं कुलस्त्रियाः।। भा. 10–29–26
4. **श्रवणाद्धर्शनाद्धयानान्मयि भावोऽनुकीर्तनात्।**
   न तथा सन्निकर्षेण प्रतियात ततो गृहान।। भा. 10–29–27
5. **मैवं विभोऽर्हति भवान्गदितुं नृशंसं संत्यज्य सर्वविषयांस्तव पादमूलम्।**
   भक्ताभजस्वदुरवग्रह मात्यजास्मान्देवो यथाऽदिपुरूषो भजते मुमुक्षून्।। भा. 10–29–31

(क) पतिव्रता को धर्म, बड़ो सुलभ सब धर्म में, पति सेवायक कर्म, पति आज्ञा सोई करे।
(ख) गृही कर्म गुरूजन टहल, पति सेवा पति बैन।
चारि कर्म तिय जो करे, लहै मुक्ति वर ऐन। क्षेपक–90–91

तेरी सेवा करके नटवर, हम पति सेवा फल पावेंगी।
सबके हो अधिष्ठान तुम ही, हम तो तुमको ही ध्यायेंगी।।

तुम बिन मोहन कौन हे, सुत पति या फिर तात।
शास्त्र सभी बतला रहे, हे यह सच्ची बात।।
सेवन करके आपका, हम पायेंगी चेन।
नाते सब पीड़ित करे, लागे तुम संग नेन।।
तोड़ो मत धनश्याम जी, जो है जी की आस।
मन में पल पल बढ़ रही, बस तेरी ही प्यास।।
चित्त हमारा आप में, आप हमारे ठांव।
कर तेरी सेवा करे, तुम हित चलते पांव।।

है [1]**कृष्ण** तुम्हांरा हास्य गीत, दर्शन आकर्षित करता है।
अधरामृत दो हमको मोहन, यह काम प्रताड़ित करता है।।
यह काम अग्नि विरहानल सम, काया को राख बनायेगी।
फिर आत्माऐं हम लोगों की, तुम में ही आन समायेगी।।
जब से प्रभु चरण निहारे हैं, ओरों से नाता तोड़ा है।
सब तुच्छ हुए नाते रिश्ते, तुममें जबसे मन जोड़ा है।।

[2]**दासीपन देदो हमें, नाथ सताता काम।**
मन्द हास्य भी कर रहा, उसमें घी का काम।।

व्यभिचार न शोभा देता है, है धर्म भ्रष्ट का भय इसमें।
लेकिन सुन कर यह वेणु गीत, रोके खुद को साहस किसमें।।
सुनकर यह गीत दरश पाकर, तरू मृग रोमांचित होते हैं।
पक्षी तजते दाना पानी, गोवत्स न गोथन तकते हैं।।
तुमसे सम्बन्धित शब्द लाल, निज धर्म त्याग करवाता हैं।
फिर जिसको अनुभव हो तेरा, वह दूर कहां रह पाता है।।

1. सिंचांग नस्त्वदधरामृतपूरकेण हासावलोककलगी तजहृच्छयाग्निम्।
नोचेद्वयं विरहा जाग्न्युपयुक्त देहा ध्यानेन याम पदयोः पदवीं सखे ते।। भा. 10–29–35

2. तन्नः प्रसीद वृजिनार्दन तेंऽघ्रिमूलन प्राप्ता विसृज्य वसतीस्त्वदुपासनाशाः।
त्वत्सुंदरस्मितनिरीक्षणतीव्रकामतप्तात्मनां पुरूषभूषण देहि दास्यम्।। भा. 10–29–38

[1]**ज्यों** आदि पुरूष श्री नारायण, सुरपुर के सब भय हरते हैं।
तुम भी व्रज की पीड़ा हर लो, श्री कृष्ण विनय हम करते हैं।।

सम्मोहित इस देह पर, गिरिधर धर दो हाथ।
निज कर प्रभु धर कर करो, धन्य हमारा माथ।।

सुन विनय सभी अबलाओं की, माधव ने मन बहलाया है।
गायन नर्तन ओर विचरण से, सबको ही रमण कराया है।।

[2]आलिंगन कर परस तन, फैला कर मुसकान।
काम शान्त करने लगे, काम रूप भगवान।।

गोपियां मान पा फूल गई, मन में अभिमान समाया था।
अंतरहित होकर तब हरि ने, उन सब का मान गलाया था।।

ज्यों होती हथिनी व्यथित, बिन दरशन गजराज।
त्यों ही भटकी गोपियां, पाने को ब्रजराज।।
उच्च स्वरों से टेरती, कहां गये घनश्याम।
दर्शन दो नटवर प्रभू, सता रहा है काम।।

है [3]**वट** पीपल कुरबक अशोक, गिरधर को देखा है तुमने।
है कल्याणी तुलसी बोलो, गोविन्द कहां होगा वन में।।
मालती नागकेसर जामुन,है आम प्रियाल पनस बोलो।
मल्लिके बकुल ए कदम नीम, कोई तो अपना मुंह खोलो।।
परहित हित जन्म धरा है तो, थोड़ा तुम सब उपकार करो।
खो गये कहां ब्रज रखवारे, मिलकर ढूंढो सहकार करो।।
[4]**ए** धरा किया क्या तप तूने, जो हरि के चरण पखारे हैं।
रोमांचित रहती हो हर दम, बतला वे कहां पधारे हैं।।

1. व्यक्तं भवान्व्रजभयार्तिहरोऽभिजातो देवोयथाऽदिपुरूषः सुरलोकगोप्ता।
तन्नो निधेहि करपंकजमार्तबंधो तप्तस्तनेषुच शिरस्सु च किंकरीणाम्।। भा. 10–29–41
2. बाहु प्रसार परिरंभकराल कोरूनीविस्तनालभन नर्मनखाग्रपातैः।
स्वेल्याऽवलोकहसितै व्रजसुंदरीणामुत्तंभयन्त्रति पतिं रमयांचकार।। भा. 10–29–46
3. कच्चितुलसी कल्याणि गोविंद चरणप्रिये।
सह त्वाऽलिकुलैर्बिभ्रद्दृष्टस्तेऽतिप्रियोऽच्युतः।। भा. 10–30–07
4. किं ते कृतं क्षिति तपो बत केशवांघ्रिस्पर्शो त्सवोत्पुलकितांग रूहैर्विभासि।
अप्यंघ्रिसंभव उरूक्रम विक्रमाद्वा आहो वराहवपुषः परिरंभणेन।। भा. 10–30–10

ए हरिणी सुनो वनज विहंगो, ठहरो बतलाओ तो भाई।
जिसने मारा था काम बाण, छुप गया कहां वह हरजाई।।
उन्मत्त हुई हरि दर्शन हित, फिर लीलाओं पर ध्यान दिया।
पूतना दैत्य गौ वत्स बनी, इक ने शुभ वेणू नाद किया।।
[1]**चढ़** कर सखि सिर पर इक बोली, पाँवो से तुझे दबाऊँगा।
सुन कालिय मैं व्रज रक्षक हूँ, यमपुर अब तुझे पठाऊँगा।।

एक सखी कहने लगी, देख कृष्ण पद चिन्ह।
ध्वजा कमल यव वज्र सब, इनसे रहे अभिन्न।।

हरि के चरणों के साथ साथ, गोपी पद चिन्हों को देखा।
सब लगी भाग्य कहने उसका, थी बड़ी बहिन उसकी रेखा।।
है [3]धन्य चरण रज कण हरि के, अज आशुतोष नित ध्याते हैं।
सिर पर इनको धारण कर के, सब अपने पाप गलाते हैं।।

आओ हम सब सिर धरें, हरि चरणों की धूल।
प्रभु दर्शन से ही सखी, मिटे विरह के शूल।।

देखो यह चरण [4]**घंसा** भू में, कामी ने सखी उठाई है।
था [5]**सुमन** चयन अवलम्ब मात्र, कामिनी कृष्ण को भाई है।।

देखो एड़ी है नहीं, है केवल पद अग्र।
एक सखी कहने लगी, होकर के अति व्यग्र।।

1. आरूह्येका पदाक्रम्य शिरस्याहापरां नृप।
दुष्टाहे गच्छ जातोऽहं खलानां ननु दंडधृक्।। भा. 10–30–21

2. पदानि व्यक्तमेतानि नंदसूनोर्महात्मनः।
लक्ष्यंते हि ध्वजांभोजवज्रांकुशयवादिभिः।। भा. 10–30–25

3. धन्या अहो अमी आल्यो गोविदांध्यब्जरेणवः।
यान्ब्रह्मेशो रमा देवी दधुर्मुर्ध्न्यघनुत्तये।। भा. 10–30–29

4. इमान्यधिकमग्नानि पदानि वहतो वधूम।
गोप्यः पश्यत कृष्णस्य भाराक्रांतस्य कामिनः।।
अत्रा वरोपिता कांता पुष्पहेतोर्महात्मना।। भा. 10–30–31

5. अत्र प्रसुनावचयः प्रियाऽर्थे प्रेयसा कृतः।
प्रपदाक्रमणे एते पश्यता सकले पदे।। भा. 10–30–32

!! गोपी–गीत !!

।। जयतितेऽधिकं जन्मना व्रजः श्रयतइंदिरा शश्वदत्र हि।।
दयित दृश्यतां दिक्षु तावकास्त्वयि धृतासवस्त्वां विचिन्वते।। भा. 10–31–01
।। शरदुदाशये साधुजातसत्सरसिजोदर श्रीमुषादृशा।।
सुरतनाथ तेऽशुल्कदासिका वरद निघ्नतो नेह किं वधः।। भा. 10–31–02
।। विषजलाप्यया द्व्यालराक्षसा द्वर्षमारूता द्वै द्युतानलात्।।
वृषमयात्मजा द्विश्वतोभया दृषभते वयं रक्षिता मुहुः।। भा. 10–31–03
।। न खलुगोपिका नंदनोभवानखिल देहिना मंतरात्मदृक।।
विखनसाऽर्थितो विश्वगुप्तये सख उदेयिवान् सात्वतां कुले।। भा. 10–31–04
।। विरचिताभयं वृष्णिधुर्य ते चरणमीयुषां संसृतेर्भयात्।।
करसरोरूहं कांत कामदं शिरसि धेहि नः श्रीकरग्रहम्।। भा. 10–31–05
।। व्रजजनार्तिहन्वीरयोषितां निजजनस्मयध्वंसनस्मित।।
भजसखे भवत्किंकरीः स्म नो जलरूहाननं चारू दर्शय।। भा. 10–31–06
।। प्रणतदेहिनां पापकर्शनं तृण चरूनुगं श्रीनिकेतनम्।।
फणिफणार्पितं ते पदांबुजं कृणु कुचेषु नः कृंधि ह्रच्छयम्।। भा. 10–31–07
।। मधुरया गिरा वल्गुवाक्यया बुधमनोज्ञया पुष्करेक्षण।।
विधिकरीरिमा वीर मुह्यतीर धरसी धुनाऽऽप्याययस्व नः।। भा. 10–31–08
।। तव कथामृतं तप्तजीवनं कविभिरीडितं कल्मषापहम्।
श्रवणमंगलम श्रीमदाततम भुवि गृणंति ते भूरिदाजनाः।। भा. 10–31–09
।। प्रहसितं प्रिय प्रेमवीक्षणं विहरणं च ते ध्यानमंगलम्।।
रहसि संविदो या ह्रदिस्पृशः कुहक नो मनः क्षोभयंतिहि।। भा. 10–31–10
।। चलसि यद्व्रजाच्चारयन्पशून्नलिन सुंदरं नाथ ते पदम्।।
शिलतृणांकुरैः सीदतीति नः कलिलतां मनः कांत गच्छति।। भा. 10–31–11
।। दिनपरीक्षये नीलकुंतलैर्वनरूहाननं बिभ्रदावृतम्।।
घनरजस्वलं दर्श यन्मुहुर्मनसि नः स्मरं वीर यच्छसि।। भा. 10–31–12
।। प्रणतकामदं मद्मजार्चितं धरणिमंडनं ध्येयमापदी।।
चरणपंकजं शंतमं च ते रमण नः स्तने ष्वर्पयाधिनम्।। भा. 10–31–13
।। सुरतवर्धनं शोकनाशनं स्वरितवेणुना सुष्ठु चुंबितम्।।
इतररागविस्मारणं नृणां वितर वीर नस्तेऽधरामृतम्।। भा. 10–31–14
।। अटति यद्भवा नह्नि काननं त्रुटिर्युगायते त्वामपश्यताम्।।
कुटिलकुंतलं श्री मुखं च ते जड उदीक्षतां पक्ष्मकृद्दृशाम्।। भा. 10–31–15
।। पतिसुतान्वयभ्रातृबांधवानतविलंघ्य तेऽत्यच्युतागताः।
गतिविदस्तवोद्गीतमोहिताः कितव योषितः कस्त्यजेनिशि।। भा. 10–31–16
।। रहसि संविदं ह्रच्छयोदयं प्रहसिताननं प्रेमवीक्षणम्।।
बृहदुरःश्रियो वीक्ष्य धाम ते मुहुरतिस्पृहा मुह्यते मनः।। भा. 10–31–17
।। वृजजनौकसां व्यक्तिरंग ते वृजिनहंत्र्यलं विश्वमंगलं।।
त्यज मनाक्च नस्त्वत्स्पृहात्मनां स्वजनहृद्रुजां यन्निषूदनम्।। भा. 10–31–18

श्रृंगार हेतु निज प्यारी का, वे सुमन तोड़ने आये थे।
थे पुष्प जरा ऊपर देखो, हरि ने तब हाथ बढ़ाये थे।।
देखो यह है अंगुष्ठ पोर, जिस पर था सारा भार दिया।
है धन्य भाग उस गोरी के, हरि ने जिसको दे दिया हिया।।

यद्यपि हरि है [1]आत्मरत, वे हैं आत्माराम।
केसी उनमें वासना, केसा उनमें काम।।

इस रमण कार्य से लाला ने, बस त्रिया चरित्र दिखाया है।
कामी पुरूषों का दीन भाव, जग को करके समझाया है।।
जो कृष्ण संग थी वह बोली, मैं तो हूँ मोहन छुई मुई।
कन्धे पर मुझे बिठालो अब, लाला मैं थक कर चूर हुई।।

आओ प्रिय कन्धे चढ़ो, बोले श्री भगवान।
जब गोरी चढ़ने लगी, हो गये अन्तर ध्यान।।
घबराई गोपी वहां, करने लगी कलाप।
सखियों ने भी सुन लिया, उसका करूण विलाप।।
प्रथम मिला था मान ओर, अब पाया अपमान।
उस नटवर की प्रीति को, सका न कोई जान।।
हुआ अंधेरा आ गई, सब यमुना के तीर।
[क]गीत वहां गाने लगी, हो कर प्रेम अधीर।।

है ऋषभ सखा है कमलनयन, नैनो की प्यास बुझादो ना।
है वीर धीर है रमा रमण, हे आरतिहरण शरण लो ना।।
नैनो से तीर चला करके, तुम ही तो नित वध करते हो।
है कृष्ण तुम्हीं तो जगती का, कल्याण सदा से करते हो।।

आकर हमरे सिर धरो, वासुदेव निज हाथ।
तुम बिन हम सब जल रही, विरह अगनि में नाथ।।
[2]अमृतरूप कथा तेरी, जीवन देती संतप्तों को।।
सब काम्य कर्म हर लेती है, अति प्रिय लगती है श्रवणों को।।

1. रेमे तया चाऽऽत्मरत आत्मारामोऽप्यखंडितः।
कामिनां दर्शयन्दैन्यं स्त्रीणां चैव दुरात्मताम्।। **भा. 10–30–34**

2. तव कथामृतं तप्तजीवनं कविभिरीड़ितं कल्मषापहम्।
श्रवणमंगलम श्रीमदाततम भुवि गृणंति ते भूरिदाजनाः।। **भा. 10–31–09**

(क) मन अगन मिटा जाओ .... 'कमली जी'

है धन्य कथा कहने वाले, विस्तार सहित जो कहते हैं।
सबको वे प्यारे लगते हैं, सबको ही जीवन देते हैं।।
है कान्त बड़े हो तुम कपटी, पहले तो काम जगाते हो।
फिर अंग संग क्यों ना देते, क्यों दर्शन को तरसाते हो।।

[1]सब स्वजनों को छोड़ हम, आई तेरे पास।
पीड़ा हर पीड़ा हरो, टूट न जाये आस।।
कौन तुम्हांरे सिवा जो, ऐसा करे प्रयास।
निशि में त्यागे रमणियां, यह करते कुछ खास।।

है चरण तेरे कोमल लाला, सुमनो पर शोभा पाते हैं।
फिर छोड़ इन्हें वे कंकड़ पर, बोलो केसे चल पाते हैं।।

[2]सस्वर सब रोने लगी, कृष्ण विरह की मार।
विरह व्यथा अबलान की , नहि सह सके मुरार।।
द्रवित नयन के सामने, प्रकट भये श्रीकंत।
दर्शन कर ब्रजराज के, हुआ विरह का अंत।।

जिस भांति प्राण पाकर राजन, इन्द्रियां चेतना पाती है।
बस उसी भांति सारी सखियां, **[3]दर्शन** से खुश हो जाती है।।

दरश परश कर हो गई, सब ब्रज बनिता धन्य।
नैनो में ज्यो भर लिये, नवल किशोर अनन्य।।

कोई तकती थी संत सदृष, योगासन में कोई डूबी।
सब ही ने मन चाहा पाया, भक्तों में होती यह खूबी।।
आवृत हो कृष्ण गोपियों से, ईश्वर सी शोभा पाते हैं।
सत्वादि शक्ति सम्पन्न ईश, सखियों के मन को भाते हैं।।

यमुना तट पर आ गये, कृष्ण गोपियों संग।
शोभा उनकी को कहे, ज्यों रति संग अनंग।।

1. पतिसुतान्वयभ्रातृबांधवानतविलंघ्य तेऽत्यच्युतागताः।
गतिविदस्तवोद्गीतमोहिताः कितव योषितः कस्त्यजेनिशि।। भा. 10–31–16

2. इति गोप्यः प्रगायंत्यः प्रलपंत्यश्च चित्रधा।
रूरूदुः सुस्वरं राजन् कृष्णदर्शनलालसाः।। भा. 10–32–01

3. तं विलोक्यागतं प्रेष्ठं प्रीत्युत्फुल्लद्धशोऽबलाः।
उत्तस्थुर्युगपत्सर्वास्तन्वः प्राणमिवाऽऽगतम्।। भा. 10–32–03

यमुना की कोमल बालू पर, सखियों ने श्याम बुलाया है।
निज उत्तरीय का आसन कर, मन मोहन को पधराया है।।

दर्शन देकर मनमोहन ने, सखियों का ताप मिटाया है।
बहुरूप धार योगेश्वर ने, यमुना तट रास रचाया है।।
हो गया हरण चित देवों का, उत्सुकतावश वे भी आये।
भार्याऐं साथ रही उनकी, नभ में विमान कितने छाये।।

पुष्प वृष्टि होने लगी, ओर दुन्दुभि का नाद।
यश गाते गंधर्व ओर, अद्भुत था आल्हाद।।

[क]कंकण किंकिंण नूपुर के स्वर, संगीत अनोखा देते थे।
सम्मोहित थे सब रास निरख, क्या नर्तन मोहन करते थे।।

[1]संग गोपियों के सुनो, शोभित श्री भगवान।
स्वर्ण मणिन के बीच में, नीलम मणि के मान।।

लक्ष्मीपति को पति मान सभी, [ख]नर्तन ओर गायन करती है।
मुख कमल चूमती लाला का, मस्तक पर हरि कर धरती है।।
किन्नर का गीत सुहाता है, घुंघरू संगीत दिलाते हैं।
भौंरों ने छेड़ा मधुर गीत, बहु सुमन देव बरसाते हैं।।

वेणी के बिखरे सुमन, रहा न तन का भान।
सबके मन को भा गया, हरि का नर्तन गान।।

प्रतिबिम्ब निरख कर ज्यों बालक, उसके संग क्रीडा करता है।
बस उसी भांति वह जगकर्ता, सखियों के संग विहरता है।।

1. **तत्रातिशुशुभे ताभिर्भगवान्देवकीसुतः।**
मध्ये मणीनां हैमानां महामरकतोयथा।। भा. 10–33–07

(क) **त्रिविध समीर बहै शीतल सुगंध मंद निरतत नंदलाल ब्रजबाल साथ है।**
कुंडल झलक कान मुख से अलापे तान नथ की चलनी तो हलनि बंदिमाथ है।।
रंगरंग सारी जामै जड़ी है किनारी छबि होत न्यारी न्यारी मानो जोरे रूरे हाथ है।
नूपुर झुनक कर कंकण खनक वन माल की भनक केलिकर यदुनाथ है।।
कवित्त 101–102

(ख) **साजि के साज समाज सबै सजनी सुख सों सरसाबै लगी।**
अंग अंग अनंग उमंग महासुख रंग तरंग बढ़ावै लगी।।
तिरछी अब नैनन सेन तकै झुकि झूमि झुके छवि छावे लगी।।
दुरि जावे लगी तरसावे लगी दरसाय के लाल छकावे लगी।। कवित्त

केश खुले खिसके वसन, देखो हुआ कमाल।
कंचुकी ढ़ीली हो गई, सकी न सखी संभाल।।
दर्शन कर इस रास के, नभ में सब सुर नार।
सम्मोहित होने लगी, सकी न वे मन मार।।

नक्षत्र मंडली मध्य चंद्र, यह अद्भुत दृश्य निरखता है।
माधुर्य निरख कर उस पल का, मन में अति विस्मय करता है।।
[1]**गोपियां** रास में जितनी थी, उतने ही रूप बनाये थे।
वह आत्मरमैया मन मोहन, सबके ही मन को भाये थे।।
वह परम दयालू देखो तो, श्रमबिन्दु पोंछता सखियों के।
थकती न कभी वे नर्तन से, थे भाग बड़े उन ललियों के।।

सभी गोपियों संग तब, जल में किया प्रवेश।
गज सम [क]क्रीड़ा कर किया, शमन काम आवेश।।

फिर स्नान किया जमुना जल में, गोपियों संग बाहर आये।
पुष्पित उपवन में विचरण कर, व्रज ललनाओं के मन भाये।।
शुभ [2]**शरद** निशाओं में प्रभु ने, वह अद्भुत रास रचाया था।
उन स्नेह भरी अबलाओं पर, निज काम रूप दरशाया था।।

राजा ने आश्चर्य कर, गुरू से पूछी बात।
मुख उसका था मलिन ओर, पीत हो गया गात।।

1. **कृत्वा तावंतमात्मानं यावतीर्गोपयोषितः।**
   रेमे स भगवांस्ताभिरात्मारामोऽपि लीलया।। भा. 10–33–20
2. **एवं शशांकांशुविराजिता निशाः स सत्यकामोऽनुरताबलागणः।**
   सिषेव आत्मन्यवरूद्धसौरतः सर्वाः शरत्काव्यकथारसा श्रयाः।। भा. 10–33–26

(क) यमुना जल क्रीड़त नंदलाल।
गोपी वृंद मनोहर चहुं दिशि मध्य अरिष्टनिकन्दन।।
पकरे पाणि परस्परछिरकत शिथिल सलिल भुजचन्दन।
मानहुं युवति यूथ अहिपति को लग्यो अंक दै बन्धन।।
कच भरि कुटिल सुदेश अंबुकण चुवत अंग गति मन्दन।
मानहुं भरि गंडूष कमल ते डारत अति आनन्दन।।
भुज भरि अंक अगाध चलत लै ज्यौ लुब्धक खग फन्दन।
सूरदास प्रभु सुयश बखानत नैति नैति श्रुति छन्दन।। रागिनी बिहाग

अंशावतार जगदीश्वर का, करता है नाश अधर्मों का।
[1]**अस्थापन** करता है स्वधर्म, फल देता है फिर कर्मों का।।
जो धर्म कर्म के पालन की, जगती को शिक्षा देते हैं।
[2]**वे** ही ईश्वर मर्यादा तज, पर तिया गमन क्यों करते हैं।।

[3]पूर्णकाम यदुनाथ ने, ऐसा निंदित कर्म।
किया कौन अभिप्राय से, गुरू समझाओं मर्म।
नाश करो संदेह का, गुरूवर कृपा निधान।
क्या मर्यादा तोड़ने, आये श्री भगवान।।

बोले राजन जो हैं [क]समर्थ, वे नहीं दोष भाजक होते।
[4]**पावक** सब का करता भक्षण, नहिं दोष उसे गुणिजन देते।।
आदित्य सदा अपने तप से, सबका रस भक्षण करते हैं।
सोचो फिर क्यों सारे बुध जन, नहिं उनकी निंदा करते हैं।।
सुरसरि में गंदा नीर मिले, वह भी पवित्र हो जाता है।
मज्जन करके उस ही जल में, जन मन निर्मलता पाता है।।

शंकर जी ने भी किया, था राजन विषपान।
प्राणी वह कर ना सके, जो करते भगवान।।

1. संस्थापनाय धर्मस्य प्रशमायेतरस्य च।
अवतीर्णो हि भगवानंशेन जगदीश्वरः।। भा. 10–33–27
2. स कथं धर्मसेतूनां वक्ता कर्ताऽभिरक्षिता।
प्रतीपमाचरद्ब्रह्मपरदाराभिमर्शनम्।। भा. 10–33–28
3. आप्तकामो यदुपतिः कृतवान्वै जुगुप्सितम्।
किमभिप्राय एतं नः संशयं छिंधि सुव्रत।। भा. 10–33–29
4. धर्मव्यतिक्रमो दृष्ट ईश्वराणां च साहसम्।
तेजीयसां न दोषाय वह्ने सर्वभुजो यथा।। भा. 10–33–30

(क) जो अहि सेज शयन हरि करहीं, बुध कछु तिन कहं दोष न धरहीं।
भानु कृशानु सर्व रस खाहीं, तिन कहँ मन्द कहत कोउ नाहीं।।
शुभ अरू अशुभ सलिल सब बहहीं, सुरसरि कोउ न अपावन कहहीं।
समरथ को नहिं दोष गुसाई, रवि पावक सुरसरि की नाई।।

जो अस हिसिका करहिं नर, जड़ विवेक अभिमान।
परहिं कल्प भरि नरक मँह, जीव कि ईस समान।। बालकाण्ड–51 रा.च.मा.

कोई शठता वश उन जैसा, आचार अगर कर जाता है।
अपयश का वह भाजक होता, कीरति भी नष्ट कराता हे।।
[1]**हम** कहा करें परमात्मा का, है बुद्धिमान का धर्म यही।
जो कर्म करे परमात्मा सा, यह तो मानव का कर्म नहीं।।
हरि भक्त महात्माओं के भी, नहिं पाप पुण्य कुछ होते हैं।
फिर जगत नियंता को कैसे, ये भाव प्रदूषित करते हैं।।
सब जीवों के अंतर्यामी, सब साक्षि भाव के धारक हैं।
फिर उन्हें पराई क्यों गोपी, वे ही तो काम निवारक हैं।।
श्रंगार रसिक जो है उनका, ईश्वर में ध्यान लगाने को।
यह रास क्रिया की गिरधर ने, अपने में उन्हें मिलाने को।।
सुन गीत गोपियां धायी थी, पर गोप न इसको जान सके।
गोपियां रही उनके संग भी, नहिं हरि माया पहचान सके।।
जिसमें ऐसा ऐश्वर्य नहीं, बस काम कला का वाहक हो।
वह तो पापी कहलाता है, उसके पुरूषार्थ अकारथ हो।।

हरि आज्ञा को मान कर, लौटी सब निज गेह।
मन उनका हरि में रमा, घर पहुंची बस देह।।

इस रास कथा के वर्णन से सब काम दोष मिट जाते हैं।
फिर श्रवण और वर्णन से तो, निष्पाप पुरूष हो जाते हैं।।

चरित अलोकिक कर गया, नारायण करतार।
उन चरणों में रत रहो, तुम नित कमल कुमार।।

एक समय मिल ग्वाल सब, मन में रख उत्साह।
चले अंबिका वन तरफ, देव दरश की चाह।।

सरस्वती नदी में स्नान किया, विप्रों को दान दिया सबने।
गौरी शंकर का पूजन कर, जीवन को धन्य किया उनने।।

पूजन कर विनती करी, [2]होवें देव प्रसन्न।
वास किया उस निशि वहीं, व्रत में लिया न अन्न।।

1. **ईश्वराणां वचः सत्यं तथैवाऽचरितं क्वचित्।**
   तेषां यत्स्ववचो युक्तं बुद्धिमांस्तत्समाचरेत्।। भा. 10—33—32
2. **गावो हिरण्यं वासांसि मधुमध्वन्नमादृताः।**
   ब्राह्मणेभ्यो ददुः सर्वे देवो न प्रीयतामिति।। भा. 10—34—03

गाड़ों से घेरा बना बड़ा, सबने अपना सामान रखा।
खुद भी सोये उस घेरे में, पशुओं को अपने पास रखा।।

निशि में भूखे सर्प ने, देखो किया कमाल।
नन्द राय को डस लिया, दल में मचा धमाल।।

चीखे नंदराय अरे लाला, हे लाल बचालो तुम मुझको।
है कृष्ण करो रक्षा मेरी, हे बड़ा सर्प मारो इसको।।
जलती लकड़ी से गोपों ने, कितना पीटा मोटे अहि को।
लेकिन उसके द्दढ बन्धन से, वे छुड़ा न पाये दल पति को।।

जैसे ही गोपाल ने, छुआ सर्प से पेर।
सर्प देह जाती रही, पाप हो गये ढ़ेर।।

बन गया पुरूष वह कांतिवान, कंचन का हार गले में था।
हरि ने पूछा हो कौन कहो, बसता क्यों सर्प देह में था।।

विद्याधर विख्यात मैं, ओर सुदर्शन नाम।
रहता दिव्य विमान में, था विचरण का काम।।

सम्पति का मुझको था घमण्ड, अपने स्वरूप में मानी था।
कमजोरी मेरी रही यही, पर दर्शन प्रभु का होना था।।

एक दिवस मैं हंस दिया, लख कऋषिवर का रूप।
मुझसे केशव हो गई, यही बड़ी इक चूक।।
श्राप दिया मुनिराय ने, पाया अहि का रूप।
पर मुझको यह वर हुआ, देख लिये सुर भूप।।

है नाथ नाम जप कर तेरा, जन–मन पावन हो जाते हैं।
शुभ चरित आपके गाने से, सद्‌गति सब सज्जन पाते हैं।।

मैं बड़ भागी हूँ बड़ा, योगेश्वर सरकार।
बह्म दंड से कर दिया, मेरा बेड़ा पार।।
सपने सा सबको लगा, यह सारा व्रत्तान्त।
विस्मित सब तकते रहे, खड़े रहे सब शान्त।।
दूर हुआ दुःख नंद का, करके सब व्रत पूर्ण।
गाड़ो से व्रज को चले, करके खल मद चूर्ण।।
एक दिवस श्रंगार कर, कृष्ण और बलराम।
गीत मधुर गाने लगे, दोनो पूरण काम।।
सुध बुध सभी बिसार के, दे गीतों पर ध्यान।
मगन हो गई गोपियां, रहा न तन का भान।

(क) अंगिरा गौत्री ऋषि

अनुचर एक कुबेर का, शंखचूड़ था नाम।
गोपिन्ह को हरने लगा, चीखी वे घनश्याम।।

ले साल वृक्ष अपने कर में, क्रोधित होकर घनश्याम चले।
मत डरो प्रिये मैं आता हूँ, यह कहते पूरण काम चले।।

शंखचूड़ को तब लगे, श्री हरि काल समान।
छोड़ गोपियों को चला, वह जयंत के मान।।

गोपियां सोंप कर दाऊ को, उसके पीछे भगवान चले।
क्या कोई उसको जीवन दे, जिसको वधने घनश्याम चले।।

शंखचूड़ के सर किया, प्रभु ने मुष्टि प्रहार।
मणि लेकर फिर कर दिया, उस शठ का उद्धार।।
मन मोहन लेकर मणी, आये अपने धाम।
मणि दाउ के कर धरी, जय प्रभु पूरण काम।।
शंखचूड़ यह कौन था, क्या थे उसके काम।
गुरूवर यह कह दो मुझे, क्या था उसका धाम।।

गोलोक निवासी श्रीदामा, था गोप दास बनवारी का।
विरजा विहार के समय खड़ा, करता यह पहरेदारी था।।

राधा जी आई वहां, प्रिय सखियों के साथ।
रोका इसने द्वार पर, कहा व्यस्त यदुनाथ।।
बेंतो से पीटा इसे, सखियों ने भरपूर।
हो हल्ला जब बढ़ गया, हुई सभी तब दूर।।

विरजा ने सरिता रूप धरा, श्री हरि तब अंतर्धान हुए।
राधा मन्दिर ले गये इसे, ओर विनय वचन दो चार कहे।।

राधा के कटु वचन सुन, बोला सुनले मात।
सखियां तुझसी सेंकड़ों, बना सके है तात।।
क्रोधित राधा ने दिया, तभी गोप को श्राप।
राक्षस होजा मूर्ख तू, करता बहुत प्रलाप।।

श्रीदामा बोला तुम भी तो, प्रभु मान में सभी भुलानी हो।
यह मद ही तुम्हें रूलायेगा, राधे तुम बड़ी गुमानी हो।।
नर देह धार सौ वर्षों तक, प्रिय का वियोग तुम भोगोगी।
जो श्राप दिया माता मुझको, उसका फल तो तुम पाओगी।।
फिर साम दाम से श्री हरि ने, समझाया राधा रानी को।
वैसे तो हम तुम एक प्रिये, पर टाल न सकता होनी को।।

कहा गोप से पुत्र तू, लेगा निशिचर देह।
मेरे हाथों मृत्यु से, पावेगा निज गेह।।
शंखचूड़ को मारकर, पहुंचाया निज धाम।
वचन निभायो आपनो, घर आये संग राम।।

निरन्तर.............2

(2)

श्रीकृष्ण गये थे जब वन में, गोपियां विरह में जलती थी।
गा गाकर प्रभु की लीला को, दुःख से वे दिवस बिताती थी।।
[1]**ए** सखियों सुनलो वह मोहन, जब अपनी वेणु बजाता है।
चंचलता से निज भोंहों की, सबको मोहित कर जाता है।।
ए सखी सुनो चपला लक्ष्मी, हो शान्त हृदय में रहती है।
लाला की उज्ज्वल हंसी प्रिये, आरत को भी सुख देती है।।
[2]**सुनकर** हरि का वेणू निनाद, सब मूरतिवत हो जाते हैं।
ब्रज के खग, मृग, मानव, तरू भी, उसकी धुन में खो जाते हैं।।
मुख में तृण धर कर सब गायें, कानो से वह रस पीती है।
हो नींद लगी उनको जैसे, चित्रित होकर रह जाती है।।
मकरंद लता वर्षाती हे, आनन्द वृक्ष पा लेते हैं।
धारा रूक जाती नदियों की, भौरे गाना तज देते हैं।।

कोयल सारस हंस सब, धरकर रहते मौन।
जब बोले यह बांसुरी, तब फिर बोले कौन।।

स्थिर होकर सब मेघ सखी, छाया मोहन पर करते हैं।
अमृत सम शीतल बूंदों का, वर्षण केशव पर करते हैं।।
सुन वेणुनाद भोले बाबा, सखि समाधीस्थ हो जाते हैं।
अज और इन्द्र यह धुन सुन कर, मन में आनन्द मनाते हैं।।

जब हम सुनती हैं सखी, इस वेणू का गान।
हम को फिर रहता नहीं, केश वसन का भान।।

आली जब जमुना मैया में, हरि संग विहार हम करते हैं।
अनुकूल पवन तब बहती है, हम पर छाया घन करते हैं।।

1. **हंत चित्रमबलाः श्रृणुतेदं हारहास उरसि स्थिरविद्युत्।**
नंदसूनुरयमार्त जनानं नर्मदो यर्हि कूजित वेणुः।। भा. 10–35–04
2. **वृंदशो व्रजवृषामृगगावो वेणुवाद्यहृतचेतस आरात्।**
दंतदष्टकवला धृतकर्णा निद्रिता लिखितचित्रमिवाऽऽसन्।। भा. 10–35–05

इस भांति याद कर लाला को, उनमें ही ध्यान लगाती थी।
गा गाकर सस्वर गीतों को, सखियां आनन्द मनाती थी।।

व्रज में इकरोज अरिष्टासुर, धरती कंपित करता आया।
यह बेल रूप धारी निशिचर, वध श्रीहरि का करने धाया।।
मोटे खुर से वह वृषभ दैत्य, धरती विदीर्ण करता आया।
स्तब्ध हुए सब लख उसको, रंभाता ओर हंगता आया।।
हुंकार अरिष्टासुर की सुन, गौ, तिय के गर्भ खिसकते थे।
पर्वत सी थी उसकी काया, घन उस पर डेरा करते थे।।

डर कर भीषण बेल से, गौ गोपी ओर गोप।
दौड़े गिरधर की तरफ, था चेहरों पर कोप।।
सबको देकर सांत्वना, बढ़े बेल की ओर।
कोपित उसको कर दिया, किया ताल का शोर।।
क्रोधित होकर दुष्ट वह, बढ़ा कृष्ण की ओर।
तिरछे नैनो से तके, उसने नवल किशोर।।
सींग पकड़ कर कृष्ण ने, किया बेल बल हीन।
कदम अठारह कर दिया, पीछे करके दीन।।

कर क्रोध पुनः दौड़ा वह तो, फिर सींग पकड़ कर रोक दिया।
धर पेर किया निष्पीड़न ओर, खल के सींगों को तोड़ लिया।।

तब सींगो से वार कर, किया वृषभ उद्धार।
देवों ने वरषे सुमन, सुखी हुए नर नार।।
वृषभासुर प्रभु कौन था,क्यों आया हरि पास।
गुरूवर बतलाओ मुझे, मेटो जी की प्यास।।

वरतन्तु नाम का इक ब्राह्मण, सुरगुरू से विद्या पढ़ता था।
बेलों की तरह पांव फैला, आश्रम में बैठा रहता था।।

श्राप दिया गुरूदेव ने, जा शठ होजा बेल।
तुरत वृषभ यह हो गया, विप्र श्राप नहिं खेल।।

सानिध्य मिला जब दैत्यों का, यह दैत्य भाव को प्राप्त हुआ।
श्रीकृष्ण चन्द्र के हाथों मर, धर विप्र रूप हरि धाम गया।।

वृषभासुर उद्धार कर, व्रज लौटे व्रजराज।
उन्हें निरख खुश हो गया, व्रज का सकल समाज।।

कंस महल में जा दिया, नारद ने संदेश।
आज अरिष्टासुर मरा, जागो अब मथुरेश।।
समझ न पाये कंस जी, तुम देवों की चाल।
कन्या थी वह नंद की, कृष्ण देवकी लाल।।
सुनो, रोहिणी तनय है, बड़ा पुत्र बलराम।
दोनों ने मिल कर वधे, तेरे वीर तमाम।।
इतना सुनकर हो गया, कंस क्रोध से लाल।
वध करने वसुदेव का, चला ठोक कर ताल।।

नारद बोले उनके वध से, सब कुछ उल्टा हो जावेगा।
वसुदेव मरण संदेशा सुन, तेरा दुश्मन छुप जावेगा।।

इतना कह कर देव ऋषि, पहुंचे अपने धाम।
कंस यहां करने लगा, फिर से ओछे काम।।
बंदीगृह में धर दिये, बहिन ओर वसुदेव।
जब आते हैं दिन बुरे, साथ न देते देव।।
केशी को आवाज दे, बतलाया यह काम।
तुम जाकर व्रज में वधो, आज कृष्ण बलराम।।

चाणूर ओर मुष्टिक मिलकर, कर द्वद मसल देना उनको।
कुबलयापीड़ के पैरों में, अंबष्ट कुचल देना उनको।।
कर धनुष यज्ञ का आयोजन, परि पुरजन सभी बुलाऊँगा।
इस [क]चौदस को में विधि पूर्वक, ग्वाले की बली चढ़ाऊँगा।।

बुलवाया अक्रूर को, कहा हाथ ले हाथ।
तुम हितकारी हो मेरे, सुनो ध्यान से बात।।
विष्णु शरण जा इन्द्र ने, पूर्ण किये ज्यों स्वार्थ।
मित्र आज तुम भी करो, मुझ पर यह परमार्थ।।

अक्रूर बात मानो मेरी, तुम आज अभी व्रज में जाओ।
यह कार्य तुम्हारे लायक है, वसुदेव सुवन को ले आओ।।
कर शिरच्छेद उस बालक का, बरसों की प्यास बुझाऊँगा।
वसुदेव भोज वृष्णी सबको, मृत्यू का ग्रास बनाऊँगा।।
फिर उग्रसेन ओर देवक को, यमपुर का मार्ग दिखाऊँगा।
बाणादिक मित्रों के संग में, निष्कंटक राज चलाऊँगा।।

सुन बातें उस दुष्ट की, समझ गये अक्रूर।
इस खल के संहार के, रहे नहीं दिन दूर।।

(क) रिक्तातिथि

[1]कार्य सिद्धि होती सदा, देवों के आधीन।
कभी गर्व से तन रहा, कभी मनुज अति दीन।।

मनसूबे मनुज बनाता है, नभ से तारे ले आने के।
ईश्वर सब ढ़िसमिस करता है, लाले पड़ जाते दाने के।।
आदेश मान कर स्वामी का, दोनो को लेने जाऊँगा।
यद्यपि यह ठीक नहीं फिर भी, अपना कर्तव्य निभाऊँगा।।

आज्ञा दे अक्रूर को, मन में रख विश्वास।
मन बहलाने को गया, वह अपने रनिवास।।

वृत्तासुर वध से चढ़ा, सुरपति पर इक भार।
हत्या ब्राह्मण की हुई, क्या इसका उपचार।।

इसका तब शमन कराने को, इक अश्वमेध करवाया था।
इक श्याम कर्ण मन वेग वान, घोड़ा उसने छुड़वाया था।।
अश्वारोहण की इच्छा से, नृप, सेवक उसका मचल गया।
यह कुमुद नाम सेवक उसका, ले अश्व अतल की ओर गया।।

देवों ने पकड़ा उसे, गये इन्द्र के पास।
उसे देख देवेन्द्र ने, कहा वाह रे दास।।

स्वामी का अश्व चुराने का, खल आज दण्ड तू पायेगा।
जा अश्वरूप धर धरती पर, मन्वंतर युगल बितायेगा।।

सुरपति के उस दास ने, पाया केशी रूप।
आज्ञाकारी कंस का, चलता मन अनुरूप।।

विकराल रूप धर कर राजन, केशी जब गोकुल में आया।
कजरारे मेघों के समान, वह असुर कृष्ण वध को धाया।
हिनहिना रहा था जब केशी, केशव ने पास बुलाया था।
कोपित होकर वह क्रूर अश्व, तब लात मारने धाया था।।

पैर पकड़ श्रीकृष्ण ने, फैंक दिया कुछ दूर।
उठ कर फिर उस दुष्ट ने, वार किया भरपूर।।
हरि ने सबके देखते, अपना बांया हाथ।
केशी के मुंह में दिया, गिरे आंच से दांत।।

1. **राजन्मनीषितं सध्र्यक् तव स्वावद्यमार्जनम्।**
सिद्ध्यसिद्ध्योः समं कुर्याद्दैवं हि फलसाधनम्।। भा. 10–36–38

ज्यों रोग उपेक्षा से बढ़ता, हरि ने निज हाथ बढ़ाया था।
रूक गई श्वांस आंखे निकली, वह समझ नहीं कुछ पाया था।।

पांव पटकता मर गया, पल में अश्व महान।
हाथ निकाला कृष्ण ने, किया न तनिक गुमान।।
देवों ने नंदलाल पर, नृप बरसाये फूल।
तब नारद आये वहां, जान समय अनुकूल।।
नारद ने एकान्त में, किया हरी गुण गान।
जय हो जगदीश्वर प्रभू, जय जय कृपानिधान।।

[1]**है** कृष्ण कृष्ण हे योगेश्वर, है वासुदेव है परमेश्वर।
है जग निवास यदुश्रेष्ठ नाथ, है सुख स्वरूप है सर्वेश्वर।।
है गुप्त काठ में ज्यों पावक, त्यों तुम [2]**जीवों** में हो दाता।
है महापुरूष बुद्धी साक्षी, नहि जान तुम्हें कोई पाता।।
निशिचर गण के संहार हेतु, धर मनुज देह [3]**तुम** आये हो।
अक्षुण्य धर्म मर्यादा हो, यह भाव जगाने आये हो।।

मुष्टिक ओर चाणूर मल, गज कूबलया पीड़।
परसों तक वध कंस संग, हरो नाथ भू पीर।।

फिर कालयवन शंखासुर वध, प्रभु नरकासुर संहारोगे।
कर कल्पवृक्ष का हरण नाथ, जय देवराज पर पाओगे।।
कर राजसुताओं से विवाह, नृग नृप को मोक्ष दिलाओगे।
अपनी प्रिय जांबवती के हित, मणि नाथ स्यमंतक लाओगे।।
यमपुर से मृत गुरूपुत्रों को, है नाथ आपको लाना है।
पौण्ड्रक राजा का वध करके, कासी को आग लगाना है।।

दंतवक्र शिशुपाल वध, और अनेकों काम।
चरित द्वारका धाम में, देखूंगा निष्काम।।

1. कृष्ण कृष्णाप्रमेयात्मन्योगेश जगदीश्वर।
वासुदेवाखिलावास सात्वतांप्रवर प्रभो।। भा. 10—37—11
2. त्वमात्मा सर्वभूतानामेको ज्योतिरिवैधसाम्।
गूढ़ो गुहाशयः साक्षी महापुरूष ईश्वरः।। भा. 10—37—12
3. स त्वं भूधर भूतानां दैत्यप्रमथरक्षसाम्।
अवतीर्णो विनाशाय सेतूनां रक्षणाय च।। भा. 10—37—14

बन अर्जुन के सारथी, दोगे उसका साथ।
जगत चरित नित गायगा, निशि दिन तेरा नाथ।।

है [1]**ज्ञानमूर्ति** आनन्द धाम, चैतन्य शक्ति जय हो तेरी।
है मायापर है पूर्ण काम, संकल्पवान जय हो तेरी।।
है परम स्वतंत्र भक्तवत्सल, लीलाधारी जय हो तेरी।
है वृष्णिश्रेष्ठ है यदु उत्तम, हे सात्वतपति जय हो तेरी।।

विनती कर सिर चरण धर, ले हरि का आशीष।
ऋषिवर ने मांगी विदा, हृदय धार जगदीश।।

पर्वत पर चढ़ फिर गोपों संग, हरि ने इक खेल रचाया था।
पालक ओर चोर बने सब मिल, सब में उत्साह जगाया था।।

नाम भीमरथ वीर वर, काशी का नृप एक।
यज्ञ कर्म में अग्रणी, बड़ा धनुर्धर नेक।।

उस परम गुमानी राजा ने, अपने सुत को फिर राज दिया।
मलयाचल में जा लाख बरस, तप कर ईश्वर का ध्यान किया।।

मुनि पुलस्त्य निज शिष्य संग, आये इसके धाम।
ना तो यह उठ कर मिला, और न किया प्रणाम।।
क्रोधित हो मुनिराय ने, दिया उसी क्षण श्राप।
निशिचर हो जा मूर्ख तू, इसने किया विलाप।।

यह रोया चीखा घबराया, गलती के लिये क्षमा मांगी।
ऋषि बोले जा द्वापर युग में, हरि के कर से मुक्ती होगी।।
गोपाल वेश धर वही असुर, ग्वालों को हरने आया था।
शुक बोले उस व्योमासुर ने, चोरों का रूप बनाया था।।
ले गया गुफा में ग्वालों को, ओर द्वार बंद भी कर डाला।
हरि ने पहचाना निशिचर को, फिर गला घोट कर वध डाला।।

मुक्त गुफा से गोप कर, गोकुल आये श्याम।
व्रज जन ने पूजन किया, जपे अनेको नाम।।

1. **विशुद्ध विज्ञानघनं स्वसंस्थया समाप्तसर्वार्थममोघवांछितम्।**
स्वतेजसा नित्यनिवृत्तमायागुणप्रवाहं भगवंतमीमहि।। भा. 10–37–23
त्वामीश्वरं स्वाश्रयमात्ममायया विनिर्मिता शेष विशेष कल्पनम्।
क्रीडार्थमद्यात्तमनुष्यविग्रहम नतोऽस्मिधुर्यं यदुवृष्णिसात्वताम्।। भा. 10–37–24

दुष्टों का फरमान भी, हो जाता वरदान।
भक्तों पर जब जब कृपा, करते कृपानिधान।।

हरि के मैं दर्शन पाऊँगा, जब यह विचार मन में आया।
उत्साहित श्री अक्रूर हुए, मन मगन हुआ तन हुलसाया।।
[1]**हो** गये अमंगल क्षीण आज, यह जन्म सफलता पावेगा।
योगी भी नित जिनको ध्याते, उनका दर्शन हो जावेगा।।
जाते ही श्री हरि चरणों में, मैं अपना शीष झुकाऊँगा।
चरणों की रज मस्तक धर कर, पुरखों के सुकृत सराहूँगा।।

कार्य सौंप यह कंस ने, किया बड़ा उपकार।
जनम जनम के दोष का, होगा अब उद्धार।।

[2]**जिसके** गुण जन्म कर्म सुनकर, जगती में प्राण समाते हैं।
फिर भाव सहित भजने वाले, भव बाधा दूर भगाते हैं।।

वाणी है उत्तम वही, करे श्याम गुणगान।
जन मन को पावन करे, ओर न साधन आन।।

वाणी हो अलंकार युत पर, जिसमें हरि का गुणगान नहीं।
वह होती उस शव के जैसी, जिसके वस्त्रों का पार नहीं।।

शकुन सभी अच्छे हुए, मन में बढ़ा उछाह।
दर्शन की अभिलाष में, सहज कट गई राह।।

दर्शन पाते ही मैं उनके, चरणों में शीष झुकाऊँगा।
जब सिर पर हाथ घरेंगे तो, मैं आनंदित हो जाऊँगा।।
मैं प्रभु के सभी सखाओं के, चरणो में ही गिर जाऊँगा।
वे मुझे उठाने दौड़ेंगे, मैं लिपट कृष्ण से जाऊँगा।।

कंस दूत हूँ पर मुझे, मानेंगे निज दास।
कृष्ण दरश से नयन की, पूरी होगी आस।।
मुसकायेंगे कृष्ण जब, करके कृपा कटाक्ष।
आनंदित हो जाऊँगा, पाकर प्रभु पदमाक्ष।।

1. **ममाद्यामंगलम नष्टं फलवांश्चैव मे भवः।**
यन्नमस्ये भगवतो योगिध्येयाघ्रिपंकजम्।। भा. 10—38—06
2. **यस्याखिलामीवहभिः सुमंगलैर्वाचो विमिश्रा गुणकर्मजन्मभिः।**
प्राणंति शुभंति पुनंतिवै जगद्यास्तद्विरक्ताः शवशोभनामताः।। भा. 10—38—12

मुसकाकर मुझ पर मन मोहन, जब कृपादृष्टि बरसायेंगे।
तब परमानन्द मुझे होगा, सब रोम खड़े हो जायेंगे।।

चाचा कहकर कृष्ण जब, गले लगेंगे आन।
क्या रह पायेगा मुझे, तब अपना कुछ भान।।

[1]**यद्यपि** न उसे न्यारा कोई, उसका न सुहृद कोई प्रिय है।
उस उदासीन परमात्मा का, जग में न कोई भी अप्रिय है।।
फिर भी वह कल्प वृक्ष के सम, पुरूषार्थ सिद्ध करवाते हैं।
जो चरण शरण उनकी जाते, हरि उनको हरदम ध्याते हैं।।

पूछेंगे वे कंस का, जब मुझसे सब हाल।
तब क्या मैं कह पाउंगा, खल की कपट कुचाल।।

प्रभु के पदचिन्हों को लख कर, अक्रूर न खुद को रोक सके।
रथ त्याग लौटने लगे वहां, हम सब क्यों एसा कर न सके।।

दंभ शोक भय त्याग कर, भजले कृष्ण मुरार।
हरि चरणों में मन लगा, तू भी कमल कुमार।।
संध्या के शुभ समय में, [क]देखे जगदाधार।
चरण पकड़ अक्रूर ने, लिया जनम का सार।।

जब कमल वज्र ध्वज अंकुश युत, प्रभु के चरणों पर ध्यान गया।
नहिं नाम बता पाया अपना, अक्रूर चरण में लोट गया।।
नैनो से नीर बरसता था, दोनो का हाल समान रहा।
जब गले लगाया गिरधर ने, अक्रूर न जाने कहां रहा।।

आदर कर अक्रूर को, लाये प्रभु निज गेह।
चरण चाप मधुपर्क दे, जतलाया अति नेह।।

1. न तस्य कश्चिद्दयितः सुहृत्तमो न चा प्रियो द्वेष्य उपेक्ष्य एव वा।
तथापि भक्तान्भजते यथा तथा सुरद्रुमो यद्वदुपाश्रितोऽर्थदः।। भा. 10–38–22

(क) सुफलक सुत हरि दर्शन पायो।
रहि न सक्यो रथ पर सुख व्याकुल भयो वहै मन भायो।।
भुव पर दौरि निकट हरि आयो चरणनि चित्त लगायो।
पुलक अंग लोचन जल धारा श्रीगृह शिर पर शायो।।
कृपा सिन्धु करि कृपा मिले हंसि लियो भक्तउरलाय।
सूरदास यह सुख सोई जाने कहो कहां मैं गाय।। रागिनी आशा।।

भोजन करवाया भाव सहित, हाथों से बीड़ा भेंट किया।
चन्दन अर्पित कर दाऊ ने, शुभ सुमन माल से मान दिया।।
सत्कार किया नंदराई ने, फिर [1]**पूछा** केसे हो भाई।
निर्दयी कंस के जीतेजी, नहिं एक घड़ी सुख की आई।।
ज्यों रहे कसाई घर बकरी, दांतो में जीभ निवास करे।
निर्वाह तुम्हांरा उसी तरह, प्रभु शीघ्र तुम्हांरा ताप हरे।।
[2]**जिस** हिंसक खल ने भगिनी के, नन्हें बालों को मारा है।
उस दुष्ट कंस के जीते जी, पूछें क्या हाल तुम्हांरा है।।

श्री रामकृष्ण से आदर पा, अक्रूर हृदय हुलसाया है।
बड़भागी माना जीवन में, कैसा अद्भुत पल आया है।।

खुश पाते भगवान को, सच्चे भगवद् भक्त।
कभी न रखते कामना, हरि से मिलते वक्त।।

बोले श्रीकृष्ण कहो चाचा, क्या कारण है ब्रज आनेका।
है कंस कुशल जब तक भू पर, क्या पूछूं कुशल जमाने का।।

बतलाया अक्रूर ने, उन्हें कंस आदेश।
माधव के मुख पर वहां, तनिक न था आवेश।।
नंदलाल ने तात को, बतलाया सब हाल।
नंदराय ने गोप इक, बुलवाया तत्काल।।

डोंडी पिटवाई गोकुल में, मथुरा में कल उत्सव होगा।
गोरस लेकर के हम सब को, मथुरा नगरी जाना होगा।।

जब गोपों के मुंह सुना, कृष्ण गमन संदेश।
गोपिन्ह के मन में हुआ, यह सुन भीषण क्लेश।।
भूल गई सुध देह की, रहा न उनको भान।
हमें छोड़ कर जा रहे, देखो कृपा निधान।।

निर्दयी [3]**विधाता** है आली, पहिले यह प्रेम कराता है।
फिर जब सुख का अवसर आता, तब यह बिछोह करवाता है।।

1. **पप्रच्छ सत्कृतं नंदः कथंस्थ निरनुग्रहे।**
   कंसे जीवति दाशार्ह सौनपाला इवावयः।। भा. 10–38–41
2. **योऽवधीत्स्वस्व सुस्तोकान क्रोशंत्या असुतृप् खलः।**
   किं नु स्वितत्प्रजानां वः कुशलं विमृशामहै।। भा. 10–38–42
3. **अहो विधातस्तव न क्वचिद्दया संयोज्य मैत्र्या प्रणयेन देहिन ।**
   तांश्र्चाकृतार्थान्वियुनंक्ष्यपार्थकं विक्रीड़ितंतेऽर्भकचेष्टितं यथा।। भा. 10–39–19

नन्हें बालक सा रहा, विधना तेरा खेल।
कभी जमाता चित्र को, कभी करे बेमेल।।

ए क्रूर विधाता तू ही तो, अक्रूर नाम धर आया है।
श्री कृष्ण हमारी आत्मा है, तू उनको हरने आया है।।

आली इस गोपाल में, नहीं दया का नाम।
इसको प्रिय है हर समय, नया नया ही काम।।

सर्वस्व दिया हमने इसको, फिर भी यह छोड़े जाता है।
जो रही प्रीति बरसों वाली, उसको यह तोड़े जाता है।।

बड़भागी हैं ए बहिन, मथुरा की सब नारि।
नित्य मिलेंगे अब उन्हें, अपने कृष्ण मुरारि।।
हम हैं बहना गांव की, सीधी सादी नार।
यह हमको बिसरायगा, रहो सभी मनमार।।

अक्रूर क्रूर इस कान्हा को, देखो केसे ले जाता है।
हमको आश्वासन तक न दिया, क्यों विघ्न न कोई होता है।।

[1]देव बने हें आज तो, हम सब से प्रतिकूल।
इन्हें न रोका आज तो, यह होगी इक भूल।।

[2]वृद्धों का ध्यान रहा न उन्हें, श्रीकृष्ण विरह में डूब गई।
है माधव गोविंद दामोदर, ऊँचे स्वर में थी टेर रही।।
आसक्त चित्त था माधव में, लज्जा को त्यागा था उनने।
विरहाकुल थी सब व्रज वनिता, निज नेह लगाया गिरधर में।।

प्रात समय में जब चला, रथ मथुरा की ओर।
एक नजर श्रीकृष्ण ने, डारी उनकी ओर।।
गोपों ने उनको दिया, जाकर इक संदेश।
मैं आऊँगा कह गये, हम से श्री योगेश।।

चित्रित पुतलियां हुई उनकी, ध्वज को भी दूर तलक देखा।
कुछ समय मोन साधा सबने, उड़ते गुबार को ही देखा।।

1. **अनार्द्रधीरेष समास्थितो रथं तमन्वमी च त्वरयंति दुर्मदाः।**
गोपा अनोभिः स्थविरैरूपेक्षितं दैवं च नोऽद्य प्रतिकूलमीहते।। भा. 10–39–27
2. **एवं ब्रुवाणा विरहातुरा भृशं व्रजस्त्रियः कृष्णविषक्तमानसाः।**
विसृज्य लज्जां रूरूदः स्म सुस्वरम् गोविंद दामोदर माधवेति।। भा. 10–39–31

वह लोटेगा यह आस छोड़, उसमें ही ध्यान रमाया था।
श्रीकृष्ण विरह में इक इक दिन, गा गा हरि चरित बिताया था।।

आये यमुना तीर तो, बोले श्री अक्रूर।
यमुना जल में स्नान कर, कर लूं कुछ श्रम दूर।।
ज्यों हीं श्री अक्रूर ने, मारी डुबकी एक।
देखा दोनों बंधुवर, जल में बैठे नेक।।

जल से बाहर जब आये तो, हरि को रथ में बैठे पाया।
जल में फिर डुबकी मारी तो, वैसा ही चित्र नज़र आया।।

सहस फनो से युक्त फिर, देखे जल में शेष।
गोदी में जिनकी लखे, श्री घनश्याम ब्रजेश।।

[1]**पीताम्बर** मोर मुकुट धारी, अधरों में ही मुसकाते थे।
अक्रूर भूल भव फन्दो को, मन में फूले न समाते थे।।

1. ।। तस्योत्संगे घनश्यामं पीतकौशेयवाससम्।
पुरुषं चतुर्भुजं शांतं पद्मपत्रारुणेक्षणम्।। भा. 10–39–46
।। चारु प्रसन्नवदनं चारु हासनिरीक्षणम्।
सुभ्रुन्नसं चारु कर्णं सुकपोलारुणाधरम्।। भा. 10–39–47
।। प्रलंबपीवर भुजं तुगांसोरस्थलश्रियम्।
कंबुकंठं निम्ननाभिं वलिमत्पल्लवोदरम्।। भा. 10–39–48
।। बृहत्कटितटश्रोणिकरभोरु द्वयान्वितम्।
चारु जानुयुगं चारु जंघायुगलसंयुतम्।। भा. 10–39–49
।। तुंगगुल्फारुणनखव्रातदीधिति भिर्वृतम्।
नवांगुल्यंगुष्ठदलैर्विलसत्पादपंकजम्।। भा. 10–39–50
।। सुमहार्हमणिव्रातकिरीट कट कांगदैः।
कटिसूत्र ब्रह्मसूत्र हारनूपुर कुंडलैः।। भा. 10–39–51
।। भ्राजमानं पद्मकरं शंखचक्रगदाधरम।
श्रीवत्सवक्षसंभ्राजत्कौस्तुभं वनमालिनं।। भा. 10–39–52
।। सुनंदनंदप्रमुखैः पार्षदैः सनकादिभिः।
सुरेशैर्ब्रह्मरुद्राद्यैर्नवभिश्च द्विजोत्तमैः।। भा. 10–39–53
।। प्रह्लादनारदवसुप्रमुखैर्भागवतोत्तमैः।
स्तूयमानं पृथग्भावैर्वचो भिरमलात्मभिः।। भा. 10–39–54
।। श्रिया पुष्ट्या गिरा कांत्या कीर्त्या तुष्ट्येलयोर्जया।
विद्ययाऽविद्यया शक्त्या मायया च निषेवितम्।। भा. 10–39–55

सबसे सेवित देव को, सिरसे किया प्रणाम।
स्तुति तब करने लगे, श्वफलक सुत अविराम।।

[1]**है** जगत नियंता तुमसे ही, ब्रह्मा ने जीवन पाया है।
गुणगाकर नाथ तुम्हारे ही, अजने यह जगत बनाया है।।

1. नतोऽस्म्यहं त्वाऽखिलहेतुहेतुं नारायणं पुरूषमाद्यमव्ययम्।
यन्नाभिजाता दरविंद को शाद्वद्ब्रह्माऽविरासीद्यत एष लोकः।। भा. 10–40–01

भूस्तोयमग्निः पवनः खमादिर्महानजादिर्मन इंद्रियाणि।
सर्वेंद्रियार्था विबुधाश्च सर्वे येहेतवस्ते जगतोंऽगभूताः।। भा. 10–40–02

नैते स्वरूपं विदुरात्मनस्ते ह्यजादयोऽनात्मतया गृहीताः।
अजोऽनुबद्धः सगुणैरजाया गुणात्परं वेद न ते स्वरूपम्।। भा. 10–40–03

त्वांयोगिनो यजंत्यद्धा महापुरूषमीश्वरम। साध्यात्मं साधिभूतं चसाधिदैवं चसाधवः।। भा. 10–40–04
त्रय्याचविद्ययाकेचित्त्वां वै वैतानिका द्विजाः। यजंते विततैर्य ज्ञैर्नानारूपामरा ख्यया।। भा. 10–40–05
एकेत्वाऽखिलकर्माणि संन्यस्योपशमं गताः। ज्ञानिनो ज्ञान यज्ञेन यजंति ज्ञानविग्रहम्।। भा. 10–40–06
अन्ये च संस्कृतात्मानो विधिनाऽभिहितेनते। यजंति त्वन्मयास्त्वां वै बहुमूर्त्येकमूर्तिकम्।। भा. 10–40–07
त्वामेवान्ये शिवोक्तेन मार्गेण शिव रूपिणम्। ब्रह्वाचार्य विभेदेन भगवान्समुपासते।। भा. 10–40–08
सर्व एव जयंति त्वां सर्वदेवमयेश्वरम्। येऽप्यन्य देवताभक्ता यद्यप्यन्यधियः प्रमो।। भा. 10–40–09
यथाऽद्रिप्रभवा नद्यः पर्जन्यापूरिताः प्रभो। विशंति सर्वतः सिंधुंत द्वत्वांगतयोंऽततः।। भा. 10–40–10
सत्वं रजस्तम इति भवतः प्रकृतेर्गुणाः। तेषु हि प्रोकृताः प्रोताआबहास्थावरादयः।। भा. 10–40–11
तुभ्यं नमस्तेऽस्त्वविषक्तदृष्टये सर्वात्मने सर्वधियां च साक्षिणे।
गुणप्रवाहोऽयमविद्यया कृतः प्रवर्तते देवनृतिर्यगात्मसु।। भा. 10–40–12

अग्निर्मुखं तेऽवनिरंध्रिरीक्षणं सूर्यो नभो नाभिरथो दिशः श्रुतिः।
द्यौः कं सुरेंद्रास्तव बाहवोऽर्णवाः कुक्षिर्मरूत्प्राणबलं प्रकल्पितम्।। भा. 10–40–13

रोमाणि वृक्षोषधयः शिरोरूहा मेघाः परस्यास्थिनरवानि तेऽद्रयः।
निमेषणं रात्र्यहनी प्रजापतिर्मेढ्रस्तु वृष्टिस्तव वीर्यमीष्यते।। भा. 10–40–14

त्वय्यव्ययात्मन्पुयषे प्रकल्पिता लोकाः सपाला बहुजीवसंकुलाः।
यथा जले संजिहते जलौकसोऽप्युदुंबरे वा मशका मनोमये।। भा. 10–40–15

यानि यानीह रूपाणि क्रीडनार्थं बिभर्षिहि। तैरामृष्टशुचो लोकामुदा गायंति तेयशः।। भा. 10–40–16
नमः कारणमत्याय प्रलयाब्धिचराय च। हयशीर्ष्णे नमस्तुभ्यं मधुकैटभमृत्यवे।। भा. 10–40–17
अकूपाराय बृहते नमो मंदरधारिणे। क्षित्युद्धारविहाराय नमः सूकरमूर्तये।। भा. 10–40–18
नमस्तेऽद्भुतसिंहाय साधुलोकभयापह। वामनाय नमस्तुभ्यंक्रांत त्रिभुवनाय च।। भा. 10–40–19

सब देव तुम्हीं ने सृजे नाथ, मन इन्द्रिय तत्व बनाये हैं।
माया मानव अहंकार रचा, नंदलाल तुम्हांरी जय होवे।।
हे अंग तुम्हारै सभी देव, हर मार्ग तुम्हीं तक आता है।
जिस भांति सरित जल खिंच खिंच कर, सागर में आन समाता है।।
है नाथ अग्नि मुख है तेरा, आदित्य नयन रतनारा है।
यह धरा चरण तेरी गिरिधर, नंदलाल तुम्हांरी जय होवे।।
सब देव भुजा बलशाली ओर, सागर कुक्षी कहलाता है।
है वायु प्राण तरूवर औषध, शिर तेरा स्वर्ग कहाता है।।
निशिदिन प्रभु पलक तुम्हांरे हैं, जगके बल तेरी माया है।
हम चरण शरण आये तेरी, नंदलाल तुम्हांरी जय होवे।।
हे मत्स्य कूर्म शूकर मूरति, नरसिंह नमन स्वीकार करो।
हे वामन भृगुपति संत ह्रदय, है [1]**रघुकुलमणि** उद्धार करो।।
हो वासुदेव संकर्षण तुम, तुम शुद्ध बुद्धि परमात्मा हो।
मोहिनी रूप धारी ईश्वर, नंदलाल तुम्हांरी जय होवे।।
है म्लेच्छ विनाशक कल्कि देव, विज्ञान प्रकाशक नारायण।
है प्रथम पुरूष है सर्वभूत, तू ही प्रधान सब देवों में।।
तुम ही अनन्त शक्ती स्वामी, वसुदेव सुवन तुम प्यारे हो।
ऋषिकेष शरण मैं तेरी हूँ, नंदलाल तुम्हांरी जय होवे।।

शरणागत हूँ नाथ मैं, दो ऐसा वरदान।
विपत और सुख में रहे, तव चरणों का भान।।

1. नमो भृगूणां पतये दृप्तक्षत्रवनच्छिदे। नमस्ते रघुवर्याय रावणांतकराय च।। भा. 10–40–20
नमस्ते वासुदेवाय नमः संकर्षणाय च। प्रद्युम्नायानिरूद्धाय सात्वतां पतये नमः।। भा. 10–40–21
नमो बुद्धायशुद्धाय दैत्यदानवमोहिने। म्लेच्छप्रायक्षत्रहंते नमस्ते कल्किरूपिणे।। भा. 10–40–22
भगवञ्जीवलोकोऽयं मोहितस्तवमायया। अहंममेत्य सद्ग्राहो भ्राम्यते कर्मवर्त्मसु।। भा. 10–40–23
अहंचाऽऽत्मात्मजागारदारार्थस्वज नादिषु। भ्रमामिस्वप्नक ल्पेषुमूढः सत्यधिया विभो।। भा. 10–40–24
अनित्यानात्मदुःखेषु विपर्ययमतिर्ह्महम्। द्वंद्वाराम स्तमोविष्टो न जानेत्वात्मनेप्रियम्।। भा. 10–40–25
यथाऽबुधो जलं हित्वाप्रतिच्छन्नंतदुद्भवै। अभ्येतिमृगतष्णा वैत द्वत्त्वाऽहं पराङ्मुखः।। भा. 10–40–26
नोत्सहेऽहं कृपणधीः कामकर्महतं मनः। रोद्धुं प्रमाथि भिश्चाक्षैर्हि यमाणमितस्ततः।। भा. 10–40–27
सोऽहंतवांघ्र्युपगतोऽस्म्यसतां दुरापं तच्चाप्यहं भवदनुग्रह ईश मन्ये।
पुंसोभवेद्यर्हि संसरणापवर्गस्त्वय्यब्जनाभसदुपासनयामतिः स्यात्।। भा. 10–04–28
नमो विज्ञानमात्राय सर्वप्रत्यय हेतवे। पुरूषेश प्रधानाय ब्रह्मणेऽनंत शक्तये। भा. 10–40–29
नमस्ते वासुदेवाय सर्वभूत क्षयाय च। ह्रषीकैश नमस्तुभ्यंप्रपन्नं पाहि मां प्रभो।। भा. 10–40–30

मुसकाये ओर हो गये, अन्तरहित भगवान।
जय जय सुख सागर प्रभू, अद्‌भुत ओर बलवान।।

अक्रूर हुए जब जल बाहर, पूछा हरि ने क्या देखा है।
बोले प्रभु के दर्शन अद्‌भुत, इससे क्या ओर अनोखा है।।

रामकृष्ण को नमन कर, हो रथ पर असवार।
मथुना नगरी को चले, श्री अक्रूर उदार।।
मथुरा से कुछ दूर ही, मिले नंद ओर गोप।
दर्शन हित नंदलाल के, थे नरनारी झोप।।
हाथ जोड़ अक्रूर ने, कहा नाथ घनश्याम।
पावन करने हित चलो, कृष्ण हमारे धाम।।

है नाथ तुम्हांरा चरण नीर, भक्तों का जीवन दाता है।
शिव इसको सिर पधराते हैं, बलि को यह भक्त बनाता है।।

कहा कृष्ण ने शीघ्र ही, करके कंस संहार।
चाचा दाउ के सहित, मैं आऊँगा द्वार।।
मनमें तनिक उदास हो, दे नृप को संदेश।
श्वफलक सुत अक्रूर ने, घर में किया प्रवेश।।
पहर तीसरे चल दिये, लखने मथुरा धाम।
शोभित थे गोपों सहित, कृष्ण ओर बलराम।।

थे भव्य भवन कंचन कपाट, द्वारे पर मणियां जड़ी हुई।
उद्यान अनोखे आकर्षक, कवि से शोभा नहिं जाय कही।।

कलश रखे थे द्वार पर, उन पर दीपक दिव्य।
घी दधि माला पुष्प से, दृष्य बना था भव्य।।
मथुरा नगरी ने सुना, आये कृष्ण मुरार।
चढ़ी अटारिन दरश हित, नगरी की सब नार।।

सुध भूल गई थी जल्दी में, सब काम अधूरे छोड़ चली।
पाये जब दर्शन लाला के, बरसाई सबने सुमन कली।।

विप्रों ने जलपात्र से, किया कृष्ण सत्कार।
दधि अक्षत चंदन सहित, पहनाये बहु हार।।
पुरवासी सब दरश कर बोले मीठे बेन।
[1]भाग्यवान हैं गोपियां, पाये करूणा एन।।

1. अहो गोप्यस्तपः किमचरन्महत्। या ह्येतावनुपश्यंति नरलोकमहोत्सवौ।। भा. 10–41–31

किस तप के पुण्य प्रभावों से, सानिध्य कृष्ण का पाया है।
नारायण स्वयं ग्वाल बन कर, उनके हित ब्रज में आया है।।

गोपों के संग घूमते, गये रजक के द्वार।
बोले दो पोशाख जो, पहने राज कुमार।।
रंगरेज ने राज भय, दिखलाया उस ठोर।
क्रोध कृष्ण को आगया, सह न सके कुछ ओर।।
शिरच्छेद कर रजक का, पहुंचाया निज धाम।
गोपों के संग वस्त्र ले, चले कृष्ण बलराम।।
[क]दरजी ने पोशाख फिर, की उनकी तैयार।
वस्त्राभूषण भेंट कर, किया कृष्ण सत्कार।।

घर गये सुदामा माली के, स्वागत करके वह धन्य हुआ।
माला चन्दन बीड़ा देकर, उसने विधि से आतिथ्य किया।।

प्रभु से आशीर्वाद में, मांगा भक्ति प्रसाद।
प्राणि मात्र पर नित दया, भक्तों से संवाद।।
नाम [ख]चेत्ररथ बाग का, राजन माली हेम।
सतसंगति में बैठना, था इसका दृढ़ नेम।।

श्रीकृष्ण प्राप्ति हित यह माली, श्री विश्वनाथ को ध्याता था।
यह कमल तीन सो नित्य चढ़ा, बाबा को रोज मनाता था।।

भक्ती से खुश हो गये, आशुतोष भगवान।
बोले सुत संकल्प का, खुलकर करो बखान।।

बोला प्रभु वर दो घर बैठे, श्रीकृष्ण चन्द्र दरशन पाऊँ।
बस ओर न चाह रहे मन में, मैं अविचल भक्ती पाजाऊँ।।

खुश होकर हर ने कहा, होगा यह ही हेम।
द्वापर में हरि आएंगे, रहो सदा रख नेम।।

बस इसीलिये उस माली पर, हरि ने निज नेह जताया था।
वरदान सिद्ध कर गिरिधर ने, शंकर का वचन निभाया था।।

(क) यह जनकपुर का दर्जी था। भगवान राम को कपड़े पहनाये थे ओर मांगा था कि एक बार ओर मोका मिले तो मैं ओर उत्तम वस्त्र बनाकर पहनाऊँगा। यह वही दर्जी था। इसे सारूप्य मुक्ति मिली।

(ख) कुबेर का प्रसिद्ध बगीचा।

पथ में जब कुब्जा को देखा, चन्दन का प्याला लिये हुए।
बोले हरि चन्दन दो प्यारी, कुब्जा के मन के पाट खुले।।
नियमानुसार नृप कंस हेतु, चन्दन का प्याला लाई थी।
श्रीकृष्ण चन्द को चन्दन दे, त्रिवक्रा अति हरशाई थी।।
होकर प्रसन्न मन मोहन ने, उसके कूबड़ को ठीक किया।
बढ़ गया काम उसके मन में, घर चलने का अनुरोध किया।।

हंस कर श्रीहरि ने कहा, करके अपना काम।
दरशन देने आउंगा, शीघ्र तुम्हारे धाम।।

हम स्त्रीहीन मुसाफिर हैं, तेरा ही आश्रय पायेंगे।
अपने मन के सन्तोष हेतु, भामिनि तेरे घर आयेंगे।।

महाजनो ने मार्ग में, किया बहुत सत्कार।
बीड़ा चन्दन भेंट कर, पहनाये गल हार।।

इस भांति मान पाते माधव, धनुष भूमि में चले गये।
रक्षक ने रोका इन्हैं किन्तु, वे निकट धनुष के पहुंच गये।।

हठ कर हरि ने धनुष वह, पल में लिया उठाय।
रक्षक तकते रह गये, हो निरीह असहाय।।
सबके लखते धनुष के, कर डाले दो खण्ड।
उसके भीषण नाद से, दहल गया ब्रह्माण्ड।।

रक्षक दौड़े तो उनको भी, प्रभु ने कुछ भय दिखलाया था।
उनको पीटा धनुखण्डो से, सब को ही दूर भगाया था।।

निर्भय विचरे नगर में, गोपों संग गोपाल।
शाम हुई तो आगये, डेरे पर नंदलाल।।
पूरी चूरी दूध में, धोकर अपने हाथ।
भोजन कर सोने गये, श्याम राम के साथ।।

सुख से सोते थे कृष्ण इधर, उस तरफ कंस घबराया था।
अपशकुन हुए थे बहुतेरे, श्रीकृष्ण मृत्यु बन आया था।।
प्रतिबिम्ब न दर्पण में पाया, दो दो सब वस्तु नजर आई।
सपने में प्रेत मिलन देखा, नंगी काया अपनी पाई।।
सब भांति भयाकुल हो उसने, मंत्री को निकट बुलाया था।
कल मल्ल युद्ध का उत्सव है, सबको संदेश पठाया था।।

मल्ल भूमि में जम गये, शल तोशल बलवान।
मुष्टिक ओर चाणूर से, रणमदमत्त महान।।

नंदराय संग गोप सब, दे राजा को भेंट।
मन में घबराहट लिये, गये वहीं पर बैठ।।

इतना प्रभाव जाना फिर भी, विद्वेश न त्यागा मामा ने।
यातना सही पितु ने कितनी, सब सुत खोये हैं माता ने।।

वध में ऐसे दुष्ट के, है न तनिक अपराध।
खल के वध से भूमि की, पूरी होगी साध।।
प्रात समय में आ गये, रंग भूमि रणवीर।
ग्वाल बाल सब साथ थे, और बंधु बलवीर।।
गज ने रोकी राह तो, बोले जगदाधार।
इसे हटाओ राह से, क्यों रोका है द्वार।।
इतना सुन [क]पच्चीक भी, हुआ क्रोध से लाल।
पल में उस खल ने किया, गज आगे तत्काल।।
क्रोधित कुबल्यापीड़ ने, थोड़ा आगे आय।
सबके लखते सूंड़ में, लिये कृष्ण लपटाय।।
पल में उसके बंध से, छूट गये घनश्याम।
पूंछ पकड़ कर [ख]ले गये, दूर उसे अविराम।।

भीषण प्रहार निज कर से कर, गज को पृथ्वी पर पटक दिया।
फिर दांत तोड़ कर उससे ही, गज और महावत पार किया।।

बलि दानव का पुत्र यह, रहा मंदगति नाम।
एक लक्ष गज सा बली, द्वंद युद्ध था काम।।
नित यह गज सा घूमता, रंग भूमि की राह।
इसके धक्कों से गिरे, लोग कई हमराह।।
एक महात्मा नाम त्रित, होकर गिरे अधीर।
श्राप क्रोध कर दे दिया, हो जा तू गज वीर।।
बलि सुत ने जब विनय की, बोले कोमल संत।
मथुरा में श्रीकृष्ण से, होगा तेरा अंत।।

बल दस सहस्त्र गज का पाकर, यह विंध्य क्षेत्र में फिरता था।
नृप जरासंध ने मेहनत से, इस भीषण गज को पकड़ा था।।

जरासंध ने ब्याह में, गज भी दिया दहेज।
कंस इसे रखता वहां, सुत सम सदा सहेज।।

(क) महावत **(ख) पच्चीस धनुष पीछे**

कृष्ण चन्द्र के हाथ से, मर कर यह गजराज।
धाम सिधारा कृष्ण के, फले पुण्य सब आज।।

गज दंत धार कर कांधे पर, जब नर केहरि मंडप आया।
मन में जिसके जो भाव रहा, उसने वैसा दर्शन पाया।।
काया पर लिपट रहा लोहू, वह मूरत बड़ी अनोखी थी।
मदमस्त चाल थी माधव की, राजन अद्‌भुत वह झांकी थी।।
[1]**मल्लो** को वज्र समान लगे, मनुजों ने श्रेष्ठ मनुज देखा।
गोपों ने स्वजन त्रियाओं ने, उनमें ही रति पति को देखा।।
जितने भी रहे दुष्ट नृप सब, उनसे भयभीत नजर आये।
वीभत्स लगे मतिमन्दो को, योगी ने परम तत्व पाये।।

नृपति पिता ने मोह से, देखा अपना लाल।
यादव कुल ने पालिये, अपने दीनदयाल।।
वीर कंस भयभीत था, कांप रहे थे पांव।
[क]दस रस मय गोपाल में, रमे सभी के भाव।।
[2]नैनो से सबने पिया, लिया जीभ से स्वाद।
नथुनो से सूंधा उन्हें, बाहु मिलन आल्हाद।।
शोभा दोनो वीर की, को करि सके बखान।
नैनो को जिव्हा नहीं, हो कैसे गुण गान।।
रंग भूमि में मच गया, कृष्ण नाम का शोर।
सब हरि यश गाने लगे, पा न सके पर छोर।।
उसी समय चाणूर ने, कहा नंद के लाल।
मल्ल युद्ध करके तुझे, करता हूँ बेहाल।।
कहा कृष्ण ने करेंगे, लाओ पहले वीर।
वय में जो हम सा रहे, बल में हो रणधीर।।

कुबलयापीड़ के वध से ही, हम सब वीरों ने जान लिया।
साधारण बालक नहीं कृष्ण, बलवान तुम्हें अब मान लिया।।

1. **मल्लानामशनिर्नृणां नरवरः स्त्रीणां स्मरो मूर्तिमान्गोपानां।**
स्वजनोऽसतां क्षितिभुजां शास्ता स्वपित्रो शिशुः।।
मृत्युर्भोजपतेर्विराडविदुषां तत्त्वं परं योगिनां वृष्णीनां।
परदेवतेति विदितो रंगंगतः साग्रजः।। भा. 10–43–17
2. **पिबंत इव चक्षुर्भ्यांलिहंतइव जिव्हया।**
जिघ्रंत इव नासाभ्यांश्लिष्यंत इव बाहुभिः।। भा. 10–43–21

(क) रौद्र, अद्भुत, हास्य, वीर, करूण, भयानक, वीभत्स, शांत और वात्सल्य दस रस।

हम तुम दोनो लड़ेंगे, मुष्टिक संग बलराम।
दोनो का हम करेंगे, पल में काम तमाम।।

मल्लयुद्ध होने लगा, रंगभूमि के मध्य।
सभी सभासद कह उठे, कार्य बड़ा यह निंध्य।।
बलशाली हैं मल्लये, मुष्टिक ओर चाणूर।
रामकृष्ण हो जाएंगें, पल में चकनाचूर।।

निर्बल के साथ सबल का यों, संघर्ष अधर्म कहाता है।
इसका अवलोकन करना भी, सबको दोषी ठहराता है।।
[1]**जो** दोष सभासद का जाने, वह नहीं, सभा में जाता है।
सच कहता या चुप रह जाता, दोनो से पाप कमाता।।

भुजा पकड़ चाणूर की, पल में दिया पछाड़।
सभी सभासद स्तब्ध थे, और बढ़ी फिर राड़।।

अपने कौशल से दोनो ने, पल में सब मल्ल संहारे थे।
शल कूट और मुष्टिक जैसे, क्रीड़ा से निशिचर मारे थे।।

मुनि उतथ्य के तनय थे, राजन पांचों लाल।
विद्या अर्जन त्याग ये, करते नित्य धमाल।।
बलि रंगालय नित्य जा, करते दृढ़ व्यायाम।
मल्ल युद्ध नित सीखते, त्याग धर्म के काम।।

इससे आहत हो मुनिवर ने, क्रोधित हो वचन सुनाया था।
निज धर्म त्याग तुम पांचों ने, क्यों क्षात्र कर्म अपनाया था।।

पहलवान होओ सभी, पाओ दुर्जन संग।
कृष्ण करों से मुक्त हो, त्यागोगे दुःसंग।।
रंगभूमि में कृष्ण ने, उनको किया तमाम।
मुनि उतथ्य के श्राप से, दिया उन्हैं विश्राम।।
[2]वाद्य यंत्र बजने लगे, की सबने जयकार।
विप्रों ने श्रीकृष्ण का, किया वहां सत्कार।।
साधु साधु तब कह उठे, सारे सज्जन वृंद।
क्रोधित हो कहने लगा, मथुरापति मतिमंद।।

1. न सभांप्रविशेत्प्राज्ञः सभ्यदोषाननुस्मरन्। अब्रुवन्विब्रुवन्नज्ञोनरः किल्बिषमश्नुते।। भा. 10–44–10
2. जनाः प्रजहृषुः सर्वेकर्मणा रामकृष्णयोः। ऋते कंसं विप्रमुख्याः साधवः साधु साध्विति।। भा. 10–44–30

सब बंद करो गाजे बाजे, क्यों नाहक शोर मचाते हो।
ओ नमक हरामो शर्म करो, क्यों दुश्मन के गुण गाते हो।।
मंत्रियों पकड़ इन दोनो को, पुर से निष्कासित कर डालो।
इस नंद ग्वाल को क़ेद करो, वसुदेव दुष्ट को वध डालो।।

उग्रसेन को मार कर, लो गोपों को लूट।
नगर त्याग की कृष्ण को, देता हूँ मैं छूट।।
कंस चीखता रह गया, देखो हुआ कमाल।
तुरत मंच पर चढ़ गया, वह यशुमति का लाल।।
क्रोधित हो तब कंस ने, बरसायी तलवार।
योगेश्वर निज शक्ति से, बचा गये वह वार।।
मुकुट भूमि पर गिर गया, कंस हुआ श्री हीन।
ज्यों होते हैं सदा ही, सर्प गरूड़ लख दीन।।
केश पकड़ श्रीकृष्ण ने, नीचे फैंका कंस।
आत्मा हरि में मिल गई, पाप हो गये ध्वंस।।
मृत काया को कंस की, वहां पकड़ कर केश।
बहुत घसीटा कृष्ण ने, आया अति आवेश।।
[1]सोता फिरता बोलता, ओर जब लेता सांस।
नंद सुवन को देखता, हरदम अपने पास।।
ध्यान लगाकर कृष्ण में, पाया दुर्लभ धाम।
कलि के प्राणी सब भजो, छोड़ अटपटे काम।।
कंस [क]बंधुओं का किया, रण में काम तमाम।
उन सब पर जय पा गये, संकर्षण बलराम।।
नभ में बाजी दुंदुभी, हुई सुमन बरसात।
देवों ने वन्दन किया, जय जय श्यामल गात।।

1. स नित्यदोद्विग्नधिया तमीश्वरं पिबन्वदन्वा विचरन्स्वपच्छ्वसन्।
ददर्श चक्रायुधमग्रतो यतस्तदेव रूपं दुरवापमाप।। भा. 10–44–39

(क) पूर्व काल में देवयक्ष नामक ज्ञानी शिव भक्त यक्ष हुआ जिसके देवकूट, महागिरि, गंड, दंड, प्रचंड, खंड, अखंड एवं पृथु आठ पुत्र थे। पूजा के लिये पिता ने हजार कमल के फूल लाने की आज्ञा दी। मानसरोवर से फूल लाते थे वहां गंध से मोहित हो सूंध लिये और फिर पिता को दिये। पिता ने श्राप दिया। राक्षस होवोगे। बलदाउ जी के हाथों गति को प्राप्त हुए।।

कंसादिक की पत्नियां, करने लगी विलाप।
उन्हें शान्त कर कृष्ण ने, मेटा सब संताप।।
निरपराध को कष्ट ही, है अति भीषण पाप।
कंस नष्ट देखो हुआ, था उनका ही शाप।।

जो नित अधर्म में रत रहकर, संतो को नित्य सताता है।
औरों का सुख हरने वाला, सुख नहीं स्वयं भी पाता है।।
लोकरीति का पालन कर, सब के संस्कार कराये थे।
बन्दीगृह में जा पिता सहित, जननी के दरशन पाये थे।।

उनको बन्धन मुक्त कर, प्रभु ने किया प्रणाम।
दोनों ने निज लाल में, देखे पूरण काम।।
हाथ जोड़ तकते रहे, मूरति बन पितु मात।
मन में धारण कर लिया, हरि का श्यामल गात।।

प्रभु ने जाना होगया, दोनो को सद्ज्ञान।
निज माया विस्तार कर, करवाया फिर भान।।

माता मैं बड़ा अभागा हूँ, इतने दिन तुमसे दूर रहा।
अपने लाला से दूरी का, दुःख दोनो ने भरपूर सहा।।

बचपन से पोगंड पा, हम हो गये किशोर।
संग लाभ पाया नहीं, तरसे दोनो ओर।।

[1]**जिसने** हमको जीवन देकर, सब भांति सुयोग्य बनाया है।
वे मात पिता सच्चे ईश्वर, उनका ही हम पर साया है।।
उनकी सेवा करके ही हम, जीवन को सफल बनाते हैं।
आशीष उन्हीं का पाकर के पुरूषार्थ सिद्ध कर पाते हैं।।
नर देह धार कर कुछ भाई, निज मात पिता को तजते हैं।
उनके सब कर्म क्षीण होते, चाहे जितना हरि भजते हैं।।

मात पिता का जो नहीं, करते सेवा काम।
वे जीवित शव होगये, उनमें रमें न राम।।

1. सर्वार्थ संभवो देहो जनितः पोषितो यतः। न तयोर्याति निर्वेशं पित्रोर्मर्त्यः शतायुषा।। भा. 10–45–5
यस्तयोरात्मजः कल्पआत्मना च धनेन च। वृत्तिं न दद्यातं प्रेत्य स्वमांसंखादयंति हि।। भा. 10–45–6
मातरं पितरं वृद्धं भार्यासाध्वीं सुतं शिशुम्। गुरूं विप्रं प्रपन्नं च कल्पोऽबिभ्रच्छ्वसन्मृतः।। भा. 10–45–7

आयुष पा सौ वर्ष की, पूजे गर पितु मात।
ऊरिण हो नहिं पायगा, महिमा कही न जात।।

तन ओर धन से होकर समर्थ, नहिं मात पिता अपनाता है।
यमपुर ले जाकर दूत इन्हैं, इनका ही मांस खिलाता है।।

बालक गुरू सुत विप्र तिय, वृद्ध पिता अरू मात।
इनका पोषण ना करे, वह जीवित शव तात।।

इतिहास हमें सिखलाता है, इन पर न्योछावर हो जाना।
साम्राज्य त्याग कर फिर हमको, चाहे वनवास पड़े जाना।।
राघव ने माँ का कहा मान, वन गमन प्राणप्रिय जाना था।
सम्मति में अपने भर्ता की, वैदेही ने सुख माना था।।

आओ सब मिल कर करें, मन में यह प्रण आज।
सेवा कर माँ बाप की, सिरजें नया समाज।।

हे तात क्षमा करना हमको, सेवा में ध्यान न दे पाये।
उस कुटिल कंस के ही कारण, आशीष न अब तक ले पाये।।

गोदी में ले लाल को, कीन्हां अधिक दुलार।
नैनो से बहने लगी, अविरल असुअन धार।।

नन्हैं हाथों से कान्हा ने, दोनो के आंसू पोंछ दिये।
दुःख के दिन बीत गये माता, जबसे तुमने निज गोद लिये।।

भरकर अपने अंक में, अपने अनुपम लाल।
धन्य हो गई देवकी, रहा न तनिक मलाल।।
अपनी बाहों में भरे, दोनो प्यारे लाल।
आशिष दे वसुदेव ने, चूमें उनके भाल।।

यह दृश्य अलौकिक निरख निरख, सबके नैना हर्षाते थे।
हो गई धन्य मथुरा नगरी, सुर सुमन वहां वर्षाते थे।।

[1]मातामह को दे दिया, मथुरा का साम्राज्य।
नृप ययाति के श्राप से, था यदुकुल को त्याज्य।।

बोले सब देव नृपति आकर, आदेश आपका पालेंगे।
अर्पण करके उत्तम भेंटे, कृत कृत्य स्वयं को मानेंगे।।

1. एवमाश्वास्य पितरौ भगवान्देवकीसुतः।
मातामहं तूग्रसेनं यदूनामकरोन्नृपम्।। भा. 10–45–12

जो कंस कृत्य से घबराकर, मथुरा से दूर बसे जाकर।
उन जाति कुटुम्बी स्वजनो को, मथुरा में बसा दिया लाकर।।

नित दरशन कर श्याम के, वृद्ध हुए बलवान।
यादव सब करने लगे, हो प्रसन्न गुणगान।।
नंदराय जी के निकट, गये कृष्ण बलराम।
हाथ जोड़ सिर चरण धर, सादर किया प्रणाम।।

[1]**असमर्थ** बन्धु के बच्चों का, सुत सम जो पालन करते हैं।
वे मात पिता ही तो सच में, पूजन के लायक होते हैं।।

निज सुत से भी अधिक ही, प्रीति रखी है तात।
यह सुन पुलकित हो गया, नंदराय का गात।।

शुभ पात्र भेंटकर दोनो ने, अपने बाबा को विदा किया।
आशीष बहुत दे नंदजी ने, गोपों संग ब्रज का मार्ग लिया।।
आमंत्रित कर कुल विप्रों को, उपनयन दिलाया लाला का।
गो सहित वसन कंचन देकर, संस्कार कराया दोनो का।।

धारण कर यज्ञोपवित, पाकर द्विज का रूप।
ब्रह्मचर्य गुरू गर्ग से, लेते हैं जग भूप।।

पावन उज्जयिनी में जाकर, विद्यार्थी धर्म निभाया था।
सांदीपनि आश्रम में रहकर, सेवा कर [क]ज्ञान बढ़ाया था।।

1. **स पिता सा च जननी यौ पुष्णीतां स्वपुत्रवत्।**
शिशुन्बंधुभिरूसृष्टान कल्पैः पोषरक्षणे।। भा. 10–45–22

(क) **अंगानि वेदाश्चत्वारो मीमान्सान्यायविस्तरः। धर्मशास्त्रं पुराणं च विद्याश्चैताश्चतुर्दश।। 1।।**
आयुर्वेदो धनुर्वेदो गान्धर्वश्चेति ते त्रयः। अर्थशास्त्रं चतुर्थं च विद्या ह्यष्टा दशैवताः।। 2।।
शिक्षाकल्पो व्याकरणं निरूक्तं छन्दसां चयः। ज्योतिषामयनञ्चैववेदांगानि षड़ेव तु।। 3।।
छन्दः पादौ तु वेदस्य हस्तो कल्पोऽथे पठ्यते। ज्योतिषामयनञ्चक्षुर्निरूक्तं श्रोत्रमुच्यते।।4।।
शिक्षा घ्राणं तु वेदस्यमुखं व्याकरणं स्मृतम्।। ।। 5।।

वेद के शिक्षादि छः अंग, चार वेद, मीमांसा शास्त्र, न्यायशास्त्र, धर्मशास्त्र, पुराण ये चौदह विद्या है। आयुर्वेद (वैद्यक), धनुर्वेद, गान्धर्व (गान–विद्या) व अर्थशास्त्र सहित ये अठारह विद्याऐं है। वेद के शिक्षादि छः अंग–शिक्षा, कल्प, व्याकरण, निरूक्त, ज्योतिषछंद है।

वेद के पांव छन्द, हाथ कल्प, ज्योतिष आंखें, निरूक्त कान, शिक्षा नासिका, व्याकरण मुख है। ये छः वेद के अंग है।।

चौंसठ दिन में हो गये, कचौंसठ कला प्रवीन।
विद्या ली गुरूदेव से, हो सेवा में लीन।।

(क) चौंसठ कला– (1) गीत (2) वाद्य (3) नृत्य (4) लेखन (5) विशेष कच्छेद्य (अलग–अलग जाली कुतरने की रीति) (6) नाट्य (7) तंदुलकुसुमबलिप्रकार (स्वस्तिकादि आकार बनाना) (8) पुष्पास्तरण (पुष्प बिछाने की कला) (9) दशनवसनांगराग (दांत व वस्त्रादि रंगने का प्रकार) (10) मणि भूमि का कर्म (घर व बाग में बैठने की अद्‌भुत जगह बनाना–खाने पीने की जगह) (11) शयनरचन (12) उदकवाद्य (जल का बाजा) (13) उदकाघात (जल में पेरना, पिचकारी मारना व सुगन्धित जल छिड़कना आदि) (14) चित्रयोग (विचित्र योजना) (15) माल्य ग्रथन विकल्प (माला गूंथना) (16) शेखरापीड योजना (भांति भांति की पगड़ी व टोपी बनाना) (17) नेपथ्य प्रयोग (सिंगार रीत) (18) कर्ण पत्र भंग (कान के गहने बनाना) (19) सुगंध युक्ति (अतर आदि बनाने की विधि) (20) भूषण योजन गहने गांठने की रीति) (21) ऐंद्र जाल (जादू) (22) रूप परीक्षा (सामुद्रिक शास्त्र) (23) चित्र शाका पूपभक्ष्य विकार (रसोई) (24) कौचुमार योग (प्रीति उत्पादक व शरीर को अच्छा करने वाले उपाय जो कुचुमार नामक आचार्य द्वारा बनाये गये हैं जेसे पौष्टिक ओषधि व अंग संकोच प्रयोग) (25) हस्त लाघव (हाथ की सफाई) (26) पानकरसरागयोजन (मुरब्बा, शराब, शर्बत विधि) (27) सूचिकर्म (सिलाई) (28) सूत्रक्रीड़ा (कोरी संचार) (29) प्रहेलिका (पहेली) (30) प्रतिमाला (अंत्याक्षरी) (31) दुर्वाचकयोग (कठिन शब्दोच्चार–कच्चा पापड़ पक्का पापड़) (32) प्रतिमा करण (नकल करना एवं प्रतिमा बनाना) (33) पुस्तक बांचना (34) नाटकाख्यायिका दर्शन (नाटक व आक्ष्यान दिखाना) (25) काव्य समस्या पूरण (36) पट्टिकावेत्रवाण विकल्प (पाटी व बेंत भरने की रीति) (37) तर्ककर्म (सूत कातने की रीति) (38) तक्षणकर्म (बड़ई का काम) (39) वास्तुविद्या (इमारत बनाने की विधि) (40) रूप्यरत्नपरीक्षा (सिक्का जवाहरात पहचान) (41) आकर ज्ञान (खान जानने की विद्या) (42) धातुवाद (मिट्टी से धातु निकालना) (43) मणिराग ज्ञान (रत्नो नगों में रंग देना डांक लगाना) (44) वृक्षायुर्वेदयोग (वृक्षों में नये पत्ते निकलने व रोग मिटाने की कला) (45) मेष कुक्कुटलावक युद्ध विधि (मेढ़ा, मुर्गी, लावा लड़ाने की विधि) (46) शुक सारिका प्रलापन (तोता मैना को बोलना सिखाना) (47) उत्सादन प्रसादन (शरीर साफ करने व अभ्यंग करने की चातुरी) (48) अक्षरमुष्टिकथन (करपल्लवी भाषा जैसे अहिफेन कमल चक्र टंकारा, तेग पवन योवन श्रृंगारा, अंगुलि अक्षर चुटकिहि ही मात्रा, राम करत सीता से बाता, जितनी चुटकी उतनी मात्रा) (49) म्लेच्छितकविकल्प (जैसे चक चम चल) (50) देश भाषा विज्ञान (अलग–अलग देश की भाषा) (51) मानसी चिंता (मन की बात परखना) (52) अभिधान कोष (शब्दकोष) (53) छलितकयोग (छलना) (54) वस्तुगोपन (छुपाना) (55) द्युत विशेष (56) बाल क्रीडनक (57) वैनयिकी विद्या (सभ्यता संभालने की कला) (58) वैजयिकी विद्या (विजय कला) (59) व्यायामिकी (60) आकर्ष क्रीड़ा (खींचना) (61) यंत्रमातृका (कल बनाना) (62) धारण मातृक (धारणा शक्ति अष्टावधान प्रभृति (63) छंदोज्ञान (वृत्त, इंद्रवज्राज्ञान) (64) केश समार्जन (बाल संवारना)

शिर धर कर गुरू चरण में, बोले माधव बेन।
गुरूवर लो गुरू दक्षिणा, मन भावन अरू एन।।

दोनों का परम पराक्रम लख, भार्या का अभिमत जान लिया।
श्री राम कृष्ण से गुरूवर ने, अपना मृत बालक मांग लिया।।

सिंधु मध्य में जिस जगह, पावन क्षेत्र प्रभास।
मेरा सुत डूबा वहां, लाओ करो प्रयास।।
जो आज्ञा कहकर चले, कृष्ण और बलराम।
सागर से जाकर कहा, करो हमारा काम।।
हाथ जोड़ कर सिंधु ने, कहा क्षमा हो नाथ।
दर्शन देकर कर दिया, मुझको आज सनाथ।।
शंख रूप प्रभु दैत्य इक, क्रूर पंचजन नाम।
रहता मेरे उदर में, यह उस खल का काम।।
दंडित करने दैत्य को, लेने गुरूवर लाल।
कूद पड़े तब उदधि में, धीर वीर नंदलाल।।
पंचजन्य ने कृष्ण पर, किया शूल से वार।
छीन शूल वह कृष्ण ने, दिया उसी में मार।।
मूर्छित हो कुछ पल गिरा, सह न सका वह घात।
फिर उठ मस्तक से किया, केशव पर प्रतिघात।।
क्रोधित हो धनश्याम ने, कीन्हा मुष्टि प्रहार।
प्राण पखेरू उड़ गये, हुआ दुष्ट संहार।।

होकर उपांग हरिराई का, यह पंचजन्य था इठलाया।
अधरामृत हरि का नित पीता, ऐसा घमण्ड उसको आया।।

अहंकार लख लक्ष्मि ने, उसे दिया था श्राप।
जा होजा खल दैत्य तू, पावेगा संताप।।
वैर भाव रख फिर मिला, वह केशव में आन।
फिर से गौरव पालिया, उसने पूर्व समान।।

उसकी काया से निकल तेज, श्री कृष्ण चन्द्र में समा गया।
उसकी काया से बना शंख, केशव ने कर में धार लिया।।

पंचजन्य का कर दिया, जब हरि ने उद्धार।
गुरू सुत तब लेने गये, राम सहित यम द्वार।।

यम पुर में जाकर गिरधर ने, जैसे ही शंख बजाया था।
पूजन सामग्री सारी ले, यमराज सामने आया था।।

[क]पूजन कर यमराज ने, पूछा क्या आदेश।
कष्ट किया क्यों नाथ ने, क्यों आया आवेश।।
हरि ने मांगा तब दिया, यम ने गुरूवर लाल।
गुरूकुल में जा कृष्ण ने, सोंप दिया तत्काल।।
सान्दीपनि ने कृष्ण को, दिये बहुत आशीष।
वन्दन कर गुरू चरण में, पुर लौटे जगदीश।।
[1]देख कृष्ण बलराम को, हुए स्वजन सब धन्य।
ज्यों लूटा धन पायके, जन पूजे ब्रह्मन्य।।

[2]उद्धव थे श्रीकृष्ण के, प्रिय मंत्री ओर मित्र।
सुरगुरू के प्रिय शिष्य ओर, वृष्णी श्रेष्ठ पवित्र।।

इक बार कृष्ण ने उद्धव को, ले हाथ हाथ में समझाया।
तन से तो छोड़ दिया व्रज को, मन से मैं छोड़ नहीं पाया।।

व्याकुल होंगे विरह में, निज जन गोपी गोप।
मैं हूँ उनका आत्मा, वे सब मुझमें लोप।।

ए सखा शीघ्र व्रज में जाकर, सबको ही धैर्य बंधाओ तुम।
सहते हैं विरह व्यथा मेरी, उनको कुछ ज्ञान कराओ तुम।।

यह पाती माँ की सुनो, यह बाबा के नाम।
तीजी पाती राधिका, दी जो उनके धाम।।

उद्धव सब गोप गोपियों को, इक इक पाती मेरी देना।
तुम कुशल प्रवक्ता हो प्रियवर, कुछ विरह व्यथा भी हर लेना।।

प्राण वल्लभा राधिका, है वियोग में चूर।
जग वह सूना मानती, करो मोह कुछ दूर।।

जो व्यथा मानसिक उन सब में, मेरे वियोग से उपजी है।
मेरे संदेश वचन कह कर, सब पीर तुम्हैं ही हरनी है।।

1. **समनंदन्प्रजाः सर्वा दृष्ट्वारामजनार्दनौ। अपश्यंत्यो बह्वहानि नष्टलब्ध धना इव।। भा. 10–45–50**
2. **वृष्णीनां प्रवरोमंत्री कृष्णस्य दयितः सखा। शिष्यो वृहस्पतैः साक्षादुद्धवो बुद्धिसत्तमः।। भा. 10–46–01**

(क) है हरे है कृपा सिन्धो, राम राम महाबल।
असंख्यब्रह्माण्डपती परिपूर्णतमौ युवाम्।
देवौ पुराणौ पुरूषौ महान्तौ सर्वेश्वरौ सर्वजगज्जनेशौ।।
अद्यैव सर्वोपरिवर्तमानौ गिरा नजाज्ञां वदतं परेशौ।।
गर्ग. संहिता मथुरा 9–32–33

जिस रथ पर चढ़ कर उद्धव मैं, ब्रज से मथुरा नगरी आया।
वह रथ घोड़े सारथी साज, फिर आज सुसज्जित करवाया।।
पीताम्बर माला सहस कमल, यह रत्न जड़ित कुंडल पहनो।
लो कोटि बाल रवियों समान, यह कौस्तुभ मणि धारण करलो।।
सबको मोहित करने वाली, यह बंसी भी संग लेजाओ।
धर मोर पंख, चन्दन, नूपुर, ले यष्टि वेष नटवर पाओ।।

कर प्रदक्षिणा कृष्ण की, हो रथ पर आरूढ़।
उद्धव गोकुल को चले, ले संदेसा गूढ़।।
उद्धव ने ब्रज भूमि में, ज्यों ही किया प्रवेश।
इक टक वे तकते रहे, पावन कृष्ण प्रदेश।।
भूषण भूषित कोटि गउ, गिरिवर धवल समान।
वत्स सहित देखी वहां, तरूणी ओर गुण खान।।

गल घण्टो का था शुभ निनाद, पद में मंजर झंकार रहे।
थी सभी अलंकृत हारों से, ओर श्रृंग कनक से मढ़े हुए।।
लाल हरी पीली श्यामा, तांबे सी कुछ चितकबरी थी।
कुछ धूम्र वर्ण कुछ कोयल सी, ब्रज गौएँ बड़ी निराली थी।।
मृग छोनो से गोवत्स वहां, शोभा को और बढ़ाते थे।
चौकड़ी मारते इधर उधर, झुंडो में आते जाते थे।।

गौ झुंडन में सांड कुछ, फिरते होकर मस्त।
धर्मधुरंधर धीर सब, तृण चरने में व्यस्त।।
गोप करों में बांसुरी, थे सब कृष्ण समान।
उच्च स्वरों में कर रहे, कृष्ण कथा का गान।।
रथ को आता देख कर, ब्रज के सगरे बाल।
उत्कंठित हो कर चले, आये श्री नंदलाल।।

पीताम्बर मोर मुकुट माला, वक्षस्थल की मणि प्यारी है।
रथ और अश्व सब वैसे ही, यह तो अपना बनवारी है।।

श्रीदामा संग गोप कुछ, आये रथ की ओर।
पर रथ में देखा नहीं, अपना माखन चोर।।

कर नमस्कार उद्धव जी ने, गोपों को गले लगाया है।
संदेश कृष्ण का दे कर के, उनका सब हाल सुनाया है।।

पाती पढ़ गोपाल की, रहा न मन में धीर।
अश्रु धार बहने लगी, बढ़ी हृदय की पीर।।

उद्धव ने धीरज धरवाया, सबको हरि का संदेश दिया।
बोले सब गोप सुनो भाई, गिरिधर के बिन सूनी दुनिया।।

उस निर्मोही में लगा, तन, वैभव, धन, धाम।
सबके अंतःकरण में, हैं केशव बलराम।।
क्षण क्षण युग सा ओर घड़ी, मनवन्तर के तुल्य।
प्रहर कल्प से हो गये, जीवन अब बे मूल्य।।
एक अशुभ आई घड़ी, कर गई चकनाचूर।
उस गिरिधर गोपाल को, किया स्वजन से दूर।।

उद्धव बोले मथुरा जाकर, सब विरह व्यथा समझाऊँगा।
प्रण करता हूँ बलराम सहित, श्री हरि को व्रज में लाऊँगा।।

आश्वासन दे गोप को, होकर रथ असवार।
नंदग्राम में आगये, संग गोप सुकुमार।।

पावन गो धूली की बेला, दिनकर जब ढ़लने वाले थे।
श्रीकृष्ण संदेसा लेकर के, उद्धव गोकुल में आये थे।।

पकड़, छोड़, ला, दे मुझे, था शब्दों का शोर।
वेणू की धुन व्याप्त थी, उस पल चारों ओर।।
सूरज अगनी अतिथि ओर, विप्र पितर सुर गाय।
इनकी पूजा नित्य ही, सब करते मन लाय।।
नंदराय ने हर्ष से, किया बड़ा सत्कार।
गले लगा कर कृष्ण सा, किया प्रेम व्यवहार।।
भोजन कर जब हो गये, खटिया पर आसीन।
तब नंदबाबा ने कहा, हो केशव में लीन।।
शूरसेन सुत के कहो, उद्धव हमको हाल।
मथुरा में क्या कर रहा, कृष्ण हमारा लाल।।
गैया गोपी गोप ओर, यह वृंदावन धाम।
गोवर्धन का नाम भी, लेता है घनश्याम।।
वृंदावन गिरिराज गृह, वृक्ष जमुन जल कुंज।
लगते हे उद्धव हमें, यह सगरे विष पुंज।।
सती यशोदा आ गई, उद्धव जी के पास।
गद्‌गद स्वर कहने लगी, छोड़ विरह निःश्वास।।
देवकृपा से ही मिला, था मुझको यह लाल।
वह भी रोता छोड़ कर, चला गया गोपाल।।

मुझ निर्मोही ने उद्धव जी, केशव को बहुत सताया था।
दधि भांड फोड़ देने पर ही, रस्सी से उसे बंधाया था।।
उस विरही माँ के नैनो से, धारायें आंसू की निकली।
पय स्रवित हुआ माँ के तन से, हो गई शिला न हिली न डुली।।

उद्धव जी का गल गया, सभी ज्ञान अभिमान।
संयत हो करने लगे, कृष्ण कृपा का गान।।

बड़भागी हैं श्रीमान् आप, ईश्वर को घर में पाया है।
है धन्य जन्म सब ग्वालों का, जो हरि से नेह लगाया है।।
हाँ मरण समय में भी जो जन, श्री हरि में ध्यान लगाते हैं।
वे शुद्ध सत्वमय होकर के, सब श्रेष्ठ परम गति पाते हैं।।
लेकिन ब्रज के सब जीवों नें, माधव में ध्यान लगाया है।
निज सखा, बन्धु, बालक माना, उसमें परमेश्वर पाया है।।

ज्यों होता है काष्ठ में, अग्नि सदा नंदराय।
त्यों ही रमता सभी में, नज़र नहीं वह आय।।
[1]प्रिय अप्रिय उत्तम अधम, सम अरू विषम वितान।
परमेश्वर की दृष्टि में, सब हैं एक समान।।

[2]माता, भगिनी ओर तनय, तात, अपना बैगाना नहीं उसे।
वह नहीं देह के बन्धन में, है जनम मरण भी नहीं उसे।।
[3]कर्मों से दूर सदा रहते, पर भक्त प्राण से प्यारे हैं।
परमेश्वर ने बहुरूप धार, भक्तों के काज संवारे हैं।।
[4]निर्गुण होकर भी सगुण वही, जगती की रचना करता है।
वह ही इसका पालन करता, संहार वही फिर करता है।।
[5]जो घूम रहा हो उसको तो, आभास यही तो होता है।
यह पृथ्वी घूम रही सारी, सबको ही यह भ्रम होता है।।
जब चित्त कर्म में रमता तो, अभ्यास मनुज को होता है।
सबकर्म आत्मा करता है, बस भास यही तो होता है।।

1. **नह्यस्यास्ति प्रियः कश्चिन्नाप्रियोऽवास्त्य मानिनः।**
   नोत्तमो नाधमो वाऽपिसमानस्या समोऽपिवा।। भा. 10–46–37
2. **न माता न पिता तस्य न भार्या न सुतादयः।**
   नात्मीयो न परश्चापि न देहो जन्म एव च।। भा. 10–46–38
3. **न चास्य कर्म वा लोके सदसन्मिश्रयोनिषु।**
   क्रीडार्थः सोऽपिसाधूनां परित्राणाय कल्पते।। भा. 10–46–39
4. **सत्वं रजस्तं इति भजते निर्गुणो गुणान्।**
   क्रीडन्नतीतोऽत्रगुणैः सृजत्यवति हंत्यजः।। भा. 10–46–40
5. **यथा भ्रमरिका दृष्ट्या भ्राम्यतीव महीयते।**
   चित्ते कर्तरि तत्राऽऽत्माकर्ते वाहंधियास्मृतः।। भा. 10–46–41

वह दृश्य श्रव्य लघु दीर्घों में, तीनो कालों में भी वह है।
स्थावर में जंगम में भी, हर ओर व्याप्त वह ईश्वर है।।

रोम रंध्र रसना बने, हे जितने मम देह।
भाग न तुम्हरो कह सके, पायो हरि ते नेह।।
प्रेम लक्षणा भक्ति का, जो पाया वरदान।
सांख्य योग तप तीर्थ भी, इसके नहीं समान।।
रात बिताई बात में, दे कर हरि में ध्यान।
उद्धव ने भगवान का, किया अधिक गुणगान।।
भिनुसारे सब गोपियाँ, आई देहरी लीप।
सब ने निज द्वारे रखा, इक इक जलता दीप।।

मंथन–गीतों की मंगल धुन, स्वर्गलोक तक पहुंची थी।
सकल अमंगल को हरती, दस दिशि को पावन करती थी।।
सबकी सब थी वे चंद्रमुखी, पंकज सम नैन मटकते थे।
सबके थे वस्त्र विचित्र वर्णी, आभूषण दिव्य दमकते थे।।

रथ देखा जब द्वार पर, सब हो गई सशंक।
आया क्या अक्रूर फिर, हमें लूटने रंक।।
कद्रू ने ज्यो सर्प जन, दिया जगत को त्रास।
सत्पुरूषों को ताप हित, जनमा है यह खास।।
दुष्ट कंस का प्रिय सखा, क्यों आया व्रज धाम।
प्राण हमारा ले गया, अब हम से क्या काम।।

उद्धव अनुचर कृष्ण के, जब समझी ब्रजनार।
कदली वन ले जा उन्हैं, किये प्रकट उद्गार।।
क्या तुमको श्रीकृष्ण ने, भेजा अपने देश।
मात पिता की कुशल का, लेने को संदेश।।

[1]**सम्बन्ध** छोड़ना स्वजनो से, मानव के वश की बात नहीं।
यह तो दुर्लभ है मुनियों को, कान्हा का कुछ अपराध नहीं।।

कौन दूसरा है यहां, जिसको करके याद।
उस निर्मोही कृष्ण को, हो थोड़ा अवसाद।।

1. **अन्यथा गोव्रजे तस्य रमणीयं न चक्ष्महे।**
स्नेहानुबंधो बंधूनां मुनेरपि सुदुस्त्यजः।। भा. 10–47–05

[1]**बस** स्वार्थ सधे तक होती है, पुरूषों की प्रीति त्रियाओं से।
भौंरे सुमनो पर मण्डराते, केवल पराग की चाहों में।।

[2]गणिका ज्यों निर्धन तजे, ऋत्विज ज्यों यजमान।
प्रजा पंगु नृप को तजे, जग का यही विधान।।

[3]**विद्या** पाकर अपने गुरू को, जिस भांति शिष्य तज देते हैं।
पक्षी भी होते बड़े चतुर, फल हीन वृक्ष को तजते हैं।।

भोजन कर घर को तजे, यह अभ्यागत धर्म।
पर तिय तजते भोग कर, जार पुरूष का कर्म।।

भौंरे को लक्ष्य बनाकर के, गोपी उद्धव से कहती है।
तू और तेरा वह स्वामी हाँ, सच में दोनों ही कपटी हैं।।
ए छलिया तू भी ले पराग, फूलों को ज्यों तज देता है।
बस उसी तरह तेरा स्वामी, सब भोग भोग तज देता है।।
सर्वस्व त्याग कर हमने तो, उससे ही नेह लगाया था।
हमको क्यों त्याग दिया उसने, क्या उसके मन को भाया था।।
भंवरे कह देना स्वामी से, जो दीनो को अपनाता है।
होता है बड़ा महात्मा वह, यश भाजक वही कहाता है।।

अली हमारो कृष्ण संग, अब कोउ नातो नाहिं।
बेदरदी सों नेहं कर, कौन जियत दुख पाहि।।
बाली ओर बलि को छला, कौन करै बिस्वास।
व्रज वनिता भी छल गयो, नित्य रचाकर रास।।

उसको हक है भूले हमको, हमने तो हृदय लगाया है।
जीवन भर साथ चलेगा जो, मन में वह दर्द बसाया है।।

चपला उसके मन बसी, वह चपला का श्याम।
हम ग्वालिन मति मंद हैं, क्या अब हम से काम।।

संदेश सुना कर मोहन का, उद्धव ने उनको शान्त किया।
ग्वालिनो भाग्य शाली हो तुम, मन मनमोहन में मगन किया।।

कृष्ण भक्ति के हित तजे, पति, प्रिय जन, पितु, मात।
तुमने वह सब पा लिया, जे हित मुनि अकुलात।।

1. **अन्येष्वर्थकृता मैत्री यावदर्थविडंबनम्।**
   पुंभिः स्त्रीषुकृता यद्वत्सुमनस्विवषट्पदैः।। भा. 10–47–06
2. **निःस्वंत्यजंति गणिका अकल्पं नृपतिं प्रजाः।**
   अधीतविद्या आचार्यमृत्विजो दत्तदक्षिणम्।। भा. 10–47–07
3. **खगावीतफलं वृक्षं भुक्त्वा चातिथयो गृहम्।**
   दग्धं मृगास्तथाऽरण्यं जारो भुक्त्वा रतां स्त्रियम्।। भा. 10–47–08

यह मार्ग दिखाकर मुझ पर भी, तुम सबने मिल उपकार किया।
मैं ज्ञान मार्ग का वाहक था, भक्ती सिखला उद्धार किया।।

उद्धव जी ने तब दिया, सबको इक संदेश।
सुनो कृष्ण ने यह कहा, मेटो सकल कलेश।।

मन प्राण भूत इन्द्रिय सबमें, मेरा ही रूप बसा रहता।
रचना पालन संहार कार्य, देखो मैं नित प्रति ही करता।।

आत्मा से नित दे रहा, आत्मा को आकार।
फिर आत्मा ही कर रहा, आत्मा का संहार।।

अष्टांग योग सन्यास वेद, उद्धव स्वधर्म इन्द्रिय निग्रह।
इन सबका सच्चा फल मिलता, होता है जब मन का निग्रह।।
जो दूर सदा रहता हमसे, वह अधिक नेह भी पाता है।
हरदम जो पास रहा करता, मन मन्दिर में न समाता है।।

मन में मुझको धार कर, निशि दिन दो सब ध्यान।
तब तुमको हो जायगा, निज स्वरूप का भान।।

हो गया कंस वध यह शुभ है, क्या याद हमें वह करता है।
जो रास रचाया था संग में, उस क्षण को कभी सुमरता है।।

[1]आशा का परित्याग ही, हे सब सुख का मूल।
जो आशाओं में रमा, उस के जी में शूल।।
कब आवेगा कृष्ण व्रज, कह कर एसे बैन।
भाव विव्हल सब हो गई, सजल हो गये नेन।।
सम्बन्धी उसको मिले, मथुरा जैसा धाम।
अब विरही अबलान से, भला उसे क्या काम।।
[2]कैसे भूलें हम उसे, हो न सका व दूर।
नैन बंद हों या खुले, वह दिखता सब दूर।।
दुक्ख सिन्धु में डूबता, है यह गोकुल धाम।
दर्शन देकर तार दो, हे गिरिधारी श्याम।।

सबमें ही कृष्ण समाया है, वह ही तो सबकी आत्मा है।
हम तो यह माने उद्धव जी, तुम में भी वह परमात्मा है।।

1. परंसौख्यं हि नैराश्यं स्वैरिण्यप्याह पिंगला।
तज्जानतीनां नः कृष्णे तथाऽप्याशादुरत्यया।। भा. 10–47–47

2. गत्या ललितयोदारहासलीलाऽवलोकनैः।
माध्व्या गिरा हृतधियः कथं तं विस्मरामहे।। भा. 10–47–51

उद्धव का सबने किया, पूजन ओर सत्कार।
तुम हरि के प्रिय सखा हो, तुम ही हो करतार।।

हरि लीला का गायन करते, उद्धव व्रज में ही रमे रहे।
महिने बीते नहिं भान रहा, मन में केशव ही बसे रहे।।
गोपियों संग उद्धव नित ही, कालिन्दी तट पर जाते थे।
वृन्दावन लाते कभी उन्हें, पर्वत पर कभी चढ़ाते थे।।
पुष्पित वृक्षों की छाया में, लेजाकर स्मरण कराते थे।
श्रीकृष्ण चन्द्र की चर्चा कर, आनन्द उन्हें दिलवाते थे।।

क्षण सम बीते दिवस सब, देकर हरि में ध्यान।
लीला में ही रम गये, भूले सकल जहान।।

उद्धव बोले बस जीवन तो, इनने ही धन्य बनाया है।
करके अनन्य श्रीकृष्ण भक्ति, उनमें ही ध्यान रमाया है।।
[1]**व्यभिचार** दोष से दूषित हैं, जंगल में जीवन जीती है।
योगेश्वर में मन लाकर के, दुनियां को शिक्षा देती है।।
जो [2]**चरण** रेणु इनकी पाते, यदि उनका जीवन पाऊँ मैं।
औषधी लता गुच्छक बनकर, निज जीवन धन्य बनाऊँ मैं।।
दुस्त्यज्य स्वजन ओर धर्म त्याग, श्रीहरि को ही अपनाया है।
श्रुतियों को भी जो हे दुर्लभ, साक्षात उसी को पाया है।।
[3]**व्रज** वनिताओं का कथा गान, लोकों को पावन करता है।
उनके चरणों की शुभ रज का, उद्धव भी वन्दन करता है।।
उद्धव को विदा किया सबने, नेनो से अश्रु बहाये हैं।
बोले हम उनके रहे सदा, हिरदे मैं उन्हें बिठाये हैं।।

[4]वाणी नित जपती रहे, कृष्ण चन्द्र का नाम।
उन्हें नमन करती रहे, यह काया का काम।।

1. **क्वेमास्त्रियो वनचरीर्व्यभिचारदुष्टाः कृष्णे क्व चैष परमात्मनि रूढभावाः।**
   नन्वीश्वरोऽनुभजतोऽविदुषोऽपि साक्षाच्छ्रेयस्तनोत्यगदराज इवोपयुक्तः।। भा. 10–47–59
2. **आसामहो चरणरेणु जुषामहं स्यां वृंदावने किमपि गुल्मलतौषधीनाम्।**
   या दुस्त्यजं स्वजनमार्यपथं च हित्वा भेजुर्मुकुंदपदवीं श्रुति भिर्विमृग्याम्।। भा. 10–47–61
3. **वंदे नंदव्रजस्त्रीणां पादरेणुम भीक्ष्णशः। यासांहरिकथोद्गीतं पुनाति भुवनत्रयम्।। भा. 10–47–63**
4. **मनसोवृत्तयो नः स्युः कृष्णपादांबुजाश्रयाः।**
   वाचोऽभिधायिनीर्नाम्नां कायस्तत्प्रह्वणादिषु।। भा. 10–47–66

[1]**वृत्तियां** हमारे मन की सब, उनका ही नित आश्रय पावे।
शुभ कर्म दान के ही बल से, यह बुद्धि सदा उनको ध्यावे।।

व्रज से मथुरा को चले, कर सब लोकाचार।
सबकी भेंटे सोंप दी, जाकर हरि के द्वार।।

उद्धव जी को साथ ले, पहुंचे कुब्जा धाम।
स्मरण कराया कृष्ण ने, शान्त किया सब काम।।

त्रेतायुग में जब श्री हरि जी, दशरथनन्दन बन आये थे।
वनवास अवस्था में वे ही, दशमुख भगिनी को भाये थे।।

शूपनखा ने राम हित, किया शंभु का ध्यान।
पावन पुष्कर क्षैत्र में, जा तप किया महान।।
वर्ष सहस दस तप किया, तब प्रकटे भगवान।
बोले खुश हूँ भक्ति से, तुम मांगो वरदान।।

श्रीराम चन्द्र जी पति होवें, है नाथ आज वर दो मुझको।
हर बोले द्वापर मथुरा में, श्रीकृष्ण मिलेंगे जा तुझको।।
कुब्जा ने चन्दन अर्पित कर, सानिध्य कृष्ण का पाया है।
वह मथुरा नारी बड़भागी, प्रारब्ध अनोखा पाया है।।
उस [2]दुराराध्य को पाकर भी, जो विषय वस्तु में रमता है।
उसको सब मूरख कहते हें, वह ही चौरासी भ्रमता है।।

एक दिवस बलराम संग, ले उद्धव को साथ।
द्वारे श्री अक्रूर के, पहुंचे चपला नाथ।।
दोनो ने ही परस्पर, कीन्हा दण्ड प्रणाम।
भाव सहित अक्रूर से, वहां मिले बलराम।।
पद पखार अक्रूर ने, कहा धन्य में आज।
पावन गृह मेरा हुआ, फले पुण्य के काज।।
तुम ही हो चर अचर के, सृष्टा पालक नाथ।
तुमको भज कर कोन फिर, जग में रहे अनाथ।।

1. **कर्मभिर्भ्राम्यमाणानां यत्र क्वापीश्वरेच्छया।**
   मंगलाचरितैर्दानै रतिर्नः कृष्ण ईश्वरे।। भा. 10–47–67
2. **दुराराध्यं समाराध्यं विष्णुं सर्वेश्वरेश्वरम्।**
   यो वृणीते मनोग्राह्यमसत्त्वात्कुमनीष्यसौ।। भा. 10–48–11

[1]**पाखण्ड** और मिथ्या भय से, जब वेदमार्ग भय खाते हैं।
अपने सद्‌गुण से आप नाथ, अवतार धार तब आते हैं।।

मोहपाश से अब हमें, मुक्त करो धनश्याम।
जग को कल्पित जान कर, जपें तुम्हांरा नाम।।
प्रभु बोले हैं देव सब, मतलब के ही यार।
साधु पुरूष से ही मिले, जग में सच्चा प्यार।।
आप हमारे बन्धु हैं, चाचा ओर गुरूराज।
अपनावें सन्मार्ग हम, दो ऐसा वर आज।।

[2]**जल** में सब तीर्थ समाते हें, मूरत में ईश्वर होता है।
फिर भी इक साधु पुरूष इनसे, हरदम ही उत्तम होता है।।

वर्षों में देते हमें, सेवा फल भगवान।
पर दर्शन से तारते, सज्जन बड़े महान।।

है तात पांडु की मृत्यू से, उनके परिजन दुःख पाते हैं।
धृतराष्ट्र कुपुत्रों के वश हो, कुछ न्याय नहीं कर पाते हैं।।
अतएव पाण्डवों से मिलकर, उनका मन्तव्य समझ आओ।
सब समाचार लेने उनका, ए तात हस्तिनापुर जाओ।।

फिर जैसा होगा उचित, वही करेंगे तात।
इतना कह अक्रूर से, घर लोटे यदुनाथ।।

संदेश पाण्डवों का लेने, अक्रूर हस्तिनापुर आये।
निज बन्धुजनो से भेंट हुई, सब कुशल पूछ घर को लाये।।
कुछ मास ठहर उस नगरी में, वृत्तान्त सभी जाना उनका।
धृतराष्ट्र सुवन हैं सब कपूत, असहाय उन्हैं माना मनका।।
सब भांति योग्य हैं पाण्डव ओर, रण कौशल में लासानी हैं।
पाते हैं प्रेम प्रजा जन का, अपने समाज में मानी है।।

दुर्योधन के ह्रदय में, था इससे अति दाह।
मन ही मन थी बढ़ रही, पाण्डव वध की चाह।।

1. **त्वयोदितोऽयं जगतो हिताय यदा यदा वेदपथः पुराणः।**
बाध्येत पाखण्डपथैरसद्भिस्तदा भवान्सत्त्वगुणं बिभर्ति।। भा. 10–48–23
2. **न ह्यम्मयानी तीर्थानि न देवा मृच्छिलामयाः।**
ते पुनंत्यरूकालेन दर्शना देव साधवः।। भा. 10–48–31

श्री विदुर ओर कुंती ने मिल, अपना सब हाल सुनाया था।
केसे कौरव ने विष देकर, सबका वध करना चाहा था।।

कुंती रो रो कर हुई, सुन राजा बेहाल।
पूछे श्री अक्रूर से, नैहर के सब हाल।।

बोली इन [1]**व्याध्रो** में फंस कर, हिरणी की भांति तड़पती हूँ।
कब आकर कृष्ण संभालेंगे, मैं राह उन्हीं की तकती हूँ।।
हे पिता हीन मेरे बालक, मैं भी असहाय उदासी हूँ।
सान्त्वना कृष्ण से मिल जाये, उनके वचनो की प्यासी हूँ।।
[2]**है** कृष्ण कृष्ण है योगेश्वर, है जग पालक गिरिवर धारी।
है आत्मरूप गोविन्द प्रभू, मैं शरणागत हूँ बनवारी।।

क्लेश हरो श्रीकृष्ण जी, शरणागत हूँ आज।
मेरे सुत असहाय हें, मदद करो यदुराज।।

इस भांति परीक्षित कुंती ने, अपना सब हाल सुनाया था।
नैनो से झरते थे आंसू, अक्रूर नहीं सह पाया था।।
धृतराष्ट्र बन्धु को समझाने, अक्रूर महल में चले गये।
बोले! राजन क्यों पांडु सुवन, अपनो के हाथों छले गये।।
यह राज्य पांडु की मृत्यू से, अनयास आपने पाया है।
लैकिन राजन दुःख है अपना, कर्तव्य न अभी निभाया है।।
अपने भाई के पुत्रों से, अपने पुत्रों सा प्यार करो।
इस तरह दुःख देकर उनको, मत घोर नरक की राह धरो।।

समय सदा रहता नहीं, राजन एक समान।
रंक नृपति बनता कभी, और पंगु बलवान।।

यह जीव [3]**अकेला** आता है, मरता है सदा अकेला ही।
सब पाप पुण्य का भाजक भी, होता यह जीव अकेला ही।।

1. **सपत्नमध्ये शोचंती वृकाणां हरिणीमिव।**
   सांत्वयिष्यति मां वाक्यैः पितृहीनांश्च बालकान्।। भा. 10–49–10
2. **कृष्ण कृष्ण महोयोगिन्विश्वात्मन्विश्वभावन।**
   प्रपन्नां पाहि गोविंद शिशुभिश्चावसीदतीम्। भा. 10–49–11
3. **एकः प्रसूयते जंतुरेक एव प्रलीयते।**
   एकोऽनुभुंक्ते सुकृतमेक एव च दुष्कृतम्।। भा. 10–49–21

होकर अधर्म में रत मूरख, धन का नित संचय करते हैं।
लेकिन कपूत अर्जित धन को, व्यसनो पर व्यय कर देते हैं।।
अतएव छोड़ कर भेद दृष्टि, सबको ही अपना मानो तुम।
सब में समता का भाव रखो, जो है अनीति वह त्यागो तुम।।
बोले धृतराष्ट्र सुनो भाई, [1]**अमृत** है तेरी बातों में।
लेकिन अनीति होती मुझसे, आकर निज सुत की घातों में।।

हरि इच्छा बलवान है, इसे मिटावे कौन।
इसके सन्मुख हो गये, नृप ओर योगी मोन।।

अक्रूर विदा लेकर सबसे, होकर निराश मथुरा आये।
कुंती की व्यथा कही हरि से, नैनो में अश्रु छलक आये।।

1. यथा वदति कल्याणीं वाचं दानपते भवान्।
तथाऽनया न तृप्यामि मर्त्याः प्राप्य यथाऽमृतम्।। भा. 10—49—29

कृष्ण चरित के गान का, मन में है संकल्प।
मदद करो माँ शारदा, मेरी प्रज्ञा अल्प।।

कंस ध्वंस से दुखित हो, उसकी [क]दोनों नार।
जरासंध के पास जा, करने लगी पुकार।।

सब हाल सुना तो मगध राज, क्रोधित होकर यह बोल उठा।
निर्मूल करूं यदुवंशिन को, कहता हूँ मैं यह भुजा उठा।।
करके प्रयास उस राजा ने, इक विकट समूह बनाया था।
तेइस [1]**अक्षोहिणि** सेना ले, वधने श्री हरि को आया था।।

सुना कृष्ण ने शत्रु है, मथुरा के चहुं ओर।
मन ही मन मुसका दिये, नटवर नंद किशोर।।

[2]**भू–भार** हरण हित ही मेने, इस पृथ्वी पर अवतार लिया।
वह समय आज प्रत्यक्ष मिला, जिसका मेने था वचन दिया।।
यदि जरासंध को मार दिया, तो युद्ध पूर्ण हो जावेगा।
पर भार भूमि का हरने का, संकल्प अपूर्ण कहावेगा।।
अतएव प्रथम सेना वध कर, मैं इसको खेल खिलाऊँगा।
फिर से सेना लेकर आवे, इस हेतु इसे उकसाऊँगा।।

खल मण्डलि को दण्ड ओर, सद्पुरूषों को त्राण।
ईश्वर पन का है यही, जग में एक प्रमाण।।
उसी समय आकाश से, दो अति भव्य विमान।
प्रभु के सन्मुख आगये, ले रण का सामान।।
खल समूह संहार हित, बलदाऊ के साथ।
यादव रक्षण को चले, रण करने यदुनाथ।।
सुन गिरिधर के [ख]शंख की, गर्जन अति विकराल।
शत्रु सहम कर डर गये, आया मानो काल।।

1. **अक्षौहिणीभिः संख्यातं भटाश्वरथकुंजरैः।।**
   मागधस्तु न हंतव्यो भूयः कर्ता बलोद्यमम्।। भा.10–50–08
2. **एतदर्थोऽवतारोऽयं भूभारहरणाय में।**
   संरक्षणाय साधूनां कृतोऽन्येषां वधाय च।। भा. 10–50–09

(क) अस्ति व प्राप्ति (ख) पांचजन्य

तत्क्षण सन्मुख आ गया, जरासंध बलवान।
बोला वह श्री कृष्ण से, उनको बालक जान।

यह युद्ध भूमि है सुन ग्वाले, दधि ओर माखन का खेल नहीं।
बौछारें यहा कृपाणों की, ग्वालिन ग्वालों का मेल नहीं।।
अतएव दूर हो नजरों से, वरना तू मारा जायेगा।
यह वीर मगधपति दुनियां में, शिशु वध का अपयश पायेगा।।
इस भांति कृष्ण को बालक कह, अपना वर्चस्व दिखाया था।
फिर युद्ध हेतु संकर्षण को, उसने प्रत्यक्ष बुलाया था।।

हरि बोले जो [1]वीर हैं, करते नहीं प्रलाप।
दर्शाते निज वीरता, रण में अपने आप।।
मृत्यु तुम्हांरी निकट है, करो न बल का गान।
युद्ध करो सब भूल कर, अपना सीना तान।।

होकर हरि वचनो से आहत, उसने मंत्री को टेर दिया।
पल में उस खल की सेना ने, श्रीराम कृष्ण को घेर लिया।।

शार्ङ्गधनुष टंकार कर, छोड़े प्रभु ने तीर।
अरि सेना दलने लगे, कृष्ण और बलवीर।।

प्रभु तीर चक्र सम चलते थे, शोणित की नदी बहाते थे।
टापू से दिखते थे हाथी, ओर अश्व मगर से दिखते थे।।
कुछ के थे हाथ कटे पल में, कुछ के सर धड़ से अलग किये।
जो भी आया सन्मुख अरि बन, उसके ही उनने प्राण लिये।।

शोणित सरिता देख कर, कायर थे भयभीत।
शूरवीर रण भूमि में, गाते थे जय गीत।।

यह नहीं पराक्रम था उनका, यह थी केवल क्रीड़ा उनकी।
श्रीराम कृष्ण जगदीश्वर थे, भू–भार हरण लीला उनकी।।

सेना का संहार कर, दौड़े श्री बलराम।
जरासंध को पकड़ कर, करने लगे तमाम।।

लक्ष्य पूर्ति हित कृष्ण ने, किया उन्हैं संकेत।
छोड़ दिया उस दुष्ट को, लौटे कुशल निकेत।।

1. **न वै शूरा विकत्थ्यंते दर्शयंत्यैव पौरूषम्।**
न गृह्णीमो बचो राजन्नातुरस्य मुमूर्षतः।। भा. 10–50–20

अपमानित जरासंध ने जब, तप हित जाने की बात कही।
मित्रों ने उसको समझाया, फिर से लड़ने में लाज नहीं।।

मथुरा में लौटे इधर, कृष्ण और बलराम।
स्वजनो ने स्वागत किया, दिया उन्है विश्राम।।
सेना लेकर मगधपति, आया सत्रह बार।
सेना सारी मर गई, मिली सदा ही हार।।

नारद का भेजा कालयवन, म्लेच्छों की सेना ले आया।
मथुरा नगरी को घेर लिया, श्री कृष्ण चन्द्र वध को धाया।।

मगध राज भी आगया, लेकर कटक महान।
मन में थी जय चाहना, कृष्ण विजय में ध्यान।।

स्वजनो की रक्षा हित प्रभु ने, सागर में नगर बसाया था।
सुरराज विश्वकर्मा जी ने, यह अद्‌भुत किला बनाया था।।
थे देववृक्ष उस नगरी में, मणियों से जड़ी अटारी थी।
मरकत मणि के थे शिखर दिव्य, अद्‌भुत घुड़साल संवांरी थी।।
सुरपति ने सभा सुधर्मा ओर, शुभ कल्पवृक्ष भी भेजा था।
इक श्यामकर्ण का श्वेत अश्व, श्री वरूण देव ने भेजा था।।
अपनी विभूति आठो [क]निधियां, द्वारिका धाम में पहुंचाई।
खुश हुए कुबेर इन्हें देकर, निधियां भी मन में हरषाई।।

निज माया से स्वजन सब, भेजे अपने धाम।
बिना शस्त्र बाहर हरी, आये करने काम।।

रूप चतुर्भुज श्याम रंग, कमल सरीखे नैन।
पीताम्बर श्री चिन्ह और, कौस्तुभ मणि अति ऐन।।

वह मकराकृत कुण्डल धारी, अद्‌भुत शोभा बरसाता था।
निःशस्त्र और पैदल चलकर, अरि से रण करने आता था।।

कालयवन श्री कृष्ण को, पैदल आता देख।
खुद भी पैदल चल दिया, रख मर्यादा रेख।।

पर कालयवन ने जब देखा, यदुवीर भाग कर जाता है।
वह भी दौड़ा बोला ग्वाले, क्या डर कर पीठ दिखाता है।।

(क) पद्म, महापद्म, मत्स्य, कूर्म, ओदक, नील, मुकंद, शंख ये आठ निधियां कुबेर ने द्वारिका को दी

पकड़ न पाये हैं जिसे, योगी सिद्ध प्रबुद्ध।
उन्हैं पकड़ने चल दिया, कालयवन हो क्रुद्ध।।

[1]**यदुकुल** में लेकर जन्म कृष्ण, क्यों अब रणछोड़ कहाते हो।
अपनी करनी से तुम खुद ही, पुरखों का नाम डुबाते हो।।

पीछे आता देख खल, हरि ने किया विचार।
तुरत गुफा में घुस गये, नटवर कृष्ण मुरार।।
देखा हरि ने सो रहा, मनुज गुफा में एक।
पीताम्बर ओढ़ा उसे, छुपे अशुभ पल देख।।

जब कालयवन ने कृष्ण जान, निज पद से प्रखर प्रहार किया।
वह मनुज चोंक कर तुरत उठा, नैनो को इस पर डार दिया।।

कालयवन पर ज्यों पड़ी, उसकी दृष्टि महान।
काया इसकी जल गई, निकले तन से प्रान।।
परिक्षित बोला कौन था, वह अद्‌भुत इंसान।
कौन वंश, किसका सुवन, बतलाओ भगवान।।

ईक्ष्वाकुवंशि मांधाता का, वह परम प्रतापी बालक था।
मुचुकुंद नाम का वह राजा, शुभ सत्य धर्म का पालक था।।
दैत्यों से वर्षों तक उसने, देवों को त्राण दिलाया था।
आशीष प्राप्त कर देवों का, विश्राम हेतु यहां आया था।।
देवों से उसने मांगा था, मैं अपनी थकन मिटाऊँगा।
बेसमय जगाने वाले को, पल भर में राख बनाऊँगा।।

इस वर से मुचुकुंद ने, किया यवन को राख।
शक्ति दिखा वरदान की, रखी देव की साख।।
हरि ने देखा हो गया, कालयवन का अन्त।
तब सन्मुख मुचुकुंद के, आये श्री भगवन्त।।

वह परम विलक्षण रूप निरख, मुचुकुंद मूर्तिवत खड़े रहे।
मुस्कान अधर पर फैल गई, कर दोनों उनके जुड़े रहे।।
बोला है नाथ नमन मेरा, मैं शरण आपकी आया हूँ।
नरश्रेष्ठ आप हैं कौन कहो, पहचान नहीं मैं पाया हूँ।।

1. **पलायनं यदुकुले जातस्य तव नोचितम्।**
इतिक्षिपन्ननुगतो नैनं प्राप हताशुभः।। भा. 10—51—08

प्रभु बोले है अंग सुन, है अनन्त मम नाम।
रज कण कोई गिन सके, गिन न सके मम काम।।

भू–भार हरण हित नृप अब मैं, वसुदेव सुवन बन आया हूँ।
वध किया कंस खल का मैने, अब तुम्हें तारने आया हूँ।।
जो चरण शरण मेरी आता, उसके सब शोच मिटाता हूँ।
भव के बन्धन छुड़वा उसके, तत्क्षण उसको अपनाता हूँ।।

चरणों में मुचुकुन्द ने, प्रभु के किया प्रणाम।
बोला अपनालो मुझे, अब हे पूरण काम।।
तप का तब आदेश दे, कर के नृप को धन्य।
बोले अगले जन्म में, होगे तुम [1]ब्रह्मण्य।।

कर श्रीकृष्ण प्रदक्षिणा, धर कर उनमें ध्यान।
बाहर आ मुचुकुन्द ने, देखा नया जहान।।

[2]छोटे–छोटे से मनुज लता, ओर छोटे पशुओं को देखा।
जाना अब कलियुग आया है, है यह सारा विधि का लेखा।।
बद्रीकाश्रम में जा उसने, केशव में ध्यान लगाया था।
सब भांति संग का त्याग किया, तप श्रद्धा को अपनाया था।।

बाहर आ प्रभु ने किया, यवन कटक संहार।
धन पहुंचाया द्वारिका, फिर आया रिपु द्वार।।

जरासंध का कटक देख, धन छोड़ भगे दोनो भाई।
जब जरासंध ने देखा तो, कुछ हंसी उसे इन पर आई।।

प्रभु भागे रण छोड़ कर, योजन वहां अनेक।
रूके प्रवर्षण देख कर, युक्ति निकाली एक।
चढ़े प्रवर्षण शिखर पर, कृष्ण और बलराम।।
बैठ शिखर पर तब किया, पल भर को विश्राम।।

नहिं मिले कृष्ण तो उस खल ने, पर्वत में आग लगाई थी।
गिरि पर से कूदे सागर में, दोनों ने जान बचाई थी।।

1. **जन्मन्यनंतरे राजन्सर्वभूत सुहृत्तमः।**
भूत्वा द्विजवरस्त्वं वै मामुपैष्यसि केवलम्।। भा. 10–51–64
2. **स वीक्ष्य क्षुल्लकान्मर्त्यान्पशून्वीरूद्वनस्पतीन्।**
मत्वा कलियुगं प्राप्तं जगाम दिशमुत्तराम्।। भा. 10–52–02

पीछा छूटा दुष्ट से, आये अपने धाम।
जरासंध लौटा मगध, समझ खत्म हरि राम।।
निज परिजन संग बस गये, कृष्ण और बलराम।
नित नूतन आनन्द से, मगन द्वारिका धाम।।
रेवत नृप की प्रिय सुता, रहा रेवती नाम।
ब्रह्मा के आदेश से, व्याही संग बलराम।।

रूक्मिणि श्री भीष्मक की कन्या, साक्षात लक्ष्मि अवतारी थी।
कर हरण कृष्ण ने ब्याह किया, वह भी उन पर बलिहारी थी।।

चौंक परीक्षित ने कहा, यह अचरज की बात।
कृष्ण चन्द्र ने किसलिये, किया हरण यह तात।।

राक्षस विवाह का यह प्रसंग, गुरूवर विस्तार सहित कहिये।
क्या प्रीति पुरातन थी इनकी, श्रीकृष्ण चरित कहते रहिये।।
[1]**गुरूदेव** कथाऐं केशव की, नित जगती का मल हरती है।
नूतन पावन ओर मधुर बड़ी, मति तृप्त न इनसे होती है।।

पावन धाम विदर्भ के, थे भीष्मक महाराज।
[क]**पांच सुवन इक सुता थी, जग प्रसिद्ध था राज।।**

रूक्मिणि ने तो मन ही मन से, श्री गिरिधर को अपनाया था।
वह प्रीति पुरातन लख हरि ने, रूक्मिणि में हिया लगाया था।।
प्रिय बहना का मन्तव्य समझ, सबने अपनी स्वीकृति दी थी।
पर रूक्मी था शिशुपाल मित्र, उससे ही शादी तय की थी।।
विश्वस्त विप्र को पास बुला, रूक्मिणि ने इक पाती दी थी।
श्री कृष्ण धाम जा ब्राह्मण ने, हरि कर में सादर धर दी थी।।

श्री हरि ने उस विप्र का, किया बड़ा सत्कार।
आसन दे पूजा करी, बरसाया निज प्यार।।

भोजन रस मधुर करा करके, हरि चरण चापने बैठ गये।
बोले [2]**सन्तोषी** सदा सुखी, सन्तोषी रहता मेरे हिये।।

1. **ब्रह्मन्कृष्णकथाः पुण्या माध्वीर्लोकमलापहाः।**
   को नु तृप्येत श्रृण्वानः श्रुतज्ञो नित्यनूतनाः।। भा.10–52–20
2. **संतुष्टो यर्हि वर्तेत ब्राह्मणो येन केनचित्।**
   अहीयमानः स्वाद्धर्मात्स ह्यस्याखिलकामधुक्।। भा.10–52–31

(क) रूक्मी, रूक्मरथ, रूक्मबाहु, रूक्मकेश, रूक्ममाली – रूक्मिणि।

जो मिल जाये उसी में, करे विप्र निज काम।
उस [1]सन्तोषी सन्त को, शिर से मेरा प्रणाम।।

सब समाचार सुन गिरिधर ने, वह पाती भी बंचवाई थी।
कोमल वाणी से ब्राह्मण ने, रूक्मिणि की व्यथा सुनाई थी।।

!! पाती !!

है अच्युत आसक्त हे, चरणो में मन देह।
आकर बहियां थाम लो, दो दासी को नेह।।
कन्या ऐसी कौन जो, तुम्हैं न माने मीत।
मैं तुमको पति मान कर, निभा रही वह रीत।।
मैं दासी हूँ आपकी, विपत हरो धनश्याम।
आकर खल शिशुपाल का, कर दो काम तमाम।।
पुण्यों का फल आप हैं, जीवन का फल आप।
मुझको प्रभु शिशुपाल का, छूना भी है पाप।।
पौरूष अपना प्रकट कर, खल मण्डल को जीत।
वरण करो मेरा प्रभू, कृष्ण निभाओ प्रीत।।
गौरी पूजन के लिये, ले सखियों को साथ।
मन्दिर में मैं आऊँगी, मिल जाना हे नाथ।।
जो दर्शन दोगे नहीं, तज दूंगी यह देह।
जनम जनम तक रखूंगी, तुमसे सच्चा नेह।।
जनमों तक भ्रमती हुई, करती तव गुणगान।
हो जाऊँगी आपकी, यह है मेरी आन।।

!! इति !!

बांह पकड़ तब विप्र की, बोले श्री भगवान।
[2]मेरे भी वह मन बसी, कैसे करूं बखान।।

1. असंतुष्टोऽसकृल्लोकानाप्नोत्यपि सुरेश्वरः।
अकिंचनोऽपि संतुष्टः शेते सर्वांगविज्वरः।। भा. 10–52–32
विप्रान्स्वलाभसंतुष्टान्साधुन्भूतसुहृत्तमान्।
निरहंकारिणः शांतान्नमस्ये शिरसाऽसकृत्।। भा. 10–52–33
2. तथाऽहमपि तच्चित्तो निद्रां च न लभे निशि।
वेदाहं रूक्मिणा द्वेषान्ममोद्वाहो निवारितः।। भा. 10–53–02

मुझसे निज वैर निभाने को, अबला को दुष्ट सताता है।
मेरा दुश्मन है रुक्म विप्र, वह अपनी मौत बुलाता है।।

[1]घर्षण से ज्यों काठ से,प्रकटे अगनी ज्वाल।
उसी तरह मथ कर उसे, ब्याहेगा यह ग्वाल।।
प्रबल जान नक्षत्र को, हो रथ पर असवार।
उसी निशा में आगये,पुर विदर्भ करतार।।
कुण्डिन पुर में हो रहा, शुभ विवाह आचार।
देव पितर पूजन सहित, गायन मंगलचार।।
चेदिराज ने भी किया, मंगल कृत्य महान।
कुण्डिनपुर में आगये, सुत विवाह अनुमान।।

शिशुपाल सजीला दूल्हा बन, सेना अपनी ले आया था।
भीष्मक ने स्वागत कर उसको, आदर देकर ठहराया था।।
फिर जरासंध संग शाल्व और, खल दंतवक्र भी आया था।
थी उसे युद्ध की आशंका, निज सेना वह भी लाया था।।

कृष्ण अकेला गया है, यह मन में अनुमान।
सेना ले बलराम जी, आये उस अस्थान।।
देर हुई अब तक नहीं, आये विप्र सुजान।
रुक्मिणि व्याकुल हो गई, कर अनिष्ठ अनुमान।।

मैं परम अभागी हूँ जिसको, श्रीहरि ने नहिं अपनाया है।
पथ भूल गया या गया नहीं, क्यों विप्र न अब तक आया है।।

पर पल भर में हो गई, पूरी उसकी आस।
देखा ब्राह्मण द्वार पर, ली तब सुख की श्र्वास।।

एकान्त मिला तब ब्राह्मण ने, सारा वृत्तान्त सुनाया था।
आगमन कृष्ण का सुन द्विज के, चरणों में शीष झुकाया था।।
भीष्मक ने जाना राम कृष्ण, उत्सव दर्शन हित आये हैं।
सेना को डेरा करवा कर, स्वागत कर वास दिलाये हैं।।
श्रीकृष्ण दरश को सब आये, सबने उस प्रिय छवि को देखा।
रुक्मिणि के योग्य यही वर है, सबके हिय का था यह लेखा।।

1. तामानयिष्य उन्मथ्य राजन्यापसदान्मृधे।
मत्परामनवधांगी मेधसोऽग्निशिखामिव।। भा.10—53—03

[1]**अपने** पुण्यों के लिये आज, देवों को सादर ध्यावेंगे।
रूक्मिणि को कृष्ण वरे ऐसा, वरदान देव से पावेंगे।।

माँ ओर सखियां साथ ले, ले पूजा का थाल।
गौरी गृह कुंवरी चली, मन में रख नंदलाल।।
गाजे बाजे साथ ले, विप्र गृहिणियों संग।
वेश्याऐं उत्तम लिये, सजी धजी सब अंग।।

सेना का पहरा था उन पर, चप्पे चप्पे पर चोकी थी।
फिर भी थी आस मिले प्रीतम, रूक्मिणि ने चाहत यह की थी।।

मंदिर में जाकर किया, गौरी को परणाम।
मनवांछित वर दो मुझे, कर दो पूरण काम।।
[2]**आशुतोष प्रभु की प्रिया, दो ऐसा वरदान।**
कृष्ण पिया होवें मेरे, बढ़े जगत में मान।।
विप्र तियाओं का किया, भाव सहित सन्मान।
वर मन वांच्छित पालिया, वर होवे भगवान।।
गिरिजा गृह से आ गई, बाहर सखियों संग।
रूप रूक्मिणी का निरख, हुए नारि नर दंग।।
उसी समय आकर रूका, रथ मन्दिर के द्वार।
शोभित थे उस पर सुनो, योगेश्वर सरकार।।
बांह प्रिया की पकड़ कर, कर रथ पर असवार।
सिंह भाग ले चल दिया, तकते रहे सियार।।

यादव दल के ही साथ कृष्ण, धीरे–धीरे बाहर आये।
अपहरण हुआ यह सुनकर के, क्रोधित हो वीर कई धाये।।

लज्जित हो अरि ने किया, महासमर का घोष।
यादव दल को आ गया, इस पर भीषण रोष।।
रूक्मिणि भय को शान्त कर, श्री हरि कमलाकान्त।
शान्त चित्त तकते रहे, वह भीषण वृत्तान्त।।

1. किंचित्सुचरितं उन्नस्तेन तुष्टास्त्रिलोककृत्।
अनुगृहणातु गृहणातु वैदर्भ्याः पाणिमच्युतः।। भा. 10–53–38

2. नमस्ते त्वांऽबिकेऽभीक्ष्णं स्वसंतानयुतां शिवाम्।
भूयात्पतिर्मे भगवानकृष्णस्तदनुमोदताम्।। भा. 10–53–46

कीच रक्त से मच गई, अंगों के थे ढ़ेर।
रामादल के सामने, रूके न अरि कुछ देर।।
जरासंध रण छोड़कर, अपने दल के साथ।
भागा उल्टे पैर खल, पीत हो गया गात।।

शिशुपाल निकट जाकर उसने, समझाया मेरी मानो तुम।
[1]**अनुकूल** कृष्ण के देव सभी, यह समय विकट पहचानो तुम।।

अनुकूलन तक देव के, रहना हमको शान्त।
फिर जीतेंगे मित्र हम, अशुभ समय उपरान्त।।
लज्जित हो घर को चला, बिन दुल्हन शिशुपाल।
हरि के वैरी का हुआ, देखो केसा हाल।।

अपमान रूक्म सह सका नहीं, सेना ले हरि की ओर चला।
संकल्प किया उस योद्धा ने, प्रण है हरि से लूंगा बदला।।

[2]बिन मारे उस ग्वाल को, बिन भगिनी के साथ।
कुंडिनपुर नहिं आऊँगा, अटल रहे यह बात।।
[3]मैं उस दुर्मति कृष्ण का, करके सब मद चूर्ण।
भगिनी को घर लाऊँगा, तब होगा प्रण पूर्ण।।
हवन भाग ले भागता, ज्यों कौआ उस भांति।
बहिन मेरी ले जारहा, ठहर जरा कुल घाति।।
ठहर ठहर करता हुआ, दौड़ा हरि की ओर।
हरि बोले शठ युद्ध कर, क्यों करता है शोर।।

भीषण बाणों से माधव ने, रथ के अश्वों को बेध दिया।
धनुष काट सारथि वध कर, ध्वज भी उस खल का मेट दिया।।

क्रोधित हो तब खड्ग ले, दौड़ा हरि की और।
मूर्ख पतंगा दौड़ता, ज्यों दीपक की और।।

1. रिपवो जिग्युरधुना काल आत्मानुसारिणी।
   तदा वयं विजेष्यामो यदा कालः प्रदक्षिणः।। **भा. 10–54–16**
2. अहत्वा समरे कृष्णमप्रत्यूह्य च रूक्मिणीम्।
   कुंडिनं न प्रवेक्ष्यामि सत्यमेतद्ब्र वीमिवः।। **भा. 10–54–20**
3. अद्याहं निशितैर्वाणेर्गोपालस्‍ य सुदुर्मतेः।
   नेष्ये वीर्यमदं येन स्वसा मे प्रसभं हृता।। **भा. 10–54–22**

खड्ग काट कर रूक्म का, ले कर में तलवार।
बकवादी वध के लिये, कृष्ण हुए तैयार।।

रूक्मिणि बोली है [1]**योगेश्वर,** है जगन्नाथ कल्याण करो।
है दैव दैव यह [क]बन्धु मेरा, है महाबाहु मत प्राण हरो।।

कायरता से रूक्म ने, पकड़े हरि के पैर।
क्यों ना हो ऐसी दशा, किया कृष्ण से बैर।।
बांधा मुख सिर मूंड कर, कीन्हां उसे विरूप।
कहा राम ने कर्म यह, नहिं अपने अनुरूप।।

है कृष्ण मूंडकर सर इसका, तुमने भी [2]**निंदित** कर्म किया।
यह तो संबंधी है अपना, नाहक इसको बेहाल किया।।

रूक्मिणि का दुख देखकर, बोले श्री बलराम।
वेसा [3]फल पाता मनुज, जैसा करता काम।।
भाई को भाई हने, यह विधि निर्मित [ख]कर्म।
क्षत्रिय कुल में है यही, शूर वीर का धर्म।।

यह अपने और पराये का, सब भाव रचा है माया ने।
है एक आत्मा जीवों की, पर विलग दिखाया माया ने।।
फिर जनम मरण के सब विकार, आत्मा से दूर हि रहते हैं।।
हे देह नष्ट होने वाली, इसको सब नश्वर कहते हैं।
घटती बढ़ती है कला नित्य, शशि छोटा बड़ा न होता है।।
यह देह तिरोहित हो चाहे, आत्मा नित शाष्वत होता है।।

1. **योगेश्वराप्रमेयात्मन् देव देव जगत्पते।**
हंतुं नार्हसि कल्याण भ्रातरं मे महाभुज।। भा.10–54–33
2. **असाध्विदं त्वया कृष्ण कृतमस्मज्जुगुप्सितम्।**
वपनं श्मश्रुकेशानां वैरूप्यं सुहृदो वधः।। भा. 10–54–37
3. **मैवास्मान्साध्व्यसूयेथा भ्रातुर्वैरूप्यचिंतया।**
सुःखदुःखदो न चान्योऽस्ति यतः स्वकृतभुक् पुमान्।। भा. 10–54–38

(क) **विश्व में धन मिल जाय बहुत, मिल जाय महीपति की ठकुराइ।**
राज्य मिले परिवार मिले, मिल जाय सगे और लोग लुगाई।।
यह सब बातें परम सुलभ, पर दुर्लभ एक सहोदर भाई।
(ख) **कर्म प्रधान विश्व करि राखा, जो जस करहिं सो तस फल चाखा।**
काउ न कोउ सुख दुःख कर दाता, निज कृत कर्म भोग सब भ्राता।। रा.च.मा.

तब हलधर ने कृष्ण से, कहा ध्यान दो भ्रात।
[1]सम्बन्धी से मत करो, कभी युद्ध की बात।।

वध योग्य करे अपराध अगर, फिर भी वध करना अनुचित है।
अपराध बोध से खुद समधी, जब मरण सदृश अपमानित है।।

जर, जोरू, जय, जीव, हित, वधते नातेदार।
उन सम्बन्धी स्वजन का, जीवन हे बेकार।।
पर हम जैसे मनुज को, है यह अनुचित कर्म।
मुक्त रूक्म को कर दिया, समझ कृष्ण ने मर्म।।

श्रीराम वचन सुन रूक्मिणि ने, बुद्धी से मन को जीत लिया।
सब भाव उदासी के त्यागे, हरि के चरणों में धरा हिया।।
प्रण भंग रूक्म ने क्रोधित हो, इक [क]नगर नवीन बसाया था।
अपमान पराजय दोनो का, उसमें कटु भाव समाया था।।

हलधर के संग द्वारिका, आये श्री भगवान।
रूक्मिणि जी थी साथ में, हुआ विजय यश गान।।
विधि से विधि पति ने किया, निज निधि के संग ब्याह।
रहा नगर में बहुत दिन, सबके मन उत्साह।।

उत्सव सा नगर सजा करके, परि पुरजन हर्ष मनाते थे।
सज धज कर विचरण करते थे, मन ही मन सब इठलाते थे।।
केकय, कुरू, सृंजय, यदु, विदर्भ, सब आमंत्रित आनंदित थे।
लक्ष्मी को लक्ष्मिकांत संग लख, सब पुरजन बहुत प्रफुल्लित थे।।

समय ठहरता है कहां, कभी एक अस्थान।
नित प्रति परिवर्तित रहे, समय बड़ा बलवान।।

श्री कृष्ण तेज से रूक्मिणि में, प्रद्युम्न लाल का जन्म हुआ।
महादेव क्रोध से भस्म हुए, श्री कामदेव ने जन्म लिया।।

यह बालक श्री कृष्ण से, था नहिं किंचित न्यून।
नित प्रति वह बढ़ने लगा, निशि चोगुन दिन दून।।

1. बंधुर्वधार्हदोषोऽपि न बंधोर्वधमर्हति।
त्याज्यः स्वेनैव दोषेण हतः किं हन्यते पुनः।। भा. 10–54–39

(क) भोजकट

इच्छाधारी दैत्य ने, शंबर जिसका नाम।
दस दिन का शिशु हर लिया, अपना अरि अनुमान।।
शिशु को फैंक समुद्र में, लौटा अपने धाम।
निगल लिया इक मत्स्य ने, हुआ न काम तमाम।।

मछुआरों ने वह मत्स्य पकड़, शंबर को जाकर भेंट किया।
भोजन शाला में चीरा तो, बालक उसमें से प्रकट हुआ।।

[क]मायावति को दे दिया, अनुचर ने वह बाल।
यह विधना का खेल है, करता नित्य कमाल।।

नारद ने आकर माया को, समझाया देवी ध्यान धरो।
यह स्वयं काम तेरा पति है, रक्षा इसकी दिन रेन करो।।

अल्प समय में हो गया, बालक तरूण समान।
रति उससे करने लगी, प्रीति कंत के मान।।
पूछा तब प्रद्युम्न ने, है यह कैसे भाव।
पत्नी सा आचार क्यों, क्यों है यह बदलाव।।

वृत्तान्त सकल कह माया ने, महामाया विद्या दी उसको।
जिसका प्रयोग कर हरि सुत ने, जीत लिया खल [ख]शंबर को।।

जय पर श्री प्रद्युम्न की, सुखी हुआ सुर वृंद।
सुमन वृष्टि नभ से हुई, हुआ पूर्ण आनन्द।।
नभ पथ से रति संग वे, आये अपने धाम।
शोभा उनकी क्या कहें, बड़ा कठिन यह काम।।
नारद से वृत्तान्त सुन, सब में था उत्साह।
परिजन सब संतुष्ट थे, पूर्ण हुई सब चाह।।

सुरसरि के तट पर यह चर्चा, रस नित नूतन वर्षाती थी।
ऋषियों संग राजा सुनता था, पर त्रषा और बढ़ जाती थी।।

शुक बोले अपराध वश, सत्राजित ने आय।
[ग]मणि ओर [घ]कन्या सोंप दी, कृष्ण चरण सिर नाय।।

(क) कामदेव की पत्नी रति
(ख) इसकी दाड़ी और मूछ लाल थी। प्रद्युम्न ने शिरच्छेद किया।
(ग) स्यमंतकमणि
(घ) सत्यभामा

राजा बोला क्या किया, था उसने अपराध।
कैसे गुरुवर कहो तो, आई थी मणि हाथ।।
क्यों निज कन्या कृष्ण को, सादर दी थी जाय।
इन सब के विस्तार बिन, मन मेरा न अघाय।।
शुक बोले राजन सुनो, यह सुन्दर वृत्तान्त।
वैसे तो श्रीकृष्ण के, कहां चरित का अन्त।।

सत्राजित को निज [क]सखा जान, सूरज ने यह मणि देदी थी।
इसका था तेज सूर्य जैसा, हरदम यह तीव्र चमकती थी।।
इकरोज कण्ठ में धारण कर, द्वारिका घूम आया था वह।
अनुचर समझे दिनकर आये, संदेश कृष्ण को भेजा यह।।

सत्राजित को जानकर, हुए न कृष्ण अधीर।
विचरण करके द्वारिका, घर पहुंचा वह वीर।।

घर जाकर तब सत्राजित ने, ब्राह्मण को शीघ्र बुलाया था।
देवालय में मणि का सादर, अस्थापन दिव्य कराया था।।

आठ [ख]भार नित स्वर्ण यह, देती थी महाराज।
प्रति दिन पूजन हो जहां, वहां सकल शुभ काज।।

दुर्भिक्ष महामारी जैसे, उत्पात न होने पाते थे।
विषधर भी दूर सदा रहते, मायावी लोक न आते थे।।

उग्रसेन जी के लिये, गये कृष्ण इक बार।
मणि मांगी तो कर दिया, लोभी ने [ग]इनकार।।
अनहोनी का हो गया, उस पर वज्र प्रहार।
बंधु गले मणि बांधकर, करने गया शिकार।।
अश्व सहित इक सिंह ने, इसका किया शिकार।
मणि को लेकर चल दिया, इन दोनो को मार।।
मणि इच्छा से ऋक्ष इक, जाम्बवान था नाम।
क्रोधित लपका शेर पर, पल में किया तमाम।।
बिल में जाकर सोंप दी, मणि निज सुत के हाथ।
समय कराता है सुनो, करम न अपने हाथ।।

(क) सत्राजित सूर्य भक्त था। सूर्य इसे मित्र मानते थे।
(ख) चार सौ तोलों की एक तुला व बीस तुला का एक भार।
(ग) भगवान को अर्पण किये बिना भोगी गई वस्तु चाहे अनिष्ट मिटाने वाली हो अनिष्ट ही करेगी।

अधिक दिवस तक जब नहीं, आया उसका बीर।
सत्राजित मणि के लिये, होने लगा अधीर।।

उसके मन में शंका व्यापी, यह कृष्ण चन्द्र की माया है।
उसने ही हरी मणी मेरी, यह कपट उसी को आया है।।

खोई मणि को ढूंढने, ले निज जन को साथ।
शक निर्मूलन हित चले, कृष्ण द्वारिका नाथ।।
सारंग सिंह प्रसेन के, देखे जब कंकाल।
तुरत गुफा में धुस गये, लोग हुए बेहाल।।
हरि ने वह मणि देख ली, इक बालक के पास।
दाई चीखी आ गया, जाम्बवान हरि पास।।

आयुध पत्थर वृक्षादि फैंक, क्रोधित हो हरि से द्वंद किया।
था जाम्बवान अति बलशाली, अट्ठाइस निशिदिन युद्ध किया।।

शिथिल हो गया ऋक्षपति, खाकर मुष्टि प्रहार।
तत्क्षण उसके खुल गये, बुद्धी के सब द्वार।।

बोला हो नाथ जगत कारण, हो प्रथम पुरूष निष्काम आप।
सह ओज और बल धारी हो, हो इष्ट मेरे श्रीराम आप।।

हरि ने जाना हो गया, ऋक्षराज को ज्ञान।
कर धर उसकी देह पर, हरा कष्ट का भान।।

हे जाम्बवान इस मणि कारण, मुझ पर कलंक इक आया था।
मैं उसे मिटाने के खातिर, निज स्वजनो को संग लाया था।।

ऋक्षराज ने तब दिया, अद्भुत मणि के साथ।
कृष्ण चन्द्र के हाथ में, जाम्बवती का हाथ।।

गुफाद्वार पर स्वजन सभी, बारह दिन तक पथ देख थके।
द्वारिका लौट कर सब आये, मन थे अनहोनी में भटके।।

सत्राजित् को कोस कर, दैविक विपदा जान।
[क]कुलदेवी के चरण में, दिया सभी ने ध्यान।।
कुछ दिन बीते आ गये, भार्या संग नंदलाल।
परिजन हर्षित हो गये, सुन कर मणि का हाल।।

सत्राजित को आमंत्रित कर, मणि देकर दाग मिटाया था।
अपराध बोध से वह राजा, मन ही मन अति शरमाया था।।

(क) चन्द्रभागा नाम कुलदेवी का अनुष्ठान किया।

प्रायश्चित कर सत्राजित ने, इक उत्सव दिव्य रचाया था।
अर्पित कर कन्या श्री हरि को, मणि देकर हर्ष जताया था।।

विधि से विधि निधि ने किया, सतभामा संग ब्याह।
नगर द्वारिका में रहा, महिनो परम उछाह।।
मणि लौटाई कृष्ण ने, कहा न इसकी चाह।
हम [क]फलभागी हैं सुनो, इससे बढ़ती दाह।।

लाक्षागृह वृत्तान्त सुन, लेने सबके हाल।
कुरू रजधानी को गये, दाऊ संग गोपाल।।

अक्रूर और कृतवर्मा ने, उकसाया था शतधन्वा को।
उसने सत्राजित वध डाला, प्रतिशोध कृष्ण से लेने को।।

रख सत्राजित देह को, भरकर तेल कडाह।
सतभामा पति डिग गई, करती करूण कराह।।

श्री राम कृष्ण ने यह सुनकर, दीनो की भांति विलाप किया।
द्वारिका लौट शतधन्वा के, वध हेतु तनिक उद्योग किया।।

शतधन्वा की कम हुई, ज्यों ही जीवन आस।
पास गया अक्रूर के, होकर अधिक निरास।।

श्वफलक सुत ने यों समझाया, [1]**प्रभु** की चेष्टा का पार नहीं।
वह पालक सृजक संहारक है, माया का पारावार नहीं।।

छत्रक सम धारण किया, गिरि जिसने निज हाथ।
[2]सात वर्ष की आयु में, व्रज को किया सनाथ।।

उन अद्भुत चरित महाप्रभु को, जो है अनन्त सबके दाता।
उन निर्विकार केशव जी को, मैं तो बस [3]**नमन** किये जाता।।

1. **य इदं लीलया विश्वं सृजत्यवति हंति च।**
चेष्टां विश्वसृजो यस्य न विदुर्मोहिताऽजया।। भा. 10—57—15
2. **यः सप्तहायनः शैलमुत्पाट्यैकेन पाणिना।**
दधार लीलया बाल उच्छिलींघ्रमिवार्भकः।। भा. 10—57—16
3. **नमस्तमै भगवते कृष्णायाद्भुतकर्मणे।**
अनंतायादिभूताय कूटस्थायाऽऽत्मने नमः।। भा. 10—57—17

(क) सत्राजित को पुत्र नहीं था सो सब कुछ दामाद कृष्ण का ही था।

वह मणि दे अक्रूर को, होकर [क]अश्व सवार।
हरि से बचने को चला, अति मतिमन्द गंवार।।
तब रथ पर आरूढ़ हो, बलदाऊ के साथ।
शतधन्वा वध को चले, कृष्ण द्वारिका नाथ।।
मिथिला उपवन में गिरा, शत धन्वा का अश्व।
पैदल भागा अश्व तज, थे पीछे हर्यश्व।।
चक्र चला श्री कृष्ण ने, काटा उसका सीस।
मणी न मिलने से जगी, एक अजब सी टीस।।

शंका की श्रीराम ने, किया नहीं विश्वास।
भार्या के हित छल किया, मणि माधव के पास।।

बोले माधव मैं कुछ दिन हित, मिथिला नगरी में जाऊँगा।
है मित्र विदेह परम मेरे, उनसे मिलकर फिर आऊँगा।।

कई वर्ष तक वे रहे, मिथिला पति के संग।
शुभ सत्संग होता रहा, किया न वह रस भंग।।

[1]धृतराष्ट्र सुवन दुर्योधन ने, दाऊ को गुरू बनाया था।
मिथिला में गदा युद्ध कौशल, श्रद्धा से उसने पाया था।।

गिरिधर लौटे द्वारिका, बतलाई सब बात।
सतभामा को शक हुआ, हुआ मेरे संग घात।।

विश्वास न होता बातों पर, है भेद कृष्ण जी के मन में।
मणि दे दी है संकर्षण को, यह सोच ताप छाया तन में।।
तब क्रिया श्वसुर की कर प्रभु ने, अपना सब फर्ज निभाया था।
जिसका दे पिण्ड स्वयं माधव, क्या भाग्य श्वसुर बन पाया था।।
अक्रूर और कृतवर्मा को, शतधन्वा वध से त्रास हुआ।
द्वारिका छोड़दी दोनों ने, इससे अरिक्त तत्काल हुआ।।
अक्रूर जहां पर होते हैं, दुर्भिक्ष न उस थल होता है।
वर्षा होती है खूब और, नहिं ताप वहां कुछ होता है।।

सादर तब अक्रूर को, बुलवाया उस धाम।
मणि दिखला कर राम को, पाया कुछ आराम।।

1. उवास तस्यां कतिचिन्मिथिलायां समा विभु।।
मानितः प्रीतियुक्तेन। जनकेन महात्मना।।
ततोऽशिक्षद्गदां काले धार्तराष्ट्रः सुयोधनः।। भा. 10–57–26

(क) सो योजन जाने वाले घोड़े पर सवार होकर चला।

सबकी शंका दूर कर, हो कलंक से साफ।
मणि देदी अक्रूर को, किया स्वजन को माफ।।

यह चरित नित्य जो पढ़ते हैं, पापों को दूर भगाते हैं।
श्रृद्धा पूर्वक सुनने वाले, अपना कलंक धुलवाते हैं।।

श्रीकृष्ण पाण्डवों से मिलने, सात्यकी आदि के साथ गये।
दिल्ली में स्वजनों ने माना, अब भाग हमारे जाग गये।।

युद्धिष्ठिर और भीम के, गले मिले धनश्याम।
नकुल और सहदेव ने, प्रभु को किया प्रणाम।।
फिर माधव ने पार्थ को, लीन्हां अंग लगाय।
नव–दुल्हन ने कृष्ण के, छूए चरण लजाय।।
कुंती बूआ को किया, हरि ने दण्ड प्रणाम।
सजल नयन कहने लगी, जय पाओ घनश्याम।।

[1]**हे** जगत बन्धु तेरा मेरा, यह भाव न तुममें रहता है।
आत्मा से जो सुमिरण करते, तू उनका रक्षण करता है।।
जो सुमिरण करते हैं तेरा, उनका है ह्रदय निवास तेरा।
सब क्लेश नष्ट हो जाते हैं, जहां होता माधव वास तेरा।।
युद्धिष्ठिर बोला कौन कर्म, है नाथ हुए शुभ जीवन में।
योगीजन को जो है दुर्लभ, वे आज पधारे हें घर में।।

इन्द्रप्रस्थ में ही रहे, चतुर्मास भगवान।
पाण्डु सुतों से कौन हे, इस जग में धनवान।।

दिनकर तनया [क]कालिंदी से, श्री हरि ने ब्याह रचाया था।
[ख]हरकर फूफी की पुत्री को, अर्द्धांगिनि उसे बनाया था।।

1. न तेऽस्ति स्वपरभ्रांतिर्विश्वस्य सुहृदात्मनः।
तथाऽपि स्मरतां शश्वत्क्लेशान्हंसि हृदि स्थितः।। भा. 10–58–10

(क) एक बार अर्जुन के साथ यमुना जल पीने गये। वहां तट पर एक सुन्दरी को देखा। अर्जुन ने जाकर पूछा–तुम कौन हो और क्या चाहती हो। वह कन्या बोली, "मैं सूर्य तनया कालिंदी हूँ। श्री विष्णु को पति पाने हित तप कर रही हूँ। हरिदर्शन होने तक यमुना जल में निवास करूंगी। श्रीकृष्ण उसे द्वारिका लाये और शुभ नक्षत्र में ब्याह किया।

(ख) अपनी फूफी राजाधिदेवी की पुत्री मित्रवृंदा (बिंद, अनुबिंद की बहिन) का हरण कर ब्याह किया। भाई दुर्योधन के पक्षधर थे।

[क]कोशलपति का प्रण निभा, किया सुता से ब्याह।
सत्या आई द्वारिका, सबमें रहा उछाह।।
[ख]श्रुतिकीरति की प्रिय सुता, भद्रा जिसका नाम।
ब्याह उसे श्रीकृष्ण जी, लाये अपने धाम।।
हरण [ग]लक्ष्मणा का किया, मद्र देश में जाय।
भोमासुर को जीत कर, किये अनेकों ब्याह।।

अभिमन्यु तनय ने तब पूछा, अब गुरूवर यह वृत्तान्त कहो।
भोमासुर वध का वर्णन कर, उत्सुकता मेरी शान्त करो।।

धन्य तुम्हांरी सुमति को, बोले श्री शुकदेव।
कृष्ण चरित में चित दिया, तुम पर रीझें देव।।
शचिपति ने आकर कहा, सुनलो दीन दयाल।
तुम बिन मेरे राज्य का, बिगड़ रहा सब हाल।।

है नाथ विकट भोमासुर ने, श्री वरूण छत्र का हरण किया।
मेरी माता के कुण्डल ले, मणिपर्वत पर अधिकार किया।।

[घ]सतभामा को साथ ले, गरूड़ चढ़े भगवान।
प्राग्ज्योतिष्पुर पहुंच कर, किया विकट घमसान।।

(क) कोशल नरेश नग्नजित ने प्रणकिया कि "गंध का भी सहन न करने वाले दुष्ट सात सांडो को जीतने वाला ही मेरी कन्या नग्नजिती (सत्या) को ब्याहेगा।" सब राजा असफल रहे। श्रीकृष्ण आये। राजा ने सत्कार व कन्या ने पति पाने की प्रार्थना (भगवान्ममकेनतुष्येत" भगवान मुझ पर कैसे प्रसन्न हों?) की। श्रीकृष्ण ने सात रूप धर, कमर कस सांडों को वश किया तथा बांध कर ले आये। राजा ने साश्चर्य कन्या सोंपी। प्रभु ने प्राणिग्रहण किया। दहेज में दस सहस्त्र गायें, गले में धुकधुकी धारण किये तीन सहस्त्र दासियां, नौ सहस्त्र हाथी, नो लाख रथ, नौ करोड़ घोड़े नौ पद्म प्यादे दिये। सांड से परास्त राजाओं ने मार्ग में घेरा जिन्हैं अर्जुन ने मार भगाया।

(ख) श्री कृष्ण ने संतर्दन आदि भाइयों के देने पर अपनी फूफी श्रुतिकीर्ति की कन्या भद्रा जो कैकय देश में प्रकटी उससे ब्याह किया।

(ग) मद्रदेश की राजकन्या लक्ष्मणा का स्वयंवर से श्री कृष्ण ने हरण किया।

(घ) इन्द्र ने सत्यभामा भवन में विनय की थी सो कोतुहल हेतु साथ ले गये। दूसरे पृथ्वी की प्रार्थना पर प्रभु ने कहा था हम तेरे कहने पर ही तेरे पुत्र भोम को मारेंगे। सत्यभामा पृथ्वी का ही अवतार है। इसलिये सत्यभामा को साथ लेगये थे।

सब [क]दुर्ग डहाकर निसिचर के, जब अपना शंख बजाया था।
मुरदैत्य युद्ध करने हरि से, तब आग [ख]उगलता आया था।।

बाणों से मुंह भर दिये, कर न सका वह आह।
शिरच्छेद कर चक्र से, दिखलाई शुभ राह।।
[ग]सातों सुत उस असुर के, दिये कृष्ण ने मार।
हरि कर से निर्वाण पा, हुए सभी खल पार।।
भोमासुर तब आ गया, करता विकट प्रलाप।
हरि ने अपने तीर से, दिया उसे संताप।।

कुछ देर खिलाया खेल उसे, फिर भीषण शस्त्र प्रहार किया।
कर शिरच्छेद भौमासुर का, पृथ्वी का भार उतार दिया।।

डूब गया दुःख सिन्धु में, सकल दैत्य समुदाय।
पुष्प वृष्टि करने लगे, सभी देव हरषाय।।
पृथ्वी आई सामने, ले वैजन्ती माल।
कुंडल मणि ओर छत्र भी, सोंप दिये तत्काल।।

बहु भांति विनय कर माधव की, भगदत्त चरण में डाल दिया।
भोमासुर सुत की विनती पर, प्रभु ने भी अभय प्रदान किया।।

भोमासुर के घर गये, सादर श्री घनश्याम।
नृप बालाऐं मुक्त कर, भेजी अपने धाम।।
शोड़ष सहसरू एक सो, की बालाऐं मुक्त।
तन मन से वे होगई, थी माधव संयुक्त।।
[घ]गज रथ घोड़े और धन, पहुंचाया निज धाम।
सतभामा को साथ ले, गये इन्द्र गृह श्याम।।

अदिती माता को कुंडल दे, शुभ कल्पवृक्ष को उठा लिया।
शचिपति ने तनिक विरोध किया, रण करके उसको हरा दिया।।

(क) प्राग्ज्योतिषपुर गिरिदुर्ग, शस्त्रदुर्ग, जलदुर्ग, अग्निदुर्ग, वायुदुर्ग से सुदृढ़ दस हजार मुरदैत्य की पासों से घिरा था। भगवान ने गदा से गिरि, बाणों से शस्त्र, चक्र से अग्नि जल वायु दुर्ग तोड़े व खड्ग से मुरपाश काटे। शंखनाद से यंत्र व मन, गदा से कोट तोड़ा।

(ख) पांच मुंह से।

(ग) ताम्र, अंतरिक्ष, श्रवण, विभासुर, वसु, नभस्वान, अरूण ये सात मुरूपुत्र पीठ नाम सेनापति के साथ आये।

(घ) एरावत कुल के चोंसठ हाथी।

व्यवहार विकट इन देवों का, कोई न समझ पाया इनको।
कुछ त्याग न वे कर पाते हैं, दिखता है स्वार्थ सदा जिनको।।
[1]**निज** कार्य सिद्धि हित चरणों में, ये प्रथम मुकुट धर देते हैं।
अवसर का लाभ उठा करके, भोंहें तिरछी कर लेते हैं।।
धिक्कार धनिकता को इनकी, बुद्धी को सदा भ्रमाती है।
स्वारथ के सिवा अन्य बातें, देवों को नहीं सुहाती हैं।।

[क]सतभामा के बाग में, किया कल्पतरू वास।
भौंरो को भी मिल गया, द्वारापुर अनयास।।
हरि ने आकर द्वारिका, धारे [ख]उतने रूप।
पाणिग्रहण सबसे किया, कुल विधि के अनुरूप।।
प्रथक प्रथक सब को दिया, धाम द्वारिका वास।
रमण सभी के संग किया, जीत लिया विश्वास।।
महलों में थी दासियां, करने को सब काम।
पर हरि सेवा रानियां, करती आठों याम।।
नित नूतन उल्हास में, बीत रहे दिन रेन।
धाम द्वारिका में बसा, सुख आनंद संग चेन।।
एक दिवस हरि ने किया, रूक्मिणि से कुछ हास्य।
प्रीति बढ़ी ओर सुख मिला, दूर हुआ नैराश्य।।

सोये थे नाथ बिछोने पर, रूक्मिणि जी सेवा करती थी।
इस युगल मूर्ति की छवि पर तो, सुन्दरता पानी भरती थी।।

1. ययाच आनम्य किरीटकोटिभिः पादौ स्पृशन्नच्युतमर्थसाधनम्।
सिद्धार्थ एतेन विगृह्यते महानहो सुराणां च तमो धिगाढ्यताम्।। भा. 10–59–41

(क) कलह प्रिय नारद ने एक बार रूक्मिणि महल में भगवान को कल्पवृक्ष का फूल दिया था। प्रभु ने वह रूक्मिणि को दे दिया। सत्यभामा के महल में जा नारद ने कहा प्रभु को रूक्मिणि से प्यारी कोई रानी नहीं। प्रभु ने रूक्मिणि को कल्पपुष्प भेंट किया है। तब कूपित सत्यभामा को प्रभु ने कहा मैं तुम्हारे लिये कल्पवृक्ष ही लादूंगा।।

(ख) जितनी स्त्रियां थी प्रभु ने उतने ही स्वरूप बनाकर अलग अलग महल में एक ही मुहूर्त में एक साथ विधिपूर्वक ब्याह किया।।

भगवन बोले ए प्रिया तुम्हें, नृप कई वरण को आतुर थे।
क्यों हमें वरा जो दीन हीन, राजाओं से भय कातर थे।।

निर्धन भजते हैं मुझे, देवी आठों याम।
उनका मन मन्दिर मेरा, मैं रहता उस धाम।।

अतएव छोड़ इस कायर को, उत्तम क्षत्रिय को वरलो तुम।
मैं नहीं चाहता धन सुत सुख, इस क्रिया रहित को तज दो तुम।।

गर्व हरण के हित किया, था यह सकल उपाय।
रूक्मिणि जी रोने लगी, गिरी मूर्छा खाय।।

तब रूप चतुर्भुज धर हरि ने, प्यारी को शीघ्र उठाया था।
बोले तिरछी भ्रकुटी के हित, मेने कुछ तुम्हें सताया था।।
[1]**भामिनि** गृहस्थ अपने घर में, यह अवसर नियमित पाते हैं।
अपने प्रिय से करके विनोद, जीवन को सरस बनाते हैं।।
प्रभु के आक्षेपों से प्रिय ने, प्रत्युत्तर मधुर दिये राजन।
जिनको सुनकर नारायण का, मन हुआ प्रिया में और मगन।।
तुम श्रेष्ठ मेरी भार्याओं में, व्यवहार मेरे मन भाया है।
परित्याग श्रेष्ठ नृप वीरों को, तुमने मुझको [क]अपनाया है।।
इस तरह गृहस्थ के कर्मों में, श्रीकृष्ण निरत नित रहते थे।
लक्ष्मी अंशा रूक्मिणि समान, प्रभु रमण सभी संग करते थे।।

रूक्मिणि [ख]वृंदा जाम्बवती, [ग]सत्या भद्रा [घ]भाम।
कालिंदी ओर लक्ष्मणा, ये पटरानी नाम।।

समयानुसार हर रानी घर, दस दस पुत्रों ने जन्म लिया।
सबने नित माधव सेवा कर, अपने जीवन को धन्य किया।।
प्रद्युम्न रूक्मिणि के सुत थे, जो रूक्मवती संग ब्याहे थे।
यह रूक्मदेव की कन्या थी, जो कृष्ण चन्द्र के साले थे।।
परिक्षित ने पूछा ओ गुरूवर, कैसे यह सब आश्चर्य हुआ।
शत्रू सुत को कन्या देदी, क्या रूक्मदेव ने सहज किया।।

1. **अयं हि परमो लाभो गृहेषु गृहमेधिनाम्।**
यन्नर्मैर्नीयते यामः प्रियया भीरू भामिनि।। भा. 10–60–31

(क) **मैने तुम्हांरे भाई को विरूप किया, अनिरूद्ध के विवाह समय जुआरियों की सभा में रूक्म को मार डाला फिर भी तुम मुझसे स्नेह करती हो।**

(ख) **मित्रवृन्दा** (ग) **नाग्नजिती** (घ) **सत्यभामा**

शुक मुनि बोले उस कन्या को, प्रद्युम्न स्वयंवर में भाया।
वह जीत शत्रु राजाओं को, प्रिय रूक्मवती को हर लाया।।
अपनी भगिनी की खुशी हेतु, यह कार्य रूक्म को भाया था।
प्रद्युम्न भानजे को उसने, अपना दामाद बनाया था।।

प्रद्युम्न सुवन अनिरूद्ध का, हुआ विलक्षण ब्याह।
रूक्मी ने दी [क]रोचना, मन में रख उत्साह।

नृप एक समय बलदाऊ ने, रूक्मी संग [ख]द्यूत रचाया था।
छल करने पर शठ रूक्मी को, वध करके मजा चखाया था।।

परिक्षित ने पूछा ओ गुरूवर, अनहोनी का वर्णन कर दो।
श्रीकृष्ण संग शिव शंकर का, क्यों हुआ युद्ध वह सब कह दो।।

शुक बोले राजन सुनो, पूरा यह वृत्तान्त।
बाणासुर संग जो हुई, घटना अद्योपान्त।।

बलि के सौ पुत्रों में राजन, यह ज्येष्ट सुवन बाणासुर था।
जो अति उदार ओर सत्यव्रती, भोले शंकर का सेवक था।।

शोणितपुर में असुर का, था अद्भुत साम्राज्य।
सुर सुश्रुषा करते वहां, बाण चलाता राज्य।

जब एक बार श्री शंकर ने, नर्तन में चित्त लगाया था।
तब सहस बाहु से वाद्य बजा, इसने हर को हरषाया था।।

खुश होकर हर ने कहा, मांग पुत्र वर मांग।
पालक होवो पुरी के, लिया यहीं वर मांग।।
एक समय हर से कहा, भुजा मेरी सब भार।
मुझसे रण हित है नहीं, कोई भी तैयार।।
क्रोधित हो हर ने कहा, जब होगा ध्वज भंग।
गर्व चूर होगा तेरा, कर योद्धा से जंग।।

बाणासुर तनया ऊषा ने, सपने में एक युवक देखा।
हो गया समागम भी उससे, कह सकी नहीं जग कर लेखा।।

(क) रूक्म ने अपने दोहित्र अनिरूद्ध को अपनी नातिन रोचना ब्याही।
(ख) विवाह समय कलिंग देश के राजा ने रूक्म को बलराम जी से द्यूत के लिये उकसाया। रूक्म ने छल किया। तो कलिंग राज ने राम की हंसी की। दूसरी बार राम ने दस करोड़ का दाव लगाया। जीते। रूक्म ने छल किया। आकाशवाणी ने सच कहा जिसे नकार कलिंग राज ने हंसी की रूक्म ने राम पर व्यंग्य किया। तब क्रोधित हो राम ने मांगलिक समय में रूक्म को मार दिया। कलिंग राज के दांत तोड़े। कृष्ण ने न अच्छा न बुरा कहा।

मंत्री कुभांड की कन्या को, उसने सब हाल सुनाया था।
अतृप्त छोड़ जाने का दुख, आहत हो उसे बताया था।।
लेखा बोली ए राज कुंवरि, इस दुःख से मत घबराओ तुम।
करदो [क]उसका नख शिख वर्णन, फिर सुख से समय बिताओ तुम।।
सब देव यक्ष गंधर्वों के, [ख]चित्रा ने चित्र बनाये थे।
श्रीराम कृष्ण प्रद्युम्न सभी, चित्रित कर उसे दिखाये थे।।
प्रद्युम्न चित्र जब देखा तो, ऊषा को कुछ संकोच हुआ।
बोली ये श्वसुर सखी मेरे, इनके ही सुत से नेह हुआ।।

देखा जब अनिरूद्ध को, सकुचे उसके नैन।
मन्द हास्य मुख पर रहा, बोल न पाई बैन।।
सखि ने अपने योग से, हरा कृष्ण का लाल।
पाकर प्रिय अनिरूद्ध को, ऊषा थी खुशहाल।।
गुप्त रखा अनिरूद्ध को, हुई रमण में मस्त।
भेंट कई अर्पण करी,हुई पिया संग व्यस्त।।
पहरेदारों ने दिया, नृप को यह संदेश।
बाणासुर को आ गया, सुनकर अति आवेश।।

ऊषा के मन्दिर में जाकर, जब सुन्दर कुंवर निहारा था।
पकड़ो बांधो इस कपटी को, सेनिक पर बाण दहाड़ा था।।
प्रद्युम्न तनय ने पल में ही, सारे सेनिक संहार दिये।
तब बाणासुर ने आगे बढ़, इक नागपाश में बांध लिये।।

ऊषा तब करने लगी, होकर दुखित कलाप।
किन्तु पिता पिघला नहीं, सुनकर करूण विलाप।।

बीते थे राजन चतुर्मास, पर खबर न सुत की पाई थी।
तब देवऋषि नारद जी ने, आकर सब बात बताई थी।।
श्रीकृष्ण सहित सारे यादव, क्रोधित हो शोणितपुर आये।
बारह [ग]अक्षोहिणि सेना को, बाणासुर के वध हित लाये।।

(क) **अनिरूद्ध**

(ख) **बाणासुर के मंत्री कुभांड की कन्या चित्रलेखा यह बड़ी कुशल चितेरी व मायावी थी।**

(ग) **इक्कीस हजार आठ सो सत्तर रथ। इतने ही गजपति। पैंसठ हजार छः सो दस अश्वपति व एक लाख नो हजार साड़े तीन सो पत्ति (पैदल)। इसे एक अक्षौहिणी कहते हैं।**

यादव सेना छा गई, पुर के चारों ओर।
बाणासुर सैनिक चले, करते भीषण शोर।।

शोणितपुर की रक्षा हित तब, पुर पालक शंकर जी धाये।
पार्षदों और पुत्रों के संग, नंदी पर चढ़ लड़ने आये।।

कृष्ण संग शंकर भिड़े, ओर प्रद्युम्न [क]कुमार।
इस अद्भुत संग्राम का, कहे कौन विस्तार।

जृंभणास्त्र साध कर केशव ने, शिवजी को मोहित कर डाला।
जम्हाई लेते रहे शंभु, हरि ने सेना को वध डाला।।

घायल रण में हो गये, जब श्री गौरि कुमार।
भागे वे रण छोड़ कर, हो मयूर असवार।।

पांच सौ धनुष चढ़ा कर तब, बाणासुर रण करने आया।
लेकिन श्री हरि के तीरों ने, सबको खंडित कर लटकाया।।

वध हित दौड़े कृष्ण तो, हो वसनो से हीन।
बाण [ख]जननि आई वहां, केश खोल हो दीन।।
देख उसे मुंह फैर कर, खड़े रहे भगवान।
बाणासुर पुर में गया, दे अवसर पर ध्यान।।

तब तीन पैर मस्तक वाला, इक ज्वर हरि से लड़ने आया।
ज्वर शीत बनाया केशव ने, रण भीषण दोनो में छाया।।

माहेश्वर ज्वर से हुई, वैष्णव ज्वर की जंग।
योद्धा सारे रह गये, युद्ध देख कर दंग।।
पीड़ित हो हर ज्वर तभी, आया हरि के पास।
अस्तुति कर कहने लगा, हे हरि हर लो त्रास।।

भय से निवृत्त किया [1]**ज्वर** को, ओर श्रीहरि ने इक बात कही।
जो स्मरण करे इस वार्ता का, तुम उसे सताना कभी नहीं।।

बाणासुर फिर आगया, करने को संग्राम।
काट भुजाऐं हरि बढ़े, करने काम तमाम।।

1. **त्रिशिरस्ते प्रसन्नोऽस्मि व्येतु ते मज्ज्वराद्भयम्।**
यो नौ स्मरति संवादं तस्य त्वन्न भवेद्भयम्।। भा. 10–63–29

(क) कार्तिकेय (ख) कोटरा

तब रूद्र देव ने सन्मुख आ, श्री हरि जी का यश गान किया।
प्रहलाद समान कृपा कर दो, मैने ही इसको अभय दिया।।

हरि बोले होगा वही, जो चाहेंगे आप।
चाहे कितने ही बड़े, हों इस खल के पाप।।
मैने भी प्रहलाद को, दीन्हा था [1]वरदान।
तेरे कुल जन ना वधूं, है यह मेरी आन।।

प्रभु के पार्षद की चार भुजा, हर अजर अमर हो जायेगी।
दुनियां की कोई भी शक्ती, भय इसको नहीं दिखायेंगे।।

बाणासुर ने धर दिया, कृष्ण चरण में शीष।
सन्मुख लाया वर वधू, बोला दो आशीष।।
आज्ञा ले हर की चले, कृष्ण द्वारिका नाथ।
पुरजन ने स्वागत किया, दुलहा दलहिन साथ।।

[2]**शिव** और कृष्ण का रण प्रसंग, जो प्रातः मन में लाता है।
वह जीवन के हर इक रण में, नहिं कभी पराजय पाता है।।

श्री कृष्ण चन्द्र के सकल सुवन, नितप्रति नव क्रीड़ा करते थे।
महलों उपवन गिरि आश्रम में, सुख पूर्वक सदा विचरते थे।।
सांब संग इक उपवन में, वे सब क्रीड़ा करने आये।
जब थके त्रषा की तृप्ति हेतु, [क]केवट की ओर सभी धाये।।

खाली [क]कूएँ में दिखा, गिरिसम गिरगिट एक।
सोचा बाहर कर इसे, करें कर्म यह नेक।।

सबने ही अपने कौशल का, भरपूर प्रयोग किया राजन।
गिरगिट को नहीं निकाल सके, नहिं सफल हुआ कोई साधन।।

घर जाकर श्रीकृष्ण से, कहा सकल वृत्तान्त।
तात बचालो नहीं तो, हो जावेगा अन्त।।

श्रीकृष्ण चन्द्र ने तब जाकर, लीला से उसे निकाल दिया।
उसने भी गिरगिट देह त्याग, इक देवमूर्ति का रूप लिया।।

1. **अवध्योऽयं ममाप्येष वैरोचनिसुतोऽसुरः।**
प्रह्लादाय वरो दत्तो न वध्यो मे तवान्वयः।। भा. 10–63–47
2. **य एवं कृष्णविजयं शंकरेण च संयुगम्।**
संस्मरेत्प्रातरूत्थाय न तस्यस्यात्पराजयः।। भा. 10–63–53

हरि ने पूछा कौन हो, हमें कहो श्रीमान्।
यह कैसा आश्चर्य है, सके न हम पहचान।।

है नाथ नाम नृग है मेरा, ईक्ष्वाकु वंश में जन्मा हूँ।
अग्रणी दान देने में था, फल एक भूल का भुगता हूँ।।
[1]**वसुधा** में रजकण हैं जितने, नभ में प्रभु जितने तारे हैं।
वर्षा की धाराओं जितनी, गौ देकर विप्र दुलारे हैं।।

मेरी गौ संग आ मिली, इक ब्राह्मण की गाय।
भान रहा मुझको नहीं, दान करी हरषाय।।

दो विप्रों में इस गाय हेतु, प्रभुवर भीषण संग्राम हुआ।
मैने दोनों से विनती की, पर क्रोध न उनका शान्त हुआ।।

जो छोड़ेगा गाय को, होकर मेरा सहाय।
एक लक्ष गउ मैं उसे, दूंगा तब हरषाय।।
दोनो ने तब क्रोध कर, दिया गऊ को छोड़।
मेरे जीवन में प्रभू, तब से आया मोड़।।

अवसर आया यमदूतों ने, बोला है पुण्य महान तेरे।
पूछा पहिले क्या भोगोगे, है पाप तनिक नृगराज तेरे।।

पाप तभी स्वीकार कर, पाया गिरगिट रूप।
कृपा आपकी हो गई, छुड़ा दिया भव कूप।।

[2]**है** नाथ आपके चरणों में, मैं अपना शीष झुकाता हूँ।
है जगन्नाथ ऋषिकेश प्रभु, अब देवगती को जाता हूँ।।
है अव्यय अच्युत नारायण, जहां जहां यह जीव रहे।
है पुरुषोत्तम श्री कृष्णचन्द्र, तेरे चरणों में रमा रहे।।

1. यावंत्य सिकता भूमेर्यावंत्यो दिवि तारकाः।
यावंत्यो वर्षधाराश्च तावतीरददं स्म गाः।। भा. 10–64–12

2. देव देव जगन्नाथ गोविंद पुरूषोत्तम।
नारायण ऋषीकेश पुण्यश्लोकाच्युताव्यय।। भा. 10–64–27
अनुजानीहि मां कृष्ण यातं देवगतिं प्रभो।
यत्र क्वापि सतश्चेतो भूयान्मे त्वत्पदास्पदम्।। भा. 10–64–28
नमस्ते सर्वभावाय ब्रह्मणेऽनंतशक्तये।
कृष्णाय वासुदेवाय योगानां पतये नमः।। भा. 10–64–29

है सृष्टि सृजन करने वाले, है सर्वजीव आश्रय स्वामी।
है परमब्रह्म गोविन्द देव, तव चरण कमल में प्रणमामी।।

हरि चरणों में नमन कर, नृप नृग चढ़े विमान।
जिस पर रीझे कृष्ण जी, उसको मिले विमान।।

नृप नृग प्रसंग से श्रीहरि ने, संदेश दिया राजाओं को।
ब्राह्मण हैं श्रेष्ठ सदा मुझ से, कोई न सताए विप्रों को।।

[1]जो हरते धन विप्र का, कर मिथ्या अभिमान।
कठिन पचाना है इसे, जाने सकल जहान।।

विष से बचने का तो उपाय, आरोग्य शास्त्र में मिलता है।
पर ब्रह्मद्रव्य है कालकूट, इस पर वश किसका चलता है।।

जहर उसी को मारता, जो करता उपभोग।
ब्रह्मद्रव्य की आग तो, करती कुल का भोग।।

विप्रों की सम्मति लिये बिना, जो ब्रह्मद्रव्य हर लेते हैं।
वे तीन पीढ़ियों को अपनी, खुद ही समाप्त कर देते हैं।।

हठ से जो नृपवर हरे, भीषण पातक पाय।
[क]दस अगली दस पाछली, पीढ़ि नरक ले जाय।।

वृत्ति हरण पर अश्रु बहा, जितने कण विप्र भिगाते हैं।
उतने वर्षों तक नरकों में, हर्ता आश्रित दुःख पाते हैं।।
अतएव बात यह एक आज, सब नियम बनाकर रख लेना।
[2]ब्राह्मण अपराध करे भी तो, तुम उससे द्रोह न कर लेना।।

1. दुर्जरं बत ब्रह्मस्वं भुक्तमग्नेर्मनागति।
तेजीयसोऽपि किमुत राज्ञामीश्र्वरमानिनाम्।। भा. 10–64–32
नाहं हालाहलं मन्ये विषं यस्य प्रतिक्रिया।
ब्रह्मस्वं हि विषं प्रोक्तं नास्य प्रतिविधिर्भुवि।। भा. 10–64–33
विप्रं कृतागसमति नैव द्रुह्यत मामकाः।
घ्नंतं बहु शपंतं वा नमस्कुरूत नित्यशः।। भा. 10–64–41
2. यथाऽहं प्रणमें विप्राननुकालं समाहितः।
तथा नमत यूयं च योऽन्यथा मे स दंडभाक्।। भा. 10–64–42

(क) न विषं विषमित्याहुर्ब्रह्मस्वं विषमुच्यते।
विषमेकाकिनं हन्ति ब्रह्मस्वं पुत्रपौत्रकम्।। अन्यत्र

वह मारे या अपशब्द कहे, चुप रह कर यह सब सह लेना।
उसके सन्मुख बस मौन धार, तुम नमन चरण में कर लेना।।

मैं विप्रों को जिस तरह, करता सदा प्रणाम।
उसी भांति तुम भी करो, होकर के निष्काम।।
स्वजनो को संदेश दे, घर लौटे करतार।
सेवा करके विप्र की, करलो बेड़ा पार।।

सुहृदों से मिलने एक बार, गोकुल बलराम पधारे थे।
स्वागत दुलार सब से पाया, गोपिन ने वचन उचारे थे।।

मात पिता संग वह कभी, करता हमको याद।
नगर प्रियाऐं प्रिय उसे, पाता नव आल्हाद।।

[1]**है** अति कृतघ्न वह कृष्ण राम, अस्थिर उस का चित रहता है।
द्वारिका नगर ललनाओं का, मन कैसे उसमें लगता है।।
हो सकता है सुन्दर कटाक्ष, उनका भी काम जगाता हो।
मीठी बातों से उन सबको, कान्हा वश में कर जाता हो।।

इक गोपी कहने लगी, [2]छोड़ो उसकी बात।
कृष्ण स्मरण करता सखी, नित नूतन आघात।।
समय कृष्ण का कट रहा, बिन अपने जिस भांति।
हम भी उस बिन जी रही, चातक ज्यों बिन स्वांति।।

अन्तर इतना ही है प्यारी, वे दूर वहां सुख पाते हैं।
उनकी विरहानल में जलकर, हम दुख में समय बिताते हैं।।
इससे ज्यादा कुछ कह न सकी, नैनो से अश्रु छलक आये।
उनकी पीड़ा हरने के हित, संदेश कृष्ण के सुनवाये।।
[क]दो माह तलक गोकुल में रह, सखियों को रमण कराया था।।
जल क्रीड़ा करने के निमित्त, यमुना को निकट बुलाया था।।

1. **कथं नु गृह्णंत्यनवस्थितात्मनो वचः कृतघ्नस्य बुधाः पुरस्त्रियः।**
गृह्णंति वैचित्रकथस्य सुंदरस्मितावलोकोच्छ्वसितस्मरातुराः।। भा. 10—65—13
2. **किं नस्तत्कथया गोप्यः कथाः कथयता पराः।**
यात्यस्माभिर्विना कालो यदि तस्य तथैव नः।। भा. 10—65—14

(क) बलराम जी चैत्र और वैशाख दो माह वहां रहे।

मदमत्त जानकर यमुना ने, जब वचनो पर नहिं ध्यान दिया।
तब क्रोध किया बलदाऊ ने, हलअग्र भाग से खींच लिया।।
मेरे वचनो पर ध्यान न दे, यमुने तुमने अपराध किया।
सेंकड़ो विभाग न कर दूं तो, मेने भी क्या फिर क्रोध किया।।

यमुना आई कांपती, कीन्हां दण्ड प्रणाम।
क्षमा राम ने कर दिया, यह वीरों का काम।।
जल क्रीड़ा की राम ने, किया बहुत निशि रास।
गोपिन के मन में भरा, थोड़ा मिलन हुलास।।
एक निशा सम माह दो, व्रज में हुए व्यतीत।
शीघ्र समय सुख में कटे, यह जीवन की रीत।।

व्रज में थे श्रीराम जब, तब आया इक दूत।
पौंड्रक का संदेश था, लिख भेजा दो टूक।।

मैं वासुदेव हूँ कृष्ण सुनो, अतएव यही सच मानो तुम।
लौटादो सारे चिन्ह मेरे, या रण करने की ठानो तुम।।

पौंड्रक का संदेश सुन, मुसकाये सब लोग।
देखो किस हद तक किया, इस खल ने यह ढोंग।।।

कुछ तिरस्कार के वचन कहे, पौंड्रक के हित श्री माधव ने।
लौटाया दूत नियम पूर्वक, काशी आये खल को वध ने।।
जब पौंड्रक पुर बाहर आया, हंस दिये कृष्ण उसको लखकर।
उनसा ही वस्त्राभूषण भूषित, वह घूम रहा नटवर बनकर।।
पौंड्रक का साथी काशिराज, भीषण सेना लेकर आया।
उस शत्रु कटक को माधव ने, यमपुर का मारग दिखलाया।।

[क]कमल कोश को पवन ज्यों, करती है दो खंड।
त्यों पौंड्रक सिर काट कर, दिया हरी ने दंड।।
काशीपति सिर काटकर, फैका उसके द्वार।
परि पुरजन रोने लगे, करके हा हा कार।।
पुत्र सुदक्षिण ने किया, नृप का उत्तर कर्म।
प्रण तब हरि वध का किया, जान पुत्र का धर्म।।
विप्रों को वर कर किया, उसने शिव का ध्यान।
भक्त सुदक्षिण के निकट, प्रकटे शिव भगवान।।

(क) पद्मकोशमिवानिलः।

है तात ब्राह्मणों को वरकर, दक्षिण [क]ब्राह्मण अभिसार करो।
विधि पुर्वक उनका पूजन कर, अपनी इच्छाऐं पूर्ण करो।।
पर ध्यान रहे इसका प्रयोग, उस समय नहीं फल पायेगा।
ब्राह्मण भक्तों पर जब कोई, इस विद्या को अपनावेगा।।

नियम धार श्रीकृष्ण पर, किया जभी [ख]अभिसार।
भीषण [ग]अग्नी आ गया, करता अति हुंकार।।

तांबे से केश चमकते थे, वह नग्न त्रिशूल घुमाता था।
अंगार नयन से बरसाता, वसुधा कम्पन्न कराता था।।
निज भूतगणों के साथ अग्नि, द्वारिकाधाम की ओर चला।
उसका विनाश करने को तब, श्रीकृष्ण चन्द्र का चक्र चला।।
तब चक्र अग्नि से पीड़ित हो, वह अग्नि लौट कर फिर आया।
ऋत्विज अभिचार सुदक्षिण को, भस्म चक्र ने कर डाला।।

चक्र सुदर्शन ने किया, काशीपुर को स्वाह।
चला काम सब पूर्ण कर, नगर द्वारिका राह।।
जो करते इस चरित का, नित्य श्रवण ओर गान।
उन लोगों के पाप सब, हर लेते भगवान।।

बोला राजा परीक्षित, दे केशव में ध्यान।
संकर्षण के चरित का, गुरूवर करो बखान।।
शुकमुनि तब कहने लगे, सकल कथा अविराम।
जो जो श्री बलराम ने, किये विलक्षण काम।।
कपिपति का मंत्री द्विविद, भौमासुर का मित्र।
मुनिआश्रम में घुस गया, किया कुण्ड अपवित्र।।
गज सहस्त्र दस की रही, उसमें शक्ति अपार।
भौमासुर प्रतिशोध का, करता नित्य विचार।।

इक बार मधुर गीतों को सुन, रैवत गिरिवर तक वह आया।
थे राम रमण में मस्त वहां, खल वहां चुहल करता आया।।
अपमानित किया त्रियाओं को, उनके वस्त्रों को फाड़ दिया।
देखो तो साहस बन्दर का, पत्थर से प्रभु पर वार किया।।

(क) अग्नि, पावक **(ख) कृत्यानल, प्रयोग** **(ग) कृत्या**

उसके सब वार बचाकर के, हल अग्रभाग से खींच लिया।
मूसल का कर भीषण प्रहार, उसकी नैया को पार किया।।

कंपित रैवत हो गया, उस क्षण नाव समान।
साधु साधु सुर कह उठे, किया राम बल गान।।

जांबवती सुत सांब ने, किया विलक्षण काम।
दुर्योधन [क]तनया हरी, लाया अपने धाम।।

कूपित होकर कौरव गरजे, हरि सुत शठता पर वार किया।
देखो तो इसका दुस्साहस, कौरव कन्या का हरण किया।।
[1]**धिक्कार** यादवों के कुल को, अपने [ख]टुकड़ों पर पलते हैं।
पकड़ो बांधो इस लड़के को, देखें यादव क्या करते हैं।।
श्री भीष्मदेव की आज्ञा ले, श्रीकृष्ण तनय को घेर लिया।
प्रतिकार सांब ने किया बहुत, पर सबने मिलकर केद किया।।
यह समाचार सुन नारद से, यादव भी थोड़ा गरमाये।
श्री उग्रसेन से प्रेरित हो, कौरव दल से लड़ने धाये।।

यादव दल को शान्त कर, कुल वृद्धों के साथ।
विप्रों के संग [ग]चल दिये, राम रेवती नाथ।।

नगर हस्तिनापुर में जाकर, बगिया में तनिक निवास किया।
अपना आगमन जताने को, उद्धव के संग संदेस दिया।।

कौरव दल ने भेंट दे, किया बहुत सनमान।
वचन राम ने कुछ कहे, अपनी भृकुटी तान।।

श्री उग्रसेन का हुक्म मान, तत्क्षण [घ]संधी स्वीकार करो।
लक्ष्मणा सहित केशव सुत को, अपने बन्धन से मुक्त करो।।

कौरव दल ने जब सुने, दाऊ के ये बेन।
क्रोधित हो कहने लगे, होकर वे बेचेन।।

1. **बध्नीतेमं दुर्विनीतं किं करिष्यंति वृष्णयः।**
येऽस्मत्प्रसादोपचितां दत्तां नो भुंजते महीम्।। भा. 10—68—03
(क) **लक्ष्मणा**
(ख) **यादव तो अपनी दी हुई पृथ्वी को अपनी कृपा से उपजाऊ करके भोगते हैं।**
(ग) **''वृतश्चंद्र इव ग्रहैः।।'' जैसे चन्द्रमा ग्रहों के साथ।**
(घ) **''बंधूनामैक्यकाम्यया।।'' सम्बन्धियों में संधि इच्छा से हम यह सहन कर रहे हैं।।**

[1]**है** समय बड़ा बलवान आज, अघटित क्यों घटता जाता है।
देखो तो पैरों का जूता, सिर पर ही चढ़ता आता है।।
हमसे ही राज्याश्रय पाकर, हमको ही आंख दिखाते हैं।
ये सर्प दूध अपना पीकर, हमको फुंकार लगाते हैं।।
शचिपति भी अपने दिये बिना, जब भाग न अपना लेता है।
संकेत हमारा मिलने तक, वह दूर खड़ा ही तकता है।।

बेहतर है हम छीन ले, राज्य चिन्ह भी आज।
ग्वाले हमको घूरते, आती इन्हें न लाज।।

जन्म, बन्धु, श्री के [2]**मद** हो, कौरव इतना सब कह आये।
कर तिरस्कार बलदाऊ का, सब लौट हस्तिनापुर आये।।

कौरव तेवर देख कर, हंसे तनिक बलराम।
बोले खांडे की जगह, करे न सूई काम।।

राज सहित श्री जन मद में, ये शांति नहीं अपनाते हैं।
पशुओं की भांति भ्रमित कौरव, लाठी के हित ललचाते।।
सब क्रोधित यादव वीरों को, मेने ही शान्त कराया था।।
केशव भी रण को तत्पर था, उसको धीरज धरवाया था।।

देखो तो शठ कर रहे, मेरा ही अपमान।
अब करवाता हूँ इन्हैं, मैं निज बल का भान।।
संकर्षण जी हो गये, राजन थोड़े उग्र।
गाड़ा दक्षिण भाग में, अपने हल का अग्र।।

सोचा मैं सारी नगरी ही, गंगा में आज डुबा दूंगा।
मदअंध कौरवों को पल में, उनकी औकात दिखा दूंगा।।

दक्षिण दिशि से राम ने, खींचा नगर विशाल।
पुर डूबेगा यह समझ, हुए सभी बैहाल।।

अपने कुनबे के साथ सभी, हलधर की शरण चले आये।
कर जोड़ सभी विनती करते, वर और वधू संग में लाये।।

1. **अहो महच्चित्रमिदं कालगत्या दुरत्यया।**
   आरूरूक्षत्युपानद्वे शिरो मुकुट सेवितम्।। भा. 10–68–24
2. **ननं नानामदोन्नद्धाः शातिं नेच्छंत्यसाधवः।**
   तेषां हि प्रशमो दंडः पशूनां लगुडो यथा।। भा. 10–68–31

हो प्रसन्न बलराम ने, दिया अभय का दान।
कौरव पति ने भी किया, बहु विधि उनका मान।।

दुर्योधन ने (क)गज रथ देकर, बेटी पर स्नेह जताया था।
इक सहस दासियों को देकर, राजा का धर्म निभाया था।।

दूल्हा दुलहिन साथ ले, पा कौरव से मान।
घर लोटे बलराम जी, वहां हुआ जय गान।।
झुका हुआ है आज भी, कौरव पुर श्रीमान्।
सिखा रहा है मत करो, स्वजनो का अपमान।।

एक बार नारद मुनी, गये द्वारिका धाम।
देखूं माया कृष्ण की, था बस इतना काम।।

कैसे इतनी भार्याओं संग, प्रभु अपना धर्म निभाते हैं।
नौ लाख महल की नगरी में, कैसे निवास करवाते हैं।।
इक महल विशाल निरख नारद, दर्शन करने भीतर आये।
उत्तम मणियों की छटा देख, ऋषिवर मन ही मन चकराये।।

नारद आये जानकर, रूक्मिणि प्राण अधार।
स्वागत करने दौड़ कर, आये अपने द्वार।।
सादर श्रीहरि ने किया, उनको दंड प्रणाम।
पद पखार जल सिर धरा, यह गृहस्थ का काम।।
आदर पा कुछ बात कर, विदा हुए ऋषिराज।
मन में सोचा देख लूं, हरि की माया आज।।

अपनी जिज्ञासा हरने वे, दूजी रानी के महल गये।
हो गये चकित जब यह देखा, प्रभु करते करतब नये नये।।
प्रभु प्रिया और उद्धव के संग, चौसर में रमे हुए देखे।
दौड़े बहुविधि सत्कार किया, ज्योंही हरि ने ऋषिवर देखे।।
बस इसी भांति नारद मुनि ने, हर मन्दिर में प्रभु को देखा।
करते थे विविध क्रिया माधव, हर जगह अलग छवि में देखा।।
बच्चों को कहीं खिलाते थे, कहिं स्नान कराते थे उनको।
कहिं अग्निहोत्र में रमे रहे, कहिं भोग धराते विप्रन को।।

(क) **साठ साठ बरस के बारह सो हाथी, दस हजार घोड़े, छह हजार रथ, तथा पदक पहने एक हजार दासियां दुर्योधन ने पुत्री को भेंट की।**

कहिं संध्या मौन जाप में थे, कहिं उनको शयन किये देखा।
आरूढ कहीं रथ पर पाया, मन्त्रिन के साथ कहीं देखा।।

धर्म अर्थ ओर काम में, देखे श्री गोपाल।
ओर कहीं एकान्त में, चिन्तन में कुछ काल।।

ऋषि ने देखा इक मन्दिर में, गुरू सेवा करते केशव को।
कहिं कथा श्रवण करते पाया, उस लीलाधारी माधव को।।
संधी–विग्रह ओर मंथन में, कहिं दाऊ से चर्चा रत थे।
कहिं पुत्र ब्याह में रमे हुए, कहिं जन्म महोत्सव में लय थे।।

नारद बोले आपकी, माया अमित अपार।
सकल जगत है नाथ की, माया का विस्तार।।

प्रभु बोले नारद मैं ही तो, सब भांति कर्म का करता हूँ।
मैं ही सब धर्मों का वक्ता, मैं ही अनुमोदन कर्ता हूँ।।
अतएव त्याग यह मोह छोह, मेरी लीला का गान करो।
माया में मत उलझो नारद, मेरे कर्मों में ध्यान धरो।।

हरि से आदर मान पा, विदा हुए ऋषिराज।
हरि सुमिरण करने लगे, यह मुनियों का काज।।

इस जगती पर जो भी मानव, हरि के कर्मों को गायेगा।
हरि गुण को नित सुनने वाला, भगवद् भक्ती पा जायेगा।।

नित उठ ब्रह्ममुहूर्त में, हरि करते (क)गौ दान।
गौ ब्राह्मण सुर वृद्ध ओर, गुरू को देते मान।।

सबसे पहिले जल को छूकर , आत्मा में ध्यान रमाते थे।
जो हे अखण्ड ओर नित्य उसे, वह जग सृष्टा नित ध्याते थे।।
मंगल द्रव्यों को पहिले छू, घृत में प्रतिबिम्ब निरखते थे।
होकर असवार स्वर्णरथ पर, हरि चरण सभा में रखते थे।।
वह दिव्य सुधर्मा सभा नृपति, उर्मियां जहां न सताती थी।
उस विद्वानो के संगम में, रणनीति बनाई जाती थी।।
इक दिवस मंत्रियों के संग में, श्रीकृष्ण सभा में शोभित थे।
अनजान व्यक्ति भीतर आया, उसको लख सभी अचम्भित थे।।

(क) श्रीकृष्ण प्रतिदिन बछड़ो वाली 13084 नव ब्याही गौ ब्राह्मणो को दान करते थे।

बोला है नाथ जरासंध ने, जब जय अभियान चलाया था।
जो नृप शरणागत नहीं हुए, उन सब को केद कराया था।।
इक किला नाम गिरिव्रज जिसका, उसमें ही सबको डारा है।
अपने बन्धन की मुक्ति हेतु, सबने मिल तुम्हें पुकारा है।।

उसी समय आये वहां, नारद करते गान।
सभा सदों संग उठ किया, हरि ने उनका मान।।

सम्मान सहित आसन देकर, पूछा लोकों के हाल कहो।
कैसे हैं मेरे प्रिय पांडव, है ऋषिवर उनके हाल कहो।।
नारद बोले सब पांडव मिल, नित अपना यश फैलाते हैं।
अब चक्रवर्ति पन पाने को, इक दिव्य यज्ञ करवाते हैं।।
उस राजसूय में जाकर के, अवसर को गौरव दो भगवन।
फिर जितने भी अभिलाषी हे, उन सब को दर्शन दो भगवन।।

यादव परिजन ने कहा, वहां न जाओ तात।
मानूंगा हरि ने कहा, मैं उद्धव की बात।।

मंतव्य समझ कर माधव का, उद्धव बोले यह शुभ होगा।
इस सफल [1]**दिग्विजय** यात्रा में, राजाओं का मंगल होगा।।
फिर जरासंध जैसा कपटी, जब द्वद युद्ध को आयेगा।
कुंती सुत भीमसेन द्वारा, तत्क्षण ही मारा जावेगा।।
प्रभु जरासंध जेसा भी है, विप्रों का मान बढ़ाता है।
जो वचन दे दिया विप्रों को, मर कर भी उसे निभाता है।।
श्री भीमसेन ब्राह्मण बनकर, जब उसके सन्मुख जायेंगे।
मांगेगे द्वद युद्ध उससे, उसको हरिधाम पठायेंगे।।
सब राजाओं की अबलाऐं, तुम से ही आस लगाती हैं।
श्रीकृष्ण शीघ्र छुड़वायेंगे, बच्चों को सभी बताती है।।

है दुःख हर्ता फिर करो, उनपर यह उपकार।
सकल जगत यश गायगा, हरो धरा का भार।।

खल शंख चूड़ को वध जैसे, गोपिन को हर्ष दिलाया था।
गज को जैसे तत्क्षण आकर, मरने से नाथ बचाया था।।

1. **यष्टव्यं राजसूयेन दिकचक्रजयिना विभो।**
अतो जरासुतजय उभयार्थो मतो मम।। भा. 10–71–03

सीता माता की मुक्ति हेतु, रावण पर बाण चलाया था।
निज मात–पिता की रक्षा हित, कंसासुर गर्व मिटाया था।।
गोपियां वही यश गाती हैं, उसमें मुनि ध्यान लगाते हैं।
बस उन्हीं चरित्रों में माधव, हम अपनी बुद्धि रमाते हैं।।
प्रभु का कृपा–कटाक्ष पाकर, सब राजा मुक्ती पायेंगे।
जन्मों तक तब उनके वंशज, यश नाथ आपका गायेंगे।।

यद्धव के प्रस्ताव को, सादर सिर पर धार।
कुल वृद्धों को नमन कर, रथ पर हुए सवार।।
कहा दूत से कृष्ण ने, निर्भय करो [क]प्रयाण।
जरासंध की मृत्यु से, सबका हो कल्याण।।
स्वागत करने कृष्ण का, पांचो पाण्डव वीर।
विप्र सुह्रद के संग चले, मन में रहा न धीर।।

युद्धिष्ठिर ने आगे बढ़कर, केशव को गले, लगाया था।
नैनो में अश्रु छलक आये, कुछ वचन नहीं कह पाया था।।

यथा योग्य मिल सभी ने, दिया विविध विधि नेह।
सादर लेकर चल दिये, उनको अपने गेह।।

सब विप्र और कुल वृद्धों को, श्रीकृष्ण चन्द्र ने नमन किया।
उस [ख]पुण्य पुरूष चूड़ामणि ने, नगरी में सादर गमन किया।।

विकट कटक था साथ में, साजे सब सामान।
पीछे थी सब स्त्रियां, गाती मंगल गान।।
नगर नारियों ने सुना, आये हरि इस धाम।
आई तत्क्षण दौड़ कर, खुले केश तज काम।।
पुष्प वृष्टि कर कृष्ण पर, दिया सभी ने स्नेह।
सुध बुध सब बिसरे वहां, मगन हो गई देह।।

अन्तःपुर में जा बूआ से, आशीष कृष्ण ने पाये हैं।
कृष्णा ने झुककर नमन किया, आशीष कृष्ण के पाये हैं।।
कृष्णा ने माँ की आज्ञा ले, इक ओर विलक्षण काम किया।
श्रीकृष्ण पत्नियों का सादर, वस्त्राभूषण से मान किया।।

(क) "धातयिष्यामि मागधम्"।
(ख) "पुण्यश्लोकशिक्षामणि"।

हो गये प्रेम विह्वल नृपवर, हरि पा कर थोड़ा फूल गये।
पूजा करने की विधियों को, श्री युद्धिष्ठिर भी भूल गये।।
पा कर श्रीहरि का वरद हस्त, अर्जुन ने नाम कमाया था।
मय को देकर के अभय दान, खाण्डव वन वहां जलाया था।।
इक दिव्य सभा की रचना कर, मय ने उपकार चुकाया था।
इन्द्रप्रस्थ महिनो रूक कर, माधव ने सुख पहुंचाया था।।

इक बार सभा में युद्धिष्ठिर, श्रीकृष्ण चन्द्र जी से बोला।
आचार्य वैश्य बंधुऔं ओर, कुलवृद्धों सन्मुख मुख खोला।।
हे नाथ [1]**आपके** चरण कमल, जो नितप्रति मन से ध्याते हैं।
वाणी से नित गायन करते, हे देव मोक्ष वे पाते हैं।।
इस जगती के सारे सुख भी, बस तुम ही देने वाले हो।
जो मार्ग भटक जाता दाता, सन्मार्ग उसे दिखलाते हो।।

राजसूय इक यज्ञ का, मन में है संकल्प।
कृपा करो श्रीकृष्ण जी, मेरी मति अति अल्प।।

[2]**माधव** बोले मम भक्तों के, संकल्प पूर्ण हो जाते हैं।
राजाओं की क्या है बिसात, जब देव कृपा बरसाते हैं।।

तेज लक्ष्मि यश का वहां, भरा रहे भण्डार।
सेना नित करती रहे, दुश्मन का संहार।।

दिग्विजय हेतु युद्धिष्ठिर ने, संकेत कृष्ण का जब पाया।
[क]क्षत्रिय वीरों के साथ साथ, इक इक भाई को भिजवाया।।
दक्षिण पश्चिम सहदेव नकुल, उत्तर में अर्जुन को भेजा।
मत्स्य देश के क्षत्रिय संग, पूरब में भीमसेन भेजा।।
जिसने भी इनकी राह रोक, रण हेतु इन्हैं ललकारा था।
पांडव के दल ने वहीं उसे, सेना के साथ संहारा था।।

1. **त्वत्पादुके अविरतं परि ये चरंति ध्यायंत्यभद्रनशने शुचयो गृणंति।**
विंदंति ते कमलनाभ भवापवर्गमाशासते यदि त आशिष ईश नान्ये।। भा. 10–72–04

2. **न कश्चित्मत्परं लोके तेजसा यशसा श्रिया।**
विभूतिभिर्वाऽभिभवेद्देवोऽपि किमु पार्थिवः।। भा. 10–72–11

(क) **सहदेव को सृंजय क्षत्रियों के साथ दक्षिण, नकुल को कैकय देश के क्षत्रियों के साथ पश्चिम, अर्जुन को मद्रदेश के क्षत्रियों के साथ उत्तर में भेजा।**

राजाओं को जीतकर, दिखलाया निज जोष।
यज्ञ हेतु भिजवा दिया, उनका सारा कोष।।

इस भांति विजय ध्वज फहराता, पांडव दल बढ़ता जाता था।
जब जब कोई संकट आता, सम्मति माधव की पाता था।।

जरासंध से जब हुए, उनके दो दो हाथ।
उसके बल ने कर दिये, सबके पीले गात।।

तब उद्धव के कथनानुरूप, केशव ने मंत्र बताया था।
भीम और अर्जुन के संग, ब्राह्मण का वेश बनाया था।।

विप्र रूप धर कर गये, जरासंध के पास।
वह तो ब्राह्मण भक्त था, किया पूर्ण विश्वास।।

बोले [1]**क्या** उसको है असह्य, जो सहनशील कहलाता है।
कुछ भी तो नहीं अकार्य कर्म, जो नीच नहीं करपाता है।।

समदृष्टा को जगत में, नहीं किसी से वैर।
नर उदार करता नहीं, दान कर्म में देर।।

[2]**सब** भांति समर्थ पुरूष भी जब, नहिं अविचल यश को पाता है।
जग उसकी निंदा करता है, वह खेद सदा ही पाता है।।
[3]**नृप** हरिश्चन्द्र ओर रन्तिदेव, श्री मुद्गल जी का नाम लिया।
शिबि बलि कपोत व्याध सबके, शुभ त्याग कर्म का गान किया।।
[क]आकार और स्वर लख इनका, वह समझ गया ये विप्र नहीं।
[4]**निजधर्म** न छोडूंगा सोचा, जो होगा सहना मुझे वही।।
बलि का वृत्तान्त स्मरण करके, बोला निजधर्म निभाऊँगा।
यह नाशवान है देह मेरी, मैं इसका लाभ उठाऊँगा।।

1. किं दुर्मर्षं तितिक्षूणां किमकार्यमसाधुभिः।
किं न देयं वदान्यानां कः परः समदर्शिनाम्।। भा. 10–72–19
2. यो ऽनित्येन शरीरेण सतां गेयं यशो ध्रुवम्।
नाचिनोति स्वयं कल्पः स वाच्यः शोच्य एव सः।। भा. 10–72–20
3. हरिश्चंद्रो रंतिदेव उंछवृत्तिः शिबिर्बलिः।
व्याधः कपोतो बहवो ह्यध्रुवेण ध्रुवं गताः।। भा. 10–72–21
4. जीवताब्राह्मणार्थाय कोऽन्वर्थः क्षत्रबंधुना।
देहेन पतमानेन नेहता विपुलं यशः।। भा. 10–72–21

(क) स्वर, आकृति व प्रत्यंचा के आघात से चिन्ह वाली भुओं से जाना कि ये क्षत्रिय है।

बोला द्विजवर मांग लो, सब मन भाया आज।
सर देकर प्रण पूर्ण हो, इसमें मुझे न लाज।।
द्वंद युद्ध देदो हमें, बोले श्री गोपाल।
विप्रों के ये बेन सुन, हुआ न तनिक मलाल।।

तब जरासंध को केशव ने, सबसे परिचित करवाया था।
इतना छल होने पर भी तो, उसने निज वचन निभाया था।।

बोला तुम रण छोड़ हो, अर्जुन दुर्बल दीन।
युद्ध करूंगा भीम से, कर दूंगा बल हीन।।
जरासंध तब भीम को, लाया पुर से दूर।
गदा सोंप करने लगा, रण उससे भरपूर।।

तब गदा मल्ल ओर मुक्कों से, दोनों ने ही बल दिखलाया।
दिन बीत गये सत्ताइस पर, नहिं कोई निर्णय हो पाया।।

धेर्य ओर अभ्यास में, थे वे एक समान।
दोनो बलशाली बड़े, दोनो वीर महान।।

दिन में वे करते युद्ध नित्य, निशि में मित्रों से रहते थे।
कितने पावन थे वे सज्जन, रण में भी नियम निरखते थे।।

एक दिवस श्रीकृष्ण से, कहा भीम ने नाथ।
यह खल तो मरता नहीं, यह अचरज की बात।।

प्रभु बोले यह जरासंध, दो खण्ड रूप में आया था।
राक्षसी जरा ने खण्ड जोड़, तब इसका प्राण बचाया था।।
अतएव चीर कर जो इसको, खण्डों में पुनः बनायेगा।
वह ही योद्धा ए भीम सेन, जय जरासंध पर पायेगा।।
पर युद्ध समय में भीम सेन, फिर भूल गये इन बातों को।
खुद ने भी मारा उसे बहुत, ओर सहा दुष्ट के घातों को।।

युद्ध भूमि में भीम ने, जब देखा हरि ओर।
वृक्ष चीर कर कृष्ण ने, फैंक दिये दो ओर।।

संकेत कृष्ण का पाते ही, श्री भीमसेन को ज्ञात हुआ।
दो खण्ड किये उस योद्धा के, सोचा अब इसका अन्त हुआ।।

तभी हुआ रणभूमि में, इक आश्चर्य महान।
दोनो टुकड़े जुड़ गये, आई उसमें जान।।

हो गये अचम्भित भीम सेन, माधव की और निहारा था।
फैंको दोनो को इधर उधर, हरि ने यह किया इशारा था।।

जरासंध के कर दिये, फिर से जब दो भाग।
फैंका बांया दाहिने, बायें दायां भाग।।
जरा संध का हो गया, जब रण में संहार।
मगध प्रजा करने लगी, इस पर हा हा कार।।
कृष्ण पार्थ ने भीम का, किया बड़ा सत्कार।
जरासंध [क]सुत को दिया, मगध राज का भार।।

जरासंध की केद से, मुक्त किये नृप लोग।
केद खेद को मेट कर, दिये सभी को भोग।।

इक्कीस सहस नृप के वध का, प्रण जरासंध ने ठाना था।
पर इन सब की रक्षा करना, यह धर्म कृष्ण ने माना था।।
कौस्तुभ मणि धारी श्री हरि के, चरणों में नमन किया सब ने।
फिर शंखचक्र ओर गदा पद्म, सबका ही ध्यान किया मन में।।
है नाथ मूर्ख **[1]मृगतृष्णा** में, ज्यो दिव्य जलाशय लखते हैं।
बस उसी भांति अज्ञानी भी, माया को सत्य समझते हैं।।

राजभ्रष्ट होना हमें, सिद्ध हुआ वरदान।
दर्शन पाकर नाथ के, बढ़ा हमारा मान।।

अब नहीं स्वर्ग सुख की कांक्षा, नहिं राज पाट का लालच है।
है नाथ उपाय वही कह दो, मन श्री चरणों में रमा रहे।।
है **[2]कृष्ण** ईश है वासुदेव, है नाथ नमन स्वीकार करो।
गोविन्द क्लेश हारी माधव, है नाथ नमन स्वीकार करो।।

राजाओं अब ध्यान दो, बोले श्री भगवान।
[3]लक्ष्मी के मद से गिरे, कितने ही धनवान।।

1. मृगतृष्णां यथा बाला मन्यंत उदकाशयम्।
एवं वैकारिकीं मायामयुक्तावस्तु चक्षते।। भा. 10–73–11

2. कृष्णाय वासुदेवाय हरये परमात्मने।
प्रणत क्लेशनाशाय गोविंदाय नमो नमः।। भा. 10–73–16

3. दिष्ट्या व्यवसितं भूपा भवंत ऋतभाषिणः।
श्रियैश्वर्यमदोन्नाहं पश्य उन्मादकं नृणाम्।। भा. 10–73–19

(क) सहदेव।

[1]**सहस्त्रार्जुन** रावण नहुष वेन, नरकासुर देव दैत्य सारे।
अस्थान भ्रष्ट ओर पतित हुए, लक्ष्मी के ही मद के मारे।।
अतएव प्रजा पालन करके, निज राजधर्म अपनाओ सब।
अपना गृहस्थ संचालित कर, मुझ में निज चित्त लगाओ अब।।

मगध राज सहदेव ने, कर सबका सत्कार।
रत्न जड़ित रथ में बिठा, पहुंचाया निज द्वार।।
कृष्ण कथन में रम गये, घर आकर सब भूप।
कर्म सभी करने लगे, नीति धर्म अनुरूप।।
चरण पकड़ सहदेव ने, किया कृष्ण गुण गान।
कृपा करो निज दास पर, माया पति भगवान।।

श्रीकृष्ण भीम ओर अर्जुन को, तब इन्द्रप्रस्थ में ले आये।
कर शंखनाद संकेत दिया, हम कार्य पूर्ण करके आये।।

तीनो ने झुककर किया, राजा को परणाम।
जरासंध वध से हुआ, प्रभु सब पूरण काम।।
युद्धिष्ठिर के नैन में, छाया जय का नीर।
बोले इसका श्रेय भी, तुम्हें मेरे रणधीर।।

श्री हरि जी की सम्मति पाकर, शुभ समय निकाला राजा ने।
होता उद्गाता ऋत्विज का, फिर वरण किया महाराजा ने।।
गोतम असित कच च्यवन और, श्री भरद्वाज क्रतु बुलवाये।
मैत्रेय पैल वसिष्ठ गर्ग, मुनि विश्वामित्र वहां आये।।
श्री सुमति जैमिनि कवष व्यास, अकृतव्रण आदि ऋषी आये।
वैशम्पायन त्रित धोम्य देव, मुनि परशुराम जी भी आये।।
सब पूजनीय आचार्य सहित, कुरूकुल वृद्धों को बुलवाया।
श्री भीष्म द्रोण धृतराष्ट्र विदुर, गुरू कृपाचार्य को बुलवाया।।
चारों वर्णों के सहित वहां, नृप कई देखने हित आये।
विप्रों ने वसुधा शुद्धि हेतु, हल स्वर्ण फलों के चलवाये।।
नृपवर को दीक्षा देने में, सब रीति वेद की अपनाई।
श्री वरूण यज्ञ के ही समान, कंचन सामग्री करवाई।।

1. **हैहयो नहुषो वेनो रावणो नरकोऽपरे।**
श्रीमदाद्भ्रंशिताः स्थानाद्देवदैत्यनरेश्वराः।। भा. 10–73–20

सुरपति ब्रह्मा सिद्ध हर, विद्याधर गंधर्व।
यक्ष नाग मुनि राक्षस, किन्नर चारण सर्व।।

सब बड़े बड़े नृप लोग वहां, अपनी पटरानी संग लाये।
गंधर्व सहित अपने गण के, आमंत्रण पा सादर आये।।

[1]सर्व प्रथम सहदेव ने, रखा एक प्रस्ताव।
प्रथम पूज्य श्रीकृष्ण हो, यही सभी के भाव।।

जो है अनन्त फल अभिलाषी, वह कृष्ण शरण ही जाता है।
उन शान्त मूर्ति ओर भेद हीन, प्रभु में ही बुद्धि रमाता है।

उत्तम जन को भागया, यह उत्तम प्रस्ताव।
चरण पखारे नृपति ने, भरे हर्ष के भाव।।

चरणोदक सिर पर धारा तो, नैनो से अश्रु छकल आये।
विप्र 'नमो जय' बोल उठे, बहु सुमन कृष्ण पर बरसाये।।

भंग रंग में हो गया, ऐसा हुआ धमाल।
क्रोधित होकर आगया, सभा मध्य शिशुपाल।।

दमघोष सुवन नहिं सह पाया, केशव का प्रथम पूज्य होना।
वह लगा गालियां देने को, चीते को जैसे मृग छोना।।
[2]**है** काल अलंघ्य सभी कहते, यह सबको नाच नचाता है।
हां समय पड़े पर बाल वचन, बूढ़ों की बुद्धि भ्रमाता है।।
[3]है सभासदों तुम तो सब ही, जब पात्र परखने वाले हो।
फिर इस बालक का कहा मान, क्यों पूज रहे इस ग्वाले को।।

भला कृष्ण कैसे हुआ, पहिली पूजन योग्य।
यह तो छलिया जनम का, है सब भांति अयोग्य।।

1. **सर्वभूतात्मभूताय कृष्णायानन्यदर्शिने।**
   देयं शांताय पूर्णाय दत्तस्यानंत्यमिच्छता।। भा. 10–74–24
2. **इशो दुरत्ययः काल इति सत्यवती श्रुतिः।**
   वृद्धानामपि यद्बुद्धिर्बालवाक्यैर्विभिद्यते।। भा. 10–74–31
3. **यूयं पात्रविदांश्रेष्ठा मामन्ध्वं बालभाषितम्।**
   सदसत्पतयः सर्वे कृष्णो यत्संमतोऽर्हणे।। भा. 10–74–32

कितने व्रतधारी ब्रह्मनिष्ठ, ऋषिगण इस जगह विराजित है।
[1]**तप** ज्ञान और विद्या वाले, जो लोकपाल से पूजित है।।
[2]**उन** सब के होते अग्रपूज्य, गोपाल नहीं हो पायेगा।
यह काक भला सबके रहते, क्या पुरोडाश खा पायेगा।।
गुणहीन ओर कुलभ्रष्ट कृष्ण, स्वच्छंद आचरण वाला है।
[3]**वर्णाश्रम** धर्म बहिष्कृत शठ, कुल शूल हृदय से काला है।।
[4]**राजा** ययाति से श्रापित कुल, सज्जन से रहा बहिष्कृत है।
वह केसे पूजन योग्य भला, जो मदिरा पीने में रत है।।

यादव रहते सिन्धु में, ले महलों की ओट।
डाकू हैं नित लूटते, सब पर करते चोट।।
कुछ पल यों बकता रहा, सभा बीच शिशुपाल।
कृष्ण शान्त सहते रहे, यह था बड़ा कमाल।।

उस सभा मध्य से कुछ सज्जन, कर कान बन्द घर लौट चले।
वह भी कैसा सज्जन भाई, जो हरि निंदा सुन ना विचले।।

हरि की या हरि भक्त की, जो [5]निंदा सहजाय।
पुण्य हीन हो सुजन वह, घोर नरक में जाय।।

तब सृंजयादि ओर पांडु सुवन, लेकर तलवार बढ़े आगे।
शिशुपाल हुआ रण को तत्पर, कुछ भीरू नृपति डर कर भागे।।
हरि ने सोचा मेरा पार्षद, मेरे समान बल शाली है।
मेने न इन्हें रोका अब तो, भक्तों के वध की बारी है।।

1. **तपोविद्याव्रतधरान्ज्ञानविध्वस्तकल्मषान्।**
   परमर्षीन्ब्रह्मनिष्ठान्लोकपालैश्च पूजितान्।। भा. 10–74–33
2. **सदस्पतीनतिक्रम्य गोपालः कुलपांसनः।**
   यथा काकः पुरोडाशं सपर्यां कथमर्हति।। भा. 10–74–34
3. **वर्णाश्रमकुलापेतः सर्वधर्मबहिष्कृतः।**
   स्वैरवर्ती गुणैर्हीनः सपर्यां कथमर्हति।। भा. 10–74–35
4. **ययातिनैषां हि कुलं शप्तं सद्भिर्बहिष्कृतम्।**
   वृथा पानरतं शश्वत्सपर्यां कथमर्हति।। भा. 10–74–36
5. **निंदां भगवतः श्रृण्वंस्तत्परस्य जनस्यवा।**
   ततौ नापैति यः सोऽपि यात्यधः सुकृताच्च्युतः।। भा. 10–74–41

समय देख शिशुपाल का, उठे कृष्ण भगवान।
चक्र सुदर्शन का किया, उस खल पर संघान।
शिरच्छेद कर आ गया, चक्र कृष्ण के पास।
अनुयायी शिशुपाल के, भागे ले निःश्वास।।

[1]शिशुपाल देह का दिव्य तेज, माधव में आन समाया था।
धरती में उल्का के समान, श्री हरि में आश्रय पाया था।।
यों तीन जन्म तक वैर साध, आवेश बुद्धि अपनाई थी।
उनमें ही ध्यान रमाने से, पदवी भी एसी पाई थी।।

युद्धिष्ठिर ने तब किया, शुभ अवभृत अस्नान।
फिर द्विज मण्डल को दिया, विधि से सादर दान।।
महिनों तक रूक नगर में, प्रभु लौटे निजधाम।
नित नव लीला में लगे, भगतबछल घनश्याम।।

कुरूकुल का कंटक दुर्योधन, इस यज्ञ कर्म से आहत था।
सब भूरि प्रशंसा करते थे, वह कंक लक्ष्मि को सह न सका।।

शुकबोले जय विजय के, जन्मो का विस्तार।
वर्णन मेने कर दिया, जो था इसका सार।।
जो नित गाते यह कथा, करे श्रवण मन लाय।
वे कलियुग में सहज ही, पाप मुक्त हो जाय।।

लख राजसूय युद्धिष्ठिर का, [2]**हरिभक्त** सदा गुण गाते थे।
जैसे मानुष अमृत पीकर, नहिं कभी तृप्त हो पाते हैं।।

[क]बैठा था नृप एक दिन, अपने परिजन संग।
चर्चा में छाया वहां, हंसी खुशी का रंग।।
दुर्योधन ले खड्ग तब, भ्राताओं के साथ।
धमकी देता आगया, हुई अजब इक बात।।

1. **चैद्यदेहोत्थितं ज्योतिर्वासुदेवमुपाविशत्।**
पश्यतां सर्वभूतानामुल्केव भुवि खाच्च्युता।। भा. 10–74–45
2. **हरि दासस्य राजर्षे राजसूयमहोदयम्।**
नैवातृप्यन्प्रशंसंतः पिबन्मर्त्योमृतं यथा।। भा. 10–75–27

(क) मय दानव द्वारा निर्मित विलक्षण महल में।

जल थल के भ्रम में हुआ, राज कुंवर हैरान।
फिर कृष्णा का हास्य भी, हुआ समिध के मान।।
लज्जित मुख वापिस हुआ, लेकर मन में रोश।
युद्धिष्ठिर चिन्तित हुए, रहे मगर खामोश।।
मन में था श्रीकृष्ण के, एक बड़ा अभियान।
धरा भार का हरण ओर, सत्पुरूषों का मान।।

क्रीड़ार्थ देह नर की धर कर, जो अद्‌भुत चरित किये हरि ने।
कर सावधान उस राजा को, वे चरित कहे श्री शुकमुनि ने।।
शिशुपाल ब्याह में रूक्मिणि को, खल शाल्व लिवाने आया था।
तब जरासंध संग उसको भी, रण करके मजा चखाया था।।

कुण्डिनपुर के युद्ध में, हार गये जब वीर।
सबके सन्मुख शाल्व तब, बोला धर कर धीर।।
मैं पृथ्वी को करूंगा, इस यदुकुल से हीन।
यह प्रण [क]करके हो गया, शिव अर्चन में लीन।।
बोला ऐसा यान दो, परम विलक्षण नाथ।
यदुकुल भंजक सुदृड़ ओर, चले मेरे मन साथ।।
उरग निसाचर मनुज संग, सुर ओर असुर समाज।
तोड़ सके नहिं यान को, करो नाथ यह काज।।
मय ने शिव आदेश से, रचा लोह मय यान।
सौभ यान असवार हो, हुआ शाल्व को मान।।

सेना के साथ द्वारिका जा, उसने उत्पात मचाया था।
वर्षा ओले तरू शिला सांप, बरसा कर त्रास दिलाया था।।

कृष्ण तनय प्रद्युम्न जी, ले निज सेना साथ।
आये करने शाल्व से, रण में दो दो हाथ।।

फिर देव दैत्य सा ए राजन, भीषण संग्राम हुआ उनमें।
वह सौभ यान मायावी था, दिखता था कभी इधर उधर पल में।।

शाल्व अमात्य द्युमान ने, लोह गदा को मार।
घायल किया कुमार को, फैला हा हा कार।।

(क) यह प्रतिज्ञा कर धूल की एक मुट्ठी फांक कर शिव आराधन में बैठ गया।

घायल देख कुमार को, मन में किया विचार।
सारथि इनको ले चला, करने कुछ उपचार।।
आया एक मुहूर्त में, कृष्ण तनय को होश।
प्रकट सारथी पर किया, रण तजने का रोष।।

कुछ रण तजने की लज्जा थी, इसलिये रोश भर आया था।
पर धर्म जान कर के अपना, सारथी दूर ले आया था।।

कवच पहन फिर आगये, करने को संग्राम।
रण में मैं अरि का करूं, पल में काम तमाम।।
निकट पहुंच घूमान पर, आठ चलाये तीर।
अश्व सारथी मंत्रि सिर, दिये चांप ध्वज चीर।।
सत्ताइस दिन तक चला, शाल्व संग संग्राम।
दोनों ही बलबीर थे, दोनो थे बलधाम।।
इन्द्रप्रस्थ से द्वारिका, आये जब घनश्याम।
पुर प्रबन्ध मजबूत कर, गये जहां संग्राम।।
बोले दारूक लेचलो, रथ खल शाल्व समीप।
उसकी माया देखकर, मत होना भयभीत।।

अपने बाणों से श्रीहरि ने, उसके विमान को भेद दिया।
क्रोधित होकर उस शठ ने भी, इक बाण कृष्ण पर छोड़ दिया।।

बोला अब शिशुपाल का, लूंगा मैं प्रतिशोध।
पछताओगे कृष्ण तुम, मुझसे किया विरोध।।

[1]बोले जो शूर कहाता है, रण में कौशल दिखलाता है।
आगे बढ़ कर सह वार मेरा, क्यों नाहक गाल बजाता है।।

क्रोधित हो हरि ने किया, उस पर गदा प्रहार।
उसके मुंह से बह चली, तेज रूधिर की धार।।
अपने गदा प्रहार से, किया सौभरथ चूर्ण।
तब प्रभु करने को चले, धरा भार प्रण पूर्ण।।
चक्र सुदर्शन को दिया, श्री हरि ने आदेश।
शिरच्छेद कर शाल्व का, मेटो सकल कलेश।।

1. वृथा त्वं कत्थसे मदं न पश्यस्यंतिकेंऽतकम्।
पौरूषं दर्शयंति स्म शूरा न बहुभाषिणः।। भा. 10–77–19

सुरगण ने नभ में किया, जय पर दुंदुभि घोष।
सुमन वृष्टि कर कृष्ण पर, प्रकट किया निज जोश।।

वधे शाल्व शिशुपाल को, कर केशव ने क्रोध।
दंतवक्र तब आ गया, लेने को प्रतिशोध।।

[1]**बोला** तन में जैसे रह कर, सब रोग देह को खाते हैं।
वैसे ही तुम जैसे भाई, अपनो का रक्त बहाते हैं।।

इतना कह कर कर दिया, उसने गदा प्रहार।
अपने गदा प्रहार से, हरि ने किया संहार।।
दौड़ विदूरथ आ गया, ले अपनी तलवार।
काट दिया सिर कृष्ण ने, किया चक्र से वार।।
पुष्प वृष्टि कर देव ने, गाये हरि के गीत।
स्वजनो ने भी पूर्ण की, जय की सारी रीत।।

यादव वीरों के साथ कृष्ण, अपनी नगरी को लौट चले।
उस जयी वीर के स्वागत में, घी के दीये हर द्वार जले।।

इसी तरह श्रीकृष्ण ने, किये चरित मनमान।
संकर्षण के चरित का, अब मैं करूं बखान।।

कौरव पाण्डव का उद्यम सुन, निरपेक्ष भाव उनमें छाया।
[क]तीर्थाटन करने का विचार, दाऊजी के मन में आया।।

कर प्रारम्भ प्रभास से, ले गंगा का नीर।
नेमिष वन में आगये, संकर्षण बलधीर।।
ऋषिगण उस तप भूमि में, करते थे इक याग।
सबने ही सत्कार कर, माना अपना भाग।।
पितृदेव का [ख]शिष्य इक, कर न सका सत्कार।
सूत जाति पर राम को, आया क्रोध अपार।।

1. **तर्ह्यानृण्यमुपैम्यद्य मित्राणां मित्रवत्सलः।**
बंधुरूपमरिं हत्वा व्याधिं देहचरं यथा।। भा. 10–78–06

(क) श्री बलदेव जी ब्राह्मणों संग प्रभास श्नान कर देव, ऋषि, पितर, मनुष्य, तृप्त कर सरस्वती नदी के सन्मुख गये। वे प्रथूदक, बिन्दुसर, त्रितकूप, सुदर्शन, विशाल, ब्रह्मतीर्थ, चक्रतीर्थ, प्राची, सरस्वती, यमुना, गंगा के तीर्थों में होते नैमिषारण्य वन में पधारे।
(ख) श्री वेदव्यास जी का शिष्य रोमहर्षण।

बोला यह प्रतिलोमज देखो, जाने किस मद में ऐंठा है।
गुरूओं के सन्मुख अजगर सा, ऊँचे आसन पर बैठा है।।
यह सच है नट का वेशधार, साधू न कोई बन जाता है।
जो [1]**विनय** रहित अभिमानी है, वह पंडित नहीं कहाता है।।
[2]**अवतार** मेरा तो इसी लिये, [क]धर्मध्वज का संहार करूं।
ये ही सच्चे पापी जग में, वध कर जग पर उपकार करूं।।

दाभ अग्र से वध किया, दाऊ ने कर क्रोध।
मुनि सब तकते ही रहे, किया न तनिक विरोध।।

कुछ दुक्ख व्यक्त कर ऋषियों ने, दाऊ जी को संदेश दिया।
यह कथा सुनाता था हमको, वध वृथा आपने नाथ किया।।

व्यासासन हमने दिया, लिये आपने प्राण।
दोष विप्र वध का लगा, पाओ इससे त्राण।।

मर्यादा जग की बनी रहे, अतएव शमन करलो इसका।
प्रायश्चित करके दाऊ जी, सम्मान बढ़ाओ नियमों का।।
संकर्षण बोले इसका सुत, उग्रश्रवा वही पद पावेगा।
ए ऋषियों कथा पुराणों की, अब वह ही तुम्हें सुनावेगा।।
ऋषियों के एक निवेदन पर, बलदाऊ ने उपकार किया।
इल्बल के शठ सुत बलबल का, हल मूसल से संहार किया।।

तब ऋषियों से मान पा, करने [ख]तीरथ स्नान।
आज्ञा ले बलराम ने, तत्क्षण किया पयान।।

1. अदांतस्याविनीतस्य वृथा पंडितमानिनः।
न गुणाय भवंति स्म नटस्येवाजितात्मनः।। भा.10–78–26
2. एतदर्थो हि लोकेस्मिन्नवतारो मया कृतः।
वध्वा मे धर्मध्वजिनस्ते हि पातकिनोऽधिकाः।। भा. 10–78–27

(क) पाखण्डी।

(ख) कौशिकी में स्नान कर सरयू के उद्गम सरोवर, प्रयाग, हरिद्वार, गोमती, गंडकी, विपाशा, शोणनद, गया, गंगासागर, महेन्द्र पर्वत पर परशुराम जी के दर्शन किये, सप्त गोदावरी, वेणा, पम्पा, भीमरथी, स्वामी कार्तिक के दर्शन किये, श्री शैलपर्वत, वैंकटाचल पर्वत, कामकोष्णी, कांचीपुरी, कावेरी, श्रीरंग क्षेत्र, ऋषभांचल, दक्षिण मथुरा, सेतुबंध (यहां ब्राह्मणों को दस हजार गौओं का दान किया), कृतमाला, ताम्रपर्णी, कुलांचल, मलय पर्वत (जहां अगस्त्यजी विराजे थे), दक्षिण समुद्र में कन्या नाम दुर्गा के दर्शन किये, फाल्गुनी तीर्थ आये, पंचाप्सरतीर्थ, (जहां श्री विष्णु सदा सन्निहित हैं।), यहां दस हजार गौदान, गोकर्णतीर्थ, शूर्पारकतीर्थ, तापी, पयोष्णी, निर्विन्ध्या, दण्डकारण्य, रेवा (नर्मदा) होते हुए प्रभास आये।

दर्शन करते सब तीर्थों के, मुनि तीर्थ प्रभास पधारे हैं।
तब वहां सुना सारे कौरव, पाण्डव दल ने संहारे हैं।।

यह सुन श्री बलराम ने, मन में किया विचार।
भला हुआ जो हट गया, धरती का सब भार।।
दुर्योधन संग भीम का, सुना युद्ध संदेश।
राम चले देने उन्हें, तनिक शान्ति उपदेश।।
युद्ध भूमि में आ गये, ज्यों ही श्री बलराम।
सबने उठ कर सिर नवा, किया उन्हैं परणाम।।
समझाया बहु भांति पर, दिया नहीं जब ध्यान।
राम द्वारिका चल दिये, हरि इच्छा अनुमान।।
सब स्वजनों से भेंट कर, गये नैमिषारण्य।
शुभ अवभ्रत अस्नान कर, पूजे श्री ब्रह्मण्य।।
राजा ने शुक से कहा, गुरूवर सुनो सुजान।
कहो कथा श्री कृष्ण की, बस उसमें है ध्यान।।

है सफल वही [1]**वाणी** जग में, जो कृष्ण नाम से सनी रहे।
कर उनकी सेवा करे सदा, श्रवणों में हरि धुन रमी रहे।।
वे नैत्र सफल जो उनका ही, निशिवासर दरशन करते हैं।
मन सफल वही है ओ गुरूवर, गिरिधर को नित्य सुमरते हैं।।
सब अंग सफल हो जाते हैं, चरणोदक सेवन करने से।
जैसे भोजन शुद्धी पाता, उस पर तुलसी दल धरने से।।
श्री सूत ऋषी ने बतलाया, जब राजा ने यह प्रश्न किया।
हरि में निमग्नचित शुकमुनि ने, श्री हरि चरिताम्रत गान किया।।
श्री कृष्ण चन्द्र का एक सखा, शुभ सद्ग्रहस्थ संचालक था।
जीतेन्द्रिय रह कर वह ब्राह्मण, सब नीति धर्म का पालक था।।

भार्या विप्र गरीब की, थी अति ही कृषकाय।
लेकिन सेवा नाथ की, करती थी मन लाय।।

1. **सा वाग्यया तस्य गुणान् गृणीते करौ च तत्कर्म करौ मनश्च।**
स्मरेद्वसंतं स्थिरजंगमेषु श्रृणोति तत्पुण्यकथाः स कर्णः।। भा. 10–80–03
शिरस्तु तस्योभयलिंगमानमेत्तदेव यत्पश्यति तद्धि चक्षुः।
अंगानि विष्णोरथ तज्जनानां पादोदकं यानि भजंति नित्यम्।। भा. 10–80–04

भिक्षावृत्ती के सिवा और, कोई न सहारा था उनका।
परिवार बड़ा होने से फिर, पोषण भी दुर्लभ था तनका।।
इकरोज प्राण प्रिय से बोली, यह क्षुधा मिटाओ अब स्वामी।
नित प्रति कहते हो परम सखा, द्वारिकाधीश अंतरयामी।।
उनकी शरणागत हो जाओ, निज कृपा नाथ बरसावेंगे।
इक बड़ा कुटुम्बी जान नाथ, तुमको धन–मान दिलावेंगे।।

नितप्रति [1]ब्राह्मणी विप्र के, धर चरणों में माथ।
कहती जाओ द्वारिका, हरि से मिलने नाथ।।
अति आग्रह को मान तब, ले दरशन की आश।
विप्र विदा होने लगा, तनिक तका आकाश।।

ब्राह्मणि बोली हे नाथ रूको, मैं बस इक पल में आती हूँ।
द्वारिकाधीश को अर्पण हो, ऐसा कुछ लेकर आती हूँ।।

तांदुल मुट्ठी चार तब, इक चिथड़े में बांध।
लाई अपने स्वजन हित, ब्राह्मणि सबसे मांग।।
जा पहुंचा कुछ दिवस में, जपता वह घनश्याम।
चकित हो गया देख कर, वह श्री हरि का धाम।।
देखा द्वारे पर खड़ा, जब इक पहरेदार।
बोला भैया कृष्ण से, मिलवा दो इकबार।।

चिथड़ों में लिपटी काया को, प्रहरी ने पुनः निहारा था।
आश्चर्य हुआ क्या इसने ही, स्वामी का नाम पुकारा था।।
इक दीन मलिन जन के मुंह से, स्वामी का नाम सुना ज्यों ही।
चिड़ गया द्वार पर का प्रहरी, बोला क्यों भटक रहा यों ही।।

पूछा बतला कौन तू, क्या स्वामी से काम।
क्या तू उनको जानता, क्यों लेता है नाम।।
नाम सुदामा विप्र मैं, कृष्ण हमारे मीत।
नाम लिया इस भाव से, जान पुरानी प्रीत।।

प्रहरी विश्वास न कर पाया, यह कैसी अद्‌भुत यारी है।
इक ओर मरूस्थल के जैसा, इक ओर सघन फुलवारी है।।

1. स एवं भार्यया विप्रो बहुशः प्रार्थितो मृदु।
अयं हि परमोलाभ उत्तमश्लोकदर्शनम्।। भा. 10–80–12

उसे खड़ा कर द्वार पर, भीतर किया प्रवेश।
सन्मुख हरि के पहुंच कर, दिया अजब संदेश।।

जैसे ही नाम सुना प्रभु ने, शैया से नीचे कूद पड़े।
छोड़ा भार्या का साथ ओर, गृहद्वार ओर प्रभु दौड़ पड़े।।

अपलक रहे निहारते, कुछ पल को घनश्याम।
माना नैनो को दिया, दरशन कर आराम।।

दौनो की प्रीति बढ़ी इतनी, नैनो में जल भर आया है।
निज बाल सखा को श्री हरि ने, खुश होकर गले लगाया है।।
सादर मंदिर में ला उसको, अपने आसन पर पधराया।
[क]पग धोये जल सिर पर धारा, फिर पुष्पहार भी पहराया।।

धूप दीप तांबूल दे, दिया उन्हें गोदान।
बाल सखा का कृष्ण ने, किया विविध विधि मान।।

शैव्या नामक महारानी ने श्रद्धा से चँवर ढुलाया था।
दोनो मित्रों की प्रीति देख, रनिवास में विस्मय छाया था।।

निंदित निर्धन अधम यह, पाता हरि से मान।
[1]पुण्य धन्य इस विप्र के, इस सम धन्य न आन।।

[2]**हरि** ने निज पलंग बिठा इसको, लक्ष्मी को भी बिसराया है।
अग्रज की भांति मिले इससे, सखि भाग्य विलक्षण पाया है।।
हरि से सम्मानित श्रीदामा, मन में फूला न समाया है।
तब हरि ने गुरूकुल का प्रसंग, सबके सम्मुख छिड़वाया है।।
पहिला गुरू होता पिता और, दूजा उपनयन प्रदाता है।
तीसरा गुरू जो गुरूकुल में, शुभ ब्रह्मतत्व सिखलाता है।।

पूजनीय पहिला गुरू, दूजा मेरे मान।
मम स्वरूप है तीसरा, जाने सकल जहान।।

1. किमनेन कृतं पुण्यमवधूतेन भिक्षुणा।
श्रिया हीनेन लोकेऽस्मिन् गर्हितेनाधमेन च।। भा. 10–80–25

2. योऽसो त्रिलोकगुरूणा श्री निवासेन संभृतः।
पर्यंकस्थां श्रियं हित्वा परिश्वक्तोऽग्रजो यथा।। भा. 10–80–26

(क) ऐसे बेहाल बिवाइन सो .... सुदामा चरित्र 42

हो वानप्रस्थ सन्यास धर्म, या ब्रह्मचर्य रखने वाला।
इन सबसे प्रिय है मित्र मुझे, [1]**गुरू** की सेवा करने वाला।।
हरि ने पूछा क्या तुम्हें याद, वह घटना बड़ी निराली थी।
लकड़ियां चयन हित गये साथ, वह निशा घनी अंधियारी थी।।

बारिश में देखा हमें, जब गुरू ने हैरान।
उसी समय हम को दिया, था यह अद्‌भुत ज्ञात।।

[2]**पुरूषार्थ** प्रदाता इस तन को, जो गुरू को अर्पित करता है।
है वही शिष्य उत्तम जग में, जो सदा समर्पित रहता है।।

सार भरे सब वेद हो, यह मेरा आशीष।
तुम पर नित किरपा करे, सुर गुरू और मुनीष।।

कुछ देर रहे यों बतियाते, फिर बोले दादा काम करो।
जो भेंट मेरी भावज ने दी, झटपट मेरे आगे धर दो।।
[3]**जो** भक्त प्रेम से किंचित भी, मुझको अर्पित कर देता है।
मैं उसे समझता हूँ सब कुछ, जो शुद्ध भाव से देता है।।

बहुत करे अर्पण मुझे, जब अभक्त इंसान।
मैं नहिं उस पर रीझता, जाने सकल जहान।।
[4]शान्त चित्त जन भक्ति से, देते जल फल फूल।
मैं वह सब स्वीकार कर, हरता उसके शूल।।

हरि ने सोचा यह मित्र मेरा, धन के हित यहां न आया है।
दयनीय दशा से अकुलाकर, भार्या ने इसे पठाया है।।

1. नाहमिज्याप्रजातिभ्यां तपसोपशमेन वा।
तुष्येयं सर्वभूतात्मा गुरूशुश्रुषया यथा।। भा. 10–80–34

2. एत देव हि सच्छिष्यैः कर्तव्यं गुरूनिष्कृतम्।
यद्वै विशुद्धभावेन सर्वार्थात्मार्पणं गुरौ।। भा. 10–80–41

3. किमुपायनमानीतं ब्रह्मन्मे भवता गृहात्।
अण्वप्युपात्द्धतं भक्तैः प्रेम्णा भूर्येव में भवेत्।। भा. 10–81–03

4. पत्रं पुष्पं फलं तोयं यो मे भक्त्या प्रयच्छति।
तदहं भक्त्युपत्द्धतमश्रनामि प्रयतात्मनः।। भा. 10–81–04

अतएव देव दुर्लभ निधि से, मैं इसके घर को भर दूंगा।
इस विप्र मित्र के जीवन के, दारिद्र्य दुःख सब हर लूंगा।।

प्रभु ने देखा कांख में, दबी पोटली एक।
सोचा होगी भेंट हित, वस्तु अमोलक नेक।।

होकर अधीर गिरधारी ने, ब्राह्मण से वह धन छीन लिया।
सकुचाता रहा सुदामा पर, नहिं उस पर हरि ने ध्यान दिया।।
चिथड़े में देखे तांदुल तो, मन तृप्त हो गया माधव का।
ज्यो जन्म रंक इन्द्रासन पा, आपा खो देता है मन का।।
बोले ये [1]**तांदुल** मित्र मुझे, जगती में सबसे प्यारे हैं।
भेंटें स्वीकारी विलग विलग, ये सब भेंटों से न्यारे हैं।।
एक मुट्ठि भर कर हरि ने, मुंह में धर उनका स्वाद लिया।
जब लगे दूसरी भरने तो, महारानी जी ने रोक दिया।।
बोली क्या करते दीन बन्धु, कुछ मेरा भी तो ध्यान धरो।
हम भी पावेंगे यह प्रसाद, यह कृपा नाथ हम पर कर दो।।
इस भांति मान पा माधव से,' निशि में विश्राम किया उसने।
हरि मन्दिर में जब हुई भोर, आदर दे विदा किया सबने।।
रनिवास पुत्र पौत्रादिक ने, सादर चरणों में नमन किया।
सेवक थे चकित मान इतना, क्या पुण्य विप्र ने विलग किया।।
पैदल प्रभु दूर तलक आये, पहुंचाने विप्र सुदामा को।
गद्‌गद् हो बोला मित्र रूको, लोटो अब मुझको जाने दो।।
गद्‌गद् होकर नम आंखों से, प्रियवर को पुनः निहारा था।
फिर गले लगा बाहों में भर, ब्राह्मण को बहुत दुलारा था।।
दोनों मित्रों की आंखों से, अविरल अश्रू की धार बही।
है कौन करे वर्णन छवि का, यह कवि के वश की बात नहीं।।
द्वारिकाधीश ने धीरज धर, कर जोड़ मित्र को विदा किया।
तकते ही रहे कृष्ण उसको, बोझिल मन से वह हुआ विदा।।
मग में उसने मन में सोचा, क्या अद्‌भुत स्नेह दिया हरि ने।
कहिं बिसर न जाऊँ चरण शरण, धन दिया नहीं उस हित हरि ने।।

1. **नन्वेतदुपनीतं मे परमप्रीणनं सखे।**
तर्पयंत्यंग मां विश्वमेते पृथुकतंडुलाः।। भा. 10–81–09

[1]**प्रभु** के चरणों की सेवा से, सम्पदा सभी मिल जाती है।
पाताल धरा या स्वर्ग लोक, साक्षात मोक्ष मिल जाती है।।
उस सकल सिद्धि दाता ने तो, [2]**निर्धन** का मान बढ़ाया है।
हो जाता पतित विभव पाकर, गिरने से आज बचाया है।।
मन में ऐसा चिन्तन करता, जब विप्र धाम अपने आया।
इक दृश्य विलक्षण लखते ही, ब्राह्मण थोड़ा सा चकराया।।
द्वारिकाधीश के ही जैसा, सुन्दर इक भवन वहां पाया।
अद्भुत से बाग बगीचे लख, मन ही मन में वह घबराया।।
या तो मैं पथ ही भूल गया, या माया में घिर आया हूँ।
है नाथ सहाय करो मेरी, मैं शरण आपकी आया हूँ।।
यह दृश्य निरख वह बार–बार, विस्मय से भरता जाता था।
अपनी कुटिया का हाल देख, आंखो को मलता जाता था।।

वहां अचम्भित खड़ा था, जब वह विप्र सुजान।
सखियों के संग ब्राह्मणी, करन चली अगवान।।

परिवार सहित जब ब्राह्मण ने, श्रृंगारित भार्या को देखा।
बहुमान प्राप्त कर घर जाकर, निज मणिमय महलों को देखा।।
शैया थी धवल दुग्ध जैसी, गजदन्त के पलंग सजाये थे।
मणियों से निर्मित थी भीतें, रत्नो के दीप बनाये थे।।
[3]**बोला** मैं तो हूँ मंद भाग्य, दारिद्र्य ने मुझको घेरा है।
हो गई कृपा परमेश्वर की, उसने कर दिया सवेरा है।।
[4]**जिस** भांति मेघ सागर भरता, फिर भी मन में शरमाता है।
बस इसीलिये निशि में झरकर, सब खेतों को भर जाता है।।

1. **स्वर्गापवर्गयोः पुंसां रसायां भुविं संपदाम्।**
   सर्वासामपि सिद्धीनां मूलं तच्चरणार्चनम्।। भा. 10–81–19
2. **अधनोऽयं धनं प्राप्य माद्यन्नुच्चैर्न मांस्मरेत्।**
   इति कारूणि को नूनं धनं मेऽभूरि माददात्।। भा. 10–81–20
3. **नूनं बतेतन्मम दुर्भगस्य शश्वद्धरिद्रस्य समृद्धिहेतुः।**
   महाविभूतेरवलोकतोऽन्यो नैवोपपद्येत यदूत्तमस्य।। भा. 10–81–33
4. **नन्वब्रुवाणो दिशते समक्षं याचिष्णवे भूर्यपिभूरिभोजः।**
   पर्जन्यवत्तत्स्वयमीक्षमाणो दाशार्हकाणामृषभः सखा में।। भा. 10–81–34

मेघों के प्रभु हैं कृष्णचन्द्र, भजनों का मान बढ़ाते हैं।
इन्द्रादिक पद को तुच्छ जान, भक्तों को गले लगाते हैं।।
पर नाथ सम्पदा यह मुझको, आसक्ति आप में दिलवाये।
भक्तों का संग मिले हर पल, मन हरि कीर्तन में रम जावे।।

धन मद से पाते मनुज, नीच जन्म का शाप।
इसीलिये निज भक्त को, नहिं देते धन आप।।
भक्ति हीन मुझ विप्र को, किया सम्पदा दान।
भक्ति मांगता नाथ मैं, दे दो यह वरदान।।

इस भांति भवन में बस कर भी, विषयों से विलग रहा करता।
आसक्ति त्यागकर वह ब्राह्मण, श्री हरि में सदा रमा रहता।।

भार्या के संग त्याग वह, सकल देह अभिमान।
अमरापुर को चल दिया, करता हरि गुणगान।।

यह कथा सुदामा ब्राह्मण की, कर्मों से मुक्ति दिलाती है।
धन मद से दूर सदा रखकर, भगवद्भक्ती फैलाती है।।

एक समय जब आगया, सूर्य ग्रहण का योग।
कुरूक्षेत्र में पुण्य हित, आये यादव लोग।।

श्री परशुराम ने क्रोधित हो, जब क्षत्रिय रक्त बहाया था।
उस तप्त रक्त से उनने ही, न्हद का निर्माण कराया था।।
सब ने अस्नान किया न्हद में, विप्रों को दान दिया भारी।
मन में संकल्प किया सब ने, हरि भक्ति मिले हम को न्यारी।।
कौशल ओर मत्स्य उशीनर संग, कुरू कुंतिभोज कैकय आये।
उत्कंठित गोपी गोप और, नृपवर विदर्भ नंद जी आये।।
सब स्नेह सहित इकदूजे से, मिलकर आनन्द मनाते हैं।
निजजन से कह अपने दुःख को, मन को वे सहज बनाते हैं।।

कुंती ने भी कृष्ण से, कही ह्रदय की पीर।
मेरी विपदा तुम सुनो, भगतबछल यदुवीर।।

[1]**जब** देव विमुख होता केशव, अपने भी सुध बिसराते हैं।
हो मात पिता सुत बन्धु सभी, सम्बन्ध शिथिल हो जाते हैं।।

1. सुहृदो ज्ञातयः पुत्रा भ्रातरः पितरावपि।
नानुस्मरंति स्वजनं यस्य दैवमदक्षिणम्।। भा. 10–82–19

वसुदेव देव ने बतलाया, ईश्वर के सभी [1]**खिलौने** हैं।
वह है विराट सबका कर्ता, उसके सन्मुख सब बोने हैं।।

करवाना सब कर्म ओर, करना भी हरि हाथ।
कर्मों के मालिक वही, करताओं के नाथ।।

ए बहिन कंस के कष्टों से, अब जाकर मुक्ती पाई है।
वह लम्बी कारी निशा गई, यह घड़ी चेन की आई है।।
कौरव पाण्डव संग सब नरेश, अपलक माधव को तकते थे।
शुभ चन्द्रवंश के कुल दीपक, सूरज की भांति दमकते थे।।
वसुदेव देवकी ने मिलकर, श्री नंद यशोदा गुण गाये।
जो प्यार लुटाया केशव पर, कर सुमिरण अश्रु छलक आये।।

उधर गोपियों से मिले, जब गोपेश्वर नाथ।
[2]मिलन जुदाई देवियों, कहा देव के हाथ।।

मैं ही सब जीवों में रहता, सब पर मेरा ही साया है।
आत्मा सबमें है एक किन्तु, बस विलग सभी की काया है।।

व्रज ललनायें ज्ञान पा, हुई कृष्ण में लीन।
बोली मन तुम में रमे, देह कर्म में लीन।।

द्रोपदि ने पूछा तब [क]सबने, निज ब्याह प्रसंग सुनाया था।
बोली वह पल था सुखद बड़ा, जब हरि का दर्शन पाया था।।
कर पाणिग्रहण जब माधव ने, हमको निज अंग लगाया था।
कैसे बिसुरें हम उस पल को, जब पुण्यों का फल पाया था।।

चरण दासियां बन करें, हम हरि का सब काम।
हम पर नित किरपा करे, वे प्रभु पूरण काम।।
यों बातों में व्यस्त थे, तीरथ में सब लोग।
मुनि आये हरि दरश हित, बना अजब संयोग।।

1. **अंब मास्मानसूयेथा दैवक्रीडनकान्नरान्।**
ईशस्य हि वशे लोकः कुरूते कार्यतेऽथवा।। भा. 10–82–20
2. **अप्यवध्यायथास्मान् स्विदकृतज्ञाविशंकया।**
नूनं भूतानि भगवान्युनक्ति वियुनक्ति च।। भा. 10–82–42

(क) श्रीकृष्ण की सभी भार्याओं ने।

श्री व्यास असित देवल नारद, मुनि गाधि सुवन गौतम आये।
गालव भृगु कश्यप अत्री द्वित, शिष्यों को परशुराम लाये।।

ब्रह्मपुत्र त्रित अंगिरा, आये मुनी पुलस्त्य।
श्री वसिष्ठ ओर सुरगुरू, मार्कण्डेय अगस्त्य।।

श्रीराम कृष्ण संग पाण्डव ओर, जितने राजा थे खड़े हुए।
विधि पूर्वक ऋषि पूजन करके, चरणों में झुक आशीष लिये।।
प्रभु बोले ऋषियों का दर्शन, जन मन अज्ञान मिटाता है।
ये भेदबुद्धि से दूर सदा, तीरथ इनमें रम जाता है।।
[1]**हैं** तीर्थ न केवल जल स्वरूप, नहि देव शिला ही होते हैं।
चिरकाल में फलते देव तीर्थ, ऋषि दर्शन तत्क्षण फलते हैं।।

तीर्थों से बढ़कर सदा, ऋषि दर्शन सत्कार।
देव तुल्य ये हैं सदा, जाने यह संसार।।

ऋषिगण बोले है दीन बन्धु, तेरी लीला का पार नहीं।
अवतार भक्त हित धरते हो, भक्ती के बिन उद्धार नहीं।
विधिपूर्वक श्रीहरि वन्दन कर, ऋषियों ने विदा विचार किया।
वसुदेव दौड़ आगे आये, ऋषि चरणों में सिर डार दिया।।

देव धाम मुनि आप सब, मुझे कहो वह मर्म।
[2]कर्मनाश जो कर सके, बतलाओ वह कर्म।।
ऋषि मण्डल को तब हुआ, यह सुनकर आश्चर्य।
क्यों नहिं पूछा कृष्ण से, क्या इसका तात्पर्य।।

नारद बोले ऋषियों सुनलो, इस जग का ऐसा नाता है।
जो निकट रहेगा महांपुरूष, वह सदा निरादर पाता है।।
गंगातट पर रहने वाले, कब उसका मान बढ़ाते हैं।
अपने पापों से मुक्ति हेतु, वे अन्य तीर्थ अपनाते हैं।।
जो है अवन्तिका के वासी, संगम की आस लगाते हैं।
संगम वाले हरिद्वार पहुंच, पौढ़ी पर पाप गलाते हैं।।

1. **न ह्यम्मयानि तीर्थानि न देवा मृच्छिलामयाः।**
   ते पुनंत्युरूकालेन दर्शनादेव साधवः।। भा. 10–84–11
2. **नमो वः सर्वदेवेभ्य ऋषयः श्रोतुमर्हथ।**
   कर्मणा कर्मनिर्हारो यथा स्यान्नस्तदुच्यताम्।। भा. 10–84–29

पौढ़ी पर भी लूटते, आती इन्हैं न लाज।
फिर वे जाकर पूजते, सब मिल तीरथ राज।।

रामेश्वर के सब लोगों को, काशी का मन्दिर प्यारा है।
काशी वाले नासिक जपते, जिनको महाकाल दुलारा है।।

पुत्र मान श्रीकृष्ण को, ऐसा किया विचार।
त्यागो अब आश्चर्य को, कहो प्रश्न का सार।।
मुनि बोले श्री विष्णु है, सब यज्ञों के ईश।
यजन उन्हीं का सब करो, कह कर जय जगदीश।।

श्री विष्णु देव में श्रृद्धा रख, नित यजन कर्म ही करना है।
वसुदेव उपाय यही इक है, सब कर्म कर्म से हरना है।।
धन का फल होता दान यज्ञ, यह [2]**धन** इच्छा छुड़वाता है।
घर के सब भोग भोग करके, बुध तृष्णा दूर भगाता है।।

नाशवान जग जान कर, करदो तृष्णा त्याग।
स्वर्गादिक अरू मान में, तनिक न हो अनुराग।।
द्विज जब लेते जन्म तो, [3]ऋण संग लाते तीन।
देव पितृ ऋषि तीन नित, करते उनको दीन।।

यज्ञों से यजन हरी का कर, ऋण एक उतारा जाता है।
अध्ययन वेद का विधि से कर, ऋषि ऋण से मुक्ती पाता है।।
घर में सुत पैदा होने तक, ऋण पितृ उतर नहिं पाता है।
ऋण तीन उतारे बिना मनुज, मरता तो पतित कहाता है।।
ऋषि बोले पितृ ऋषी ऋण से, ऊरिण होकर तो भला किया।
देवों का ऋण सर ऊपर है, उसका भी अवसर आज मिला।।

उसी समय वसुदेव ने, सब ऋत्विज का काज।
साग्रह ऋषियों से कहा, करें आप महाराज।।

1. कर्मणा कर्मनिर्हार एष साधुनिरूपितः।
यच्छृद्धया यजेद्विष्णुं सर्वयज्ञेश्वरं मखैः।। भा. 10–84–35
2. वित्तेषणां यज्ञदानैर्गृहैर्दार सुतैषणाम्।
आत्मलोकेषणां देव कालेन विसृजेद्बुधः।।
ग्रामेत्यक्तैषणाः सर्वे ययुर्धीरास्तपोवनम्।। भा. 10–84–38
3. ऋणैस्त्रिभिर्द्विजो जातो देवर्षिपितृणां प्रभो।
यज्ञाध्ययन पुत्रैस्तान्यनिस्तीर्य त्यजन्पतेत्।। भा. 10–84–39

द्रव्य मंत्र और कर्म से, करके यजन विधान।
गौ कन्या धन धरा दे, पूजे विप्र सुजान।।

[क]भार्या संग अवभृत स्नान किया, सबको न्हद में नहलाया है।
सब जीवों को भोजन देकर, विधि से सत्कार कराया है।।
नृपवर भेंटे ले विदा हुए, गुणगान स्वजन ने बहुत किया।
क्यों करे न बखान यजन का सब, विधि से वसुदेव ने यजन किया।।
श्रीनन्द बहुत दिन रूके वहां, वह जाल स्नेह का भारी था।
उस माखनचोर कन्हैया पर, सारा व्रजमण्डल वारी था।।

[1]स्नेह जाल में सब बंधे, बोले श्री वसुदेव।
योगी को दुर्लभ सदा, काट सके बस देव।।

है मित्र धन्य हैं धन्य आप, संकट में साथ निभाया था।
उस दुष्ट कंस के भय से भी, लाला को त्राण दिलाया था।।

पहिले थे असमर्थ हम, सह न सके कुछ भार।
अब लक्ष्मी मद अंध हो, हुए ओर बेकार।।

कल्याण चाहने वालों को, **[2]लक्ष्मी** से दूर रखो दाता।
आश्रित ओर स्वजन न देख सके, वह धन से अंधा हो जाता।।
इस भांति स्नेह बढ़ जाने से, नैनो से अश्रु छलक आये।
उपकार नंद जी के सुमिरे, वसुदेव धैर्य नहिं रख पाये।।

फूट फूट कर रो पड़े, राम कृष्ण के तात।
हृदय लगा नंद ने कहा, अब छोड़ो वह बात।।
तीन मास रूक मान पा, नंद गये निज ग्राम।
वर्षा लख यादव सभी, लौटे अपने धाम।।
शुक मुनि बोले ए राजा सुन, इक उत्तम बात बताता हूं।
मुनि वचनों का क्या था प्रभाव, वह बात तुम्हैं समझाता हूँ।।

1. **भ्रातरीशकृतः पाशो नृणां यः स्नेहसंज्ञितः।**
तं दुस्त्यजमहं मन्ये शूराणामपि योगिनाम्।। भा. 10–84–61
2. **मा राज्यश्रीरभूत्पुंसः श्रेयस्कामस्य मानद।**
स्वजनानुत बंधून्वा न पश्यति ययांऽध्दृक्।। भा. 10–84–64

(क) 18 पत्नियों संग

राम कृष्ण से एक दिन, बोले श्री वसुदेव।
[1]है योगेश्वर जगत के, तुम हो सच्चे देव।।

[2]जिससे जिसने जिस भी विधि से, इस जग का सृजन किया लाला।
जिस भांति किया पालन उसने, वह तुम ही हो करने वाला।।
[3]जल आप और जल शक्ति आप, जीवन दाता तुम ही तो हो।
सह बल चेष्टा गति ओज आप, ओर पवन शक्ति तुम ही तो हो।।
पावक का तेज सूर्य आभा, बिजुरी का स्फुरण तुम्हीं दाता।
आधार धरा का गंध आप, तुम निशिपति के कान्ती दाता।।

[4]मृतिका और सुवर्ण हैं,ज्यों घट कुंडल सार।
सकल विनाशी जीव में, अविनाशी दातार।।
मैं हूँ और मेरे सभी, यह बलशाली पाश।
जग सारा इसमें बंधा, तेरी करे तलाश।।
इतना सुन वसुदेव से, बोले श्री यदुनाथ।
सत्य सत्य हां सत्य है, तात आपकी बात।।

मैं स्वयं और दाऊ भैया, जगती के जितने जीव सभी।
सब ब्रह्म रूप हैं यह जानो, मानो सब में है ईश वहीं।।
है एक किन्तु यह आत्मा ही, सब में सब जैसी लगती है।
सब में लगती है जुदा किन्तु, यह मुझमें ही आ मिलती है।।

लाया था गुरूपुत्र ये, करके उसको याद।
माँ ने अपने पुत्र हित, की हरि से फरियाद।।

चुप सुनती थी सारी बातें, माँ वही अचानक बोल पड़ी।
मेरे सुत लाकर दो कान्हां, आगई मिलन की सरस घड़ी।।

1. **कृष्ण कृष्ण महायोगिन्संकर्षण सनातन।**
   जाने वामस्य यत्साक्षात्प्रधानपुरूषौ परौ।। भा. 10–85–03
2. **यत्र येन यतो यस्य यस्मै मद्यद्यथा यदा।**
   स्यादिदं भगवांसाक्षात्प्रधान पुरूषेश्वरः।। भा. 10–85–04
3. **तर्पणंप्राणनमपां देव त्वं ताश्च तद्रसः।**
   ओजः सहो बलं चेष्टा गतिर्वायोस्तवेश्वर।। भा. 10–85–08
4. **नश्वरेष्विह भावेषु तदसि त्वमनश्वरम्।**
   यथाद्रव्यविकारेषु द्रव्यमात्रं निरूपितम्।। भा. 10–85–12

विनय मात की सिर चढ़ा, साथ लिये बलराम।
सुतल लोक पहुंचे प्रभू, बलि राजा के धाम।।

सर्वस्व समर्पित कर बलि ने, पग धो पादोदक पान किया।
है नाथ कृपा किस कारण की, वैरी को दर्शन दान दिया।।

प्रभु बोले बलि दो मुझे, मेरे प्रिय छह बीर।
इनसे मिल बंध जायगा, माता को कुछ धीर।।
[क]स्मर उद्‌गीथ क्षुद्रभुक, घृणि परिश्वंग पतंग।
माता खुश हो जायेगी, इन्हें लगा निज अंग।।
बलि से लाकर दे दिये, हरि ने सभी कुमार।
माँ की छाती से वहां, बही दूध की धार।।
पीतषेश पय पान कर, पाकर हरि कर स्पर्श।
आत्मज्ञान से हो गया, छह बीरों को हर्ष।।

वसुदेव देवकी राम कृष्ण, सबके चरणों में नमन किया।
सबके लखते उन लालों ने, फिर देवलोक को गमन किया।।
ए शौनकादि ऋषियों जो जन, हरि चरित श्रवण करवाता है।
वह कहने और सुनने वाला, सर्वेश अभय पद पाता है।।

मेरे दादा ओर दादी का, क्या है विवाह वृत्तान्त कहो।
उसमे श्रीहरि का हाथ रहा, गुरूवर प्रसंग वह भी कह दो।।

शुक बोले राजन सुनो, यह उत्तम वृत्तान्त।
माया का जगदीश की, कहां आदि ओर अन्त।।

अर्जुन संग गये प्रभास कृष्ण, संदेश वहां ऐसा पाया।
दाऊ ने बहिन सुभद्रा के, वर योग्य सुयोधन ठहराया।।
यह केवल उनका निर्णय था, परिजन का इसमें हाथ नहीं।
श्रीकृष्ण चाहते भगिनी का, हो ब्याह सुयोधन साथ नहीं।।

(क) स्वायंभुव मन्वंतर में मरीचि ऋषि के ऊर्ण नाम स्त्री में छह पुत्र उत्पन्न हुए थे। ब्रह्मा जी को देख कर ये हंसे थे उसी अपराध से वे असुर योनी पाकर हिरण्यकशिपु के पुत्र हुए। फिर योग माया ने उन्हें वहां से देवकी के उदर में प्राप्त किया जो कंस के हाथ से मारे गये।।

तब [क]सन्यासी का रूप धार, द्वारिका धाम अर्जुन आये।
संकर्षण ने की अगवानी, चौमास वहीं पर ठहराये।।

एक दिवस आ ही गई, वह शुभ बेला एन।
सुमति सुभद्रा से मिले, पाण्डु सुवन के नैन।।

दोनो ही रीझ गये पल में, पल में दोनो को प्यार हुआ।
नैनो के द्वारे दोनो पर, पल में अनंग असवार हुआ।।
इकदिवस तीर्थ हित कन्या ने, जब गढ़ से बाहर चरण दिया।
तब सम्मति पाकर गिरिधर की, अर्जुन ने उसका हरण किया।।

बलदाऊ तक जब गया, यह अद्‌भुत संदेश।
हल मूसल ले चल दिये, कर भीषण आवेश।।
चरण पकड़ श्रीकृष्ण ने, समझाया बहु बार।
कहा राम ने शान्त हो, तू ही इन्हैं संभार।।
दायज दे सम्मान से, रख मन में उत्साह।
बहिन सुभद्रा का किया, अर्जुन संग विवाह।।

श्रुतदेव नाम का विप्र एक, मिथिला नगरी में रहता था।
निर्वाह जनित पाकर पोषण, सन्तोष धार हरि भजता था।।

मिथिलापति बहुलाश्व भी, था श्री हरि का भक्त।
अहंकार का त्याग कर, रहता सदा विरक्त।।

होकर इन दोनो पर प्रसन्न, इकबार कृष्ण मिथिला आये।
नारद अत्री श्री परशु व्यास, मुनि च्यवन संग हम भी आये।।

सबने ही सम्मान कर, की सादर अगवान।
भले पधारे नाथ जी, कृपा करी भगवान।।

सम्पूर्ण नगर के नर नारी, स्वागत हरि का करने आये।
बहुलाश्व और श्रुतदेव विप्र, सादर घर ले जाने आये।।
दोनों का स्नेह बराबर लख, हरि ने दो रूप बनाये थे।
दोनो के घर जा पूजन ली, वे समझ नहीं कुछ पाये थे।।

हरि ने देखा कर रहे, दोनो मेरा मान।
विप्रों का पर हो रहा, तनिक यहां अवमान।।

(क) त्रिदण्डी संन्यासी

बोले सब जीवों में [1]**ब्राह्मण,** उत्तम ही माना जाता है।
उस पर गर मेरा उपासक हो, तो सर्वोत्तम हो जाता है।।

[2]विप्रों से प्रिय है नहीं, मुझे चतुर्भुज रूप।
विप्र वेदमय हैं सदा, मेरा देव स्वरूप।।
देवों की सिद्धी सदा, होती वेद अधीन।
इसीलिये प्रिय है मुझे, वेद विप्र सुर तीन।।

विप्रों की पूजन होने से, मेरा पूजन हो जाता है।
सन्तोष विप्र को होने पर, सन्तोष मुझे हो जाता है।।
इतना सुनते ही दोनो ने, विप्रों के चरण पखारे हैं।
बोले पावन हो गया धाम, जबसे मुनि यहां पधारे हैं।।
विप्रों का पूजन कर उनने, उत्तम पदवी को पाया था।
उपदेश बड़ा उनको देकर, द्वारिकाधीश घर आया था।।
परिक्षित बोला गुरूवर मेरी, शंका का तनिक शमन कर दो।
प्रवृत्ति ब्रह्म में वेदों की, कैसे होती वर्णन कर दो।।
मुख्या गौणी लक्षणा तीन, वृत्तियां शब्द की होती है।
फिर योग और रूढ़ी दो ही, शाखा मुख्या की होती है।।
जो वस्तु क्रिया गुण जाति रूप, इनसे निर्देशित होती है।
रूढ़ी की तो बस उसमें ही, प्रवृतियां संभव होती हैं।।
गुण क्रिया जाति अथवा स्वरूप, निर्देश न उसका करते हैं।
अतएव भाव फिर रूढ़ी के, किस भांति ब्रह्म में होते हैं।।
कार्य और कारण से भी, जब ब्रह्म असंग रहा करता।
फिर योग किसी का भी इनमें, नहिं संभव गुरूवर हो सकता।।
सम्बन्ध लक्षणा में होता, सम्बंध रहित परमात्मा है।
गौणी में गुण होता प्रधान, निर्गुण सबका सर्वात्मा है।।

प्रतिपादन फिर ब्रह्म का, इन श्रुतियों के साथ।
कैसे संभव है कहो, कृपा करो मुनि नाथ।।

1. **ब्राह्मणों जन्मना श्रेयान्सर्वेषां प्राणिनामिह।**
तपसा विद्यया तुष्ट्या किमु मत्कलया युतः।। भा. 10–86–53
2. **न ब्राह्मणान्मे दयितं रूपमेतच्चतुर्भुजम्।**
सर्ववेदमयो विप्रः सर्वदेवमयो ह्यहम्।। भा. 10–86–54

[1]**शुक** बोले जीव प्रलय में ही, श्री हरि में जाय समाये थे।
पुरुषार्थ मोक्ष के लिये बुद्धि, मन इन्द्रिय प्राण बनाये थे।।

बिन इनके संभव नहीं, धर्म अर्थ ओर काम।
जब तक हो न स्वरूप तो, नहीं मोक्ष का नाम।।

[क]सर्वज्ञ और सब शक्तिमान, लक्षण निरूपण करने वाली।
ये श्रुतियां होती सगुण ईश, का प्रतिपादन करने वाली।।
निवृत्ति हेतु सब जीवों की, तत्त्वमसि वेद का कहना है।
इसका इक काम ईश्वर की, सत्ता प्रतिपादन करना है।।
तत् ईश्वर वाचक नित्य मुक्त, त्वं जीवों का वाचक भाई।
सामानाधिकरण्य की प्रतीति, इनसे ही संभव हो पाई।।
'तत्' और 'त्वं' ये दोनो ही, जब भिन्न गुणों के वाचक हैं।
सामानाधिकरण्य घटे कैसे, गुण नहीं एकता वाचक है।।
अतएव विलग गुण अंश त्याग, अनुगत समअंश ग्रहण करता।
'तत' और 'त्वं' इन दोनो को, वह ब्रह्म रूप वाचक करता।।
इस भांति एकता निरूपण कर, प्रतिपादित ब्रह्म किया जाता।
यह गूढ़ विषय है ए राजन, श्रद्धा से ही समझा जाता।।

1. **बुद्धींद्रियमनः प्राणान्जनानामसृजत्प्रभुः।**
मात्राऽर्थं च भवार्थं च आत्मने कल्पनाय च।। भा. 10–87–02

(क) ''सर्वज्ञः सर्वशक्तिमान्'' इत्यादिक लक्षण निरूपण करने वाली श्रुतियां केवल सगुण ईश्वर का ही प्रतिपादन करती है। और संसारी जीव की संसार की निवृत्ति के निमित्त ''तत् (वह) त्वं (तू) असि (है)'' इत्यादिक वेदवाक्य ईश्वर की ईश्वरता प्रतिपादन करते हैं। सो इसमें नित्यमुक्त ईश्वर वाचक 'तत्' पद और संसारी जीव का वाचक 'त्वं' पद का सामानाधिकरण्य प्रतीत होय है। सो वह अन्य प्रकार से तौ संभवे नहीं। तासों जहदजहत् स्वार्था लक्षणा अथवा भागत्यागलक्षणा से बोधित होय है। तथाहि सर्वज्ञत्वादिक गुण वाले पदार्थ का वाचक 'तत' पद और अल्पज्ञत्वादिक गुण वाले पदार्थ का वाचक 'त्वं' पद ये दोनो विरूद्ध गुणों के वाचक हैं। सो परस्पर विरूद्ध गुणों का सामानाधिकरण्य घटे नहीं, तासों दोनो में से परस्पर विरूद्ध गुणरूप अंश का त्याग कर दोनों में अनुगत चैतन्य रूप समान अंश का ग्रहण करके 'तत्'और'त्वं' ये दोनो पद ब्रह्मरूप एक अर्थ के वााचक हो कर, एकता का निरूपण करते शुद्ध ब्रह्म के प्रतिपादन में पर्यवसायी होय है। – मूल ग्रन्थ की टीका से यथावत्। सादर

[क]श्रुतियां निशेध निरूपण वाली, शोधन उपयोगी होती है।
उपाधि निशेध क्रिया द्वारा, पर्यवसित ब्रह्म में होती है।।
निरूपण उपासना जो करती, अंतस् को शुद्ध बनाती है।
वे ही उपासना के द्वारा, उपदेश ज्ञान का देती है।।
फिर परंपरा संबंध से ही, परब्रह्म प्रतिपादन करती है।
ऐसा निरूपण करने वाली, श्रुतियां बलशाली होती हैं।।
सृष्टि प्रलय ओर स्थिति जो, आने जाने वाली होती।
ये श्रुतियां बस उनके द्वारा, ईश्वर प्रतिपादन कर देती।।
वेदों की इन सब श्रुतियों का, पुरखों ने निर्णय कर डाला।
फिर शुष्क बुद्धि वाले हम क्यों, इसमें करते गड़बड़ झाला।।

सभी तर्क का त्याग कर, करें श्रवण मन लाय।
सकल उपाधी त्याग से, सहज मोक्ष मिलजाय।।

शुक बोले राजन इसके हित, मैं इक संवाद सुनाता हूँ।
नारायण नारद मध्य हुआ, वह शुभ वृत्तान्त बताता हूँ।।
नारायण ऋषि के [ख]आश्रम जा, श्री नारद ने यह पूछ लिया।
नारायण मुनि ने बतलाया, जो [ग]सनकादिक ने शमन किया।।

1. **सैषा ह्युपनिषद्ब्राह्मी पूर्वेषां पूर्व जैर्धृता।**
श्रद्धया धारयेद्यस्तां क्षेमं गच्छेदकिंचनः।। भा. 10—87—03

(क) 'अस्थूलमनणु' इत्यादिक निषेध का निरूपण करने वाली श्रुतियां तत्पदार्थ के शोधन में उपयोगी होने से उपाधि के निषेध द्वारा साक्षात निर्गुण ब्रह्म में ही पर्यवसित होती है। उपासना का निरूपण करने वाली श्रुतियां उपासना से अंतःकरण शुद्धि द्वारा ज्ञान के साधन का उपदेश करती ज्ञान द्वारा परंपरा—संबंध से परब्रह्म प्रतिपादन में पर्यवसायी होय है। सृष्टि, स्थिति, प्रलय का प्रतिपादन करने वाली श्रुतियां भी आगमापायी (आने जाने वाली) सृष्टि आदि का निरूपण कर, उसी के द्वारा परंपरा संबंध से ब्रह्म के प्रतिपादन में प्रवृत्त होती है। इसी प्रकार से वेद की श्रुतियों का परब्रह्म में प्रवृत्ति का रहस्य निर्णय पूर्वजों के भी पूर्वजों ने किया है। इसी के शिष्ट लोगों की अनादि परंपरा से आये हुए इस विषय का जो मनुष्य शुष्क तर्कादिक का अभिनिवेशन करता श्रृद्धा से श्रवण मनन करे वह देहादिक उपाधि त्याग कर मोक्ष को प्राप्त होवे। — मूल ग्रन्थ की टीका से यथावत् सादर।

(ख) कलापग्राम में

(ग) जन लोकनिवासी ब्रह्माजी के मानसपुत्र सनकादिकों के बीच जनलोक में ब्रह्मसत्र हुआ। सब समान होकर, जहां एक को वक्ता बनाकर, दूसरे श्रोता बनकर ब्रह्म विचार करे इसे ब्रह्मसत्र कहते हैं।

हो आत्मरूप में लीन ईश, जब सृष्टि रचन कर सोये थे।
निःश्वास जन्य श्रुतियों ने तब, प्रभु के गुण इसविधि गाये थे।।

नृपगुण का ज्यों ज्यों करे, बंदी विरद बखान।
त्योंही श्रुतियों ने किया, जगदीश्वर का गान।।

तुम पर हैं आश्रित जीव नाथ, उसपर किरपा का हाथ धरो।
गुण ग्रहण चराचर जीव करे, इस हेतु अविद्या नाश करो।।
हे नाथ आप जब माया से, अनगिन क्रीड़ाएं करते हो।
तब शुद्ध रूप में हमसे ही, प्रतिपादित जग में होते हो।।

नाथ इन्द्र भी आप हैं, और अग्नि भी आप।
जग की सत्ता आप हैं, आप जगत के ताप।।

मृतिका ज्यों व्याप्त घटादिक में, घट उससे भिन्न नहीं होता।
त्योंही सब तुमसे उपजे हैं, सब कुछ तुममें ही लय होता।।
प्राणी पत्थर पर पैर रखे, पृथ्वी से विलग नहीं होता।
त्योंही इन्द्रादिक प्रतिपादन, प्रतिपादन तेरा ही होता।।
तव कथा सिन्धु का सेवन नित, कल्मष दुःख पाप मिटाता है।
फिर तव स्वरूप सेवन दाता, जीवों को धन्य बनाता है।।
प्रभु [क]पंचकोष के स्वामी हैं, वेदों से आप प्रकाशित हो।
जगती के आप नियंता हो, फिर सत्य रूप में भाषित हो।।
निरूपाधि स्वरूप अगम दाता, नहिं प्रथम समझ में आता है।
हर संप्रदाय का ऋषि तुमको, सौपाधिक करके ध्याता है।।

अग्नि समाती काष्ठ में, धर उसका ही रूप।
निम्न उच्च देहादि में, तुम ही हो जग भूप।।

है ईश भक्ति वह साधन है, जिससे तू जाना जाता है।
अतएव भक्ति को मुक्ती से, ज्यादा ही माना जाता है।।
नर देह धार कर भी प्राणी, सेवा से दूर हि रहता है।
हरि से जो प्रीति नहीं करता, जन्मों तक भ्रमता रहता है।।

नियमों से मुनि पूजते, हम चरणों की दास।
शत्रु स्मरण से ही जपे, तिरिया की तू आस।।

(क) आप अन्नमय, प्राणमय, मनोमय, विज्ञानमय व आनंदमय पंचकोष जो देह प्राण, मन बुद्धि व ज्ञान रूप है में प्रवेष करने वाला चरम परब्रह्मरूप आप हो।

अन्न प्राण मन बुद्धि का, वाहक जो विज्ञान ।
पंचम कोष आनन्द का, प्रमुख तत्व है ज्ञान।।

अपनी अपनी विधियों से सब, हे देव तुझे ही ध्याते हैं।
शत्रू भी द्वेष धार तुझसे, तेरा स्वरूप पा जाते हैं।।
तुम तो हो नाथ अजन्मा पर, सबको तुमने ही सिरजा है।
तुम हो राजा इस सृष्टी के, बाकी सब तेरी परजा है।।
उत्पन्न किया जिनको तुमने, वह केसे तुमको जान सके।
इक पुत्र पिता की जन्म कथा, बतलाओ कैसे जान सके।।
प्रभु एक समय ऐसा आता, सब तुममे ही रम जाते हैं।
फिर कैसे वह तुमको जाने, जो खुद को जान न पाते हैं।।
तुमको पाने के लिये देव, भक्ती ही बड़ा सहारा है।
श्रवणादिक ओर किर्तन जैसा, तुमको भी कहां दुलारा है।।
सब भ्रमित ज्ञान देने वाले, पथ [क]अलग अलग बतलाते हैं।
योगी नैयायिक वैशेषिक, पथ अपना श्रेष्ठ जताते हैं।।
यह सृजित जगत ओर पुरूष जीव, तेरी सत्ता है परमेश्वर।
यह व्यष्टि रूप तू है समष्टि, सब भूतों का तू भूतेश्वर।।
सब में लखकर जो भी प्राणी, है दाता तुमको ध्याते हैं।
मृत्यू के सिर पर पैर धार, वे सहज मुक्ति पा जाते हैं।।
प्रभु भक्ति विमुख गुणियों को भी, तुम वेद पाश से कसते हो।
है कालमूर्ति है शब्द ब्रह्म, तुम सबको वश में रखते हो।।

तव भय सूरज ऊगता, तब भय पवन बहाव।
तव भय बरसे इन्द्र और, तव भय अग्नि प्रभाव।।

है दृष्टि आपकी सम दाता, तू सब को सम सिरजाता है।
पर पूर्व जन्म के कर्मों से, यह ऊँच नीच हो जाता है।।
कारण का धर्म कार्य में हो, ऐसा ही माना जाता है।
व्यापक और नित्य जीव ये गुण, पहिले तुमसे ही पाता है।।
जल और पवन का संगम ही, है नाथ बवंडर लाता है।
त्यों प्रकृति और पुरुष मिलकर, प्राणाधिक जीव बनाता है।।

(क) **वैशेषिक कहते हैं यह जगत जो पहिले नहीं था पैदा हुआ है। योगशास्त्र वाले कहते हैं जीव में ब्रह्मत्व योग साधना से आता है। नैयायिक कहते हैं – छः इन्द्रियां, इनके छः इन्द्रिय ज्ञान तथा छः विषय, सुख दुःख व शरीर इन इक्कीस प्रकार के दुःख का नाश ही मोक्ष है। सांख्य वाले कहते हैं– जीव और ईश्वर में भेद है।**

गुरू शरण चले जाने से ही, मन का निग्रह हो पाता है।
मन का निग्रह हो जाने पर, भय स्वतः दूर हो जाता है।।
मन है वह चंचल अश्व देव, गुरू से ही वश में आता है।
तेरी सेवा में मन लाकर, आनंद जीव पा जाता है।।
तेरे चरणों के सेवक मुनि, तीर्थाटन करने जाते हैं।
फिर उनको गुरू वरने वाले, घर में कैसे रम पाते हैं।।
ज्यों जाल बना करके मकड़ी, खुद में ही उसे समाती है।
त्योंही तू जग का सिरजक है, जगती तुझमें मिल जाती है।।

घट कुंडल कुल्हाड़ तो, है नहिं शुद्ध स्वरूप।
मृदा कनक ओर लोह ही, है प्रभु सच्चा रूप।।
सत्य शुद्ध अद्वेत है, द्वेत समस्त असत्य।
यह सारी जगती प्रभू, है तेरा ही कृत्य।।

स्मृति खोने पर ज्यों हमको, कंठे का भान न होता है।
त्यों काम वासना में रमकर, ईश्वर आभास न होता है।।
जो तुम्हें चित्त में धरता है, वह सहज मोक्ष पाजाता है।
पर योग ढ़ोंग करने वाला, दुःख और केवल दुःख पाता है।।
ज्यों शस निज श्रृंग न लख पाता, निज अंत न तुम लख पाते हो।
शस के तो सींग नहीं होते, तुम सदा अनन्त कहाते हो।।
जो सगुण कहें तो गुण अनन्त, निर्गुण से वाणी थकती है।
इसलिये निरूपण ईश्वर का, श्रुतियां भि कहां कर सकती है।।
सब भांति पूर्ण परमेश्वर है, वह आदि अन्त से रहित सदा।
इसलिये भजो दिन रेन उसे, वह हर लेगा सगरी विपदा।।
शुभ ब्रह्म निरूपण सुनकर के, सब ने सनन्द को पूजा था।
उपनिषद पुराणों श्रुतियों का, तात्पर्य वहां पर प्रकटा था।।
शुक बोले राजन नारद ने, नारायण चरण पखारे थे।
श्रीकृष्ण स्वरूप लखा उनमें, करते हरि गान सिधारे थे।।

वेदव्यास आश्रम गये, हुआ बहुत सम्मान।
सादर तब उनको दिया, ब्रह्म निरूपण ज्ञान।।

जो होते जीवन मुक्त नृपति, आसक्ति न तन पर रखते हैं।
तैसे ही है अशरीर ईश, जो नित शरीर में रहते हैं।।

शुक मुनि से राजा ने पूछा, ए देव मुझे यह समझाओ।
सब विष्णु उपासक निर्धन क्यों, क्यों शैव धनी यह बतलाओ।।

शिव निर्धन विष्णू धनी, लेकिन फल विपरीत।
कैसे यह होता कहो, क्यों यह उल्टी रीत।।

वह एक ब्रह्म ही ऐ राजा, जब त्रिगुण रूप अपनाता है।
रज सत और तम गुण को पाकर, ब्रह्मा हरि हर हो जाता है।।
जो भी प्राणी जिस ईश्वर का, श्रृद्धा से सुमिरण करता है।
उसमें उसके ही गुण वाली, वह देव विभूती भरता है।।

युद्धिष्ठिर ने कृष्ण से, पूछी थी यह बात।
अश्वमेध के समय की, सुनो बात वह तात।।

श्री हरि बोले जो भी मानव, वासना भंवर में फंसता है।।
परित्याग विषय नहिं कर पावे, बहु क्लेश भोगता रहता है।।
मैं उसपर पूर्ण [1]**अनुग्रह** कर, धन सारा ही हर लेता हूँ।
धीरे धीरे राजन उसको, अति निर्धन मैं कर देता है।।

दुखित उसे सब जानकर, निज जन करते त्याग।
भक्त वही जो मानता, इसे मेरा अनुराग।।

मेरे अनन्य भक्तों से जब, वह भक्त मित्रता करता है।
होता है मेरा अनुग्रह जब, परब्रह्म उसे तब मिलता है।।

इसीलिये करते सदा, बिरले मेरा ध्यान।
ओरों से वरदान पा, पाते धन पद मान।।

हाँ अन्य देव से वर पाकर, उसको भी तुरत भुलाते हैं।
ब्रह्मा महेश पल में रीझे, पल में क्रोधित हो जाते हैं।।
इकबार वृकासुर ने मग में, श्रीनारद मुनि से पूछ लिया।
तीनो में रीझे शीघ्र कौन, नारद ने श्रीहर बता दिया।।
रावण बाणासुर का उसको, दृष्टान्त सुनाया नारद ने।
किस भांति भक्ति थोड़ी से ही, इन पर हर रीझे थे पल में।।

यह सुनकर वृक आगया, पुण्य क्षैत्र केदार।
शंकर हित करने लगा, तप वह भली प्रकार।।

1. **यस्याहमनुगृहृणामि हरिष्ये तद्धनं शनैः।**
ततोऽधनं त्यजंत्यस्य स्वजना दुःखदुःखितम्।। भा.मा. 10–88–08

अपने तन के मांस से, करन लगा वह यज्ञ।
सप्तम दिन सिर काटने, लगा जगे सर्वज्ञ।।
प्रकट हो गये अग्नि से, महादेव भगवान।
हाथ पकड़ रोका उसे, वृक हो गया जवान।।
हर रीझे और कह दिया, मांग पुत्र वरदान।
बोला जिस सर कर धरू, वह होवे बेजान।।

भोले तो भोले ही ठहरे, यह वर भी उसको सोंप दिया।
इस वर की प्रथम परीक्षा हित, हर को ही उसने रोक लिया।।

सोचा शिव को मार कर, ले गौरी को साथ।
मैं निश्चित हो जाउँगा, इस जगती का नाथ।।

उस खल से बचते महादेव, पृथ्वी और स्वर्ग भटक आये।
उत्तर दिशि में वे श्वेत द्वीप, नारायण धाम चले आये।।
नारायण ने शिव त्रास देख, इक बटुक स्वरूप बनाया था।
मृगचर्म दण्ड धारी बन कर, हरि हर रक्षा हित आया था।।

बोले शकुनी तनय तुम, तनिक करो विश्राम।
सब करते सहयोग ले, स्वार्थ सिद्धि का काम।।
हर श्रापित हैं दक्ष से, छोड़ो इनकी बात।
वर के हित तुम तो धरो, अपने सिर कर तात।।
झूठा हो वरदान तो, है शंकर की आन।
तुम कर शंकर शीष धर, लेना उनकी जान।।
ज्यों ही कर निज सर धरा, वृक हो गया भभूत।
देव सभी खुश हो गये, नाच उठे अवधूत।।

यह शुभ प्रसंग कहने वाला, जनम मरण तज जाता है।
श्रद्धा से जो सुनता राजन, रिपु से निर्भय हो जाता है।।

शुक मुनि बोले सरस्वती तीर, मुनियों ने यज्ञ कराया था।
सब देवों में है बड़ा कौन, यह प्रश्न उभर कर आया था।।

भृगु ऋषि को सौंपा गया, देव परीक्षा काज।
प्रथम पिता दरबार जा, किया उन्हैं नाराज।।

केलाश पहुंच श्री शंकर को, रस्ते चलता ठहराया था।
शिव ले त्रिशूल जब दौड़े तो, गौरी ने उन्हैं मनाया था।।

तब भृगु ने वैकुंठ जा, किया निराला काम।
देखा लक्ष्मी गोद में, हरि करते विश्राम।।
हरि छाती में विप्र ने, मारी जाकर लात।
लक्ष्मी संग उठ विष्णु ने, कही निराली बात्।।

है देव कठोर हृदय मेरा, प्रभु चरण आपके कोमल है।
आघात हुआ होगा उनमें, यह मेरे कर्मों का फल है।।
[1]**तीर्थों** को भी जो तीर्थ करे, वे चरण आपके पावन है।
पादोदक लेने दो भगवन, मेरा तो मात्र यही धन है।।
मैं पाप निवृत्त हुआ मुनिवर, वर आज अलौकिक पाया है।
पदचिन्ह धार वक्षस्थल पर, चपला को अविचल पाया है।।
तब भक्तिजन्य उत्कंठा से, भृगु मुनि के नैन छलक आये।
नारायण की छवि मन में धर, मुनि मण्डलि मध्य चले आये।।

सब देवन में है बड़े, नारायण भगवान।
निशिवासर करते रहो, उनका किरतन गान।।
साधन भगवद् प्राप्ति का, मुनियों सुनलो एक।
प्रभु में जो रहता सदा, शुद्ध सत्वगुण नेक।।
शुक बोले राजन सुनो, एक अनोखी बात।
कृष्ण बसे थे द्वारिका, वहां हुई जो तात।।

नवजात पुत्र इक ब्राह्मण का, ले जन्म मृत्यु को प्राप्त हुआ।
शव लेकर वह हरि द्वार गया, नाराज कृष्ण पर अधिक हुआ।।
बोला क्षत्रिय करते कुकर्म, फल हमें भोगना पड़ता है।
यह रखा द्वार पर शव शिशु का, देखूं अब तू क्या करता है।।

आठ बार होता रहा, ऐसा प्रबल कुयोग।
नवम प्रसव के समय में, बना एक संयोग।।

इस बार वहां अर्जुन भी थे, ब्राह्मण को उनने समझाया।
मैं हूँ मत सोच करो गुरूवर, ऐसा ढ़ाढ़स भी बंधवाया।।
यदि आज तुम्हांरे बालक को, मरने से नहीं बचाऊँगा।
तो चिता बनाकर सुनो विप्र, मैं आज स्वयं जल जाऊँगा।।

1. पुनीहि सहलोकं मां लोकपालांश्च मद्गतान्।
पादोदकेन भवतस्तीर्थानां तीर्थकारिणा।। भा. 10–89–11

ब्राह्मण बोला जो काम पार्थ, श्री कृष्ण नहिं कर पाया है।
उसको करने का प्रण लेकर, दुस्साहस बड़ा दिखाया है।।
प्रसव समय में अर्जुन ने, शंकर को शीश झुकाया था।
शिशु की रक्षा हित निज शर से, इक पंजर बड़ा बनाया था।।

बालक फिर भी जन्म ले, तुरत हो गया लोप।
अब तो आया विप्र को, अर्जुन पर अति कोप।।

श्रीकृष्ण चन्द्र के निकट पहुंच, ब्राह्मण ने कष्ट सुनाया था।
मति में पाषाण पड़े मेरी, हिंजड़े पर दाव लगाया था।।

अर्जुन का यो हो गया, सारा ही मद चूर्ण।
चिता बना करने लगा, वह अपना प्रण पूर्ण।।
तब रथ पर चढ़ कृष्ण जी, ले अर्जुन को साथ।
पश्चिम दिशि को चल दिये, नहीं कही कुछ बात।।
सप्त द्वीप गिरि सिन्धु को, करते दोनो पार।
जा पहुंचे क्षण मात्र में, भूमा प्रभु के द्वार।।

श्री शेषनाग की शैया पर, श्री पुरूषोत्तम प्रभु को देखा।
दोनो ने नमन किया जाकर, अनुपम हे श्री हरि छवि लेखा।।

प्रभु बोले थी दरस की, मन में गहरी चाह।
इसीलिये सुत विप्र के, लाता था इस राह।।
नर–नारायण रूप तुम, हरो धरा का भार।
पूर्ण करो संकल्प अब, हो मेरे अवतार।।
सुत लेकर उस विप्र के, प्रभु लौटे निज धाम।
खुश हो ब्राह्मण कह उठा, जय जय श्री घनश्याम।।

श्री कृष्ण चन्द्र ने स्वयं और, अर्जुन से अरि को मरवाया।
भू–भार हरण कर दोनो ने, फिर राज धर्म का चलवाया।।

शुकमुनि बोले रानियों संग, गज सम प्रभु क्रीड़ा करते थे।
वह सकल समृद्धि सम्पन्न देव, भार्याओं का मन हरते थे।।

[1]प्रभु ने यह जतला दिया, घर ही है वह धाम।
जहां फलित होते सदा, धर्म अर्थ ओर काम।।

1. एवं वेदोदितं धर्ममनुतिष्ठन्सतां गतिः।
गृहं धर्मार्थकामानां मुहुश्चादर्शयत्पदम्।। भा. 10–90–28

इक इक रानी से हुए, [क]दस बलशाली लाल।
महापराक्रमि [ख]अष्टदश, सबने किये कमाल।।
रूक्मिणि सुत प्रद्युम्न ने, रूक्म सुता के साथ।
ब्याह रचाया धूम से, ले हाथों में हाथ।।

प्रद्युम्न सुवन अनिरूद्ध संग, रूक्मी ने पौत्री ब्याही थी।
दस सहस गजों सा बलशाली, केशव सी काया पायी थी।।
वज्रनाभ था इसका सुत, जिसने ही नाम चलाया था।
[ग]यदुवंश मिटा जब मूसल से, बस यही [घ]एक बच पाया था।।

[1]इस कुल में जन्मे नहीं, निर्धन निःसन्तान।
सब [च]विप्रों के भक्त थे, वीर्यवान बलवान।।

1. न ह्येतस्मिनकुले जाता अधना अबहुप्रजाः।
अल्पायुषोऽल्पवीर्याश्च अब्रह्मण्याश्च जज्ञिरे।। भा. 10—90—39

(क) प्रथम आठ पटरानियों के पुत्र इस प्रकार हैं —
<u>रूक्मिणि</u>,— प्रद्युम्न, चारूदेष्ण, सुदेष्ण, चारूदेह सुचारू, चारूगुप्त, भद्रचारू, चारूचंद्र, विचारू।
<u>सत्यभामा</u>— भानु, सुभानू, स्वर्भानु, प्रभानु, भानुमान, चन्द्रभानु, वृहद्भानु, अतिभानु, श्री भानु, प्रतिभानु।
<u>जांबवती</u>— सांब, सुमित्र, पुरूजित, शतजित, सहस्त्रजित, विजय, चित्रकेतु, वसुमान, दविड़, क्रतु।
<u>कालिंदी</u>— श्रुत, कवि, वृष, वीर, सुबाहु, एकभद्र, शांति, दर्श, पूर्णमास, सोमक।
<u>माद्री</u>— प्रघोष, गात्रवान, सिंह, बल, प्रबल, ऊर्ध्वग, महाशक्ति, सह, ओज, पराजित।
<u>मित्रविंदा</u>— वृक, हर्ष, अनिल, गृघ्र, वर्द्धन, अन्नाद, महाश, पावन, बहनी व क्षुधि।
<u>भद्रा</u>— संग्रामजित, बृहत्सेन, शूर, प्रहरण, अरिजित, जय, सुभद्र, वाम, आयु, सत्यक।
रोहिणी नामक रानी के दीप्तिमान् व ताम्रतप्त आदि पुत्र हुए। कुल 161080 हुए।

(ख) अठारह महापराक्रमी व महारथी पुत्र— प्रद्युम्न, दीप्तिमान, भानु, सांब, मधु, वृदह्भानु, चित्रभानु, वृक, अरूण, पुष्कर, वेदबाहु, श्रुतदेव, सुनंदन, चित्रबाहु, विरूप, कवि, न्यग्रोध, तथा प्रद्युम्न तनय अनिरूद्ध।

(ग) यादवों के एक सो एक कुल थे।

(घ) वज्रनाभ के प्रतिबाहु, प्रतिबाहु के सुबाहु, सुबाहु के शांतसेन, शांतसेन के शतसेन नामक पुत्र हुए।

(च) बालकों को पढ़ाने के लिये तीन करोड़ आठ हजार आठ सौ (30008800) अध्यापक नियुक्त थे ऐसा सुना है।। इति श्रुतम् ।। 41

गिनती उस यदुवंश की, करे कौन गुणवान।
जिस कुल में पैदा हुए, स्वयं कृष्ण भगवान।।

सब भांति समर्थ रहे यादव, गौरव दिन रेन बढ़ाते थे।
सोते जगते चलते फिरते, श्रीराम कृष्ण को ध्याते थे।
वेसे तो गंगा सदियों से, सर्वोत्तम तीर्थ कहाती है।
पर कृष्ण कीर्ति के सन्मुख तो, वह तनिक न्यून हो जाती है।।
[1]**देवकी** उदर से जन्मे पर, मुनि उन्हें अजन्मा कहते है।
निज इच्छा से बहु रूप धार, वे क्रीड़ा करते रहते है।।
स्थावर जंगम सबके ही, कष्टों को दूर भगाते हैं।
निज मंदहास्य से व्रज जन को, मोहित पल में कर जाते हैं।।

मोक्ष प्रदाता एक ही, है प्रभु पूरण काम।
यदुवंशिन में श्रेष्ठ वे, कृष्णचन्द्र बलधाम।।
कथन श्रवण हरि चरित का, देता नित आराम।
चिंतन उनका जो करे, जाते भगवद्धाम।।
सब के मन में नित रमे, मुरलीधर सरकार।
हाथ जोड़ बिनती करे, नागर कमल कुमार।।

1. जयति जननिवासो देवकीजन्मवादो यदुवरपर्षत्स्वैर्दोर्भिरस्यन्नधर्मम्।
स्थिरचरवृजिनन्घ्नः सुस्मितश्रीमुखेन व्रजपुरवनितानां वर्धयन्कामदेवम्।। भा. 10–90–48

!! इति श्री "जय श्री कृष्ण" दशमस्कंध !!

!! श्री "जय श्री कृष्ण" एकादश स्कंध!!

!! एकादश स्कंध।।

सदा विजय हो आपकी, जगन्नाथ भगवान।
सत्कर्मों में रत रहूँ, दो ऐसा वरदान।।

शुक बोले कौरव पाण्डव में, इक कलह महान रचाया था।
श्रीराम कृष्ण ने यदुकुल संग, पृथ्वी का भार हटाया था।।

केशव ने मन में किया, राजन तनिक विचार।
यदुकुल के क्षय के बिना, हट न सके भू–भार।।

अतएव कलह पैदा करके, आपस में इन्हैं लड़ाना है।
बांसो की भांति नष्ट करके, पृथ्वी का भार हटाना है।।

कुल क्षय से हो जायगा, मन में शांति प्रवाह।
तब मैं अपने धाम की, सुख से लूंगा राह।।
विप्र श्राप का मार्ग ले, हरा धरा का भार।
फिर लौटे निज धाम को, कृष्ण चन्द्र सरकार।।
पाण्डव सुत चोंका कहा, यह बतलाओ आप।
विप्रों ने यदुवंश को, क्यों कर दीन्हां शाप।।

मन रमा हुआ था ईश्वर में, फिर भी क्यों श्राप लगा उनका।
जो भक्ति भाव में ही रत थे, क्यों रहा भान उनको तन का।।

शुक बोले श्रीकृष्ण ने, विप्रों को इक बार।
आमंत्रित कर महल में, किया बड़ा सत्कार।।
कलिमल हारी जो रहे, करवाये सब काम।
पिण्डारक अस्थान पर, दिया उन्हैं विश्राम।।
असित कण्व भृगु अंगिरा, गाधिसुवन गुणधाम।
कश्यप नारद अत्रि ओर, वामदेव शुभ नाम।।

इन सब ऋषियों के साथ साथ, दुर्वासा मुनि भी आये थे।
उस मुनि मण्डलि में श्री वसिष्ठ, श्री कृष्ण काज हित आये थे।।
होनी का वेग प्रबल भाई, यह अपना मार्ग बनाती है।
हम चाहे कितना ही पच लें, होनी तो होकर रहती है।।

यदु कुंवरों ने कृत्य इक, किया त्याग कर होश।
उसके फल से आगया, विप्र वृन्द को रोश।।
जांबवती सुत सांब को, दे तरूणी का वेश।
मुनि मण्डलि के मध्य में, सब ने किया प्रवेश।।

आगे करके उस देवी को, विप्रों को सादर नमन किया।
[1]**क्या** जनमेंगा इसके तन से सबने मुनियों से प्रश्न किया।।
सब त्रिकालज्ञ थे ऋषि राजन, पल में ही छल पहचान गये।
इस मन्द हास्य के कर्तब से, ऋषिगण सब क्रोधित अधिक हुए।।
बोले वे मन्दो सब सुनलो, यह [2]**कुल** का नाश करायेगी।
अवसर आने पर यह तरूणी, कुलघाती मूसल जायेगी।।
मुख सूख गये सब कुंवरों के, घर उल्टे पैर चले आये।
चोबे छब्बे जी हुए नहीं, दूबे बन अपने घर धाये।।

श्वांग सांब का खोलकर, देखा भर उत्साह।
मूसल पाते ही तुरत, मुख से निकली आह।।

सब कुंवर मलिन मुख मूसल ले, श्री उग्रसेन के पास गये।
सारा वृत्तान्त कहा उनसे, यह भेद कृष्ण से छुपा गये।।
श्री उग्रसेन की सम्मति से, उस मूसल को घिसवाया था।
जो कील रह गई घिस घिस के, सागर में उसे बहाया था।।

उस मूसल के चूर्ण से, प्रकटी एरा घांस।
कीला मछली गिल गई, जल में ही अनयास।।

मछली मारों ने पकड़ उसे, काटा तो कीला पाया था।
आश्चर्यचकित होकर अपने , बाणों की अनी बनाया था।।

शुक बोले ए कुरूकुल दीपक, मेरा तो ऐसा कहना है।
आवश्यक इन्द्रिय वानो को, श्रीकृष्ण भजन नित करना है।।
श्रीहरि के सन्मुख रहने से, शापादि शिथिल हो जाते हैं।
शुभ कर्मों में मन रम जाता, सब पाप स्वयं गल जाते हैं।।
बस इसीलिये श्री नारद जी, अधिकांश द्वारिका रहते थे।
नितप्रति श्री हरि का दर्शन कर, परिजन संग सत्संग करते थे।।

एक बार नारद मुनी, गये जहां वसुदेव।
वन्दन कर वसुदेव ने, कहा पधारो देव।।

हे ऋषिवर आज कृपा करके, भगवत्संबधी धर्म कहो।
जो अनायास ही मुक्ती दे, बस वह उपदेश हमें कह दो।।

1. **प्रष्टुं विलज्जती साक्षात्प्रब्रूतामोघदर्शनाः।**
प्रसोश्यन्ती पुत्र कामा किं स्वित्संजनयिष्यति।। भा. 11–01–05
2. **जनयिष्यति वो मंदा मूसलं कुलनाशनम्।। भा. 11–01–16**

नारद बोले वसुदेव सुनो, इस धर्म की अद्‌भुत माया है।
जिसने भी श्रवण किया मन से, खुद को अति निर्मल पाया है।।
[1]**आदर** अनुमोदन सम्मति भी, जो इसके हेतु जताते हैं।
वे जगद्रोही जन भी पल में, सुनलो पवित्र हो जाते हैं।।
बस इसी विषय से सम्बन्धित, मैं इक वृत्तान्त सुनाता हूँ।
श्री [क]ऋषभसुवन संग नृप निमि का, जो था संवाद बताता हूँ।।

[2]नौ योगेश्वर एक दिन, आये निमि के द्वार।
आयोजन था यज्ञ का, हुआ वहां सत्कार।।

सबने उठकर सन्मान किया, निमि ने पूजा कर स्थान दिया।
कल्याण हेतु क्या साधन है, उनसे राजा ने [ख]जान लिया।।
योगेश्वर कवि ने राजा को, भगवत्सम्बन्धी धर्म कहा।
श्री याज्ञवल्क्य ओर मनु जी ने, पहिले जिसका था ज्ञान दिया।।
मन इन्द्रिय वाणी काया से, जो कर्म मनुज नित करता है।
अपनी बुद्धी से किया कर्म, भगवन्त धर्म ही होता है।।
मन निग्रह कर जो भजन करे, वह अभय जहां में पाता है।
इसका साधन है हरि कीर्तन, जो मन को विमल बनाता है।।
श्री हरि के जन्मों कर्मों का, जो नितप्रति गायन करते हैं।
लज्जा के भावों को तजकर, हरिकथा श्रवण नित करते हैं।।

1. **श्रुतोऽनुपठितो ध्यात आदृतो वानुमोदितः।**
सद्यः पुनाति सद्धर्मो देव विश्वद्रुहोऽपि हि।। भा. 11–02–12
2. **कविर्हरिरंतरिक्ष प्रबुद्धः पिप्पलायनः।**
आविर्होत्रोऽथ द्रुमिलश्चमसः करभाजनः।। भा. 11–02–21

(क) **स्वायंभुव मनु के प्रियव्रत के आग्नीघ्र के नाभी के ऋषभदेव जी हुए। इनके 100 पुत्र वेद के पारगामी थे। इनके पुत्र भरत से ही अजनाभ खण्ड भारत कहलाया। भरत खण्ड के अन्तर्गत नौ सुत नौ द्वीपों के राजा हुए। इक्यासी कर्ममार्ग के प्रवर्तक हुए।**

(ख) **नौ प्रश्न– (1) भगवत्सम्बन्धी धर्म (2) भगवान का भक्त। (3)माया (4) माया को तिरने का उपाय (5) ब्रह्म (6) कर्म (7) अवतार लीला (8) अभक्तों की गति (9) युगानुक्रम।**

जगती के सकल पदार्थों में, श्रीहरि का रूप सदा निरखे।
द्रविभूत हृदय रख कीर्तन में, ताली दे देकर जो थिरके।।
इस भांति भजन से ही राजन, मन में भक्ती बढ़ जाती है।
वह बढ़ी भक्ति सब भक्तों को, तब परमभक्ति दिलवाती है।।

भोजन में हर कोल से, ज्यों हम पाते तृप्ति।
त्यों ही प्रभु गुणगान से, दृढ़ होती है भक्ति।।

निमि ने पूछा हे देव हमें, वैष्णव के धर्म बता दीजे।
कैसी भाषा आचरण भाव, क्या चिन्ह हमें सब कह दीजे।।

योगेश्वर हरि ने कहा, राजन सुनलो बात।
[1]सब में जो हरिको लखे, उत्तम वही कहात।।

ईश्वर पर भक्ति अमित रख जो, बहु भेद प्राणियों में करता।
वह भेद बुद्धि वाला प्राणी, मध्यम वैष्णव बनकर रहता।।

जो हरि के संग ना करे, भक्तों का भी मान।
उस वैष्णव को नृपति तू, नोसिखिया ही जान।।

विषयों पर जिनकी प्रीति नहीं, जो जन्म–मरण से अभय हुआ।
भय तृष्णा श्रम और भूख प्यास, जिस पर इनका न प्रभाव हुआ।।
फिर अपने ओर पराये की, जिसमें भावना नहीं आई।
वह निरहंकारी समबुद्धी, अति उत्तम वैष्णव है भाई।।

धन हित जो क्षण मात्र भी, तजे न हरि का जाप।
उत्तम वैष्णव उसी को, मानो राजा आप।।

तब अन्तरिक्ष योगेश्वर ने, समझाया क्या होती माया।
आसक्ति जीव की देहों में, उसमें अपना पन है माया।।
फिर मोक्ष भोग देने हित भी, हरि देह सृजन नित करते हैं।
उस ऊँच नीच की शक्ति को, राजन सब माया कहते हैं।।

मन इन्द्रिय से श्री हरी, करे विषय का भोग।
उसको ही माया यहां, कहते हैं मुनि लोग।।

कर्मों के बन्धन से राजन, सुख–दुःख दोनो भी माया है।
यों प्रलय काल के साथ साथ, यह जनम–मरण भी माया है।।

1. **सर्वभूतेषु यः पश्येद्भगवद्भावमात्मनः।**
भूतानि भगवत्यात्मन्येष भागवतोत्तमः।। भा. 11–02–45

सौ वर्ष अनावृष्टी के हित, सूरज का तपना माया है।
सौ वर्ष मेघ का नित वर्षण, उस परमेश्वर की माया है।।

नृपति समाता सूक्ष्म में, देखो सकल विराट।
यह जग माया ईश की, हरि इसके सम्राट।।

बोले प्रबुद्ध हरि भक्ती ही, माया से पार लगाती है।
वरना सुख पाने की कोशिश, दुःख को ही और बढ़ाती है।।

मृत्यु रूप होते सभी, धन घर पशु संतान।
डाह स्पर्धा ईर्श्या, सब दुःख के सामान।।

कल्याण चाहने वाले जन, सद्गुरू की शरण चले जाते।
भगवत्सम्बन्धी धर्म सीख, खुशहाली जीवन में लाते।।

विषयों से वैराग्य ओर, साधू पुरूष का संग।
हीन प्राणियों पर दया, मैत्री सम के संग।।

उत्तम जीवों संग नम्र भाव, तन ओर मन को पावन रखना।
निज धर्म आचरण वेदपाठ, हो क्षमा अल्प भाषण करना।।
ऋतुकाल में मेथुन भार्या संग, फिर ब्रह्मचर्य का पालन हो।
जो मिले उसी में संतुष्टी, नहिं हर्ष शोक का चिंतन हो।।
अपने शास्त्रों पर श्रृद्धा रख, ओरों की निंदा को त्यागें।
शमदम रख प्राणायाम करे, सच बोलें मौन अधिक साधें।।
श्रीहरि के अद्भुत जन्म कर्म, नित उनमें ध्यान रमाना है।
गुण [1]**श्रवण** कीर्तन कर उनका, जीवन का लाभ उठाना है।।

श्रीहरि के अर्पण करो, अपने सगरे कर्म।

रिश्ते भी पाले वही, रखो यही बस धर्म।।

हरि के यश गायन के संग में, वैष्णव की सेवा नित्य करें।
रोमांचित हो उनके दुःख में, उनके सुख में सुख व्यक्त करें।।

एसे भक्ति प्रभाव से, हरि के प्यारे भक्त।
माया से तिरते वही, जो होते अनुरक्त।।

नारायण नाम रूप हरि का, श्रीपिप्पलायन ने गाया है।
जागृति ओर स्वप्न सुषुप्ति में, नारायण स्वयं समाया है।।

1. **श्रवणं कीर्तनं ध्यानं हरेरद्भुतकर्मणः।**
जन्मकर्मगुणानां च तदर्थेऽखिलचेष्टितम्।। भा. 11–03–27

जग उत्पादन स्थिति संहार, इनके साक्षी नारायण हैं।
मन इन्द्रिय देह प्राण सबके, चैतन्य रूप नारायण है।।
माया से ब्रह्म अनन्त लगे, है ब्रह्म कार्य ओर कारण में।
सत रज तम इन्द्रिय विषय सुक्ख, वह ब्रह्म प्रकाशित है सबमें।।
आवश्यक नहीं प्रमाण कोई, जो सिद्ध करे परमेश्वर को।
अहंकार विषय महतत्वों में, बसते देखा उस ईश्वर को।।

जनम मरण बेशी कमी, ओर नहीं परिणाम।
आत्मा इनसे दूर है, दृष्टा का बस काम।।
(क)सब जोवों में एक सा, है आत्मा का भाव।
आश्रय उसको ज्ञान का, तन का नहीं प्रभाव।।

ज्यों स्वप्न अवस्था का हमको, जागृत में सुमिरण होता है।
इससे यह सिद्ध हुआ मानो, आत्मा ही शाष्वत होता है।।

हरि भक्ती की प्रबलता, करती है चित शुद्ध।
अनुभव आत्मा का तभी, करते सभी प्रबुद्ध।।

क्या कर्मयोग है यह सब फिर, आवीर्होत्र ने समझाया।
जो वेद कहे वह कर्म करो, त्यागो जो उसमें मना किया।।
परोक्षवाद रूप है वेदों का, पहिले इसको समझो राजन।
कर्मों से कर्म छुड़ाने का, यह ही साधन कहते द्विज जन।।
जैसे मोदक का लालच दे, सुत को औषधि पिलवाते हैं।
मोदक उसका फल कभी नहीं, आरोग्य उसे दिलवाते हैं।।
वेसे ही वेद हमें प्रतिदिन, स्वर्गादिक हित ललचाते हैं।
इससे जब कर्म संवर जाते, अंतस् को शुद्ध बनाते हैं।।

इन्द्रिय जय के पूर्व जो, करे कर्म का त्याग।
जनम मरण में सदा ही, भरा रहे अनुराग।।
ज्ञान बढ़े तब तक करो, वेद वचन के कर्म।
यही मनुज का नृपति जी, सबसे मोटा धर्म।।

निष्काम कर्म करने से ही, सद्ज्ञान हृदय में आता है।
ज्ञानी होने पर ही मानव, श्रीहरि में बुद्धि रमाता है।।
जो अहंकार देहादिक के, उनका क्षय करने के हित ही।
वेदोक्त संग तंत्रोक्त कर्म, से पूजा हो परमेश्वर की।।

(क) **जरायुज, अंडज, स्वेदज ओर अद्भिज्ज।**

होकर पवित्र ओर न्यास धार, मन को एकाग्र किया जाये।
गुरू से पूजन विधि शिक्षा ले, श्रीहरि का ध्यान किया जाये।।
फिर चन्दन [क]अक्षत फूलों से, श्रीहरि का पूजन करना है।
शुभ स्त्रोतों से स्तुति करके, निर्माल्य समर्पण करना है।।
इस भांति सूर्य जल अग्नि अतिथि, हिरदे में हरि बिठलाता है।
फिर ईश्वर पूजन जो करता, वह तुरत मुक्त हो जाता है।।

श्री द्रुमिल नाम योगेश्वर ने, प्रभु अवतारों को समझाया।
कब कब भक्तों का दुःख हरने, बहु रूप धार वह हरि आया।।

गिनना रजकण भूमि के, सहज बड़ा ही काम।
मगर असंभव जानना, हरि के गुण ओर नाम।।

प्रथम पंचमहाभूतों द्वारा, ब्रह्माण्ड देह का सृजन किया।
लीलार्थ प्रवेश किया उसमे, ओर पुरूष नाम का वरण किया।।
रचना यह सकल त्रिलोकी की सब कथा प्रथम पुरूष की है।
वह त्रिगुण रूप का कर्ता है, इन्द्रिय की शक्ती वह ही है।।
उस आदि पुरूष से हरि अज हर, तीनो का ही प्राकट्य हुआ।
सिरजन पालन संहार हेतु, तीनो को इक इक काम दिया।।
नर नारायण हयग्रीव हंस, श्रीमत्स्य वराह चरित गाये।
कच्छप गजरक्षक अरू वामन, नरसिंह देव जी भी ध्याये।।
श्री परशुराम का वर्णन कर प्रभु रामचन्द्र के गुण गाये।
अब राम कृष्ण का रूप धार, संतो की रक्षा हित आये।।
बुद्धावतार का कर, बखान, राजा को बहुविधि ज्ञान दिया।
फिर कल्कि रूप में आने का, नृपवर को शुभ संदेश दिया।।

श्री चमस नाम योगेश्वर ने, जन भक्तिहीन की गति गाई।
पूजा के नेक प्रकार कहे, विस्तार सहित विधि समझाई।।

नारायण की देह से, प्रकटे चारों वर्ण।
अपना अपना काम कर, जीवन करते स्वर्ण।।

(क) अक्षत केवल तिलक के काम में लावें परन्तु विष्णु भगवान की पूजा में नहीं क्योंकि विष्णु पूजा में अक्षत निशिद्ध है तथा शिवजी की पूजा केतकी से करना निशिद्ध है।

अभिमानी ढ़ोंगी क्रोधवन्त, तृष्णा ने जिनको घेरा है।
भक्तों पर हंसते हैं सारे, रजगुण का जिनपर फैरा है।।
श्री ओर जन्म कुल के मद में, अपमानित करते भक्तों को।
दक्षिणा विप्र की हर लेते, वधते हैं भोले पशुओं को।।
[1]**श्रीहरि** से विमुख लोग सारे, घर धन संतान बढ़ाते हैं।
फिर अपनी इच्छा बिना सभी, योनियां नीच पाजाते हैं।।

कर भाजन बोले सुनो, कहता हूँ युग धर्म।
किस युग में किसको भजें, सुनलो तुम यह मर्म।।

सतयुग में श्री हरि श्वेत वर्ण, ओर चार भुजा के धारी है।
वल्कल मृगचर्म जनेउ ओर, कमंडलुधर ब्रह्मचारी है।।
इसयुग में मानव शम दम रख, सब वैर भाव को तजते हैं।
समदृष्टि ओर रख शांत चित्त, श्रीहरि का पूजन करते हैं।।
योगेश्वर मनु वैकुण्ठ धर्म, ईश्वर अव्यक्त हंस कहते।
उस पूर्ण पुरूष परमात्मा को, अनगिन नामों से सब भजते।।

त्रेता में श्री यज्ञ को, ध्याते हैं सब लोग।
विष्णु यज्ञ बहु नाम ले, हरते हैं भव रोग।।

द्वापर में श्याम वर्ण वाले, परमेश्वर को सब ध्याते हैं।
[2]**नारायण** ईश्वर वासुदेव, नामो से उसे रिझाते हैं।।

कलि में तंत्र प्रधान हे, दूजा श्री हरि नाम।
जिनके कीर्तन गान से, फले सभी के काम।।

इस भांति युगों का वर्णन कर, प्रभु के नामो का गान किया।
कैसे जपते परमात्मा को, उन सब बातों का ज्ञान दिया।।
जो सारग्राहि हैं ए राजन, गुण की जिनको पहचान बड़ी।
वे विज्ञ लोग इस कलियुग का, करते है वन्दन घड़ी घड़ी।।

1. हित्वात्यायासरचिता गृहापत्यसुहृच्छ्रियः।
तमो विशंत्यनिच्छंतो वासुदेवपराङ्मुखाः।। भा. 11—05—18

2. नमस्ते वासुदेवाय नमः संकर्षणाय च।
प्रद्युम्नायानिरूद्धाय तुभ्यं भगवते नमः।। भा. 11—05—29
नारायणाय ऋषये पुरूषाय महात्मने।
विश्वेश्वराय विश्वाय सर्वभूतात्मने नमः।। भा. 11—05—30

सतयुग त्रेता ओर द्वापर में, जो ध्यान यज्ञ से पाते हैं।
वह ही फल श्री हरि कीर्तन से, [1]कलि के प्राणी पा जाते हैं।।
श्रीहरि का कीर्तन करने से, मन परम शान्ति को पाता है।
सतगुण का होता है प्रवाह, आना जाना मिट जाता है।।
[2]उन तीन युगों के जन राजन, याचना कली की करते हैं।
जिससे नारायण भज पावे, वे जन्म मनुज का धरते हैं।।
जो भेद दृष्टि को छोड़–छाड़, शरणागत होता ईश्वर की।
वह सब [क]ऋण से ऊऋण होता, बाद्यता नहीं फिर [ख]यज्ञन की।।

मिथिलापति ने भाव से, किया अधिक सत्कार।
योगेश्वर पूजन किया, पाया जीवन सार।।
नव योगेश्वर हो गये, तत्क्षण अन्तर्ध्यान।
निमि ने नियमों का किया, सुनो परीक्षित भान।।

पालन करते उन नियमों का, शुभ परमगती पाई उसने।
भगवद्धर्मों को खुद जीकर, उत्तम पदवी पाई उसने।।

श्रद्धा ओर वैराग्य से, जो पाले ये धर्म।
सहज मुक्ति पाते वही, जिनके हैं शुभ कर्म।।

नारद बोले वसुदेव सुनो, हरि तेरे सुत बन आये हैं।
सब धर्म सिद्ध हो गये स्वयं, सुत को ज्यों लाड़ लड़ाये हैं।।

भेद बुद्धि रख तर गये, शाल्व ओर शिशुपाल।
स्नेह बुद्धि है आपकी, पाया बड़ा कपाल।।
यह सुन दोनो ने किया, सकल मोह का त्याग।
जो सुनते यह भाव से, करें न वे अनुराग।।

शुक बोले राजन एक बार, सुरपति संग सगरे सुर आये।
ब्रह्मा महेश वसु सनकादिक, श्रीकृष्ण दरश हित सब आये।।

1. **कलिं सभाजयंतार्या गुणज्ञाः सारभागिनः।**
यत्र संकीर्तनेनैव सर्वः स्वार्थोऽभिलभ्यते।। भा. 11–05–36
2. **कृतादिषु प्रजा राजन्कलाविच्छंति संभवम्।**
कलौ खलु भविष्यंति नारायणपरायणाः।। भा. 11–05–38

(क) ऋषि, प्राणी, देव, पितृश्वर ऋण।
(ख) पंचमहायज्ञादि।

सुरगण श्रीहरि चरित का, करने लगे बखान।
पालक संहारक प्रभू, नाथ सकल गुणखान।।
सहस रानियां भी नहीं, जगा सकी कुछ काम।
उस योगेश्वर देव को, शत शत बार प्रणाम।।
अज बोले यदुवंश के, सकल चरित का गान।
तारेगा सज्जनन को, कलि में बन कर यान।।
नारायण यदुवंश में, हुए सवा सो वर्ष।
देवों के अभियान को, दिया नाथ उत्कर्ष।।

धरती का ताप हरण करके, संतो को धैर्य बंधाया है।
सब अनाचार मय तम हर कर, आलोक धवल फैलाया है।।
हो गई धरा निसिचर विहीन, अब कोई लगता नहीं दीन।
निजधाम पधारो अब दाता, तुम बिन सुरपुर लगता मलीन।।

हरि बोले होगा नहीं, जब तक कुल संहार।
तब तक कैसे मान लूँ, हटा धरा का भार।।
नाश करा यदुवंश को, लौटूंगा मम धाम।
अज लोटे निज धाम तब, रख मन में धनश्याम।।

इतउत उत्पात लखे हरि ने, तब विप्र श्राप का स्मरण किया।
यादवों संग चर्चा करके, सबने प्रभास को गमन किया।।
महिमा प्रभास की अतुलनीय, कल्याण रूप फल देता है।
क्षय रोग गया था श्री शशि का, यह सबको ही सुख देता है।।

यादव जब रथ जोत कर, हुए तनिक तैयार।
उद्धव ने हरि निकट आ, कहा सुनो सरकार।।

इस विप्र श्राप से बचने का, कोई उद्योग नहीं करके।
है नाथ जताया है हमको, तुम चले लोक यह तज करके।।
जीवन भर हम ए दीनबन्धु, बस दिया आपका खाते थे।
उतरी माला पटपीत पहन, खुद का सौभाग्य समझते थे।।
तेरा सानिध्य मिला उससे, हम माया से तिर जावेंगे।
पर दूर हुए ग़र अब तुमसे, हे नाथ तुरत मर जावेंगे।।

एक विनय अब मानलो, करो कृष्ण उपकार।
धाम आपके ले चलो, कृपा करो सरकार।।

हरि बोले सच ही कही, उद्धव तुमने बात।
मेरी इच्छा है यही, होगा कुल का घात।।
सप्तम दिन इस नगर को, सिन्धु करेगा लीन।
फिर कलियुग भू भाग के, मंगल लेगा छीन।।

कलि के आते ही लोगों की, बुद्धी इतनी भ्रम जावेगी।
परित्याग सभी श्रुति धर्मों को, सब प्रजा अधर्म बढ़ावेगी।।
पशुता का नंगा नर्तन ओर, धन आधारित जीवन होगा।
पैसा माँ बाप बन्धु भगिनी, पैसा ही जीवन धन होगा।।
अतएव छोड़ यह स्नेह डोर, तुम मुझमें ही मन मगन करो।
सब मोह धरा पर त्याग मित्र, निष्काम रहो भू पर विहरो।।
उद्धव ने पूछा दीनबन्धु, जो विषयों से आलेपित है।
मन देह पुत्र में रमा हुआ, माया से निज सा भाषित है।।

माया से कैसे तिरे, भगवन करो सहाय।
त्याग सकें सब स्वजन को, इसका कहो उपाय।।
आत्मा स्वयं प्रकाश है, है जो सत्य सवेश।
उसका ही है नाथ अब, दो हम को उपदेश।।
बोले पशु से अधिक है, ज्ञान वान इंसान।
मनुज देह का आत्मा, है प्रिय मेरे मान।।

श्री कमलनयन बोले उद्धव, मैं इसे अधिक समझाता हूँ।
गुरू दत्त संग यदु राजा का, इक शुभ संवाद सुनाता हूँ।।
इकबार गुरू दत्तात्रय से, श्री यदुराजा ने पूछ लिया।
सर्वदा भरा रहता योवन, यह स्रोत कहां से प्राप्त किया।।
है ब्रह्मन आप सदा ही तो, कर्मों से दूर रहा करते।
अवधूत वेश धारण करके, बालक की नाई फिरा करते।।

फिर कैसे पाया कहो, अमित विलक्षण ज्ञान।
इसका कुछ वर्णन करो, दया करो भगवान।।

निष्काम ओर चाहत विहीन, आनन्दनिमग्न सदा रहते।
वरना यश लक्ष्मि कामना में, प्राणी दिन रेन खपे रहते।।

दावानल है लोभ का, दहे जा रहे लोग।
समझ न पाते हैं इसे, महा भयानक रोग।।
गुरू दत्तात्रय ने कहा, यह सद्गुरू की देन।
मुक्त विचरता हूँ सदा, सुमिरण कर गुरू बेन।।

मेरे गुरू चोवीस हैं, सुन ययाति के लाल।
सुन मैं वर्णन कर रहा, कैसे हुआ कमाल।।
धरा वायु आकाश जल, सूरज अगनि, पतंग।
अजगर चंदा सिंधु गज, मधुहा विहग कुरंग।।
मत्स्य पिंगला कुरर शिशु, बाण कुमारी सांप।
मकड़ी भ्रमरी देह में, पायी सद्गुरू छाप।।

पृथ्वी को सभी दबाते हें, पर वह न नियम से डिगती है।
भूधर की सकल सम्पदायें, परहित के हित ही होती है।।
बस इसी भांति सद्पुरूषों को, परहित में जीवन जीना है।
पराधीन रह तरू जैसे, जीवन में सब कुछ सहना है।।

प्राणी छलते धीर को, होकर देव अधीन।
पर वह धीरज ना तजे, बनता कभी न दीन।।

मारूत से मेने सीखा है, सुख दुःख में सम होकर रहना।
हो उपवन रम्य अनल भीषण, मारूत को तो बस है बहना।।

गंध ओर दुर्गन्ध का, नहीं वायु को ध्यान
त्योंही जीवन–मृत्यु का, आत्मा को नहि भान।।

संतुष्ट प्राण हो जाते हैं, आहार सदा मिल जाने पर।
अच्छा है या आहार बुरा, होता न भान इसके ऊपर।।

बुरे भले में ना फसे, यह योगी का धर्म।
वायुदेव ने दे दिया, जीवन का यह मर्म।।

आकाश व्याप्त है सब में ही, पर संग नहीं परिच्छेद नहीं।
वैसे ही आत्मा संग हीन, देहादिक में लवलीन नहीं।।
जल स्वच्छ स्निग्ध ओर मधुर सदा, सबको पवित्र करने वाला।
योगी हो वेसा मृदुभाषी, सबसे मिलकर रहने वाला।।

सर्वभक्ष है अनल पर, रहे दोष से दूर।
वैसे ही योगी सदा, तेजपुंज भरपूर।।
अनल प्रकट अरू गुप्त रह, करे पाप का दाह।
त्यों योगी सब जनन के, पाप हरे हरषाय।।

आकार काष्ठ का पाकर के, पावक उसमें ही बसता है।
वैसे ही आत्मा देहों में, बहु रूप धार कर रहता है।।

बढ़ना घटना उत्पत्ति नाश, लगते हैं शशि के ही सारे।
है काम कलाओं के ये सब, चंदा के काम नहीं प्यारे।।
ऐसे ही राजन षट्विकार, बस देह संग ही होते हैं।
आत्मा से इनका मेल नहीं, उससे ये दूर हि रहते हैं।।
ऐसे ही योगी को जग में, वैराग्य धार कर रहना है।
क्षण भंगुर माने देहों को, आसक्ति न इनमें रखना है।।
आदित्य धरा से जल लेकर वर्षा कर पुनः लुटाते हैं।
त्यों ही योगी ले इन्द्रिय से, याचक को सब लौटाते हैं।।
प्रतिबिम्ब सूर्य का भिन्न भिन्न, घट पाटों में ज्यों दिखता है।
आत्मा भी देहों में रहकर, यों विलग विलग ही दिखता है।।

सच में ऐसा है नहीं, रवि आत्मा सम रूप।
भाव योगियों में रहे, इनके ही अनुरूप।।

मैने कपोत से सीखा है, आसक्ति दुःख का कारण है।
नर तन पाकर हों गृहासक्त, प्रत्यक्ष पतन का साधन है।।
जैसे कपोत निज परिजन को, जब फसा जाल में पाता है।
आसक्ति अधिक बढ़ जाने से, खुद भी उनमें मिल जाता है।।

अजगर से सीखा है मेने, मन से सन्तुष्ट सदा रहना।
अच्छा या बुरा बहुत थोड़ा, जो मिले मगन उसमे रहना।।

त्यों ही उद्यम हीन हों, यह मुनियों का धर्म।
हमें पतन की राह दे, ऐसे हों ना कर्म।।

सुख हेतु अधिक उद्यम करके, आयुष्य न हमको खोना है।
सुख दुःख से पूरित स्वर्ग–नर्क, हो जाने दो जो होना है।
हमने देखा है जीवन में, बिन उद्यम के दुःख आता है।
तो चिन्ता त्यागो धीर धरो, देखो फिर सुख भी आता है।।
सागर की भांति अतल में ही, गंभीर हमें रहना होगा।
निज अंत पार ओर क्षोभ रहित, होना योगी की है शोभा।।
नदियां कितना ही जल ला दे, मर्याद उदधि नहिं तजता है।
योगी होता सागर समान, वैभव में भी हरि भजता है।।
मोहित होकर जैसे पतंग, पावक में जान लुटाता है।
वैसे ही मानव माया से, मोहित हो फसता जाता है।।

अतएव स्वर्ण वस्त्रादिक ओर, माया से दूर हि रहना है।
यह जीवन है अति मूल्यवान, इनमें नहिं इसको खोना है।।
मधुकृत भ्रमरों से पाया है, बस सार ग्रहण करते जाना।
थोड़े में गुजर करें अपनी, जो मिले जहां पाते जाना।।
जो एक ठांव पर ठहरेगा, वह निष्चय ही थक जायेगा।
रूक गया नीर तो शने शने, निज काई से ढ़क जायेगा।।
विज्ञों को भ्रमरों की नाई, शास्त्रों से नित मधु चुनना है।
संग्रह का भान न मन में रख, नित उसे बांटते रहना है।।
यदि संग्रह में मन लाये तो, निज प्राण त्यागने पड़ते हैं।
मधु संचय नित करने वाले, अपने छत्ते में सड़ते हैं।।

उदर सिवा नहिं ओर हो, अन्न भरण का पात्र।
योगी इसमें ध्यान दे, यही सार है मात्र।।

हाथी बन्धन में आता है, फंस कर हथिनी के लालच में।
अतएव योगियों ध्यान धरो, तिरिया से दूर रहो सच में।।

मधुआ लेता है सदा, सारा ही मधु छीन।
तकता रहता है उसे, संग्राहक हो दीन।।
योगी को रहना भला, संचय से नित दूर।
संचय में सन्निहित है, दुःख क्लेश भरपूर।।

परिध गान से मोहित हो, ज्यों हिरण तुरत फस जाता है।
त्योंही विषयों का मोह जाल, सन्यासी को भरमाता है।।
अतएव दूर हो विषयों से, श्रीहरि में ध्यान लगाना है।
फिर मोह पाश से मुक्ती पा, भव–बन्धन हमें छुड़ाना है।।
? जिव्हा के ही रस लालच में, जैसे मछली फस जाती है।
त्योंही रसना ही योगी को, निज पथ से सदा डिगाती है।।
अतएव त्याग रस का लालच, अपने में ही रम जाना है।
औषध की भांति अन्न लेकर, निज काया पुष्ट बनाना है।।
पिंगला द्वार पर सज धज कर, पथ नित ग्राहक का तकती है।
जब थक जाती पथ तक तक कर, निर्वेद महां वह करती है।।

तब वह इस नर देह को, मान महा निकृष्ट।
हरि सुमिरण में डूबती, त्याग जगत के कष्ट।।

[1]विषय अंध यह जीव जो, पड़ा हुआ भव कूप।
काल सर्प से बस इसे, तार सके सुर भूप।।
[2]आशा दुःख का मूल है, पर सब करते भूल।
शूल निकलता यह तभी, हो आशा निर्मूल।।
पति की आशा त्याग कर, हुई पिंगला मुक्त।
नींद चेन की आगई, हुई ईश रस युक्त।

कुरर चोंच से मांस ज्यों, छीन गया बलवान।
परिग्रह का परित्याग त्यों, है बस सुख की खान।।
शिशु में रहता ही नहीं, तनिक मान का भाव।
सह जाता अपमान भी, केसा अजब स्वभाव।।
वह रहता परिवार की, हर चिंता से दूर।
उससे सीखा जगत में, लेना सुख भरपूर।।
जो श्रीहरि का हो गया, या अति छोटा लाल।
दोनो चिन्ता मुक्त हैं, दोनो ही खुशहाल।।

इक धान कूटती कन्या ने, कर से निज कंकण काढ़ दिया।
व्यवधान न हो मेहमानों को, कंकण के रव को शान्त किया।।
इससे मैंने यह शिक्षा ली, यह संग कलह उपजाता है।
अतएव वही योगी सच्चा, जीवन एकान्त बिताता है।।
इक बाण बनाने वाला भी, उद्योग रती जब होता है।
व्यवधान अधिक होने पर भी, वह ध्यान न अपना खोता है।।
गाजे बाजे के साथ नृपति, जब राजा का सब साज गया।
पर वह ध्यानस्थ रहा इतना, नहि इसका उसको भान रहा।।

योगी को भी उचित यह, रहे ब्रह्म आकार।
द्वेत भाव को दूर कर, रमें ध्यान को धार।।

ज्यों रीति भांति नहि प्रकट करे, ओर सर्प अकेला रहता है।
हो सावधान निःसंग धार, नहि एक ठोर पर टिकता है।।

1. संसार कूपे पतितं विषयेर्मुषिते क्षणम्।
ग्रस्तं कालाहिनाऽऽत्मानं कोऽन्यस्त्रातुमधीश्वरः।। भा. 11–08–40
2. आशा हि परमं दुःखं नैराश्यं परमं सुखम्।
यथा संछिद्य कांताशां सुखं सुष्वाप पिंगला।। भा. 11–08–43

सच्चे मुनियों को भी यों ही, [1]**घर** में आसक्त न होना है।
जब देह अध्रुव है अपनी तो, क्यों घर भर का दुःख सहना है।।
मकड़ी निज मुख के तारों से, अपना संसार बनाती है।
रमती जितना मन करता है, फिर खुद में सभी समाती है।।
त्यों ही जग रच कर परमेश्वर, उसमें विहार नित करता है।
फिर उसमें मोह नहीं करके, सब लीन स्वयं में करता है।।
वह अपने ओर पराये का, नहिं भेद भाव अपनाता है।
हो सजातीय या विजातीय, सबको ही गले लगाता है।।
भ्रमरी कीटों को पकड़ जकड़, जब बन्द उन्हें कर देती है।
भय वश नित उसके चिन्तन से, आत्मा वैसी हो जाती है।।

गर प्राणी भी नित करे, परमेश्वर का ध्यान।
इक दिन वह हो जायगा, कृष्ण चन्द्र के मान।।
देह मेरा पच्चीसवां, है सद्गुरू का रूप।
जनम मरण परिणाम में, रहा सदा दुःख रूप।।
धन का आना प्रथम तो, देता सुख भरपूर।
फिर धन के परिणाम के, दुःख नहि होते दूर।।

अतएव देह नर की पाकर, कल्याण मार्ग पर चलना है।
विषयी सुख के सब मोह त्याग, नित मुक्तिमार्ग नव गढ़ना है।।

विषयी सुख मिल जाएगे, जब होगी पशु देह।
अतः अभी भगवान से, चलो बढ़ालें नेह।।
सबके जीवन में मिले, इक गुरूवर का साथ।
जीवन पथ से नित करें, ग्रहण काम की बात।।
गूढ़ ज्ञान दे नृपति को, विदा हुए श्री दत्त।
लगा दिया यदुराज ने, ब्रह्म मार्ग में चित्त।।

श्री हरि बोले प्रिय उद्धव अब, वर्णाश्रम धर्म निभावो तुम।
जो पंचरात्र में वर्णित है, वह वैष्णवपन अपनाओ तुम।।

इन्द्रिय ओर उद्योग के, है अध्रुव फल तात।
इन्हें समझ निष्कामपन, मन में शीघ्र समात।।

1. **ग्रहारंभोऽतिदुःखाय विफलश्चाध्रुवात्मनः।**
सर्पः परकृतं वेश्म प्रविश्य सुखमेधते।। भा. 11—09—15

जो जीव परायण है मेरा, यम नियम साध कर रहता है।
सब मान और मत्सर तज कर, वह नित गुरू सेवा करता है।।
गुरू सेवा में आलस्य त्याग, ममता से दूर सदा रहना।
मितभाषी ओर अव्यग्र रहे, ईर्ष्या में कभी नहीं दहना।।

आत्मा नित्य अनादि है, है वह सबसे मुक्त।
देह अनेक अनित्य है, सकल दोष से युक्त।।
[क]सद्गुरू अपने शिष्य को, नित देकर उपदेश।
ज्ञान अग्नि पैदा करे, जो है सुख का वेश।।
नित माथे पर घूमती, सब जीवों के मोत।
सुख आने देती नहीं, बनती तीक्ष्ण करोत।।
सुख नाहीं इस लोक में, ओर नहीं परलोक।
जनम जनम यह जीव भ्रम, केवल पाता शोक।।

सुख लोकपाल अज पा न सके, मेरा भय उन्हें सताता है।
फिर क्यों यह अदना सा मानव, सुख दुःख में गोते खाता है।।
उद्धव बोले है नाथ मुझे, यह बात आज समझादीजे।
आत्मा [ख]कैसे मुक्ती पाता, इसका सद्ज्ञान करादीजे।।
आवरण हीन ग़र है आत्मा, तो फिर बन्धन कैसे पाया।
जो बन्धन में यह नाथ नहीं, फिर मुक्तिभाव कैसे आया।।

पुरूष बद्ध या मुक्त जो, कैसे बरते नाथ।
कैसे बैठे या चले, सोवे विहरे तात।।
किस लक्षण से हो प्रभू, बद्ध मुक्त का भान।
यह समझाओ कृष्ण जी, दो अब इसका ज्ञान।।
कैसे सम्भव है कहो, हो विपरीत प्रभाव।
आत्मा के संग एक से, बद्ध मुक्त के भाव।।

हरि बोले गुण भी माया है, में गुण का एक नियंता हूँ।
अतएव मुक्ति ओर बंधन से, मैं निर्विकार ही रहता हूँ।।

(क) गुरू (नीचे की अरणि), शिष्य (ऊपर की अरणि) व उपदेश (बीच का मथन करने का काष्ठ) में से जो ब्रह्मविद्या रूप अग्नि उत्पन्न होता है वह ही परम सुख देने वाला होता है।

(ख) देह से टलने पर या देह में रहते आत्मा मुक्त होती है।

जीवों का [क]भाव यही है पर, वे गुण परतंत्र रहा करते।
इसलिये बंध ओर मुक्ती की, मन में प्रतीति वे नित करते।।
मैं माया रचित शक्तियों से, अज्ञान प्रवृत जब करता हूँ।
तब जीवों को भासित होता, मैं नित बन्धन में रहता हूँ।।

जब मैं करता ज्ञान का, शुद्ध रूप संचार।
तब मुक्ती के भाव का, होता अमित प्रसार।।
बंधन एवं मुक्ति के, होते है दो भेद।
जीव जीव ओर दूसरा, जीव ईश का भेद।।

इस जीव ईश के अन्तर से, दोनो के [ख]धर्म जुदा होते।
रहता है जीव शोक में नित, ईश्वर आनन्द मगन होते।।
निर्माण नीड़ का कर पक्षी, ज्यों वृक्ष शाख पर रहता है।
त्यों ही हृदयस्थ देवता भी, नित जुदा देह से रहता है।।

जीव रूप पक्षी सदा, करता है इक काम।
देह वृक्ष के फलों का, [ग]करता काम तमाम।।
तन तरूवर के फलों से, ईश्वर को क्या काम।
माया से नित मुक्त वह, करता अपने काम।।

जीवों से अन्तर जीवों का, इससे ही जाना जाता है।
जब स्वप्न समय के सुख दुःख का, सब [घ]भान जागते होता है।

मैं करता हूँ देह के, नित सारे ही काम।
यह अज्ञानी सोचता, इसका बंधन नाम।।

[च]आदित्य पवन के ही समान, ज्ञानी भी जागृत रहता है।
सब कर्म देह के करता पर, वह मुक्त देह से रहता है।।

बद्धों को रहता सदा, निज तन का अभिमान।
मुक्त मगन रहता सदा, उसे न तन का भान।।
सपने से जिस भांति यह, तन होता निवृत्त।
त्यों ही ज्ञानी देह से, रहे नहीं आवृत्त।।

(क) जीव के बंधन व मुक्ति नहीं।
(ख) जीव नियम्य पन से तथा ईश्वर नियंता पर से रहता है।
(ग) कर्म फल भोगता है।
(घ) स्वप्नावस्था के सुख दुःख जागृत में मानना ही देह में होना है।
(च) जैसे सूर्य जल में प्रतिबिम्बित होने पर भी जल में नहीं, वायु सर्व में विचरने पर भी नहीं बंधती।

मान ओर अपमान में, जो हैं एक समान।
उद्धव ऐसे नरन को, सदा मुक्त तू मान।।

जो क्रोध ओर स्तुति करते, लोगों के साथ विचरता है।
वह कैसे मुक्त कहायेगा, हरदम बंधन में रहता है।।

भले बुरे के भान से, जो रहता है दूर।
वही मुक्त होता सदा, सुख पाता भरपूर।।

इक दीर्घ प्रसूता गैया से, ज्यों दूध नहीं हम पाते हैं।
त्यों ध्यान रहित ज्ञानी जन भी, पुरूषार्थ हीन हो जाते हैं।।

दुग्ध दोह गैया अरू, हीन कामना नार।
क्षण क्षण दुःख दायक बदन, पाप जन्य धन भार।।
इस एवं परलोक के, साधन च्युत संतान।
वाणी वर्णन हीन मम, ये दुख भाजक जान।।
अवतारों का ना करे, जो श्रद्धा से गान।
उस वाणी को बुद्ध जन, तजते वंध्या मान।।

मेरे कर्मों का श्रद्धा से, जो नित प्रति गायन करते हैं।
वे निश्चल भक्ती पाते हैं, जो मेरे आश्रित होते है।।

उद्धव बोले प्रभु किसे, साधु मानते आप।
उपयोगी है कौन सी, भक्ति काटती पाप।।

वह भक्ति कौनसी दीनबन्धु, जिसको सज्जन अपनाते हैं।
आश्रय लेकर जिस नोका का, वे भव सागर तिर जाते हैं।।

साधु पुरूष के [क]तीस हैं, लक्षण भली प्रकार।
अपना कर इनको करें, अपना बेड़ा पार।।

मेरी भक्ती के लक्षण को, ज्ञानी मन में ही धरते हैं।
जो निज कर्मों का [ख]गान करे, सब पुण्य क्षीण वे करते हैं।।

(क) (1) पराये दुःख न सहना (2) प्राणी पर द्रोह न करे (3) क्षमावान (4) सत्यसंघ (5) ईर्ष्या रहित (6) सुख दुख में सम (7) सर्वोपकारकर्ता (8) विषयों से मन क्षोभित न करें (9) जितेन्द्रिय (10) कोमल चित (11) सदाचारी (12) परिग्रह त्यागी (13) सुख हेतु क्रिया हीन (14) अल्पाहारी (15) शांत (16) स्वधर्म स्थिर (17) हरि आश्रित (18) मनन कर्ता (19) सावधान (20) निर्विकार (21) धैर्य धरने वाला (22) क्षुधा पिपासा, शोक मोह, जरा, मृत्यु को अपने स्वरूप में न मानने वाला (23) मान इच्छा रहित (24) मान दाता (25) ज्ञान देने में चतुर (26) किसी को न ठगने वाला (27) करूणा से सब प्रवृत्त करने वाला (28) सम्यक ज्ञानवान (29) भक्ति करने वाला उत्तम साधु (30) दृढ़ भाव से हरि भजने वाला।

(ख) स्मृति कहती है कि कहने से पुण्य क्षय हो जाता है।

[1]हिरदे में हो रूप ओर, मुख में केशव नाम।
श्रीहरि के नैवैद्य का, सदा उदर हो धाम।।
चरणोदक निर्माल्य मम, रहते मस्तक धार।
वे ही विष्णु समान हैं, नित हरते भू–भार।।

[2]प्रिय वस्तु समर्पित नित मुझको, जो उत्कण्ठा से करते हैं।
वे हैं दानी इस जीवन में, अक्षय फल संचित करते हैं।।

[क]चौदह लक्षण भक्ति के, हैं मुक्ती के द्वार।
इनमें रम कर सब करो, अपना बेड़ा पार।।
विप्र अग्नि गो सूर्य जल, वैष्णव ह्वदयाकाश।
पवन पृथ्वि प्राणी सकल, आत्मा स्वयं प्रकाश।।
ये एकादश हैं मेरी, पूजा के अस्थान।
जीतेन्द्रिय रह नित करो, बस इनका ही ध्यान।।

जो कूप बावली बनवा कर, पूजा में नित मन लाता है।
उद्धव जी मेरी दृढ़ भक्ती, ऐसा ही वैष्णव पाता है।।

एक राह सतसंग की, जो मुझ तक पहुंचाय।
वैष्णव से मम मिलन का, है नहिं आन उपाय।।

[3]दान तीर्थ ना दक्षिणा, ना पूजा के ढंग।
मुझको वश करता सदा, क्षण भर का सत्संग।।

1. ह्वदि रूपं मुखे नाम नैवेद्यमुदरे हरैः।
पादोदकं च निर्माल्यं मस्तके यस्य सोऽच्युतः।। भा. 11–11–स्मृति

2. यद्यदिष्टतमं लोके यच्चातिप्रियमात्मनः।
तत्तन्निवेदयेन्मह्यं तदनंत्यायकल्पते।। भा. 11–11–41

3. न रोधयति मां योगो न सांख्यं धर्म एव च।
न स्वाध्यायस्तपस्त्यागो नेष्टापूर्तं न दक्षिणा।। भा. 11–12–01
वृतानि यज्ञश्छंदांसि तीर्थानि नियमा यमाः।
यथाऽवरूंधे सत्संगः सर्वसंगापहो हि माम्।। भा. 11–12–02

(क) मूर्ति दर्शन, भक्त दर्शन, स्पर्शन, पूजन, सेवा, स्तुति, गुण एवं कर्मों का नम्रता पूर्वक कीर्तन, कथा में श्रृद्धा, ध्यान, दासभाव से सेवा, उत्सवायोजन, मन्दिर, उपवन निर्माण, मन्दिर सेवा करना, किये कार्यों को किसी से नहीं कहना।
मूरति और वैष्णव दरशन कर, गुण कर्म कथा नित गाते हैं।
पूजन सेवा स्तुति स्पर्श, शुभ दास्य भाव अपनाते हैं।।

कुब्जा गोपी गीध बली, पहुंचे मेरे धाम।
यान इन्हें जो ले गया, सतसंग उसका नाम।।

[क]रात्रियां मेरे संग जो बीती, क्षण सम गोपिन ने माना था।
क्षणभर की विरह वेदना को, कल्पों सा लम्बा जाना था।।

[1]सकल देह धारीन का, मैं हूँ आत्मा एक।
मेरी शरणागत रहो, यही मुक्ति है नेक।।

मैं ही अन्तर्यामी सबका, जो मेरी शरण चला आता।
निर्भय होकर वह रहता है, जग से वह न्यारा हो जाता।।

उद्धव बोले प्रथम तो, सिखलाये बहु कर्म।
अब कहते सब त्याग दो, क्या प्रभु इसका मर्म।।
कर्म करें या ना करें, दो प्रभु इसका ज्ञान।
यह संशय मिटता नहीं, कैसे होगा भान।।

अंतःकरण की शुद्धी तक, कर्मों में ध्यान लगाना है।
जब ज्ञान मिले तब कर्म त्याग, परमेश्वर में रम जाना है।।
[ख]पावक की भांति सदा मैं भी, नित चार रूप में रहता हूँ।
ज्यों वस्त्र तंतु से भिन्न नहीं, मैं भी प्रपंच में रमता हूँ।।
सत्यत्व जगे जब आत्मा का, अनित्य प्रपंच समझ आवे।
तब कर्म त्याग करना शुभ है, जब ईश हृदय में बस जावे।।
यह है [ग]प्रपंच का रूप वृक्ष, दुःख सुख दो ही फल होते हैं।
कामी गृहस्थ दुःख नित पाते, ज्ञानी सुख–सागर तिरते हैं।।

1. **मामेकमेव शरणमात्मानं सर्वदेहिनाम्।**
याहि सर्वात्मभावेन मया स्याह्यकुतोभयः।। भा. 11–12–15

(क) वृन्दावन में (ख) अग्नि चार रूपों में (प्रथम आकाश में गर्मी रूप में, काष्ठ मंथन करने पर छोटी चिंगारी, थोड़ा कंडा डालने पर ज्वाला, व घी डालने पर प्रखर ज्वाला) पाया जाता है वैसे ही परब्रह्म भी परा, पश्यंति, मध्यमा तथा वैखरी–चार रूपों में प्रकट होता है। (ग) यह प्रपंच रूप वृक्ष पुष्प व फल (भोग व मोक्ष, कर्म व फल) उत्पन्न करता है। इस वृक्ष के दो बीज (पुण्य–पाप), सेंकड़ों मूल (वासनाऐं), तीन नाल (गुण), पांच स्कंध (भूत), ग्यारह शाखा (इन्द्रियां), तीन त्वचा (वात–पित्त–कफ) दो फल (सुख–दुःख), पांच रस (शब्दादि विषय) उत्पन्न होते हैं। वृक्ष में दो पक्षियों (जीव व ईश्वर) का घोंसला है। यह वृक्ष सूर्यमण्डल तक फैला है

गुरू से ले ज्ञान कुठार धीर, इस लिंग देह को तजते हैं।
वे श्री जगदीश्वर को पाकर, साधन सारे तज देते हैं।।

इन त्रिगुण वृत्तियों का ताण्डव, विद्या को दूर हि रखता है।
अतएव सत्वगुण वृद्धि हेतु, रज ओर तम को कम करना है।।
बढ़ते सत्वगुण का प्रभाव, प्रत्यक्ष दिखाई देता है।
मम भक्ती रूप धरम पाकर, वह जन विशिष्ट होजाता है।।

तीनो गुण को सींचते, [क]दस पदार्थ हर बार।
विद्वानों की बात से, होता है उद्धार।।
[1]देश काल संस्कार जल, शास्त्र जन्म ओर धर्म।
मंत्र लोक अरू ध्यान का, त्रिगुण वृद्धि है कर्म।।

[2]सात्विक पदार्थ वे होते हैं, ज्ञानी जिनका गुणगान करे।
तामस पदार्थ उनको मानो, जिनकी निंदा गुणवान करे।।

जो निंदा गुणगान से, नित रहते हैं हीन।
राजस उनको मानते, गुणागार हो दीन।।
निज घर्षण से [3]वेणु का, ज्यों होजाता दाह।
त्यों ही गुण के क्षोभ से, देह चले वह राह।।

आश्चर्य चकित हो उद्धव ने, पूछा योगेश्वर बतलाओ।
फिर सतगुण को क्यों त्याग मनुज, रज तम गुण सेते समझाओ।।

अज खर शूकर श्वान सम, मनुज विषय का दास।
मोक्ष द्वार का नित करे, पल पल छिन छिन नास।।

पशुओं की भांति विहर उनमें, पुरूषार्थ हीन हो जाता है।
विषयों का सेवन नित करके, निज जीवन नर्क बनाता है।।

1. आगमोऽपः प्रजादेशः कालः कर्म च जन्म च, ध्यानं मंत्रोऽथ संस्कारो दशैते गुणहेतवः।। भा. 11–13–04
2. तत्तत्सात्विकमेवेषां यद्यदृद्धाः प्रचक्षते, निंदंति तामसं तत्तद्राजसं तदुपेक्षितम्।। भा. 11–13–05
3. वेणुसंघर्षजो वह्निर्दग्ध्वाशाम्यति तद्वनम्, एवं गुणव्यत्ययजोदेहः शाम्यति तत्क्रियः।। भा. 11–13–07

(क) <u>सत्वगुण</u> –निवृत्ति शास्त्र, तीर्थ जल, निवृत्ति लोक, एकांत देश, प्रभात काल, नित्यकर्म, वैष्णव जन्म, विष्णु ध्यान, प्रणवमंत्र, मन के संस्कार

<u>रजगुण</u>–प्रवृत्ति शास्त्र, सुगंधि, प्रवृत्ति लोक, राजमार्ग, प्रदोष काल, काम्य कर्म, शाक्त दीक्षा, स्त्री ध्यान, काम्य मंत्र, देह के संस्कार।

<u>तमोगुण</u>–पाखंड शास्त्र, मदिरा जल, दुराचार लोक, द्युतप्रदेश, मध्य रात्रकाल, अभिचार कर्म, क्षुद्र दीक्षा, शत्रु ध्यान, क्षुद्र मंत्र, मांसादिक संस्कार।

उद्धव अविवेकी जीव यहां, देहादिक में रम जाते हैं।
मैं हूँ बस ऐसा भाव धार, रज–तम को ही अपनाते हैं।।
संकल्प विकल्पों के उठते, वे दुष्ट विषय प्रिय पाते हैं।
तृष्णा के दुसह प्रवाहों में, दुःख जन्य कर्म अपनाते हैं।।

अतः विवेकी धीर जन, रहे विषय से दूर।
आसन प्राणायाम से, भजें मुझे भरपूर।।

मन को विषयों से दूर हटा, जो मुझमें ध्यान रमाते हैं।
सनकादिक मुनियों से योगी, बस मेरे ही हो जाते हैं।।

कब एवं किस रूप से, उन्हें दिया यह ज्ञान।
वही समय ओर रूप अब, बतलाओ भगवान।।
सनकादिक ने एक दिन, पूछा अज से नाथ।
ज्ञानी कैसे त्यागते, विषय वासना साथ।।

ब्रह्मा का ध्यान न था इस पर, इसलिये बात मुझ तक आई।
फिर हंस रूप धर कर मैंने, यह गुह्यबात तब बतलाई।।

हंसो में होता सदा, नीर क्षीर का भान।
विलग करे गुण चित्त को, जिसमें हो सद्ज्ञान।।
सनकादिक ने तब कहा, बतलाओ हो कौन।
उत्तर सुन मेरा हुए, मुनि सनकादिक मौन।।

मैं कौन बताऊँ यह केसे, आत्मा जब भेद रहित भाई।
सब पंचभूत से सिरजे हैं, सबका सिरजक है हरि राई।।
मन वचन ओर इन्द्रिय द्वारा, जो ग्रहण करन में आता है।
मैं ही वह सबका सर्वात्मा, सारा जग जिसको ध्याता है।।
नहिं देह नित्य बस इसीलिये, स्वर्गादिक वर्णाश्रम सारे।
आत्मा से अन्य अनित्य सभी, जीवन के लालच बेचारे।।

नित्य न मानो विषय चित, नित्य ब्रह्म का भान।
रागादिक के नाश से, होता इसका ज्ञान।।
जागृत स्वप्न सुषुप्ति में, होकर के लवलीन।
इन्द्रिय मन ओर बुद्धि ही, बनते (क)दृष्टा तीन।।

अतएव ज्ञान जागृत करके, मुझको हिरदे में मानो सब।
इस द्वेत दृष्टि से हो निवृत्त, नित भजन करो मेरा ही अब।।

(क) आत्मा ही तीनो का दृष्टा है। जागृत को इन्द्रिया, स्वप्न को मन व सुषुप्ति को बुद्धि देखती है।

इतना रक्षण करने पर भी, जब देह क्षरण हो जाता है।
बस इसीलिये तो मुक्त पुरूष, इसपर नहिं समय गंवाता है।।
ज्यों मदिरा पी मदअंध पुरूष, वस्त्रों पर ध्यान न लाता है।
त्योंही मुझ में बुद्धी वाला, नहिं देह धर्म अपनाता है।।
सब सांख्य योग श्री कीर्ति धर्म, जीतेन्द्रिय पन जो होता है।
इन सब से जो पाया जाता, वह रूप मेरा ही होता है।।

सर्व बन्धु निर्गुण सदा, सकल अपेक्षा हीन।
आत्मरूप प्रिय ईश है, रहो उसी में लीन।।
सनकादिक ने हंस का, कीन्हा विरद बखान।
उन सब को आशीष दे, लौटे कृपानिधान।।
उद्धव बोले कौन सा, है वह साधन नाथ।
जो फलदायक है सदा, कैसे आवे हाथ।।
प्रभु बोले उद्धव यही, सब साधन सिरमोर।
भक्ति मेरी अनपायनी, इसका ओर न छोर।।

शुभ वेद वचन को मैने ही, जब प्रलय बाद फैलाया था।
सुर असुर यक्ष किन्नर जन ने, निज मति से उसको पाया था।।
मेरी माया से मोहित जन, पथ अलग अलग बतलाते हैं।
अपनी रूचि कर्मों के लायक, कल्याण मार्ग सिखलाते हैं।।

मीमांसक तो धर्म को, यश साहित्याचार्य।
वात्स्यायन बस काम को, शम दम योगाचार्य।।

जो राजनीति के सेवक हैं, ऐश्वर्य मार्ग बतलाते हैं।
नास्तिक के मत से दान भोग, पुरूषार्थ सदा कहलाते हैं।।

इन सब के परिणाम में, होता है दुःख शोक।
किन्तु भक्ति सुख दायिनी, फैलाती आलोक।।

[1]**अभिमान** रहित अरू जीतेन्द्रिय, समदृष्टि सदा अपनाता है।
सुखमयी दिशाऐं सब उसको, जो मेरा आश्रय पाता है।।

1. **अकिंचनस्य दांतस्य शांतस्य समचेतसः।**
मयाऽऽसंतुष्टमनसः सर्वाः सुखमया दिशः।। भा. 11—14—13

[1]निर्वैर शान्त सम बुद्धिवान, आकर्षित मुझको करते हैं।
मैं उनके पीछे चलता हूँ, वे नित जग पावन करते है।।

भीषण पावक काष्ठ को, ज्यों करतीं है स्वाह।
त्यों पापों का नाश भी, करता भक्ति प्रवाह।।
नहीं चाहते ओर कुछ, रहते मुझमें लीन।
जो हैं मेरे भक्त वे, शान्त सरल ओर दीन।।
जातिदोष चाण्डाल का, हरता भक्ति प्रवाह।
सज्जन अपनाते सदा, सहज भक्ति की राह।।

[2]तप दान योग ओर सांख्य धरम, नहिं मुझे बांध ये पाते हैं।
निष्काम भक्ति करने वाले, मुझको वश में कर जाते हैं।।
[3]गद्‌गद स्वर है जिसकी वाणी, द्रविभूत चित्त हो जाता है।
जो लाज छोड़ हंसता रोता, ओर उच्च स्वरों में गाता है।।

मुक्त भाव से जो करे, नर्तन तज कर लाज।
ऐसे जन पावन करे, अपना सकल समाज।।

भक्ति रहित चित को उद्धव, कोई न शुद्ध कर पाते हैं।
विद्या तप दान धरम सच भी, यह काम नहीं कर पाते हैं।।

भक्ति दिलाती भक्त को, मुक्ति प्रदाता ज्ञान।
करे चित्त मद्रूप जो, वह ही सच्चा ज्ञान।।
विषयी का रहता सदा, चित्त विषय में दीन।
त्यों ही मेरा भक्त भी, रहता मुझमें लीन।।

[4]जो संग त्रियाआंऔर क्लेश, नहिं किसी मार्ग पर होते हैं।।

1. **निरपेक्षं मुनिं शांतं निर्वैरं समदर्शनम्।**
   अनुव्रजाम्यहम् नित्यं पूयेयेत्यंघ्रिरेणुभिः।। भा. 11–14–16
2. **न साधयति मां योगो न सांख्यं धर्म उद्धव।**
   न स्वाध्यायस्तपस्त्यागो यथा भक्तिर्ममोर्जिता।। भा. 11–14–20
3. **वाग्गद्‌गदाद्रवते यस्य चित्तं रूदत्यभीक्ष्णं हसति क्वचिच्च।**
   विलंज्ज उग्दायति नृत्यते च मद्भक्तियुक्तो भुवनं पुनाति।। भा. 11–14–24
4. **न तथाऽस्य भवेत्क्लेशो बंधश्चान्य प्रसंगतः।**
   योषित्संगाद्यथा पुंसो यथा तत्संगिसंगतः।। भा. 11–14–30

ब्रह्मा महेश दाउजी से, उद्धव तुम मुझको प्यारे हो।
तुम सकल कामना हीन सखा, भक्तों में सबसे न्यारे हो।।
है नाथ बताओ कौन रूप, जो भक्त आपका नित ध्यावे।
जो मोक्षमार्ग अभिलाषी है, वह किस प्रकार यह फल पावे।।
जो पूरक कुंभक रेचक को, सम आसन से अपनाते हैं।
क्रम से या फिर विक्रम से ही, प्राणों को शुद्ध बनाते हैं।।
[क]दोनो विधि से कर [ख]प्राणायाम, जो मुझमें ध्यान लगाते हैं।
चित खींच सकल विषयों में से, मेरे मुख में रम जाते हैं।।
इससे आगे जाने वाले, खुद में ही मुझको पाते हैं।
ऐसे योगी तब उद्धव जी, सारे भ्रम दूर भगाते हैं।।

तब आती है सिद्धियां, उस योगी के पास।
फिर इनका होता मनुज, अनायस ही दास।।

उद्धव ने पूछा किस विधि से, योगीजन सिद्धी पाते हैं।
कितनी होती संख्या इनकी, किस भांति जान हम पाते हैं।।

(क) प्राणायाम सगर्भ व अगर्भ दो प्रकार का होता है।

(ख) सगर्भ– यानि ओंकार सहित। ओंकार कि जो मूलाधार से ले ब्रह्मरंध्र के छोर तक कमल नाल के तंतू की तरह सूक्ष्म व अविच्छिन्न है उसको मन में प्राण से प्रकट करके फिर उस ओंकार में घंटानाद सदृश उदात्तनाद स्थिर करना। प्रतिदिन तीनों समय दस दस बार अभ्यास करने से एक माह में प्राण वायु वश में हो जाती है।

ध्यान कैसे ? देह के भीतर ह्रदय कमल को खिला चिंत कर कर्णिका में सूर्य चन्द्र अग्नि को एक दूसरे पर चिंत कर अग्नि के बीच में मेरे रमणीक अलंकारिक स्वरूप का चिंतवन ध्यान करना चाहिये। फिर विषयों से चित्त खींच मेरे मुख का ध्यान करना तथा फिर शुद्ध ब्रह्म में आरूढ़ होकर किसी का भी चिंतवन नहीं करना। तब पुरूष अपने स्वरूप में मुझे देखता है। तब योगी का अध्यात्म, अधिभूत, अधिदैवत रूप व दृष्टा व दर्शन रूप भ्रम निवृत्त हो जाता है।

[क]अष्टादश है सिद्धियां, उद्धव तू यह जान।
[क]अष्ट सिद्धियों का सदा, है मुझ में अस्थान।।

सारूप्य मुक्ति पाने वाले, भी अष्ट सिद्धिमय होते हैं।
सब भक्त सत्वगुण वृद्धि संग, सिद्धियां दसों पा जाते हैं।।

[ख]पांच सिद्धियां क्षूद्र हैं, जिनको पाते लोग।
ध्यान रमाते वे सदा, जो जन चाहे भोग।।
सिद्धि प्राप्ति के हेतु अब, कहता सुगम उपाय।
चो चाहे अर्जित करो, मुझमें ध्यान लगाय।।

सूक्ष्म स्वरूप मेरा जो ध्यावे, अणिमा सिद्धि वही नर पावे।
परस्वरूप महतत्वहिं ध्यावे, महिमा सिद्धि हृदय बस जावे।।

चारों भूतों में धरे, जो निजमन को जाय।
पावक तज कर जो भजे, वह नर लधिमा पाय।।
मेरे सत्व स्वरूप का, जो करते हैं ध्यान।
प्राप्ति सिद्धि पाते वही, इसे सत्य तू जान।।

(क) अणिमा– (बड़े से छोटा अणुरूप शरीर कर लेना) 2– महिमा (छोटे से बड़ा शरीर कर लेना) 3– लधिमा (भारी से हल्का कर लेना) 4– प्राप्ति (सर्वप्राणियों की इंन्द्रियों के साथ उन उन इन्द्रियों का देव रूप से सम्बन्ध) 5– प्रकाश्य (परलोक तथा इस लोक के सभी विषयों में भोग देखने का सामर्थ्य) 6– ईशिता (ईश्वर में माया की व दूसरों में माया के अंशो की प्रेरणा करने का सामर्थ्य) 7– वशिता (विषयों का भोग से असंग) 8– प्राकाम्य (जिस सुख की प्राप्ति की इच्छा हो उसकी पराकाष्ठा को पहुंचना)– ये आठ परमात्मा में स्वाभाविक रूप से होती है। सत्वगुण की वृद्धि से मिलने वाली सिद्धियां 9– अनूर्मिमत्व (इस शरीर में क्षुधा पिपासा का न होना) 10– दूर श्रवण (दूर से सुनना) 11– दूर दर्शन (दूर से देखना) 12– मनोजव (मन जावे वहां शरीर का पहुंचना) 13– कामरूप (मनवांछित रूप प्राप्ति) 14– परकायप्रवेशन 15– स्वच्छंद मृत्यु 16– देवानांसह क्रीड़ानुदर्शनम् (देवों की अप्सराओं के साथ की गई क्रीड़ाओं की प्राप्ति) 17– संकल्प संसिद्धि (संकल्पानुसार प्राप्ति) 18– अप्रतिहताज्ञा (आज्ञा भंग न होना–कहीं भी)

(ख) क्षूद्र सिद्धियां 1– त्रिकालज्ञत्व (त्रिकालज्ञान) 2– अद्वंद्व (शीत व उष्ण से पराभव न पाना) 3– परचित्ताद्यभिज्ञता (पराये चित्त को जानना) 4– प्रतिष्टंभ (अग्नि सूर्य जल विष आदि से शरीर को हानि न पहुंचाना) 5– अपराजय (किसी स्थल में न हारना)।

क्रिया शक्ति महतत्व भजे जो, पाय सिद्धि प्राकाश्य वही तो।
विष्णु चरण में जो मन लावे, सिद्धि ईशिता वह जन पावे।।

वशिता देता है सुनो, श्री नारायण रूप।
वे पाते प्राकाम्य जो, भजते निर्गुण भूप।।
सर्वसत्वगुण ईश को, जो ध्याते मन लाय।
सिद्धि अनूर्मीमत्व तब, उन्हैं सहज मिलजाय।।

दूर श्रवण वे मुनिगण पाते, जो समता में बुद्धि रमाते।
चक्षु लखे जो सूर्य में, चक्षुन में आदित्य।।
दूर दरश की सिद्धि वे, सज्जन पाते नित्य।।

देह वायु मन से मोहें ध्यावे, सिद्धि मनोजव वे ऋषि पावे।
विविधाकार रूप मम ध्याकर, हर्षे कामरूप वह पाकर।।

आत्मा का चिंतन करे, जो परकाया मांय।
परकाया में प्रवेशन, सिद्धि वही नर पाय।।

सिद्धि मृत्युस्वच्छंद जो गाई, नर के वश ऐसे ही आई।
शुद्धसत्व मूरति जो ध्यावे, सुरसहक्रीड़ा दर्शन पावे।।
सह संकल्प मुझे मन लावे, अप्रतिहत आज्ञा वह पावे।।
इस भांति मित्र बहुरूपों में, जो मुझको नितप्रति ध्याते हैं।
वे योगीजन निज ध्यान धार, सिद्धियां सभी पाजाते हैं।।

जो मुनिगण नित जीतते, इन्द्रिय मन अरू प्रान।
सिद्धि उन्हैं दुर्लभ नहीं, उद्धव तू यह जान।।

पर एक बात यह भी सुन लो, में तुमसे यह सच कहता हूँ।
सिद्धियां जहां पर होती हैं, मैं दूर वहां से रहता हूँ।।
मुझको पाने में उद्धव ये, सिद्धियां विघ्नकारक होती।
मैं वहां सहज किस भांति रहूँ, जिस मन में सिद्धि ललक होती।।

मुझको पाना योग का, बस केवल फल एक।
सकल सिद्धि अधिराज मैं, भजो मुझे हो नेक।।
सब जीवों का [1]आत्मा, मैं ही सब का ईश।
अतः मेरा वन्दन करो, धर चरणों में शीष।।

1. अहमात्मांऽऽतरो बाह्योऽनावृतः सर्वदेहीनाम्।
यथा भूतानि भूतेषु बहिरंतः स्वयं तथा।। भा. 11—15—36

सब पंचभूत से सृजित देह, न्यूनाधिक गुण के होते हैं।
किस भांति कहो हे योगेश्वर, उनमें निवास प्रभु करते हैं।।
है नाथ पदार्थ कहो जिनसे, हम मोक्ष मार्ग को पाजाये।
अपनी विभूतियां भी कह दो, जिससे गुण तेरा गा पायें।।

प्रभु बोले मैं एक ही, सब जीवों का मीत।
ब्रह्म काल मन जीव मैं, आत्मा परम पुनीत।।

ब्रह्माण्ड सृजित है मुझसे ही, गणना इन सब की कौन करे।
मैं स्वयं नहीं जब कह पाता, मेरी [1]विभूति फिर कौन कहे।।

1. **।। अहमात्मोद्धवामीषां भूतानां सुहृदीश्वरः।**
अहं सर्वाणि भूतानि तेषां स्थित्युद्भवाप्ययः।। भा. 11–16–09
।। अहं गतिर्गतिमतां कालः कलयतामहम्।
गुणानां चाप्यहं साम्यं गुणिन्यौत्पत्तिको गुणः।। भा. 11–16–10
।। गुणिनामप्यहं सूत्रं महतां च महानहम्।
सूक्ष्माणामप्यहं जीवो दुर्जयानामहं मनः।। भा. 11–16–11
।। हिरण्यगर्भो वेदानां मंत्राणां प्रणवस्त्रिवृत्।
अक्षराणामकारोऽस्मि पदानि च्छंदसामहम्।। भा. 11–16–12
।। इन्द्रोऽहं सर्वदेवानां वसूनामस्मि हव्यवाट्।
आदित्यानामहं विष्णु रूद्राणां नीललोहितः।। भा. 11–16–13
।। ब्रह्मर्षिणां भृगुरहं राजर्षीणामहं मनुः।
देवर्षीणां नारदोऽहं हविर्धान्यस्मि धेनुषु।। भा. 11–16–14
।। सिद्धेश्वराणां कपिलः सुपर्णोऽहं पतत्रिणाम्।
प्रजापतीनां दक्षोऽहं पितृणामहमर्यमा।। भा. 11–16–15
।। मां विद्ध्युद्धव दैत्यानां प्रह्लादमसुरेश्वरम्।
सोमं नक्षत्रोषधीनां धनेशं यक्षरक्षसाम्।। भा 11–16–16
।। एरावतं गजेंद्राणां यादसां वरूणं प्रभुम्।
तपतां द्युमतां सूर्यं मनुष्याणां च भूपतिम्।। भा. 11–16–17
।। उच्चैःश्रवास्तुरंगाणां धातूनामस्मि कांचनम्।
यमः संयमतां चाहं सर्पाणामस्मि वासुकिः।। भा. 11–16–18
।। नागेद्राणामनंतोऽहं मृगोन्द्रः श्रृंगिदंष्ट्रिणाम्।
आश्रमाणामहं तुर्यो व र्णानां प्रथमोऽनघ।। भा. 11–16–19

।। तीर्थानां स्त्रोतसां गंगा समुद्र सरसामहम्।
आयुधानां धनुरहं त्रिपुरघ्नो धनुष्मताम्।। भा. 11–16–20
।। धिष्ण्यानामस्म्यहं मेरूर्गहनानां हिमालयः।
वनस्पतीनामश्वत्थ औषधीनामहं यवः।। भा. 11–16–21
।। पुरोधसां वसिष्ठोऽहं ब्रह्मिष्ठानां बृहस्पतिः।
स्कंदोऽहं सर्वसेनान्यामग्रण्यां भगवानजः।। भा. 11–16–22
।। यज्ञानांब्रह्मययोऽहं व्रतानामविहिंसनम्।
वाय्वग्न्यर्काबुवागात्मा शुचीनामप्यहं शुचिः।। भा. 11–16–23
।। योगानामात्मसंरोधो मंत्रोऽस्मि विजिगीषताम्।
आन्वीक्षिकी कौशलानां विकल्पः ख्यातिवादिनाम्।। भा. 11–16–24
।। स्त्रीणां तु शतरूपाऽहं पुंसां स्वायंभुवो मनुः।
नारायणो मुनीनां च कुमारो ब्रह्मचारिणाम्।। भा. 11–16–2

।। धर्माणामस्मि संन्यासः क्षेमाणामबहिर्मतिः।
गह्यानां सूनृतं मौनं मिथुनानामजस्त्वहम्।। भा. 11–16–26
।। संवत्सरोऽस्म्यनिमिषामृतूनां मधुमाधवौ।
मासानां मार्गशीर्षोऽहं नक्षत्राणां तथाऽभिजित्।। भा. 11–16–27
।। अहं युगानां च कृतं धीराणां देवलोऽसितः।
द्वैपायनोऽस्मि व्यासानां कवीनां काव्य आत्मवान्।। भा. 11–16–28
।। वासुदेवो भगवतां त्वंतु भागवतेष्वहम्।
किं पुरूषाणां हनुमानविद्याध्राणां सुदर्शनः।। भा. 11–16–29
।। रत्नानां पद्मरागोऽस्मि पद्मकोशः सुपेशसाम्।
कुशोऽस्मि दर्भजातीनां गव्यमाज्यं हविःष्वहम्।। भा. 11–16–30
।। व्यवसायिनामहं लक्ष्मीः कितवानां छलग्रहः।
तितिक्षास्मि तितिक्षूणां सत्वं सत्त्ववतामहम्।। भा. 11–16–31
।। ओजः सहो बलवतां कर्माहं विद्धि सात्वताम।
सात्त्वतां नवमूर्तीनामादिमूर्तिरहं परो।। भा. 11–16–32
।। विश्वावसुः पूर्वचित्तिर्गंधर्वाप्सरसामहम्।
भूधराणामहं स्थैर्यं गंधमात्रमहं भुवः।। भा. 11–16–33
।। अपां रसश्च परमस्तेजिष्ठानां विभावसुः।
प्रभासूर्येंदुताराणां शब्दोऽहं नभसः परः।। भा. 11–16–34
।। ब्रह्मण्यानां बलिरहं वीराणामहमर्जुनः।
भूतानां स्थितिरूत्पत्तिरहं वै प्रतिसंक्रमः।। भा. 11–16–35

फिर भी जिसमें हो बल प्रभाव, सम्पति अरू लज्जा दान सहन।
सौंदर्य ज्ञान एश्वर्य भाग्य, विज्ञान जहां वह मेरा तन।।

इन सब रूपों में भरा, मम विभूति का रूप।
ये मेरा एश्वर्य है, मैं इन सब का भूप।।

सच में क1**विभूतियां** ये सगरी, बस कथन श्रवण के हित ही है।
नहि सत्य रूप कुछ है इनका, शुभ सत्य एक ईश्वर ही है।।

1. गत्युत्तयुतसर्गोपादानमानंदस्पर्शलक्षणम्।
आस्वादश्रुत्यवघ्राणमहं सर्वेंद्रियेंद्रियम।। भा. 11–16–36
पृथिवी वायुराकाशआपो ज्योतिरहूं महान्।
विकारः पुरूषोऽव्यक्तं रजः सत्त्वं तमः परम्।
अहमेतत्प्रसंख्यानं ज्ञानं तत्त्वविनिश्चयः।। भा. 11–16–37
मयेश्वरेण जीवेन गुणेन गुणिनाविना।
सर्वात्मनाऽपिसर्वेण न भावो विधते क्वचित्।। भा. 11–16–38
संख्यानं परमाणूनां कालेन क्रियते मया।
न तथा मे विभूतीनां सृजतोंऽडानि कोटिशः।। भा. 11–16–39

(क) गतिवालों की गति, वशकर्ता में काल, गुण समता रूप प्रकृति, द्रव्यों का स्वाभाविक गुण, गुण वाले पदार्थों में क्रिया शक्ति प्रधान महतत्व, बड़ों में महतत्व, सूक्ष्म में जीव, दुर्जन में मन, वेद पढ़ाने में ब्रह्मा, मंत्रो में 'अउम्', अक्षरों में अकार, छंदो में गायत्री, देवों में इन्द्र, वसु देवों में हव्यवाट, द्वादशादित्यों में विष्णु, रूद्रों में नीललोहित, ब्रह्मऋषि में भृगु, राजर्षि में मनु, देवर्षि में नारद, गउ में कामधेनु, सिद्धेश्वरों में कपिल, पक्षियों में गरूड़, प्रजापतियों में दक्ष, पित्रीश्वरों में अर्यमा, दैत्यों में प्रहलाद, नक्षत्रोषधियों में चन्द्रमा, यक्ष व राक्षस पति कुबेर, गजराजों में एरावत, जलजन्तु प्रभु वरूण, प्रकाशने व तपाने वाले में सूर्य, मनुष्यों में राजा, घोड़ों में उच्चैःश्रवा, धातुओं में स्वर्ण, दण्डदाता में यमराज, सर्पों में वासुकी, नागराजाओं में अनंत (शेषजी), सींग व दाड़ वालों में सिंह, आश्रमो में सन्यास, वर्णों में ब्राह्मण, तीर्थ और प्रवाह में गंगा, सर या स्थिर जलाशय में समुद्र, आयुधों में धनुष, धनुर्धरों में महादेव, निवासों में मेरू, गहन स्थलो में हिमालय, वनस्पतियों में पीपल, औषधियों में यव, पुरोहितों में वसिष्ठ, वेदार्थनिष्ठों में बृहस्पति, सेनापतियों में कार्तिकेय, सन्मार्ग प्रवृत्तों में ब्रह्मा, यज्ञों में ब्रह्मयज्ञ, व्रतों में अहिंसा, मार्जनकर्ता में वायु, छीलने में सूर्य, घसनें में जल व विप्रवचन, अष्टांग योग में समाधि, विजय इच्छा वालों का विचार, विवेकादि निपुणता में ब्रह्मविद्या, ख्यातियों में विवाद का प्रकार अपार विकल्प मैं हूँ।

(क–निरन्तर)

अतएव परायण हो मेरे, मन को मुझ में ही लीन करो।
मन वचन कर्म इन्द्रिय अपनी, बुद्धी से मेरी ओर धरो।।

अब वर्णाश्रम आचार कहो, है नाथ स्वधर्म कहो मुझको।
जिससे हो भक्ति प्रवाह तेज, है देव सुनावो अब उसको।।
हैं आप धर्म रक्षक स्वामी, हो धर्म प्रवृत करने वाले।
कहने वाले शुभ धर्मों के, इन धर्मों को जीने वाले।।

श्री हरि बोले हंस ही, था सतयुग में वर्ण।
फिर त्रेता में हो गया, देव यजन का कर्म।।

मेरे विराट से चार [ख]वर्ण, भूतल पर माने जाते हैं।
[ग]आश्रम भी मेरे ही तन से, जगती पर जाने जाते हैं।।

(क) पिछले पृष्ठ से निरन्तर – स्त्रियों में शतरूपा, पुरूषों में स्वायंभुव मनु, मुनियों में नारायण, ब्रह्मचारियों में सनत्कुमार, धर्मों में अभयदान, अभय स्थान में आत्मनिष्ठा, अभिप्राय को गुप्त रखने के साधनों में प्रिय वचन ओर मौन, स्त्री पुरूष युगल में प्रजापति, अप्रमत्त रहने वालों में वर्ष रूप काल, ऋतुओं में चैत्र और वैशाख रूप बसंत, महीने में मार्गशीर्ष, नक्षत्रों में अभिजित, युगों में सत्ययुग, धीरों में देवल व असित मुनि, वेद विभागकर्ता में द्वैपायन व्यास, विद्वानों में शुक्राचार्य, उत्पत्ति प्रलय प्राणियों की गति अगति विद्या–अविद्या इन छः पदार्थों को जानने वालों में वासुदेव, भगवद्भक्तों में उद्धव, किंपुरूषों में हनुमान, विद्याधरों में सुदर्शन, रत्नो में माणिक (पद्यराग), सुन्दर पदार्थों में कमलकोश, दर्भों में कुश, हवि पदार्थों में गौ घृत, उद्योगी की धन सम्पत्ति, द्यूत खेलने में द्यूत, सहनशील की सहनशीलता, धैर्यवानो का धैर्य, बलवानो की देह शक्ति व इन्द्रिय शक्ति, वैष्णवों का भक्तिकर्म, पूजने योग्य में वासुदेव (नव मूर्तियों में), गंधर्वों में विश्वावसु, अप्सराओं में पूर्वचित्ती, पर्वतों की स्थिरता, पृथ्वी की अविकृत गन्धतन्मात्रा, जल का मधुर रस, तेजस्वियों में अग्नि सूर्य चन्द्र व तारों की प्रभा, आकाश का पर नाम सूक्ष्म शब्द, ब्राह्मण भक्तों में बलि, वीरों में अर्जुन, पदार्थों की उत्पत्ति, स्थिति प्रलय, दसेन्द्रिय धर्मों में देखना, इन्द्रियों की शक्ति, तन्मात्रा, पंचमहाभूत का परब्रह्म, तत्वों की गणना, लक्षण ज्ञान व निश्चय सर्वरूप, सर्वमय मैं ही हूँ।

(ख) ब्राह्मण, क्षत्रिय, वैश्य, शूद्र

(ग) ब्रह्मचर्य, ग्रहस्थ, वानप्रस्थ, सन्यास

दस प्रकृतियां विप्र की, अरू वैश्यों की पांच।
अपने अपने पथ चले, कभी न आवे आंच।।
[1]शम दम तप सन्तोष सत, दया भक्ति अरू शोच।
शान्ति सरलता विप्र की, दस प्रकृति का कोश।।
[2]वेद देव अरू दान में, हो निष्ठा का भाव।
कपट हीन संतोष हो, वित्त वृद्धि का चाव।।

सब कर्म [क]ब्रह्मचारी के कह, [ख]ग्रहस्थाश्रम बहुत बखान किया।
[ग]विप्रों के कर्मों का प्रभु ने, तब मुक्त कंठ से गान किया।।
[3]**धनहीन** विप्र को आश्रय दे, जो जन उनका दुःख हरते हैं।
वे कृपा प्राप्त करके मेरी, कष्टों से मुक्त विचरते हैं।।

[च]दास वृत्ति से विप्र को, रहना है नित दूर।
वैश्यों को यह उचित है, करे कार्य भरपूर।।

1. **शमो दमस्तपः शोचं संतोषः क्षांतिरार्जवम्।**
   मद्भक्तिश्च दया सत्यं ब्रह्मप्रकृतयस्त्विमाः।। भा. 11—17—15
2. **आस्तिक्यं दाननिष्ठा च अदंभो ब्रह्मसेवनम्।**
   अतुष्टिरर्थोपचयैर्वैश्यप्रकृतयस्त्विमाः।। भा. 11—17—17
3. **समुद्धरंति ये विप्रं सीदंतं मत्परायणम्।**
   तानुद्धरिष्ये न चिरादापद्भ्या नौरिवार्णवात्।। भा. 11—17—43

(क) सम्पूर्ण संस्कार, वेदाध्ययन (गुरुकुल में), माला, कमण्डल, यज्ञोपवितादि रखना, तेल न लगाना, जटा दांत व वस्त्र साफ न रखना, स्नान, भोजन, मल—मूत्र त्याग समय मौन, नख व केश न काटना, वीर्य स्खलित नहीं करना, अनायास स्खलन पर स्नान व गायत्री मंत्र का जाप, आचार्य को ईश्वर का रूप माने, अवज्ञा न करें, भिक्षावृत्ति, गुरू सेवा व आज्ञा पालन करे। नैष्ठिक ब्रह्मचारी—वेदाध्ययन करे, स्त्री दर्शन, भाषण, मजाक व स्त्री पुरूष युगल को नहीं देखना, अंतःकरण शुद्ध करें। गुरू आज्ञा से अन्याश्रम में प्रवेश करें। उल्टा आश्रम धारण न करें।

(ख) ग्रहस्थाश्रम— स्ववर्ण की अपने से छोटी आयु की कन्या से विवाह करें। अपने से उच्चवर्ण की कन्या से विवाह नहीं करें।

(ग) ब्राह्मण को यजन, वेदाध्ययन, यज्ञ कराना, वेद पढ़ाना, खेत में क्षेत्र स्वामी द्वारा छोड़े गये कण बीन कर लाना उत्तम वृत्ति है।

(च) नोकरी

जो हैं ग्रहस्थ जन उनको तो, ऋषियों पितरों को ध्याना है।
फिर अन्न मनुष्यों को देकर, अपना ही धर्म निभाना है।।

रहें मुसाफिर की तरह , अपने परिजन संग।
जीवन जीने का यहां यह, है उत्तम ढ़ंग।।

जो सद्ग्रहस्थ निज परिजन में, अत्याधिक ध्यान रमाता है।
वह जन्म अकारथ कर अपना, तामस योनी अपनाता है।।
जिस भांति नींद क्षय होने पर, सब स्वप्न दफन हो जाते हैं।
वैसे ही देह क्षरण के संग, रिश्ते समाप्त हो जाते है।।

[क]वानप्रस्थ [ख]सन्यास ओर, [ग]परमहंस के धर्म
सब कहकर विस्तार से, समझाया फिर मर्म।।

सारे धर्मों को जो सज्जन, मुझको ही अर्पित करते हैं।
वे सर्वोत्तम मुनिगण द्विजजन, मुक्ती का मार्ग विचरते हैं।।

उद्धव बोले किस तरह, करें ज्ञान विस्तार।
केशव कह दों अब मुझे, भक्तियोग का सार।।

(क) वानप्रस्थ – आयु के त्रतीय भाग तक वानप्रस्थ में रहें। कंद मूल फल पर निर्वाह, वल्कल मृगचर्म पहने, केश नख दांत गंदे रखें, पृथ्वी शयन, चारों तरफ आग रखकर शरीर को तपावें (उष्णकाल में), वर्षा सहें (अभ्रावकाश व्रत), शीत में कंठ तक डूब कर उदकवास व्रत रखें। चरू, पुरोडाश से होम करें, पशुवध न करें। इन नियमों से मांस सूख जाता है ओर यहीं मुक्ति हो जाती है।

(ख) सन्यास – स्त्री पर आसक्ति त्याग, कोपीन पहने, देख कर पांव धरें, सत्य बोलें, विचार कर कार्य करें। मौन वाणी का दण्ड, सकाम कर्म न करना देह दण्ड, प्राणायाम करना मन का दण्ड ये तीन दण्ड वाला दण्डी सन्यासी होता है। सात उत्तम घरों से भिक्षा लेना। जितना मिले शुद्ध कर, मिल बांट कर खाना, अकेला विचरना, निर्जन स्थान में मेरा ध्यान करना, मिष्ठान्नादि ग्रहण न करना, आत्मा में आसक्ति रखें न कि देह में।

(ग) परमहंस – बालक की भांति विवेक न रखें, उन्मत की तरह बर्तें, संग न करें, धैर्य रख दुर्वचन सहें, निर्वेर रहें, सब में एक परमात्मा को देखें। मिलना न मिलना देवाधीन जान प्रसन्न व दुःखी न हों, वेद का दास न बने, स्वेच्छा कर्म करें।

संसार कूप में ही फंस कर, हम तुच्छ सुखों को पाते हैं।
तव कृपा बिना हम ए केशव, नहिं ताप शान्त कर पाते हैं।।

श्रीहरि बोले भीष्म से, भारत रण के बाद।
युद्धिष्ठिर ने एक दिन, पूछी थी यह बात।।
कुल [क]अट्ठाइस तत्व में, है परमेश्वर वास।
इसे ज्ञान कहते गुणी, यही तत्व हैं खास।।

होते विलुप्त जब सब पदार्थ, बस [ख]एक ही तत्व लखाता है।
वह एक तत्व ही उद्धव जी, [ग]विज्ञान यहां कहलाता है।।
वास्तविक वस्तु वह है उद्धव, प्रारम्भ प्रलय में शेष रहे।
ज्यों मृदा घड़ा बन जाती है, फूटे पर मिट्टी शेष रहे।।

मिथ्या जानो [घ]द्वेत को, होकर रहो विरक्त।
कभी न रहना जीव को, कर्मों में अनुरक्त।।

फिर ब्रह्मलोक ओर स्वर्ग आदि, इस लोक कर्म से मिलते हैं।
यह सच मानो उद्धव भाई, ये सभी विनश्वर होते हैं।।

साधन मेरी भक्ति के, सुनलो ध्यान लगाय।
जिनमें रमते जीव को, सहज ईश मिलजाय।।

श्रृद्धा हो मेरी कथाओं में, पूजा में निष्ठा सारी हो।
अस्तुती टहल कीर्तन गाकर, भक्तों पर ही बलिहारी हो।।
सब प्राणिमात्र में मुझे मान, मन मेरे अर्पण कर देना।
दानादि याग सुख भोग ओर, कामना त्याग भी कर देना।।

अर्पित करता है मुझे, जब निज मन इंसान।
ज्ञान धर्म वैराग्य से, हो जाता धनवान।।

उद्धव ने पूछा नाथ मुझे, यम नियम प्रकार बताओ सब।
तप दान शोर्य सच किसे कहें, शम दम क्या होता कहदो अब।।

(क) प्रकृति, पुरूष, महतत्व, अहंकार, पंचतन्मात्रा, एकादश इन्द्रियां, पंच महाभूत, तीन गुण–कुल अट्ठाइस।

(ख) परम कारण रूप परब्रह्म।

(ग) परोक्षज्ञान 'ज्ञान' व अपरोक्षज्ञान 'विज्ञान' कहा गया है।

(घ) शास्त्रों में चार प्रमाण हैं – वेद, प्रत्यक्ष, महाजन प्रसिद्धि व अनुमान। इन चारों से भी द्वेत सिद्ध नहीं होता है।

दक्षिणा यज्ञ ऋत त्याग ईश्ट, क्या धीरज ओर तितिक्षा है।
क्या परा लक्ष्मि विद्या पराल्हि, बतलाओ सुख ओर दुःख क्या है।।

मूरख पण्डित कौन है, क्या घर बन्धू कौन।
मानव का बल कौन सा, परमेश्वर है कौन।।

सीधा है मार्ग कहो कैसा, क्या उल्टा मार्ग कहाता है।
होता है भगवल्लाभ कहां, क्या है जो नर्क कहाता है।।

क [1]बारह यम बारह ख [2]नियम, कहते हैं गुणवान।
मुझमें बुद्धी निष्ठ हो, यह शम की पहचान।।

दम होता इन्द्रिय दमन और, दुःख सहना बड़ी तितिक्षा है।
जिव्हा जय को धीरज कहते, तप समझो भोग उपेक्षा है।।
उत्कृष्ट दान है द्रोह त्याग, वीरत्व स्वभाव विजय भाई।
प्रिय और सत्यवाणी ऋत है, है हरिदर्शन बस सच्चाई।।
है शोच कर्म की अनासक्ति, सन्यास त्याग कहलाता है।
उपदेश दक्षिणा होती है, मम रूप यज्ञ कहलाता है।।
भग होता ईश्वर भाव मेरा, हे भक्ति लाभ उत्तम भाई।
जो बंध मोक्ष ज्ञाता पण्डित, सुख विषय लालसा दुःखदाई।।
हे मूर्ख देह में अहंबुद्धि, गुरूवर को बंधु समझ लेना।
मानव तन को ही घर मानो, धनवान गुणी को कह देना।।
निवृत्ति पंथ वह होता है, जो मेरी ओर चला आये।
वह कुपथ चित्त विक्षिप्त करे, प्रवृत्ति मार्ग वह कहलाये।।
जब उदय सत्वगुण होता तो, वह स्वर्ग लोक कहलाता है।
तमगुण का बढ़ जाना प्रियवर, साक्षात नरक हो जाता है।।

1. अहिंसा सत्यमस्तेयमसंगो ह्लीरसंचयः।
आस्तिक्यं ब्रह्मचर्यं च मौनं स्थैर्यं क्षमा भयम्।। भा. 11–19–33
2. शौचं जपस्तपो होमः श्रद्धातिथ्यं मदर्चनम्।
तीर्थाटनं परार्थेहा तुष्टिराचार्यसेवनम्।। भा. 11–19–34

(क) बारह यम– अहिंसा, सत्य भाषण, मन से भी पराई वस्तु का हरण न करना, अनासक्त, निंद्यकर्मों से लजाना, संग्रह न करना, धर्म पर विश्वास, ब्रह्मचर्य, मौन, स्थिरता, क्षमा, अभय।

(ख) बारह नियम– अंतः करण की पवित्रता, बाह्य पवित्रता (शरीर की), जप, तप, होम, श्रद्धा, अतिथि सत्कार, मेरी पूजा।

वह ही दरिद्र कहलाता है, जो सदा असंतोषी होता।
वह ईश विषय में अनासक्त, सब भांति समर्थ वही होता।।
असमर्थ उसे सब कहते हैं, जो विषयों में आसक्त रहे।
उसको सब कृपण समझते हैं, जो निज इन्द्रिय का भक्त रहे।।

[1]गुण दोषों का दरश ही, होता दोष महान।
इनका दृष्टि अभाव ही, सकल गुणों की खान।।

उद्धव ने पूछा योगेश्वर, यह बात समझ नहिं आती है।
जब वचनों में ही है विरोध, यह नहीं लक्ष्य निज पाती है।।

[2]विधि निषेध मय वेद है, यह कहते हैं आप।
प्रतिपादन गुण दोष में, भी करवाते आप।।
भेददृष्टि गुण दोष में, अब कहते बेकार।
हो कैसे कल्याण फिर, समझाओ सरकार।।
मोक्ष प्राप्ति हित मनुज जब, हो जाता है लीन।
[क]साधन इसके भक्ति ओर, ज्ञान कर्म कुल तीन।।

कामना त्याग कर जो फल की, यज्ञों से यजन किया करता।
ऐसा स्वधर्म पालक सज्जन, नहिं कर्म निषिद्ध किया करता।।

स्वर्ग नर्क के मोह का, करता है परित्याग।
रमें सदा इस लोक में, रखे भक्ति अनुराग।।

जो स्वर्ग नर्क के वासी हैं, इस लोक तरफ ललचाते हैं।
ये भक्ति मार्ग के सब साधन, उन सबको यहां लुभाते हैं।।

[3]ज्ञान भक्ति का लोक यह, साधक है यह जान।
स्वर्ग नर्क वाले यहां, आ करते गुणगान।।

1. एत उद्धव ते प्रश्नाः सर्वेसाधु निरूपिताः, किं वर्णितेन बहुना लक्षणं गुणदोषयोः।
गुणदोषदृषिर्दोषो गुणस्तूभयवर्जितः।। भा. 11–19–45

2. गुणदोषभिदा दृष्टिमंतरेण वचस्तव।
निःश्रेयसं कथं नृणां निषेधविधिलक्षणम्।। भा. 11–20–03

3. स्वर्गिणोऽप्येतमिच्छंति लोकं निरयिणस्तथा।
साधकं ज्ञानभक्तिभ्यामुभयं तदसाधकम्।। भा. 11–20–12

(क) कर्मफल से विरक्तों के लिये ज्ञान योग, कर्मफलासक्तों हित कर्मयोग तथा जिसे न पूर्ण निर्वेद न पूर्ण देहासक्ति प्राप्त हो उसे भक्तियोग साधना चाहिये।

तरू के कटने पर ज्यों खग भी, जब अन्य नीड़ अपनाते हैं।
त्योंही निशि–दिन में आयु बिता, विद्वान मुक्त हो जाते हैं।।

मुक्त संग होकर सदा, जो भजता है ईश।
वह जग सागर तैरता, पा [क]गुरूवर आशीष।।

अभ्यास योग का कर विरक्त, मन इन्द्रिय प्राण जकड़ते हैं।
मन की लगाम को अश्व सदृश, सतगुण के वाहक कसते हैं।।

विधि जो है गुण दोष की, वह करती यह काम।
संग त्याग करवा वही, दिलवाती आराम।।
भक्तियोग का अब तुम्हैं, देता हूँ मैं ज्ञान।
उद्धव समझो तुम इसे, देकर इसमें ध्यान।।

श्रृद्धा हो मेरी कथाओं में, कर्मों में निर्वेद लगे जगने।
दुःख रूप विषय आभासित हो, तब लगें भजन मेरा करने।।

निंदा कर जो विषय की, रहता है मन मार।
उसी भक्त का हृदय तो, है मेरा संसार।।

मैं भक्त हृदय में जब आता, कामना नष्ट हो जाती है।
ग्रन्थियां अहंता ममता की, सब क्रम से कटती जाती है।।
संदेह टूटते जाते हैं, सब कर्म क्षीण हो जाते हैं।
कल्याण हेतु सब संत अतः, बस भक्ति योग बतलाते हैं।।
[1]फल अन्य साधनो का सारा, यह भक्तियोग दिलवाता है।
शुभ स्वर्ग मोक्ष के साथ साथ, वैकुण्ठ धाम पहुंचाता है।।
साधन सब मैंने बतलाये, जो संत इन्हें अपनाते हैं।
दृढ़ भक्ति धार वे गुणग्राहक, खुद ब्रह्मरूप हो जाते हैं।।
निवृत्ति कर्म के साधक को, नैमित्तिक कर्म सदा करना।
पर भक्तिनिष्ठ का काम एक, हरिगुण का श्रवण मनन करना।।

1. **यत्कर्मभिर्यत्तपसा ज्ञानवैराग्यतश्च यत्।**
योगेन दानधर्मेण श्रेयोभिरितरैरपि।। भा. 11–20–32
सर्वं मद्भक्तियोगेन मद्भक्तो लभतेंऽजसा।
स्वर्गापवर्गं मद्धाम कथंचिद्यदि वांछति।। भा. 11–20–33

(क) सर्वदेवमयो गुरूः।। भा. 11–17–68

जो भक्ति ज्ञान ओर कर्म त्याग, विषयों का सेवन करते हैं।
वे मूढ़–बुद्धि जन उद्धव जी, नित इस जगती में भ्रमते हैं।।

निष्ठा निज अधिकार में, इसे सदा गुण मान।
निष्ठा ना अधिकार में, उसे दोष ही जान।।

मैं शुद्धि अशुद्धि विषय सारे, अब इनको भी समझाता हूँ।
कैसे होती है शुद्धि ओर, कैसे अशुद्धि बतलाता हूँ।।

विप्र भक्ति से देश जो, रहे हीन तो मान।
वही देश अपवित्र है, यही सत्य तू जान।।
पावन देश वही जहां, [1]सत्पुरूषों का वास।
सज्जनता आलोक से, फैले सुखद उजास।।

जिस समय कर्म करता मानव, वह समय पवित्र कहाता है।
पर कर्महीन का समय सदा, उद्धव अपवित्र कहाता है।।
[क]द्रव्य वचन संस्कार काल, भी शुद्ध अशुद्ध कहाते हैं।
ये बड़े–अल्प पन के कारण, अपनी उपाधियां पाते हैं।।

[ख]शक्ती ओर अशक्ति का, भी होता है भेद।
बुद्धि और समृद्धि में, भी करते हैं भेद।।
दृव्य शुद्धि के मित्रवर, जग में कई प्रकार।
आओ कहता हूँ तुम्हैं, मैं इनका विस्तार।।
वायु करे ज्यों धान्य को, उष्णोदक जग पात्र।
रस अरू कंचन अग्नि से, हो जाते सद्पात्र।।

1. स वै पुण्यतमो देशः सत्पात्रोयत्र लभ्यते।। अन्यत्र।।

(क) द्रव्य से– जल से शुद्धि तथा मूत्र से अशुद्धि। वचन से– ब्राह्मण वचन से शुद्धि वर्ना अशुद्धि। संस्कार से– प्रोक्षण से पुष्प शुद्धि, सूंघने से अशुद्धि। काल से– तीन दिन से नये जल की (चतुर्मास में) शुद्धि उससे पहिले अशुद्धि। बड़ेपन से चाण्डाल स्पर्श पर भी तालाब जल की शुद्धि तथा उसी के स्पर्श से घड़े के जल की अशुद्धि।

(ख) जैसे सूर्य ग्रहण समय सूतक में अन्न खाने से समर्थ पुरूष को अशुद्धि व अशक्त के लिये शुद्धि। बुद्धि से जन्म के दस दिन तक अशुद्धि तथा बाद में शुद्ध। समृद्धि से– पुराना तथा फटा वस्त्र पहनने से धनवान को अशुद्धि व निर्धन के लिये शुद्धि मानी जाती है।।

अस्थी चमड़ा काल से, या रंगने के बाद।
तंतु वसन पावन बने, अनिल मिलन के बाद।।
[क]मंत्र कर्म अरू धर्म भी, सदा राखिये शुद्ध।
इनके हित भी कह गये, उद्धव कई प्रबुद्ध।।

सारे विभाग गुण दोषों के, वास्तव में सत्य नहीं होते।
कुछ के हित जो गुण होते हैं, वे दोष किसी के हित होते।।
साधारण जन ग़र घर त्यागे, तो वह दोषी हो जाता है।
लेकिन विरक्त गृह त्याग करे, तो वह गुणवान कहाता है।।

व्यसन सुरा का पतित को, है नहिं दोष समान।
अपतितन के वास्ते, बने दोष की खान।।

आसक्ति—भाव सन्यासी को, जग में निंदा दिलवाता है।
आसक्त गृहस्थी जब होता, जगती में पूजा जाता है।

[1]जो सोया हो धरा पर, तज कर मानपमान।
उसको भय केसे कहो, गिरे न वह श्रीमान्।।

अतएव मार्ग गुण दोषों का, निवृत्ति बढ़ाने वाला है।
फिर शोक मोह भ्रम तीनों से, कल्याण दिलाने वाला है।।
गुण विषयासक्ति बढ़ाते हैं, आसक्ति कामना जनती है।
कामना कलह ओर क्रोध मोह, जिससे स्मृति क्षय होती है।।
स्मृति के क्षय हो जाने से, जन मृतक तुल्य हो जाता है।
बस इसीलिये तो हर गुणज्ञ, गुण अवगुण नहीं लखाता है।।

स्वर्ग लोक का सुक्ख भी, नहिं पुरूषारथ रूप।
बहिर्मुखों को मोक्ष हित, यह करता अनुरूप।।

ज्यों सुत की रोग निवृत्ति हेतु, औषध पितु मात पिलाते हैं।
ऐसा करने के एवज में, मोदक से उसे लुभाते हैं।।
औषध पीकर जब जब बालक, मोदक खा मोज उड़ाता है।
तब तब पालक का हिरदा भी, लख उसे मगन हो जाता है।।

1. समानकर्माचरणं पतितानां न पातकम्।
औत्पत्तिको गुणः संगो न शयानः पतत्यधः।। भा. 11—21—14

(क) वस्त्रादि लिपजाने पर छीलने खटाई में डालने से, अंगोपांग सहित मंत्र जानना मंत्र शुद्धि, ईश्वरार्पण कर्म कर्मशुद्धि, देश काल द्रव्य कर्ता मंत्र और कर्म के शुद्ध होने से धर्म शुद्ध तथा इनके अशुद्ध होने पर अधर्म सिद्ध होता है।

लेकिन मोदक का मिल जाना, मत औषध का फल मानो तुम।
निवृत्ति रोग की हो जाये, यह है औषध फल जानो तुम।।
बस वेद पिता भी इसी भांति, स्वर्गादिक हित ललचाते हैं।
वास्तव में यज्ञ कर्म द्वारा, जग से निवृत्त कराते हैं।।

अतः मोक्ष के हित सदा, करो यज्ञ दिन रेन।
यह ही सच्चा मार्ग जो, देता है सुख चेन।।

परलोक कामना स्वप्न सदृश, श्रवणों को सुख पहुंचाती है।
विषयी जन का मन संकल्पित, सकाम करम में लाती है।।

इससे होते हैं सदा, उभय लोक भी भ्रष्ट।
सुनो एक दृष्टांत से, मैं करता स्पष्ट।।
वणिक पुत्र व्यापार हित, जाता सागर पार।
संचित धन वह छोड़ता, जहां बसे घर बार।।
खपता निज व्यापार में, पाता निशिदिन क्लेश।
रहे न घर ओर घांट का, होता विकृत वेश।।

जो नहीं मानते बात मेरी, अभिलाष स्वर्ग की करते हैं।
वे मुक्ति कदापि नहीं पाते, जन्मों तक भ्रमते रहते हैं।।
वेदज्ञ और सब मंत्र विज्ञ, बस रीति परोक्ष दिखाते हैं।
ये वे मारग हैं उद्धव जी, जो मेरे मन को भाते हैं।।
जिनका है अंतःकरण शुद्ध, वे विज्ञ समझ ही जाते हैं।
वर्ना अशुद्ध अंतःकरणी, भ्रमकर आफत बन जाते हैं।।
तात्पर्य वेद का समझाना, दुष्कर होता विद्वानो को।
यह ज्ञान सिन्धु है अति अगाध, मथता है मति के यानों को।।
मकड़ी की भांति वेद भी तो, [क]वैखरी प्रकट नित करते हैं।
इसके निषेध को सिवा मेरे, नहिं अन्य कदापि समझते हैं।।
उद्धव बोले हे जगदीश्वर, तात्पर्य वेद का बतलाओ।
इस गहन सिन्धु का नाथ आज, सन्देश मुझे भी समझाओ।।

(क) **ज्यों मकड़ी ह्रदय में लार उत्पन्न कर मुख द्वारा प्रकट करती है ऐसे ही यह वेद मूर्ति और अमृतमय समर्थनाद वाला प्राण स्पर्श (क से य पर्यन्त) आदि वर्णों (स्वर–अ कारादि सोलह, उष्म श,ष,स,ह ओर अंतस्थ य,र,ल,व) की भले प्रकार कल्पना करने वाले मन को निमित्त लेकर ह्रदयाकाश से वेदलक्षणा वेखरी नाम वाणी को प्रकट करता है।**

वेद मुझे ही मानता, है परमेश्वर रूप।
माया मानो भेद को, हरि परमारथ रूप।।

जो रस होता है अंकुर में, वह ही पुष्पों तक जाता है।
शाखा से शाखा तक होता, वह फल में जान समाता है।।
त्यों ही प्रणवाक्षर परमेश्वर, [क]त्रय काण्ड में जान समाता है।
ईश्वर स्वरूप दिखलाने का, यह काम वेद नित करता है।।

संख्याऐं कितनी तत्वों की, इनका विस्तार कहो दाता।
तत्वों के संख्या भेदों का, क्या शुद्ध प्रयोजन है दाता।।

मम माया स्वीकार कर, जो कहते हैं बात।
उसमें भेद न समझना, यह तुम समझो तात।।

जिस भांति नीर मृगतृष्णा का, जब भी स्वीकार किया जाता।
फिर किसी भांति परिणामो पर, नहिं वाद–[ख]विवाद किया जाता।।
जब शम ओर दम मिल जाते हैं, तब तत्व भेद मिट जाता है।
[ग]अन्तर्भावित हैं तत्व अतः, कहने में भेद लखाता है।।

[च]अष्टाविंषति [1]तत्व हैं, उद्धव तू यह जान।
[छ]कर्मेन्द्रिय फल पांच हैं, इन्हैं अलग तू मान।।

1. **।। पुरूषः प्रकृतिर्व्यक्तमहंकारो नभोऽनिलः।**
ज्योतिरापः क्षितिरिति तत्त्वान्युक्तानि मे नव।। भा. 11–22–14
।। श्रोत्रं त्वग्दर्शनम घ्राणो जिह्वेति ज्ञानशक्तयः।
वाक्पाण्युपस्थपाय्वंघ्रिः कर्माण्यंगोभयं मनः।। भा. 11–22–15
।। शब्दः स्पर्शो रसों गंधो रूपं चेत्यर्थजातयः।
गत्युक्त्युत्सर्गशिल्पानि कर्मायतनसिद्धयः।। भा. 11–22–16

(क) कर्मकाण्ड में विधि वाक्यों से, देवता काण्ड में मंत्र वाक्यों से ज्ञानकाण्ड में अनुवाद से।

(ख) जल घुटने जितना या बीस बांस। ये तत्व कहने की युक्ति है।

(ग) तत्वों का एक दूसरे में अंतर्भाव होने से वक्ता की इच्छानुसार न्यूनाधिक संख्या हो सकती है। ज्यों मृतिका में घटादि।

(च) पुरुष, प्रकृति, महतत्व, अहंकार, आकाश, वायु, तेज, जल ओर पृथ्वि ये नो। श्रोत्र त्वचा, चक्षु, घ्राण व जिव्हा–पांच ज्ञानेन्द्रियां। वाणि, हाथ, उपस्थ, पायु, चरण, पांच कर्मेन्द्रियां, ज्ञान व मन ये ग्यारह। शब्द, स्पर्श, रूप, रस, गंध, ये पांच विषय व तीन गुण (सत रज तम) 28

(छ) गति, भाषण, वीर्योत्सर्ग, मलोत्सर्ग, व शिल्प ये पांच कर्मेन्द्रिय फल रूप हैं अतः इन्हैं तत्व न मानकर अट्ठाइस के भीतर न गिने।

है पुरूष प्रकृति से भिन्न सदा, जब इसको सिद्ध किया जाता।
तत्वों की संख्या का वर्णन, तब सर्व मतों में ही आता।।

[1क]पुरूष ओर प्रकृति प्रभू, हैं स्वाभाविक भिन्न।
किन्तु विलग होते समय, लगते सदा अभिन्न।।
आत्मा लगती देह में, देह आत्मा बीच।
मैं हूँ यही अभेद है, दूर करो भ्रम कीच।।

[2]जीवों को ज्ञान तुम्हीं देते, अज्ञान प्रदाता आप प्रभो।
इन सब के जानन हारे भी, है माया अधिपति नाथ प्रभो।।
आत्मा है निर्विकार उद्धव, यह देह विकार युक्त भाई।
यह देह रचा मम माया से, इसमें है भेद कई भाई।।
स्थूल मार्ग से तो इसमें, है [ख]तीन भेद यह जानो तुम।
पर आत्मा एक सदा रहती, इसको मत नश्वर मानो तुम।।
ये चक्षु रूप ओर गोलक में, जो सूरज अंश समाया है।
वे सब पूरक इक दूजे के, आत्मा की अपनी माया है।।
अपनी प्रज्ञा से यह आत्मा, सब देह भेद का ज्ञाता है।
पर उनके द्वारा उद्धव जी, आत्मा नहिं जाना जाता है।।

इसीलिये तो देह से, है यह आत्मा भिन्न।
पर माया से भासता, रहता सदा अभिन्न।।

उद्धव ने पूछा योगेश्वर, यह कैसे सम्भव हो जाता।
है भिन्न देह से जब आत्मा, कैसे इसको पाया जाता।।
देहादिक से जब अहंकार, जिस क्षण निवृत्ति पाजाते हैं।
यह पुरुष और प्रकृति दोनों, उस ही क्षण भिन्न कहाते हैं।।

1. **।। प्रकृतिः पुरूषश्चोभौयद्यप्यात्मविलक्षणौ, अन्योऽन्यापाश्रयात्कृष्ण दृश्यते न।**
भिदा तयोः।। प्रकृतौ लक्ष्यते ह्यात्मा प्रकृतिश्च तथात्मनि।। भा. 11—22—26
2. **।। त्वत्तो ज्ञानं हि जीवानां प्रमोषस्तेऽत्रशक्तितः।**
त्वमेव ह्यात्ममायाया गतिं वेत्थ न चापरः।। भा. 11—22—28

(क) देह (प्रकृति) तथा आत्मा (चेतन्य पुरूष) स्वभाव से भिन्न है किन्तु एक दूसरे का त्याग करते समय भेद (एक दूसरे का) देखने में नहीं आता।

(ख) स्थूल मार्ग से उसके अध्यात्म (चक्षु), अधिदैव (रूप), अधिभूत (चक्षु गोलक में प्रवेष किया हुआ सूर्य का अंश) तीन भेद होते हैं। आत्मा एक है। इन तीनो की सिद्धि परस्पराश्रय से होती है। चक्षु न हो तो रूप व रूप न हो तो चक्षु सिद्ध नहीं होता। आत्मा सूर्य की भांति स्वयंसिद्ध व अपेक्षा रहित है।

जब हो जाता है हमें, आत्मा का सद्ज्ञान।
तब अहंकार विकल्प से, तू निवृत्ती जान।।

[क]जो लोग बहिर्मुख हैं मुझसे, फस अहंकार में जाते हैं।
वे भिन्न योनियां अपना कर, यों जनम मरण नित पाते हैं।।
बस इसीलिये है आवश्यक, मेरे स्वरूप को पा लेना।
सत रज तम को परित्याग सखा, आत्मा के आश्रित हो लेना।।
ग़र आत्मा व्यापक है केशव, फिर कैसे देह बदलती है।
सब भांति अकर्ता है गर तो, किस भांति कर्म यह करती है।।

गुणिजन कहते नित्य हे, जब आत्मा भगवान।
जनम मरण फिर क्यों हुए, दो प्रभु इसका ज्ञान।।

इन्द्रिय संगम से रचित देह, जब मन का आश्रय पाता है।
उसके ही कर्मों के द्वारा, यह देह बदलता जाता है।।
मन के जाने को यह आत्मा, अपना ही जाना कहती है।
यह सब भी संभव तब होता, जब अहंकार अनुसरती है।।
निवृत्ति देह की जब होती, इस अहंकार की छाया से।
आत्मा का मरण इसे कहते, जब यह खल जाता काया से।।

मन का दूजी देह में, अभिनिवेश हो जाय।
"मैं हूँ" ऐसे भाव का, अहंकार आ जाय।।
यह आत्मा का जन्म है, यही देह अभिमान।
यह सब मन का खेल है, समझ सके गुणवान।।

ज्यों नया स्वप्न आजाने से, सब पूर्व स्वप्न मिट जाते हैं।
त्यों देह पुराना तज कर मन, नूतन तन में रम जाते हैं।।

जैसे पिता कपूत का, चलता उल्टी रीत।
सुत के अरि अरू मीत को, माने निज अरि मीत।।

बस इसी भांति यह आत्मा भी, मन के नाते अपनाता है।
मन के देहादिक को ही वह, निज मान उलझता जाता है।।

निरूपण जीवन मरण का, मैं कहता समझाय।
बात विलक्षण तुम सुनो, उद्धव ध्यान लगाय।।

(क) **उद्धव जी ने पूछा— अहंकार और विकल्प मिथ्या है तो निवृत्ति हेतु परिश्रम क्यों हो? के उत्तर में भगवान कृष्ण ने कहा।**

[1]काल [क]बदलता है सदा, सबका प्रतिपल रूप।
देह बदल फिर देह का, ही पालेती रूप।।

[ख]क्षण क्षण परिवर्तित होते तन, आभास मगर यह होता है।
यह जन है वैसा का वैसा, ऐसा भ्रम सबको होता है।।
गर सच मानो तो उद्धव जी, यह [ग]जनम मरण सब मिथ्या है।
[2]ज्यों जलता बुझता रहता पर, नित अग्नि काठ में रहता है।।
[3]नो देह [घ]अवस्थाये उद्धव, यह जीव जिन्हें अपनाता है।
जब ईश अनुग्रह पाता तो, वह इनको दूर भगाता है।।
हम जनम मरण में मूर्छा वश, [च]वे दृष्य नहीं लख पाते हैं।
बस इसीलिये इन दोनों का, नहिं साक्ष्य यहां हम पाते हैं।।
ज्यों [छ]वृक्ष जन्म ओर मृत्यु का, दर्शक है अन्य कोई सांई।
त्यों देह मरण जीवन दृष्टा, भी जुदा देह से है भाई।।

1. **यथाऽर्चिषां स्रोतसां च फलानां वा वनस्पतेः।**
   तथैव सर्वभूतानां वयोऽवस्थादयः कृताः।। भा. 11–22–43
2. **मा स्वस्य कर्मबीजेन जायते सोऽप्ययं पुमान्।**
   म्रियते वाऽमरो भ्रांत्या यथाऽग्निर्दारूसंयुतः।। भा. 11–22–45
3. **निषेकगर्भजन्मानि बाल्यकौमार यौवनम्।**
   वयो मध्यं जरा मृत्युरित्यवस्थास्तनोर्नव।। भा. 11–22–43

(क) **काल जैसे परिणाम आदि से, दीप की ज्वालाओं की गति आदि से, जल के प्रवाहों की और रूप आदि से वृक्ष के फलों की अवस्थाओं को क्षण क्षण में बदलता जाता है ऐसे सर्व शरीरों की अवस्था, तेज, बल, काम, और चतुरता आदि को क्षण क्षण में बदलता जाता है।**

(ख) **शरीर क्षण क्षण में बदलते जाते हैं परन्तु उनके जैसे ही दूसरे शरीर होने से 'यह वो का वो पुरूष है' ऐसी मिथ्या प्रतीति होती है।**

(ग) **देह के अध्यास वाला पुरूष भी बीज भूत कर्म से न तो जन्म लेता है और न मरता है।**

(घ) **उदर में प्रवेष, वृद्धि, जन्म, बालपन, कुमार पन, यौवन, अवस्था का मध्य पन, बुढ़ापा और मरण ये नौ अवस्थाऐं देह की हैं।**

(च) **जनम–मरण के दृष्य।**

(छ) **वृक्ष के बीज से जन्म को और पक जाने से मरण को जानने वाला दृष्टा वृक्ष से भिन्न है वैसे ही देह जन्म मृत्यु दृष्टा भी देह से भिन्न है।**

[1]**जल** में प्रतिबिम्बित तरू सारे, लहरों के साथ लरजते हैं।
त्यों ही [क]अध्यासित आत्मा भी, सब जनम मरण से लगते हैं।।

चक्कर खाते मनुज के, जब चकराते नैन।
पर वह यह भ्रम पालता, धरा घूमती ऐन।।

श्रीहरि बोले ग़र नीच पुरूष, थूंके मूते अपमान करे।
पर यही मुमुक्षू को शुभ है, वह सब कुछ सह उद्धार करे।।
उद्धव ने पूछा कृपासिन्धु, जब खल गण दर्द बढ़ाते हैं।
अपमानित करते पग पग पर, जीवन को नर्क बनाते हैं।।

कैसे इस अपमान को, सहन करें घनश्याम।
नाथ मुमुक्षू के लिये, बड़ा कठिन यह काम।।
[2]नीच वचन की मार से, जो होती है पीर।
ऐसे भीषण घाव तो, कर न सके है तीर।।

पर एक उपाय बताता हूँ, जिससे यह सहन किया जाये।
लो यह भिक्षुक इतिहास सुनो, जिससे कुछ शक्ति तुम्हें आये।।
धनवान विप्र उज्जयिनी का, अपना व्यापार चलाता था।
पुर – परिजन सेवक अतिथी से, नहिं सीधे मुंह बतियाता था।।

उस धन संची से हुए, सभी देव नाराज।
पुण्य क्षरण से धन गया, लगी भवन में आग।।
निर्धनता की मार से, प्रकटा प्रखर विराग।
वह भी उतना तीव्र था, जितना धन अनुराग।।

[3]**बोला** [ख]कदर्य जन का वैभव, सुखदायक कभी न होता है।
जीतेजी तो तापित करता, मरने पर नरक दिखाता है।।

1. यथांऽभसा प्रचलता तरवोऽपि चला इव।
चक्षुषा भ्राम्यमाणेन दृश्यते भ्रमतीव भूः।। भा. 11–22–53
2. न तथा तप्यते विद्धः पुमान्बाणैः सुमर्मगैः।
यथा तुदंति मर्मस्था ह्यसतां पुरूषेषवः।। भा. 11–23–03

3. प्रायेणार्थाः कदर्याणां न सुखाय कदाचन।
इह चाऽऽत्मोपतापाय मृतस्य नरकाय च।। भा. 11–23–15

(क) इसी तरह अंतःकरण के जन्ममरणादिक होने से उसमें अध्यास किया हुआ आत्मा मानो जन्म–मरण पाया करता हो ऐसा प्रतीत होता है।
(ख) अपनी आत्मा, धर्म के काम, स्त्री पुत्रादि, देवताओं, अतिथि, भृत्यों को जो लोभ वश पीड़ा दे।

श्वेत कुष्ठ से देह ज्यों, हो जाता बेनूर।
त्यों ही [1]यश गुण मनुज के, लोभ करे नित चूर।।

[2]अर्जन वर्धन रक्षण धन का, हरदम चिंता में रखता है।
पर खर्च नाश जब होता तो, चिन्ता ओर भ्रम ही भरता है।।

[3]काम क्रोध द्युत दंभ मद, भेद वैर अभिमान।
चोरी हिंसा अनृत शक, स्पर्धा तिय मदपान।।

मानव को **[4]पंचादश** अनर्थ, धन के ही कारण होते हैं।
कल्याण चाहने वाले तो, इस धन से दूर हि रहते हैं।।

धन निष्ठा करती सदा, उभय लोक का नाश।
इसीलिये गुणवान नर, करे न धन की आश।।
[5]मात पिता अरू बन्धु तिय, करते स्नेह अपार।
लेकिन एक छदाम हित, बन अरि करे प्रहार।।

[6]जो जाति बंधु ऋषि पितृ देव, सब को संतोष न देता है।
वह धन का पहरेदार यक्ष, अति नीच योनि पा लेता है।।
धनहीन विप्र ने तब सोचा, यह सब ईश्वर की माया है।
उसने ही मेरा धन क्षय कर, वैराग्य मार्ग दिखलाया है।।
संतोष धार कर अब मैं भी, यह देह भजन में लाऊँगा।
खट्वांग नृपति के ही समान, सद्गति को मैं अपनाऊँगा।।

1. **यशो यशस्विनां शुद्धं श्लाध्या ये गुणिनां गुणाः।**
   लोभः स्वल्पोऽपि तान् हंति श्वित्रो रूपमिवेप्सितम्।। भा. 11–23–16
2. **अर्थस्य साधने सिद्धः उत्कर्षे रक्षणे व्यये।**
   नाशोपभोग आयासस्त्रासश्चिंता भ्रमो नृणाम्।। भा. 11–23–17
3. **स्तेयं हिंसाऽनृतं दंभः कामः क्रोधः स्मयो मदः।**
   भेदो वैरमविश्वासः संस्पर्धा व्यसनानि च।। भा. 11–23–18
4. **एते पंचदशानर्था ह्यर्थमूला मता नृणाम्।**
   तस्मादनर्थमर्थाख्यं श्रेयोऽर्थी दूरतस्यजेत्।। भा. 11–23–19
5. **भिद्यंते भ्रातरो दाराः पितरः सुहृदस्तथा।**
   एका स्निग्धाः काकिणिना सद्यः सर्वेऽरयः कृताः।। भा. 11–23–20
6. **देवर्षिपितृभूतानि ज्ञातीन्बंधूंश्च भागिनः।**
   असंविभज्य चाऽऽत्मानं यक्षवित्तः पतत्यधः।। भा. 11–23–24

सन्यास धार उस भूसुर ने, आसक्ति भाव का त्याग किया।
मन इन्द्रिय प्राणों को वश कर, भिक्षुक की भांति विहार किया।।

ग्राम नगर भ्रमता सदा, खल गण देते त्रास।
खाते पीते समय भी, करते उसे उदास।।

सब भांति प्रताड़ित कर उसको, [क]बगुला ठग ढ़ोंगी कहते थे।
अपवित्र कर्म करते उस पर, नित मोन भंग वे करते थे।।

[ख]दुर्जन [ग]देह [घ]देवकृत, सहता था सब कर्म।
फिर भी वह पाले रहा, उद्धव अपना [च]धर्म।।

वह कहता था [1]**ग्रह** कर्म काल, ये देवलोक जो सारे हैं।
यह नहीं दुःख के कारण हैं, सुख दुःख तो मन के मारे हैं।।
सत रज तम वृत्ति सदा पाकर, यह मन ही जन्म दिलाता है।
यह ही है मूल अनर्थों का, सब त्रास यही पहुंचाता है।
[2]सत्कर्म दान व्रत के फल से, मन का निग्रह हो जाता है।
बस यही कर्म तो दुनियां में, उद्धव जी योग कहाता है।।
[3]मन शांत ओर वश में हो तो, दानादि कर्म निःसार रहे।
मन भटक रहा हो फिर भी तो, सब दानादिक बेकार गये।।

जो सुख चाहो जगत में, रहो सदा मन मार।
मन के जीते जीत है, मन के हारे हार।।
मन ही सुख दुःख भोगता, मन भ्रमता हर धाम।
आत्मा सुख दुःख से परे, निश्चल ओर निष्काम।।
देह अगर जो देह संग, करती सुख दुःख घात।
इसकी सीमा देह तक, आत्मा तलक न जात।।

1. नायं जनो मे सुख दुःख हेतुर्नदेवतात्माग्रहकर्मकालाः।
मनः परं कारणमामनंति संसारचक्रं परिवर्तयेद्यत्।। भा. 11–23–43

2. दानं स्वधर्मो नियमों यमश्च श्रुतं च कर्माणि च सदव्रतानि।
सर्वे मनोनिग्रहलक्षणांताः परो हि योगो मनसः समाधिः।। भा. 11–23–46

3. समाहितं यस्य मनः प्रशांतं दानादिभिः किं वद तस्य कृत्यम।
असंयतं यस्य मनो विनश्य द्दानादिभिश्चेदपरं किमेभिः।। भा. 11–23–47

(क) अर्थसिद्ध करने वाला। (ख) ताड़ना आदि (ग) ज्वरादि
(घ) सर्दी गर्मी (च) सात्विकी धृति (मन, प्राण, इन्द्रियों के कर्म को वश करना) से स्वधर्मरत हो विचरता रहा।

आत्मा है सब में एक ईश, फिर कैसे भेद किया जाये।
कोई कैसे खुद को दुःख दे, खुद से ही कैसे दुःख पावे।।

[1]जीभ कटे जब दांत से, किस पर ताने कोप।
त्यों ही आत्मा एक है, रहता खुद में लोप।।

देहांगो के हैं भिन्न देव, ग़र वे हानी पहुंचाते हैं।
तब भी हम शांत चित्त होकर, आघात सभी सह जाते हैं।।

सुख दुःख देते देह को, सभी ग्रहों का काम।
किन्तु अजन्मा आत्मा, रहे सदा निष्काम।।

[2]ग्रह तो हरदम अपना प्रभाव, बस ग्रह पर ही दिखलाते हैं।
आत्मा जो घर के भीतर है, उसको नहिं कभी सताते हैं।।
[3]ज्वाला की भीषण लपटों से, क्या अग्नि प्रताड़ित होता हैं।
क्या कभी सुना हिम खण्ड तनिक, हिमकण से पीड़ित होता है।।

आत्मा का जब काल भी, होता है इक अंश।
फिर कैसे सुख दुःख उसे, करे काल के दंश।।
हरि में निष्ठा धार कर, करें सभी भव पार।
इसके सन्मुख ओर सब, साधन है बेकार।।
हरि चरणों में बैठ कर, दें बस उसमें ध्यान।
निष्ठा जब बढ़ जायगी, तब होगा कल्यान।।

इस भांति सदा ही गा गाकर, भिक्षुक निज धर्म निभाता था।
जितना ध्याता परमेश्वर को, उनमें ही रमता जाता था।।
[4]भिक्षुक गीता का श्रवण मनन, हरि में निष्ठा करवाता है।
इसको धारण करने वाला, नहिं कभी पराभव पाता है।।

1. **जनस्तु हेतुः सुख दुःख योश्चेत्किमात्मनश्चात्र ह भौमयोस्तत्।**
   जिह्वां क्वचित्संदशति स्वदद्भिस्तद्वेदनायां कतमाय कुप्येत्।। भा. 11–23–51
2. **ग्रहा निमित्तं सुखदुःखयोश्चेत्किमात्मनोऽजस्य जनस्य ते वै।**
   ग्रहैर्गहस्यैव वदंति पीडां क्रुध्येत कस्मै पुरूषस्ततोऽन्यः।। भा. 11–23–54
3. **कालस्तु हेतुः सुखदुःखयोश्चेत्किमात्मनस्तत्र तदात्मकोऽसौ।**
   नाग्नेर्हि तापो न हिमस्य तत्स्यात्क्रुध्येत कस्मै न परस्य द्वंद्वम्।। भा. 11–23–56
4. **य एतां शिक्षुणां गीतां ब्रह्मनिष्ठां समाहितः।**
   धारयन् श्रावयन् श्रृण्वन् द्वंद्वैर्नैवाभिभूयते।। भा. 11–23–62

अब सांख्य कहूँगा मैं तुमको, जो कपिल देव ने गाया था।
ज्यों भेद–बुद्धि से सुख दुःख का, भ्रम सारा दूर भगाया था।।
प्रलयकाल और सतयुग में, ये [क]दृष्टा दृष्य एक ही थे।
सब ईश्वर रूप कहाता था, सारे अवयव उसके ही थे।।

माया से उस ब्रह्म की, प्रकट हुए दो भाग।
दृश्य रूप प्रकृति हुआ, दृष्टा पुरूष विभाग।।

मैंने जब प्रकृति क्षोभित की, तब सत रज तम का जन्म हुआ।
तब ज्ञान क्रिया शक्ती धारी, यह महतत्व भी प्रकट हुआ।।

महतत्व से जीव में, उपजा था अहंकार।
इसके भी उद्धव हुए, जग में [ख]तीन प्रकार।।
मन ओर इन्द्रिय देव सब, वैकारिक की देन।
एकादश सब इन्द्रिया, हैं तेजस की देन।।

[ग]तन्मात्रा प्रकटी तामस से, जिसने सब खेल रचाया है।
जड़ ओर चेतन का ग्रन्थि रूप, यह अहंकार भी माया है।।
वैकारिक सात्विक अहंकार, [घ]मन और देवों का काम हुआ।
वैकारिक तेजस अहंकार, यह [च]इन्द्रिय गण का काम हुआ।।
सकल पदारथ शक्ति हेतु, मेरे आश्रय से अंड हुआ।
नारायण रूप देह धर कर, मैंने अंडे में वास किया।।
मेरी नाभी से कमल और, उससे ब्रह्मा ने जन्म लिया।
रजगुण धारी श्री ब्रह्मा ने, [छ]तीनो लोकों का [ज]सृजन किया।।

स्वर्ग बसाये देवता, भुव में भूत निवास।
सब मनुजों को दे दिया, भूर्लोक में वास।।
ज्ञानी को उनने दिया, सबसे उत्तम वास।
वह ईश्वर के ह्रदय में, करता सदा निवास।।

(क) दृष्टा पदार्थ पुरूष व दृष्य पदार्थ कार्य कारण रूप प्रकृति है।
(ख) वैकारिक, तेजस, तामस (ग) शब्द, स्पर्श, रूप, रस, गंध पांच तन्मात्रा।
(घ) प्रकाश स्वभाव होने से (च) इन्द्रियों का प्रवृत्ति स्वभाव होने से
(छ) भूर्लोक (पाताल सहित पृथ्वि), भुवर्लोक (अंतरिक्ष), स्वर्लोक (स्वर्ग से ब्रह्मलोक पर्यन्त)
(ज) मेरे अनुगृह से तप द्वारा

[1]भक्तियोग साधक सदा, रहता मेरे पास।
वह मेरा प्रियतम सखा, पाता वैकुण्ठ वास।।
[2]आदि मध्य ओर अन्त में, जो हो एक समान।
उद्धव सकल पदार्थ में, सत्य उसे तू जान।।

मिट्टी से पात्र कई बनते, टूटे मिट्टी हो जाते हैं।
मिट्टी हरदम मिट्टी रहती, आकार कई बन जाते हैं।।

त्योंही धरता स्वर्ण भी, गहनो का आकार।
टूटे तो सोना रहे, स्वर्ण स्वर्ण इकसार।।

है मृदा कनक का सत्य रूप, परिवर्तित कभी न होता है।
जब भी चाहो इन दोनो से, घट कुंडल आकृति पाता है।।

त्योंही आत्मा सत्य है, इसमें नहीं विकार।
जब रहता जिस देह में, धरता वह आकार।।

मिट्टी से निर्मित घट जैसे, मिट्टी से भिन्न नहीं होता।
त्यों परमेश्वर से सृजित जगत, परमेश्वर रूप सदा होता।।

जग निर्मिति का ईश ही, कारण परम प्रधान।
सब में मैं ही व्याप्त हूँ, उद्धव तू यह जान।।
तीन अवस्था है मेरी, मैं तीनो का भूप।
काल पुरूष ओर प्रकृति, तीनो ही मम रूप।।
प्रलय काल में पुरूष की, प्रकृति होती लीन।
आत्मा में तब वास वह, करता होकर लीन।।
आत्मा होती ही नहीं, कभी किसी में लीन।
सिरजन होता जगत का, आत्मा के आधीन।।

[क]तीन गुणों से जब तलक, होते नहीं निवृत्त।
तब तक सुख दुःख से सदा, सब रहते आवृत्त।।

1. **योगस्य तपसश्चैव न्यासस्य गतयोऽमलाः।**
महर्जनस्तपः सत्यं भक्तियोगस्य मद्गतिः।। भा. 11—24—14
2. **यस्तु यस्यादिरंतश्च स वै मध्यं च तस्य सन्।**
विकारो व्यवहारार्थो यथा तैजसपार्थिवाः।। भा. 11—24—17

(क) सत, रज, तम गुण

[क]वृत्तियां **[1]सत्व [2]रज [3]तम** गुण की, मन को नित चंचल करती है।
मन की चंचलता जीवन में, सुख दुःख आभासित करती है।।

जागृत स्वप्न सुषुप्ति भी, है सत रज तम रूप।
तीनो में अनुस्यूत जो, आत्मा है वह भूप।।
सतगुण देता स्वर्ग ओर, रज देता जन लोक।
तमगुण के वाहक सभी, सहे नरक के शोक।।

जो निर्गुण ओर निरापद है, वह उत्तम पदवी पाता है।
ऐसा मानव तो जीते जी, साक्षात मेरा हो जाता है।।

ज्ञान सदा मम रूप का, होता निर्गुण ज्ञान।
मन्दिर का शुभ वास तू, उद्धव निर्गुण मान।।

सब ज्ञान वास श्रृद्धा भोजन, जब मुझमें ही रम जाते हैं।
तब कृपा प्राप्त होती मेरी, ये सब निर्गुण हो जाते हैं।।

पाकर के नर देह को, भक्ति मार्ग के साथ।
आत्मा परमानन्द के, सब हो सकते खास।।

1. शमो दमस्तितिक्षेक्षातपः सत्यं दया स्मृतिः।
तुष्टिस्त्यागोऽस्प्रहा श्रृद्धा ह्रीर्दयादिः स्वनिर्वृतिः।। भा. 11—25—02

2. काम ईहा मदस्तृष्णा स्तंभ आशीर्भिदा सुखम्।
मदोत्साहो यशः प्रीतिर्हास्यं वीर्यं बलोद्यमः।। भा. 11—25—03

3. क्रोधो लोभो ऽनृतं हिंसा याञ्चा दंभ क्लमः कलिः।
शोकमोहौ विषादार्ती निद्राशा, भीरनुद्यमः।। भा. 11—25—04

(क) सत्वगुण की वृत्तियां — शम, दम, तितिक्षा (सहनशीलता) विवेक, स्वधर्मनिष्ठा, सत्य, दया, पूर्वापर का अनुसंधान, संतोष, खर्चने का स्वभाव, विषयों में वैराग्य, आस्तिकता, अयोग्य कर्मों का अदर्शन, दान, सरलता, विनय, आत्मा में प्रीति।

रजगुण वृत्तियां — स्वर्गादि की इच्छा, यज्ञादिक व्यापार, मद, लाभ होने पर भी असंतोष, गर्व, धनादिक की इच्छा से देवादिक की प्रार्थना, भेदबुद्धि, विषय भोग, मद से युद्धादिक का अभिनिवेश, अपनी प्रशंसा में प्रीति, उपहास, पराक्रम प्रसिद्ध करना ओर बल से उद्यम।

तमोगुण की वृत्तियां — क्रोध, लोभ, झूठ, हिंसा, मांगना, दंभ, भ्रम, कलह, शोक, मोह, दुःख, दीनता, तंद्रा (आलस्य), लंबी लंबी आशा, भय ओर जड़ता।

उदरंभरि से विज्ञ को, रहना है नित दूर।
ज्ञान नष्ट करते तुरत, तप बल करते चूर।।
इला पुत्र का जो हुआ, उर्वशि के संग हाल।
सुमिरण कर उस सत्य का, जीवन करो निहाल।।
धर वैराग्य पुरूरवा, कर ईश्वर का ध्यान।
सबको ही देने लगा, सतसंगति का ज्ञान।।
जिसका मन रमणी हरे, उसे बचावे कौन।
[1]विद्या तप सन्यास व्रत, उसके सन्मुख गोन।।
[2]आहुति से ज्यों अग्नि को, कभी न होता तोष।
त्यों ही मन के काम का, भरे कभी ना कोष।।
ज्यों होता है रज्जु में, हमें सर्प का भान।
रज्जु सदा निर्दोष है, दौषी निज अज्ञान।।
काम दग्ध नर नारि पर, रहे सदा बलिहार।
रमणी का क्या दोष जब, नर न सके मन मार।।
ममता कल्पित देह में, जब होता यह भान।
होता तन आसक्ति से, तब विरक्त इन्सान।।
रक्त त्वचा नस मेद मज, और अस्थि की खान।
उसमें जो रमता सदा, उसे कीट सम जान।।
[3]जो रमते मल मूत्र में, बने घृणा के योग्य।
त्यों कामी नर हो गया, परवश ओर अयोग्य।।
इसीलिये सत्पुरूष हित, है मेरा संदेश।
तजो नारि के संग को, छोड़ काम आवेश।।
नारिन से घातक सदा, नारी लंपट जीव।
इनकी संगति त्याग सब, रखो धरम की नीव।।

1. किं विद्यया किं तपसा किं त्यागेन श्रुतेन वा।
किं विविक्तेन मौनेन स्त्रीभिर्यस्य मनो ह्वतम्।। भा. 11–26–12

2. सेवतो वर्षपूगान्मे उर्वश्या अधरासवम्।
न तृप्यत्यात्मभूः कामो वह्निराहुतिभिर्यथा।। भा. 11–26–14

3. त्वङ्मांसरूधिरस्नायुमेदोमज्जाऽस्थिसंहतौ।
विण्मूत्रपूये रमतां कृमीणां कियदंतरम्।। भा. 11–26–21

[1]सदा अपेक्षा हीन जो, करे नमन दिन रेन।
अहंता ममता त्याग कर, सुख दुःख में सम एन।।
परिग्रह करे न वस्तु का, दे बस मुझ में ध्यान।
ऐसे समदृष्टान को, उद्धव सज्जन मान।।
जिसके जीवन में मिले, नित सज्जन का संग।
उसके तन व्यापे नहीं, भूले कभी अनंग।।
सत्पुरूषों से नित मिले, सगुण निगुण का ज्ञान।
अंतः चक्षु जगायके, करवाते निज भान।।
मिटे [2]अग्नि के संग से, भय तम शीत प्रकोप।
त्यों ही संगति साधु की, करे तीन भय लोप।।
जड़ता हरते कर्म की, जनम मरण का भाव।
क्षय करके अज्ञान का, निर्मल करे स्वभाव।।

अब प्रभु पूजा का कहो, कारण रीति प्रकार।
जिससे मुझसे जीव भी, करले निज उद्धार।।
मेरी पूजा के सुनो, होते [क]तीन प्रकार।
अब कहता मैं मित्रवर, इन सब का विस्तार।।
अनिल अनल आदित्य हिय, वसुधा विग्रह विप्र।
उपनयनी पूजे इन्हैं, हो नित पूर्ण पवित्र।।
[3]मलयज मनमय मिट्टि अरू, [ख]पुलक [ग]प्रवाहि पखान।
[घ]दारू [च]दरब ओ [छ]प्रतिकृति, प्रतिमा अष्ट विधान।।

1. संतोऽनपेक्षा मच्चिताः प्रशांताः समदर्शिनः।
निर्ममा निरहंकारा निर्द्वंद्वा निष्परिग्रहाः।। भा. 11–26–27
2. यथोपश्रयमाणस्य भगवंतं विभावसुम्।
शीतं भयं तमोऽप्येति साधून्संसेवतस्तथा।। भा. 11–26–31
3. शैली दारूमयी लौही लैप्या लेख्या च सेकती।
मनोमयी मणिमयी प्रतिमाऽष्टविधा स्मृता।।[स्मृति]

(क)	वैदिक, तांत्रिक, मिश्रित तीन	(ख)	मणि	(ग)	प्रवाही =रेत
(घ)	दारू=काष्ट	(च)	दरब=धातु	(छ)	चित्र

स्थिर मूरति का नहीं, नित [क]उद्वासन होय।
केवल मार्जन नित्य ही, मृदा मूर्ति को सोय।।
सेवा शालिगराम की, जो करते मन लाय।
उद्वासन गर नित करे, कर्म अकारथ जाय।।
पृथ्वी पूजन में करें, उद्वासन मन लाय।
शुभ अवसर पर भाव से, हरि पूजें हुलसाय।।

निष्काम भक्त तो हिरदे में, परमेश्वर की पूजा करते।
श्रद्धा से उनके चरणों में, मन मय पदार्थ सादर धरते।।

[1]प्रेम सहित जलमात्र जो, करे समर्पित आय।
वह जल प्रिय मुझको सदा, वही मुझे हरषाय।।
भक्ति हीन जन जो धरे, वह सब है बेकार।
उसका अतुलित द्रव्य भी, नहीं मुझे स्वीकार।।
उद्धव मैं कहता सुनो, तुम अब देकर ध्यान।
देता हूँ संक्षेप में, पूजा विधि का ज्ञान।।

होकर पवित्र [ख]उपकरण साज, उत्तर या पूरब मुख करके।
फिर अचल मूर्ति के चरणों में, बैठो गुरू का सुमिरण करके।।

देह देव का तब करें, श्रृद्धा संयुत न्यास।
संस्कारित जलपात्र कर, बैठे उसके पास।।
श्री गायत्री मंत्र से, अभिमंत्रित कर पात्र।
मन में आवाहन करो, श्रीनारायण गात।।

शुभ पुरूष सूक्त के मंत्रो संग, अस्नान करावें विग्रह को।
चंदन से भाल तिलक करके, फिर भोग लगावे 'गिरधर को'।।
श्रृंगार धरा कर मूरति को, नैनो में उसे बसाना है।
निष्काम भाव से पूजन कर, पूजक को भव तर जाना है।।

अग्निदेव पूजा विधि, कहता हूँ दो ध्यान।
पूजन नित इस देव का, देता है सद्ग्यान।।
गर्त मेखला वेदि में, करें अग्नि आधान।
अग्नि प्रज्वलित कर वहां, दें बस उसमें ध्यान।।

1. सूर्ये चाभ्यर्हणं प्रेष्ठं सलिले सलिलादिभिः।
श्रद्धयोपाहृतं प्रेष्ठं भक्तेन मम वार्यपि।। भा. 11–27–17

(क) प्रतिदिन आवाहन ओर विसर्जन। बालुका मूर्ति का अद्वासन नित करें।
(ख) पूजन सामग्री।

फिर परिस्तरण कर दर्भों से, प्रोक्षण ओर अन्वाधान करें।
होमोपयोग्य सारे पदार्थ, वेदी के उत्तर भाग धरें।।
देदीप्यमान है [क]रूप मेरा, उसका आराधन करना है।
घृत से परिपूरण समिध डाल, आहूति कुण्ड में धरना है।।

उत्तर दक्षिण मध्य में, जप कर मंत्र [ख]अधार।
[ग]आज्य भाग कर फिर जपें, [घ]मूल मंत्र का सार।।
पुरूष सूक्त सहस्विष्टकृत, नित्य करें सब याग।
अंतर्यामी अग्नि को, दें सब उनके भाग।।

पूजा घर में ही आसन धर, शुभ मूल मंत्र का जाप करे।।
अपने कल्मष से मुक्ति हेतु, निज ईष्ट देव का ध्यान धरें।।
नैवेद्य आचमन दे हरि को, पार्षद को उच्छिष्ठान्न धरें।
ताम्बूल और पुष्पांजलि दे, तब अन्न स्वयं भी ग्रहण करें।।

तब श्री हरि के चरित में, दें सब मिलकर ध्यान।
वार्ता कर परमेश की, करें कीरतन गान।।
हाथ पीठ पर बांध कर, धर चरणों में सीस।
दैन्य भाव रख विविध विधि, लें मुझसे आसीस।।
निज सिर पर निर्माल्य धर, करें विसर्जन गान।
श्रृद्धा मन में पूर्ण हो, ओर मेरा ही ध्यान।।
आवाहन नहिं जानता, नहीं विसर्जन ज्ञान।
पूजा भी नहिं जानता, क्षमा करो भगवान।।
[1]जिसमें श्रद्धा भाव हो, जिसमें रत हो ध्यान।
वहीं करो पूजा मेरी, सबमें मुझको मान।।
हरि मंदिर ओर वाटिका, का करके निर्मान।
या फिर क्रम हित भी करें, कहीं भूमि का दान।।

1. अर्चादिषु यदा यत्र श्रद्धा मां तत्र चार्चयेत्।
सर्वभूतेष्वात्मनि च सर्वात्माऽहमवस्थितः।। भा. 11–27–48

(क) चतुर्भुज रूप
(ख) आधार – (प्रजापतये स्वाहा, इन्द्राय स्वाहा)
(ग) अग्नये स्वाहा, सोमाय स्वाहा
(घ) ओंइम् नमो नारायणाय स्वाहा।

[1]दान प्रतिष्ठा के सहित, [क]पूजन विधि अनुरूप।
तीनों से करता सदा, मैं मेरे अनुरूप।।

निष्काम भक्ति करने वाला, उद्धव मुझको पाजाता है।
वह रहता मेरे हिरदे में, निःस्वार्थ मुझे जो ध्याता है।।

[2]जो जन सुर अरू विप्र की, लेते रोजी छीन।
वे विष्टा के कीट बन, वर्षों रहते दीन।।
सत्कर्मों का पुण्य फल, तारे सज्जन चीन।
प्रेरक कर्ता सहित ही, एक सहायक तीन।।

[3]सच में सत्कर्मों का फल तो, कर्ता ओर प्रेरक पाते हैं।
जो संमति ओर सहाय करे, वे सज्जन भी तर जाते हैं।।

यह प्रकृति और पुरूष दोनों, हैं एक रूप यह मानो तुम।
निंदा–अस्तुति का भाव त्याग, निज कर्मों में हो जाओ गुम।।

[4]पालक संहारक सृजक, पाल्य सृजन संहार।
सब आत्मा के कृत्य हैं, जग उसका विस्तार।।

बस आदि अन्त है जिन जिन का, उनसे तुम विमुख रहो हर दम।
आसक्तिभाव परित्याग करो, मेरा ही ध्यान धरो हरदम।।
अविवेक देह ओर आत्मा का, जग आश्रय रूप कहाता है।
अज्ञानी जग वास्तविक मान, उसमें निज बुद्धि रमाता है।।

1. प्रतिष्ठया सार्वभौमं सद्मना भुवनत्रयम्।
पूजादिना ब्रह्मलोकं त्रिभिर्मत्साम्यतामियात्।। भा. 11–27–52

2. यः स्वदतां परैर्दत्तां हरेत सुरविप्रयोः।
वृत्तिं स जायते विट्भुक् वर्षाणामयुतायुतम्।। भा. 11–27–54

3. कर्तुश्च सारथेर्हेतोरनुमोदितुरेव च।
कर्मणां भागिनः प्रेत्यः भूयो भूयसि तत्फलम्।। भा. 11–27–55

4. आत्मैव तदिदं विश्वं सृज्यते सृजति प्रभुः।।
त्रायते त्राति विश्वात्मा ह्वियते हरतीश्वरः।। भा. 11–28–06
जितं ते पुंडरीकाक्ष नमस्ते विश्वभावन।
सुब्रह्मण्य नमस्तेऽस्तु महापुरूष पूर्वज। भा. 11–27–पृष्ठ 109

(क) यह महापुरूष विद्या श्लोक है। पूजा समय पाठ करें।

आदि मध्य अरू अंत में, मैं हूँ कनक समान।
सकल जगत को तू सदा, मेरा अवयव मान।।
जो आधारित अन्न पर, जो जड़ धरा विकार।
आत्मा इनको मत कहो, यही जगत का सार।।
ग्रहण त्याग के भाव से, आत्मा का क्या काम।
बंध–मुक्ति से यह परे, सदा अचल अविराम।।
आत्मा ज्ञान स्वरूप है, आत्मा स्वयं प्रकाश।
सदा अजन्मा शाष्वत, निर्मल ज्यों आकाश।।

उद्धव ने हरि चरण में, पूछा धर कर शीष।
यत्न बिना ही मोक्ष का, मार्ग कहो जगदीश।।
हरि बोले उद्धव सुनो, सहज धर्म का ज्ञान।
मृत्युजयी होता मनुज, इनका कर अनुष्ठान।।
सुमिरण मन चित कर्म को, कर मेरे आधीन।
द्वेत भाव सब त्याग कर, रहो सदा मद हीन।।
मम भक्तों के क्षैत्र में, हो हरदम ही वास।
तीर्थ दान नर्तन करो, मन में रख उल्हास।।
प्राणिमात्र में जो मुझे, जाने माने ध्याय।
वह समदृष्टा भद्र जन, तब पण्डित कहलाय।।
श्वान बसह चांडाल खर, सब में रख सम भाव।
तन मद का परित्याग कर, रखे नमन में चाव।।

इन भावों के आजाने से, सब अहंकार मिट जाता है।
इर्ष्या स्पर्धा का उद्धव, तत्काल क्षरण हो जाता है।।

सबके चरणों में करें, सिर धर दण्ड प्रणाम।
ईश बुद्धि को प्राप्त कर, त्यागें द्वेत तमाम।।

इससे जो विद्या आती है, वह संशय दूर भगाती है।
भय ओर शोक सब को तज कर, सब ब्रह्म रूप दिखलाती है।।
इस असत ओर नश्वर तन से, जो सत अविनाशी पाते हैं।
[1]**ऐसे** विवेक वाहक सज्जन, सच में गुणवान कहाते हैं।।

1. **एषा बुद्धिमतां बुद्धिर्मनीषां च मनीषिणाम्।**
यत्सत्यमनृतेनेह मर्त्येनाप्नोति मामृतम्।। भा. 11–29–22

ब्रह्मवाद का सार यह, जो सुनते मन लाय।
सब संशय निवृत्त कर, सत्य सनातन पाय।।
ब्रह्मवाद का श्रवण नित, देता भक्ति अगाध।
कर्म पाश से मुक्त हो , तजते सकल प्रमाद।।
जो श्रृद्धा से नित करे, ब्रह्मवाद का जाप।
वह जाने मम रूप को, शमन करे त्रयताप।।
हरि ने पूछा हो गया, क्या सब संशय चूर।
क्या तुम अब निवृत्त हो, हुआ मोह भ्रम दूर।।
अब मैं कहता हूँ सुनो, उद्धव देकर ध्यान।
किन किन को देना तुम्हैं, ब्रह्मवाद का ज्ञान।।

[1]जो दांभिक नास्तिक वंचक है, सेवा से दूर सदा रहते।
जो हैं अभक्त नहि नम्र तनिक, उनसे यह बात नहीं कहते।।
[2]इन सब दोषों से मुक्त अगर, ब्राह्मण भक्तों को तुम पाओ।
उन सब प्रिय साधु सुजानों को, एकत्रित कर यह नित गाओ।।

[3]जिसने अमृत पी लिया, वह हो जाता तुष्ट।
ब्रह्मवाद का ज्ञान भी, त्यों ही करता पुष्ट।।
आत्मा मुझको सोंप जो, तजे कर्म का भान।
उस सज्जन का शीघ्र ही, मैं करता कल्यान।।
स्नेह सहित कर जोड़ तब, दे चरणो में ध्यान।
अश्रु बहाते मित्र ने, निरखे कृपा निधान।।
[4]उद्धव बोले जो करे, सदा अग्नि का संग।
भय अंधियारा शीत फिर, कभी न व्यापे अंग।।

1. **नैतत्त्वया दांभिकाय नास्तिकाय शठाय च।**
अशुश्रुषोरभक्ताय दुर्विनीताय दीयताम्।। भा. 11–29–30
2. **ऐतैर्दोषैर्विहीनाय ब्रह्मण्याय प्रियाय च।**
साधवे शुचये ब्रूयाद्भक्तिः स्याच्छूद्रयोषिताम्।। भा. 11–29–31
3. **नेतद्विज्ञाय जिज्ञासोर्ज्ञतव्यमवशिष्यते।**
पीत्वा पीयूषममृतं पातव्यं नावशिष्यते।। भा. 11–29–32
4. **विद्रावितो मोहमहांधकारो य आश्रितो मे तव सन्निधानात्।**
विभावतोः किं नु समीपगस्य शीतं तमो भीः प्रभवंत्यजाद्य।। भा. 11–29–37

प्रभु वचनो से हो गया, आज मोह सब चूर।
माया ने सद्ज्ञान को, नाथ किया था दूर।।
प्रभु चरणों से प्रीति की, बतलाओ अब राह।
मोह हमारा मिट गया, रही न कोई चाह।।
हरि बोले उद्धव करो, बद्रिधाम में वास।
वल्कल धर फल मूल खा, त्यागो सब सुख आस।।
शीत उष्ण सह सरल हो, सब इन्द्रिय को जीत।
ब्रह्मवाद में ध्यान दो, रख मुझमें ही प्रीत।।
कर प्रदक्षिणा कृष्ण की, दे कर उनमें ध्यान।
नयन नीर से चरण को, करवाया अस्नान।।
व्याकुल हो हरि स्नेह से, सिर धर प्रभु पदत्राण।
उद्धव ने आशीष ले, तप हित किया प्रयाण।।
मुनि प्रधान मैत्रेय संग, फिर पाकर यह ज्ञान।
बद्रीकाश्रम धाम जा, किया ब्रह्म रस पान।।
पावन बद्रीधाम में, कर केशव गुण गान।
भक्तराज उद्धव हुए, कृष्ण चन्द्र के मान।।
वेद सार जो कह गये, राजन भ्रमर समान।
उन योगेश्वर कृष्ण के, धरो चरण में ध्यान।।
राजा ने शुक से कहा, कर गिरधर को याद।
क्या फिर केशव ने किया, इस सत्संग के बाद।।

भुवि भार हरण के साथ साथ, कैसे कुल का संहार किया।
स्वजनों का मोह सकल तज कर, अपने तन का परित्याग किया।।

शुक बोले [क]उत्पात लख, बुलवाया परिवार।
बैठ सुधर्मा मध्य सब, करने लगे विचार।।
हरि ने स्वजनों से कहा, चलें द्वारिका त्याग।
पावन क्षेत्र प्रभास का, पा लें कुछ अनुराग।।
महिलाएं सब भेज दो, तीरथ शंखोद्धार।
स्नान दान कर सब करें, जीवन का उद्धार।।

(क) भूकम्प आदि

[1]गो सुर भूसुर पूजना, है मनुजों का काम।
परम उदय करते यही, पहुंचाते हरि धाम।।
आये सभी प्रभास तट, किये पुण्य के काज।
मतिभ्रम से मद–पान कर, त्यागी कुल की लाज।।
अतिशय मद ने हर लिया, उनका सकल विवेक।
सभी परस्पर भिड़ गये, बली एक से एक।।

प्रद्युम्न सांब संग यादव सब, अपना ही खून बहाते थे।
दाशार्ह वृष्णि अंधक माथुर, आपस में प्रांण गंवाते थे।।

सात्वत् अर्बुद शूर मधु, भोज कुकुर बलधीर।
कट कट कर गिरने लगे, सब बलवाहक वीर।।

जो भी सन्मुख उन के आता, वे उस पर घात लगाते थे।
कर शिरच्छेद तलवारों से, अपनों की बली चढ़ाते थे।।

क्षीण हो गये शस्त्र तब, [क]एरा लिया उखाड़।
लगे मारने परस्पर, और बढ़ाई राड़।।
कृष्ण मध्य में आगये, करने कुछ उपचार।
मति अंधो ने कर दिया, मद में उन पर वार।।
बांसों के वन सा हुआ, यदुकुल का संहार।
हरि ने जाना हट गया, वसुधा का सब भार।।
सागर तटपर योग धर, कर परमेश्वर ध्यान।
नर तन त्यागा राम ने, सुर पुर किया पयान।।
संकर्षण निर्वाण लख, ले पीपल आधार।
बैठ गये एकान्त में, योगेश्वर दातार।।
मंगलकारी हो गया, दिव्य [2]चतुर्भुज रूप।
मंदहास्य मुख कमल पर, थी वह छवी अनूप।।

1. विधिरेष ह्यरिष्टघ्नो मंगलायनमुत्तमम्।
   देवद्विजगवां पूजा भूतेषु परमो भवः।। भा. 11–30–09
2. बिभ्रच्चतुर्भुजं रूपं भ्राजिष्णुप्रभया स्वया।
   दिशो वितिमिराः कुर्वन् विधूम इव पावकः।। भा. 11–30–28

(क) विप्र श्राप से प्रकटे मूसल की घर्षण से पैदा हुई घांस।

घनश्याम वर्ण योगेश्वर का, [1]**श्रीवत्स** हृदय पर प्यारा था।
मकराकृत कुंडल कमल नयन, तन पर पीताम्बर न्यारा था।।
भुजबंद मुंदरिया कनक हार, नूपुर की शोभा कौन कहे।
अतुलित आभा कौस्तुभमणि की, थे अगणित रवि ज्यों दमक रहे।।

पावन यज्ञोपवित पर, कटिमेखला अपार।
कनक कांति कैसे कहैं, कवि मतिमंद गंवार।।
शंख गदा अरू पद्म संग, शोभित चक्र महान।
कमल चतुर्भुज रूप का, कौन करे यश गान।।
दांई सांथल पर धरा, हरि ने बांया पेर।
नैन मूंद कर मूर्तिवत, वहां रहे कुछ देर।।
समय बड़ा बलवान है, यह जाने सब कोय।
इसपर वश किसका चले, जो यह चाहे होय।।
जरा नाम का व्याध इक, तब आया उस ओर।
चरण अग्र मृग जानकर, सांधा शर कर जोर।।

मूसल से शेष लोह फल को, उसने शर में लगवाया था।
बस वही बाण श्री गिरधर पर, अनजाने आज चलाया था।।

निकट गया तो हो गया, जरा जरा भयभीत।
प्रभु चरणों में शीष था, देह हो गई पीत।।

बोला है नाथ क्षमा कर दो, अनजाने में अपराध किया।
दो दण्ड नाथ इस पामर को, जिसने प्रभु पर शर साध दिया।।

श्रीहरि बोले व्याधपति, करो न मन में सोच।
इच्छा मेरी थी यही, त्यागो सब संकोच।।
कर प्रदक्षिणा कृष्ण की, होकर यान सवार।
'जरा' कृष्ण आशीष ले, गया बड़े दरबार।।

1. **श्रीवत्सांकं घनश्यामं तप्तहाटकवर्चसम्।**
कौशेयांबरयुग्मेन परिवीतं सुमंगलम्।। भा. 11—30—29
सुंदरस्मित वक्राब्जं नीलकुंतलमंडितम्।
पुंडरीकाभिरामाक्षं स्फुरन्मकरकुंडलम्।। भा. 11—30—30
कटिसूत्रब्रह्मसूत्रकिरीट कटकांगदैः।
हार नूपुरमुद्राभिः कौस्तुभेन विराजितम्।। भा. 11—30—31

तब [क]आया योगेश डिग, दारूक लेकर यान।
सजल नयन हरि चरण में, गिरा दण्ड के मान।।
नाथ दरश बिन हो गई, अंखियां ज्योति विहीन।
शांति कहीं मिलती नहीं, हुई दिशाऐं दीन।।
दिव्य अस्त्र संग रथ तभी, चला गया सुरधाम।
तब दारूक से कृष्ण ने, कहा करो इक काम।।
[1]दारूक जाओ द्वारिका, कहो राम निर्वाण।
मेरा भी यह हाल कह, दो स्वजनो को त्राण।।
सबसे कहना त्याग दें, शीघ्र द्वारिका धाम।
सिन्धु डुबो देगा इसे, करो तात यह काम।।

अपने परिजन संग दारूक तुम, मम मात पिता को ले जाना।
अर्जुन के रक्षण में उनको, तुम इन्द्रप्रस्थ पहुचा आना।।

कर प्रदक्षिणा कृष्ण की, सादर ना कर माथ।
उनमन दारूक चल दिया, जैसे चले अनाथ।।

शुक बोले तब द्वारिका, आये देव अनन्त।
दर्शन हरि निर्याण हित, द्विज मुनिवर अरू सन्त।।

शचिपति ब्रह्मा सब पित्रीश्वर, गंधर्व गौरि शंकर आये।
विद्याधर चारण यक्ष नाग, द्विज गरूड़ सिद्ध किन्नर धाये।।

मैत्रेयादि विप्र गण, आये हरि के धाम।
कीर्तन कर लेने लगे, कृष्ण कृष्ण इक नाम।।
मूंद लिये भगवान ने, अपने दोनो नैन।
सहज समाधी साध ली, सबको चकमा देन।।

तब [ख]उसी देह से केशव ने, वैकुण्ठ लोक को गमन किया।
उस अद्भुत लीला धारी को, सब सुर मुनियों ने नमन किया।।

1. **गच्छ द्वारवतीं सूत ज्ञातीनां निधनं मिथः।**
संकर्षणस्य निर्याणं बंधुभ्यो ब्रूहि मद्दशाम्।। भा. 11–30–46

(क) सुगन्ध से पता करके।
(ख) यदि योग धारणा से शरीर भस्म करते तो उसमें का जगत भी भस्म हो जाता।।

[1]नभ में बाजी दुंदुभी, वर्षे विविध प्रसून।
सुरगण हर्षित हो गये, ज्यो पाया धन दून।।

फिर सत्य धर्म धीरज ने भी, श्री हरि के साथ पयान किया।
लक्ष्मी ओर कीरति दोनो ने, तत्क्षण वसुधा को त्याग दिया।।

यह माया गोपाल की, सका न कोई जान।
हरि गति पार्षद ने लखी, कैसे तजा जहान।।
विस्मित सारे देवगण, लौटे निज निज धाम।
मन में लीलाधर बसा, मुख में रख हरि नाम।।

सामर्थ्यवान होने पर भी, निज देह त्याग संदेश दिया।
सब आत्मनिष्ठ जन के सन्मुख, श्रीहरि ने ऐसा मार्ग दिया।।

जो भी इस आख्यान का, प्रातः करते गान।
परम धाम देते उन्हैं, श्रीहरि कृपा निधान।।
दारूक पहुंचे द्वारिका, जपते श्री घनश्याम।
उग्रसेन वसुदेव के, पद में किया प्रणाम।।

वह विरह व्यथा से व्यथित दूत, संदेश न अपना दे पाया।
रो रो कर वहीं अचेत हुआ, श्री कृष्ण गमन नहिं कह पाया।।

जब कुछ आया चेत तो, हुआ ओर बेहाल।
बस इतना ही कह सका, ''चले गये गोपाल''।।
यह सुन परिजन पर हुआ, ज्यों उल्का आघात।
मूर्छित हो कर गिर गये, पीत हो गये गात।।
जैसे ही मूर्छा टली, कूटन लगे कपाल।
हा सुत हा प्रिय हा तनय, हाय हाय गोपाल।।

उद्विग्न चित्त सारे परिजन, दीनों की नांइ कलपते थे।
बरसाती मेघों के समान, नैनो से अश्रु बरसते थे।।
सुध भूल गये अपने तन की, नहिं वस्त्रों का भी भान रहा।
था भी आघात बड़ा भारी, देवों से भी नहिं जाय सहा।।
जीवन में कष्ट कई आये, तू था तो अचल खड़े थे हम।
तू ही जब छोड़ गया लाला, क्यों निकल नहीं जाता है दम।।

1. **दिवि दुंदुभयो नेदुः सुमनसश्र्च खात्।**
सत्यं धर्मो धृतिर्भूमेः कीर्तिः श्रीश्चानुतं ययुः।। भा. 11–31–07

सर पटक पटक दीवारों पर, बस कृष्ण कृष्ण ही कहते थे।
था कौन वहां जो समझाता, सब कृष्ण विरह में मरते थे।।

क्यों वह मथुरा छोड़ता, क्यों बनता रणछोड़।
रूप धरा इंसान का, आने ही थे मोड़।।
रोते रोते आ गये, पावन क्षेत्र प्रभास।
जहां तजा श्री कृष्ण ने, अपना नर तन वास।।
मात पिता को जब वहां, मिले न अपने लाल।
स्मृति बिसरे शोक में, हुए और बेहाल।।
जब आया कुछ चेत तो, बढ़ा अधिक अनुराग।
विरह व्यथित माँ बाप ने, दिये प्राण निज त्याग।।
भार्याऐं बलराम की, ले गोदी में देह।
अग्नि चिता में बैठ कर, गई अमरपुर गेह।।

वसुदेव ओर हरि पुत्रों की, भार्याओं ने भी वही किया।
अपने पतियों के विग्रह संग, अग्नी में खुद को समा दिया।।

रूक्मिणि संग करतार की, थी जितनी भी नार।
अग्नि देव में मिल गई, मन में रख भरतार।।
अर्जुन ने उस पल दिया, [क]हरि वचनों पर ध्यान।
आत्मा को दे सांत्वना, पूरे किये विधान।।
[1]नष्ट हो गया था वहां, यादव वंश समूल।
[ख]पिण्ड क्रिया की पार्थ ने, सकल शास्त्र अनुकूल।।
जैसे ही हरि ने तजा, अपना पावन धाम।
सागर ने तब कर दिया, उसका काम तमाम।।
प्रभु मन्दिर को छोड़ कर, लील गया वह धाम।
मन्दिर में नित सन्निहित, श्री राधा वर श्याम।।
सुमिरण मन्दिर का करे, सकल अमंगल नाश।
मंगल जीवन में बसे, हो चहुं ओर प्रकाश।।

1. **बंधूनां नष्टगोत्राणामर्जुनः सांपरायिकम्।**
हतानां कारयामास यथावदनुपूर्वशः।। भा. 11–31–22

(क) गीता

(ख) पिंडोदकादि क्रिया अर्जुन ने शास्त्रोक्त विधि से अनुक्रम से करवाई।

इन्द्रप्रस्थ में आ गये, नारि वृद्ध अरू बाल।
जिन्हें अकेला भूमि पर, छोड़ गया था काल।।
वज्रनाभ को तब दिया, सकल राज्य का भार।
पाण्डव तुमको राज्य दे, गये हिमाचल पार।।
[1]देव देव श्री विष्णु के, जनम चरित का भान।
शीघ्र हरे सब पाप को, नर्तन कीर्तन गान।।
जिसने अनगिन पातकी, किये धरा से पार।
उन प्रभु की तू वंदना, करले कमल कुमार।।

1. एतद्देवदेवस्य विष्णोः कर्माणि जन्म च।
कीर्तयेच्छ्रद्धया मर्त्यः सर्वपापैः प्रमुच्यते।। भा. 11–31–27

!! इति श्री जय श्री कृष्ण एकादशम स्कंध !!

!! श्री "जय श्री कृष्ण" द्वादश स्कंध!!

जय गणनायक गजवदन, जय लम्बोदर नाथ।
जय गिरिजा सुत गुणनिधे, रखो दास सिर हाथ।।

शुकदेव चरण का वन्दन कर, पाण्डव नन्दन ने यही कहा।
[1]**यदुकुल** भूषण के जाने पर, धरती पर किनका राज रहा।।

शुक बोले राजन सुनो, अब आगे का हाल।
हुए नृपति कितने यहां, केसा किया कमाल।।
ब्रहद्रथ वंशी पुरंजय, पावेगा यह राज।
शुनक पुरंजय मार कर, देगा [क]सुत को राज।।
ये प्रद्योतन पांच मिल, होंगे [ख]नृप वर वीर।
[ग]नो वंशज शिशुनाग के, हरें धरा की पीर।।
महानंदि के [घ]वंश में, होगा इक सुत नंद।
महापद्म धन का पती, विचरेगा स्वच्छंद।।

अपने भुजबल से यह राजा, क्षत्रिय कुल को दहलावेगा।
बस उसी पराक्रम से दूजा, यह परशुराम कहलावेगा।।
इस नंद नृपति के [च]आठ सुवन, वसुधा पर राज चलावेंगे।
सो वर्ष तलक यह धरा भोग, अपना भुजबल दिखलावेंगे।।
चाणक्य नाम का विप्र एक, नंदो को धूल चटायेगा।
फिर [छ]चंद्रगुप्त को योग्य जान, उससे शासन चलवायेगा।।

[ज]दस शासक इस वंश के, भोगेंगे यह राज।
तब ब्रहद्रथ वध [झ]पुष्पमित, होगा खुद महाराज।।

1. स्वधामानुगते कृष्णे यदुवंशविभूषणे।
कस्यवंशोऽभवत्पृथ्व्यामेतदाचक्ष्व में मुने।। भा. 12—01—01

(क) प्रद्योत,
(ख) प्रद्योत के पालक के विशाखयूप के राजक के नंदिवर्धन ये पांच राजा प्रद्योतन नाम से प्रसिद्ध हुए जिन्होंने 138 वर्ष तक राज्य किया।
(ग) शिशुनाग के काकवर्ण के क्षेमधर्मा के क्षेत्रज्ञ के विधिसार के अजातशत्रु के दर्भक के अजय के नंदिवर्धन के महानंदि ये 10 राजा 360 वर्ष तक राज्य करेंगे।
(घ) शूद्री से (च) सुमाल्यादि (छ) मौर्य वंश
(ज) चंद्रगुप्त के वारिसार के अशोक वर्धन के सुयश के संगत के शालिशूक के सोमशर्मा के शतधन्वा के ब्रहद्रथ ये दस 137 वर्ष तक राज्य करेंगे।
(झ) ब्रहद्रथ का सेनापति पुष्पमित्र

ये [क]शुंगवंश के सब राजा, [ख]वर्षों तक राज चलायेंगे।
इनके वंशज का वध करके, फिर [ग]कण्व नृपति हो जावेंगे।।
कण्व सुशर्मा का नोकर, [घ]बलि उसको मार गिरायेगा।
कुछ वर्ष राज्य कर वह अपने, [च]भाई को राज्य दिलायेगा।।

कृष्ण [छ]वंश के तीस नृप, जब पालेंगे राज।
सात नृपति [ज]आभीर हो, फिर दस गर्दभि राज।।
[झ]कंक [ट]यवन चौदह [ठ]तुरक, [ड]गुरुंड [ढ]मौन [ण]वक्षमान।
[त]बाल्हिक सुत अरू [थ]पुष्यमित, नृप होंगे तू जान।।
मागध वंशी [द]पुरंजय, होगा नृप प्रख्यात।
विप्र वंश को भ्रष्ट कर, म्लेच्छ करे कुलघात।।

(क) पुष्पमित्र के अग्निमित्र के सुज्येष्ठ के वसुमित्र के भद्रक के पुलिंग के घोष के वज्रमित्र के भागवत के देवभूति – ये सब शुंग नाम से जाने जावेंगे।

(ख) 112 वर्ष

(ग) परस्त्रीलंपट देवभूति को मार अल्पगुण वाले कण्व वंशी अमात्य वसुदेव के भूमित्र के नारायण के सुशर्मा ये चार 345 वर्ष राज्य करेंगे।

(घ) नीच अंघ्रजाति शूद्र बलि **(च) कृष्ण**

(छ) कृष्ण के श्री शांतकर्ण के पौर्णमास के लम्बोदर के विकल के मेधस्वाति के अटमान के हालेय (अनिष्टकर्मी) के तलक के पूरीष भीरू के सुनंदन के चकोर के नवमा के शिवस्वाति के गोतमी के पुरीमान के मेदशिरा के शिवस्कंद के यज्ञश्री के विजय के चंद्रविज्ञ के सलोमधि आदि तीस 456 वर्ष राज्य करेंगे।

(ज) अवभृति नगरी में सात आभीर जाति के राजा होंगे

(ट) आठ यवन।

(झ) महालोभी पोलह कंक जाति

(ढ) ग्यारह मौन (300 वर्ष राज कर मर जावेंगे)। आभीर से मौन तक 1099 वर्ष तक पृथ्विपालन करेंगे।

(ण) किलकिला नगरी में वक्ष्यमाण राजा होंगे। प्रथम भूतनंद फिर वंगिरि के बाद भाई शिशुनंदि के बाद यशोनंदि के बाद प्रवीरक – 106 वर्ष राज्य करेंगे।

(त) बाल्हिक आदि भूतनंद के 13 पुत्र राज करेंगे। बाल्हिक वंशियों में से सात आंध्रदेश के, सात कौशल देश के, वैदूर देश व निषध देश के राजा होंगे। ये सब खण्डपति होंगे।

(थ) दूसरा पुष्यमित्र जिसके दुमित्र होगा।

(द) मागधों में विश्वस्फूर्जि राजा पुरंजय नाम से ख्यात होगा। यह दुर्बुद्धि ब्राह्मणो को भ्रष्ट करके पुलिंद, यदु, मद्रक, नामक म्लेच्छ प्राय कर देगा।

(ठ) चौदह तुष्कस वा पुष्कस। **(ड) दस गुरूंड़**

गुप्त वंश का भूमि पर, फिर होगा अधिकार।
[क]मालव से सौराष्ट्र तक, क्षय होंगे संस्कार।।

[ख]अधिकांश भाग को धरती के, संस्कार हीन ही भोगेंगे।
जूठे क्रोधी कंजूस नृपति, गौ द्विज शिशु जन को दुःख देंगे।।

परधन परतिय में सदा, निरत रहेंगे प्राण।
रज तम गुणयुत प्रजा भी, होगी नृप के मान।।

[1]**बलवान** काल के ही भय से, सत दया धरम सब जायेगा।
पावित्र्य क्षमा बल आयु सुरति, इनका विनाश हो जावेगा।।
जो हैं धनाड्य वे ही कलि में, कुल ओर गुणवान कहावेंगे।
जो बाहुबली होगे वे ही, न्यायी धर्मज्ञ पुजावेंगे।।

केवल यज्ञोपवित ही, होगा विप्र निशान।
संस्कारों से हीन तब, होगा सकल जहान।।

[2]**बकवादी** विप्र कहावेंगे, रिश्वत ही न्याय करावेगी।
निर्धन सब चोर कहावेंगे, साधुता ढ़ोंग हो जावेगी।
[ग]निज मात पिता गुरूराई का, सम्मान नहीं हो पायेगा।
दूरस्थ जलाशय कलियुग में, शुभतीर्थ समान पुजायेगा।।

1. **ततश्चानुदिन धर्मः सत्यं शौचं क्षमा दया।**
कालेन बलिना राजन्नंश्यत्यायुर्बलं स्मृतिः।। भा. 12–02–01
2. **लिंगमेवाश्रमख्यातावन्योऽन्यापत्तिकारणम्।**
अवृत्यान्यायदौर्बल्यं पांडित्ये चापलं वचः।। भा. 12–02–04

(क) सौराष्ट्र, उज्जैन, आभीर, शूर, अर्बुद और मालवा के द्विज (तीनो वर्ण) यज्ञोपवित संस्कार हीन होंगे।
(ख) सिंधुतट, चंद्रभागा, कोंतीपुरी और काश्मीर देश को।
(ग) बेटा बिगरो बाप सों,करि तिरयन सों नेह।
झटापटी होने लगी, मोंहि जुदा करि देउ।।
मोहि, जुदा करि देउ, घर में माया मेरी।
लैहों घर अरू द्वार, करूं में फजीहत तेरी।।
कह गिरधर कविराय, सुनो हो गदहा गलेटा।
समय पर्‍यो है आय, बाप से झगरत बेटा।।

शोभा सुकेश बन जायेंगे, पुरूषार्थ उदर पोषण होगा।
लुच्चे सज्जन कहलायेंगे, यश हेतु धरम सेवन होगा।।
कुनबे का पोषण भरण सदा, चातुर्य बड़ा कहलायेगा।
सब वर्णों का बलशाली नर, भूपति मतिधीर कहावेगा।।
मुखिया की होगी चोर वृत्ति, परतिय को नित अपनावेंगे।
धन छीन प्रजा को पीड़ित कर, अपना सम्मान बढ़ावेंगे।।

जंगल के फल फूल पर, करे प्रजा निर्वाह।
अनावृष्टि दुर्भिक्ष से, होंगे सभी तबाह।।

आयुष्य मनुज की कम होगी, बकरी सा कद हो जायेगा।
सब बंधु सगे से बरतेंगे, आश्रम घर सा हो जावेगा।।
वृक्षों में राजन धरती पर, बस एक शमी रह जायेगा।
आचार सभी क्षय पायेंगे, घर धर्म शून्य हो जावेगा।।
सन्तों का मान नहीं होगा, रिश्तों का भान नहीं होगा।
ग्रन्थों का ज्ञान नहीं होगा, तीर्थों पर दान नहीं होगा।।
बहिने घर में दु:ख पावेगी, अपनों से नित्य छलावेगी।
माताएं कलियुग में राजन, माता बनकर पछतायेगी।।

भूमण्डल पर जिस समय, होगा कलि विस्तार।
तब शुभ शंभल ग्राम में, होगा हरि अवतार।।
विष्णुयशा सुत कल्कि तब, होकर अश्व सवार।
अनाचार रत नृपन का, कर देंगे संहार।।

प्रभु अंगो की मंगल्य गंध, जन मन निर्मल कर जावेगी।
संताने तब इस वसुधा की, सतगुण वाहक हो जावेगी।।

तब से इस भू–भाग पर, बढ़े धर्म का सार।
कलि को क्षय करके यहां, हो सतयुग विस्तार।।
[1]सूर्य चंद्र गुरू पुष्य में, जब होंगे इक साथ।
संक्रांती हो कर्क की, तब आवेंगे नाथ।।
[2]जब से श्री हरि ने किया, निज पुर पुण्य प्रयाण।
तभी पाप मय कर्म में, हुए निरत मृयमाण।।

1. **यदा चंद्रश्च सूर्यश्च तथा तिष्यबृहस्पती।**
   एक राशौ समेष्यंति तदा भवति तत्कृतम्।। भा. 12–02–24
2. **विष्णोर्भगवतो भानुः कृष्णाख्योऽसौ दिवं गतः।**
   तदाऽविशत्कलिर्लोकं पापे यद्रमते जनः।। भा. 12–02–29

है शेष कीर्ति उन लोगों की, जिनका वर्णन ग्रन्थों में है।
सुत सम्पति में सब जीव रमें, हरि का नहिं चिंतन मन में है।।
[क]देवापि और [ख]मरू दोनों ही, आश्रय कलाप में पावेंगे।
[ग]कलि अंत में दोनो ही मिलकर, वर्णाश्रम धर्म बढ़ायेंगे।।

[1]नाशवान तन के लिये, जो करते जन घात।
कौन स्वार्थ उन जनन का, सिद्ध यहां हो जात।।
[2]कितने नृप आये उन्हैं, लील गया यह काल।
कीरति किस्सों में रही, ऐसा हुआ कमाल।।
पद पुत्रों के मोह को, त्याग भजें गोपाल।
संपादन हो कीर्ति का, यही एक शुभ चाल।।

शुक बोले राजन यह पृथ्वी, उन राजाओं को तकती है।
जो इसे जीतने को तत्पर, उनके कुकर्म पर हंसती है।।

[3]मुझे छोड़ कर चल दिये, मनु मनु की संतान।
उस पर जय के यत्न में, रत मति मंद जहान।।
[4]मेरे हित अनहित बड़ा, करते हैं ये लोग।
पिता पुत्र अरू बंधु में, बढ़े लोभ का रोग।।

1. **कृमिविट्भस्मसंज्ञांऽते राजनाम्नोपि यस्य च।**
भूतध्रुक् तत्कृते स्वार्थं किं वेद निरयो यतः।। भा. 12–02–41
2. **ये ये भूपतयो राजन्भुंजंति भुवमोजसा।**
कालेन ते कृताः सर्वे कथामात्रा कथासु च।। भा. 12–02–44
3. **यां विसृज्यैव मनवस्तत्सुताश्च कुरूद्वह।**
गता यथा गतं युद्धे तां मां जेष्यंत्यबुद्धयः।। भा. 12–03–06
4. **मत्कृते पितृपुत्राणां भ्रातृणां चापि विग्रहः।**
जायते ह्यसतां राज्ये ममताबद्धचेतसाम्।। भा. 12–03–07

(क) चंद्रवंशी राजा शंतनु का भाई देवापि।
(ख) ईक्ष्वाकुवंश में सूर्यवंशी राजा मरू–दोनो महायोग बल से।
(ग) परीक्षित जन्म से राजा नंद के अभिषेक तक 1510 वर्ष व्यतीत होंगे। चन्द्रमा की तरह (एक नक्षत्र पर एक दिन) सप्तर्षि एक नक्षत्र पर लगभग 100 वर्ष रहते हैं। जबसे सप्तर्षि मघा नक्षत्र में हैं तब देवों के 1200 वर्ष (कलि के) आरम्भ हुए हैं। जब सप्तर्षि पूर्वाषाढ़ा नक्षत्र पर होगा तब नंद का राज होगा। तब कलि चरम पर होगा।

चित्त बंधा है राज्य की, ही ममता की डोर।
अपनो का हक छीनते, ये घर वाले चोर।।

कितने प्रतापशाली नृपवर, अब मात्र कथा में जीते हैं।
मैं यही मानती हूँ मुझ पर, नृप नहीं आज तक जीते हैं।।

भूपालों के चरित सब, हैं बस वाणि विलास।
परमारथ पथ एक है, सुमिरो रमा निवास।।
राजा बोले विप्रवर, मेरी करो सहाय।
कलि में दोष निवृत्ति के, कितने कहो उपाय।।
युग ओर युग के धर्म का, कहो देव विस्तार।
प्रलय कल्प ओर काल की, गति का कह दो सार।।

सत्य दया तप अभय दान, सतयुग में मुख्य यही होते।
इस युग के मानव भी सारे, इन धर्मों में ही रत होते।।

[क]चारों चरण अधर्म के, करते अपना काम।
त्रेता में ये धर्म का, करते काम तमाम।।

तपनिष्ठ लोग भी इस युग के, अति हिंसक कभी नहीं होते।
रत रहते काम क्रोध मद में, अति लंपट किन्तु नहीं होते।।

दान दया तप सत्य का, आधा आधा भाग।
[ख]द्वापर में क्षय होत हे, हो अधर्म अनुराग।।
कलि में होता धर्म का, चोथा पद भी क्षीण।
लोभी कामी शूद्र भी, रहे कर्म से हीन।।

कलि में पाखण्ड अधिक होता, मतिमंद सभी जन होते हैं।
सब विप्र उदर भरने वाले, भिक्षुक ग्रहस्थ सब होते हैं।।

[1]अबलायें कलि काल में, रहें त्याग सब लाज।
माया हठ कटुवचन ओर, कुलवृद्धी हो काज।।

1. **ह्रस्वकाया महाहारा भूर्यपत्या गतह्रियः।**
शश्वतकटुकभाषिण्यश्चौर्यमायोरूसाहसाः।। भा. 12–03–34

(क) मिथ्या भाषण, हिंसा, असंतोष, कलह।
(ख) लोग यशस्वी, ग्रहस्थी, वेदप्रीति, धनाड्य ब्राह्मण व क्षत्रिय प्रधान होते हैं।

[1]बस पिता बन्धु ओर सम्बन्धी, जाती के नाते होते हैं।
सब स्नेह सुरत तक होता है, रिश्ते छल वाले होते हैं।।
परित्याग सुजन की स्नेह डोर, नारी का शासन मानेंगे।
साले साली संग हो मतेक्य, उनको ही अपना जानेंगे।।
बेधड़क शूद्र आगे बढ़कर, सब दान सहज स्वीकारेंगे।
जो हैं अधर्म के नित पोषक, उपदेशक बन पुजवावेंगे।।

मात पिता का पुत्र पर, रहे न रक्षा भार।
सुत पर भी निज तात का, रहे नहीं अधिकार।।
वन्दन भी भगवान का, होगा लोकाचार।
इससे ही बढ़ जायगा, जग में पापाचार।।

राजन अब में कलि दोषों से, निवृत्ति उपाय बताता हूँ।
श्री हरि में ध्यान रमाने का, में मुक्तिमार्ग समझाता हूँ।।

[2]ध्यान श्रवण पूजा अरू, हो हरि कीर्तन गान।
पाप सहस्त्रों जन्म के, दूर करे भगवान।।
मृत्यु निकट है आपकी, धरो हरी में ध्यान।
अंत समय में शुभ यही, हो गिरिधर का भान।।

[3]सतयुग त्रेता ओर द्वापर में, जो फल मुश्किल से मिलता है।
कलियुग में वह फल सहज नृपति, श्रीहरि कीर्तन नित देता है।।

ब्रह्मा का होता एक दिवस, चौदह मनु जहां बदलते हैं।
यह चार सहस युग का होता, बस कल्प इसे सब कहते हैं।।

तब फिर आती हे निशा, युग है चार हजार।
प्रलय नाम इसका धरा, लय होता संसार।।

1. **पितृभ्रातृसुहृज्ज्ञातीन्हित्वा सौरतसौहृदाः।**
नानादृश्यालसंवादा दीनाः स्त्रैणाः कलौ नराः।। भा. 12–03–37
2. **श्रुतः संकीर्तितो ध्यातः पूजितश्चाऽऽदृतोऽपि वा।**
नृणां धुनोति भगवान हृत्स्थो जन्मायुताशुभम्।। भा. 12–03–46
3. **कृते यद्ध्यायतो विष्णुं त्रेतायां यजतो मखैः।**
द्वापरे परिचर्यायां कलौ तद्धरिकीर्तनात्।। भा. 12–03–52

राजन समझो प्रलय के, होते *चार प्रकार।
सब में नित क्षय हो रहा, यह नश्वर संसार।।

जो ध्यान न केशव में देते, नितप्रति मरते ओर जीते हैं।
जो श्रवण मनन हरि का करते, भव सिन्धु सहज वे तिरते हैं।।
नारद जी को नारायण ने, श्री वेद व्यास को नारद ने।
श्री वेद व्यास से ली मैने, अब सूत कहेंगे शौनक से।।

जो नित्य सुमरता है हरि को, भय उसके पास न आता है।
वह अद्भुत योगी श्री हरि को, निज निकट सदा ही पाता है।।
बस काष्ठ अग्नि की भांति तात, तुम देहादिक से न्यारे हो।
अतएव मरण भय त्याग कहो, "हरि तुम ही मात्र सहारे हो"।।
सपने में होता शिरच्छेद, जागे ज्यों भान न रहता है।
त्यों ही जागृति में भान रहे, फिर भय न मृत्यु का होता है।।

मरने पर पा जायगा, जीव ब्रह्म का रूप।
माया जीवन मरण है, सत्य जगत का भूप।।

(क)

1. **नेमित्तिक प्रलय – इसमें नारायण त्रिलोकी को अपने उदर में लेकर शेषनाग पर पौढ़ते हैं और ब्रह्मा जी उस नारायण में सोते हैं। अतः यह प्रलय ब्रह्मा जी की निद्रा निमित्त होता है।**
2. **प्राकृतिक प्रलय – ब्रह्मा जी की आयु के दो परार्द्ध पूर्ण होने पर महतत्व, अहंकार तथा पांचों तन्मात्रा सातो प्रकृतियां लीन हो जाती है। इसमें पृथ्वि पर 100 वर्ष तक महां प्रचण्ड पवन चलेगी। 100 वर्ष तक वर्षा होगी।**
3. **आत्यंतिक प्रलय – मोक्ष ही आत्यंतिक प्रलय है। विवेक रूप शस्त्र से मायामय अहंकार रूप अपने बंधन को काटकर जब जीव परिपूर्ण आत्मा का अनुभव करे तब आत्यंतिक प्रलय (मोक्ष) होता है।**
4. **नित्य प्रलय – सर्व पदार्थों की उत्पत्ति और प्रलय क्षण क्षण में हुआ करता है।**

जब तक बाती आग घृत, तब तक दीपक जान।
सत रज तम की वृत्ति तक, है यह सकल सहान।।

ऐसे विचार रखने से ही, नहिं विप्र वचन डरपावेगा।
तक्षक के डसने का राजन, फिर भान नहीं रह जावेगा।।

मरने पर पा जायगा, जीव ब्रह्म का रूप।
माया जीवन मरण है, सत्य जगत का भूप।।

राजा ने मुनि चरण में, कीन्हां दण्ड प्रणाम।
कृष्ण कथा कहकर किया, गुरूवर पूरण काम।।

यह कथा भागवत माता की, हे नाथ अनुग्रह है मुझ पर।
आभार ग्रहण करलो गुरूवर, मैं नमन करूं पद सिर धर कर।।

मैरे मन से हो गया, तक्षक का भय दूर।
ब्रह्मरूप मैं पा चुका, मुनिवर अब भरपूर।।
आज्ञा दो गुरूवर मुझे, रहूं मौन वृत धार।
यह कह कीन्हीं नृपति ने, गुरू पूजा इक बार।।
सम्मति ले महाराज की, शुक ने किया पयान।
कुरू सुत भी तत्पर हुआ, करने महाप्रयान।।
सुरसरि के तट पर दिया, जगदीश्वर में ध्यान।
उत्तर मुख हो वृक्षवत्, दिये ईश में प्रान।।

श्रृंगी ऋषि प्रेरित तक्षक ने, जब कश्यप ब्राह्मण को देखा।
वह समझ गया यह जाता है, उल्टा करने विधि का लेखा।।

तक्षक ने डस कर किया, भस्म एक वट वृक्ष।
ब्राह्मण ने निज तेज से, किया हरित प्रत्यक्ष।।

तक्षक ने सोचा यह ब्राह्मण, मेरी सब महिमा हर लेगा।
मैं राजा को तो डस लूंगा, यह उसको जीवन दे देगा।।

आदर कर महाराज को, लौटाया तत्काल।
वह ब्राह्मण का वेशधर, बना नृपति का काल।।
गंगा तटपर सर्प ने, पाया अपना लक्ष्य।
तक्षक ने पूरा किया, विप्र श्राप प्रत्यक्ष।।

तक्षक के डसने से पहिले, नृप ने हरि को अपनाया था।
थी देह वहां गंगा तट पर, हरि हरि में जान समाया था।।

तत्क्षण नृप तन हो गया, तक्षक विष से भस्म।
लोटा तक्षक तुरत ही, कर पूरण वह रस्म।।
चकित हो गये असुर सुर, गया मनुज का चेन।
नभ में हा हा कार था, साधु साधु द्विज बेन।।
पुष्प वृष्टि नभ से हुई, चकित हुए विद्वान।
वसुधा कंपित हो गई, लख यह अजब वितान।।

सुन समाचार जनमेजय ने, निज मन में तनिक विचार किया।
आमंत्रित कर आचार्यों को, इक नाग समिध का याग किया।।
विप्रों के मंत्रों के द्वारा, नागों का आवाहन होता।
फिर सर्प कुण्ड में गिरते थे, ऐसा अद्‌भुत वह क्षण होता।।
तक्षक ने मृत्यु निकट देखी, तो वह सुरपति के पास गया।
उनके सिंहासन के नीचे, वह पायों पर जा लिपट गया।।

देर हुई अब तक नहीं, आया तक्षक नाग।
पूछा नृप ने कोप कर, क्या कारण महाभाग।।

आचार्य वर्ग ने बतलाया, शचिपति के पास छिपा है वह।
क्रोधित हो राजा बोल उठा, आयेगा इन्द्र सहित खल वह।।

जनमेजय आदेश पा, किया मंत्र का जाप।
इन्द्र सहित आ अग्नि में गया इंद्र भी कांप।।
तक्षक सहित विमान पर, चले सकल सुर नाथ।
आते उनके दिन बुरे, जो अनीति के साथ।।
सुरगुरू तब पहुंचे तुरत, जनमेजय दरबार।
बोले यह क्या कर रहे, नीति विमुख सरकार।।

महाराज मृत्यु के पीछे तो, प्रारब्ध कर्म ही होता है।
फिर सर्प डसे या चोर वधे, या रोग प्राण हर लेता है।।
अतएव बात मानो मेरी, यह निंद्य यज्ञ अब बंद करो।
जीवों की हिंसा ठीक नहीं, इस के फल पर भी ध्यान धरो।।
था विप्र श्राप प्रभु की माया, तक्षक का डसना माया था।
नृप मरण और फिर नाग यज्ञ, यह सब परमेश्वर माया था।।
इससे यह सबक पढ़े दुनिया, होकर सहिष्णु ही रहना है।
परित्याग वैर के भावों को, अपमान कभी नहिं करना है।।

गुरू वचनो का मान कर, दिया नाग जग रोक।
पूजा ले नृप से चले, सुरगुरू अपने लोक।।

शौनकादि ने तब कहा, धन्य धन्य महाराज।
कृष्ण कथा कह कर दिया, हमें धन्य गुरूराज।।

अब एक कृपा करदो गुरूवर, जिससे मन निर्मल हो जाये।
वेदों के कहो विभाग हमें, कैसे इन पर हम चल पावे।।

सूत ऋषी कहने लगे, सुने सभी दे ध्यान।
अब वेदों के भाग का, करता आज बखान।।

हृदयाकाश से ब्रह्मा के, जो [क]नाद निकल कर आया था।
औंकार हरी का जो ज्ञापक, जगती में वही समाया था।।

अज ने उसी अकार से, [ख]किये वेद तब चार।
अपने सुवन मरीचि को, दिया सभी का सार।।

वैवस्वत मन्वंतर में ऋषियों, श्री व्यास रूप [ग]धर हरि आये।
वेदों के [घ]चार विभाग किये, शुभ नाम सभी के धरवाये।।
श्री वेद व्यास के [च]शिष्यों ने, वेदों के अनगिन भाग किये।
शिष्यों ने अपने शिष्यों को, उनकी मति के अनुसार दिये।।

(क) कान पर अंगुली रखने पर भी सुनाई देने वाली आवाज।

(ख) चार मुखों से वेद के चार विभाग किये।

(ग) धर्म रक्षार्थ ब्रह्मा—शिव की प्राथना से भगवान अपनी माया के सत्वगुणांश से पराशर ऋषि के द्वारा सत्यवती के गर्भ से प्रकटे।

(घ) ऋग, यजु, साम व अथर्व।

(च) पैल को ब्रह्वृच नाम ऋग्वेद संहिता, वैशम्पायन को निगद नाम यजुर्वेद संहिता, जैमिनी को छंगोद नाम सामवेद संहिता, व सुमन्तु को अथर्वांगिरसी अथर्ववेद संहिता दी। पैल ने इन्द्र प्रमित और बाष्कल को संहिता पढ़ाई। बाष्कल ने चार भाग करके बौध्य, याज्ञवल्क्य, पराशर व अग्निमित्र को दी। इन्द्र प्रमित ने मांडुकेय को, मांडुकेय ने देवमित्र ने सौभरी को दी। मांडुकेय पुत्र शाकल्य ने (पांच भाग कर) वात्स्य, मुद्गल, शालीय, गोरवल्य, शिशिर को। शाकल्य के छठे शिष्य जातुकर्ण्य ने (तीन भाग कर) वेदिक पदार्थों का व्याख्यान रूप निरूक्त नाम ग्रन्थ बनाकर बलाक, पैज, वेताल और विरज को पढ़ाई। वैशंपायन शिष्य यजुर्वेद पढ़े सो अध्वर्यु (यज्ञ में) कहलाये। वैशपायन ने ब्रह्म हत्या पाप निवृत्त करने हेतु स्वयं प्रायश्चित किया। याज्ञवल्क्य (वैशंपायन शिष्य) ने कहा मैं अकेला प्रायश्चित करूंगा, ये अल्पदृढ़ता वाले शिष्य नहीं। "वैशंपायन ने सक्रोध कहा तूने दूसरे ब्राह्मणों का अपमान किया है। मुझसे प्राप्त अध्ययन त्याग दे।" देवरात पुत्र याज्ञवल्क्य मंत्रों को उगलकर चला गया।

सत्यवती सुत व्यास ने, [क]षड्संहित का ज्ञान।
[ख]पितृदेव को दे दिया, श्रेष्ठ शिष्य निज जान।।

श्री पितृदेव से यह विद्या, **[1]छः** गुणि मुनियों ने पाई थी।
उन मुनियों की ही सेवासे, ये निधियां मुझ तक आई थीं।
[2]जो [ग]सर्ग [घ]विसर्ग [च]वृत्ति [छ]पोषण, [ज]उति और [झ]अपाश्रम युत होता।
[त]ईशानुकथा ओर [थ]मन्वन्तर, फिर [द]वंश [ध]निरोध जहां होता।।

1. **त्रय्यारूणिः कश्यपश्च सावर्णिरकृतव्रणः।**
   वैशंपायनहारीतौ षड्वै पौराणिका इमे।। भा. 12–07–05
2. **सर्गोऽस्याथ विसर्गश्च वृत्तिरक्षांतराणि च।**
   वंशो वंशानुचरितं संस्था हेतुरपाश्रयः।। भा. 12–07–09
   दशभिर्लक्षणैर्युक्तं पुराणं तद्विदो विदुः।। भा. 12–07–10

<u>निरन्तर च</u>– **(तब अन्य मुनियों ने तीतर पक्षी बन वे मंत्र लिये। ब्राह्मण द्वारा उगले पदार्थ लेना ठीक नहीं अतः तीतर बनकर लिये।) इनमें से तैत्तिरीय नाम अति रमणीय यजुर्वेद शाखा हुई।**

याज्ञवल्क्य ने सूर्य आराधन हेतु स्तुति की।

श्री सूर्यनारायण प्रसन्न हुए, अश्वरूप धर ससार यजुमंत्र दिये ।इन सेंकड़ों मंत्रों में से याज्ञवल्क्य ने 15 शाखाऐं प्रकट करी जो वाजसनेयी (सूर्य ने अपने केशवाली तथा वेग से दी इसलिये।) नाम से प्रख्यात हुई। इन शाखाओं को कण्व और माध्यंदिन ने ग्रहण की।

सामवेदी जैमिनि ने सुमंतु (पुत्र) को एक एक संहिता दी। सुकर्मा नाम जैमिनि शिष्य ने एक सहस्त्र शाखाऐं रची। सुकर्मा से कौशल्य, हिरण्यनाम पौष्यंजि, आवंत्य ने ग्रहण किया। इन तीनो के पास 500 शिष्य सामवेद पढ़े। ये उत्तर के होने पर भी पूर्व के कहलाये। इन्होंने अपने शिष्यों को क्रमशः 100, 24 शेष सब क्रमशः दी। इति निरन्तर।)

(क) पुराणों की छः संहिताऐं
(ख) श्री रोमहर्षण
(ग) महतत्व, अहंकार से पंचतत्व की सृष्टि सर्ग। (घ) स्थावर जंगम रूप प्रपंच विसर्ग।
(च) जंगम के स्थावर आजीविका है यह वृत्ति। (छ) प्रभु अवतार पोषण (रक्षा)
(ज) जीवों की वासनाऐं उति। (झ) परब्रह्म अपाश्रय।
(त) राजाओं के वंशो के चरित ईशानुकथा।
(थ) मनु, देवता, मनु पुत्र, इन्द्र, सप्तर्षि तथा भगवान के अंशावतार ये छः मन्वंतर।
(द) राजाओं की संतति वंश।
(ध) जगत के चार लयों को निरोध (संस्था) कहते हैं।

ये दस लक्षण जिनमें होते, वे ही [क]पुराण कहलाते हैं।
इनसे कम लक्षण वाले सब, मुनि अल्प पुराण कहाते हैं।।

रचे महर्षी व्यास ने, [क]अष्टादश शुभ ग्रन्थ।
पारायण इनका सदा, करे सुगम सब पन्थ।।

हैं वक्ताओं में श्रेष्ठ आप, हम नमन चरण में करते हैं।
मृकंडु सुवन क्यों चिरंजीव, यह प्रश्न ज्ञान हित करते हैं।।
[ख]मार्कंडेय हमारे ही कुल के, यह कल्प समाप्त हुआ हि नहीं।
अवशेष प्रलय में फिर केसे, जब प्रलय अभी तक हुआ नहीं।।
गुणिजन कहते जब प्रलय हुआ, इक बालक देखा था [ग]वट पर।
फिर प्रलयकाल में वट कैसे, यह शंका दूर करो प्रियवर।।

अब में मार्कंडेय का, कहता हूँ आख्यान।
ध्यान धरो इस चरित में, बोले सूत सुजान।।

धर ब्रह्मचर्य नैष्ठिक मुनि जब, सब में परमेश्वर लखते थे।
संध्या वंदन हरि पूजन पर, सुर मुनिगण विस्मय करते थे।।

[घ]जीत गये वे मृत्यु को, ऐसा किया कमाल।
मन नियमन से इन्द्र के, मन में हुआ मलाल।।

छह मनवन्तर तक ऋषिवर ने, अपने मन पर अधिकार किया।
सप्तम में देव 'पुरन्दर' ने, उनके तप में व्यवधान किया।।
गंधर्व अप्सरा प्रेषित कर, सर्वत्र बसंत बसाया था।
कोयल मयूर निर्झर सागर, संसार विचित्र बनाया था।।

मुनि आश्रम में अप्सरा, पुंजिकस्थला नाम।
योवन मद में आ गई, करने तप नाकाम।।

लेकिन सुरपति के दूत सभी, मुनिवर को नहीं सता पाये।
उनके समीप भी जा न सके, तप ताप से तापित हो धाये।।

1. **दशभिर्लक्षणैर्युक्तं पुराणं तद्विदो विदुः।। भा. 12–07–10**

(क) पुराण– ब्रह्म, पद्म, विष्णु, शिव, लिंग, गरूड़, नारद, भागवत, अग्नि, स्कंद, भविष्य, ब्रह्मवैवर्त, मार्कंडेय, वामन, वराह, मत्स्य, कूर्म, ब्रह्माण्ड।
(ख) भृगुवंशी मृकंडु पुत्र मार्कंडेय।
(ग) समुद्र में प्रलय काल में भ्रमण करते बड़ के पत्ते पर।
(घ) 10 करोड़ वर्ष तक तप करते रहे।

उसी समय उस भूमि पर, करने जग कल्याण।
नर नारायण रूप में, प्रकटे श्री भगवान।।
बांस, दण्ड, वल्कल वसन, यज्ञोपवित विशाल।
दर्भ, मुष्टि, कर कमल में, कमल बीज की माल।।

इक झाड़ू था प्रभु के कर में, जिससे मग जीव हटाते थे।
वे चार भुजा धारी ईश्वर, अति मन्द मन्द मुसकाते थे।।
श्री नरनारायण दर्शन कर, उठ सादर उन्हें प्रणाम किया।
गद्गद हो पूजा अस्तुति की, फिर 'नमो नमः' का जाप किया।।

रीझ गये मुनि विनय पर, नारायण भगवान।
कलि के प्राणी सब करो, 'जय श्री कृष्ण' का गान।।

श्री हरि बोले सुत वर मांगो, मैं ब्रह्मचर्य पर रीझ गया।
मुनिवर बोले मैं धन्य नाथ, पर वर हित मैने तप न किया।।

मुनिवर मार्कंडेय ने, कहा करो यह नाथ।
माया दिखलाओ मुझे, धरो दास सिर हाथ।।
तब तथास्तु कह विप्र को, प्रभु लौटे निज धाम।
आश्रम में मुनि ने दिया,हरि भजने का काम।।
एक दिवस होने लगी, वर्षा अति घनघोर।
पवन प्रवाहित हो गई, सांय सांय का शोर।।

चारों पयोधि इक रूप हुए, धरती जलमग्न हुई सारी।
ऋषिवर घबराये जब देखा, त्रैलोकी डूब गई सारी।।
तब जटा खोल जड़वत होकर, ऋषि जल में लगे भ्रमण करने।
अति भूख प्यास ओर शोक मोह, सारे ही ताप लगे सहने।।

भ्रमते भ्रमते हो गये, एक शंख जब साल।
तब जल में ऋषि राज ने, देखा (क)वृक्ष विशाल।।

ईशानकोण के पत्ते के, दोने में इक बालक देखा।
क्या है सामर्थ्य करे कोई, उसके स्वरूप का जो लेखा।।
था श्याम वर्ण ओर कमल नयन, शिशु ओठ बड़े रतनारे थे।
वक्षस्थल उसका अति विशाल, सुन्दर कपोल अति प्यारे थे।।

(क) किसी समय पृथ्वी के ऊँचे भाग पर एक विशाल वट वृक्ष देखा।

एक अंगूठा पेर का, करता था वह पान।
विस्मित मार्कंडेय को, रहा नहीं कुछ भान।।
दर्शन करने जब गये, मुनि बालक के पास।
मच्छरवत भीतर घुसे, ज्यों ली उसने श्वांस।।

उसके भीतर मुनिराई ने, सृष्टी का सारा क्रम देखा।
जो प्रलय पूर्व धरती पर था, वैसा अद्भुत जीवन देखा।।
मोहित होकर उस रचना से, आनन्द लिया गुरूराई ने।
तब श्वांस संग बाहर आये, जल में पाया मुनिराई ने।।
बाहर आकर फिर से देखा, बालक दोने में सोता है।
वह तो माया थी ईश्वर की, वह जो करवाता होता है।।

निकट गये तो हो गया, बालक अन्तर्ध्यान।
पेड़ प्रलय जल सब गया, करते पाया ध्यान।।

इक रोज शिवा संग आशुतोष, जब गगन पंथ से गुजरे थे।
अनुरोध शिवा का मान शंभु, मुनिवर के सन्मुख पहुंचे थे।।
शिवशंकर बोले वसुधा पर, यह लाभ अनोखा है देवी।
[1]**हो** नित्य समागम सज्जन संग, उससे कुछ बड़ा कहां देवी।।

माया से महादेव ने, किया ह्रदय में वास।
श्रृंगारित हर दरश कर, मन में हुआ प्रकास।।
मन में लख महादेव को, जागे ऋषि तत्काल।
गिरिजा संग पूजन किया, बोले जय महाकाल।।
[2]जय रज तम गुण धाम सुर, जय निर्गुण भगवान।
परम सुखद सर्वेश जी, जय अघोर तनवान।।

जय गिरिजा पति शंभु सुजाना, जय महेश बल शील निधाना।
जय जय जय कैलास निवासी, जय हर भोले नाथ उदासी।।

1. **अथापि संवदिष्यामो भवान्येतेन साधुना।**
अयं हि परमो लाभो नृणां साधुसमागमः।। भा. 12—10—07
2. **नमः शिवाय शांताय सत्त्वाय प्रमृडाय च।**
रजोजुषेऽप्यघोराय नमस्तुभ्यं तमोजुषे।। भा. 12—10—16

जय जन पालक दीन दयाला, जय शिव शंकर परम कृपाला।
जय सुर नायक खल संहारक, जय संतन मन शमन सहायक।।

**[1]सुन विनती मुनिराज की, बोले शंभु सुजान।
हमें सेवक हैं आपके, मुनिवर आप महान।।**

हैं विप्र आप जैसे महान, सब में समभाव परखते हैं।
मुझमें ओर ब्रह्मा अच्युत में, नहिं भेद दृष्टि कुछ रखते हैं।।

**हम भी अपने ध्यान में, करें आप का जाप।
तीर्थों से भी अधिक है, मुनि का परम प्रताप।।**

[2]सब तीर्थ और विग्रह पूजा, बहुकाल में जाकर फलती है।
लेकिन मुनियों के दर्शन से, सिद्धियां स्वतः आ मिलती हैं।।

**शिव महिमा का तब किया, ऋषिवर ने कुछ गान।
बोले भोले आपसा, देव नहीं है आन।।**

है नाथ यही वर दो मुझको, मन परमेश्वर में रमा रहे।
हो ध्यान आपके चरणों में, संतो का संगम बना रहे।।

**दे दो अविचल भक्ति का, प्रभु मुझको वरदान।
कृपा करो हर दास पर, दीन बन्धु भगवान।।
शिव बोले होगा यही, यह है मेरी आन।
अजर अमर कल्पांत तक, हो त्रिकाल का भान।।**

वैराग्य ज्ञान विज्ञान सहित, सारे पुराण तुम पाओगे।
पूरण कर सारी इच्छाऐं, श्री हरि में ही रम जाओगे।।

**वर देकर हर ने किया, गौरी संग पयान।
योग शिरोमणि ने तभी, दिया देव में ध्यान।।**

यह प्रलय नहीं था शौनकादि, यह सब परमेश्वर माया थी।
यह सात कल्प की कथित आयु, ए मुनीश्वरों हरि माया थी।।

**सात बार शिशु श्वांस में, मुनि ने किया प्रवेश।
सात बार बाहर हुए, यही कल्प का वेश।।**

**1. न ते मय्यच्युतेऽजे च भिदामण्वपि चक्षते।
नात्मनश्र्च जनस्यापि तद्युष्मन्वयमीमहि।। भा. 12–10–21**

**2. न ह्यंमयानि तीर्थानि न देवाश्चेतनोज्झिताः।
ते पुनंत्युरूकालेन यूयं दर्शनमात्रतः।। भा. 12–10–22**

जो इस प्रसंग को श्रृद्धा से, स्वजनो को नित्य सुनाता है।
वह जनम मरण के बन्धन से, सब भांति मुक्त हो जाता है।।

जो श्रद्धा रख नित करे, इस प्रसंग का गान।
उसके रक्षक हर समय, रमाकान्त भगवान।।

श्री सूत ऋषी के श्रीमुख से, यह कथा अलौकिक सुनकर के।
आगे पूछा सब ऋषियों ने, सादर चरणों में सिर धर के।।
तांत्रिक जब प्रभु पूजन करते, कैसे हरि अंग सुमरते हैं।
आभूषण आयुध अरू मणि की, किस भांति कल्पना करते हैं।।
हम यज्ञकर्म कर्ताओं पर, उपकार करो यह मुनि राई।
हरि पूजन के कितने प्रकार, इनका विस्तार कहो भाई।।

गुरू चरणों का स्मरण कर, बोले सूत सुजान।
प्रश्न बड़ा उत्तम सुनो, उत्तर देकर ध्यान।।

[क]कल्पना विराट के अंगो की, पृथ्वी के द्वारा होती है।
ब्रह्माण्ड रूप परमेश्वर लख, श्रृद्धा मूरत में हीती है।।
[1]है कृष्ण कृष्ण प्रिय यादवेन्द्र, भुविभार उतारन हार प्रभो।
गोविन्द गोप गोपी वल्लभ, हे नारदादि ऋषि धाम प्रभो।।
है नाथ चरित का श्रवण मात्र, तीर्थों सा पावन करता है।
बस नाम तेरा भव बाधा से, दासों का रक्षण करता है।।
इस महा पुरूष के लक्षण को, जो नित प्रति मन में ध्याता है।
वह जगत नियंता ईश्वर के, अपने में दर्शन पाता है।।

1. श्रीकृष्ण कृष्णसख वृष्ण्यर्षभावनिध्रुग्राजन्यवंश दहनानपवर्गवीर्य।
गोविंद गोपवनिताव्रजभृत्यगीत तीर्थश्रवः श्रवणमंगल पाहि भृत्यान।। भा. 12–11–25

(क) कौस्तुभमणि शुद्ध चेतन्य, श्रीवत्स जीव, वनमाला माया, पीताम्बर वेद, यज्ञोपवित ओंकार, कुंडल सांख्य व योग, मुकुट ब्रह्मलोक, शेषनाग अनंत, कमल धर्म ज्ञान युक्त सत्वगुण, गदा शरीर, मन इन्द्रियों का बल, शंख जलतत्व,सुदर्शन तेज, खड्ग आकाश, ढ़ाल तमोगुण, शाङ्‌र्ग धनुष काल, बाणों के भाथे कर्म बाण इन्द्रियां, रथ मन, हाथ में वर व अभय, हाथ का कमल एश्वर्यादि छः गुण, दो चामर धर्म व यश, छत्र वैकुण्ठ, मंदिर मोक्ष, गरूड़ वेद, लक्ष्मी शक्ति, पार्षद विश्वक्सेन तंत्रशास्त्रस्वरूप, मंदिर द्वार के नंदादि पार्षद अणिमादि अष्ट सिद्धियां हैं।

सूर्य व्यूह का अब हमें, दो गुरूवर कुछ ज्ञान।
हम नित वन्दन आपका, करते ब्रह्म समान।।
सूत ऋषी कहने लगे, सुनो विप्र दे ध्यान।
[1]सूर्य और ऋषि [क]रूप में, हैं श्री हरि भगवान।।

काल रूप में सूर्य देव, [ख]बारह महिनो तक भ्रमते हैं।
जग की स्थिति निर्वाह हेतु, बारह स्वरूप शुभ धरते हैं।।
गंधर्व अप्सरा नाग यक्ष, राक्षस ऋषिवर संग आते हैं।
निज गणो संग आदित्य देव, जगती को जीवन देते हैं।।

दोनो संध्या समय में, कर दिनकर का ध्यान।
निज पापों का क्षरण नित, करते प्रज्ञावान।।

रवि रथ के सन्मुख नर्तन कर, बलिहार अप्सराऐं होती।
राक्षस गण रथ को [ग]गति देते, वेदों से नित अस्तुति होती।।
गंधर्व गान करते जाते, सब नाग यक्ष रथ कसते हैं।
वन्दन करते सब बालखिल्य, पिछले पैरों पर चलते हैं।।

कलिमल हर इस ग्रन्थ को, श्री नारायण मान।
ऋषियों इसके पदों का, करो भाव से गान।।

1. **कालो देशः क्रिया कर्ता करणं कार्यमागमः।**
द्रव्यं फलमिति ब्रह्मन्नवधोक्तोऽजया हरिः।। भा. 12–11–31

(क) श्री हरि ही सकल कर्मों को प्रवृत्ति हेतु माया को लेकर (1) काल, (2) देश, (3) अनुष्ठान, (4) यजमान, (5) सुच आदि साधन (6) यज्ञादिक, क्रिया, (7) मंत्रादिक, (8) ब्रीहि आदि पदार्थ और इनसे होते हुए स्वर्गादिक (9) फल इस प्रकार नो प्रकार के कहलाते हैं।

(ख) चेत्र में धाता, वैशाख में अर्यमा, ज्येष्ठ में मित्र, आषाढ़ में वरूण, श्रावण में इन्द्र, भादो में विवस्वान, माघ में पूषा, फाल्गुन में पर्जन्य, अगहन में अंशुमान, पौष में भग, कुंआर में त्वष्टा, कार्तिक में विष्णु नाम सूर्य अलग अलग गंधर्व, अप्सरा, नाग, यक्ष, राक्षस ऋषि और सात गणों सहित उदय होते हैं।

(ग) राक्षस रथ ढ़केलते हैं, नाग बांधते, यक्ष जोड़ते, ऋषि सूर्य के द्योतक बालखिल्य ऋषि सूर्य के सामने पिछले पांव दौड़ते हैं तथा मंत्रो से स्तुति करते हैं। बालखिल्य ऋषि प्रतिमास वही होते हैं।

शौनकादि ने भाव से, धर चरणों में सीस।
कहा कृष्ण का चरित कह, दो हमको आसीस।।
सुन विनती मुनिवृंद की, मगन हुए श्री सूत।
देह मूर्तिवत हो गई, हो जैसे अवधूत।।
सुमिरि शारदा शेष शिव, गिरिधर गौरि गणेश।
कहन लगे श्री हरि चरित, श्रद्धा सहित ऋषेश।।

''जय श्री कृष्ण'' कथा मुनिराई, मुनिमण्डलि के मध्य सुनाई।
आविर्भाव कथा सब गाई, जेहि विधि यह वसुधा पर आई।।
[1]**साधन** साध्य प्रथम दिखलाया, भक्तियोग वैराग्य सिखाया।
भक्ति महत्व ईश व्यापकता, प्रभु अवतारन की सब कथा।।

वेदव्यास नारद चरित, मुनि ने किया बखान।
फिर वर्णन करने लगे, नृप [2]परिक्षित आख्यान।।
शुकमुनि से नृप का हुआ, ज्योंही साक्षात्कार।
नृप ने पूछा विप्रवर, कहो कथा का सार।।
समझाया शुकदेव ने, पहिले [3]योग प्रचार।
फिर गति वर्णन लोक का, लोकों का विस्तार।।

नारद अज संवाद बखाना, कहि अवतार कथा विधि नाना।
महतत्वादिक बहुविधि गाया, जेहिविधि प्रभु विराट पन पाया।
[4]**विदुर** संग उद्धव संवादा, पुनि मैत्रेय विदुर संवादा।
कथा पुराणन बहुरि सुनाई, प्रलय समय श्री हरि गति गाई।
[5]गुण संग प्रकृति क्षोभ बखाना, महतत्वादि भये ज्यों नाना।।

1. **भक्तियोगः समाख्यातो वैराग्यं च तदाश्रयम्।**
   पारीक्षितस्योपाख्यानं नारदाख्यानमेव च।। भा. 12–12–05
2. **प्रायोपवेशो राजर्षेर्विप्रशापात्परीक्षितः।**
   शुकस्य ब्रह्मर्षभस्य संवादश्च परीक्षित।। भा. 12–12–06
3. **योगधारणयोत्क्रांतिः संवादो नारदाजयोः।**
   अवतारानुगीतं च सर्गः प्राधानिकोग्रतः।। भा. 12–12–07
4. **विदुरोद्धव संवादः क्षतृमैत्रेययोस्ततः।**
   पुराणसंहिता प्रश्नो महापुरूषसंस्थितिः।। भा. 12–12–08
5. **ततः प्राकृतिकः सर्गः सप्तवैकृतिकाश्च ये।**
   ततो ब्रह्माण्डसंभूतिर्वैराजः पुरूषो यतः।। भा. 12–12–09

[1]**काल** गती पुनि बहुविधिभाखी, कमलोत्पत्ति कथा मनराची।

जेहि विधि रूप वराह धर, कीन्ह धरा उद्धार।
हिरण्याक्ष खल का किया, श्रीहरि ने संहार।।

[2]**पशु–पक्षी** जेहि विधि सिरजाये, कही कथा जस मनुज बनाये।
रूद्र सृष्टि कर वर्णन कीन्हा, तिन बहु त्रास जगत कहुं दीन्हा।।
[3]**मनु–शतरूपा** जन्म सुनावा, अज जेहि भांति सृष्टि सिरजावा।
धर्मवंश पुनि बहुविधि गावा, मुनि कर्दम कर जनम सुनावा।।
[4]**मुनि कर्दम** के सुकृत सुनाये, जेहिविधि कपिल देव ऋषि पाये।
कपिल संग जननी संवादा, सांख्य शास्त्र कर दीन्ह प्रसादा।।

[5]**नव विप्रन उत्पत्ति की, कही कथा विस्तार।**
धर्म वंश विस्तार संग, दक्ष यज्ञ संहार।।

भक्तराज ध्रुव चरित सुनावा, जेहि प्रभु ध्याई अमर पद पावा।
प्रथु प्रताप कहि भांति अनेका, नृप प्राचीनबर्हि के लेखा।।
[4]**विदुर** संग उद्धव संवादा, पुनि मैत्रेय विदुर संवादा।

[6]**प्रियव्रत नाभी ऋषभ की, कही कथा विस्तार।**
भरत चरित कह कर किया, मुनिगण पर उपकार।।
[7]**ज्योतिष नर्क पताल गिरि, खण्ड नदी वागीश।**
इनकर सब विस्तार कहि, हरषित भये मुनीश।।

1. कालस्य स्थूलसूक्ष्मस्य गतिः पद्मसमुद्भवः।
भव उद्दरणेंऽभोधेर्हिरण्याक्षवधो यथा।। भा. 12–12–10
2. ऊर्ध्वतिर्यगवाक्सर्गो रूद्रसर्गस्तथैवच।
अर्धनारीनरस्याथ यतः स्वायंभुवो मनुः।। भा. 12–12–11
3. शतरूपा च या स्त्रीणामाद्या प्रकृतिरूत्तमा।
संतानो धर्मपत्नीनां कर्दमस्य प्रजापतेः।। भा. 12–12–12
4. अवतारो भगवतः कपिलस्य महात्मनः।
देवहूत्याश्च संवादः कपिलेन च धीमता।। भा. 12–12–13
5. नव ब्रह्मसमुत्पत्तिर्दक्षयज्ञविनाशनम्।
ध्रुवस्य चरितं पश्चात्पृथोः प्राचीनबर्हिषः।। भा. 12–12–14
6. नारदस्य च संवादस्ततः प्रैयव्रतं द्विजाः।
नाभेस्ततोऽनुचरितमृषभस्य भरतस्य च।। भा. 12–12–15
7. ततो द्वीपसमुद्राद्रिवर्षनद्युपवर्णनम्।
ज्योतिश्चक्रस्य संस्थानं पातालनरकस्थितिः।। भा. 12–12–16

[1]दक्ष वंश में ज्यों हुए, देव असुर नर नार।
पशु पक्षिन का भी कहा, सकल सृष्टि विस्तार।।
[2]वृत्तासुर वृत्तान्त अरू, दिति सुत का आख्यान।
भक्तराज प्रहलाद हित, ज्यों प्रकटे भगवान।।
विकट वेश नरसिंह का, हिरणकशिपु उद्धार।
कोप शमन हित भक्त का, कहा विनय विस्तार।।

[3]मनवंतर वर्णन तब कीन्हा, गज अरू ग्राह समर मन दीन्हा।
[4]क्षीर सिन्धु मन्थन तब गावा, कच्छप वपु कर मरम सुनावा।।
[5]देव असुर संग्राम सुनावा, अवतारन कर भेद बतावा।
वामन मत्स्य चरित सब गाये,पुनि हयग्रीव रूप धर आये।।
राजवंश कर वर्णन कीन्हा, नृप ईक्ष्वाकु वंश कह दीन्हा।।

पुण्य कथा सुद्युम्न की, [6]इला केर आख्यान।
सूरज वंश शशाद का, किया प्रेम से गान।।

[7]नृप खट्वांग चरित पुनि गाया, मांधाता का जनम सुनाया।।

सगर सौभरी चरित कहि, कहा राम अवतार।
जेहि विधि रघुवर ने किया, निशिचर गण संहार।।

1. दक्षजन्म प्रचेतोभ्यस्तत्पुत्रीणां च संततिः।
   यतो देवासुरनरास्तिर्यङ्मृगखगादयः।। भा. 12–12–17
2. त्वाष्ट्रस्य जन्मनिधनं पुत्रयोश्च दितेर्द्विजाः।
   दैत्येश्वरस्य चरितं प्रह्लादस्य महात्मनः।। भा. 12–12–18
3. मन्वंतरानुकथनं गजेन्द्रस्य विमोक्षणम्।
   मन्वंतरावताराश्च विष्णोर्हयशिरादयः।। भा. 12–12–19
4. कौर्मं मात्स्यं नारसिंहं वामनं च जगत्पतेः।
   क्षीरोदमथनं तद्वमृतार्थे दिवौकसाम।। भा. 12–12–20
5. देवासुर महायुद्धं राजवंशानुकीर्तनम्।
   ईक्ष्वाकुजन्म तद्वंशः सुद्युम्नस्य महात्मनः।। भा. 12–12–21
6. इलोपाख्यानमत्रोक्तं तारोपाख्यानमेव च।
   सूर्यवंशानुकथनं शशादाद्या नृगादयः।। भा. 12–12–22
7. सौकन्यं चाथ शर्यातेः ककुत्स्थस्य च धीमतः।
   खट्वांगस्य च मांधातुः सौभरेः सगरस्य च।। भा. 12–12–23

[1]**देह** त्याग जेहि विधि निमि कीन्हा, जनक वंश वर्णन कर दीन्हा।

तारा देवी का किया, वर्णन विधि अनुरूप।
[2]परशुराम ने ज्यों हते, वसुधा के सब भूप।।
चंद्रवंश में पुरूरवा, अरू नृप नहुष ययाति।
[3]भरत शंतनु सुवन संग, यदुवंशिन की ख्याति।।
[4]कृष्ण जन्म वृत्तान्त का, किया भाव से गान।
गो विप्रन हित जेल में, ज्यों जनमे भगवान।।

गोकुल गवन हनन खल दल को, बल भाख्यो केशव हलधर को।

[5]प्राण पूतना के पिये, कर उसका पय पान।
[6]तृण बक धेनु प्रलंब के, हने निमिष में प्रान।।

[7]**दावानल** पी गोप बचाये, अजगर से नंद गोप छुड़ाये।
कालिय दमन कथा सब गाई, विप्र तियन की भगति सुनाई।
[8]**विप्रों** का अनुताप सुनाया, सखिन संग प्रभु रास रचाया।।

1. **रामस्य कोशलेन्द्रस्य चरितं किल्विषापहम्।**
   निमेरंगपरित्यागो जनकानां च संभवः।। भा. 12–12–24
2. **रामस्य भार्गवेन्द्रस्य निःक्षत्रकरणं भुवः।**
   एलस्य सोमवंशस्य ययातेर्नहुषस्यच।। भा. 12–12–25
3. **दौष्यंतेर्भरतस्यापि शंतनोस्तत्सुतस्य च।**
   ययातेर्जेष्ठपुत्रस्य यदोर्वंशोऽनुकीर्तितः।। भा. 12–12–26
4. **यत्रावतीर्णो भगवान्कृष्णाख्यो जगदीश्वरः।**
   वसुदेवगृहे जन्म तदो वृद्धिश्च गोकुले।। भा. 12–12–27
5. **तस्य कर्माण्यपाराणि कीर्तितान्यसुराद्विषः।**
   पूतानाऽसुपयः पानं शकटोच्चाटनं शिशोः।। भा. 12–12–28
6. **तृणावर्तस्य निष्पेषस्तथैव बकवत्सयोः।**
   धेनुकस्य सहभ्रातुः प्रलंबस्य च संक्षयः।। भा. 12–12–29
7. **गोपानां च परित्राणं दावाग्नेः परिसर्पतः।**
   दमनं कालियस्याहेर्महाऽहेर्नंदमोक्षणम्।। भा. 12–12–30
8. **व्रतचर्या तु कन्यानां यत्र तुष्टोऽच्युतो व्रतैः।**
   प्रसादो यज्ञपत्नीभ्यो विप्राणं चानुतापनम्।। भा. 12–12–31

[1]गोवर्धन धर ज्यों किया, व्रजजन का उद्धार।
मान गलाया इन्द्र का, [2]शंकचूड़ संहार।।

रास क्रिया सुनि बहुरि सुनाई, विरह अगन की व्यथा बताई।
मथुरा गमन **[3]विरह** गोपिन को, बल बहुभांति कह्यो गिरधर को।।
द्वंद युद्ध करि मल्ल संहारे, कंस पछारि बंधु जन मारे।
[4]गुरूगृह गये पढ़न दोउ भाई, अल्पकाल विद्या सब पाई।।
[5]गुरूसुत सोंपि दक्षिणा दीन्ही, पुनि सनाथ मथुरा प्रभु कीन्हीं।
जरासंध का कटक बखाना, कालयवन कर कहा पयाना।।

निज परिजन संग कृष्ण जी, बसे द्वारिका जाय।
[6]पारिजात ला स्वर्ग से, रोपा निज गृह मांय।।

रूक्मिणि हरण **[6]शंभु** जम्हाई, बाणासुर की कथा सुनाई।
भोमासुर उद्धार सुनाया, पाणिग्रहण का मर्म दिखाया।।

[8]द्विविद पीठ मुर पौण्ड्रक, दंतवक्र अरू शाल।
शंबर अरू शिशुपाल संग, कहे पंचजन हाल।।

1. **गोवर्धनोद्धारणं च शक्रस्य सुरभेरथ।**
   यज्ञाभिषेकं कृष्णस्य स्त्रीभिः क्रीड़ा च रात्रिषु।। भा. 12–12–32
2. **शंखचूडस्य दुर्बुद्धेर्वधोऽरिष्टस्य केशिनः।**
   अक्रूरागमनं पश्चात्प्रस्थानं रामकृष्णयोः।। भा. 12–12–33
3. **व्रजस्त्रीणां विलापश्च मथुरालोकनं ततः।**
   गजमुष्टिकचाणूरकंसादीनां च योवधः।। भा. 12–12–34
4. **मृतस्यानयनं सूनोः पुनः सांदीपनेर्गुरोः।**
   मथुरायां निवसता यदुचक्रस्य यत्प्रियम्।। भा. 12–12–35
5. **कृतमुद्धवरामाभ्यां युतेन हरिणा द्विजाः।**
   जरासंधसमानीतसैन्यस्य बहुशो वधः।
   घातनं यवनेंद्रस्य कुशस्थल्या निवेशनम्।। भा. 12–12–36
6. **आदानं पारिजातस्य सुधर्मायाः सुरालयात्।**
   रूक्मिण्याहरणं युद्धे प्रमथ्य द्विषतो हरेः।। भा. 12–12–37
7. **हरस्य जृंभणं युद्धे बाणस्य भुजकृंतनम्।**
   प्राग्ज्योतिषपतिं हत्वा कन्यानां हरणं च यत्।। भा. 12–12–38
8. **चैद्यपौंड्रकशाल्वानां दंतवक्रस्य दुर्मतेः।**
   शंबरो द्विविदः पीठो मुरः पंचजनादयः।। भा. 12–12–39

[1]**दैत्य** प्रताप कहेसि मन लाई, काशी दहन कथा समझाई।
पाण्डव को तब निमित बनाया, वसुधा का सब भार हटाया।।

[2]विप्र श्राप के ताप से, यदुकुल का संहार।
उद्धव–हरि संवाद से, कहा नीति विस्तार।।

धरम **[3]आत्मविद्या** पथ दीन्हा, मानव मन पावन प्रभु कीन्हा।

अपने योग प्रभाव से, जग का सिरजन हार।
देह त्याग लौटा पुनः, हर कर भू का भार।
[4]युग के लक्षण वृत्तियां, कलि की सकल कुचाल।
प्रलय प्रलय उत्पत्तियां, कहा धरा का काल।।

[5]तक्षक गमन प्रसंग सुनावा, नृप जेहि भांति अमरपद पावा।

जनमेजय का जग बना, तक्षक अहि का काल।
सिंहासन सुरराज का, डोला हुआ कमाल।।
वेदों के विस्तार का, दिया जगत को ज्ञान।
फिर ऋषि मार्कण्डेय का, कहा पूर्ण आख्यान।।
पूजा में हरि अंग का, जेहि विधि होवे ध्यान।
ऋषि मण्डलि को सूत ने, करवाया यह भान।।
फिर द्वादश आदित्य का, कहा व्यूह विस्तार।
जिनके रूपों में बसा, वह जग सिरजन हार।।
वश परवश सुख दुःख में, रख मन में हरिनाम।
''हरये नमः'' नित्य जप, पा जावें सुर धाम।।

1. माहात्म्यं च वधस्तेषां वराणस्याश्च दाहनम्।
भारावतरणं भूमेर्निमित्तीकृत्य पांडवान्।। भा. 12–12–40

2. विप्रशापापदेशेन संहरः स्वकुलस्य च।
उद्धवस्य च संवादो वासुदेवस्य चाद्भुतः।। भा. 12–12–41

3. यत्रात्मविद्या ह्यखिला प्रोक्ता धर्मविनिर्णयः।
ततो मर्त्यपरित्याग आत्मयोगानुभावतः।। भा. 12–12–42

4. युगलक्षणवृत्तिश्च कलौ नृणामुपप्लवः।
चतुर्विधश्च प्रलय उत्पत्तिस्त्रिविधा तथा।। भा. 12–12–43

5. देहत्यागश्च र ाजर्षेर्विष्णुरातस्य धीमतः।
शाखाप्रणयनमृषेर्माकंडेयस्य सत्कथा।
महापुरूषविन्यासः सूर्यस्य जगदात्मनः।। भा. 12–12–44

'जय श्री कृष्ण' कथा सब गाई, जेहि विधि शुक भूपतिहिं सुनाई।
सुनि हरि कथा सकल मुनिवृंदा, भयहु मगन मन परमानन्दा।।
धन्य धन्य ते धन्य मुनीषा, मृयमाणन कहुं दीन्ह पियूषा।
अब कृत कृत्य भयउ हम स्वामी, शत शत तव चरणन प्रणमामी।
अस कहि परे चरण ऋषि आई, भाव विह्वलता नहिं कहि जाई।।

शौनकादि ने भाव से, पूजे सूत सुजान।
कृष्ण कथा कह विप्र वर, दिया हमें सद्ज्ञान।।

श्री 'जय श्री कृष्ण' का पारायण, पापों को शीघ्र गलाता है।
जीवन में सब मंगल आते, मन में माधव बस जाता है।।

बड़भागी हूं आप से, मिला मुझे यह मान।
सब के मन निशि दिन बसे, कृष्ण चन्द्र भगवान।।
[1]वही वचन है सत्य जो, करे कृष्ण गुणगान।
पावन मंगल पद वही, जो ध्यावे भगवान।।

वे छन्द श्रेष्ठ है जिन सब में, श्री हरि के गुण का वर्णन हो।
वाणी है श्रेष्ठ वही जग में, जिससे अच्युत गुण गायन हो।।
[2]बड़भागी हैं ऋषिवृन्द आप, श्री हरि में ध्यान रमाया है।
श्री 'जय श्री कृष्ण' का सकल भाव, अपने मन में बिठलाया है।।

एक घड़ी आधी घड़ी, आधी में पुनि आध।
ध्यान कृष्ण का जो करे, तैरे उदधि अगाध।।
अंतःकरण पवित्र नित, करता हरि गुणगान।
मृयमाणो दो ध्यान अब, छोड़ो सकल वितान।।

ग्यारस बारस रह निराहार, यह कृष्ण कथा जो गावेंगे।
कलिकाल में वे सारे प्राणी, सब पाप मुक्त हो जावेंगे।।
पावन तीर्थों के तट जाकर, श्री 'जय श्री कृष्ण' जो गायेंगे।
वे वक्ता अपने श्रोता संग, श्री हरि के ही हो जायेंगे।।
श्री 'जय श्री कृष्ण' का पारायण, गोदी में लाल खिलायेगा।
संचारित कर शुभ संसकार, यश और कीर्ति दिलवायेगा।।

1. **मृषा गिरस्ता ह्यसतीरसत्कथा न कथ्यते यद्भगवानधोऽक्षजः।**
   तदेव सत्यं तदुहैव मंगलं तदेव पुण्यं भगवद्गुणोदयम्।। भा. 12–12–48
2. **यूयं बत भूरिभागा। भा. 12–12–55**

जो विप्र भागवत नित पढ़ते, निज प्रज्ञा प्रखर बनाते हैं।
इसको पढ़ने वाले क्षत्रिय, पृथ्वी के नाथ कहाते हैं।।

निधिपति होते वैश्य जो, करे कथा का गान।
शूद्र तुरत निष्पाप हो, जो दे इसमें ध्यान।।
पद पद 'जय श्री कृष्ण' का, सुधा सिन्धु के मान।
तेरे इसके पान से, भव निधि सब मृयमान।।

यह अमृत देकर शुक मुनि ने, हम लोगों पर उपकार किया।
मैं वन्दन करता चरणों में, जिनने हम सब को तार दिया।।

[1]वरूण मरूत अज शचिपती, रूद्र करे नित गान।
कमल उन्हीं परमेश के, धरो चरण में ध्यान।।

[क]अष्टादश पुण्य पुराणों में, सुरसरि के सदृश कथायें है।
इन [क]चतुर्लक्ष कुल श्लोकों में, परमेश्वर की लीलाऐं हैं।
निज नाभि कमल से श्री हरि ने, ब्रह्मा जी की रचना की थी।
तप हेतु उन्हें प्रेरित करने, यह कथा भागवत की दी थी।।

उपाख्यान इस ग्रन्थ के, जिनमें भरा विराग।
मोक्ष दिलाते मनुज को, बनते सुपथ चिराग।।

[2]जो कनक सिंहासन पधराकर, शुभ [ख]दान भागवत का करते।
वे परम भागवत इस युग में, [ग]कैवल्य कमल पाया करते।।

1. **यं ब्रह्मावरूणेंद्ररूद्रमरूतः स्तुन्वंति दिव्यैः स्तवैर्वेदैःसांगपदक्रमोपनिषदैर्गायंतियंसामगाः।**
ध्यानावस्थिततदगतेन मनसा पश्यंतियं योगिनोयस्यांतं न विदुः सुरासुरगणा देवाय तस्मै नमः।। मामा 12–13–01
2. **प्रौष्ठपद्यां पौर्णमास्यां हेमसिंहसमन्वितम्।**
ददाति यो भागवतं स याति परमां गतिम्।। भा.मा. 12–13–13

(क) **स्कंद 81,100, पद्म 55,000, नारद 25,000, शिव 24,000, वराह 24,000, विष्णु 23,000, गरूड़ 19,000, ब्रह्मवैवर्त 18,000, भागवत 18,000, कूर्म 17,000, अग्नि 15,400, भविष्य 14,500, मत्स्य 14,000, ब्रह्माण्ड 12,000, लिंग 11,000, ब्रह्म 10,000, वामन 10,000, मार्कण्डेय 09,000 = कुल 4,00,000 श्लोक।**

(ख) **भादौ महिने की पूर्णिमा के दिन।**

(ग) **मौक्ष**

[1]उपनिषदों का सार यह, है अमृत के मान।
जो इस रस में रम गया, रमे न वह रस आन।।

नदियों में सुरसरि के समान, **[2]वैष्णव** जन में ज्यों शंकर है।
देवों में विष्णु वर्ण ब्राह्मण, क्षेत्रों में काशी बढ़कर है।।

त्योंही सकल पुराण में, यह सर्वोत्तम नाम।
इसके पद पद में बसे, राधावर घनश्याम।।

नित श्रवण मनन ज्ञानामृत का, सब आवागमन मिटाता है।
लेकिन जो होता भाग्यवान, वह ही इस रस को पाता है।।
[3]ब्रह्मा की मुक्ति कांक्षा पर, इस रस का जिनने दान किया।
उन वासुदेव के चरणों में, मैने भी अब निज ध्यान दिया।।

शुक मुनि के पद कमल में, वन्दन बारम्बार।
कृष्ण कथा कह कर किया, पाण्डुतनय उद्धार।।
जनम जनम हम आपकी, पावें भक्ति अपार।
एक हितेषी आप हैं, हमरे तो दातार।।
[4]नाम लेत दुःख दूर हो, पाप हरे गुण गान।
उन परमेश्वर कृष्ण के, रहे चरण में ध्यान।।
है परमेश्वर आपका, वन्दन बारम्बार।
सुख दुःख जीवन मरण में, तू ही मुझे संभार।।
नाथ चरित सागर तेरा, कमल बिना पतवार।
कृपा बिना श्री कृष्ण की, कौन लगावे पार।।
इन छन्दो में आपका, नित निरखूं में रूप।
वास करो हर शब्द में, ओ राधा रस कूप।।
लोभी ज्यों धन में रमे, कामी ज्यों प्रिय नार।
त्यों मेरी मति आपमें, रमी रहे सरकार।।

1. सर्ववैदांत सारं हि श्रीभागवतमिष्यते।
   तद्रसामृततृप्तस्य नान्यत्र स्याद्रतिः क्वचित्।। भा. 12–13–15
2. वैष्णवानां यथा शंभुः।। भा. 12–13–16
3. नमस्तस्मै भगवते वासुदेवाय साक्षिणे।
   य इदं कृपया कस्मै व्याचचक्षे मुमुक्षवे।। भा. 12–13–20
4. नामसंकीर्तनेयस्य सर्वपापप्रणाशनम्।
   प्रणामो दुःखशमनस्तं नमामि हरिं परम्।। भा. 12–13–23

तापस योगी सिद्ध कवि, पण्डित ज्ञानी कोय।
कृपा बिना यदुनाथ की, सफल न एकउ होय।।
सदा शमन त्रयताप का, करता उनका नाम।
सो यदुपति हम आप पर, कभी न होवे वाम।।
रचना 'जय श्री कृष्ण' की, श्री हरि का उपकार।
क्या इसका प्रतिकार दूं, मैं मतिमंद गंवार।।
बिन बनवारी की कृपा, हो न सके सतसंग।
जब तब मन इत उत फिरे, व्यापे अंग अनंग।।
प्रीति कराती श्याम संग, हरती भव के फंद।
कृष्ण कथा मन भावनी, नित देती आनंद।।
सत्कर्मों का एक फल, बने ब्रह्म सम्बन्ध।
क्यों फिर उलझा जगत में, जाग जाग मति अंध।।
पण्डित ज्ञाता धीर वह, वह कुल तारक लाल।
शरणागत जो कृष्ण की, त्यागे कपट कुचाल।।
माता मांगे एक वर, कर व्रत पूजा जाप।
केशव तुम्हरी भगति हित, संतति दी जो आप।।
गुण वरणू गोपाल के, मेरी कहां बिसात।
कृपा भई नंदलाल की, बढ़ी कमल औकात।।
कलम भले थी हाथ में, मन था गिरिधर धाम।
लिखना पढ़ना सब रहा, उस दाता का काम।।
सदा अकर्ता वह रहे, कैसा अजब स्वभाव।
अपने हित कर्ता नहीं, खेता सब की नाव।।
रचना 'जय श्री कृष्ण' की, 'कमल' मान अहसान।
रसिक बिहारी कृष्ण का, गुप्त तुझे है दान।।
पंगु चढ़ाता गिरिन्हि पे, उसका विरद अपार।
उसके बल कवि हो गया, अदना 'कमल कुमार'।।
अपने चित के चेन हित, किया छन्द का गान।
औरों के चित ना चढ़े, घटे न मेरी शान।।
जिनके मानस में भरा, सतसंगति का भाव।
पार उन्हें पहुंचायगी, कृष्ण कथा की नाव।।
धन मद में जो हो रहे, अपने मन दीवान।
कृष्ण कथा उनको लगे, सब अवगुण की खान।।

भूसुर घाती तामसी, जो शठ मंद गंवार।
उनके सन्मुख मोन तू, हो जा 'कमल कुमार'।।
भूसुर सुर अरू संत के, पद में जिनकी प्रीति।
जो निशिवासर हरि भजे, रूचे न नेक अनीति।।
तिन कहं इक इक छन्द में, अरू आखर के माहि।
छवि दीखे गोपाल की, निरखत मन न अघाहि।।
वल्लभ कुल के लाड़ले, सेवा के हकदार।
वे नित गावें पद नये, नाचे दे दे तार।।
नृप–शुक शोनक–सूत का, यह पावन संवाद।
मोक्ष मार्ग दायक सदा, हरता जगत विषाद।।
पारायण कर ग्रन्थ का, सेवें सब पितु मात।
मान करें गुरू देव का, रत सेवा में हात।।
शासक इसके पाठ से, हो जन मन अनुकूल।
प्रजा पुत्रवत मान कर, क्षमा करे सब भूल।।
इस भीषण कलिकाल में, जप तप योग असाध।
गायन 'जय श्री कृष्ण' का, पूर्ण करे सब साध।।
विषद चरित भगवान का, करो भाव से गान।
साधन चित की शुद्धि का, और न इसके मान।।
समरस करे समाज को, उज्ज्वल नीर समान।
पद पद 'जय श्री कृष्ण' का, बने सुपथ की खान।।
तुम दाता ज्ञानी बड़े, मैं हूँ दीन गंवार।
तुम बलवाहक वीर वर, मैं अशक्त लाचार।।
नाथ एक वर मांगहूँ, राखहुँ मोर दुलार।
जनम जनम पद कमल में, रमा रहूँ सरकार।।
मात पिता मैरे बने, सद्गुरूवर का रूप।
चाखा उन्ह आसीस ते, अमृत बड़ा अनूप।।
बसे अयोध्या–लाल जी, पवित्र सुन्दर धाम।
कृपा कमल पर नित करे, मोहन राधेश्याम।।
गुरू परि पुरजन मीत अरि, प्रणवौं बारम्बार।
जिनकी संगति से हुई, मेरी नोका पार।।
सब पर किरपा आपकी, नित बरसे दातार।
हाथ जोड़ यह मांगता, नागर कमल कुमार।।

!! श्री कृष्णार्पणमस्तु !!

!! इति श्री ''जय श्री कृष्ण द्वादशस्कंध'' !!

!! इति श्री ''जय श्री कृष्ण'' !! (श्रीमद्भागवत कथा)

www.ingramcontent.com/pod-product-compliance
Lightning Source LLC
LaVergne TN
LVHW070529061026
849580LV00018B/2473
9789357411561